U0813912

中国地质大学“211”工程建设重点资助“地球物理勘察系列课”教材

应用地球物理学原理

张胜业　潘玉玲　主编

中国地质大学出版社

图书在版编目(CIP)数据

应用地球物理学原理/张胜业，潘玉玲主编．—武汉：中国地质大学出版社，2004.（2015.7 重印）
重印）
ISBN 978-7-5625-1885-3

Ⅰ．应…
Ⅱ．①张…②潘…
Ⅲ．地球物理勘探－高等学校－教材
Ⅳ．P631

中国版本图书馆 CIP 数据核字(2008)第 209442 号

应用地球物理学原理		张胜业　潘玉玲　主　编
责任编辑：张晓红	技术编辑：阮一飞	责任校对：胡义珍

出版发行：中国地质大学出版社(武汉市洪山区鲁磨路 388 号)　邮编：430074
电话：(027)67883511　传真：67883580　**E-mail**：cbb @ cug. edu. cn

开本：787 毫米×1092 毫米　1/16　字数：720 千字　印张：28.125
版次：2004 年 4 月第 1 版　印次：2015 年 7 月第 8 次印刷
印刷：武汉教文印刷厂　印数：12501—14500 册

ISBN 978-7-5625-1885-3　定价：45.00 元

如有印装质量问题请与印刷厂联系调换

序 言

应用地球物理系列课程是地球物理学专业和应用地球物理专业的主干专业课程，也是新调整后的地矿类工科本科专业的主要专业基础课之一。

自20世纪50年代初到90年代末，我国的应用地球物理专业课的课程体系基本上与前苏联类似，专业课程主要按重力、磁法、电法、地震和测井五门课分别讲授，学科和专业分得较细，教学内容较窄，结果培养的科研人员越来越专，这对促进科技快速纵向发展起到了积极作用，但不利于学科交叉和学科综合的发展。另外，重、磁、电、震、测五门课程内容之间也存在着某些重复。随着科学技术的发展，专业课的教学内容也需进一步更新。

随着我国由计划经济逐渐向市场经济过渡，国内应用地球物理专业为适应市场经济的需要，都在积极地进行加强基础、拓宽专业和增强适应性的教学改革和研究。长期以来，我系应用地球物理专业的教员为了适应国民经济发展的需要，坚持教学改革，在不同的历史时期，进行了教学思想、内容和方法的改革，课程结构有所变化，教学内容有所更新。这些改革促进了师资队伍的建设，为深入教学改革打下了基础。经过广泛的调研和充分的讨论，我们认为以系列课的建设来优化地球物理专业课程体系和教学内容是比较好的，并以教学立项促进教材建设，以张胜业为负责人的《应用地球物理系列课程建设》教学研究项目已列入1997年湖北省教委的研究项目和我校重点教学改革研究项目。

所谓系列课程的建设，是指为了向学生传授某一方面相对完整的知识或比较全面训练学生某一方面的能力，而把教学内容密切相关、相互之间有必然联系的若干门课程组织在一起，从总体上确定每一门课程的教学目标、教学内容和教学方法。

应用地球物理系列课建设的指导思想是：① 系统地向学生传授应用地球物理的基础知识，使学生知识面较宽、专业基础扎实、适应性较强；② 优化课程体系和教学内容，避免不必要的重复，提高学生的学习效率，减轻学生的学习负担；③ 加强综合和交叉，发挥学生潜能、特长和创造性思维。

应用地球物理专业课的系列课建设可分为纵向和横向两种。这套教材为纵向的系列课，建立纵向系列课的目的，就是将重、磁、电、震、测五门课中带有基础和共性的内容有机地结合在一起，避免不必要的重复，加强基础、综合和交叉，提高学生的学习效率，拓宽学生的专业知识面，使学生能系统地掌握应用地球物理的专业基础知识，具有一定综合解决实际问题的能力。

纵向系列课的课程设置，按应用地球物理学原理(100学时)、应用地球物理的数据采集与处理(80学时)、地球物理反演基本理论与应用方法(40学时)和地球物理方法的综合应用与解释(50学时)，从纵向上分为四门专业系列课程，建立一套面向21世纪的新的专业课程体系。

四本系列课教材的编写工作分工如下：

应用地球物理学原理	张胜业　潘玉玲(主编)
应用地球物理的数据采集与处理	刘天佑(主编)
地球物理反演基本理论与应用方法	姚　姚(主编)
地球物理方法的综合应用与解释	李大心(主编)

应用地球物理学原理共分九章，参加编写工作的有罗孝宽(第一章§1.1，第二章§2.1和

第四章)、刘天佑(第一章§1.2、第二章§2.2和第五章)、张胜业和潘玉玲(第一章§1.3、第二章§2.3和第六章)、张胜业(第三章,其中超声波模拟由詹正彬编写)、詹正彬(第一章§1.4、第二章§2.4和第七章)、潘和平(第一章§1.5、第二章§2.5和第八章§8.1和第九章)、李大心(第一章§1.6、第二章§2.6和第八章§8.2)。全书由张胜业、潘玉玲策划并统编。周远田教授审阅了教材中的第九章,并提出宝贵意见。本教材的编写、出版得到了中国地质大学(武汉)校领导、教务处和地球物理系的大力支持;绘图室魏国鹏、徐晓珍、彭泥泥同志参加了绘图工作,在此表示谢意。

由于这套教材是第一次按新的课程体系编写,受条件、时间和编者水平的限制,教材中难免会有不妥或错误的地方,欢迎读者批评指正。

编　者

2000年12月

目　录

第一章　应用地球物理方法的物质基础

应用地球物理是以岩石、矿石(或地层)与其围岩的物理性质差异为物质基础,用专用的仪器设备观测和研究天然存在或人工形成的物理场的变化规律,进而达到查明地质构造、寻找矿产资源和解决工程地质、水文地质以及环境监测等问题的目的。为此,本章主要讨论表征岩石、矿石物理性质的密度、磁学性质、电学性质、速度、放射性、热学性质及对已被利用的诸多物理性质的主要影响因素,同时给出有关物性的测试方法。

§1.1　岩石、矿石的密度

一、决定岩石、矿石密度的主要因素

地壳内不同地质体之间存在的密度差异,是进行重力勘查的地质-地球物理前提条件,有关的密度资料是对重力观测资料进行一些校正和对重力异常作出合理解释的极为重要的参数。根据长期研究的结果,认为决定岩石、矿石密度的主要因素为:组成岩石的各种矿物成分及其含量的多少;岩石中孔隙度大小及孔隙中的充填物成分;岩石所承受的压力等。

(一) 火成岩的密度

它主要取决于矿物成分及其含量的百分比,由酸性→中性→基性→超基性岩,随着密度大的铁镁暗色矿物含量的增多,密度逐渐增大(见图1-1-1);此外,成岩过程中的冷凝、结晶分异作用也会造成不同岩相带的密度差异;不同成岩环境(如侵入与喷发)也会造成同一岩类的密度有较大差异。

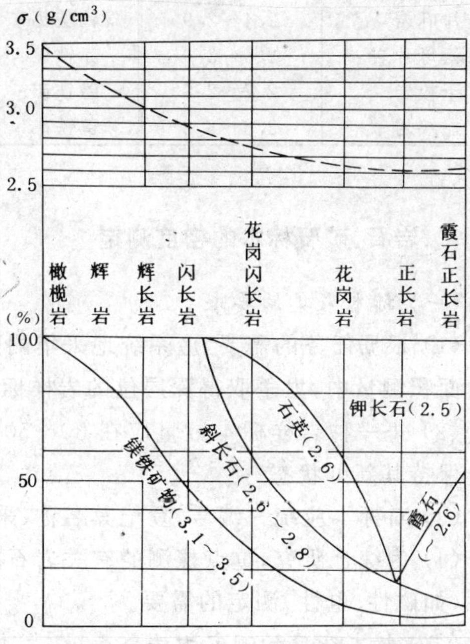

图1-1-1　火成岩成分与密度关系

(二) 沉积岩的密度

沉积岩一般具有较大的孔隙度,如灰岩、页岩、砂岩等,孔隙度可达30%～40%,因此这类岩石密度值主要取决于孔隙度大小,干燥的岩石随孔隙度减少密度值呈线性增大;孔隙中如有充填物,则充填物的成分(如水、油、气等)及充填孔隙占全部孔隙的比例也明显地影响着密度值;此外,随着成岩时代的久远及埋深的加大,上覆岩层对下伏岩层的压力加大,这种压实作用也会使密度值变大。

(三) 变质岩的密度

对这类岩石来说,其密度与矿物成分、矿物含量和孔隙度均有关,这主要由变质的性质和

变质程度来决定。通常区域变质作用的结果，是使变质岩比原岩密度值加大，如变质程度较深的片麻岩、麻粒岩等要比变质程度较浅的千枚岩、片岩等密度值大些。经过变质的沉积岩，如大理岩、板岩和石英岩比其原岩石灰岩、页岩和砂岩更致密些；而如果是受动力变质作用，则会因原岩结构遭受破坏，矿物被压碎而使密度值下降，但若同时使原岩硅化、碳酸盐化以及重结晶等，又会使密度值比原岩增大。由于变质作用的复杂性，所以这类岩石的密度变化显得很不稳定，要具体情况具体分析。

对于各类固体矿产来说，矿体的密度主要由其成分和含量决定。表 1－1－1 列出了常见岩石、矿石的密度值。

表 1－1－1　岩石、矿石密度值表

名　称	密　度 (g/cm^3)	名　称	密　度 (g/cm^3)	名　称	密　度 (g/cm^3)
纯橄榄岩	2.5～3.3	大理岩	2.6～2.9	钛铁矿	4.5～5.0
橄榄岩	2.6～3.6	白云岩	2.4～2.9	磁黄铁矿	4.3～4.8
玄武岩	2.6～3.3	石灰岩	2.3～3.0	铬铁矿	3.2～4.4
辉长岩	2.7～3.4	页岩	2.1～2.8	黄铜矿	4.1～4.3
安山岩	2.5～2.8	砂岩	1.8～2.8	重晶石	4.4～4.7
辉绿岩	2.9～3.2	白垩	1.8～2.6	刚玉	3.9～4.0
玢岩	2.6～2.9	干砂	1.4～1.7	盐岩	3.1～3.2
花岗岩	2.4～3.1	粘土	1.5～2.2	硬石膏	2.7～3.0
石英岩	2.6～2.9	表土	1.1～2.0	石膏	2.2～2.4
流纹岩	2.3～2.7	锰矿	3.4～6.0	铝钒土	2.4～2.5
片麻岩	2.4～2.9	钨酸钙矿	5.9～6.2	钾盐	1.9～2.0
云母片岩	2.5～3.0	赤铁矿	4.5～5.2	煤	1.2～1.7
千枚岩	2.7～2.8	磁铁矿	4.8～5.2	褐煤	1.1～1.3
蛇纹岩	2.6～3.2	黄铁矿	4.9～5.2		

二、岩石、矿石标本的密度测定

（一）标本采集的要求

（1）根据任务的需要，应系统地采集测区内有代表性的地层、矿石、表土等标本，在小比例尺大面积测量中，力争取得深层位的岩样标本（如钻井岩心）；

（2）每一种岩样标本数量应在 30～50 块左右；每块标本质量以 200～300g 为宜，标本应尽量保持其新鲜状态；

（3）对标本应统一编号，登记其名称、采集地点、地质年代、埋深等；

（4）为综合研究，重点探测的有关岩石的标本，其数量、大小、规格等应兼顾其他物探方法物性（如磁性、电性）测定的需要。

（二）标本密度的测定方法

1. 天平测定

若标本质量为 m，体积为 V，则密度 σ 为

$$\sigma=\frac{m}{V} \tag{1.1-1}$$

标本的体积可据阿基米德原理来确定，即物体在水中减轻的重量，等于它排开同体积水的重量，从而可间接求出体积 V。

设标本在空气中的重量为 P_1，在水中的重量为 P_2，σ_0 为水的密度，则有

$$P_1-P_2=V\cdot\sigma_0\cdot g$$

即有
$$V=\frac{P_1-P_2}{\sigma_0\cdot g}$$

通常取净水的密度 σ_0 为 $1\mathrm{g/cm^3}$，故上式为

$$V=\frac{P_1-P_2}{g} \tag{1.1-2}$$

把式(1.1-2)代入式(1.1-1)中，因 $P_1=mg$，所以可得

$$\sigma=\frac{m}{\frac{P_1-P_2}{g}}=\frac{m\cdot g}{P_1-P_2}=\frac{P_1}{P_1-P_2} \tag{1.1-3}$$

对于一些多孔隙或入水后可能松散的标本，以往都是先封一层石蜡，利用式(1.1-3)时要做封蜡校正，操作费时、不便。我们可依据上述同样原理，将石蜡化成液态，直接将标本浸入液态石蜡中得重量 P'_2，若石蜡密度为 σ_k(一般为 $0.9\mathrm{g/cm^3}$)，只要将 V 的表达式中 σ_0 换成 σ_k，则可得出计算标本密度 σ 的公式：

$$\sigma=\frac{\sigma_k P_1}{P_1-P'_2} \tag{1.1-4}$$

2. 密度计测定法

天平法测定的主要问题是效率低，还要计算一次。密度计则是依据天平测定法的原理设计出的一种直接指示出标本密度的仪器，其精度为 $\pm(0.01\sim0.02)\mathrm{g/cm^3}$。

仪器主要由一个折式秤臂 AOB 构成，其折角为 $180°-\varphi$，AO 与 BO 长度为 r，可绕重心 O 转动，工作前，先将秤臂调试成随遇平衡状态。测定时，先用细线(或橡皮筋)将标本系于 B 端样本钩上，调节 A 端悬挂在砝码盘中砝码的重量(实践中，仅当只需密度值时，完全可用碎石块粗调，然后加砂粒细调，效率会更高)，使仪器指针定在起始刻度 n 处，此时 AO 与水平面夹角为 α_1，若用 P 表示 A 端砝码重量，P_1 表示 B 端标本的重量，则由图 1-1-2 可知，其平衡方程式是

$$P\cdot r\cdot\cos\alpha_1=P_1\cdot r\cdot\cos(\varphi-\alpha_1) \tag{1.1-5}$$

当将标本完全浸入水中时，由于水的浮力使 B 端要升高至新的平衡位置，此时 AO 与水平面夹角为 α_2，平衡方程式为

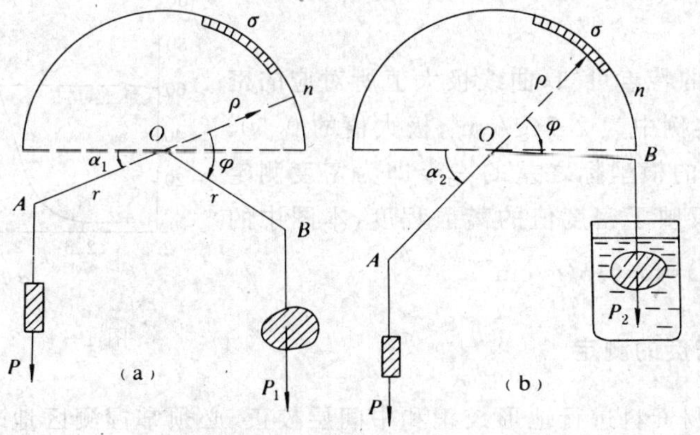

图 1-1-2　密度计工作原理图

$$P \cdot r \cdot \cos\alpha_2 = P_2 \cdot r \cdot \cos(\varphi - \alpha_2) \tag{1.1-6}$$

式中 P_2 为标本在水中的重量。由式(1.1-5)和式(1.1-6)分别求出 P_1 和 P_2，代入式(1.1-3)，经简化后有

$$\sigma = \frac{\operatorname{ctg}\varphi + \operatorname{tg}\alpha_2}{\operatorname{tg}\alpha_2 - \operatorname{tg}\alpha_1} \tag{1.1-7}$$

由上式解出 a_2 与 σ 的对应关系式为

$$a_2 = \operatorname{tg}^{-1}\frac{\operatorname{ctg}\varphi + \sigma\operatorname{tg}\alpha_1}{\sigma - 1} \tag{1.1-8}$$

式(1.1-8)表明 σ 仅与 a_2 有关，因为 φ 为仪器构造常数，每次测定标本时，调节砝码使指针始终定在 n 刻度上，故 a_1 也是常数。不同 σ 对应不同的 a_2，由此，刻度盘上就可以直接刻划出密度分划值，因而每次当将标本完全浸入水中平衡后，指针停留时所指的刻度就是标本自身的密度值了。

(三) 测定结果的整理

对于同类均质岩石、矿石标本密度的测定值，应是服从算术正态分布的，为此：

(1) 当同类标本数目少于 30 块时，可求其算术平均值

$$\bar{\sigma} = \frac{\sum_{i=1}^{N}\sigma_i}{N} \tag{1.1-9}$$

式中 σ_i 为第 i 块标本的测定值，N 为标本总块数。这样，可列表给出不同岩类标本的 $\bar{\sigma}$、每一岩类标本密度的最小值和最大值。

(2) 当同类标本数目大于 30 块时，可绘制频率分布曲线。首先，将密度值按相等间隔 $\Delta\sigma$ 分组，分组数与标本总块数的关系在对数坐标中呈线性变化，见表 1-1-2。

表 1-1-2 分组数与标本总块数的关系

标本数	30	40～60	60～80	80～100	100～120	120～140	140～170	170～200
分组数	4	5	6	7	8	9	10	11

然后算出每一密度间隔中标本块数 N_i 占总标本数 N 的百分比(即频数) $f_i = (N_i/N) \times 100\%$，绘出以频数为纵坐标、以密度为横坐标的频率分布曲线，如图 1-1-3 所示。

根据正态分布的特点可知，曲线极大值所对应的密度为常见密度值，本例中为 2.74g/cm^3；极大值的 0.606 倍所对应的两个点的横坐标之差的一半即为密度测定的标准离差 D，它反映了密度值的离散程度，本图中的 $D \doteq \frac{1}{2}(2.78 - 2.71) = 0.035(\text{g/cm}^3)$。

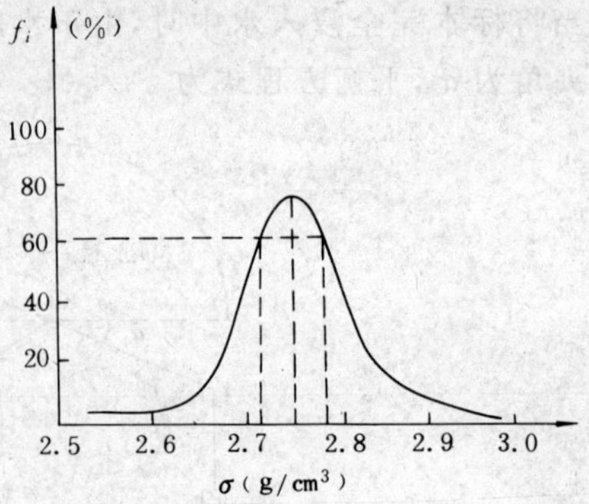

图 1-1-3 频率分布曲线

三、地层平均密度的测定

为了对重力观测资料进行地形校正和中间层校正，必须掌握测区地表岩土密度分布特征及分区的平均值等。

（一）按厚度加权求地层平均密度

在条件具备时，当各岩层均有标本能够测定其密度值，就可按下式求其平均密度：

$$\bar{\sigma}=\frac{\sum_{i=1}^{N}\sigma_i\Delta h_i}{\sum_{i=1}^{N}\Delta h_i} \tag{1.1-10}$$

式中 σ_i 和 Δh_i 分别代表各岩层的密度与厚度。显然这一方法同样适用于计算由不同厚度的薄层组成的某一地质时代地层的平均密度值。

（二）大样法

此法简便、精度高，特别适合于大比例尺小面积的高精度重力测量。其方法只是在地表按长、宽、深均为 50cm 挖取土方，秤得土方质量后，除以其体积即为所求。

（三）统计法确定中间层密度

此方法无论在面积测量或剖面测量中均可应用。以经过正常场校正（第四章介绍）的重力观测值为纵坐标，高程（或高差）为横坐标，将各测点坐标（$\Delta g,h$）按比例点在图上，如图 1-1-4 所示的散点图。在没有区域异常与局部异常影响时，这些散点应基本上落在一条直线上，用最小二乘法的办法求出这条直线的方程，该直线的斜率即为布格校正系数，然后据此系数反算出中间层密度值。当散点相对直线 R 分布很散时，应考虑分区进行统计，不同地区岩石密度不一样，斜率就不同；当工区内存在较强的区域背景时，往往会造成直线 R 斜率的较大变化，出现由反算的密度值与我们所掌握的密度变化数值相差较大的情况，这就必须根据异常特征先作区域校正后再来进行统计。

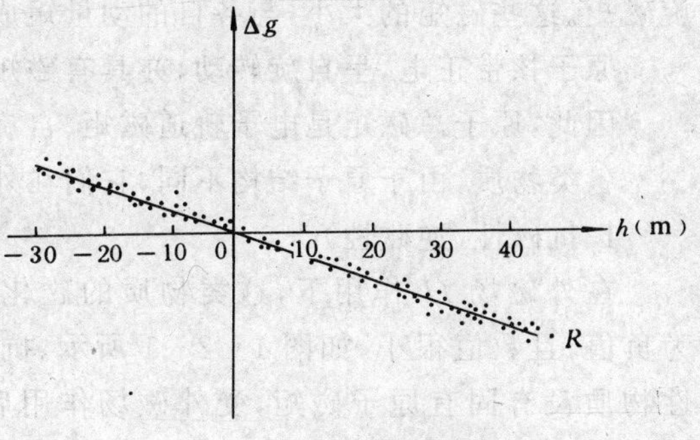

图 1-1-4 $\Delta g-h$ 统计回归法

（四）重力测井

当工区内有竖井或钻孔时，可利用地面重力仪在竖井中，或井中重力仪在钻孔中，自下而上按一定深度间隔进行井中测量（当然也可以自上而下地进行），以获得不同深度上岩层的间隔密度（亦称视密度，在地层水平时就是真密度）值。图 1-1-5 中 A、B 为井壁，1、2 两点为上、下两个测点，其间的垂直距离为 $h_{1.2}$，所对应的地层密度设为 $\sigma_{1.2}$，若 g_1、g_2 分别代表上下两点的观测重力值，在仔细作过地形校正和井壁变化等校正后，应有以下关系成立：

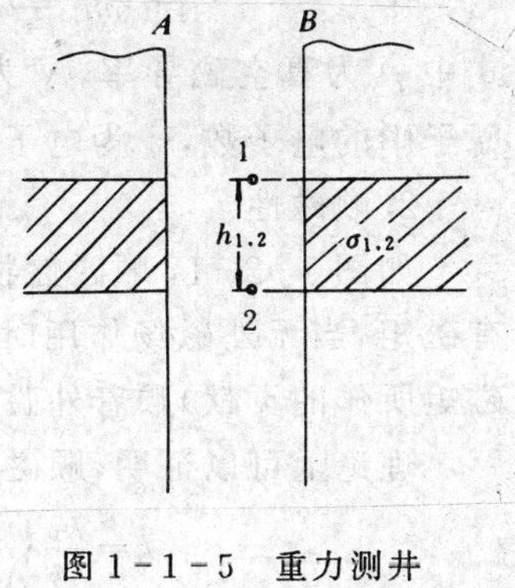

图 1-1-5 重力测井

$$g_2+2\pi G\sigma_{1.2}h_{1.2}-(\frac{\partial g}{\partial z})h_{1.2}=g_1-2\pi G\sigma_{1.2}h_{1.2}$$

进而得到

$$\sigma_{1.2}=\frac{1}{4\pi Gh_{1.2}}\left[(g_1-g_2)+(\frac{\partial g}{\partial z})h_{1.2}\right] \tag{1.1-11}$$

式中 $\partial g/\partial z$ 为重力垂直梯度，可用3.086g.u./m 来代替，由此求得的不同深度上的密度值十分有用，既可求出地层平均密度用于有关校正，又可研究地层密度随深度变化的统计规律，有利于深化重力异常的解释。

§1.2　岩石、矿石的磁性

位于地壳中的岩石和矿体处在地球磁场中，从它们形成时起，就受地球磁场磁化而具有不同程度的磁性，其磁性差异在地表引起磁异常。研究岩石磁性，其目的在于掌握岩石和矿物受磁化的原理，了解矿物与岩石的磁性特征及其影响因素。有关岩石磁性的研究成果，亦可直接用来解决某些基础地质问题，如区域地层对比、构造划分等。

一、物质的磁性

任何物质的磁性都是带电粒子运动的结果。原子是组成物质的基本单元，它由带正电的原子核及其核外电子壳层组成。电子绕核沿轨道运动，具有轨道磁矩。电子还有自旋运动，具有自旋磁矩。这些磁矩的大小，与各自的动量矩成正比。

原子核带正电，呈自旋转动，亦具有磁矩，但数值很小。

因此，原子总磁矩是电子轨道磁矩、自旋磁矩及原子核自旋磁矩三者的矢量和。

各类物质，由于原子结构不同，它们在外磁场作用下，呈现不同的宏观磁性。

1. 抗磁性(逆磁性)

在外磁场 H 作用下，这类物质的磁化率为负值，且数值很小，如图 1-2-1 所示。抗磁性物质没有固有原子磁矩，受外磁场作用后，电子受到洛仑兹力的作用，其运动轨道绕外磁场作旋进(拉莫尔旋进)，此旋进产生附加磁矩，其方向与外磁场相反，形成抗磁性。

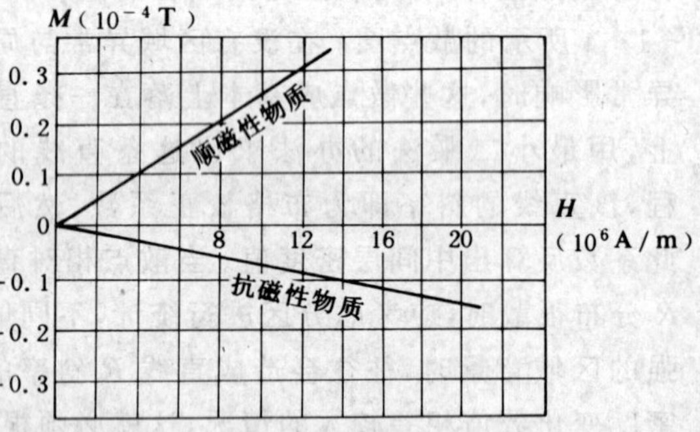

图 1-2-1　抗磁性与顺磁性物质的磁化

可以推导证明，抗磁性物质的磁化率为

$$k=-\frac{\mu_0}{4\pi}\frac{Ne^2}{6m_e}\sum_{i=1}^{Z}\overline{r_i^2} \qquad (1.2-1)$$

式中 μ_0 为真空磁导率，N 为单位体积物质的原子数，e 为元电荷，m_e 为电子静质量，Z 为每个原子中的电子数，$\overline{r_i^2}$ 为电子轨道半径的均方值。抗磁性磁化率很小，约为 10^{-5} 数量级。

2. 顺磁性

如图 1-2-1，顺磁性物质受外磁场作用，其磁化率为不大的正值，这类物质中原子具有固有磁矩，当无外磁场作用时，热骚动使原子磁矩取向混乱。有外磁场作用，原子磁矩(电子自旋磁矩所作的贡献)顺着外磁场方向排列，显示顺磁性。

理论上可以证明，顺磁性质的磁化率为

$$k=\frac{\mu_0}{4\pi}\cdot\frac{N\cdot\mu_a^2}{3kT}=\frac{C}{T} \qquad (1.2-2)$$

式中 μ_a 是原子磁矩，N 是单位体积物质的原子数，k 是玻耳兹曼常数，T 是热力学温度。上述关系最初是由居里从实验结果中确定的，C 为居里常数，表明顺磁性物质其磁化率与绝对温度成反比，称为居里定律。通过这个关系，发展了通过磁化率测量、确定原子磁矩的重要实验方法。

3. 铁磁性

在弱外磁场的作用下，铁磁性物质即可达到磁化饱和，其磁化率要比抗磁性、顺磁性物质的磁化率大很多。它具有下述磁性特征：

(1) 磁化强度与磁化场呈非线性关系。如图 1-2-2 所示，对未磁化样品施加磁场 H 作用，

随 H 值由零增至 H_c，而后减至零，反向由零减至 $-H_c$，再由 $-H_c$ 增至 H_c，变化一周，样品的磁化强度 M 沿 O、A、B、C、D、E、F、A 变化，诸点所围之曲线，称磁滞回线，表明铁磁性物质磁化强度随磁化场的变化呈不可逆性。其中 H_c 称为矫顽磁力，不同铁磁性物质它的变化范围较大。

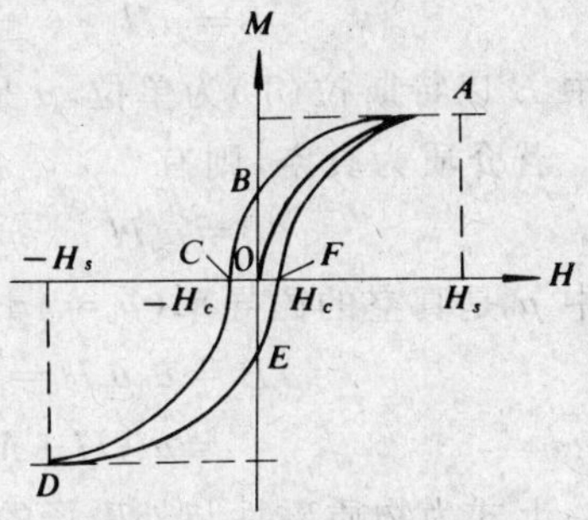

图 1-2-2　铁磁性物质的磁滞回线

(2) 磁化率与温度的关系，服从居里-魏斯定律。即

$$k=\frac{C}{T-T_c} \tag{1.2-3}$$

式中 C 是居里常数，T 是热力学温度，T_c 是居里温度，当 $T>T_c$，铁磁性消失，转变为顺磁性。一般铁磁体的 T_c 很高，例如铁为1 043K，钴为1 388K。但是，随着低温测量技术的发展，又发现了一些稀土元素低温下会转变为铁磁性，如铒(Er)、钬(Ho)，其 T_c 均为20K。

(3) 实验结果说明，铁磁物质的基本磁矩为电子自旋磁矩，而轨道磁矩基本无贡献。实验证明，铁磁物质内，包含着很多个自发磁化区域，它叫做磁畴。在无外磁场作用时，各磁畴的磁化强度矢量取向混乱，不呈磁性。当施加外磁场时，磁畴结构将发生变化，随外磁场增加，通过畴壁移动和磁畴转动的过程，显示出宏观磁性。

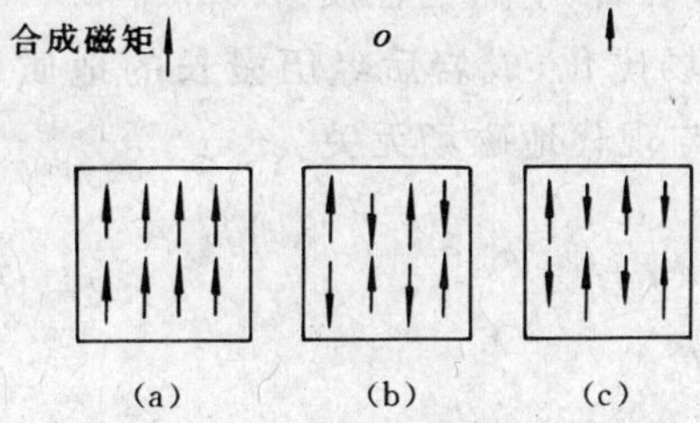

图 1-2-3　各种铁磁性原子磁矩的排列示意图

(a) 铁磁性；(b) 反铁磁性；(c) 亚铁磁性

由于磁畴内原子间相互作用的不同，原子磁矩排列情况有别，铁磁性又分为三种类型。如图 1-2-3 所示。

① 铁磁性：磁畴内原子磁矩排列在同一方向，例如铁、镍、钴即属于此。

② 反铁磁性：磁畴内原子磁矩排列相反，故磁化率很小，但具有很大的矫顽力。

③ 亚铁磁性：或称铁淦氧磁性，磁畴内原子磁矩反平行排列，磁矩互不相等，故仍具有自发磁矩。此类物质具有较大的磁化率和剩余磁化强度。

二、岩石、矿石的磁性特征

(一) 表征磁性的物理量

1. 磁化强度和磁化率

均匀无限磁介质，受到外部磁场 H 的作用，衡量物质被磁化的强度，以磁化强度 M 表示，它与磁化场强度之间的关系为

$$M=\kappa H \tag{1.2-4}$$

式中，κ 是物质的磁化率，它表征物质受磁化的难易程度，是一个无量纲的物理量。实际工作中，磁化率仍注以单位。SI 单位制用 SI(κ)标明，CGSM 单位制用 CGSM(κ)标明，两者的关系是$1SI(\kappa)=\frac{1}{4\pi}CGSM(\kappa)$。在两种单位制中，磁化强度的单位，分别是 A/m 及 CGSM(m)，二者的关系是$1A/m=10^{-3}CGSM(m)$。在国际单位制中，磁化强度和磁场强度量纲相同，都为安(培)/米(A/m)，在 CGSM 制中，磁化强度用高斯(Gs)，磁场强度用奥斯特(O_e)，两种单位的关系是$1A/m=10^{-3}CGSM(m)$。

2. 磁感应强度和磁导率

在各向同性磁介质内部任意点上，磁化场 H 在该点产生的磁感应强度(磁通密度)为

$$B=\mu H \tag{1.2-5}$$

式中 B 以特斯拉(T)为单位，μ 是介质的磁导率，单位为 H/m(亨(利)/米)。

若介质为真空，则有

$$B=\mu_0 H \tag{1.2-6}$$

式中 μ_0 是真空的磁导率($\mu_0=4\pi\times10^{-7}$H/m)。令 $\mu_r=\mu/\mu_0$(相对磁导率)，由式(1.2-5)得

$$B=\mu_0\mu_r H=\mu_0 H+\mu_0(\mu_r-1)H=\mu_0(1+\kappa)H$$

$$=\mu_0(H+M) \qquad (\kappa=\mu_r-1) \tag{1.2-7}$$

上式为物质磁性与外磁场的关系。显然，在同一外磁场 H 作用下，空间为磁介质充填与空间为真空相比，B 增加了 κH 项，即介质受磁化后所生产的附加场，其大小与介质的磁化率成正比。磁介质的 $\mu_r=1+\kappa$ 是一个纯量。μ 与 μ_0 二者之间的关系为

$$\mu=\mu_0(1+\kappa) \tag{1.2-8}$$

3. 感应磁化强度和剩余磁化强度

位于岩石圈中的地质体，处在约为 0.5×10^{-4}T 的地球磁场作用下，它们受现代地磁场的磁化，而具有的磁化强度，叫感应磁化强度，它表示为

$$M_i=\kappa T \tag{1.2-9}$$

式中 T 是地磁场总强度，κ 是岩石、矿石的磁化率，它取决于岩石、矿石的性质。

岩石、矿石在生成时，处于一定条件下，受当时的地磁场磁化，成岩后经历漫长的地质年代，所保留下来的磁化强度，称作天然剩余磁化强度 M_r，它与现代地磁场无关。

岩石的总磁化强度 M，是由两部分组成，即

$$M=M_i+M_r=\kappa T+M_r \tag{1.2-10}$$

磁法勘查中，表征岩石磁性的物理量是 $\kappa(M_i)$、M_r 及 M。

(二) 矿物的磁性

矿物组合成岩石，岩石的磁性强弱与矿物的磁性强弱有直接的关系。

1. 抗磁性矿物与顺磁性矿物

自然界中，绝大多数矿物属顺磁性与抗磁性。其中几种常见矿物的磁化率，见表 1-2-1。

表 1-2-1　矿物磁化率

抗磁性物质				顺磁性矿物			
名　称	$\kappa_{平均}\cdot10^{-5}$(SI) (κ)	名　称	$\kappa_{平均}\cdot10^{-5}$(SI) (κ)	名　称	$\kappa_{平均}\cdot10^{-5}$(SI) (κ)	名　称	$\kappa_{平均}\cdot10^{-5}$(SI) (κ)
石　英	-1.3	方铅矿	-2.6	橄榄石	2	绿泥石	20～90
正长石	-0.5	闪锌矿	-4.8	角闪石	10～80	金云母	50
锆　石	-0.8	石　墨	-0.4	黑云母	15～65	斜长石	1
方解石	-1.0	磷灰石	-8.1	辉　石	40～90	尖晶石	3
盐　岩	-1.0	重晶石	-1.4	铁黑云母	750	白云母	4～20

由此可见：

(1) 抗磁性矿物，其磁化率都很小，在磁法勘查中通常视为无磁性。

(2) 顺磁性矿物，其磁化率要比抗磁性矿物大得多，约两个数量级。

2. 铁磁性矿物

自然界中不存在纯铁磁性矿物，最重要的磁性矿物当推铁-钛氧化物，它的三元系统如图 1－2－4 所示。由图可知，由 FeO、Fe_2O_3和 TiO_2组合成的固溶体的主要矿物及其他磁性矿物。

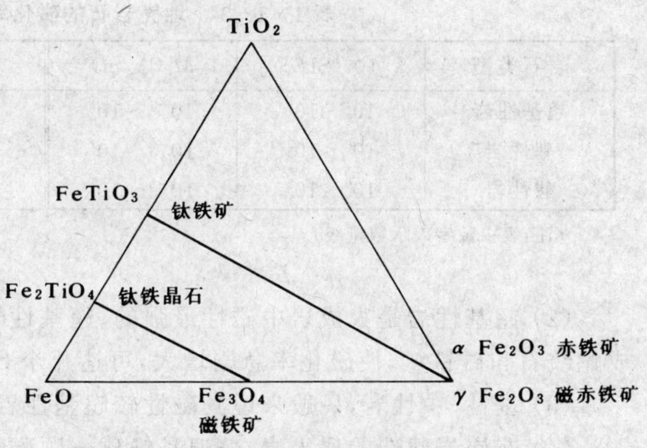

图 1－2－4　铁-钛氧化物的三元系统

地壳中纯磁铁矿少见，大多是由不同比例的铁、钛、氧组成复杂的固溶体，它是典型的亚铁磁性。在我国鲁、冀、鄂、苏、皖等省的铁矿区，磁铁矿的磁化率一般为(0.002～0.2)·SI(κ)，其剩余磁化强度一般为(2.2～2 325)A/m。可见，磁铁矿不仅有较强的磁化率，且具有较强的剩余磁性，其变化范围较大。表 1-2-2 列出了一些铁磁性矿物的磁化率。

表 1－2－2　铁磁性矿物磁化率

矿　　物	分子式	$\kappa\cdot 1/4\pi\cdot$CGSM(κ)
磁铁矿	Fe_3O_4	0.07～0.2
钛磁铁矿	$x Fe_3O_4\cdot(1-x)TiFe_2O_4$	10^{-7}～10^{-2}
磁赤铁矿	γFe_2O_3	0.03～0.2
赤铁矿	α Fe_2O_3	10^{-6}～10^{-5}
磁黄铁矿	FeS_{1+x}	10^{-3}～10^{-4}
铁镍矿	$NiFe_2O_4$	0.05
锰尖晶石	$MnFe_2O_3$	2.0
镁铁矿	$MgFe_2O_4$	0.8
针铁矿	α FeOOH	(0.02～80)$\times10^{-4}$
纤铁矿	γFeOOH	(0.9～2.5)$\times10^{-4}$
菱铁矿	$FeCO_3$	(20～60)$\times10^{-4}$

磁黄铁矿属铁-硫二元系，它常见于汞、砷、锑层控矿床。当$0<\kappa<0.1$时，它是反铁磁性，当$0.1<\kappa<0.25$时，它是亚铁磁性，它亦分为α型和γ型，后者磁化率较大。

（三）各类岩石的一般磁性特征

地壳岩石可分为沉积岩、火成岩及变质岩三大类。

1. 沉积岩的磁性

一般说来，沉积岩的磁性较弱，如表 1-2-3 所示。沉积岩的磁化率主要决定于副矿物的含量和成分，它们是磁铁矿、磁赤铁矿、赤铁矿，以及铁的氢氧化物。造岩矿物如石英、长石、方解石等，对磁化率无贡献。沉积岩的天然剩余磁性，与由母岩剥蚀下来的磁性颗粒有关，其数值不大。

2. 火成岩的磁性

依据产出状态，火成岩又可分为侵入岩和喷出岩。

(1) 不同类型的侵入岩（花岗岩、花岗闪长岩、闪长岩、辉长岩、超基性岩等），其 $\kappa_{平均}$值随着岩石的基性增强而增大。它们的磁化率均具有数值分布范围宽的相同特征。

表 1-2-3　地壳岩石的磁化率和天然剩余磁化强度

岩石类型	$\kappa[10^{-6}SI(\kappa)]$	M_r(A/m)	岩石类型	$\kappa[10^{-6}SI(\kappa)]$	M_r(A/m)
超基性岩	$10^1 \sim 10^3$	$10^{-1} \sim 10^1$	变质岩	$10^{-1} \sim 10^2$	$10^{-3} \sim 10^{-1}$
基性岩	$10^0 \sim 10^3$	$10^{-3} \sim 10^1$	沉积岩	$10^{-1} \sim 10^1$	$10^{-3} \sim 10^{-1}$
酸性岩	$10^0 \sim 10^2$	$10^{-3} \sim 10^1$			

(注:表中数字表示数量级)。

(2) 超基性岩是火成岩中磁性最强的。超基性岩体在经受蛇纹石化时,辉石被蚀变分解形成蛇纹石和磁铁矿,使磁化率急剧增大,可达几个SI(κ)单位。

(3) 基性、中性岩,一般来说其磁性较超基性岩要低。

(4) 花岗岩建造的侵入岩,普遍是铁磁—顺磁性的,磁化率不高。

(5) 喷出岩在化学和矿物成分上与同类侵入岩相近,其磁化率的一般特征相同。由于喷出岩迅速且不均匀的冷却,结晶速度快,因而其磁化率离散性大。

(6) 火成岩具有明显的天然剩余磁性,其 $Q=M_r/M_i$ 称作柯尼希斯贝格比。不同岩石组的 Q 值范围,可在0～10或更大范围内变化。

3. 变质岩的磁性

变质岩的磁化率和天然剩余磁化强度的变化范围很大。按磁性,变质岩可分为铁磁—顺磁性和铁磁性两类,与原来的基质有关,也与其形成条件有关。由沉积岩变质生成的,称水成变质岩,其磁性特征一般具有铁磁—顺磁性;由岩浆岩变质生成的,称火成变质岩,其磁性有铁磁—顺磁性与铁磁性两种。这和原岩的矿物成分,以及变质作用的外来性或原生性有关。

具有层状结构的变质岩,表现有磁各向异性。其 M_r 方向往往近于片理方向。磁化率各向异性可用下式来评价:

$$\lambda_k=\frac{\kappa_{最大}-\kappa_{最小}}{\kappa_{平均}} \tag{1.2-11}$$

式中,λ_κ是磁化率各向异性系数。在强变质沉积岩石中,λ_κ 值最大可达1.0～1.5。

(四) 影响岩石磁性的主要因素

岩石的磁性是由所含磁性矿物的类型、含量、颗粒大小与结构,以及温度、压力等因素决定的。

1. 岩石磁性与铁磁性矿物含量的关系

根据实验资料和理论计算,侵入岩的磁化率与铁磁性矿物含量之间存在统计相关关系。一般来说,岩石中铁磁性矿物含量愈多,磁性愈强。

2. 岩石磁性与磁性矿物颗粒大小、结构的关系

实验结果表明,在给定的外磁场 $H=\frac{1.35}{4\pi}\times 10^3$A/m 作用下,铁磁性矿物的相对含量不变,其颗粒粗的较之颗粒细的磁化率大。可用于衡量剩磁大小的矫顽力 H_c,与铁矿性矿物颗粒大小的关系恰好相反,如图 1-2-5 所示。表明 H_c 随铁磁性矿物颗粒的增大,而减小的相关关系。喷出岩的剩磁常较同一成分侵入岩的剩磁大。

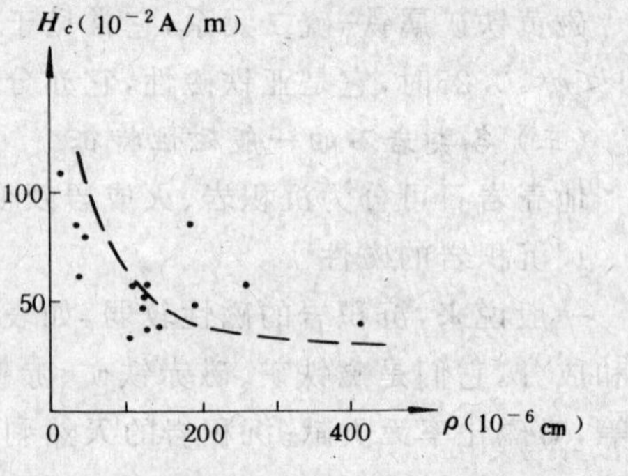

图 1-2-5　H_c 与铁矿性矿物颗粒大小的关系

此外,铁磁性矿物在岩石中的结构对岩石的磁化率也有影响。当磁性矿物相对含量、颗粒大小都相同,颗粒相互胶结的比颗粒呈分散状者磁性强。

3. 岩石磁性与温度、压力的关系

高温与高压，对矿物和岩石的磁性会产生影响。顺磁体磁化率与温度的关系，已由居里定律确定。

铁磁性矿物的磁化率与温度的关系，有可逆型及不可逆型两种。前者磁化率随温度增高而增大，接近居里点则陡然下降趋于零，加热和冷却的过程，在一定条件下磁化率都有同一个数值。后者其加热和冷却曲线不相吻合，即不可逆。它是温度增高后不稳定的那类铁磁性矿物的特征。此外，温度增高还能引起矿物矫顽磁力 H_c 的减小。

岩石磁化率与温度的相互关系比单纯矿物的复杂，岩石的 κ-t 曲线与铁磁性矿物的成分有关，如图 1-2-6 所示，曲线具有跃变形状，此特征代表岩石中含有不同居里点的几种矿物，岩石的居里温度 T_c 分布仅与铁磁性矿物成分有关，而与矿物的数量、大小及形状无关。因此，热磁曲线（κ-t 曲线）可用于分析确定岩石中的铁磁性矿物类型。

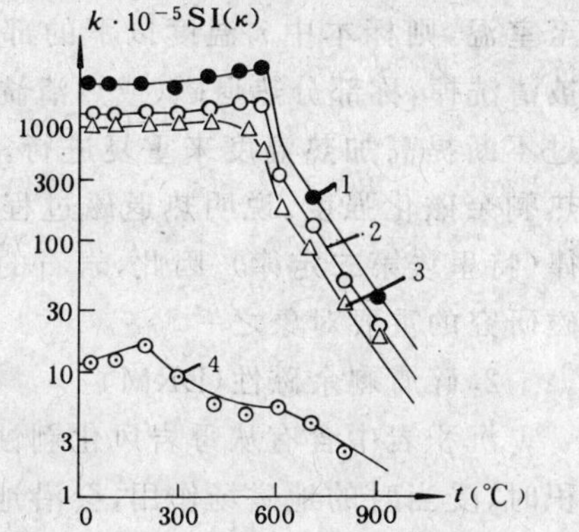

图 1-2-6　岩石磁化率与温度关系

1—花岗闪长岩；2—黑云母角闪石花岗岩；3—闪长岩；4—黑云母花岗岩

温度增高，还导致岩石剩余磁化强度退磁。

铁磁体磁化，同时发生机械变形，其形变与晶体大小变化有关。铁磁体变化时，其形状和体积的改变称为磁致伸缩。

岩石在机械应力作用下，由于铁磁体的磁致伸缩，其磁性大小会有变化。比如在弱磁场中，当磁铁矿受到40MPa 的单向压力时，其磁化率减小20%～30%，且其减小与磁化场强度还有关系。同样，岩石磁化率随着所受机械压力的增加而减小。垂直于受压方向所测得的磁化率，与压力的相依关系较弱。

岩石的剩余磁化强度，亦随着岩石受压的增大而减小。

三、岩石的剩余磁性

岩石在成岩过程中获得天然剩余磁化强度，它是岩石磁性的重要组成部分，不论是磁法勘查，还是古地磁测定，都要十分注意研究岩石的剩余磁性。

（一）*岩石剩余磁性的类型及特点*

由于形成剩余磁性的磁化历史（如磁化场、矿物成分、温度及化学反应等）的不同，因而岩石剩余磁性的类型、特点各不相同。

1. 热剩余磁性（TRM）

在恒定磁场作用下，岩石从居里点以上的温度，逐渐冷却到居里点以下，在通过居里温度时受磁化所获得的剩磁，称热剩余磁性（温度顽磁性，简称热剩磁）。

应当注意，热剩磁并非全都是在居里温度时产生的。如将岩石自居里点逐渐冷却至室温，且只在某一温度区间施以外磁场，由此得到的热剩余磁性，称部分热剩磁，如图 1-2-7 所示。

热剩磁具有如下的特点：

(1) 强度大。在弱磁场中，其热剩磁强度大致正比于外磁场强度，并同外磁场方向一致。因此，火成岩的天然剩余磁化强度方向，一般代表了成岩时的地磁场方向。

(2) 具有很高的稳定性。剩磁随时间衰减的现象，叫做磁性弛豫。热剩磁的稳定，表现为其弛豫时间很长。实验表明，外磁场的变化，温度在200～300℃ 内的热作用，很难影响热剩磁的变化。

(3) 实验证明,总热剩磁是居里温度至室温,各个温度区间的部分热剩磁之和。即热剩磁服从叠加定律(特里埃第一定律),见图 1-2-7。

(4) 若将已具有热剩磁 M_{rt}的标本,在零磁场空间内,从室温加热到某一个温度 t_1,然后再冷却至室温,则标本中 t_1温度以下的部分热剩磁全部被清洗掉,称部分热退磁(或热清洗)。此过程可通过不断提高加热温度来重复进行,最终得到一个热剩余磁化强度。说明热退磁过程也服从叠加定律(特里埃第二定律)。因此,岩石的热剩磁是古地磁研究的重要对象之一。

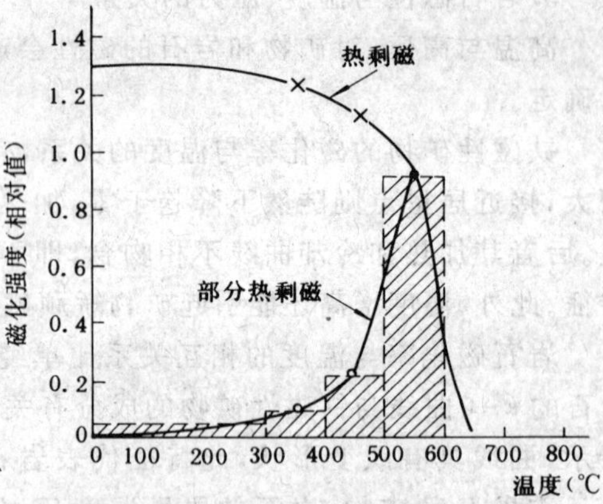

图 1-2-7 热剩磁和部分热剩磁

2. 碎屑剩余磁性(DRM)

沉积岩中含有从母岩风化剥蚀带来的许多碎屑颗粒,其中磁性颗粒(磁铁矿等)在水中沉积时,受当时的地磁场作用,会沿地磁场方向定向排列,或者是这些磁性颗粒在沉积物的含水孔隙中转向地磁场方向。沉积物固结成岩后,按其碎屑的磁化方向保存下来的磁性,称碎屑剩余磁性(沉积剩余磁性,简称碎屑剩磁)。

碎屑剩磁具有如下的特点:

(1) 它的强度正比于定向排列的磁性颗粒数目,其强度比热剩磁小得多。

(2) 形成碎屑剩磁的磁性颗粒大都来自火成岩,这些颗粒的原生磁性来自热剩磁,因此,碎屑剩磁比较稳定。

(3) 等轴状颗粒,其碎屑剩磁方向和外磁场(地磁场)方向一致。

3. 化学剩余磁性(CRM)

在一定磁场中,某些磁性物质在低于居里温度的条件下,经过相变过程(重结晶)或化学过程(氧化还原)所获得的剩磁,称化学剩余磁性(简称化学剩磁)。

化学剩磁具有如下的特点:

(1) 在弱磁场中,其强度正比于外磁场的强度。

(2) 有较高的稳定性。

(3) 在相同磁场中,化学剩磁强度只有热剩磁强度的几十分之一,但大于碎屑剩磁强度。

上述三种剩余磁性,统称为原生剩磁。

4. 粘滞剩余磁性(VRM)

岩石生成之后,长期处在地球磁场作用下,随时间的推移,其中原来定向排列的磁畴,逐渐地弛豫到作用磁场的方向,这一过程中所形成的剩磁称粘滞剩余磁性。

粘滞剩余磁性具有如下的特点:

(1) 强度与时间的对数成正比。

(2) 随温度增高,粘滞剩磁增大。裸露于地表的岩石,受昼夜及季节温差变化的热骚动影响,随时间增长,会形成较强的粘滞剩磁。具有较大粘滞剩磁的岩石样品,不宜用于古地磁研究。

5. 等温剩余磁性(IRM)

在常温没有加热情况下,岩石因受外部磁场的作用(比如闪电作用),获得的剩磁称等温剩余磁性。

等温剩磁是不稳定的，其大小和方向随外磁场变化。

上述第4、5两种剩磁，是在岩石生成之后，因受某些外部因素的作用而获得的，因此称它们为次生剩磁。

地壳岩石具有的原生剩磁，既是磁法勘查，也是古地磁研究的对象。但是，次生剩磁不能作为古地磁研究的“化石”。

（二）各类岩石剩余磁性的成因

岩石的天然剩磁 M_r，其形成的因素是复杂的。由成岩至今，经历各种地质作用，物理和化学的变化过程，这些都会影响剩余磁性。岩石的原生剩磁，不同类型的岩石，其形成的原因不同。

1. 火成岩剩磁的成因

大量实际资料与实验资料表明，热剩磁是形成火成岩原生剩磁的原因。熔融岩浆由高温冷却，通常当温度降至1 073K 时开始凝固，形成各种固溶体。铁磁性矿物的居里点一般在673～853K 以下。当火成岩由高于居里点温度，下降到铁磁性组分的居里点以下，受地磁场的磁化作用，磁性矿物磁畴排列到地磁场方向上，而获得强的磁性。随着温度继续下降，磁畴热扰动能量减少，不够使磁畴体积变化和使磁畴转向，从而保留下来剩余磁性，即热剩磁。

2. 沉积岩剩磁的成因

沉积岩的生成与火成岩完全不同，没有高温冷却过程。沉积岩的剩余磁性，是通过沉积作用和成岩作用两个过程形成的。前者形成碎屑剩磁，后者成岩作用经氧化和脱水过程，获得化学剩磁。因此，沉积岩的剩磁系碎屑与化学剩磁。

3. 变质岩剩磁的成因

变质岩的剩余磁性与其原岩有关。由火成岩变质生成的正变质岩，它可能有热剩磁。由沉积岩变质生成的副变质岩，它可能有碎屑剩磁与化学剩磁。

（三）地质体磁化的消磁作用

前述公式（1-2-4）或公式（1-2-9）适用于均匀无限磁介质。地壳内岩体、矿体一般都是有限体。有限物体在地磁场中受磁化，其磁化强度与它的形状有关。

1. 消磁作用和视磁化率

如图 1-2-8 所示，设均匀有限磁介质，受外部磁场（地磁场）$\boldsymbol{T}_0$磁化，则其两端表面将有面磁荷分布，它在其内部产生与磁化场 $\boldsymbol{T}_0$方面相反的磁场 $\boldsymbol{T}_e$，称为消磁场（退磁场）。则有限体内部的磁场为

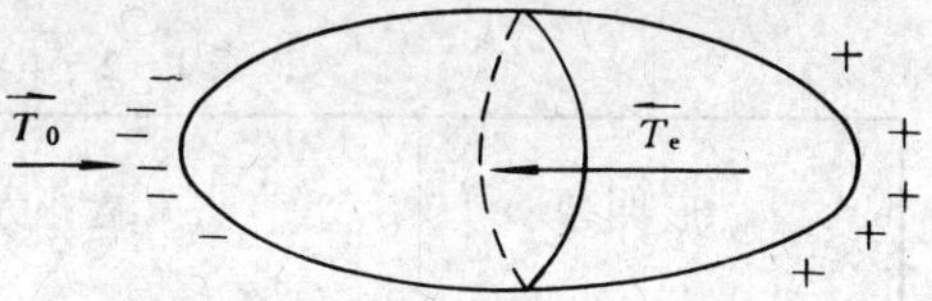

图 1-2-8　有限物体消磁场示意图

$$\boldsymbol{T}=\boldsymbol{T}_0+\boldsymbol{T}_e \qquad (1.2-12)$$

对于均匀磁化磁性体，可证明其退磁场为

$$\boldsymbol{T}_e=-N\boldsymbol{M} \qquad (1.2-13)$$

式中 N 为消磁系数（退磁系数），它是与磁性体形状有关的常数。负号表示 $\boldsymbol{T}_e$ 与 $\boldsymbol{M}$ 方向相反。

由（1.2-10）式，它可改写成

$$\boldsymbol{T}_e=N(\boldsymbol{M}_i+\boldsymbol{M}_r)$$

则在消磁作用下，有限体受磁化后其感应磁化强度为

$$\boldsymbol{M}_i=\kappa\boldsymbol{T}=\kappa(\boldsymbol{T}_0+\boldsymbol{T}_e)=\kappa[\boldsymbol{T}_0-N(\boldsymbol{M}_i+\boldsymbol{M}_r)]$$

经移项整理可得

$$M_i=\frac{\kappa}{1+N\kappa}T_0-\frac{\kappa}{1+N\kappa}NM_r \quad (1.2-14)$$

令

$$k'=\frac{\kappa}{1+N\kappa} \text{或} \kappa=\frac{k'}{1-Nk'} \quad (1.2-15)$$

则

$$M_i=k'T_0-k'NM_r \quad (1.2-16)$$

若是不考虑剩磁，$M_r=0$，则有

$$M_i=k'T_0 \quad (1.2-17)$$

式（1.2－17）表示均匀有限磁介质的感应磁化强度与磁化场的关系。k'叫视磁化率，它是一个与形状有关的物理量。与之对应的κ叫真磁化率。

由式（1.2－15）知，当$N\kappa\ll1$时，才有$k'=\kappa$。考虑到N值的大小在0至1之间，若取$N=0.08$，让$N\kappa<0.01$，则只要$\kappa<0.126\mathrm{SI}(\kappa)$，视磁化率与真磁化率即可看成是相等的，其误差小于1%，消磁作用可忽略不计。

2.均匀磁化物体的消磁系数

均匀磁化，系指磁化场均匀，受磁化物体的κ、M_r须处处相同。满足此条件才是均匀磁化体，它的M是一个常值。

磁化场均匀，系指外磁场T_0及消磁场T_e都均匀，它们是常值。已知消磁场强度与磁位之间的关系为$T_e=-\frac{1}{4\pi}\mathrm{grad}U$，要使磁位$U_e$的梯度是一个常量，则它应是坐标$(x,y,z)$的线性函数。根据泊松公式：$U_e=-M\cdot\mathrm{grad}V$，可见体内引力位$V$必须是坐标的二次函数，则其表面应是二次曲面。椭球体就是表面为二次曲面的有限体。

满足均匀磁化，则$\mathrm{div}M=0$，物体内部无体磁荷，只表面分布面磁荷。

有限体在均匀外磁场中被均匀磁化，它必须是椭球体。而球体、无限长椭圆柱体、圆柱体以及无限延伸薄板，可看成是椭球体的一些特例。它们的消磁系数N，原则上均可由体内引力位的二阶偏导数求得。这些有限体的N值见表1－2－4所示。

表1－2－4　一些有限体的消磁系数N值

形状	磁化方向	消磁系数 N	
		SI	CGSM
球体	沿半径方向	1/3	$4\pi/3$
无限长圆柱体	平行（走向）轴向方向	0	0
	垂直（走向）轴向方向	1/2	2π
无限长椭圆柱体	平行（走向）轴向方向	0	0
	沿横截面椭圆短半轴(a)方向	$b/(a+b)$	$4\pi\cdot b/(a+b)$
	沿横截面椭圆长半轴(b)方向	$a/(a+b)$	$4\pi\cdot a/(a+b)$
无限延伸薄板状体	平行板面方向	0	0
	垂直板面方向	1	4π

对于非二次曲面所限定的物体，它们不满足均匀磁化条件。通过采用物理模拟、实验测定的方法来求它们的退磁系数。比如有限长圆柱、半圆柱等通用于岩心标本的特殊形体，其消磁系数N可在有关的书籍文献以及我国地质行业的技术规范中查阅。

3. 消磁作用对 M_i 方向的影响

由上表可见，除球体外，对于其他形体，不同的磁化方向，其消磁系数不同。

因此，消磁作用不仅会影响 M_i 的量值，而且会影响它的方向。如图 1-2-9 所示，一个很长的水平圆柱体，受地磁场 T_0 的磁化，设 T_0 的倾角为45°，圆柱体的 $\kappa=0.1\times4\pi\mathrm{SI}(\kappa)$，则由图可知，$M_i$ 沿 x、z 轴分量为：

$$M_{ix}=\frac{\kappa}{1+N_x\kappa}T_{0x}=\kappa T_0\cos45°$$

$$M_{iz}=\frac{\kappa}{1+N_z\kappa}T_{0z}=\frac{\kappa}{1+\frac{1}{2}\kappa}T_0\sin45°$$

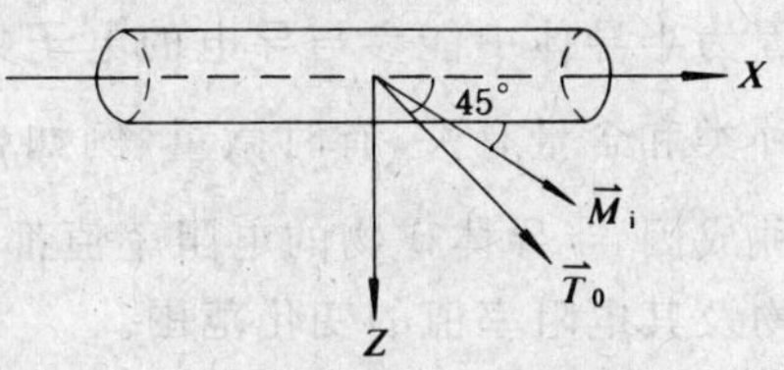

图 1-2-9　消磁作用对 M_i 的影响

则 M_i 的倾角 α

$$\mathrm{tg}\alpha=\frac{M_{iz}}{M_{ix}}=\frac{1}{1+\frac{1}{2}\kappa}\cong0.61$$

得 $\alpha=31.6°$。可见，消磁作用使 M_i 偏离磁化场 T_0 的方向。一般来说，κ 愈大，M_i 偏离 T_0 的方向愈大，且总是偏向磁性体的长轴方向。

§1.3　岩石、矿石的电学性质

到目前为止，电法勘查利用的电学性质有：导电性、电化学活动性、介电性和导磁性。一般情况下，研究目标（或介质）与其周围介质的电性差异愈大，在其周围空间产生的电（磁）场的变化愈明显。当人们利用专门的电测仪器观测地壳周围电（磁）场的变化并研究电（磁）场分布规律时，便可以推断引起电（磁）场变化的地下目标体（地质构造或有用矿产或其他目的物）的电性特征和赋存状态。

一、岩石和矿石的导电性

表征某种物质导电性的参数是电阻率 ρ。在国际单位制中，某种物质的电阻率被定义为电流垂直通过每边长度为1m 的立方体均匀物质时，所遇到的电阻值。电阻率的单位为欧（姆）·米，记作 Ω·m。显然，物质的导电性愈好，其电阻率值愈小；反之，如果某种物质的电阻率很大，则该物质的导电性很差。

我们知道，自然状态下的岩石或矿石是由各种固体矿物组成的，并且或多或少都含有一定数量的孔隙水。因此，研究岩石和矿石的导电性，必须分别考察它的组成成分——固体矿物和孔隙水的导电性。

（一）岩、矿石的导电机制

1. 固体矿物的导电机制

按照导电机制可将固体矿物分为三种类型：金属导体、半导体和固体电解质。

在金属导体和半导体中，导电作用都是通过其中的某些电子在外电场作用下定向运动来实现的，它们都是电子导体。

（1）各种天然金属属于金属导体。这类矿物在地壳中并不经常出现，但当其出现时便具有一定的经济价值。比较重要的天然金属有自然铜、自然金。此外，石墨是具有某些特殊性质的一种电子导体。

在金属导体中，对传导电流起贡献的粒子（载流子）是基本上脱离了金属离子束缚、能在晶体中比较自由运动的价电子。当不存在外电场的情况下，金属内部的自由电子呈不规则的运动，沿各个方向运动的几率相同，故总的看来不显出电荷的定向运动，即没有电流。当存在外电场时，自由电子趋于反电场方向运动，因而在导体内出现电流。金属导体的导电性十分好，其电阻率 ρ 值很低，一般 $\rho \leqslant 10^{-6}\Omega \cdot m$。

(2) 大多数金属矿物属于半导体。其电阻率高于金属导体，通常 $\rho = 10^{-6} \sim 10^{6}\Omega \cdot m$。这是因为半导体中能参与导电的电子数目较少。自然界中矿物半导体的性质多半同其所含杂质的种类和含量有关，有时微量(例如含量 $\frac{1}{10^5}$)的杂质便可使半导体导电性提高几个级次。由于这种成因，半导体矿物的电阻率值都有较大的变化范围。表 1-3-1 列出了若干常见的半导体矿物及其电阻率值的变化范围。

表 1-3-1 常见半导体矿物的电阻率值

矿物名称	电阻率值(Ω·m)	矿物名称	电阻率值(Ω·m)
斑铜矿	$10^{-6} \sim 10^{-3}$	赤铁矿	$10^{-3} \sim 10^{6}$
磁铁矿	$10^{-6} \sim 10^{-3}$	锡石	$10^{-3} \sim 10^{6}$
磁黄铁矿	$10^{-6} \sim 10^{-3}$	辉锑矿	$10^{0} \sim 10^{3}$
黄铜矿	$10^{-3} \sim 10^{0}$	软锰矿	$10^{0} \sim 10^{3}$
黄铁矿	$10^{-3} \sim 10^{0}$	黑铁矿	$10^{0} \sim 10^{3}$
方铅矿	$10^{-3} \sim 10^{0}$	铬铁矿	$10^{3} \sim 10^{6}$
辉铜矿	$10^{-3} \sim 10^{0}$	闪锌矿	$10^{3} \sim 10^{6}$
辉钼矿	$10^{-3} \sim 10^{0}$	钛铁矿	$10^{3} \sim 10^{6}$

(3) 绝大多数造岩矿物(如辉石、长石、云母、方解石、角闪石、石榴石等)在导电机制上属于固体电解质。固体电解质是由正、负离子靠静电力(离子键)结合的离子晶体。固体电解质导电载流子为填隙离子或空格点，故其属于离子导电。通常，固体电解质的电阻率很高，一般 $\rho > 10^{-6}\Omega \cdot m$。

2. 孔隙水的导电机制

几乎所有的天然岩石都或多或少地含有水分。这些存在于岩石裂隙或孔隙中的水分(统称孔隙水)通常对岩、矿石的导电性质有影响。纯的蒸馏水的导电性极差，几乎可以看成是绝缘体。但是，天然岩石中的孔隙水总是在不同程度上含有某些盐分(电解质)，当电解质溶于水形成电解液时，其中一部分电解质的正、负离子会彼止分开，并可在溶液中互不依赖地自由运动，即所谓电离或离解。电解液正是借助于其中处于电离状态的正、负离子而导电，故为离子导体。电解液的电阻率与其载流子——离解的正、负离子的浓度和迁移率成反比。一般来说，岩石孔隙水溶液中离解的正、负离子的浓度和迁移率都远大于造岩矿物(固体电解质)中填隙离子或空格点的浓度和迁移率。因此，孔隙水的电阻率一般都远小于造岩矿物。大量实测资料证明，岩石孔隙水的电阻率值很少超过100Ω·m，通常在1～10Ω·m 之间。

(二) 影响岩、矿石导电性的因素

岩石和矿石都是矿物的集合体，并且常常含有一定的孔隙水。因此，岩、矿石的电阻率必然和它的组成矿物及所含水的导电性、含量、结构、构造及其相互作用等有关。

1. 岩石、矿石电阻率与其成分和结构的关系

大多数岩石和矿石，可视为均匀相连的胶结物和不同形状的矿物颗粒所组成。岩石、矿石的电阻率决定于这些胶结物和矿物颗粒的电阻率、形状及其百分含量。为了研究不同结构岩

石、矿石的电阻率与其成分和含量的关系，假设胶结物的电阻率为 ρ_1，矿物颗粒的电阻率为 ρ_2。若岩石、矿石仅由这两种矿物组成时，其电阻率与 ρ_1、ρ_2 及矿物颗粒的百分体积含量 V 有关，并且当矿物颗粒的形状不同时，其关系不同（谢苗诺夫，1958）。根据等效电阻率的近似理论，不同结构岩石、矿石的电阻率分别有如下表达形式：

矿物颗粒为球形的岩石、矿石（如砂岩、砾岩、浸染状的金属矿石）电阻率为

$$\rho=\rho_1\frac{(\rho_1+2\rho_2)-(\rho_1-\rho_2)V}{(\rho_1+2\rho_2)+2(\rho_1-\rho_2)V} \tag{1.3-1}$$

若岩石、矿石中的矿物颗粒呈片状，可用压扁的旋转椭球体（半轴 $a=b,c\cong 0$）作为矿物颗粒的近似模型。这种岩石、矿石的电阻率具有方向性，沿片状矿物面的方向上岩石、矿石的电阻率为

$$\rho_t=\frac{\rho_1\ \rho_2}{\rho_1 V+\rho_2(1-V)} \tag{1.3-2}$$

垂直于片状矿物面的方向上，岩石、矿石的电阻率为

$$\rho_n=\rho_1(1-V)+\rho_2 V \tag{1.3-3}$$

并有关系　　$\rho_n-\rho_t\geqslant 0$

如果矿物颗粒呈针状（其形状近于拉长的旋转椭球体 $a=b\ll c$），岩、矿石的电阻率一般也有方向性。沿矿物拉长方向，岩石、矿石的电阻率为

$$\rho_t=\frac{\rho_1\rho_2}{\rho_1 V+(1-V)\rho_2} \tag{1.3-4}$$

垂直于拉长方向上，岩石、矿石的电阻率为

$$\rho_n=\rho_1\frac{\rho_1+\rho_2-(\rho_1-\rho_2)V}{\rho_1+\rho_2+(\rho_1-\rho_2)V} \tag{1.3-5}$$

两者的关系同样是 $\rho_n-\rho_t\geqslant 0$。

图 1-3-1 分别给出了三种不同形态矿物颗粒组成的岩石、矿石之电阻率与矿物颗粒体积含量 V 的关系曲线。由图可见，在球形矿物颗粒的情况下，不论矿物本身为高阻还是低阻，当其体积含量不太大（$V<60\%$）时，则岩石、矿石的电阻率值均接近于胶结物的电阻率 ρ_1，而受 ρ_2 之影响甚小；仅当矿物颗粒的体积含量相当大（$V\geqslant 60\%$）时，ρ_2 才对岩、矿石的电阻率值有明显作用。这是由于当矿物颗粒含量不大时，矿物颗粒被胶结物隔离开，其对导电作用的影响不大，而胶结物彼此连通，故岩石、矿石整体的导电作用主要取决于它。如果矿物颗粒含量相当大，以致彼此相连通时，矿物颗粒的电性便对岩石、矿石的电阻率有明显影响。总之，岩石、矿石中某种组成部分对整体岩石、矿石电阻率影响的大小，决定于其连通情况。连通者起的作用大，孤立者起的作用小。例如，浸染状金属矿石，胶结物是彼此连通的脉石矿物，故整个矿石表现为高阻电性；仅当金属矿物含量很大，且彼此连通时，矿石才表现为良导电性。又如含水砂岩，其胶结物为彼此相连、导电性好的孔隙水，故含水砂岩的电阻率通常都低于一般造岩矿物的电阻率；仅当孔隙水含量很低或彼此不相连通时，砂岩才表现为高阻。

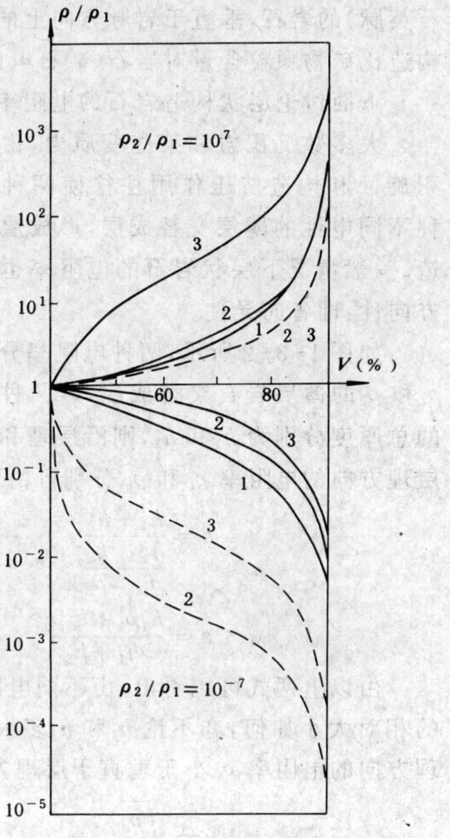

图 1-3-1　岩、矿石电阻率 ρ 与矿物颗粒体积含量 V 的关系曲线

1—球形矿物颗粒（$a=b=c$）；2—针状矿物颗粒（$a=b=c/40$）；3—片状矿物颗粒（$a=b=40c$）。实线—表示横向电阻率 ρ_n；虚线—表示纵向电阻率 ρ_t

图 1-3-1 中对于片状和针状结构的岩、矿石，不论 $\rho_1>\rho_2$、还是 $\rho_2>\rho_1$，总是 $\rho_n>\rho_t$。这表明：片状或针状构造的岩石、矿石电阻率具有明显的方向性，即各向异性。对比图中三种不同结构岩石、矿石的曲线可以看出：含良导片状或针状矿物颗粒的岩石、矿石之横向电阻率 ρ_n 与含同样体积的球形颗粒的岩石、矿石之电阻率值相差不大；而其纵向的电阻率 ρ_t 却明显低于含球形颗粒岩石、矿石之电阻率值。含高阻片状颗粒岩石、矿石电阻率 ρ_t 与含同样体积球形或针状颗粒的岩石、矿石电阻率相差不多；而其 ρ_n 却明显大于球形或针状矿物颗粒者。

综上所述，自然界含片状或针状良导矿物的网脉状或细脉状金属矿石，沿网脉或细脉方向的电阻率值，大大低于同等金属矿物含量的浸染状矿石电阻率；而含片状、树枝状高阻矿物（如石英脉）的岩石，垂直于岩脉方向上的电阻率值往往很高，因此，一般情况下，岩石、矿石的结构构造比矿物颗粒含量对岩石、矿石电阻率的影响更重要。

下面讨论层状构造岩石的电阻率。

大多数沉积岩和某些变质岩，由于沉积旋回和构造挤压作用往往使两种或多种不同电性的薄层交替成层，形成层状构造。一般情况下层状岩石的电阻率也具有方向性，即各向异性。

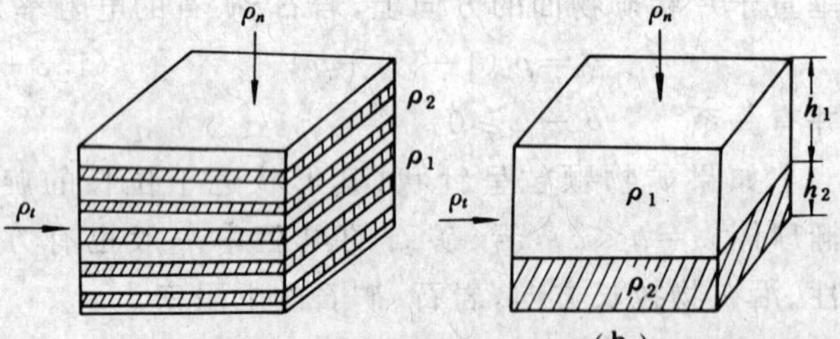

图 1-3-2　层状构造岩石模型

(a) 实际岩石；(b) 等效模型

如图 1-3-2 所示，两种电阻率分别为 ρ_1 和 ρ_2 的薄层岩石交替成层，若两种薄层的总厚度分别为 h_1 和 h_2，则沿层理和垂直层理方向的电阻率 ρ_t 和 ρ_n 分别可由下式表示：

$$\rho_t=\frac{h_1+h_2}{\dfrac{h_1}{\rho_1}+\dfrac{h_2}{\rho_2}} \tag{1.3-6}$$

$$\rho_n=\frac{h_1\rho_1+h_2\rho_2}{h_1+h_2} \tag{1.3-7}$$

由以上两式可以看出：由不同电阻率（$\rho_1\neq\rho_2$）薄层岩石交替形成的层状岩石，不论 ρ_1 和 ρ_2 的相对大小如何，亦不论 h_1 和 h_2 多大（不能为零），其电阻率具有非各向同性，并且，总是沿层理方向的电阻率 ρ_t 小于垂直于层理方向的电阻率 ρ_n。定义层状岩石的各向异性系数

$$\lambda=\sqrt{\frac{\rho_n}{\rho_t}} \tag{1.3-8}$$

和平均电阻率

$$\rho_m=\sqrt{\rho_n\cdot\rho_t} \tag{1.3-9}$$

以表征层状岩石的各向异性程度和平均导电性。表 1-3-2 列出了几种常见岩石的各向异性系数 λ。由表可见，某些岩石（如石墨化碳质页岩、泥质页岩等）在垂直和平行层理两个方向的电阻率相差竟达4～7倍以上。这在推断解释电法勘查资料时，必须引起充分重视。

2. 岩石、矿石电阻率与所含水分的关系

除含有良导电矿物的金属矿石或矿化岩石外，绝大多数岩石由造岩矿物组成。这样看来，似乎岩石的电阻率应与固体电解质的电阻率具有相同的数量级，都在 $10^{+6}\Omega\cdot m$ 以上；但实际并非如此，通常自然状态下岩石电阻率都低于此值，甚至有低达 $n\times10\Omega\cdot m$ 以下的情况。这是因为岩石都在不同程度上含有导电性较好、并且彼此有相互连通的水溶液之故。

表 1-3-2　几种常见岩石的各向异性

岩石名称	λ	ρ_n/ρ_t	岩石名称	λ	ρ_n/ρ_t
层状粘土	1.02～1.05	1.04～1.00	泥质页岩	1.41～2.25	2.2～5.0
层状砂岩	1.1～1.6	1.20～2.56	无烟煤	2.0～2.55	4.0～6.5
泥质板岩	1.1～1.59	1.20～2.5	石墨化碳质页岩	2.0～2.8	4.0～7.84

孔隙中充满水分的砂、砾石的电阻率 ρ 与其体积含水量(湿度)和孔隙水电阻率 $\rho_{水}$ 的关系可由式(1.3-1)导出：

$$\rho=\rho_{水}\frac{3-\omega}{2\omega} \tag{1.3-10}$$

式中 $\rho_{水}$ 为孔隙水的电阻率，ω 为岩石的体积含水量，并有 $\omega=1-V$。

式(1.3-10)表明：岩石电阻率 ρ 随 $\rho_{水}$ 成正比关系变化，同时与湿度 ω 成反变关系。这种反变关系在湿度很小(ω 从零到百分之几)时尤其明显，因为当湿度减小到一定程度后，岩石中的水呈现为附着在岩石孔隙表面的薄膜水，彼此不相连通，因而使岩石电阻率急剧增大。

对于孔隙未被水充满的岩石，电阻率与 ω 和 $\rho_{水}$ 的关系比较复杂，但总的规律仍是岩石电阻率与 $\rho_{水}$ 成正比，并随 ω 增大而减小。因此，岩石所含水分的多少和孔隙水电阻率的高、低乃是决定含水岩石电阻率的两个基本因素。表 1-3-3 列出了几种天然水的电阻率值。

表 1-3-3　几种常见天然水的电阻率

名　称	电阻率(Ω·m)	名　称	电阻率(Ω·m)
雨　水	>1 000	地下水	<100
河　水	0.1～100	矿井水	1～10
海　水	1.0～10	深成盐渍水	0.1～1

岩石的电阻率不仅与岩石孔隙度的大小有关，而且还决定于孔隙的结构。通常当孔隙连通较好时，其中水分对岩石电性影响较大；而空穴式孔隙(如喀斯特溶洞或喷出岩的气孔等)，因其彼此不相连通，即使充满了水分，对岩石整体电阻率的影响也较小。节理或裂隙式孔隙，具有明显方向性，往往使岩石电阻率具有各向异性，沿节理或裂隙方向电阻率较低，垂直方向上电阻率较高。

3. 岩石、矿石电阻率与温度的关系

电子导电矿物或矿石的电阻率随温度增高而上升；离子导电岩石的电阻率随温度增高而降低。地壳中岩石、矿石的温度与两种因素有关：距离地表的远近和季节气候的变化。其中太阳辐射引起的季节变化只能影响地壳上层约15m 的深度，推测在地表下20～25m 地段，岩石、矿石的温度(即地温)不受季节影响，保持为当地年平均温度，该段称为常温带。常温带以下，地温随深度的增加而增高。地温每升高1℃ 所下延的深度为地温增加率。各地的地温增加率是不同的，在我国平均为40m 左右增高1℃。这样，在地下1 600m 深处的地温将比地面约高40℃。在那里，金属矿物的电阻率增高20%，而含水岩石的电阻率差不多降低一半。通过对深部岩石电阻率的观测，给出某地区地下温度场的变化特征，可用于寻找地热资源或研究地质构造。在探查金属及非金属矿产时，由于所研究的深度一般很少超过1 000m，在通常的气温条件下，温度对岩石、矿石电阻率的影响不大。但在研究深部构造或地热田时，则必须考虑地温对岩石电阻率的影响。此外，应当指出，当气温降至0℃ 以下时，将会使地表含水岩石或土壤的电阻率发生很大变化。

图 1-3-3 的实验结果表明：随温度降低至0℃以下，含水砂岩的电阻率显著增高。当温度降到−16℃时，含水砂岩的电阻率高达$10^6\Omega\cdot m$以上，比冰点以上的电阻率值大三个量级。冰冻岩石电阻率显著增高是岩石中孔隙水结冰后失去了导电性水溶液的缘故。由于孔隙水总含有一定盐分，盐分使溶液的冰点降低；当孔隙水的一部分结冰后，盐离子移向仍旧为液相的那一部分，使其含盐量增大，冰点进一步降低。因此，岩石中孔隙水的结冰过程发生于一个宽阔的温度范围，而不是发生在某个特定的温度上。图 1-3-3 中的实验结果正反映了这种情况。

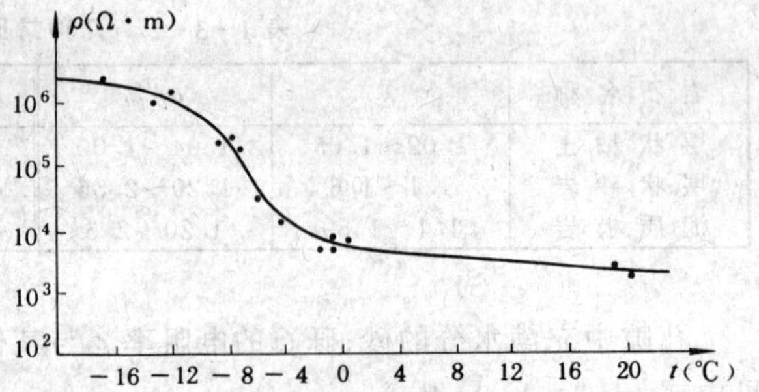

图 1-3-3　含水砂岩电阻率随温度变化的实验曲线

（砂岩孔隙度为12%；含水量 $\omega=1.5\%$）

冰冻季节地表岩石或土壤电阻率显著增高，对电法勘查有很大影响，一方面它使电极接地电阻增大，造成直流电法施工困难；另一方面，表层电阻率增高使其他干扰减小，因而对感应类电法来说，是十分有利的工作条件。

4. 岩、矿石电阻率与压力的关系

在压力极限内，压力大使孔隙中的水挤出来，则 ρ 变大，压力超出岩石破坏极限，则岩石破裂，使 ρ 降低。

（三）岩、矿石的电阻率

综上所述，由于影响岩、矿石电阻率的因素众多，自然状态下某种岩、矿石的电阻率并非为某一特定值，而多是在一定范围内变化。顺便指出，在岩、矿石的所有物理性质中，以电阻率的变化范围最大。在电法勘查所研究的深度范围内，岩石的导电作用几乎全是靠充填于孔隙中的水溶液来实现的。仅在少数情况下，如当岩石中含有相当数量、并且彼此相连的磁铁矿、石墨或黄铁矿等导电矿物，或是在相当深处，岩石的孔隙结构被上覆地层的压力所封闭时，岩、矿石中矿物颗粒的作用才占主导地位。前一种情况下的矿石可能具有很低的电阻率（$<10\Omega\cdot m$）；而后一种情况下的岩石电阻率往往高达$10^4\Omega\cdot m$以上。

含水岩石的电阻率与其岩石学特征的地质年代有某些间接关系，因为这两者对岩石的孔隙度或储水能力以及所含水分的盐量都有影响。表 1-3-4 概括了这种关系的一般特征（Keller and Frischnecht, 1966），表中从左到右岩石的孔隙度逐渐减小，如海相碎屑岩其孔隙度高达40%，其电阻率相应较低；化学沉积岩实际上可认为不含水分，其电阻率最高。表中自上而下岩石的地质年代由新到老，显然，愈老的岩石胶结程度和致密程度愈高，因而孔隙度和储水能力愈低，电阻率愈高。

表 1-3-4　不同地质年代各种岩石电阻率的变化范围

电阻率（Ω·m）＼岩石类型／地质年代	海相碎屑沉积岩	陆相碎屑沉积岩	喷出岩（玄武岩、流纹岩）	侵入岩（花岗岩、辉长岩）	化学沉积岩（灰岩、盐岩）
第四纪和第三纪	1～10	15～50	10～200	500～2 000	50～5 000
中生代	5～20	25～100	20～500	500～2 000	100～10 000
晚古生代	10～40	50～300	50～1 000	1 000～5 000	200～100 000
早古生代	40～200	100～500	100～2 000	1 000～5 000	10 000～100 000
前寒武纪	100～2 000	300～ 5 000	200～5 000	5 000～20 000	10 000～100 000

必须指出，如果由于变质作用使正常情况下的多孔岩石之孔隙度变小，或是高阻岩石中导电矿物含量相当多，以致足以降低其电阻率时，都会使岩石电阻率与表中所列的变化范围不同，应当根据标本或露头测定结果具体了解当地岩石的电阻率值。

二、岩石和矿石的自然极化和激发极化特性

一般情况下物质都是电中性的，即正、负电荷保持平衡。但是，某些岩石和矿石在特定的自然条件下，在岩石中产生的各种物理化学过程作用下，岩石可以形成面电荷和体电荷。岩石的这一性质称为岩石极化。岩石极化分为两种类型：

(1) 自然极化（日丹诺夫，1990），是由不同地质体接触处的电荷自然产生的（表面极化）或由岩石的固相骨架与充满空隙空间的液相接触处的电荷自然产生的（两相介质的体极化）；

(2) 激发极化，是在人工电场作用下产生的极化。

由岩石自然极化和人工极化产生的面电荷和体电荷形成自然电场或激发极化电场。

（一）*岩石和矿石的自然极化特性*

1. 电子导体的自然极化

当电子导体和溶液接触时，由于热运动，导体的金属离子或电子可能具有足够大的能量，以致克服晶格间的结合力越出金属进入溶液中，从而破坏了导体与溶液的电中性，使金属带负电，溶液带正电。金属上的负电荷吸引溶液中过剩的阳离子，使之分布于界面附近，形成双电层（郭鹤桐，1966），产生一定的电位差。此电位差产生一反向电场，阻碍金属离子或电子继续进入溶液。当进入溶液的金属离子达到一定数量后，便达到平衡，此时，双电层的电位差为该金属在该溶液中的平衡电极电位。它与导体和溶液的性质有关。若导体和溶液都是均匀的，则界面上的双电层也是均匀的，这种均匀、封闭的双电层不产生外电场。如果导体或溶液是不均匀的，则界面上的双电层呈不均匀分布，产生极化，并在导体内、外产生电场，引起自然电流。这种极化所引起电流的趋势是减少造成极化的导体或溶液的不均匀性。所以，如果不能继续保持原有的导体或溶液的不均匀性，则因极化引起的自然电流会随时间逐渐减小，以至最终消失。因此，电子导体周围产生稳定电流场的条件必须是：导体或溶液的不均匀性，并有某种外界作用保持这种不均匀性，使之不因极化放电而减弱。

如图 1-3-4 所示，赋存于地下的电子导电矿体，当其被地下潜水面切过时，往往在其周围形成稳定的自然电流场。我们知道，潜水面以上为渗透带，由于靠近地表而富含氧气，使潜水面以上的溶液氧化性较强；相反，潜水面以下含氧较少，那里的水溶液相对来说是还原性的。潜水面上、下水溶液化学性质的差异通过自然界大气降水的循环总能长期保持。这样，电子导体的

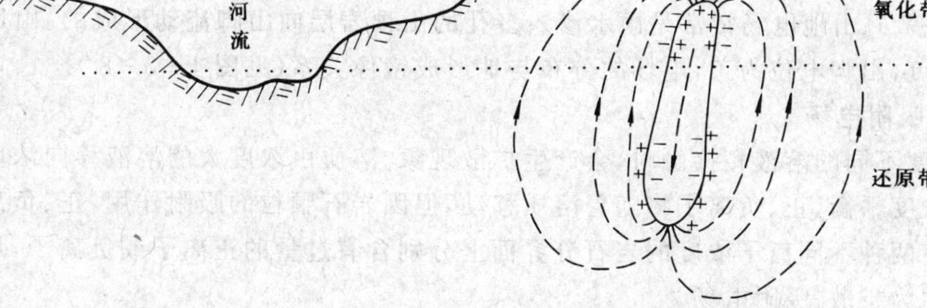

图 1-3-4　电子导电矿体的自然极化及自然电场

上、下部分总是分别处于性质不同的溶液之中，在导体和溶液之间形成了不均匀的双电层，产生自然极化，并形成自然极化电流场，简称自然电场。

在上述特定自然条件下，导体上部处于氧化性质溶液中，其电极电位较高，导体带正电，其周围溶液带负电；导体下部处于还原性质溶液中，电极电位较低，导体带负电，周围溶液带正电。这种因极化形成的电流，在导体内部自上而下；而在导体外部是自下而上，如图 1-3-4 中的电流线。从地平面看，自然电流是从四面八方流向导体，因此，沿剖面观测自然电位时，离矿体愈近，电位愈低，在导体正上方电位最低，称为自然电位负心。

通常，在硫化金属矿上可观测到几十到几百毫伏的自然电位负异常。

顺便指出：在化学性能十分稳定的石墨矿或石墨化程度较高的地层上，自然电位负异常的幅度可达－800～－900mV，甚至－1 000mV 以上。这一类化学性质稳定的电子导体在形成电场的过程中，可视为惰性体，不直接参加化学反应。当围岩溶液物质在氧化和还原环境中进行氧化和还原电化学反应形成氧化还原电位差时，矿体将起传输电子的作用，从而在导体周围形成自然电场。

2. 离子导体的自然极化

在离子导电的岩石上所观测到的自然电场主要是由于动电效应所产生的流动电位所引起。

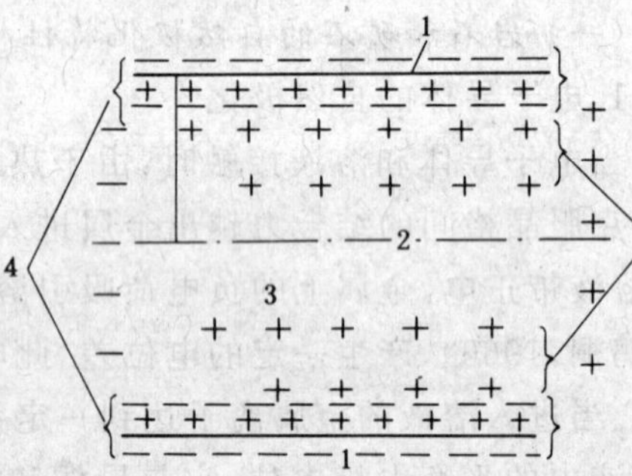

图 1-3-5　岩石孔隙的双电层结构

1—孔壁；2—孔隙中心线；3—孔隙水；4—紧密层；5—分散区

(1) 过滤电场。当地下水流过多孔岩石时，在地表就可以观测到过滤电场。过滤电场产生的过程如图 1-3-5 所示。孔壁1(特别是由粘土组成的孔壁)吸附水溶液3中的负离子，形成负离子层。该层负离子吸附孔壁附近的正离子，形成正离子层。这样，正、负离子层共同构成厚度约为10^{-8}m 的紧密层4。孔隙内部是水溶液的分散区5，厚度约为10^{-7}～10^{-6}m，紧密层和分散区构成了岩石孔隙的双电层。位于扩散区溶液的正离子受孔隙负离子层的吸引较弱，因此，溶液能平行于孔壁自由流动，而把正离子带走，于是在水流的上游负离子过多，而在水流下游正离子过多，形成了过滤电场。

地壳中自然形成的过滤电场主要包括裂隙电场、上升泉电场、山地电场和河流电场等。例如：地下的喀斯特溶洞、断层、破碎带或其他岩石裂隙带，常成为地下水的通道。当地下水向下渗漏时，上部岩石吸附负离子，下部岩石出现多余的正离子，这就形成裂隙电场(见图 1-3-6(a))。与以上的情况相反，当地下水通过裂隙带向上涌出形成上升泉时，由于过滤作用，在泉水出露处呈现过剩的正电荷，而在地下水深处留下过多的负电荷，于是形成上升泉电场(见图 1-3-6(b))。此外，由于河水和地下水之间的相互补给形成的地下水流产生的过滤电场为河流电场(见图 1-3-7)。山地电场常常是雨水渗入多孔的山顶岩层向山脚流动形成的。山地电场总是山顶电位为负，山脚电位为正，电场的分布与地形成镜像关系(见图 1-3-8)。

(2) 扩散-吸附电场

当两种浓度不同的溶液相接触时，会产生扩散现象。溶质由浓度大的溶液移向浓度小的溶液里，以达到浓度平衡。正、负离子将随着溶质移动，但因岩石颗粒的吸附作用，正、负离子的扩散速度不同，使两种不同离子浓度的岩石分界面上分别含有过量的正离子或负离子，形成电位差，这种电场称为扩散-吸附电场。

扩散-吸附电场强度较小，例如在地面观测到的河水与地下水接触处由于离子浓度差别形

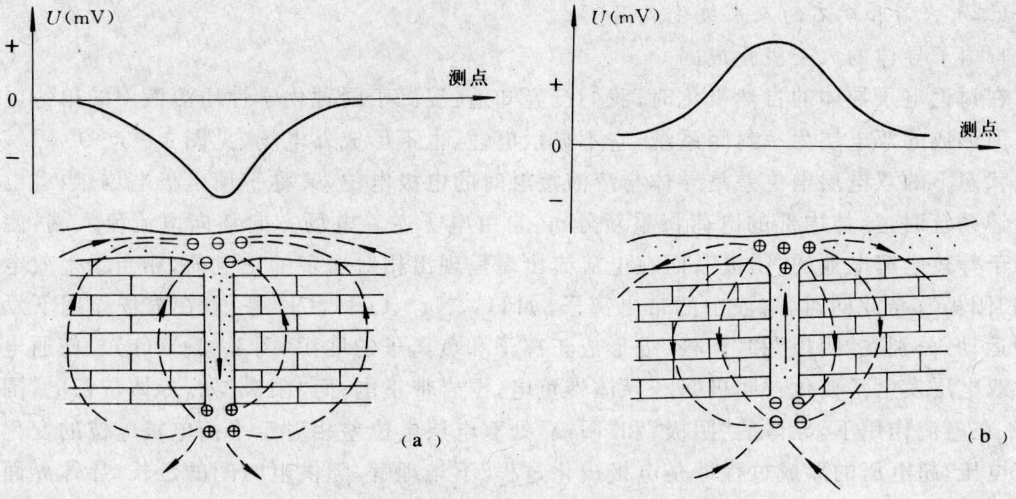

图 1-3-6　裂隙渗透电场及上升泉电场(丁绪荣,1984)

(a) 裂隙渗漏电场;(b) 上升泉电场

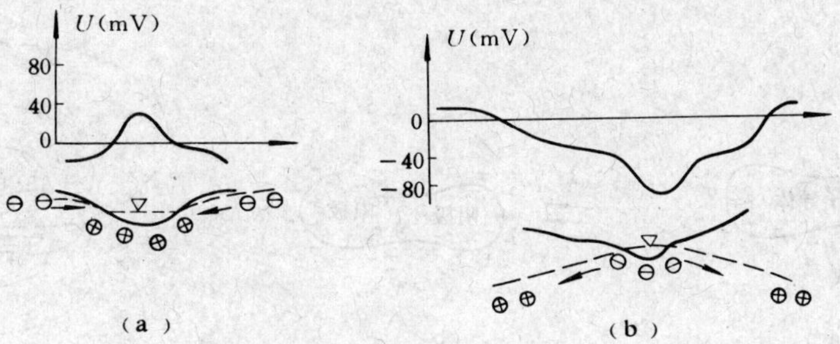

图 1-3-7　河流电场(丁绪荣,1984)

(a) 山东某地的河流电场——地下水补给河水;(b) 安徽某地的河流电场——河水补给地下水

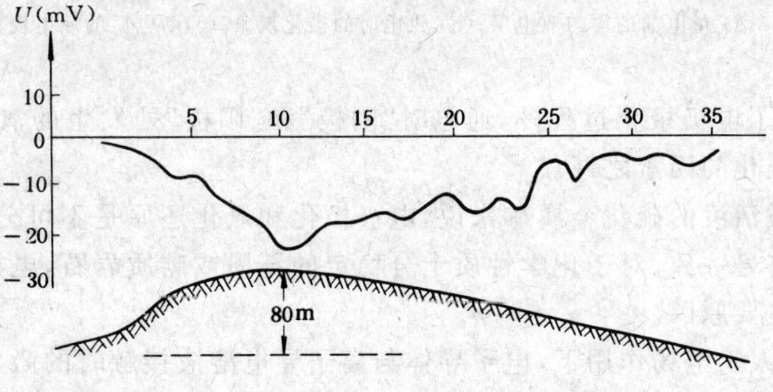

图 1-3-8　山地电场(丁绪荣,1984)

成的扩散-吸附电场,一般约10~20mV。

扩散-吸附电场更多的是用在电测井工作中。

以上各种原因产生的自然电场不是孤立存在的。应用自然电场找矿时,主要研究电子导体周围的电化学电场,而把河流电场、裂隙电场视为找矿的干扰;应用自然电场解决水文地质问题时,将矿体周围的电场视为干扰。

(二) *岩石和矿石的人工极化成因*

1. 电子导体的人工极化成因

在讨论电子导体的自然极化时，我们已经知道：浸沉于同种化学性质溶液中的单一电子导体表面形成的双电层为一封闭系统，它不显示电性，也不形成外电场(见图 1-3-9 (a))。这种自然状态下的双电层电位差是导体与溶液接触时的电极电位，又称平衡电极电位。当有电流通过上述系统时，导体内部的电荷将重新分布：自由电子逆着电场方向移向电流流入端，使这里相当于等效电解电池的“阴极”；而在电流流出端呈现出相对增多的正电荷，相当于等效电解电池的“阳极”。与此同时，溶液中的带电离子(如 H^+、Na^+、OH^-、Cl^-等)也在电场作用下发生相应的运动，分别在“阴极”和“阳极”处形成正离子和负离子的堆积(图 1-3-9 (b))。使通电前的正常双电层发生了变化：“阴极”处，导体带负电，围岩带正电；而“阳极”处，导体带正电，围岩带负电。在电流作用下，导体的“阴极”和“阳极”处双电层电位差相对于平衡电极电位的变化值称为超电压。超电压的形成过程即是电极极化过程。不难理解，随供电时间的延长，导体界面两侧堆积异性的电荷逐渐增多，超电压值随之增大，最后达到饱和状态。

断去供电电流之后，界面两侧堆积的异性电荷通过界面本身、导体内部和周围溶液放电，使整个系统逐渐恢复到供电之前的均匀双电层状态，超电压也随时间的延续逐渐减小，最后消失(图 1-3-9 (c))。

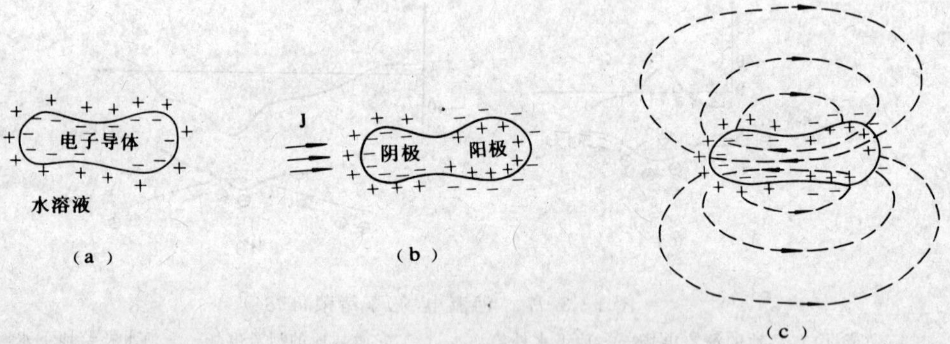

(a)　　(b)　　(c)

图 1-3-9　电子导体的激发极化效应(丁绪荣，1984)

(a) 供电前的均匀双电层；(b) 供电时的极化现象；(c)断电后的放电现象

顺便指出，除了电极极化过程外，通电时“阴极”和“阳极”处发生的氧化-还原过程也是形成电子导体激发极化的因素之一。

对于化学性质活泼的硫化金属矿来说，电极极化和氧化还原是不可分的统一过程，两种作用产生的超电压符号一致。对于化学性质十分稳定的石墨或碳质岩石，电极极化作用将是产生激发极化效应的主要原因。

实践表明，在人工电场作用下，电子导体与离子导电溶液接触时的激发极化效应产生在固相与液相的接触面上。致密状结构的电子导电矿体产生的正是这样的极化效应，故又称为面极化。对于浸染状电子导电矿体或矿化岩石而言，其中每个电子导电颗粒都相当于一个小“电池”，并且分布在岩石(或胶结物)中的所有小“电池”都通过围岩放电，因此，对于整个矿体(或矿化岩石)来说，极化效应发生在它的全部体积内，故称为体极化。虽然每个小颗粒与围岩(胶结物)的接触面很小，但它们的接触面积的总和却是很可观的。所以，尽管浸染状矿体与围岩的电阻率差异很小，仍然可以产生明显的激发极化效应，这就是激发极化法能够成功地寻找浸染状矿体的基本原因。

2. 离子导体的激发极化成因

一般造岩矿物为固体电解质，属离子导体。野外和室内观测资料表明，不含电子导体的一般岩石，也能产生明显的激电效应。关于离子导体的激发极化机理，所提出的假说和争论均较电子导体的多，但大多认为岩石的激电效应与岩石颗粒和周围溶液界面上的双电层结构有关(见图 1-3-10 (a))。主要假说都是基于岩石颗粒—溶液界面上双电层分散结构和分散区内存在可以沿界面移动的阳离子这一特点提出来的。其有代表性的假说是双电层形变说。现简述如下：在外电流作用下，岩石颗粒表面双电层分散区之阳离子发生位移，形成双电层形变(图 1-3-10 (b))；当外电流断开后，堆积的离子放电，恢复平衡状态(图 1-3-10 (c))，从而可以观测到激发极化电场。

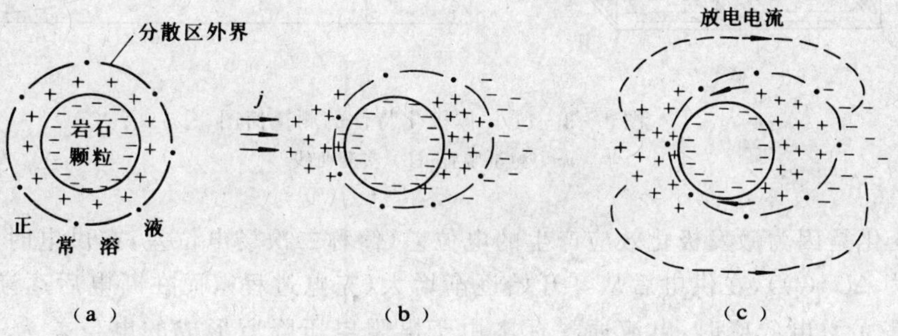

图 1-3-10　岩石颗粒表面双电层形变引起的激电效应

(a) 供电前的均匀双电层；(b) 供电时的双电层形变；(c) 断电后的放电现象

双电层形变形成激发极化的速度和放电的快慢，决定于离子沿颗粒表面移动的速度和路径的长短，因而较大的岩石颗粒将有较大的时间常数(即充电和放电时间长)，这是用激电法寻找地下含水层的物性基础。

(三) 岩石和矿石的激发极化特性

1. 时间特性

在激电法的理论和实践中，为使问题简化，将岩、矿石的激发极化分为理想的两类。第一类是“面极化”，其特点是激发极化均发生在极化体与围岩溶液的界面上，如致密的金属矿或石墨矿属于此类。第二类是“体极化”，其特点是极化单元(指微小的金属矿物、石墨或岩石颗粒)呈体分布于整个极化体内，如浸染状金属矿石和矿化、石墨化岩石以及离子导电岩石均属这一类。

应该指出，面极化和体极化的差别只具有相对意义。严格说来，所有激发极化都是面极化的，因为从微观来看，体极化中每一个极化单元的激发极化也都是发生在颗粒与其周围溶液的界面上。然而，实践中应用激电法又都是宏观地研究矿体、矿带或地层等大极化体的激电效应。故在此讨论体极化体的激发极化特性。

(1) 矿化岩石的激发极化特性。细粒浸染状矿石或矿化岩石的激发极化(体极化)是其中许多细小颗粒极化效应的总和，为了考察体极化岩、矿石的激电效应，通常采用图 1-3-11 (a)所示的封闭装置。将待测的体极化岩、矿石标本置于盛有水溶液的长方形容器中，使其露出水面。标本与容器壁之间的空隙用石蜡或橡皮泥等绝缘材料封严，使标本两侧的水溶液不相连通。在容器两端各放一块长方形铜片 A 和 B，作供电电极，借以向容器内供入稳定电流。在标本两侧水溶液中紧靠标本处，安置测量电极 M 和 N，用毫伏计测量其间的电位差 ΔU_{MN}。

图 1-3-11 (b)是用上述装置对黄铁矿化岩石标本测得的电位差随时间变化曲线。电位差

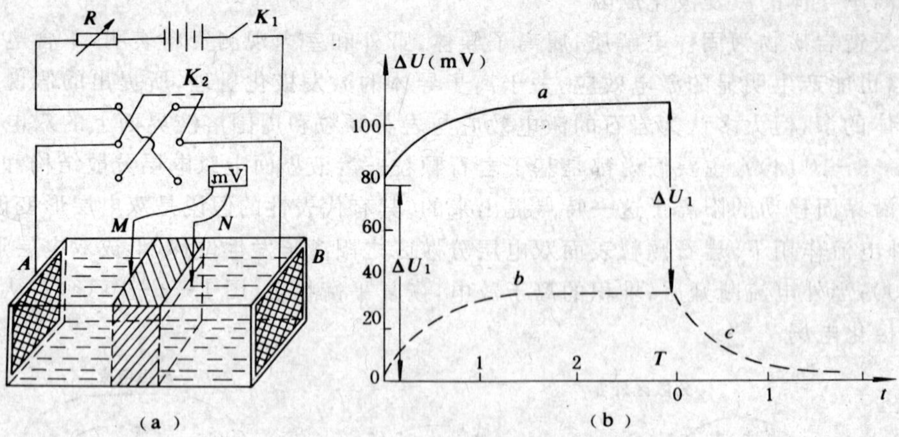

图 1-3-11 体极化特性的测量简图

(a) 测量装置;(b) 实测曲线

随时间的变化是因为激发极化效应产生的电位差(简称二次场电位差,在供电时记为$\Delta U_2(T)$,断电后记为 $\Delta U_2(t)$),在供电后从零开始逐渐增大(充电过程),而在断电后逐渐衰减为零(放电过程)。在无激电效应时,电流通过标本由于电阻电压降所形成的电位差为一次场电位差ΔU_1。在稳定电流条件下,ΔU_1不随时间而变。可见,标本被激发极化后,供电时间 T 时观测到的电位差 $\Delta U(T)$为 ΔU_1和 $\Delta U_2(T)$之和,称之为总场电位差,它随供电时间 T 而变化,并有关系:

$$\Delta U(T)=\Delta U_1+\Delta U_2(T) \tag{1.3-11}$$

由于刚供电时($T=0$)二次场电位差为零,即 $\Delta U_2(0)=0$,故由上式得

$$\Delta U(0)=\Delta U_1 \tag{1.3-12}$$

于是

$$\Delta U_2(T)=\Delta U(T)-\Delta U(0) \tag{1.3-13}$$

体极化比面极化的充、放电速度快得多,这是体极化与面极化的一个重要不同之处。

对星散浸染状矿石或矿化、石墨化标本的实验观测结果表明:若在相当大范围内改变供电电流 I,直到测量电极处的电流密度高达 $n\times10^2\mu A/cm^2$时,二次场电位差总是与供电电流成正比,且其比值与供电方向无关。因此,在地面电法通常所能达到的电流密度范围内,星散浸染状岩、矿石的激电效应没有明显的非线性和正、负极极化的差异。这是体极化和面极化的又一重要区别。

(2) 描述稳定电流场激发极化效应的参数。上已述及,在二次场与电流成线性关系的条件下,引入表征体极化岩、矿石的激电性质参数极化率(η),其值按下式计算:

$$\eta(T,t)=\frac{\Delta U_2(t)}{\Delta U(T)}\times100\% \tag{1.3-14}$$

极化率为用百分数表示的无量纲参数。

由于二次场和总场均与供电电流成正比,故极化率是与电流无关的常数。但极化率与供电时间 T 和放电时间 t 有关,必须予以特别说明。为简单起见,我们将长时间供电($T\to\infty$,即充电达饱和)和断电瞬间($t\to0$)测得的饱和极化率 $\eta(\infty,0)$定义为极化率,记为 η。考虑到断电瞬间($t\to0$)的二次场电位差等于断电前一瞬间(即供电结束时刻)T 时的二次场电位差,即

$$\Delta U_2(t)|_{t\to0}=\Delta U_2(T)=\Delta U(T)-\Delta U(0) \tag{1.3-15}$$

$$\eta(T,0)=\frac{\Delta U_2(t)|_{t\to0}}{\Delta U(T)}=\frac{\Delta U(T)-\Delta U(0)}{\Delta U(T)} \tag{1.3-16}$$

对于 $T\to\infty$ 的长时间充电情况，则有

$$\eta=\eta(\infty,0)=\eta(T,t)\big|_{\substack{T\to\infty\\ t\to 0}}=\frac{\Delta U(\infty)-\Delta U(0)}{\Delta U(\infty)} \qquad (1.3-17)$$

体极化岩、矿石的极化率除了与观测时的充放电时间有关外，还和岩、矿石的成分、含量、结构及含水性等多种因素有关。我国物探工作者对大量矿化岩石、矿石标本作了系统观测，研究了多种因素对岩石、矿石极化率的影响规律。研究结果表明，在上述诸多因素中，影响岩石、矿石极化率的主要因素是电子导电矿物的含量和岩石、矿石的结构、构造。

以上讨论的都是矿化岩石的激电性质。

(3) 非矿化岩石的激发极化效应。不含电子导电矿物的非矿化岩石，属纯离子导体，在电流激发下的激发极化都发生在细小岩石颗粒与周围溶液的界面上，也是体极化。但其激电性质又与矿化岩石不同，例如：

① 岩石的极化率通常很低，一般不超过1%～2%，少数能达到4%～5%。表 1-3-5 列举了一些岩石和矿石极化率的实测数据的统计结果，它表明了一般情况下，岩石、矿石极化率的数量概念。

表 1-3-5　一些岩石、矿石极化率实测数据统计结果

岩石、矿石类型	测定数量	极化率（%）
砂土、粘土、壤土	500	
白云岩	121	
灰岩	556	
泥质页岩、砂岩	373	
石英、绿泥石片岩、板岩	75	
玄武岩	567	
花岗岩	148	
闪长岩	93	
石英斑岩	905	
玢岩及其凝灰岩	155	
石英岩	23	
石墨化页岩	28	
含碳石灰岩	88	
矽卡岩	77	
浸染型黄铜矿	43	
块状黄铜矿	14	
浸染型多金属矿	136	
块状多金属矿	40	
氧化矿	10	

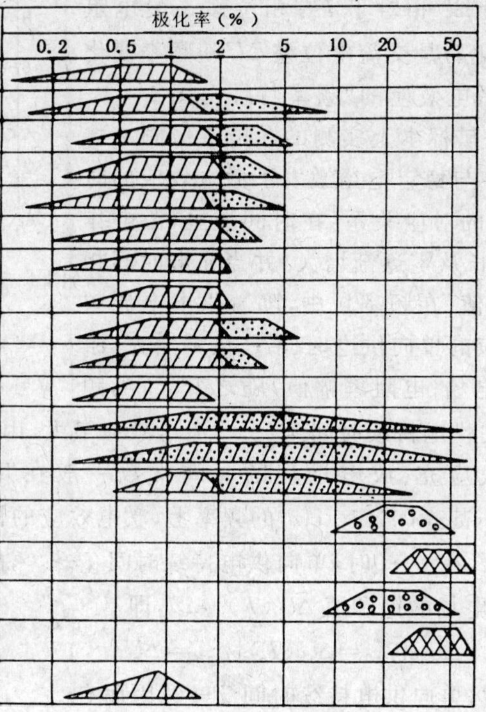

1—明显不含电子导电矿物的岩石；2—含浸染状硫化物的岩石；3—石墨化岩石；
4—浸染状硫化矿石；5—块状硫化矿石

（梯形下底边端点位置表示极化率的极小值和极大值；梯形上顶基角位置是不同作者得到的极化率平均值）

② 非矿化岩石的充电和放电速度比矿化岩石更快。其中，矿物颗粒小(例如由粘土矿物组成)的岩石，充、放电速度尤其快；而颗粒较粗(如砂或砂粒组成)的岩石之充、放电速度则较慢。岩石激电效应的这种时间特性，对评价激电异常和应用激电法找水均有实际意义。

2. 频率特性

(1) 超低频交变电流场中的岩石、矿石的激电现象。前面所讨论的激电效应是在稳定电流激发下，根据电场随时间的变化(充、放电过程)来研究激发极化效应(即时间域激电法)。实践表明，激电效应也可在交变电场激发下，根据电场随频率的变化(频率特性)观测到激电效应(即频率域激电法)。为了认识交变电流激发下的激电效应，我们考察下述实验：在图 1-3-11(a)所示的装置中，将直流电源改为超低频信号发生器，向水中供以超低频交变电流 $\tilde{I}$；在供电时，用交流毫伏计测量 M、N 间的交流电位差 $\Delta\tilde{U}$。当保持交变电流的幅值 I_f* 不变，而逐渐改变频率 f 时，人们发现电位差 $\Delta\tilde{U}$ 将随之而变。这种在超低频段上($f=n\times10^{-2}\sim n\times10^{2}$Hz)电场随频率变化的现象，与介电极化和电磁耦合效应无关，而是岩石、矿石激发极化的结果。

实验证明，在地面电法野外工作通常所能达到的电流密度条件下，以上实验中的 $\Delta\tilde{U}$ 与 $\tilde{I}$ 成线性关系。在此情况下，可将 $\Delta\tilde{U}$ 对 $\tilde{I}$ 和装置进行归一化，按下式计算交流电阻率

$$\tilde{\rho}=K\frac{\Delta\tilde{U}}{\tilde{I}} \tag{1.3-18}$$

由于激发极化作用，$\tilde{\rho}$ 通常是频率的复变函数，即 $\tilde{\rho}$ 为复量，一般 $\Delta\tilde{U}$ 相对于 $\tilde{I}$ 有相位移 φ。复电阻率 $\tilde{\rho}$ 随频率的变化乃是交流电位差 $\Delta\tilde{U}$ 随频率变化的结果，这正是激电效应的“频率特性”。图 1-3-12 是在一块黄铁矿标本上实测的激电效应频率特性曲线。这一结果与稳定电场激发下激电效应的时间特性有很明显的对应关系：在时间域里，激电作用随充电时间延长从零逐渐增大，并当充电时间相当长时趋于饱和值。在频率域中，随着供电电流频率从高到低，对应的单向供电时间 T 从零增大，激电效应增强，总电场(电阻率幅值)随之变大；当频率趋于零时，单向供电持续时间 $T\to\infty$，激电效应最大，因而总场趋于饱和值。

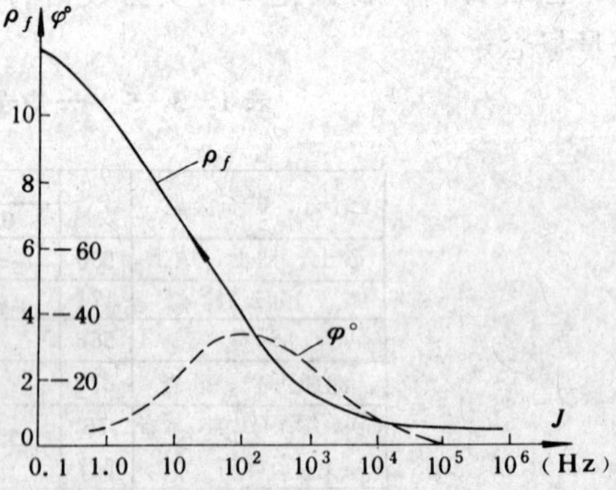

图 1-3-12　黄铁矿标本的激电频率特性曲线

(黄铁矿标本：颗粒大小0.84～2mm；含0.01N 的 NaCl 溶液5%)

由于激电效应充、放电过程的时间常数一般在几毫秒到几分钟之间，故在不太低($n\times10^{-2}$Hz)和不甚高($n\times10^{2}$Hz)的频率上，激电效应的性态已十分接近两个极限频率($f\to0$ 和 $f\to\infty$)的情况。在 $f\to0$ 时，单向供电持续时间 $T\to\infty$，故交流电位差的幅值 $\Delta U_f|_{f\to0}$ 趋于稳定电流激发下总电场的饱和值 $\Delta U(T)|_{T\to\infty}$，即

$$\Delta U_f|_{f\to0}=\Delta U(T)|_{T\to\infty}=\Delta U(\infty) \tag{1.3-19}$$

同理，在 $f\to\infty$ 时，单向供电持续时间 $T\to0$，因而有

$$\Delta U_f|_{f\to\infty}=\Delta U(T)|_{T\to0}=\Delta U(0)=\Delta U_1 \tag{1.3-20}$$

图 1-3-12 中还给出了实测的激电效应相频特性曲线(相位 φ 随频率的变化曲线)。由图可见，在各个频率上，相位皆为负值：当频率很低或很高时，相位皆趋于零，于中间某个频率上，相位取得负极值。将图中的相频和幅频特性曲线对比可看到，相位值与幅频特性曲线的斜率约成正比；振幅值随频率增大而下降得愈陡，相位值负得愈大；幅频曲线的拐点约与相频曲线的极值点对应。

---

* 在直流物理量代号的右下角标以 f(如 I_f)表示交流物理量的振幅值。

相频特性曲线的特点，也可对照稳定电流激发下的时间特性进行解释：如在频率很高($f\to\infty$)时，因二次场趋于零，总场等于一次场，故无相移；而频率很低($f\to 0$)时，相当于长时间单向供电($T\to\infty$)激发极化达饱和的情况，这时二次场虽最大，但其与电流同步(即二次场无相位差)，故总场相位也为零。

此外，不难证明，若已知直流激电效应的时间特性，便可换算出交流激电效应的频率特性；反之，也一样。这说明直流激电(时间域)的观测与交流激电(频率域)的观测，本质上是一致的，在数学意义上是等效的；其间的差别主要在于观测的方法技术。

(2) 描写交流激发极化效应的参数。既然交变电流场中的激电效应以总场(或交流电阻率)的频率特性为标志，并且与稳定电流场中激电效应的时间特性有对应关系，故可仿照直流激电特性参数——极化率的表示式(1.3-14)，定义下列参数以描述交流激电特性

$$P(f_D,f_G)=\frac{\Delta U_{f_D}-\Delta U_{f_G}}{\Delta U_{f_G}} \tag{1.3-21}$$

式中 ΔU_{f_D} 和 ΔU_{f_G} 分别表示在两个频率(低频 f_D 和高频 f_G)时测得的总场电位差幅值。参数 $P(f_D,f_G)$ 为电场幅值在该两频率间的相对变化，称为频散率。频散率也以百分数表示，故西方国家称其为“百分频率效应”。

在交流激电观测中，除了频散率外，还可观测总场相对于供电电流的相位 φ。前已述及，激电效应引起的相位移与幅频特性曲线的斜率或电场幅值随频率的变化率近似有正比关系；另一方面，频散率 $P(f_D$ 和 $f_G)$ 也与幅频特性曲线在频率 f_D 和 f_G 之间的平均斜率约成正比。由于实际观测所用的两个频率(f_D 和 f_G)一般相差不大(10倍左右)，可近似认为 $P(f_D,f_G)$ 与在频率 $f=\sqrt{f_D\cdot f_G}$ 上测得的激电相位成正比。可见在某个频率 f 上测得的交流激电场相对于供电电流的相位移 φ，与该频率附近测得的频散率 $P_{实测}$ 等效。因此，如同 $P_{实测}$ 一样，有关极限极化率 η 的规律，也定性地适用于激电相位的测量结果。

综上所述，各种交流激电参数和直流激电参数均可相互联系起来，即相位和频散率及极限极化率和实测极化率参数间，都近似地存在正比关系。研究其中某种参数的性质便可代表其余参数的有关特征。

以上讨论的全是纯粹反映激电效应的参数。在激电法实际工作中，有时还采用某些综合反映岩、矿石激电性和导电性的参数。例如，在时间域中有金属因素

$$J(T,t)=\frac{\eta(T,t)}{\rho(T)} \tag{1.3-22}$$

和激电率

$$G(T,t)=\eta(T,t)\cdot\rho(T) \tag{1.3-23}$$

在频率域中，相对应的参数为

$$J(f_D,f_G)=\frac{P(f_D,f_G)}{\rho_{f_D}} \tag{1.3-24}$$

$$G(f_D,f_G)=P(f_D,f_G)\cdot\rho_{f_G} \tag{1.3-25}$$

式中 $\rho(T)$ 或 P_{f_D} 和 P_{f_G} 分别表示在供电时间 T 或低频 f_D 和高频 f_G 时，所测总场电位差幅值 $\Delta U(T)$ 或 ΔU_{f_D} 和 ΔU_{f_G} 对电流幅值与装置系数归一化计算出的电阻率(幅值)：

$$\rho(T)=K\cdot\frac{\Delta U(T)}{I} \tag{1.3-26}$$

$$\rho_{f_D}=K\ \frac{\Delta U_{f_D}}{I_{f_D}}及\ \rho_{f_G}=K\ \frac{\Delta U_{f_G}}{I_{f_G}} \tag{1.3-27}$$

显然，金属因素参数 J 有利于用来突出低阻极化体的异常；而激电率参数 G 便于突出高阻极化体的异常。

(3) 谱激电法的柯尔-柯尔(Cole－Cole)模型参数(刘崧，1998)。当通过岩石、矿石的供电电流密度不大时，岩、矿石的激发极化效应是线性的并且在时间范围内可以用不变的参数来描述，是一个线性时不变系统。在频率域，这一系统的输入为供电电流强度 $I(\omega)$，输出为复电位差 $\Delta U(\omega)$，传递函数是复阻抗 $R(\omega)$：

$$R(\omega)=\frac{\Delta U(\omega)}{I(\omega)} \tag{1.3-28}$$

描述这种线性不变系统的一种流行方法是利用等效电路模型，这类模型常常能对发生的物理过程提供一些补充的认识。然而，这种描述本身是非唯一的，即选用不同元件的串联、并联组合，可以得到同样的传递函数。

在频率域，电子导体与电解液界面上的复超电压等效于单位面积上的复阻抗。该阻抗幅值在低频时趋于某一稳定值，随频率的增加，幅值逐渐减小，当频率趋于无穷时，幅值为零。该阻抗的相位值为负，在高频和低频时皆趋于零值，在中间某个频率时取得极值。因此，我们可以用图 1-3-13 所示的等效电路来模拟电子导体与电解液界面上的激电面间阻抗。在这个等效电路中，R 模拟直流时的面间阻抗，$(j\omega X)^{-c}$ 模拟频变的面间阻抗，其中 $j=\sqrt{-1}$。该等效电路阻抗 $Z_s(\omega)$ 的表达式为

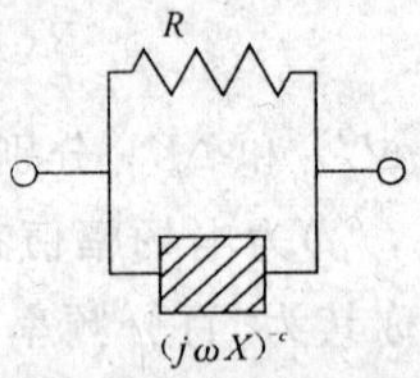

图 1-3-13　电子导体与电解液界面上的面间阻抗的等效电路模型

$$Z_s(\omega)=\frac{R}{1+R(j\omega X)^c} \tag{1.3-29}$$

上式可改写为

$$Z_s(\omega)=\frac{R}{1+(j\omega\tau)^c} \tag{1.3-30}$$

式中 $\tau=XR^{1/c}$ 称为时间常数(单位为 s)；c 称为频率相关系数(无量纲)。

对矿化岩石来说，可以把它的一个基本结构单元简化成图 1-3-14 (a)所示的结构，其中包括被金属硫化物阻塞的溶液孔隙通道和未被阻塞的溶液孔隙通道。此基本结构单元可以用图 1-3-14 (b)所示的等效电路来模拟。在该等效电路中，电阻 R_1 模拟未被阻塞的溶液孔隙通道中的溶液的电阻；电阻 R_2 模拟被阻塞的孔隙通道中的溶液的电阻与金属颗粒的电阻的和；复阻抗 $(j\omega X)^{-c}$ 和 R_3 的并联组合模拟金属—离子溶液界面阻抗。

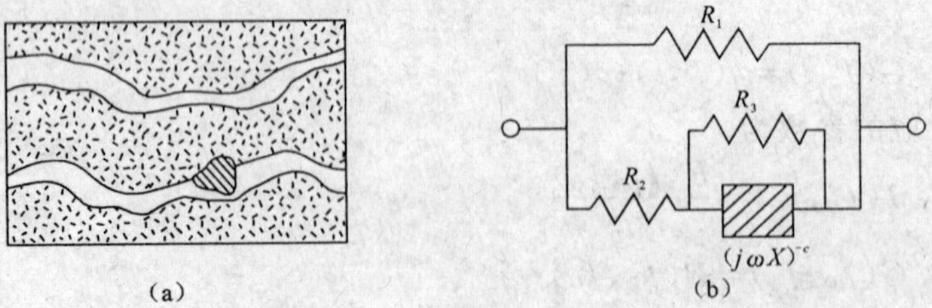

图 1-3-14　矿化岩石的一个基本结构单元示意图(a)及等效电路(b)

此等效电路的复阻抗表达式为

$$Z(\omega)=\frac{1}{\dfrac{1}{R_1}+\dfrac{1}{R_2+Z_s(\omega)}}=\frac{R_2[R_2+Z_s(\omega)]}{R_1+R_2+Z_s(\omega)} \tag{1.3-31}$$

式中 $Z_s(\omega)$是金属—离子溶液界面阻抗。

根据式 (1.3-29)，有

$$Z_s(\omega)=\frac{R_3}{1+R_3(j\omega X)^c}$$

将上式代入式 (1.3-31) 得到

$$Z(\omega)=\frac{R_1(R_2+R_3)}{R_1+R_2+R_3}\cdot\frac{1+\dfrac{R_2}{R_2+R_3}\cdot\dfrac{R_1+R_2+R_3}{R_1+R_2}\cdot\dfrac{(R_1+R_2)R_3}{R_1+R_2+R_3}(j\omega X)^c}{1+\dfrac{(R_1+R_2)R_3}{R_1+R_2+R_3}(j\omega X)^c} \tag{1.3-32}$$

当 $\omega\to 0$时，

$$Z(0)=\frac{R_1(R_2+R_3)}{R_1+R_2+R_3} \tag{1.3-33}$$

当 $\omega\to\infty$时，

$$Z(\infty)=\frac{R_1(R_2+R_3)}{R_1+R_2+R_3}\cdot\frac{R_2}{R_2+R_3}\cdot\frac{R_1+R_2+R_3}{(R_1+R_2)}=\frac{R_1R_2}{R_1+R_2} \tag{1.3-34}$$

故

$$\frac{Z(\infty)}{Z(0)}=\frac{R_1R_2}{R_1+R_2}\cdot\frac{R_1+R_2+R_3}{R_1(R_2+R_3)}=\frac{R_2(R_1+R_2+R_3)}{(R_1+R_2)(R_2+R_3)} \tag{1.3-35}$$

极限极化率

$$m=1-\frac{Z(\infty)}{Z(0)}=\frac{R_1R_3}{(R_1+R_2)(R_2+R_3)}=\frac{1}{\left(1+\dfrac{R_2}{R_1}\right)\left(1+\dfrac{R_2}{R_3}\right)} \tag{1.3-36}$$

令

$$\tau=\left[\frac{(R_1+R_2)R_3}{R_1+R_2+R_3}\right]^{1/c}X \tag{1.3-37}$$

则根据式 (1.3-33)、式(1.3-35′) ～ (1.3-37)，式(1.3-32) 可化为

$$\begin{aligned}Z(\omega)&=Z(0)\frac{1-(1-m)(j\omega\tau)^c}{1+(j\omega\tau)^c}\\&=Z(0)\left\{1-m\left[1-\frac{1}{1+(j\omega\tau)^c}\right]\right\}\end{aligned} \tag{1.3-38}$$

这一表达式称为柯尔-柯尔阻抗表达式，$Z(0)$、m、τ、c 分别为零频率时的阻抗、极化率、时间常数和频率相关系数，称为柯尔-柯尔参数。$Z(0)$的单位为 Ω，τ 的单位是 s、m 和 c 无量纲。

传递函数可以用式 (1.3-38) 表示的这一类张弛模型最初是 Cole 和 Cole(1941)提出，用以描述复介电常数的频谱特性的。Madden 和 Cantwell(1967)、Pelton 等(1978)借用类似的等效电路模型来描述复电阻率频谱的性态，故称之为柯尔-柯尔模型。Pelton 等人的柯尔-柯尔模型的等效电路如图 1-3-15 所示，其中用复阻抗$(j\omega X)^{-c}$模拟金属—离子溶液界面阻抗。这一柯尔-柯尔模型的复阻抗表达式也是式 (1.3-38)，只是 $Z(0)$、m、τ 的表达式分别为

$$Z(0)=R_1;$$

$$m=\frac{1}{1+\dfrac{R_2}{R_1}};$$

$$\tau=\left(\frac{R_1}{m}\right)^{1/c}X$$

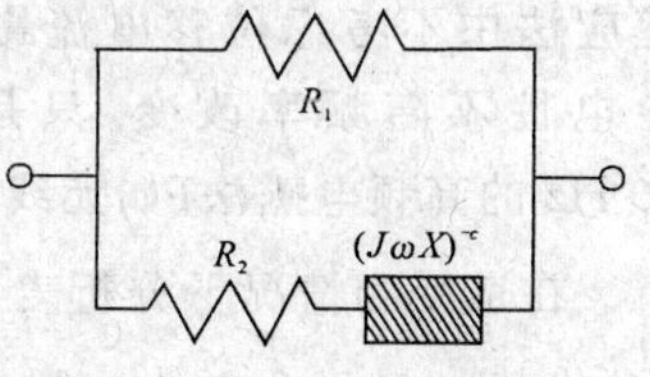

图 1-3-15　Pelton 等人的柯尔-柯尔模型的等效电路

Madden 和 Cantwell 的等效电路模型与之不同之处是 $c=0.25$。

柯尔-柯尔模型提供了定量描述激电响应谱特性的手段，即可以用4个二级参数(柯尔-柯尔参数)来定量描述激电响应的谱特性。柯尔-柯尔模型还提供了联系时间域响应和频率域响

应的桥梁，使我们不仅能够容易地计算无限长直流脉冲的瞬变响应，也能够计算有限长直流脉冲的瞬变响应。由于不同岩石、矿石具有不同的激电谱特性，因而存在着利用柯尔-柯尔参数来识别它们的可能性。这些参数是岩石、矿石激电响应特性的基本参数。

三、表征岩石和矿石介电极化的参数

在利用交变电场进行电法勘查的情况下，岩石、矿石的电性除显示出与电阻率有关的传导电流外，还显示出与岩石、矿石介电常数 ε 有关的“位移电流”。因此，在导电介质中总电流密度 j 为

$$\boldsymbol{j}=\boldsymbol{j}_\rho+\boldsymbol{j}_D$$

这里传导电流密度 $\boldsymbol{j}_\rho$ 为 $\boldsymbol{j}_\rho=\dfrac{\boldsymbol{E}}{\rho}$

位移电流密度 $\boldsymbol{j}_D$ 为

$$\boldsymbol{j}_D=\frac{\partial \boldsymbol{D}}{\partial t}=\varepsilon\frac{\partial \boldsymbol{E}}{\partial t}$$

式中 $\boldsymbol{E}$ 为考察点的电场强度。

设 $\boldsymbol{E}$ 为谐变场 $\boldsymbol{E}=\boldsymbol{E}_0 e^{-i\omega t}$，则

$$\boldsymbol{j}_D=-i\omega\varepsilon\boldsymbol{E}$$

在电磁场理论中，传导电流密度和位移电流密度的比值称为介质的电磁系数 m，即

$$m=\frac{|\boldsymbol{j}_\rho|}{|\boldsymbol{j}_D|}=\frac{1}{\omega\varepsilon\rho}=\frac{1.8}{\{f\}_{\mathrm{Hz}}\varepsilon_r\{\rho\}_{\Omega\cdot\mathrm{m}}}\times10^{10} \qquad (1.3-39)$$

式中 ε_r 为相对介电常数($\varepsilon_r=\varepsilon/\varepsilon_0$，这里 $\varepsilon_0\approx 8.85\times10^{-12}$F/m 为真空的介电常数)。

式 (1.3-39) 表明，当 $m\gg1$时，介质中传导电流起主要作用，此时可忽略位移电流作用；反之，当 $m\ll1$时，主要由位移电流起作用，可忽略传导电流作用。利用式 (1.3-39) 计算导体($m>10$)和介电体($m<0.1$)的范围示于图 1-3-16 。考虑到野外实际情况，图中取 ε_r 为5～50。

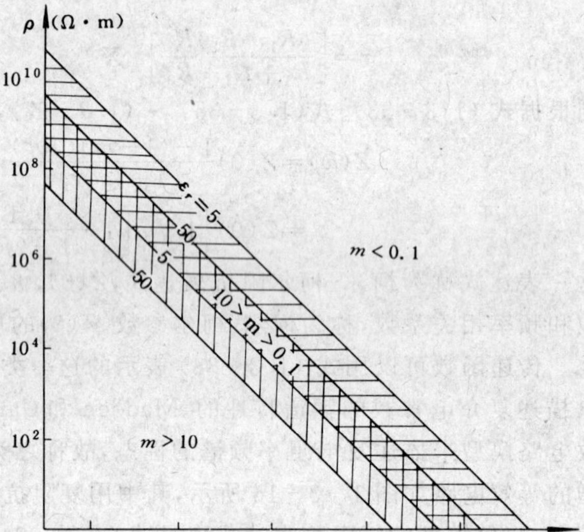

图 1-3-16 介质导电性与频率的关系

由图 1-3-16 可见，对于频率小于 $n\cdot1\,000$Hz及介质电阻率小于$10^5\Omega\cdot$m 范围内皆可忽略位移电流作用。在自然条件下，岩石电阻率一般很少超过该值。故在低频感应法中不考虑位移电流影响，即视岩石导电性不随频率改变。只是在频率超过10^6Hz 的高频电磁法(如无线电波透视法及其他电波法)中才考虑位移电流作用。

在谐变场情况下分析麦克斯韦第一方程时，如果以复介电常数 $\varepsilon^*=\varepsilon+i\dfrac{1}{\rho\omega}$(对于导电介质)代替 ε(对于介电体)，则在导电介质和介电体中场满足同一形式的方程，复介电常数的虚部 $Im\varepsilon^*=\dfrac{1}{\rho\omega}$对实部 $Re\varepsilon^*=\varepsilon$ 的比值等于电磁系数，并给出由介质导电性引起的能量损耗特性。它等于损耗角的正切，即

$$\frac{Im\varepsilon^*}{Re\varepsilon^*}=m=\mathrm{tg}\delta$$

绝大多数造岩矿物的相对介电常数不超过10～11，见表1-3-6。然而，一些氧化物、硫化物和碳酸盐的 ε_r 值可达20至80～170(如金红石)。对于广泛分布的岩石，尤其是沉积岩，影响介电常数的主要因素是其含水性，且水分子的张弛极化是介电极化的重要原因。只是对于坚固和干燥的岩石，矿物成分方为影响介电常数值的重要因素。

表1-3-6　20°C条件下岩、矿石的相对介电常数及损耗角正切

(频率范围：10～10^7Hz)

矿　物	ε_r	$tg\delta$	岩　石	ε_r	$tg\delta$
石　英	4.2～5.5	0.000 6～0.002	火成岩	7～15	0.03～0.1
长　石	4～10	0.03～0.15	变质岩	5～12	0.05～0.2
云　母	5～8	0.000 3～0.002	沉积岩	—	—
氯化物	5～6	—	石灰岩	8～12	—
硫化物	8～17	—	砂　岩	5～11	—
石　油	10～30	—	砂	3～25	可达1
水	80	—	泥　岩	4～30	可达1

火成岩的相对介电常数 ε_r 变化范围为7～15。在超基性岩石和基性岩石中其值相对偏高，而在酸性岩石中其值较低。变质岩的 ε_r 在5～17范围内变化，而沉积岩的 ε_r 变化范围较宽(2.5～40)。最低值是对干燥的多孔隙岩石测得的，最高值是这些孔隙被地下水充满时测得的。对大多数疏松沉积岩而言，相对介电常数随岩石中相对水分含量的增加而增大，见图1-3-17。由图可见，随着湿度的增加，ε_r 一开始很快增加，最后达到饱和值100。在低频电场中，湿度较低(1%)条件下已出现饱和现象；而在高频电场中，当湿度很高(10%～30%)时才出现饱和现象。

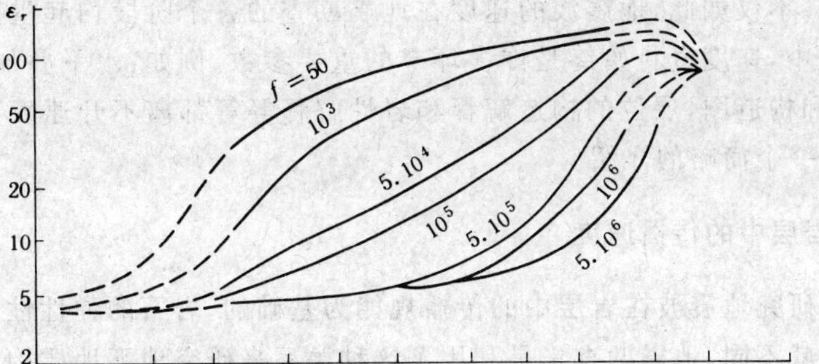

图1-3-17　在不同频率条件下石英砂的相对介电常数与湿度的关系

(虚线为推断值)

图1-3-18是湿态和干态辉长岩的相对介电常数、损耗角正切、电阻率等参数与频率依赖关系的标本测量曲线。由图可见，随着频率的增高，湿态标本的介电常数和损耗角下降，且趋近于干态的常数值。相反，对复电阻率曲线而言，湿态标本的电阻率从10^5～10^6Hz开始下降，并趋近于干态的45°角渐近线。这一频率可称为临界频率。由此可见，在低频感应法的野外工作中，可认为电阻率是不随频率变化的。

四、岩石和矿石的磁性

磁导率是电磁感应法中利用的另一重要物性参数，它表征物质在磁化作用下集中磁力线的性质。

众所周知，磁感应强度 $\boldsymbol{B}$ 与磁场强度 $\boldsymbol{H}$ 间存在如下关系

$$\boldsymbol{B}=\mu\boldsymbol{H}$$

其中 μ 为介质的磁导率，或称绝对磁导率，通常表示为

$$\mu=\mu_0\mu_r$$

式中 $\mu_0=4\pi\times10^{-7}\text{H/m}$ 为真空的磁导率，μ_r 为相对磁导率。

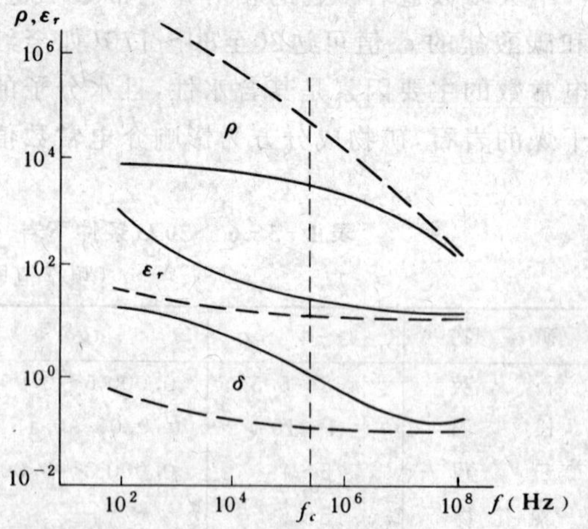

图 1-3-18　湿态和干态辉长岩电性常数频谱曲线

实线—湿饱和(0.024%)；虚线—干态。ρ—电阻率；ε_r—相对介电常数；δ—损耗角

除极少数铁磁性矿物（磁铁矿、磁黄铁矿和钛铁矿）外，其他矿物的磁导率 μ 皆与 μ_0 值相差很小。只当岩石或矿石中含有大量铁磁性矿物时，其相对磁导率 μ_r 才明显大于1。

由于大多数岩、矿石的相对磁导率值接近于1，而铁磁性岩、矿石的剩余磁性在观测交变电磁场时无影响，故在电磁法中，可以利用岩石、矿石导磁性的差异来寻找磁性铁矿或评价磁法异常。这时方法所受干扰比按导电性找矿时所受干扰小得多。

§1.4　岩石层的地震波速度

地震波的速度是地震勘查中最重要的参数。它将波传播的时间和空间联系起来，用以研究地下地质构造形态。不仅如此，地震波的速度在地震勘查的各个阶段均起重要作用。在地震资料处理和解释过程中，速度资料始终是许多环节的重要参数。例如：水平叠加、偏移叠加、时深转换、制作剖面图和构造图，层位的构造解释和岩性解释等等都离不开速度参数。下面我们就速度的有关问题做一个简略的介绍。

一、地震波在岩层中的传播速度

地震勘查是以研究地震波在岩层中的传播规律为基础的。岩石的弹性性质不同，地震波在其中传播的情况也就不同，地震勘查正是利用了这种关系来研究地下地质构造。

地震波在不同地层中传播的速度值取决于介质的弹性常数和密度。在弹性力学中，已经得出了它们之间的定量关系。纵波速度和横波速度分别为

$$v_{\mathrm{p}}=\sqrt{\frac{\lambda+2\mu}{\rho}}=\sqrt{\frac{E(1-\sigma)}{\rho(1+\sigma)(1-2\sigma)}} \tag{1.4-1}$$

$$v_{\mathrm{s}}=\sqrt{\frac{\mu}{\rho}}=\sqrt{\frac{E}{2\rho(1+\sigma)}} \tag{1.4-2}$$

式中 λ、μ 为拉梅常数，μ 又称切变模量；E 是杨氏模量；σ 为泊松比；ρ 为密度。纵、横波速度与岩石的多种弹性模量有关，为便于换算，将它们之间的关系列于表 1-4-1。

表 1-4-1　几个物理量之间的相互关系

参　数	符号	公　式	单位
纵波速度	v_p	$v_p=\sqrt{\frac{\lambda+2\mu}{\rho}}=\sqrt{\frac{E(1-\sigma)}{\rho(1+\sigma)(1-2\sigma)}}$	m/s
横波速度	v_s	$v_s=\sqrt{\frac{\mu}{\rho}}=\sqrt{\frac{E}{2\rho(1+\sigma)}}$	m/s
纵、横波速度比	$\frac{v_p}{v_s}$	$\frac{v_p}{v_s}=\sqrt{\frac{\lambda+2\mu}{\mu}}=\sqrt{\frac{2(1-\sigma)}{1-2\sigma}}$	
杨氏模量	E	$E=\frac{\rho v_s^2(3v_p^2-4v_s^2)}{2v_p^2-v_s^2}$	Pa
泊松比	σ	$\sigma=\frac{v_p^2-2v_s^2}{2(v_p^2-v_s^2)}$	
体积模量	K	$K=\rho(v_p^2-\frac{4}{3}v_s^2)$	Pa
拉梅常数	λ	$\lambda=\rho(v_p^2-2v_s^2)$	Pa
剪切模量	μ	$\mu=\rho v_s^2=\frac{E}{2(1-\sigma)}$	Pa

反之，由纵、横波的速度也可求取各种弹性模量。而岩石的物性往往同弹性模量有关，所以，我们可以期望从纵、横波速度来提取岩性信息。

实际岩层不是由同一种岩石组成，沉积岩也有不同的沉积环境和年代，导致岩石的密度、孔隙度及充填物有很大变化。因此，各类岩石的速度值都在一定范围内变化，表 1-4-2 是几种主要岩石的波速值。

表 1-4-2　各类岩石的波速

岩石类型	地震波速度　(m/s)
沉积岩	1 500～6 000
花岗岩	4 500～6 500
玄武岩	4 500～8 000
变质岩	3 500～6 500

由表可见，火成岩速度大于变质岩和沉积岩速度，且速度变化范围小些。变质岩速度变化范围大。沉积岩速度较小，但因其结构复杂，影响因素众多，速度的变化范围最大。根据大量的资料统计，各种沉积岩的速度由表 1-4-3 给出。

二、影响速度的主要因素

地震勘查主要在沉积岩区域进行，我们主要考虑影响沉积岩中地震波波速的诸多因素。许多学者对大量的岩石标本进行了实验室的测定和分析，对大量的测井曲线进行了分析研究，得到了许多有意义的结果，包括一些关系曲线和经验公式。我们引用部分结果以说明影响速度的主要因素。

表 1-4-3　各种沉积岩的波速

岩石成分	地震波速度 v_p (m/s)
砾岩碎石干砂	200～800
砂质粘土	300～900
湿　砂	600～800
粘　土	1 200～2 500
疏松岩石	1 500～2 500
致密岩石	1 800～4 000
白　垩	1 800～3 500
泥质页岩	2 700～4 100
石灰岩，致密白云岩	2 500～6 100
石膏，无水石膏	3 500～4 500
泥灰岩	2 000～3 500
冰	3 100～3 600
岩　盐	4 200～5 500

（一）孔隙度及孔隙充填物的影响

大多数沉积岩中，岩层的实际速度是由岩石基质的速度、孔隙度及孔隙充填物等因素决定的，这就是所谓的双相介质。1956年由威利（Wylie）等人提出的时间平均方程是普遍采用的描述双相介质岩石速度与孔隙度及其流体关系的方程：

$$\frac{1}{v}=\frac{1-\varphi}{v_m}+\frac{\varphi}{v_L} \qquad (1.4-3)$$

式中 v 是岩石的速度，v_m 和 v_L 分别为岩石骨架和孔隙流体的速度，φ 是孔隙率。这个公式的适用条件是孔隙中只有一种流体，并且流体压力和岩石压力相等。

根据该公式计算了某些岩石的理论关系曲线（图 1-4-1）。综合研究认为，当孔隙度由0到30%时，这个关系式应用较好。当孔隙度由3%到30%时，速度变化可达90%，这说明速度受孔隙度的影响是很大的。

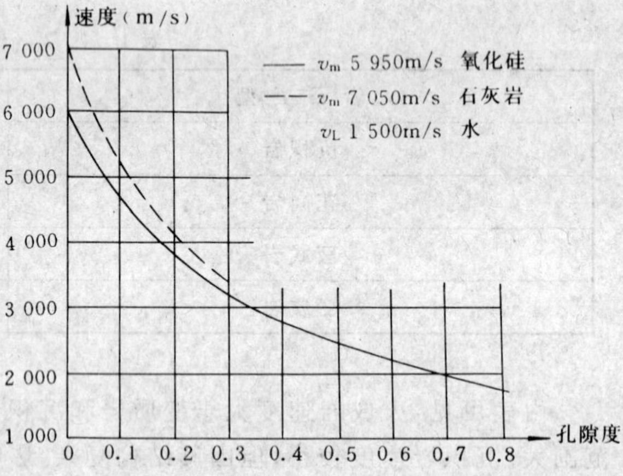

图 1-4-1　时间平均方程曲线

当流体压力降低时，上述公式要做一定的修改，用一个压差调节系数 c 加以修正，此时时间平均方程变为

$$\frac{1}{v}=\frac{1-c\varphi}{v_m}+\frac{c\varphi}{v_L} \qquad (1.4-4)$$

当流体压力等于岩石压力一半，岩石压力相当于埋深1 700m，承受压力为4.13×10^7Pa 时，c 值约为0.85。图 1-4-2 为修改后的时间平均方程曲线。它同时还说明了孔隙充填物不同，速度有明显的差异。

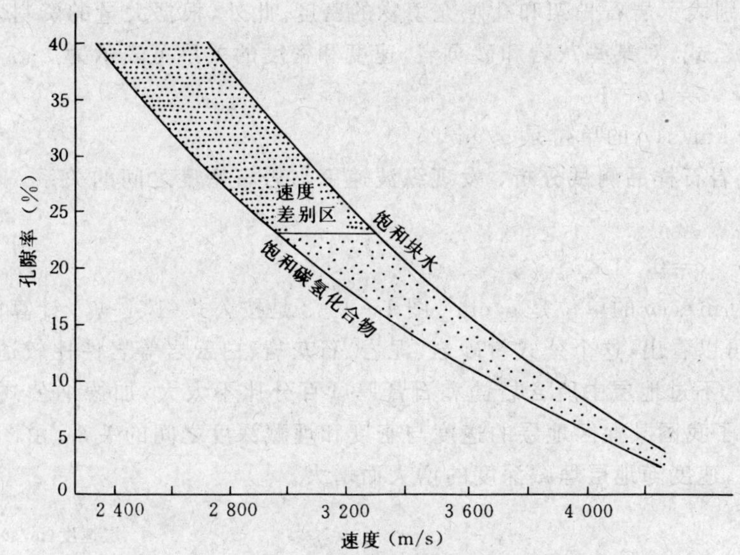

图 1-4-2　速度与孔隙率(孔隙中含不同流体)的关系

$v_m=4\ 572\text{m/s}$　v_L(盐水)$=1\ 521\text{m/s}$

v_L(油/气)$=1\ 201\text{m/s}$　$\frac{1}{v}=\frac{0.85\varphi}{v_L}+\frac{1-0.85\varphi}{v_m}$

实验测定证明，当孔隙中的水被液态的碳氢化合物所代替且达到饱和时，速度可以降低15%～20%，若孔隙中被气态碳氢化合物充填时，则速度值会大大降低。这就为人们对油气水的预测提供了可能，因为这些岩石，特别是砂岩，由于孔隙中充填的介质不同(油、气、水)，引起速度值的差异，必然在油、气、水之间，以及与上下围岩之间形成良好的分界面，使它们具有较大的反射系数。一般沉积岩的反射系数都在0.1以下，当砂岩中含气时，反射系数可达±0.3，甚至更大。表 1-4-4 为几种常见岩石与页岩分界面的反射系数。由表可以看出：含气和不含气的砂岩，在速度上有很大的差异，由此引起它们与页岩分界面的反射系数差异更大。孔隙度只增加10%，速度值可以大大降低，因而反射系数显得更为敏感。这说明利用敏感的反射系数代替速度来预测油气是可行的。

表 1-4-4　几种岩石的反射系数

岩　性	孔隙度(%)	密度(g/cm^3)	速度(m/s)	反射系数
页　　岩		2.25	4 300	
砂　　岩		2.65	5 200	±0.13
含气砂岩	10	2.41	2 500	±0.23
含气砂岩	20	2.07	1 610	±0.49

（二）密度的影响

岩石孔隙度的变化，意味着岩石的密度变化，孔隙度与岩石密度成反比关系。即孔隙度增大，密度变小。它们一般成线性关系，其经验公式为

$$\rho=\rho_L\varphi+(1-\varphi)\rho_m \tag{1.4-5}$$

式中 ρ_m 和 ρ_L 分别表示岩石骨架和孔隙充填物的密度。此外，根据大量的资料对不同岩石总结出了不同的经验公式，对某些灰岩和砂页岩，速度和密度的关系可表示为

$$v=6\rho-11 \tag{1.4-6}$$

式中 v 的单位是 km/s，ρ 的单位是 g/cm³。

通过对大量岩石样品测试分析，发现纵波速度与岩石密度之间的关系，可用加德纳公式表示

$$\rho=0.31\times v_p^{\frac{1}{4}} \tag{1.4-7}$$

式中 v_p 的单位为 m/s；ρ 的单位是 g/cm³。图 1-4-3 是按公式(1.4-7)计算的速度与密度的关系曲线。由图可以看出，这个公式对砂岩、泥岩、石灰岩、白云岩等岩性比较适用，对岩盐和硬石膏偏差大一些，不过地层中所含岩盐和石膏厚度百分比不太大，加德纳公式还是可以使用。图 1-4-4 给出了我国某探区地层的速度与密度和埋藏深度之间的关系。由图可见，速度随密度的增加而增大，速度随地层埋藏深度的增大而增大。

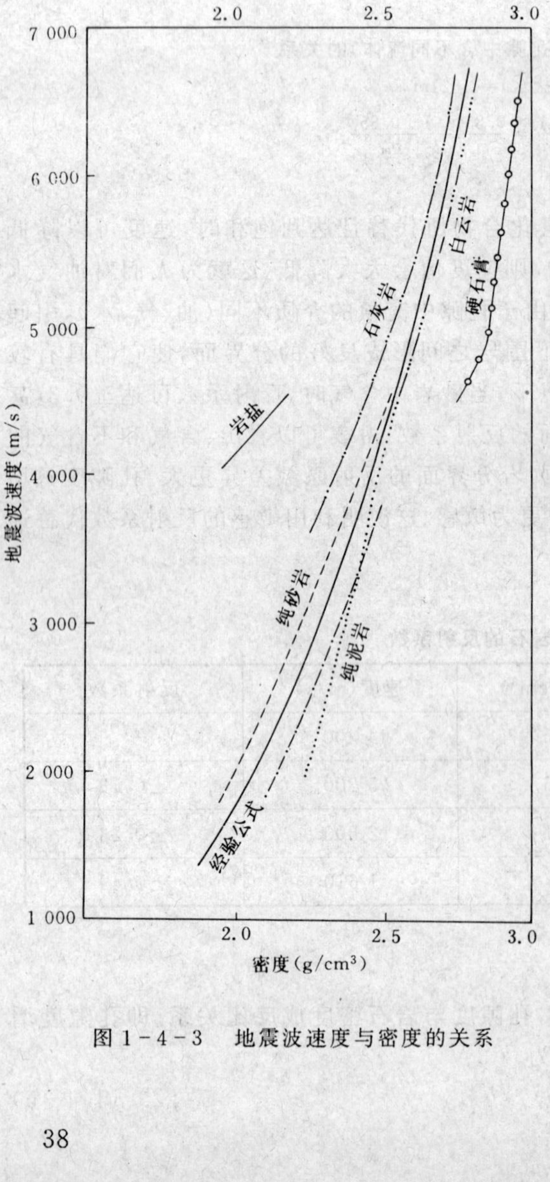

图 1-4-3　地震波速度与密度的关系

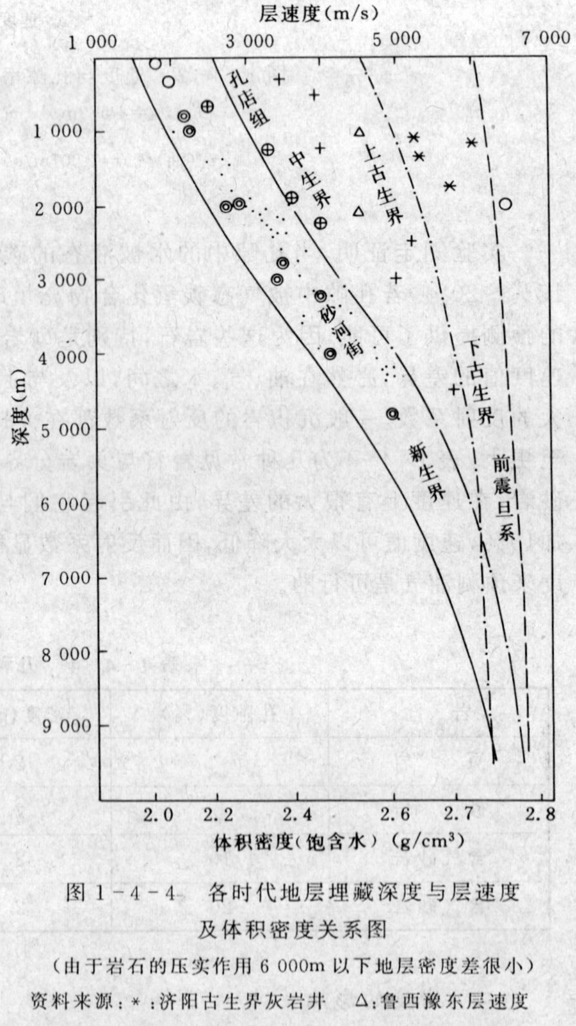

图 1-4-4　各时代地层埋藏深度与层速度及体积密度关系图

(由于岩石的压实作用 6 000m 以下地层密度差很小)

资料来源：*：济阳古生界灰岩井　△：鲁西豫东层速度

十：莱阳地震速度段　⊕：昌潍侯 3 井声波

◎：东营测井综合　·：濮阳计算层速度

（三）速度与埋藏深度的关系

实际资料表明，在岩石性质和地质年代相同的情况下，地震波速随岩石埋藏深度的增加而增加（见图 1－4－4）。其主要原因是承受上覆地层压力大，即所谓压实作用所致。

福斯特(Faust)根据大量的地震测井和电测井资料提出了一个计算地震波速度的经验公式

$$v=\alpha(ZT)^{\frac{1}{6}}=2\times10^{3}(ZR)^{\frac{1}{6}} \tag{1.4-8}$$

式中 Z 为深度；T 为年代，单位是 a；α 为系数；R 为电阻率，单位是 Ω·m。若长度单位都用 m 表示，式中 α 则为46.5。在没有地震资料的地区根据此式可用电测井资料来换算地震波速。

（四）速度与构造历史和地质年代的关系

实际观测资料表明，同样深度、成分相似的岩石，地质年代不同，波速也不同。古老的岩石比年轻的岩石速度高。速度与构造运动的关系，在不同地区有不同的表现。在强烈褶皱区，经常观测到速度的增大；而在隆起的顶部，则发现速度减低。一般来说，地震波速度随地质过程中的构造作用力的增强而增大。根据实验室对岩石样品的分析发现，地震波速度与压力之间有一定关系，速度随压力的增加而增加。此外，压力的方向不同，地震波沿不同方向传播的速度也不相同。

（五）速度与温度的关系

速度随温度的变化不很显著，变化较微小。温度每升高100℃，速度约减小5%～6%。如图 1－4－5 所示。

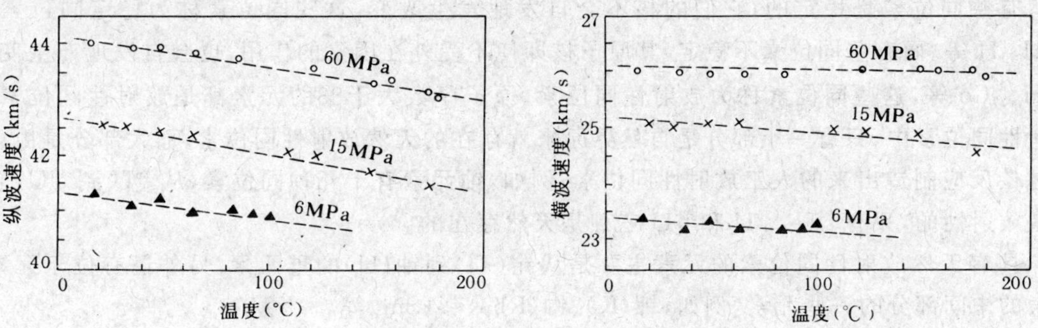

图 1－4－5　速度与温度的关系

（六）沉积岩中速度的一般分布规律

(1) 在沉积岩中速度的空间分布规律决定于沉积顺序及岩性特点。沉积岩的基本特点是成层分布。根据形成沉积的各种条件，可以将整个地质剖面分为若干层，每一层波的传播速度不同。因此速度的成层分布就是沉积岩的基本特点，而这一特点正是使用地震勘查的有利前提。

(2) 速度与深度和地质年代有关，这个关系基本上是平滑变化的。所有因素的共同作用使速度具有方向性。即速度随着深度的增加而加大。速度垂直梯度是随深度的增加而减小。速度垂直梯度的存在是沉积岩速度剖面的又一特点。

(3) 由于地质构造与沉积岩相的变化，也会引起速度的水平方向变化。一般来说，速度的水平梯度不大，但要求细致地处理和解释资料时，也应该注意到水平梯度的存在。

此外，构造破坏（如断层）可以引起速度的突变。地层中的不整合及地层尖灭都会对速度的水平梯度有显著的影响。

§1.5 岩石的放射性

一、放射性元素及其衰变规律

1.放射性元素

在自然界中存在着很多化学元素，到目前为止，被人们发现的已有109种。自然界里所有的物质都是由这些基本的化学元素组成的。元素的最小单元叫做原子。原子都是由质子、中子和电子这三种基本的粒子组成。每个原子的中心有一个核，称为原子核，原子核由质子和中子组成，质子带正电，中子不带电。原子核周围有电子，电子带负电，电子沿一定的轨道绕着原子核运行。原子核的表示方法为$_{Z}X^{A}$或$_{Z}^{A}A$，其中X为元素符号，Z为质子数，A为质量数，$A=N+Z$（即质子数与中子数之和）。

当原子核内的质子数与中子数构成一定比例时，原子核处于稳定状态。但是，当原子核内的质子或中子过多时，原子核是不稳定的。这些不稳定原子核的元素称为放射性元素。

2.同位素

具有相同质子数而质量数（质子和中子数之和）不同的元素称为同位素。例如氢元素有三种同位素：$_{1}^{1}H$（氢）、$_{1}^{2}H$（氘）和$_{1}^{3}H$（氚），它们的质子数（原子序数）相同，都是1，而质量数却分别为1、2、3。

有些同位素是稳定的，它们的核不会自发地发生改变，这些同位素称为稳定同位素，例如$_{1}^{1}H$、$_{1}^{2}H$等。而有些同位素不稳定，其原子核即使不受外在因素的作用，也会自发地产生变化，如$_{1}^{3}H$、$_{27}^{60}Co$等，这些同位素称为放射性同位素。原子序数大于83的元素都是放射性同位素。在放射性同位素中，只有一小部分是自然界原来就存在的天然放射性同位素，而大部分是由人工通过核反应制造出来的人工放射性同位素。例如，铀元素有十几种同位素，从$_{92}^{226}U$到$_{92}^{240}U$，它们都是放射性的，只有$_{92}^{234}U$、$_{92}^{235}U$和$_{92}^{238}U$三种是天然存在的。

具有天然放射性同位素的元素主要是从铊(Ti)到铀(U)的重元素。另外还有位于元素周期表的中间部分的一些元素，例如，钾(K)、铷(Rb)、钐(Sm)等。

3.放射性衰变及其衰变规律

一种元素经过放射变成另一种元素的过程称为衰变或蜕变。对含有一大堆原子的放射性物质来说，其中某一个原子何时发生衰变完全是偶然的，无法预计的，但是对许多原子的整体来说，某一时刻平均有多少原子发生衰变是符合一定规律的。这一规律是：某一时刻的衰变率dN/dt（单位时间衰变的原子核数）与当时存在的原子核数N成正比，即

$$\frac{dN}{dt}=-\lambda N \tag{1.5-1}$$

式中λ为衰变系数（比例系数），负号表示原子核数随时间的增长而减小。对上式进行积分得到

$$N=N_0e^{-\lambda t} \tag{1.5-2}$$

式中N_0为最先参入衰变的原子核数（$t=0$时，$N=N_0$）；N为衰变之中t时刻存在的原子核数。

以最先参入衰变的原子核数N_0为基数，衰变成$\frac{N_0}{2}$时的时间为半衰期T，由上式可导出

$$T=\frac{\ln 2}{\lambda}=\frac{0.693}{\lambda} \tag{1.5-3}$$

不同放射性元素的衰变系数不同，所以半衰期不同，地质上可利用半衰期很长的元素来确

定地层的地质年代。半衰期长的元素有$^{238}_{92}U$(半衰期4.5×10^9a)、$^{40}_{19}K$(半衰期1.5×10^9a)等。

二、放射性元素在自然界中的分布

(一)岩石的放射性

岩石按成因可分为岩浆岩、沉积岩及变质岩三大类。变质岩是由岩浆岩或沉积岩经各种内力地质作用形成的,其物质组分与变质前的岩石直接相关,变质岩的放射性主要取决于变质前的岩石。下面分别简述岩浆岩和沉积岩的放射性。

1. 岩浆岩的放射性

岩浆岩主要分布于地壳深处,其体积占岩石总体积的95%。岩浆岩中的矿物种类繁多,但主要矿物是以下10种:即石英占12%;长石占59%;角闪石及辉石占17%;云母占14%;橄榄石、霞石、石榴石、磁铁矿、磷灰石等共占8%,其余矿石加在一起也只占岩浆岩总量的1%。

岩浆岩的放射性有如下几点规律:

(1) 岩浆岩所含的放射性元素零散而不均匀。

(2) 岩浆岩从酸性、中性、基性到超基性,其SiO_2的含量由大到小;颜色由浅到深;而放射性元素的含量由大到小。

(3) 岩浆岩所含的放射性元素主要是:铀、镭、钍、钾。

岩浆岩的放射性如表1-5-1。

表1-5-1 岩浆岩的放射性

岩石类型	SiO_2(%)	$Ra\times10^{-12}$(g/g)	$U\times10^{-6}$(g/g)	$Th\times10^{-6}$(g/g)	Th/U	K(g/g)
酸 性	75～65	1.34	4.0	13.0	3.3	0.026
中 性	65～52	0.51	1.4	4.4	3.2	0.020
基 性	52～40	0.38	1.1	4.0	3.6	0.014
超基性	少于40	0.20	0.6	2.0	3.3	0.004

2. 沉积岩的放射性

沉积岩本身不含有放射性元素,其放射性元素来自岩浆岩。沉积岩是由岩浆岩经过机械和化学力的综合剥蚀、搬运、沉积而产生的。由于搬运和沉积的环境不同,使各种沉积岩的放射性元素的含量产生了差异。沉积岩的放射性有如下几点规律:

(1) 沉积岩的放射性强度主要取决于泥质含量(粘土含量)。其原因是,粘土颗粒细,具有较大的比面(比面的含义是每个颗粒的表面积之和),使得在沉积过程中具有较大的吸附放射性元素的能力;粘土沉积的时间长,有充分的时间与放射性元素接触;粘土沉积物中含有钾矿物(如水云母、正长石等)。

(2) 随有机物含量增加而增加,如沥青质泥岩的放射性很高。

(3) 随着钾盐和某些放射性矿物的增加而增加。

(二)水中铀、镭和氡的含量

天然水中所含放射性物质非常少,通常含有铀、镭和氡,很少含钍和钾。表1-5-2中列出了各种水中含氡、镭和铀的一般情况。

水中的镭含量一般只含有岩石中的千分之一,但在自然界中也有含铀、镭和氡较高的水。这主要与铀的矿化有关,如流经铀矿床的铀水、铀镭水等。这些水可作为铀矿床的找矿标志。

表 1-5-2　各种水中氡、镭、铀的含量

含量＼放射性元素＼水		Rn(氡)(3.7Bq/m³)	Ra(镭)(g/L)	U(铀)(g/L)
地表水	海洋河	0	$(1\sim2)\times10^{-13}$	$(6\sim20)\times10^{-7}$
	湖	0	10^{-12}	8×10^{-6}
地下水	沉积岩	6～15	$(2\sim300)\times10^{-12}$	$(2\sim50)\times10^{-7}$
	酸性岩浆岩	100	$(2\sim4)\times10^{-12}$	$(4\sim7)\times10^{-6}$
	铀矿床	500～1 000	$(6\sim8)\times10^{-12}$	$(8\sim600)\times10^{-6}$

§1.6　岩石的热学性质

一、温度、温度场、热量与比热

1. 温度

物体的温度是分子平均动能的标志。物体温度升高，标志着分子平均动能在增大；物体温度降低，标志着分子平均动能在减小。温度的单位用水在一个大气压力下的冰点与沸点作基点来规定。摄氏温标 T(℃)规定水的冰点为0℃，沸点为100℃；华氏温标(°F)规定水的冰点为32℃，沸点为212℃；绝对温标(K)规定水的冰点为273.16℃，沸点为373.16℃，故三者的关系为

$$T_K=273.16+t_{℃}\quad T_K=\frac{5}{9}t_{°F}+459.67$$

2. 温度场

某一瞬间温度的空间分布称为温度场，一般情况下，温度在介质中的分布状况是坐标和时间的函数，即 $\theta=f(x,y,z,t)$，式中 x、y、z 为坐标，t 为时间。

场内任何点的温度不随时间而变的称为稳定温度场，这时温度分布仅为空间坐标的函数，即：$\theta=f(x,y,z)$，$\frac{\partial\theta}{\partial t}=0$，如果温度除取决于该点的位置外，还与时间有关，则为不稳定温度场。此时，温度的分布可表示为 $\theta=f(x,y,z,t)$。具有稳定温度场的热传导称为稳定热传导，一般情况下，当 $t\to\infty$ 时，不稳定温度场渐趋于稳定温度场。

物体的温度场可以用等温面或等温线来表示(图 1-6-1)，把相同温度的各点相连接成为等温面，等温面与任一平面相交则为等温线，因为同一个点上不可能同时存在两个温度值，所以等温面和等温线是不会相交的，只有穿过等温面或等温线才可以观察到温度的变化，在等温面或等温线的法线(n)方向上，单位长度的温度变化值最大，温度降落的强度由梯度的负值表示，温度梯度是指等温面法线方向上的温度增量与法向距离比值的极限。

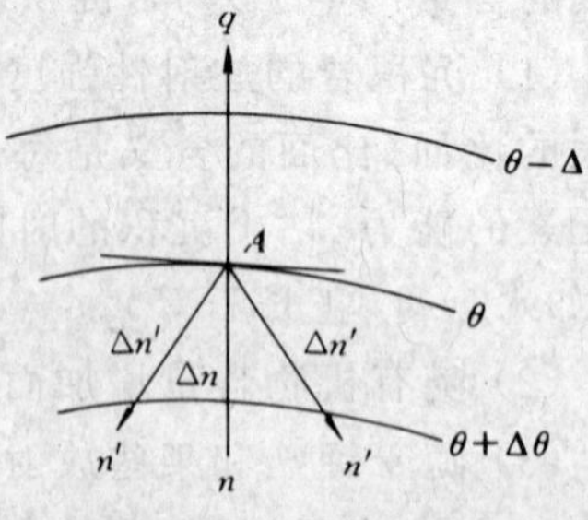

图 1-6-1　温度场示意图

n—等温面的法线；Δn—两条等温面沿法线方向之距离，此方向具有最大的温度梯度；q—热流量；θ—等温面温度；$\Delta\theta$—等温面的温差

$$温度梯度=\lim_{\Delta n\to0}\left[\frac{(\theta+\Delta\theta)-\theta}{\Delta n}\right]=\lim_{\Delta n\to0}\left(\frac{\Delta\theta}{\Delta n}\right)=\frac{\partial\theta}{\partial n}=\mathrm{grad}\theta$$

它是一个矢量,温度梯度即为等温面法线方向上单位长度的温度标量。热传导的方向与温度梯度的方向相反,与温度降落的方向一致,在地热学中,温度梯度的单位常以℃/100m 或℃/km 表示。

3. 热量

热是其他形式的能发生转换的一种形式,在一定条件下,热也可以转换为其他形式的能。热量就是两个物体之间交换能量或者传递能量的一种形式。根据热力学第一定律,物体吸收的热量(Q)等于物体所做的功(W)加上物体内能的变化(ΔE),即 $Q=W+\Delta E$,如果 Q 及 ΔE 用热量单位(cal)表示,W 用功的单位(J)表示。1cal 热量的定义为1g 纯水从14.5℃ 升到15.5℃所需的热量近似地等于1平均卡,按热功当量的意义4.186J 的功可能使物体增加的内能恰好与1cal 的热量传递所增加的相同,故1cal=4.186J。

4. 比热

各种物体都有贮热的能力,其大小以比热来表示,比热的定义为每克物质温度升高1℃ 所需要的热量。质量为 mg 的物质,当温度由 θ_1升至 θ_2时,需要吸收的总热量为 $Q=c\cdot m\cdot(\theta_2-\theta_1)$,这里,$c$ 为比热。

二、三种传热方式

根据热力学原理,当不同物体或物体的不同部分之间存在温差,就会发生热传递。地球的内核为熔融的铁质及铁镍质的混合体,温度很高;而地球外表面的温度主要受大气温度控制,相对比较低,地球内核与外表面的温度差,导致热量由地核向地表传递。地球的内部传热过程服从于热力学的传导传热、对流传热与辐射传热三种规律。

1. 热传导传热

热传导属于接触传热,它永远和温度分布不均匀联系在一起。热传导的机理是不同温度的物体或物体不同温度的各部分之间分子动能的相互传递,即动能较大(温度较高)的分子,把能量传给邻近动能较小(温度较低)的分子。此外,还依靠自由电子运动而传递能量,宏观地说:热量从高温部分传给低温部分,天然的纯金属(金、银、铜、锡等)中,自由电子在热传递中起重要作用。

非金属固体中不存在自由电子,在这种情况下热能以分子振动即结晶格子的热振动的形式而存在,振动强度取决于温度。当处于热激发状态的原子或分子相互碰撞时,热即被传导,振动运动机械地由热区传递至冷区。任意两点间的热流随两点间的温差增减而增减,当物体所有的分子以这种方式获得一定的平均能量,使其不同部位的温度相等时就达到平衡状态。Biot(1804年)和 Fourier(1822年)等人根据大量实验结果,经过科学抽象,把物体内部温度差异与热流场相联系,并用数学式表示出来,即单位时间内,通过物体单位截面积的热流量 q 为

$$q=-k\mathrm{grad}\theta \qquad (\mathrm{W/m^2}) \qquad (1.6-1)$$

式(1.6-1)被称为傅里叶定律。式中 k 为热导率;$\mathrm{grad}\theta$ 为温度梯度。热导率是一个表征物质导热能力的物理量,其大小与物质组成有关。对某一物质,在室温条件下 k值可视为常数,它的常用单位是 W/m·K,工程上常用单位是 kcal/(m·h·℃)。

傅里叶定律给出了通过某个面积的热量的计算公式。除个别简单情况外,依据它还不能求解物体的温度场。为此,在均匀各向同性物体中分割出一微小的平行六面体(图1-6-2),体积为 $\mathrm{d}V=\mathrm{d}x\mathrm{d}y\mathrm{d}z$,假定在 $\mathrm{d}t$ 时间内温度升高为 $\mathrm{d}\theta$。温度的升高有两个原因:

(1) 传入体积元 $\mathrm{d}V$ 的净热量为 $k\nabla^2\theta\mathrm{d}V\mathrm{d}t$;

(2) 体积元内部热源产生的热量 $A_0 dVdt$。

根据能量守恒定律，可得

$$k\nabla^2\theta dVdt + AdVdt = c\rho\frac{\partial\theta}{\partial t}dVdt \quad (1.6-2)$$

式 (1.6－2) 两边分别除以 $c\rho dVdt$ 可得到热传导微分方程

$$\frac{k}{c\rho}\nabla^2\theta + \frac{A_0}{c\rho} = \frac{\partial\theta}{\partial t} \quad (1.6-3)$$

式中 c 为比热，ρ 为密度，k 为热导率，A_0为热率，$\nabla^2\theta$ 为温度散度。

$$\nabla^2\theta = \frac{\partial^2\theta}{\partial x^2} + \frac{\partial^2\theta}{\partial y^2} + \frac{\partial^2\theta}{\partial t^2} \quad (1.6-4)$$

如果体积元内部没有热量产生($A_0=0$)，则

$$\frac{\partial\theta}{\partial t} = \alpha\nabla^2\theta \quad (1.6-5)$$

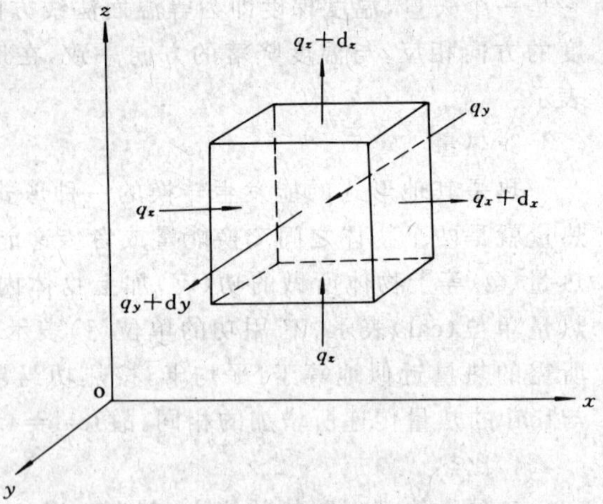

图 1－6－2　物体体积元中的热传导

式中 α 为介质的热扩散率，$\alpha=k/C\rho$，常用单位为 m^2/s，它说明物体在加热或冷却时各部分温度趋于一致的能力。

2. 对流传热

按对流运动发生的原因，可分为两类：一类是自然对流，另一类是受迫对流。

由于流体被冷却或加热造成各部分的密度差而引起的运动叫自然对流；由于流体受外力的影响产生压力差所引起的运动叫受迫对流。对流流动速度除决定于受热或受冷却的强度外，还与流体性质、空间大小有关。一般来说，流体上下界面温差大、热膨胀系数高有助于热对流的产生，因为两者均可增加热区和冷区的密度差。热、冷面的间隔增加也有助于对流。流体的粘滞度大则抑制对流。高的热导率也抑制对流，因为高热导率的物质由传导方式传热更为有效，从而在某种意义上说，使对流变得不那么重要。

牛顿冷却定律是研究对流热扩散的基础。根据牛顿冷却定律，热交换的热量与其界面的温差成正比，即

$$q = a(\theta_s - \theta_g) \quad (1.6-6)$$

式中 θ_s 为固体界面温度，单位为 K；θ_g 为气体或液体界面温度，单位为 K；a 为表面传热系数，单位为 $W/m^2\cdot K$。

对于封闭环境(如通道或坑道)内的气体或液体的流动来说，温度 θ_g 是指上截面 F 的平均温度 θ_{mg}，它等于

$$\theta_{mg} = \frac{\int_F \theta_g v dF}{\int_F v dF} \quad (1.6-7)$$

式中$\int_F vdF = V$；θ_{mg} 为整个截面 F 的平均温度值(K)；v 为液体或气体的流速(m/s)；V 为单位时间内流过截面 F 的流体或气体体积。

地下流体在某一岩层或破碎带中流动，当流体与围岩之间存在温差时，会产生热量交换，交换的热量也可用式 (1.6－6) 描述。

如果液体或气体流过的是一个非封闭表面，如地球—空气分界面，固体表面与流体之间也会存在热量交换。这种热量交换可用对流换热公式 (1.6－6) 描述，习惯上也常假定固体表面

存在一个厚度为 h 的薄流体边界层，热量是通过边界层传导的，即

$$q=a(\theta_s-\theta_g)=k_a\frac{\theta_s-\theta_g}{h} \tag{1.6-8}$$

式中 θ_g 为边界层以外的温度，h 为薄边界层厚度，k_a 为边界层的热导率，表面换热系数为 a 与 k_a、h 的关系为

$$a=\frac{k_a}{h} \tag{1.6-9}$$

3. 辐射传热

一切物体只要其温度高于绝对零度，就会从表面经常地向外界放出能量，物体的温度愈高，放出的辐射能也愈大，辐射能的载体是电子激动所产生的电磁波，所以热辐射在真空中也能进行。

每一物体都可以电磁波的形式辐射热能。辐射能在到达另一物体之前一直以高速穿过空间。当它打在物体表面时，辐射能部分被吸收（A_b），部分被反射（R_c），部分则穿过该物体离去（T_r）。于是：

$$A_b+R_c+T_r=1 \tag{1.6-10}$$

式中 A_b＝吸收率；R_c＝反射率；T_r＝透射率。

如果 $A_b=1$，即落在物体上的辐射能全部为物体所吸收，这类物质称黑体。从黑体表面单位面积、单位时间内辐射出去的热量可按斯蒂芬-波特兹曼定律得到：

$$q=\sigma\theta^4 \tag{1.6-11}$$

式中 σ 称为黑体的辐射常数。此系数的经验值和理论值分别为 $5.78\times10^{-8}\mathrm{W/(m^2\cdot K^4)}$ 及 $5.69\times10^{-8}\mathrm{W/(m^2\cdot K^4)}$。$\theta$ 为热力学温度，单位为 K。可以看出，物体的辐射能力与其绝对温度的四次方成正比。

自然界不存在绝对的黑体。对于实际情况引入一个新的参数，叫发射率（或称辐射系数）：

$$\varepsilon=\frac{q_0}{q}=\frac{\sigma_0}{\sigma} \tag{1.6-12}$$

式中 q_0 代表实际表面的辐射热流密度。

对于具有 ε_1 和 ε_2、绝对温度为 θ_1 及 θ_2 的两平行面 F_1 及 F_2 之间的辐射传热有如下关系：

$$Q_{12}=F_1tb_{12}(\theta_1^4-\theta_2^4) \tag{1.6-13}$$

式中 Q_{12} 表示在时间 t 内从 F_1 辐射出来的热量。

当两平面的间距比 F 的尺寸小得多时，有

$$b_{12}=\frac{\sigma}{\frac{1}{\varepsilon_1}+\frac{1}{\varepsilon_2}-1} \tag{1.6-14}$$

式中 b_{12} 为相当辐射系数。若 F_2 比 F_1 大很多，或者 $\varepsilon_2=1$，则 $b_{12}=\varepsilon_1\sigma$。当辐射温度变化很小时，式（1.6－13）可简化为 $Q=4Ft\sigma\varepsilon\theta_0^3(\theta-\theta_0)$，对辐射系数为 ε、温度为 θ 的物体被围以温度为 θ_0 的黑体，近似的热损失为

$$q=4\theta_0^3\sigma\varepsilon(\theta-\theta_0) \tag{1.6-15}$$

设黑体的温度 $\theta_0=288\mathrm{K}$（即15℃），$\sigma=5.78\times10^{-8}\mathrm{W/(m^2\cdot K^4)}$，则辐射系数为 ε 的表面发射的热流密度为

$$q=5.44\varepsilon(\theta-\theta_0)\quad(\mathrm{W/m^3}) \tag{1.6-16}$$

地球表面的热辐射问题可以由式（1.6－15）处理。

三、岩石的热学参数及其影响因素

(一) 岩石与矿物的热导率

根据傅里叶定律 $q=-k\mathrm{grad}\theta(\mathrm{W/m^2})$，当流过某物质的热流($q$)一定时，该物质中的温度梯度与物质的热导率成反比，其物理意义为：沿热传导方向单位厚度岩石，两侧温差为1K，在单位时间内所通过的热流量。

岩石是由骨架颗粒与孔隙中的流体组成。一般说来，岩石的骨架颗粒比孔隙中流体有较高的热导率。液相比气相具有较高的热导率。这一事实表明，物质的热导率是紧密地与岩石中矿物成分与结构等有关。下面分析影响岩石热导率变化的主要因素。

1. 岩石热导率与混入岩石中高热导率矿物百分数的关系

岩石的热导率随含高热导率矿物的增多而增高，表1-6-1是在200℃时岩石热物性与矿物百分比的关系(孔隙率0.7%～2.3%)。随着良导热矿物含量百分比的增加，热导率和热扩散率相应增加。岩石的热导率与热扩散率还与岩石的结构和矿物颗粒的大小有关，粗粒岩、中粗粒岩与细粒岩相比，其热导率与热扩散率大，这是因为细粒岩中小的矿物颗粒多，这些颗粒间的接触热传导性能差，表1-6-2为不同颗粒热参数值。

表1-6-1　岩石热导率与良导热矿物百分比的关系

岩石名称	混入良导热矿物百分比(%)	热导率 k (0.418W/m·K)	热扩散率 α ($\mathrm{cm^2/s}$)
斑　岩	1.15		0.007 1
蛇纹橄榄岩	3.38	5.695	0.007 8
矿化蛇纹橄榄岩	12.30	7.223	0.010 1
硅 质 岩	16.32	7.778	0.009 4
含铁硅质岩	53.58	11.112	0.015 6
斑岩(t=20℃)	1～2	4.723	—

表1-6-2　具相同化学成分矿物的岩石的热特性与矿物颗粒大小的关系

岩石名称	温度 θ(℃)	热参数			
		细粒组织(粒子径2mm 以下)		中粗粒组织(粒子径2mm 以上)	
		k(0.418W/(m·K))	α($\mathrm{cm^2/s}$)	k(0.418W/(m·K))	α($\mathrm{cm^2/s}$)
花岗岩	200	4.694	0.007 6	4.861	0.008 1
片麻状花岗岩	200	3.250	0.005 0	7.223	0.011 7
油母页岩	300	0.291	0.000 4	0.305	0.002 0
泥质页岩	17	1.400	—	2.800	—
砂　岩	20	4.805	0.006 3	8.112	0.010 3

2. 岩石热导率与孔隙率和含水量的关系

孔隙率对岩石的热物性参数有很大影响。一般孔隙率大的岩石热导率与热扩散率大大减小，表 1-6-3 列出几种相同矿物化学成分的岩石热特性与孔隙率间的关系。

表 1-6-3　岩石热特性与孔隙度的关系

岩石名称	孔隙率(%)	温度(K)	热特性			
			k (0.418W/(m·K))	α (cm^2/s)	c (4 186.8J/(kg·K))	β(线膨胀系数) ($10^{-6}m^3/K$)
硅质岩	0	200	5.94	0.009 8	0.605	1.35
多孔性硅质岩	20	200	3.416	0.007 1	0.48	1.2
煤	18.7	—	0.500	0.001 6	—	—
	37.5	—	0.366	0.001 1	—	—
	43.5	—	0.333	0.001 0	—	—
致密石灰岩	—	100	8.112～4.805	—	—	0.72
多孔性石灰岩	—	—	5.306～2.639	—	—	

孔隙岩石热导率一般随孔隙率的增加而降低，并随含水量的增加而增加，其主要原因是由于空气的热导率值低，20℃ 时为6.14(4.18×10^{-3}W/(m·K))；而水的热导率相对较高，20℃ 时为 1.43（0.418 W/(m·K))。后者比前者大23倍。

一般致密而坚硬的岩石，含水量对热导率的影响不大(少于5%)，疏松孔隙岩石含水量对热导率有较大的影响，在非常松散的土壤中，热导率随含水量的增加而增加，一直到接近水的热导率。由于冰的热导率较高，所以冻土的热导率与冰的百分含量的关系更为密切。图 1-6-3 所示为砂质页岩随含水量的增加，热导率相对于干岩样的变化情况。

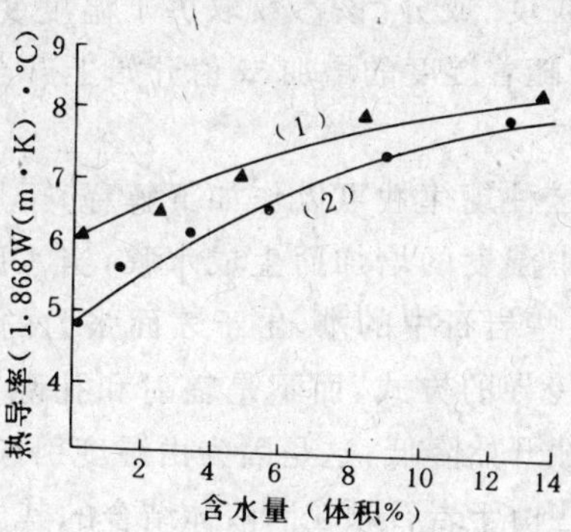

图 1-6-3　岩石含水量对热导率的影响

3. 岩石热导率与温度的关系

矿物的热导率与温度关系密切。玻璃组织的矿物随温度上升热导率几乎直线增加；而结晶矿物，随着温度升高热导率值减小，热导率值减小的特性在200℃ 以下明显，其后热导率值一般成线性。因此，在含结晶矿物多的岩石里，随温度上升热导率值是降低的。

与岩石的其他物理性质相比，例如电导率和磁化率，各类岩石热导率的差异是较小的；另一方面，同类岩石热导率变化则较大(图 1-6-4)。因而，很难用岩石的热导率来区别岩石的种类。

(二) 比热

比热表示了岩石储热的能力。在室温条件下，不同种类岩石的比热变化幅度不大，约为 3.07J/(kg·K)，岩石的比热随温度升高而增加，故地壳深部岩石的热容比近地表处略大。由于水的比热较大(15℃ 时水的比热为15.34J/(kg·K)，随着岩石含水量的增加，其比热也有所增加。岩石含水量对比热的影响可用下式表示：

$$c_{湿}=(x_1c_{干}+x_2c_{水})/(x_1+x_2) \quad (1.6-17)$$

式中 x_1 为岩石干重，x_2 为岩石的含水量。

（三）热扩散率

热矿散率（α）表示温度变化的速度。在研究非稳态场时需要了解岩石的热扩散率。它是一个综合性的参数，反映岩石的热惯性特性，表示岩石在加热或冷却时各部分温度趋于一致的能力，具有较大热扩散率的岩石，温度传播较快并透入较深。

岩石的热扩散率 $\alpha=k/c\rho$（式中 c 为比热，ρ 为岩石密度，k 为热导率）。热扩散率反映了热量通过物体的特性和热量在物体中积存的特性之比。

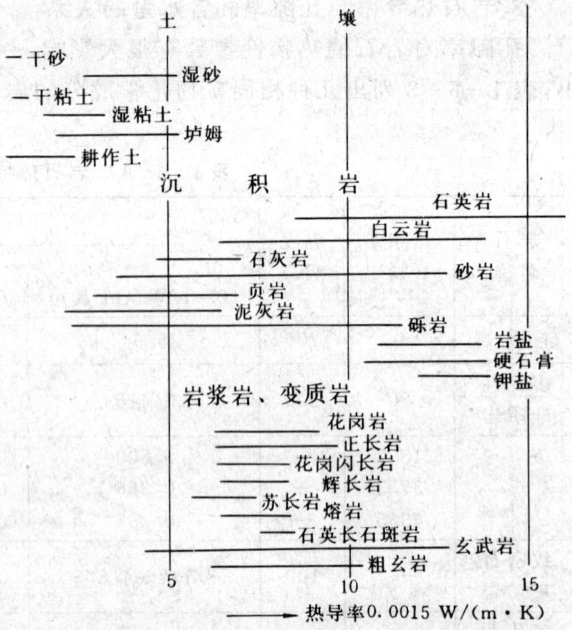

图 1-6-4　岩石的热导率

热扩散率的大小与温度传播速度密切相关，其数值主要取决于岩石的孔隙度、温度及粒度、成分。该参数取决于温度变化规律，对不同岩性特征的岩石来说实际变化规律是相同的。随着湿度的增加，α 值开始上升至最大值，然后再下降，最大值的宽度和幅度是由岩性特征决定的。

这种规律性可以作如下解释，干燥岩石的热导性较低，因为颗粒之间的热接触不良。随着岩石中湿度的增加而生成水膜，当水膜加厚成为连续后，便改善了热接触，就升高了温度传导性。这些岩石中的水，由于表面张力的作用而同颗粒相结合。通过具有高热传导性的水膜，热是以热传导的方式，而不是辐射和孔隙中的空气对流的方式传送的。当湿度进一步增加时，温度传导性开始降低，这是因为由湿度引起的温度传导性的增长变慢，而密度和比热却增大了，可能还有些由于岩石颗粒同液体结合的其他特点，液体和气体的不同含量所造成的另外一些规律。

表 1-6-4 为由热导率 k，密度 ρ 与比热 c 计算得到的岩石热扩散率。表 1-6-5 为由中国科学院根据岩石样本实测所得的岩石热扩散率。

表 1-6-4　由热导率、密度与比热计算所得热扩散率

热参数 / 岩石名称	k (0.418W/(m·K))	ρ (g/cm³)	c (4.186J/(g·K))	α (cm²/s)
角闪斜长岩	5.16	2.78	0.18	0.01
片麻岩	6.5	2.57	0.153	0.017
片麻岩	6.8	2.615	0.173	0.015
片麻岩	6.38	2.625	0.179	0.014
片麻岩	5.81	2.76	0.176	0.012
混合花岗岩	4.91	2.68	0.19	0.009 6

表 1-6-5　中国科学院实测岩石标本热扩散率

地区	岩性	标本块数	比热 c (4.186J/(g·K))	密度 ρ (g/cm³)	热容 $c\rho$ (4.186J/(cm·K))	热导率 k (0.418W/(m·K))	热扩散率 (cm²/s)
河南平顶山	砂质泥岩	7	0.223	2.655	0.592	4.78	0.008 1
	粉砂岩	1	0.235	2.575	0.584	5.02	0.008 3
	细砂岩	2	0.227	2.649	0.601	5.02	0.008 4
	中砂岩	6	0.212	2.642	0.560	6.37	0.011 3
	石灰岩	1	0.217	2.679	0.581	5.44	0.009 4
		3	0.214	2.645	0.566	4.40	0.007 7
安徽罗河	正长斑岩	2	0.203	2.580	0.523	5.12	0.009 8
	凝灰角砾岩	1	0.214	2.577	0.589	4.33	0.007 9
	次生石英岩	1	0.220	2.691	0.592	8.79	0.014 8
	硬石膏石英岩	2	0.190	3.97	0.754	9.52	0.012 6

思考题与习题

1. 将地球看成半径 $R=6\ 371\text{km}$ 的均匀球体，取地球表面平均重力值为 9.8m/s^2，试估算地球的总质量为多少吨？地球的平均密度为多少 t/m^3？

2. 决定岩石、矿石密度的主要因素有哪些？

3. 密度计为什么要设计成折臂式的结构？

4. 在实验或实习中请学会使用密度计，并想一想为保证测量的精度应如何调整仪器和爱护仪器？

5. 影响岩石磁性的因素有哪些？各起何作用？

6. 如何理解磁性差异是磁法工作的地球物理前提？

7. 一块岩石标本(火成岩)分别在海口、武汉、哈尔滨测量磁性，结果有何不同？为什么？

8. 到目前为止，电法勘查利用了岩石、矿石的哪些电学性质？其表征参数是什么？简要分析影响这些参数的主要因素有哪些？

9. 简要分析岩石和矿石的激发极化特性。

10. 试分析影响地震波传播速度的主要因素。

11. 试述地震波速度的主要用途。

12. 什么是物质的放射性衰变？其衰变规律如何？什么是半衰期？

13. 什么是电子密度？能否写出电子密度与密度、原子序数、质量等参数的关系式？

14. 沉积岩的放射性主要与哪些因素有关？

15. 试述三种传热方式，并指出地球表面以及地球内部各以何种传热方式为主。

16. 试述岩石热导率、比热、热扩散率含义及其相互关系。

17. 到目前为止，地球物理勘查利用了岩石、矿石的哪些物理性质？研究这些物理性质的意义何在？

18. 影响岩石、矿石磁性的主要因素是什么？

19. 解释以下名词：

居里点　热剩磁　磁化强度　磁化率　感应磁化强度　剩余磁化强度　原生剩磁　次生剩磁　磁畴　铁磁性　反铁磁性　亚铁磁性　柯尼希斯贝格比　消磁作用

20. 研究剩磁有何意义？

21. 介质的磁化率 κ 与磁性体视磁化率 κ' 有何关系？有限物体均匀磁化条件是什么？均匀磁化球体，无限长水平圆柱体，薄板状体的消磁系数等于多少？

22. 何谓柯尔-柯尔模型参数？它的影响因素有哪些？

主要参考文献

[1] 丁绪荣主编，普通物探教程——电法及放射性。北京：地质出版社，1983

[2] 丁绪荣主编，普通物探教程。北京：地质出版社，1984

[3] 傅良魁主编，应用地球物理教程——电法，放射性，地热。北京：地质出版社，1991

[4] 傅良魁主编，电法勘探教程。北京：地质出版社，1983.5

[5] 郭鹤桐，电化学。北京：高等教育出版社，1965

[6] 黄国祥、余惠祥、蔡文成，应用地球物理。湖南：中南工业大学出版社，1988

[7] 黄隆基编，放射性测井原理。北京：石油工业出版社，1985

[8] 刘崧著，谱激电法。武汉：中国地质大学出版社，1998

[9] 罗孝宽、郭绍雍主编，应用地球物理教程——重力磁法。北京：地质出版社，1991

[10] 陆基孟主编，地震勘探原理。东营：石油大学出版社，1993

[11] 潘玉玲、殷长春等编，电法、放射性、地热实验、实习教学指导书。北京：地质出版社，1993

[12] 申宁华、管志宁，磁法勘探问题。北京：地质出版社，1984

[13] 谭承泽、郭绍雍，磁法勘探教程。北京：地质出版社，1984

[14] 王惠濂主编，综合地球物理测井。北京：地质出版社，1990

[15] 王维勇、黄尚瑶等译选，地热基础理论研究。北京：地质出版社，1982

[16] 王补宣著，工程传热传质学。北京：科学出版社，1982

[17] 吴功建、林清溪、高锐编著，地球物理方法及在地质和找矿中的应用。北京：地质出版社，1988

[18] 谢苗诺夫 A.C. 等，电法勘探文集。北京：地质出版社，1958

[19] 杨诺夫斯基 Б.М. 著，刘洪学、周姚秀译，地磁学。北京：地质出版社，1982

[20] 周元田编，地球物理测井教程。武汉：中国地质大学出版社，1999

[21] 中国科学院地质研究所地热室编著，矿山地热概论。北京：煤炭工业出版社，1981

[22] 〔西德〕卡普迈耶 O.、海涅尔 R. 著，北京大学地质系地热研究室译，地热学及其应用。北京：科学出版社，1981

[23] 〔苏〕切列缅斯基 Г.А. 著，赵羿、陈明译，实用地热学。北京：地质出版社，1982

[24] 日丹诺夫著 M.C.，潘玉玲、王守坦译，电法勘探。武汉：中国地质大学出版社，1990

[25] Keller G. V. and Frischnecht F. C., Electrical Methods in Geophysical Prospeting: PERGAMON PRESS, 1966

[26] Pelton W. H., Ward S. H., Hallof P. G., Sill W. R., and Nelson P. H., Mineral discrimination and removal of inductive coupling with multifrequency IP, Geophysics, 1978, V. 43, p. 588～609

第二章　地球物理场的基本特征

应用地球物理方法目前还不是一个直接找矿或解决其他地质问题的直接勘查方法。它主要是通过观测和研究各种物理场的变化规律，来达到查明地质构造、寻找矿产资源和解决工程地质、环境监测等目的的间接勘查方法。所以说，应用地球物理方法研究的主要对象是各种地球物理场的变化规律。本章重点介绍各种地球物理场的基本特征，为分析和研究地球物理异常场打下良好的理论基础。

§2.1　重力场的基本特征

一、地球重力场

(一) 重力与重力加速度

1. 重力

一切物体都有重量，重量是物体受重力作用的结果，这是人们最为熟悉的一种物理现象。地球内部（地心处除外）、地球表面及附近空间存在重力作用的范围称为地球重力场。当不考虑其他天体对地球的作用时，重力 $\boldsymbol{P}$ 的形成由两部分组成：即整个地球质量对地表物体产生的引力 $\boldsymbol{F}$ 和因地球自转而产生的惯性离心力 $\boldsymbol{C}$ 的矢量和（见图 2-1-1）。

$$\boldsymbol{P}=\boldsymbol{F}+\boldsymbol{C} \tag{2.1-1}$$

2. 重力加速度

当物体仅受到重力作用时，就会自由下落，下落的加速度就称为重力加速度 $\boldsymbol{g}$，即

$$\boldsymbol{P}=m\boldsymbol{g} \tag{2.1-2}$$

式中 m 为物体的质量，$\boldsymbol{P}$ 也就是人们常说的物体的重量。为方便比较重力场中各点重力值的大小，总是采用单位质量在重力场中所受的重力大小来度量，这即是场论中的重力场强度，由式 (2.1-2) 可知

$$\frac{\boldsymbol{P}}{m}=\boldsymbol{g} \tag{2.1-3}$$

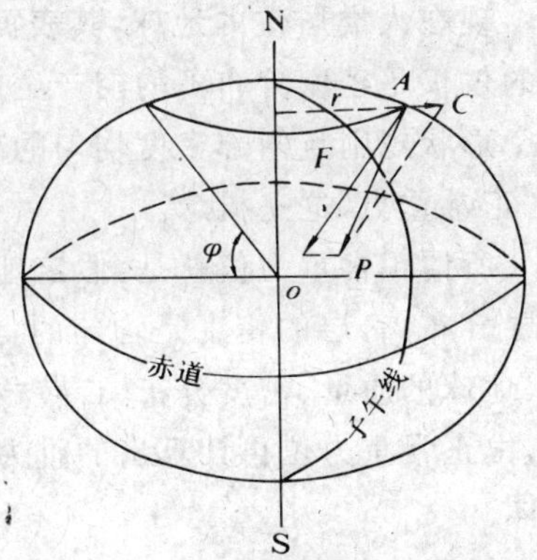

图 2-1-1　物体的重力示意图

该式表明：重力场强度与重力加速度无论在数值上还是单位的量纲上都是相同的。今后本书中所说的重力不再是重量的概念，而是指重力加速度或重力场强度。

3. 重力的单位

历史上在原有的 C.G.S. 制中，为纪念第一个测定重力加速度值的意大利著名物理学家伽利略(G. Galieo)，取1cm/s^{2}作为重力的一个单位，称作“伽”(Gal)，实用中是取它的千分之一即“毫伽”作常用单位。近20年来随着高精度重力测量，特别是在水文、工程、环境勘查中微重力测量的迅速发展与深入研究，又使用毫伽的千分之一作单位，称为“微伽”，它们可表示为

$$1\text{伽}(\mathrm{Gal})=10^3\text{毫伽}(\mathrm{mGal})=10^6\text{微伽}(\mu\mathrm{Gal}) \tag{2.1-4}$$

在现在的国际单位制(SI)中，是以$1\mathrm{m/s^2}$作加速度单位，无专用名称，其常用单位是取其10^{-6}作一个重力单位g. u. (gravity unit)，即

$$1\mathrm{g.u.}=10^{-6}\mathrm{m/s^2} \tag{2.1-5}$$

可以很容易导出新老两种单位的换算关系：

$$1\mathrm{g.u.}=0.1\mathrm{mGal}=100\mu\mathrm{Gal} \tag{2.1-6}$$

4. 重力的变化

重力加速度并不是一个恒量，在空间上和时间上都存在着一定的变化，只是这种变化相对重力全值(约$9.8\mathrm{m/s^2}$)来说太小了，因而需要专门设计的仪器——重力仪才能可靠地测量出这些变化来。就空间而言，造成重力变化的原因有：第一，地球本身并不是一个正圆球体，而是一个近于两极压扁的扁球体，因而地心到地表的距离并不处处一样；第二，地球在不停地绕自转轴旋转，因而不同纬度处的回转半径也不同；第三，地球表面起伏不平，形态复杂；第四，在漫长的地球演化史中，长期的地质构造运动与岩浆活动等，造成自地表直至上地幔内物质密度分布的不均匀。从时间上来说，由于太阳、月亮与地球之间的相对位置存在一定周期的变化，造成海洋潮汐及固体地球的弹性形变等一系列地球物理现象，这种由于太阳、月亮对地球引力的变化使固体地球形变而造成地表同一点出现重力随时间的微小变化，就称为重力固体潮，其变化幅度约2～3g. u.，因而在高精度重力测量中必须考虑这一因素的影响。

重力勘查无论是研究构造还是寻找各种矿产资源以及近年来在水、工、环中的应用与研究，都是利用地下物质密度分布不均匀这一点所引起的重力微小变化来达到其目的，因而其他因素的影响就被当作干扰而要引入相应的校正予以消除。

(二) 地球的正常重力

1. 正常重力的概念

现在人类居住的地球，其表面形状十分复杂，地壳内的密度分布又很不均匀。既然我们需要的仅仅是密度分布不均匀产生的重力变化，很自然地就会提出下面这一问题了：假如地球是一个形状规则且内部密度均匀的球体，这种情况下地表各处的重力分布是什么样子?这就提出了“正常重力”这一概念。

所谓正常重力值就是：假定地球是一个旋转椭球体，表面光滑，内部密度是均匀的，或者是呈层分布，每层的密度是均匀的，且各层界面都是共焦点的旋转椭球面。这样，依据其形状、大小、地球的质量、密度分布、自转角速度及各点所在的坐标位置等求出其重力位，称为正常重力位，由正常重力位再计算出的重力值就称为正常重力值。这种旋转椭球体有时也被称作参考椭球体。

2. 重力位

(1)重力的表达式。式(2.1-1)表明，重力是引力与惯性离心力的矢量和。当把地心作为坐标原点，xoy平面与赤道面一致，z轴向上与地球自转轴重合时，依据牛顿万有引力定律，整个地球质量对地表$A(x,y,z)$点处单位质量的引力可表达为

$$\boldsymbol{F}=G\int_M \frac{\mathrm{d}m}{\rho^2}\cdot\frac{\boldsymbol{\rho}}{\rho} \tag{2.1-7}$$

式中G为万有引力常数，其值为$6.67\times10^{-11}\mathrm{m^3/(kg\cdot s^2)}$，$\mathrm{d}m$为地球内部某一质量单元，它的坐标为$(\xi,\eta,\zeta)$，$\rho$为$A$点至$\mathrm{d}m$的距离，其值$\rho=[(\xi-x)^2+(\eta-y)^2+(\zeta-z)^2]^{1/2}$，$\boldsymbol{\rho}/\rho$为由$A$至$\mathrm{d}m$方向上的单位矢量，$M$为地球的总质量。

A 点处单位质量的惯性离心力则为

$$\boldsymbol{C}=\omega^2\boldsymbol{r} \tag{2.1-8}$$

式中 ω 为地球自转的角速度，$\boldsymbol{r}$ 为自转轴到 A 点的矢径，其模为 $r=(x^2+y^2)^{1/2}$。

由 $\boldsymbol{\rho}$、$\boldsymbol{r}$ 在三个坐标轴上的方向余弦，可以得到引力与离心力在各坐标轴上的分力，从而也就得到重力在三个坐标轴上分力的表达式：

$$\left.\begin{aligned} g_x &= F_x + C_x = G\int_M \frac{\xi - x}{\rho^3}\mathrm{d}m + \omega^2 x \\ g_y &= F_y + C_y = G\int_M \frac{\eta - y}{\rho^3}\mathrm{d}m + \omega^2 y \\ g_z &= F_z + C_z = G\int_M \frac{\zeta - z}{\rho^3}\mathrm{d}m \end{aligned}\right\} \tag{2.1-9}$$

故重力 $\boldsymbol{g}$ 的大小为 $g=(g_x^2+g_y^2+g_z^2)^{1/2}$，其方向是过 A 点水平面的内法线方向（即铅垂方向）。粗略的估算表明，在赤道上离心力为最大，但也仅为引力的约1/300。

（2）重力位。对于重力场来说，可以从场力作功的角度引入一个称之为“位”的标量函数 $W(x,y,z)$，式（2.1-9）就是 W 分别对 x、y、z 轴方向的偏导数，这个函数的形式为

$$\begin{aligned} W(x,y,z) &= G\int_M \frac{\mathrm{d}m}{\rho} + \frac{1}{2}\omega^2(x^2+y^2) \\ &= V(x,y,z) + U(x,y,z) \end{aligned} \tag{2.1-10}$$

其中 V 称引力位，U 称离心力位。函数 W 就叫作重力位，它沿某个方向求偏导数就恰好等于重力在该方向上的分力，这是重力位的一个重要性质，它的引入使我们的计算也大为方便。

由场论知识我们还知道，在物体的外部，引力位 V 满足拉普拉斯方程：

$$\nabla^2 V=\frac{\partial^2 V}{\partial x^2}+\frac{\partial^2 V}{\partial y^2}+\frac{\partial^2 V}{\partial z^2}=0 \tag{2.1-11}$$

在物体内部，引力位满足泊松方程：

$$\nabla^2 V=-4\pi G\sigma \tag{2.1-12}$$

式中 σ 为物体的密度。

引力场满足高斯通量定律：

$$N=\oint_S \frac{\partial V}{\partial n}\mathrm{d}S=-4\pi GM \tag{2.1-13}$$

式中 n 表示面元 $\mathrm{d}S$ 的外法线方向，M 为封闭曲面包含的所有质量总和。

惯性离心力位 U 不满足拉普拉斯方程：

$$\nabla^2 U=\frac{\partial^2 U}{\partial x^2}+\frac{\partial^2 U}{\partial y^2}+\frac{\partial^2 U}{\partial z^2}=2\omega^2 \tag{2.1-14}$$

综上所述，重力位 W 具有以下性质：

$$\left.\begin{aligned} &\text{在地球外部} \quad \nabla^2 W=2\omega^2 \\ &\text{在地球内部} \quad \nabla^2 W=-4\pi G\sigma+2\omega^2 \end{aligned}\right\} \tag{2.1-15}$$

（3）重力等位面与地球的形状。下面我们来看两种特殊情况下引出的结论。

当沿垂直重力 g 的方向 l 求偏导数时，显然应为

$$\frac{\partial W}{\partial l}=0$$

积分后得到

$$W(x,y,z)=C(\text{常数}) \tag{2.1-16}$$

式(2.1-16)代表了空间的一个曲面，该面上重力位处处相等，故叫作重力等位面。该面又处处与重力方向垂直，测量学上又称作水准面，因为此时水不会流动而静止下来。由于积分常数有无数多个，因而重力等位面也有无数多个。我们将其中一个与平均的海洋面(在陆地上是它的顺势延伸而构成封闭的曲面)重合的那个重力等位面称为大地水准面，在重力测量学和大地测量学中，都是以该面作为地球的基本形状来研究的。现在对人造卫星观测资料的研究，可以获得更为精确的大地水准面形状。图2-1-2是夸大了它与参考椭球体的差异而绘制的，在南极凹进去约30m，而北极附近则凸出10m，中纬度地区偏差约7.5m，是一个不规则的形状复杂的曲面。

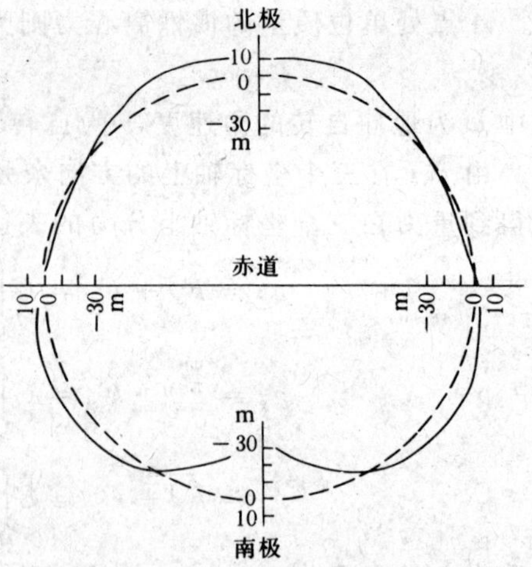

图2-1-2 大地水准面形状

1971年第15届国际大地测量和地球物理协会决定采用有关地球形状的参数是：

赤道半径 $a=6\ 378.160\text{km}$

极地半径 $c=6\ 356.755\text{km}$

地球扁率 $\alpha=\dfrac{a-c}{a}=\dfrac{1}{298.25}$

若把地球近似当作一个正球体时，其平均半径 $R=6\ 371\text{km}$。

当位移方向 l 与重力 g 的方向一致时，会有

$$\frac{\partial W}{\partial l}=g$$

用有限量来表示则为

$$\Delta W=g\cdot\Delta l \tag{2.1-17}$$

式中 ΔW 为相邻两等位面重力位之差，为一常数，由于重力等位面上重力值并不处处相等，所以 g 大的地方 Δl 小，即等位面间距小、密集，反之，则等位面稀疏，故等位面间不是处处平行的；又因为 g 是个有限量，所以 Δl 不可能为零，说明相邻等位面间既不可能相切也不会相交。等位面形状的研究使我们对重力场性质有了更为直观的几何图形。

3.正常重力公式

式(2.1-10)并不实用，因为既不能准确知道地球的形状，又不知道地球内部实际质量的分布，故想用该式直接计算是不可能的。如何来确定我们在前面提到的正常重力位呢?方法很多，主要方法有：

拉普拉斯方法，即将地球的引力位中的 $1/\rho$ 按球谐函数展开，取前几项之和再加上离心力位，经推导而得到精确到地球扁率(α)量级的正常重力位公式，然后再沿重力方向求导得到计算正常重力值公式，其基本形式为

$$g_0=g_e(1+\beta\sin^2\varphi) \tag{2.1-18}$$

斯托克斯方法，它给定地球的总质量 M、自转的角速度 ω、椭球体的长、短半轴等，经推导可获得精确到地球扁率的二级微量(α^2)之正常重力位公式，求导后得到的正常重力值计算公式基本形式为

$$g_0=g_e(1+\beta\sin^2\varphi-\beta_1\sin^2 2\varphi) \tag{2.1-19}$$

以上两式中

$$\beta=\frac{g_p-g_e}{g_e}\qquad \beta_1=\frac{1}{8}\alpha^2+\frac{1}{4}\alpha\beta$$

式中 g_p 为两极重力值，g_e 为赤道重力值，β 称为地球的重力（或力学）扁度，φ 为计算点的纬度。

从式（2.1-19）可以看出，其中有三个未知数 g_e、β 和 β_1，似乎有三个不同纬度的实测值建立三个方程便可解得。但实际上，由于地球表面海陆分布和地形等巨大差异，要能获得最有代表性的 g_p 和 g_e，需要覆盖全球表面上尽可能多的实测重力值，经最小二乘法处理，最后才能求取较合理的 g_e、β 和 β_1，且 β_1 中 α 的选择也因科技的不断进步而对地球形状的认识不断有所修正，因而 α 的选取极具时代的烙印。鉴于上述原因，正常重力公式先后有数十个之多，它们共同点是理论与实践的综合成果，彼此间存在一定的差异。我国过去用得较多的有

1901—1909年赫尔默特公式

$$g_0=9\ 780\ 300(1+0.005\ 302\sin^2\varphi-0.000\ 007\sin^2 2\varphi)\text{g. u.}\qquad(2.1-20)$$

1930年卡西尼国际正常重力公式

$$g_0=9\ 780\ 490(1+0.005\ 288\ 4\sin^2\varphi-0.000\ 005\ 9\sin^2 2\varphi)\text{g. u.}\qquad(2.1-21)$$

1980年由第17届国际大地测量和地球物理联合会通过的计算大地水准面上之重力公式是

$$g_0=9\ 780\ 327(1+0.005\ 302\ 4\sin^2\varphi-0.000\ 005\ 8\sin^2 2\varphi)\text{g. u.}\qquad(2.1-22)$$

从以上讨论可知，地球表面正常重力场的基本特征是：

（1）正常重力是人们根据需要而提出来的，不同的计算公式对应不同参数的地球模型，反映的是理想化条件下地球表面重力变化的基本规律，所以它不是客观存在的；

（2）正常重力值只与纬度有关，在赤道上最小，两极处最大，相差约50 000g. u.；

（3）正常重力值随纬度变化的变化率，在纬度45°处达到最大，而在赤道和两极处为零；

（4）研究表明，正常重力值还随高度的增加而减小，其变化率约为－3.086g. u./m。

二、重力异常

由于实际地球内部的物质密度分布非常不均匀，因而实际观测重力值与理论上的正常重力值总是存在着偏差，这种在排除各种干扰因素影响之后，仅仅是由于物质密度分布不匀而引起的重力的变化，就称为重力异常。

（一）剩余密度与剩余质量

研究对象的密度 σ 与围岩的密度 σ_0 之差称为剩余密度，即 $\Delta\sigma=\sigma-\sigma_0$；$\Delta\sigma$ 与研究对象的体积 V 之积就叫作该研究对象的剩余质量，即 $\Delta M=\Delta\sigma\cdot V$。从万有引力定律可知，存在比正常质量分布有多余（$\Delta M>0$）或不足（$\Delta M<0$）的质量时，引力大小将会发生变化，进而使重力值改变。

（二）重力异常的实质

讨论地球正常重力值，其目的就在于从实测重力值中减去密度均匀条件下的正常重力值的变化，单纯获得由地下地质体剩余质量所引起的重力异常。为了说明异常的实质，在图2-1-3中，设测点 A 附近地下有一密度为 σ 的均质球体，围岩密度设为 σ_0（$<\sigma$），则该球体的剩余质量对 A 点单位质量将产生一个附加引力 $\boldsymbol{F}$，A 点的正常重力值为 $\boldsymbol{g}_0$，因而 A 点实测重力值应为 $\boldsymbol{g}_0$ 与 $\boldsymbol{F}$ 的矢量和 $\boldsymbol{g}_A$。由于 $\boldsymbol{g}_0$ 的值达10^7g. u. 数量级，而 $\boldsymbol{F}$ 最大也是10^3g. u. 左右，故 $\boldsymbol{g}_A$ 与 $\boldsymbol{g}_0$ 的方向实际上没有什么偏差，因而 A 点所得到的重力异常应为

$$\Delta g=g_A-g_0=F\cdot\cos\theta$$

式中 θ 为 g_0 与 F 之间的夹角。

可见，重力异常就是地质体的剩余质量对测点处单位质量所产生的附加引力在重力方向上的分力（或投影），若剩余质量为正，则异常为正，反之则为负。

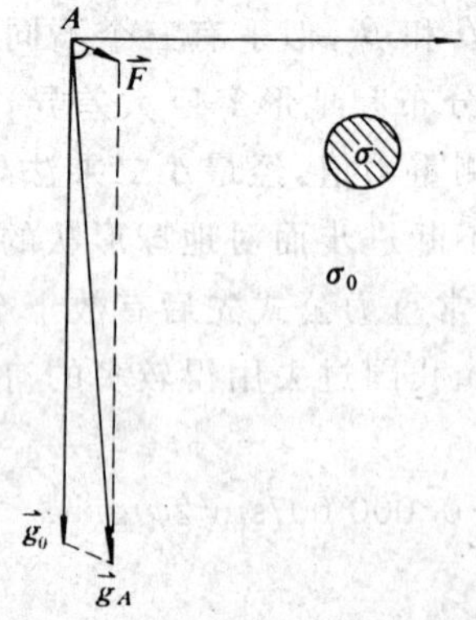

图 2－1－3　重力异常与剩余质量引力的关系示意图

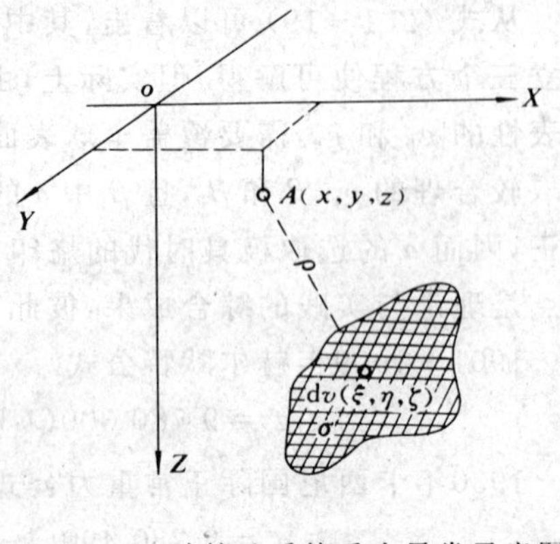

图 2－1－4　计算地质体重力异常示意图

（三）计算重力异常的基本公式

首先导出计算地质体剩余质量在测点产生的引力位 V，然后再沿重力方向求导即得。以地面某点 o 为坐标原点，Z 轴铅垂向下，X、Y 轴在水平面内（见图 2－1－4）。设测点 A 的坐标为 (x,y,z)，地质体内某质量单元 $\mathrm{d}m=\Delta\sigma\cdot\Delta V=\Delta\sigma\cdot\mathrm{d}\xi\mathrm{d}\eta\mathrm{d}\zeta$，其坐标为 ξ,η,ζ。ρ 为 A 至 $\mathrm{d}m$ 的距离，这样就有

$$V(x,y,z)=G\int_v\frac{\mathrm{d}m}{\rho}=G\iiint_v\frac{\Delta\sigma\mathrm{d}\xi\mathrm{d}\eta\mathrm{d}\zeta}{[(\xi-x)^2+(\eta-y)^2+(\zeta-z)^2]^{1/2}}\qquad(2.1-23)$$

因为 Z 的正方向就是重力方向，故重力异常就可将 V 对 Z 求偏导而得：

$$\Delta g(x,y,z)=V_Z=G\iiint_v\frac{\Delta\sigma(\zeta-z)\mathrm{d}\xi\mathrm{d}\eta\mathrm{d}\zeta}{[(\xi-x)^2+(\eta-y)^2+(\zeta-z)^2]^{3/2}}\qquad(2.1-24)$$

上两式中之 v 代表地质体的体积。式（2.1－24）即为计算三度地质体（即该物体沿 x,y,z 三个方向的延伸大体相近）异常的基本公式，若 $\Delta\sigma$ 为常数（即密度差是均匀的），可提到积分号外；如果地质体是横截面的形状和深度沿某一水平方向不变且沿该方向无限延伸的，就称为二度地质体，异常的计算只须将式（2.1－24）中的 Y 轴选择与地质体延伸（或走向）方向一致，令式中 $y=0$，η 由 $-\infty$ 积到 ∞，就可获得沿 X 剖面上计算二度体重力异常的基本公式：

$$\Delta g(x,z)=2G\iint_S\frac{\Delta\sigma(\zeta-z)}{(\xi-x)^2+(\zeta-z)^2}\mathrm{d}\xi\mathrm{d}\zeta\qquad(2.1-25)$$

式中 S 为二度体的横截面积。

在重力资料的解释中，常常还要用到重力异常在水平方向（X）和铅垂方向（Z）的变化率，即 $\partial\Delta g/\partial x=V_{xz}$ 和 $\partial\Delta g/\partial z=V_{zz}$，亦即地质体剩余质量引力位的二阶偏导数，二阶偏导数的常用单位为“E”（厄缶），导出如下：

$$\frac{1\mathrm{m/S^2}}{\mathrm{m}}=1/\mathrm{S^2}\quad,\quad 1\mathrm{E}=10^{-9}1/\mathrm{S^2}\qquad(2.1-26)$$

相应的计算公式分别是

三度体

$$V_{xz}(x,y,z)=\frac{\partial\Delta g}{\partial x}=3G\iiint_v\frac{\Delta\sigma(\zeta-z)(\xi-x)}{[(\xi-x)^2+(\eta-y)^2+(\zeta-z)^2]^{5/2}}\mathrm{d}\xi\mathrm{d}\eta\mathrm{d}\zeta\quad(2.1-27)$$

$$V_{zz}(x,y,z)=\frac{\partial \Delta g}{\partial z}=G\iiint_v \frac{\Delta\sigma[2(\zeta-z)^2-(\xi-x)^2-(\eta-y)^2]}{[(\xi-x)^2+(\eta-y)^2+(\zeta-z)^2]^{5/2}}d\xi d\eta d\zeta \quad (2.1-28)$$

二度体

$$V_{xz}(x,z)=4G\iint_S \frac{\Delta\sigma(\zeta-z)(\xi-x)}{[(\xi-x)^2+(\zeta-z)^2]^2}d\xi d\zeta \quad (2.1-29)$$

$$V_{zz}(x,z)=2G\iint_S \frac{\Delta\sigma[(\zeta-z)^2-(\xi-x)^2]}{[(\xi-x)^2+(\zeta-z)^2]^2}d\xi d\zeta \quad (2.1-30)$$

至于 V 的三阶偏导数，目前常用的是 V_{zzz}，其单位是

$$\frac{1/\mathrm{S}^2}{\mathrm{m}}=\frac{1}{\mathrm{m}\cdot\mathrm{S}^2}=1\mathrm{MKS}$$

常用单位为

$$1\mathrm{nMKS}=10^{-9}1/(\mathrm{m}\cdot\mathrm{S}^2)\text{或}1\mathrm{pMKS}=10^{-12}1/(\mathrm{m}\cdot\mathrm{S}^2) \quad (2.1-31)$$

相应的计算公式分别为

$$V_{zzz}(x,y,z)=\frac{\partial^2\Delta g}{\partial z^2}=3G\iiint_v \frac{\Delta\sigma[2(\zeta-z)^3-3(\zeta-z)(\xi-x)^2-3(\zeta-z)(\eta-y)^2]}{[(\xi-x)^2+(\eta-y)^2+(\zeta-z)^2]^{7/2}}d\xi d\eta d\zeta \quad (2.1-32)$$

$$V_{zzz}(x,z)=\frac{\partial^2\Delta g}{\partial z^2}=4G\iint_S \frac{\Delta\sigma[(\zeta-z)^3-3(\zeta-z)(\xi-x)^2]}{[(\xi-x)^2+(\zeta-z)^2]^3}d\xi d\zeta \quad (2.1-33)$$

(四) 重力异常的基本特征与应用

(1) 依据研究范畴的不同，异常与正常具有相对性，因而异常的划分不存在“唯一”的标准；

(2) 不同的重力异常(如 Δg、V_{xz}、V_{zz}、V_{zzz})其特征不同，在作资料的解释时应充分综合各自特征进行综合评估；

(3) 在异常的求取过程中，因为采用了不同的外部校正方法，从而可获得供不同需要的重力异常类别，作为重力勘查方法来说，主要应用的是布格重力异常；

(4) 从第一章表 1-1-1 可知，岩、矿石及地层之间的密度差异最大约为2～3倍，而不像岩矿石磁性差异可达上千倍。因而重力异常与磁异常相比就比较平滑、清晰，但“异常”与“正常”值之比却极其微小；

(5) 研究固定台站上重力随时间变化的重力固体潮，是理论地球物理学中研究地球内部结构与弹性等方面的重要手段；

(6) 随着空间技术的发展，人们可以从卫星测高技术、卫星轨道的摄动等，结合地面上重力测量数据，从地球引力位的球谐函数级数形式出发，进而建立不同的地球重力场模型，利用重力场模型的位系数，可计算出全球范围的重力异常、大地水准面高程异常以及重力垂直梯度异常等，这为研究全球的板块构造、地幔内物质的密度差异、地幔流的分布等提供重要依据。

§2.2 地球磁场的基本特征

众所周知，在地球上任一点悬挂一个通过其重心，并可在水平面内自由旋转的磁针，当其静止时，总是停留在确定的方向上，即磁针的 N 极指向近地理北极；若磁针的旋转轴水平时，磁针可在垂直面内自由旋转，又可见到磁针有一个倾斜角，在北半球磁针 N 极下倾，并且倾角

随着观测点的位置变化而变化。即使在同一观测点，也会因时间的变化而发生微弱的变化。可见地球周围存在着磁场，称之为地球磁场。地磁场是矢量场，其分布范围广，从地核到空间磁层边缘处处有分布。地磁场的分布、变化规律及起源等问题是地磁学研究的范畴。在磁法勘探工作中，由磁测设计、野外施工、资料整理、磁异常提取直至推断解释，都必须考虑地磁场的分布特征和变化规律。

表征地磁场的物理量是地磁场感应强度。由于相当长的时间内一直沿用 CGSM 制，在 CGSM 制中，真空中磁感应强度与磁场强度相当，因此以往的磁法勘探书中将磁感应强度称做磁场强度。本书沿用这一习惯称法，除岩石、矿石磁化磁场确系磁场强度外，其他章节所提及地磁场强度即指地磁感应强度。

一、地磁要素及其分布特征

（一）地磁要素

地面上任意点地磁场总强度矢量 $\boldsymbol{T}$ 通常可用直角坐标来描述。设以观测点为其坐标原点，X、Y、Z 三个轴的正下向分别指向地理北、东和垂直向下，见图 2-2-1。则该点的 $\boldsymbol{T}$ 矢量在直角坐标系内三个轴上的投影分别为北向分量($\boldsymbol{X}$)、东向分量($\boldsymbol{Y}$)和垂直分量($\boldsymbol{Z}$)；$\boldsymbol{T}$ 在 XOY 水平面内投影称为水平分量(H)，其指向为磁北方向，$\boldsymbol{T}$ 和水平面之间的夹角称为 $\boldsymbol{T}$ 的倾斜角(I)，当 $\boldsymbol{T}$ 下倾时 $\boldsymbol{I}$ 为正，反之为负；通过该点 $\boldsymbol{H}$ 方向的铅直平面为磁子午面，它与地理子午面的夹角称为磁偏角，以 D 表示，磁北自地理北向东偏 D 为正，西偏则为负。$\boldsymbol{T}$、$\boldsymbol{Z}$、$\boldsymbol{X}$、$\boldsymbol{Y}$、$\boldsymbol{H}$、I 及 D 的各个分量都是表示该点地磁场大小和方向特征的物理量，称为地磁要素。综上七个地磁要素，由图 2-2-1 的几何关系不难得到如下关系式：

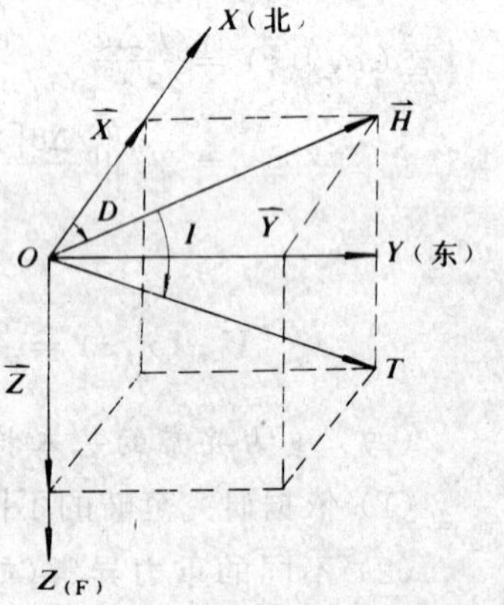

图 2-2-1 地磁要素

$$H=T\cos I,\ X=H\cos D,\ Y=H\sin D$$
$$Z=T\sin I=H\operatorname{tg}I,\ T^2=H^2+Z^2=X^2+Y^2+Z^2 \quad (2.2-1)$$
$$\operatorname{tg}I=Z/H,\ \operatorname{tg}D=Y/X$$

根据坐标系的不同，可将上述七个量分成三组，直角坐标系中有 $\boldsymbol{X}$、$\boldsymbol{Y}$ 及 $\boldsymbol{Z}$；球坐标系中有 $\boldsymbol{H}$、$\boldsymbol{D}$ 和 $\boldsymbol{I}$；柱坐标系中有 $\boldsymbol{Z}$、$\boldsymbol{H}$ 和 $\boldsymbol{D}$。知道其中一组就可求出其他几个量。

（二）地磁场强度的单位

目前国际上统一使用“国际单位制(SI 制)”，用特斯拉或符号 T 表示地磁场强度单位，磁法勘查则取其更小的单位纳特(nT)为实用单位。

$$1\mathrm{T}=1\mathrm{Wb/m^2}(\text{韦(伯)/米}^2),\ 1\mathrm{nT}=10^{-9}\mathrm{T}$$

在 CGMS 制中，常用的磁场强度单位为伽玛(γ)，$1\gamma=10^{-5}$Gs(高斯)$=1$nT。

（三）地磁场的构成和磁异常

1. 地磁场的构成

在地面上观测所得到的地磁场 T 是各种不同成分的磁场的总和。它们的场源分布有的在地球内部，有的在地面之上的大气层中。按其来源和规律不同，可将地磁场分为两部分：一是主要来源于固体地球内部的稳定磁场 T_s；二是主要起因于固体地球外部的变化磁场 δT。因而，地磁场 T 可以表示为

$$T=T_s+\delta T$$

继1838年高斯提出球谐分析之后，1885年由A·施密特(A. Schmidt)利用总磁场的球谐分析方法和面积分法，把稳定磁场和变化磁场分解为起源于地球内、外的两部分，故有

$$T_s=T_{si}+T_{se}, \qquad \delta T=\delta T_i+\delta T_e$$

其中T_{si}是起因于地球内部的稳定磁场，占稳定磁场总量的99%以上；T_{se}是起源于地球外部的稳定磁场，仅占1%以下。δT_e是变化磁场的外源场，约占变化磁场总量的2/3；δT_i为内源场约占其总量的1/3，δT_i实际上也是由于外部电流感应而引起的。一般情况下，变化场为稳定场的万分之几，偶尔可达到百分之几。故通常所指的地球稳定磁场主要是内源稳定场，它由以下三部分组成

$$T_{si}=T_0+T_m+T_a$$

其中T_0为中心偶极子磁场，T_m为非偶极子磁场，也称为大陆磁场或世界异常，这两部分的磁场之和又称为地球基本磁场，编制的世界地磁图大多为地球基本磁场的分布图。其中T_0场几乎占80%～85%，故它代表了地磁场空间分布的主要特征。

内源稳定磁场的另一个组成部分，是地壳内的岩石矿物及地质体在基本磁场磁化作用下所产生的磁场，称为地壳磁场，又称为异常场或磁异常，以T_a表示。其分布范围一般在数千米或数十千米者，称为局部异常(T'_a)，达数百或数千千米者，称为区域磁场(T''_a)。这两部分磁异常对编制世界地磁图来说，均属全球地磁场的局部现象，应属于光滑滤波除掉的部分。而对于磁法勘查来说，测定和研究地壳磁场，则是解决地质构造和矿产资源调查的一个重要研究对象。

综上所述，地球磁场的构成可用下式表示：

$$T=T_0+T_m+T_{se}+T'_a+T''_a+\delta T$$

而式中外源稳定磁场T_{se}，因数量级极小，通常可被忽略。

2. 正常场和磁异常

按研究地磁场的目的不同，可将地磁场分为正常地磁场(正常场)和磁异常(异常场)两部分。在地磁学研究中，有确定的正常地磁场和明确含义的磁异常的概念。而通常情况下，正常场和异常场是相对的概念，正常磁场可以认为是磁异常(即所要研究的磁场)的背景场或基准场。如研究大陆磁异常，则将中心偶极子场作为正常地磁场；研究地壳磁场时，以中心偶极子场和大陆磁场之和为其正常场，可见正常场的选择是根据所研究磁异常的要求而确定的。

磁法勘查在地质工作中的应用，因解决各种地质问题的对象不同、测区大小不同，关于正常磁场的选取也是相对的。例如，在弱磁性或非磁性地层中要圈定强磁性岩体或矿体，通常将前者所引起的磁场作为正常背景场，而后者产生的磁场为磁异常；有时要在磁性岩层中圈定非磁性地层，这时可把磁性岩层的磁场作为正常场，非磁性地层中的磁场相对变化为异常场。总之，以正常背景场作为基准场，有效地提取所研究对象的磁场变化，进一步研究其异常场与所要解决的各种地质问题的对应关系，这是磁法勘查中解释磁异常的一项重要任务。

(四) 地磁图和地磁场分布的基本特征

1. 地磁测量和地磁图

地磁场是空间和时间的复杂函数。为了满足地面上定向、航空、航海、资源勘查以及地磁学本身研究的需要，根据地磁测量的结果定期地编绘出相应的各种图件。完成地磁观测任务的测点通常为两类：一类是连续地测定地磁要素绝对值及随时间变化场值，此类有固定的测点，称其为地磁台；另一类是野外测点，在这些测点上间断地测定地磁要素绝对值。由这两类测点组成了某地区、某国家甚至全球范围的地磁测网。当进行全球性的研究时，不可忽略超过陆地面

积3/4的海域地磁测量。为此，必须充分利用海洋磁测、航空磁测和卫星磁测，它们可以在短时间内获得大面积或全球范围的磁场三分量（X、Y、Z）及其他地磁要素的地磁资料。

地磁要素是随时空变化的，要了解其分布特征，必须把不同时刻所观测的数值都归算到某一特定的日期，国际上将此日期一般选在1月1日零点零分，这个步骤称之为通化。将经通化后的某一地磁要素值按各个测点的经纬度坐标标在地图上，再把数值相等的各点用光滑的曲线连结起来，编绘成某个地磁要素的等值线图，便称为地磁图。

地磁图按要素 D、I、T、H、Z、X 及 Y 可分别绘制出相应的等值线图，按编图范围分类，有世界地磁图和局部地磁图两种；世界地磁图表示地磁场在全球范围内的分布，通常每五年编绘一次，图 2-2-2 至图 2-2-6 为1980.0年代的 D、I、H、Z 及 T 等要素的世界地磁图。

根据各地的地磁要素随时间变化的观测资料，还可求出相应要素在各地的年变化平均值，称为地磁要素的年变率。同样可以编制出相应年代的要素年变率等值线图。这类图件一般可以适用五年，与地磁图合用可以求得五年中某一年的地磁要素值。由于地磁场存在长期变化，因此，在使用地磁场图时必须注意出版的年代，及相应年代要素的年变率地磁图。

2. 地磁场随地理分布的基本特征

世界地磁图基本上反映了来自地球深部场源的各地磁要素随地理分布的基本特征。

由图 2-2-2 可见，等偏线是从一点出发汇聚于另一点的曲线族，明显地分别汇聚在南、北两极区，在这两点上磁北方向可以从0°变到360°。即没有固定的磁偏角。按磁偏角定义，同样在地理两极也是如此。因此，在南北两半球上磁场偏角共有四个汇聚点。全图有两条零偏线（$D=0°$）分布，将全球分为负偏角区（$D<0°$）和正偏角区（$D>0°$）两个部分。

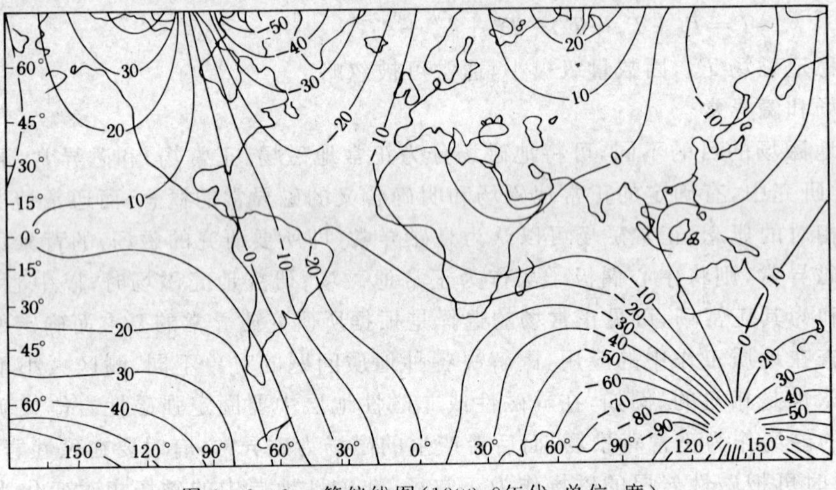

图 2-2-2　等偏线图（1980.0年代，单位：度）

由图 2-2-3 可见，等倾线大致和纬度线平行分布。零倾线在地理赤道附近，称为磁赤道，但不是一条直线。由磁赤道向北，磁倾角为正，在北极附近有一点（实际上是一个小区域）$I=90°$，称为北磁极。磁赤道以南，磁倾角为负，也有类似的变化特征，有一个南磁极。磁南北两极的位置也随时间变化。1980年两磁极位置是：北磁极为78.2°N，102.9°W，南磁极是65.6°S，139.4°E，它们在地球表面上的位置也不是对称的。

由图 2-2-4 可见，世界地磁场水平强度（H）等值线大致沿纬度线排列，在磁赤道附近等值线值最大，约为40 000nT，随着纬度向两极增高，H 值逐渐减小趋于零，在磁南、北两极处 $H=0$。除了两磁极区之外，全球各点的 H 都指向北。

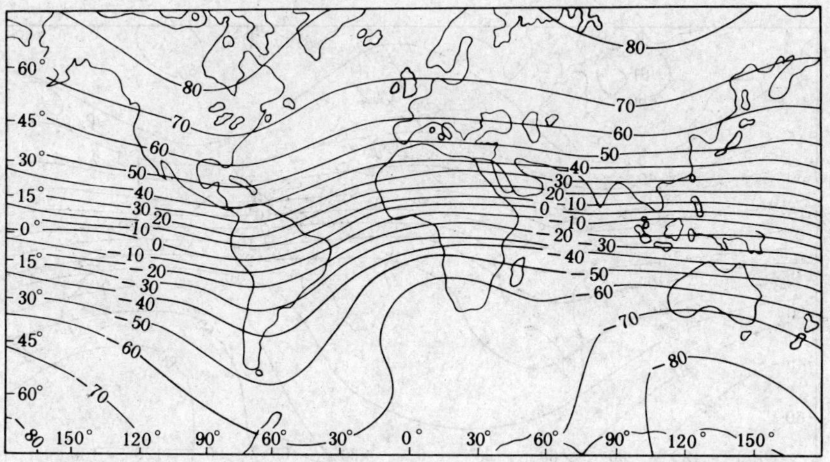

图 2-2-3　等倾线图(1980.0年代,单位:度)

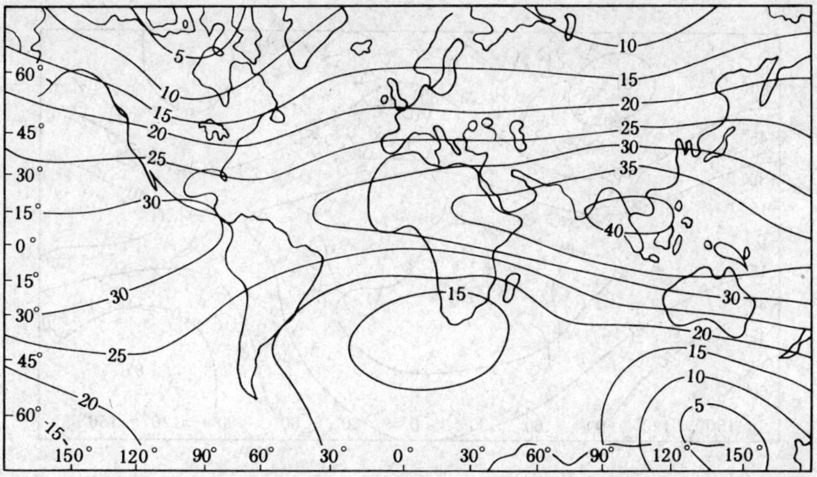

图 2-2-4　水平强度等值线图(1980.0年代,单位:μT)

由图 2-2-5 可见,垂直强度等值线大致与等倾线分布相似,近乎与纬度线平行,在磁赤道上 $Z=0$,由此向两极其绝对值逐渐增大,在磁极处达到±60 000～±70 000nT,约为磁赤道附近水平强度值的两倍,在磁赤道以北 $Z>0$,表示垂直分量指向下,在磁赤道以南 $Z<0$,表示垂直分量指向上。

由图 2-2-6 可见,地磁总场强度等值线,在大部分地区,也与纬线近乎平行。其强度值在磁赤道附近约为30 000～40 000nT,由此向两极逐渐增大,在南北两磁极处总强度值大约是60 000～70 000nT。

根据各地磁要素在地理分布上的基本特征,可以认为地球基本磁场的模式与一个位于地球中心并与其旋转轴交角为11.5°的地球中心偶极子场很相似。两者地磁要素分布基本特征大致吻合,但在相当广大的区域内两者之间存在着明显的差异。若从世界正常地磁图所表示的结果中减去地心偶极子磁场(T_0),所得差值即为非偶极子场(T_m),图 2-2-7 为非偶极子垂直分量强度分布图,可见全球有几个正负中心,其中最明显的四个大陆磁场(世界磁异常)有:东亚、南极大陆、非洲西部和大洋洲。

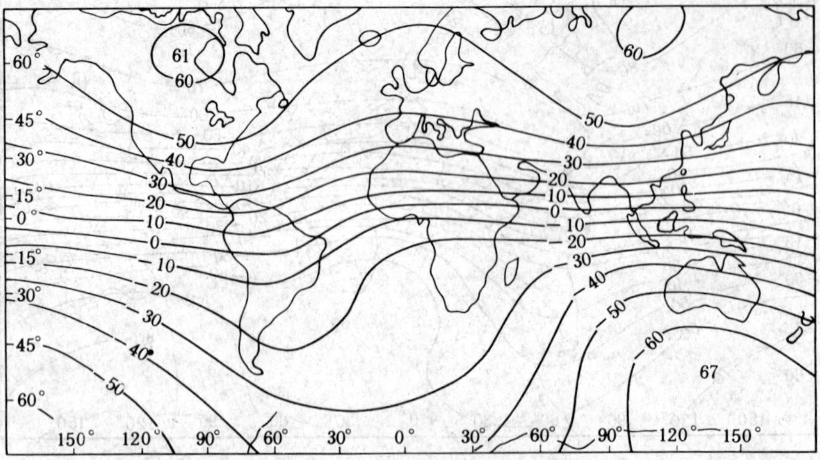

图 2－2－5　垂直强度等值线图(1980.0年代，单位：μT)

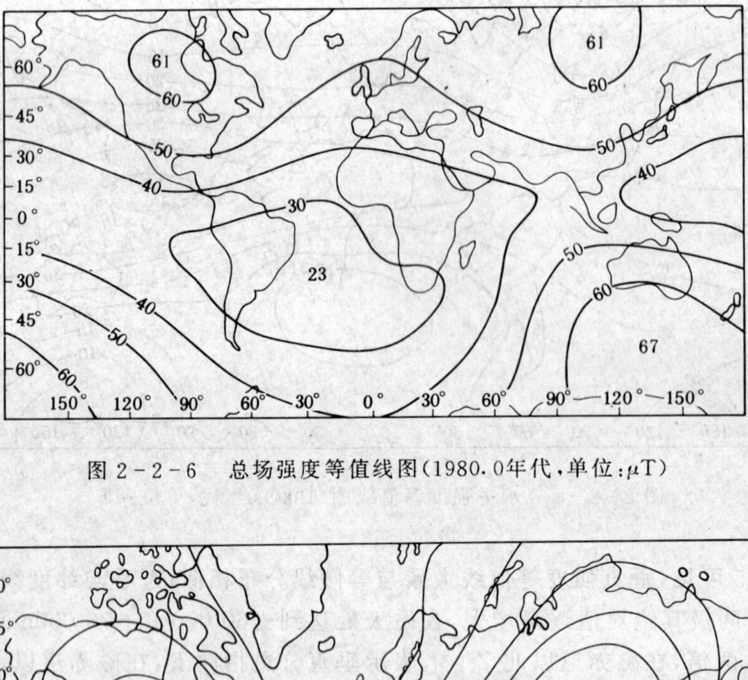

图 2－2－6　总场强度等值线图(1980.0年代，单位：μT)

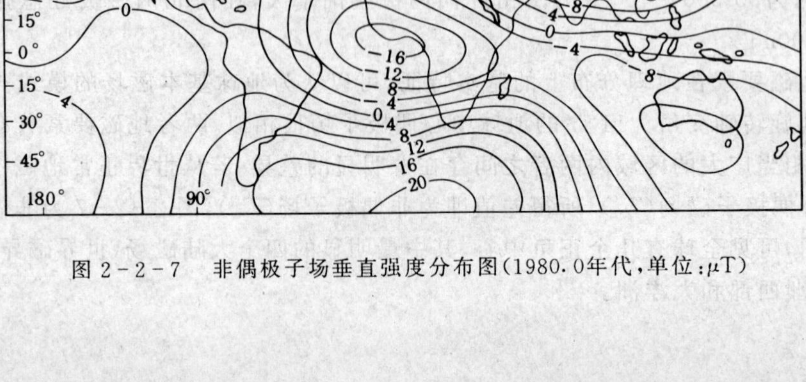

图 2－2－7　非偶极子场垂直强度分布图(1980.0年代，单位：μT)

3. 中国及邻区 MAGSAT 卫星磁力异常

1979年10月30日，美国发射了 MAGSAT 卫星，这是可以在全球范围进行高精度矢量地磁测量的卫星。卫星采用铯光泵磁力仪测量地磁场总强度，测量精度为±1.5nT。用磁通门磁力仪测量地磁场的北向分量(X)，东向分量(Y)和垂直分量(Z)，测量精度为±3nT。Langel 等人详细讨论了卫星磁测的各种误差，指出标量地磁资料的精度为±2nT，矢量资料的精度为±6nT。

为了研究中国及邻区的卫星磁异常，选取10°～60°N，70°～140°E 地区的卫星磁资料，共选择824条 MAGSAT 卫星轨道，卫星资料总点数为96 221个，卫星轨道平均高度400km，MAGSAT 卫星轨道通过黎明—黄昏子午面，以尽量减少电离层的影响。

与其他类型的地磁测量一样，卫星磁测资料是各种起源磁场的总和，其中包括：地核电流产生的主磁场，磁层电流产生的电离层场，外空电流体系通过电磁感应在地球内部产生的感应电流引起的感应场，以及地壳岩石磁化强度产生的地壳磁异常场。只有把其他的场源消除掉，才能分离出地壳异常场。

选取地磁场模型 GSFC(12/83)，对 MAGSAT 卫星资料进行主磁场(包括长期变化)、外源场和感应场的改正，地磁场模型 GSFC(12/83)是根据 MAGSAT 卫星资料和91个地磁台资料计算出来的。它的特点是不仅包括主磁场的球谐系数($n=m=13$)及长期变化的球谐系数($n=m=10$)，而且还包括外源场的球谐系数($n=m=1$)。不仅如此，这一地磁场模型还考虑了感应场的影响。因此，利用 GSFC(12/83)模型，不仅可以对卫星资料进行主磁场(包括长期变化)和外源场的改正，而且可以消除感应场的影响。

图 2-2-8 是中国及邻区的卫星磁异常图，由图可以清楚地看到其异常呈北东向条带状分布。主要分为四个条带：

(1) 东南沿海负磁异常带：强度较弱，为0～2nT。

(2) 松辽—扬子正磁异常带：带内有两个正异常中心，一个位于扬子地台，中心强度为6nT；另一个位于松辽地区，中心强度为2～4nT。

(3) 黑龙江—内蒙古—西藏负异常带：带内有两个负异常中心，一个位于喜马拉雅地区，中心强度为－10nT；另一个位于黑龙江的漠河地区，中心强度为－6nT。

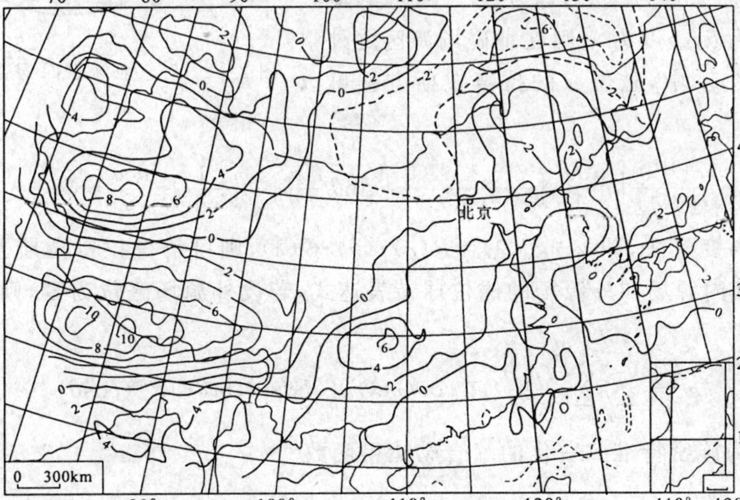

图 2-2-8 中国及邻区卫星磁异常图

(4) 贝加尔—新疆正异常带。带内有强度达8～10nT 的塔里木正异常中心，在贝加尔地区有一个2nT 的正异常中心。另外，在新疆北部中俄边境有一个－2nT 的负异常中心。

在中国，最强的卫星正磁异常位于塔里木盆地，中心强度为8～10nT；最强的卫星负磁异常(指绝对值)位于西藏高原南部喜马拉雅地区，中心强度为－10nT。

卫星磁异常反映出地壳磁化强度的横向变化与大陆构造特征有很好的一致性。前寒武纪古老地台是正磁异常区，其中塔里木地台是强度最大的正异常区；扬子地台是强度为6nT 的正异常区。褶皱带和隆起地区是负磁异常区，其中西藏高原是强度最大的负异常区(指绝对值)，在喜马拉雅地区卫星负磁异常高达－10nT。

(五) 地磁场的起源

地球磁场的起源问题至今仍是地球科学研究的重要问题之一。人们曾提出过地球磁场起源的各种假设，试图来解释地球基本磁场的起源。但是均不能得到满意的解释。

在近20～30年期间，建立在地球内部构造的现有知识基础上，提出了自激发电机效应的假说。这种假说认为：① 液态地核内部由于温度梯度，或温差、压力差等原因产生涡旋运动，结果使地核成为良导电体；② 由于地球绕轴自转所引起的回旋磁效应就存在一微弱初始磁场，虽比地磁场小10倍，但由于引起再生效应来说已足够了；③ 地核电流体形成，通过感应方式电流自身形成的场又可连续不断地再生磁场，从而增强了原来的磁场。由于地核电流体持续运动而不断提供能量，因而引起一种自激发电机效应。由于能量的不断消耗和供应，磁场增强到一定程度就稳定下来，形成现在的地球基本磁场。这种假说不仅能满意地定性解释地磁偶极子场和非偶极子场起源，而且解释了地球磁极倒转等现象，是目前较好的地磁场起源的理论。

二、地磁场的解析表示

(一) 地球磁场的球谐分析

球谐分析方法于1838由高斯首先提出，是表示全球范围地磁场的分布及其长期变化的一种数学方法。该方法还可区分外源场和内源场。假设地球是均匀磁化球体，球体半径为 R。若采用球坐标系，如图 2-2-9 所示，坐标原点为球心，球外任一点 P 的地心距为 r，余纬度为 θ，经度为 λ。则在地磁场源区之外空间域坐标系 (r,θ,λ) 中，磁位 u 的拉普拉斯方程可以写成如下形式：

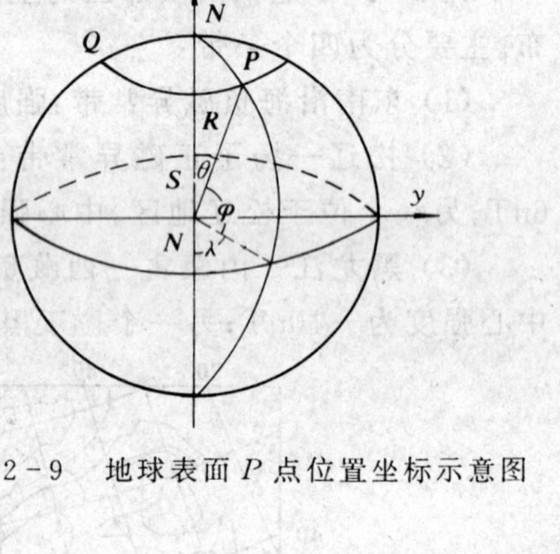

图 2-2-9　地球表面 P 点位置坐标示意图

$$\frac{1}{r^2}\frac{\partial}{\partial r}\left(r^2\frac{\partial u}{\partial r}\right)+\frac{1}{r^2\sin\theta}\frac{\partial}{\partial \theta}\left(\sin\theta\frac{\partial u}{\partial \theta}\right)+\frac{1}{r^2\sin^2\theta}\frac{\partial^2 u}{\partial \lambda^2}=0 \qquad (2.2-2)$$

对上式采用分离变量法，即 $u(r,\theta,\lambda)=R(r)\cdot(\theta)\cdot\Phi(\lambda)$，则可解得拉普拉斯方程的一般解，从而可分别获得其内源场和外源场的磁位球谐表达式，若设外源场磁位为零，则内源场的磁位球谐表达式为

$$u=\sum_{n=1}^{\infty}\sum_{m=0}^{n}\frac{1}{r^{n+1}}\left[A_n^m\cos(m\lambda)+B_n^m\sin(m\lambda)\right]\overline{P}_n^m(\cos\theta) \qquad (2.2-3)$$

式中 $\overline{P}_n^m(\cos\theta)$ 为施密特准归一化的缔合勒让得函数

$$\overline{P}_n^m(\cos\theta)=\left[\frac{C_m(n-m)!}{(n+m)!}\right]^{\frac{1}{2}}(\sin\theta)^m\frac{d^m}{d(\cos\theta)^m}P_n(\cos\theta)$$

其中

$$C_m=\begin{cases}1 & 当\ m=0\\ 2 & 当\ m\geqslant 1\end{cases}$$

而 A_n^m、B_n^m 为内源场磁位的球谐级数系数，它与球体内任一点元磁荷 dm_0 的体积分有关，若小体积元中心点坐标为(r_0,θ_0,λ_0)，则有：

$$\left.\begin{aligned}A_n^m &= \frac{1}{4\pi\mu_0}\iiint r_0^m\ \bar{P}_n^m\ (\cos\theta_0)\cos(m\lambda_0)dm_0\\ B_n^m &= \frac{1}{4\pi\mu_0}\iiint r_0^m\ \bar{P}_n^m\ (\cos\theta_0)\sin(m\lambda_0)dm_0\end{aligned}\right\}\qquad(2.2-4)$$

由上可知，磁位的球谐级数形式中第一项等于零，即 $n=0$ 时，得到磁位表达式 $u=\frac{1}{4\pi r}\iiint dm_0=0$，它表示磁源体内正、负磁荷之和应为零。所以式中阶次 n 由 1 开始。

对式(2.2-3)计算其沿轴向的微商，使可得到相应的三分量。而地磁场磁感应强度的三个分量即北向水平分量 X、东向水平分量 Y、垂直分量 Z 如下（注意这里定义 X 轴指北为正，Z 轴向下为正）：

$$\left.\begin{aligned}X &= \sum_{n=1}^{N}\sum_{m=0}^{n}\left(\frac{R}{r}\right)^{n+2}\left[g_n^m\cos(m\lambda)+h_n^m\sin(m\lambda)\right]\frac{d}{d\theta}\bar{P}_n^m(\cos\theta)\\ Y &= \sum_{n=1}^{N}\sum_{m=0}^{n}\left(\frac{R}{r}\right)^{n+2}\frac{m}{\sin\theta}\left[g_n^m\sin(m\lambda)-h_n^m\cos(m\lambda)\right]\bar{P}_n^m\ (\cos\theta)\\ Z &= -\sum_{n=1}^{N}\sum_{m=0}^{n}(n+1)\left(\frac{R}{r}\right)^{n+2}\left[g_n^m\cos(m\lambda)+h_n^m\sin(m\lambda)\right]\bar{P}_n^m\ (\cos\theta)\end{aligned}\right\}\qquad(2.2-5)$$

式中 R 为国际参考球半径，即地球的平均半径，$R=6\ 371.2$km，$\theta=90°-\varphi$，φ 为 P 点的地理纬度；λ 为以格林威治向东起算的 P 点地理经度；g_n^m、h_n^m 称之为 n 阶 m 次高斯球谐系数（以 nT 为单位），其关系式为

$$g_n^m=R^{-(n+2)}A_n^m\mu_0,\ h_n^m=R^{-(n+2)}B_n^m\mu_0$$

N 为阶次(n)的截断阶值，则系数的总个数 $S=(N+3)N$。

(2.2-5)式即为地球磁场的高斯球谐表达式。若已知球谐系数和某点地理坐标经纬度，利用此式便可计算地球表面($r=R$)和它外部($r>R$)的任意一点的地磁要素三分量。由以下关系式求其他要素值：

$$\begin{aligned}&标量总强度\ F=(X^2+Y^2+Z^2)^{1/2}，磁偏角\ D=tg^{-1}(Y/X)\\ &水平强度\ H=(X^2+Y^2)^{1/2}，磁倾角\ I=tg^{-1}(Z/H)\end{aligned}\qquad(2.2-6)$$

同样，可以利用式(2.2-5)来求解球谐系数 g_n^m 和 h_n^m。由已知通化后的磁场值建立远多于 S 个的方程，用最小二乘法便解得球谐系数 g_n^m 和 h_n^m。若有已知地磁场的长期变化值，还可求得年变率球谐系数，记为 $\dot{g}_n^m$ 和 $\dot{h}_n^m$（单位为 nT/a）。并可计算经年变率校正后的某年地磁要素值。

1968年国际地磁和高空物理协会(IAGA)首次提出并公认了1965.0年代高斯球谐分析模式，并在1970年正式批准了这种模式，称为国际地磁参考场模式，记为 IGRF。它由一组高斯球谐系数(g_n^m、h_n^m)和年变率系数($\dot{g}_n^m$、$\dot{h}_n^m$)组成，见表 2-2-1。它是地球基本磁场和长期变化场的数学模型。同时还规定国际上每五年发表一次球谐系数，及绘制一套世界地磁图。

历年的球谐系数可以通过有关文献查到，球谐系数是由准球面平均半径计算获得的。若要考虑地球形态为旋转椭球体时，采用国际天文协会(IAU)的国际天体椭球体坐标。取赤道半径为6 378.16km，扁率为1/298.25。利用球谐系数经地心坐标转换可求得椭球体的参考场。这在

表 2-2-1　1995.0年代 IGRF 球谐系数

g/h	n	m	IGRF 1995	IGRF SV(nT/a)	g/h	n	m	IGRF 1995	IGRF SV(nT/a)
g	1	0	-29 682	17.6	g	7	7	-2	-0.6
g	1	1	-1 789	13.0	h	7	7	3	0.0
h	1	1	5 318	-18.3	g	8	0	24	0.3
g	2	0	-2 197	-13.2	g	8	1	4	-0.2
g	2	1	3 074	3.7	h	8	1	12	0.4
h	2	1	-2 356	-15.0	g	8	2	-1	0.1
g	2	2	1 685	-0.3	h	8	2	-20	-0.2
h	2	2	-42.5	-8.8	g	8	3	-9	0.4
g	3	0	1 329	1.5	h	8	3	7	0.2
g	3	1	-2 268	-6.4	g	8	4	-14	-1.1
h	3	1	-263	4.1	h	8	4	21	0.7
g	3	2	1 249	-0.2	g	8	5	4	0.3
h	3	2	302	2.2	h	8	5	12	0.0
g	3	3	769	-8.1	g	8	6	5	0.2
h	3	3	-406	-12.1	h	8	6	10	-1.2
g	4	0	941	0.8	g	8	7	0	-0.9
g	4	1	782	0.9	h	8	7	17	-0.7
h	4	1	262	1.8	g	8	8	-7	-0.3
g	4	2	291	-6.9	h	8	8	-10	-0.6
h	4	2	-232	1.2	g	9	0	4	0.0
g	4	3	-421	0.5	g	9	1	9	0.0
h	4	3	98	2.7	h	9	1	-19	0.0
g	4	4	116	-4.6	g	9	2	1	0.0
h	4	4	-301	-1.0	h	9	2	15	0.0
g	5	0	-210	0.8	g	9	3	-12	0.0
g	5	1	352	0.1	h	9	3	11	0.0
h	5	1	44	0.2	g	9	4	9	0.0
g	5	2	237	-1.5	h	9	4	-7	0.0
h	5	2	157	1.2	g	9	5	-4	0.0
g	5	3	-122	-2.0	h	9	5	-7	0.0
h	5	3	-152	0.3	g	9	6	-2	0.0
g	5	4	-167	-0.1	h	9	6	9	0.0
h	5	4	-64	1.8	g	9	7	7	0.0
g	5	5	-26	2.3	h	9	7	7	0.0
h	5	5	99	0.9	g	9	8	0	0.0
g	6	0	66	0.5	h	9	8	-8	0.0
g	6	1	64	-0.4	g	9	9	-6	0.0
h	6	1	-16	0.3	h	9	9	1	0.0
g	6	2	65	0.6	g	10	0	-3	0.0
h	6	2	77	-1.6	g	10	1	-4	0.0
g	6	3	-172	1.9	h	10	1	2	0.0
h	6	3	67	-0.2	g	10	2	2	0.0
g	6	4	2	-0.2	h	10	2	1	0.0
h	6	4	-57	-0.9	g	10	3	-5	0.0
g	6	5	17	-0.2	h	10	3	3	0.0
h	6	5	4	1.0	g	10	4	-2	0.0
g	6	6	-94	0.0	h	10	4	6	0.0
h	6	6	28	2.2	g	10	5	4	0.0
g	7	0	78	-0.2	h	10	5	-4	0.0
g	7	1	-67	-0.8	g	10	6	3	0.0
h	7	1	-77	0.8	h	10	6	0	0.0
g	7	2	1	-0.6	g	10	7	1	0.0
h	7	2	-25	0.2	h	10	7	-2	0.0
g	7	3	29	0.6	g	10	8	3	0.0
h	7	3	3	0.6	h	10	8	3	0.0
g	7	4	4	1.2	g	10	9	3	0.0
h	7	4	22	-0.4	h	10	9	-1	0.0
g	7	5	8	0.1	g	10	10	0	0.0
h	7	5	16	0.0	h	10	10	-6	0.0
g	7	6	10	0.2					
h	7	6	-23	-0.5					

大范围磁测中是应予考虑的。

(二) 球谐系数的分析

地球磁场以球谐系数展开，形式上是一种数学分析的方法。但近期通过大量地磁测量资料的球谐分析研究，很多地磁学家认为球谐级数的每一项都有一定的物理意义。据地磁场的构成可知其偶极子场是地球磁场的主要部分。而对地心偶极子磁场，可直接由球谐分析 $n=1$ 时导出，也可由磁偶极磁位求得。

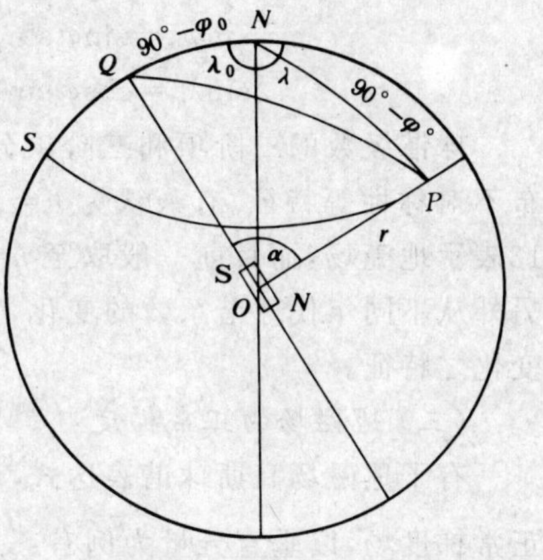

图 2-2-10　均匀磁化球体示意图

设地球磁场为均匀磁化球体，相当于地心处有一偶极子，若磁轴与地理轴之间有一夹角，磁轴延长线交于球面 Q 点，其地理经纬度分别为 λ_0 及 φ_0。球面上观测点 P 的地理坐标为 λ 及 φ，见图 2-2-10。这时均匀磁化球体在 P 点的偶极子磁位为

$$u=\frac{\mu_0 m}{4\pi r^2}\cos\alpha \tag{2.2-7}$$

式中 α 角为磁轴 OQ 与矢径 OP 之间的夹角，由球面三角形 PQN 可得以余纬度(θ)表示的 α 角，即 $\cos\alpha=\cos\theta\cos\theta_0+\sin\theta\sin\theta_0\cos(\lambda-\lambda_0)$，又根据球体磁矩 m 在三个坐标轴上的投影，若引入下列符号：

$$g_1^0=\frac{\mu_0 m}{4\pi R^3}\cos\theta_0 \qquad g_1^1=\frac{\mu_0 m}{4\pi R^3}\sin\theta_0\cos\lambda_0 \qquad h_1^1=\frac{\mu_0 m}{4\pi R^3}\sin\theta_0\sin\lambda_0 \tag{2.2-8}$$

将 $\cos\alpha$ 和式(2.2-8)代入式(2.2-7)，则 P 点磁位为

$$U=\frac{R^3}{\mu_0 r^2}[g_1^0\sin\theta\cos\lambda+g_1^1\sin\theta\cos\lambda+h_1^1\sin\theta\sin\lambda] \tag{2.2-9}$$

由式(2.2-9)可求得均匀磁化球体磁轴与地理轴不一致时偶极子磁场三分量。它与利用式(2.2-5)，当 $n=1$ 时导出的结果是一致的。

当磁轴与地理旋转轴重合时，由图 2-2-10 可知 $\varphi_0=-90°$，所以有 $g_1^1=0$，$h_1^1=0$，这时地心偶极子磁场三分量可用地理纬度表示(与经度无关)。故有

$$X=H=-g_1^0\sin\theta=\frac{\mu_0 m}{4\pi R^3}\cos\varphi \quad , \quad Y=0 \tag{2.2-10}$$

$$Z=-2g_1^0\cos\theta=\frac{2\mu_0 m}{4\pi R^3}\sin\varphi \quad , \qquad \mathrm{tg}I=\frac{Z}{H}=2\mathrm{tg}\varphi$$

所以，在赤道($\varphi=0°$)时

$$X=H=\frac{\mu_0 m}{4\pi R^3}, \qquad Z=0 \tag{2.2-11}$$

在两极($\varphi=\pm 90°$)时

$$X=H=0, \qquad Z=\pm\frac{2\mu_0 m}{4\pi R^3} \tag{2.2-12}$$

可见，在两极处垂直场强是赤道处水平场强的两倍，此特征与前述地球磁场随地理分布的基本特征是一致的，而且从球谐系数(表 2-2-1)可以看到 g_1^0 和 h_1^1 系数值也是最大，这也说明地磁场中偶极子场占绝对优势地位，这与地磁场的构成也是一致的。所以，当 $n=1$ 时偶极子场的假设是正确的。并可将地磁场视为一级近似的均匀磁化球体偶极子场。

由式(1.2-8)还可利用球谐系数近似计算磁偶极子磁矩和地磁两极的坐标(λ_0、φ_0)。若已知磁北极地理坐标(λ_0、φ_0)时，还可通过下式实现某点的地理坐标(λ、φ)与该点地磁坐标(λ_m、

φ_m)的转换。

$$\sin\varphi_m=\sin\varphi\sin\varphi_0+\cos\varphi\cos\varphi_0\cos(\lambda-\lambda_0)$$
$$\sin\lambda_m=\cos\varphi\sin(\lambda-\lambda_0)/\cos\varphi_m \tag{2.2-13}$$

球谐级数的二阶项和三阶项分别表示四极子和八极子在球内分布，可用来解释地磁场分布不对称性等特征。有人认为 $n=13$是地核场和地壳场的分界点，$n\leqslant13$的项表示地核场，$n>13$表示地壳场，而目前一般取至 $n=m=10$。因此，采用 IGRF 进行正常场校正时有可能不足。另外从不同年代球谐系数的变化，也说明地磁场不是恒定的，而是随时间变化有着缓慢的长期变化之特征。

（三）地磁场的正常梯度

有了地磁场高斯球谐表达式，还可直接由式（2.2－5）导出地磁场三分量相对于球坐标的正常梯度场，以垂直分量为例有：$\frac{\partial Z}{\partial r}$、$\frac{1}{r}\frac{\partial z}{\partial\theta}$及$\frac{1}{r\sin\theta}\frac{\partial z}{\partial\lambda}$。并由已知球谐系数和该点坐标求得梯度值。

对地心偶极子的正常梯度场，则有：

沿子午线方向的梯度场（水平梯度）

$$\frac{\partial H}{\partial X}=\frac{\partial H}{R\partial\varphi}=\frac{-\mu_0 m}{4\pi R^4}\sin\varphi=-\frac{Z}{2R}$$
$$\frac{\partial Z}{\partial X}=\frac{\partial Z}{R\partial\varphi}=\frac{2\mu_0 m}{4\pi R^4}\cos\varphi=\frac{2H}{R} \tag{2.2-14}$$

沿高度方向的梯度场

$$\frac{\partial H}{\partial r}\Big|_{r=R}=-\frac{3\mu_0 m}{4\pi R^4}\cos\varphi=-\frac{3H}{R},\quad \frac{\partial Z}{\partial r}\Big|_{r=R}=\frac{-6\mu_0 m}{4\pi R^4}\sin\varphi=\frac{-3Z}{R} \tag{2.2-15}$$

例如，北京地区1986年的垂直强度 $Z=46\ 329$nT，水平强度 $H=29\ 460$nT，取 $R=6\ 371$km，则其梯度值为

$$\frac{\partial H}{R\partial\varphi}=\frac{\partial H}{\partial x}=-3.6(\text{nT/km}),\qquad \frac{\partial H}{\partial r}=-13.9(\text{nT/km})$$
$$\frac{\partial Z}{R\partial\varphi}=\frac{\partial Z}{\partial x}=9.2(\text{nT/km}),\qquad \frac{\partial Z}{\partial r}=-21.8(\text{nT/km})$$

就是说，当高度升高1km 时，Z、H 值分别减小21.8nT、13.9nT；向两极方向移动1km 时，Z 的绝对值增加9.2nT，H 值减小3.6nT。

由上述分析可知，正常梯度值是随着地理坐标及高度变化而变化的。因而，在进行较大面积地面或航空高精度磁测时，必须消除地理坐标及高度变化的影响，这种影响的校正称为正常梯度校正。

三、变化磁场

叠加在地球基本磁场上的变化场，指的是随时间变化的磁场。从它们的特征和成因来说，总体可以分为两大类型：一类是地球内部场源缓慢变化的长期变化场；另一类主要起因于地球外部场源的短期变化场。现简介如下。

（一）长期变化场

地磁场长期变化总的特征是随时间变化缓慢，周期长。一般变化周期为几年，几十年，有的更长。对地磁场的长期变化，主要是通过世界各地的地磁台长期的、连续的观测数据，取其平均值来进行研究的。但因从事这方面测量的历史较短，分布范围有限，对更长周期变化场的研究

有较大限制，故必须提出相应的间接研究方法，如考古地磁及古地磁等，可追索得到古代地磁场的长期变化场的许多重要资料。

通过垂直强度等年变率图分析，可清晰地看到等变线均围绕着所谓长期变化中心展布，变化中心有的为正区，也有的为负区。各等变线图与一般地磁要素图很少有相似之处，而与非偶极子场等值线图却有着更多共同特点，这说明偶极子场的变化对长期变化的贡献小，而长期变化与非偶极子场的变化有更密切的关系。另一个特点是地球磁场的向西漂移，不仅是长期变化中心向西位移，而且数值也在变化，这些现象与大陆异常中心向西迁移也非常相像，并且地磁偏角和倾角的长期变化也十分明显。图 2-2-11 为伦敦的磁偏角和磁倾角长期变化图，从图中清楚地见到1 600～1 700年的100年间磁偏角自9°E 一直向西偏移到－4°W，共向西移了13°，倾角约增大2°。在后100年间磁偏角继续向西偏移，但倾角减小。图中还明显看到这种长期变化的周期性，据统计，向西漂移的周期为600年，每年约以经度0.18°的速度西移。磁场强度数值变化周期为60年。第三个特点是地球磁矩的衰减变化，1835年高斯计算磁矩值为$8.5\times10^{22}\mathrm{A\cdot m^2}$，而1960年算得$8.0\times10^{22}\mathrm{A\cdot m^2}$，在此期间地球磁矩几乎每年以0.05%的速度递减，预计2000年以后，地球磁矩将变得很小。这种现象揭示了地球磁极倒转的征兆。从古地磁研究中发现，在地质历史年代中，地球磁极已多次发生倒转现象。地球磁矩变化具有明显波动式的特点，可以分出很多周期，而7 000～8 000年是磁矩最基本的变化周期。

（二）地磁场的短期变化

地磁场的短期变化主要起因于固体地球外部的各种电流体系。按其变化特征也可分为两类：一类是按一定的周期连续出现，且变化平缓而有规律，称为平静变化；另一类是偶然发生，持续一定时间后就消失，是短暂而复杂的变化，变化幅度可以很大，也有的很小，称之为扰动变化。

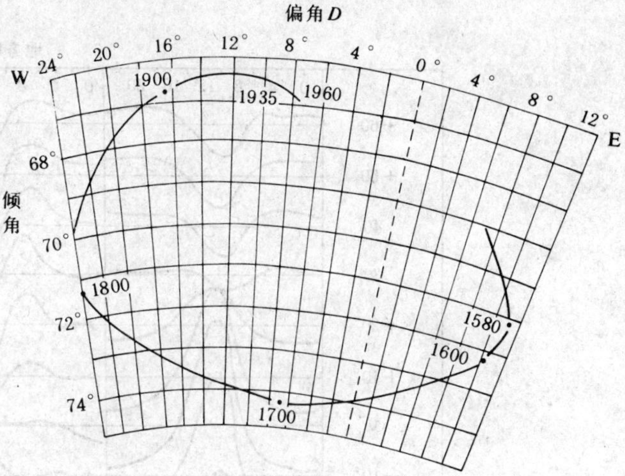

图 2-2-11　伦敦的磁偏角和磁倾角长期变化图

1.平静变化

平静变化又根据变化周期和幅度等特征，分为太阳静日变化(S_q)和太阳日变化(L)。由于后者变化幅度仅1～2nT，又重叠在太阳静日变化之中，对磁法勘查影响甚微，故不单独考虑。

太阳日变化是以一个太阳日24小时为周期，称为地磁日变，它的变化是依赖于地方太阳时，其基本特点是：各个地磁要素的周日变化是逐日不停地在进行，其中振幅易变，相位几乎不变。白天(6～18时)磁场变化较大，夜间较平静。夏季的变化幅度最大，冬季的幅度最小，春秋季节居中。日变的平均幅度为n～10nnT，见图 2-2-12；太阳日变化另一特点是它与该日的地磁活动性有关，受太阳黑子活动周期性的影响。经统计可选出一个月中有最大干扰和最小干扰各5天，这几天内世界各地地磁台测得的周日变化，分别称为国际扰日变化(S_a)和静日变化(S_q)，其他称为一般日变化。扰日变化和静日变化有显著区别，尤其是垂直分量的曲线形态及变幅均有明显差异；利用世界各地磁台的国际静日变化(S_q)记录的统计平均资料，可以得出地球表面不同点上的 S_q 变化特征。在同一磁纬度上，它们的变化几乎从形态到幅值均很相似。而在同一经度不同纬度上变化的差异则很大。由图 2-2-13 清楚地看到不同纬度上春、秋分三分量静日

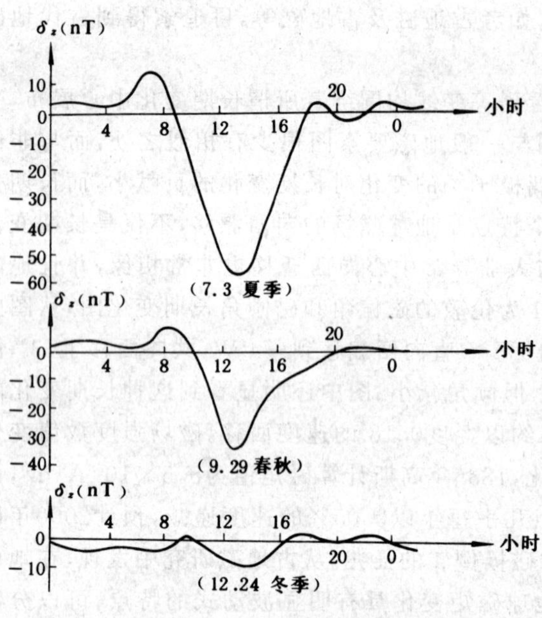

图 2-2-12　不同季节的 Z 日变曲线

变化的特点。Z 分量的 $S_q(Z)$ 曲线的基本特征是在中午前后有一明显的极值，变幅在磁纬度 $\varphi_m=\pm30°$ 附近最大，向两极或赤道变幅逐渐减小，曲线有明显的相位反转，北半球为负极值，南半球为正极值。东向分量 $S_q(Y)$ 在早晨和中午各有符号相反的两个极值，在 $\pm30°$ 附近变幅最大，赤道附近近于零，在南、北半球的曲线有明显的相位反转。北向分量 $S_q(X)$ 曲线在午前有一更明显的极值，在赤道附近变幅最大，甚至可达200nT，而在 $\pm30°$ 附近最小，近于零，曲线也有明显的相位反转。

中国范围内静日变化随磁纬度分布的基本特征与世界的 S_q 变化在北半球中低纬度区的特征相似。

静日变化有自己的场源，高空电离层中

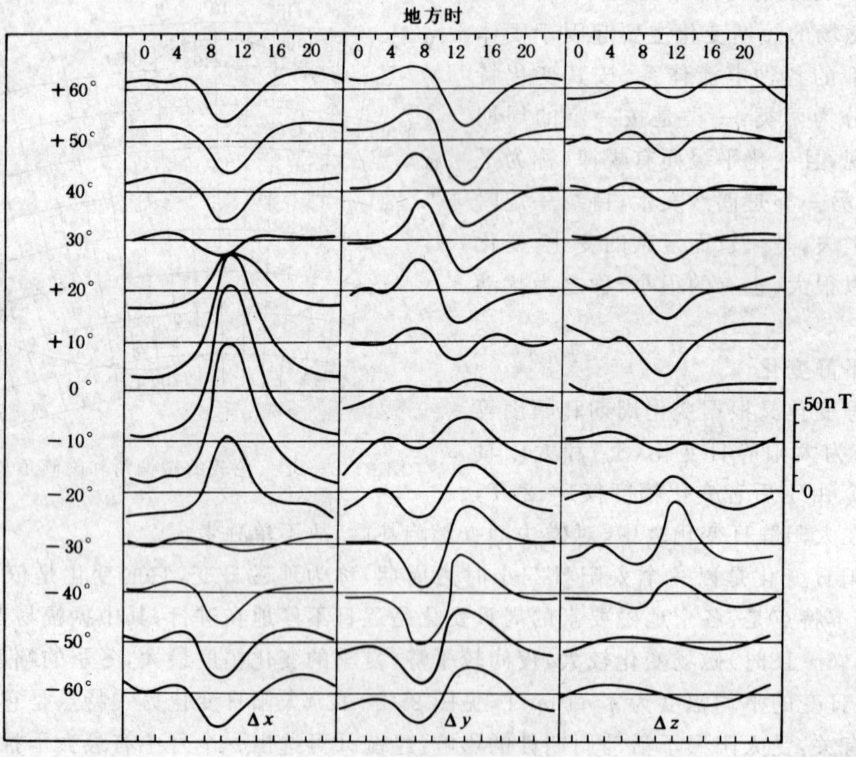

图 2-2-13　X、Y、Z 要素在不同春、秋分静日变化曲线

的涡旋电流体系，很可能就是其场源。因为在太阳的紫外线辐射下，100～120km 高度上高空大气层内要发生极其复杂的物理化学过程，其中包括电离作用，形成电离层，位于向日半球处的电子、离子浓度一定远远大于背日半球处的浓度，也就是白天浓度大于夜间。电离层和地球

大气在太阳的热力作用下形成大气环流动，在日、月引力作用下形成大潮汐运动。这些运动均是在地球磁场中进行的，而电离层又是良导体，因此，必然产生感应电流，形成电流体系。通过对该电流体系的计算以及观测分析，南北半球在春秋有四个涡旋电流体系，两个在北半球，另两个在南半球，且两个强的涡旋电流位于向日半球，两个弱的位于背日半球，它们的中心位置位于±30°磁纬度附近，约在地方时11时出现极值。它们相对于太阳的位置是不变的，而在地球上的某点由于随地球自转，则它相对于这个电流体系在旋转，所以在一天之内在此点可将这些电流所引起的全部磁场变化记录下来。

2. 扰动变化

地磁场的扰动变化是叠加在平静变化场水平上的地磁扰动，变化幅度可小于1nT 到 $n\times10^3$nT，持续时间可小于1s 到几天不等，而且相互重叠，地磁扰动可分为两类：一类为无明显周期，变化幅度范围较大的磁扰动。按其物理机制又可分成六种，其中磁暴往往遍及全球；另一类为变化幅度很小，具有准周期结构特征的地磁脉动，同样它也可进一步分类。现将与磁法勘查关系密切的磁暴和地磁脉动简介如下：

(1) 磁暴。磁暴是一种强烈的扰动。从赤道到极区均可观察到磁暴现象，而且几乎是全球同时发生。发生时对地磁场水平分量的强度影响特别显著，而对垂直分量影响相对小些。因此，通常研究磁暴的形态和特征是通过水平分量变化来进行的。

磁暴按其始发时间通常可分为急始型(SC)和缓始型(GC)两种。若按其变化强度可分为三级，即小磁暴、中强磁暴和强烈磁暴。磁暴强度有从低磁纬度到高磁纬度逐渐变强的规律。就同一磁暴其变幅在不同地磁纬度上也有所不同。一般中强磁暴可达数百纳特，持续时间可达数天。单个磁暴也可使水平分量强度增到几千纳特。在磁暴发生的过程中，H 分量的平均值(D_{SS}以一定形态变化，可分为三个相阶段，即磁暴始发时的初相段、主相段和结束时的恢复平静相段。这三个相段在任何全球性磁暴的发展过程中都可以观察到。图 2-2-14 为1959年7月14日中国佘山地磁台观察的磁暴曲线，明显地可以见到此特征。

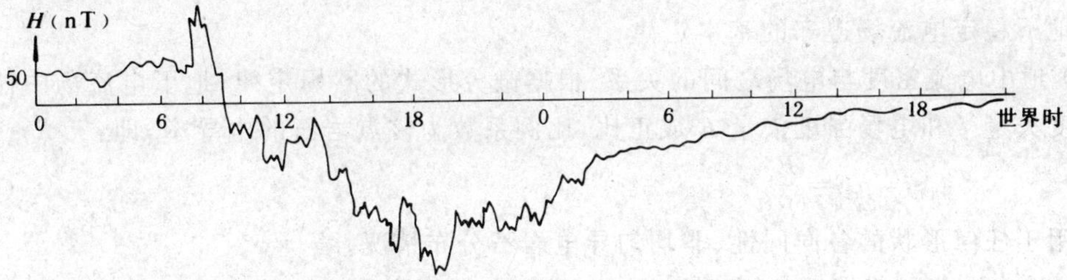

图 2-2-14　中国佘山地磁台的磁暴曲线

一般认为磁暴发生与太阳黑子出现有关。因而，磁暴发生也有一定的时间分布规律，太阳活动性愈强的年份磁暴发生频率愈高，最多一年可有20～40次。即使太阳活动性极小的年份也可有5～20次，且相当多的磁暴具有相隔27d 左右重现的规律性，以及以11年为周期的特点。磁暴发生频率还与季节性有关。通常春秋磁暴多，冬夏较少。

(2) 地磁脉动。地磁脉动是一种地磁场的微扰变化，它具有准周期结构的特点，一般周期介于 $n\times10^{-1}\sim n\times10^2$s，频率范围从毫赫(兹)到赫(兹)，振幅的变化范围为 $n\times10^{-3}\sim n\times10$nT(在强扰动期间也可达数百纳特)。

地磁脉动可分为两大类型：一类是规则稳定连续型脉动，也称 P_c 型脉动，它具有准正弦波形和稳定状态的振动特点。脉动周期范围一般为0.2～1 000s，脉动持续时间可达数小时。根据其周期及形态特征和物理性质不同，可再分为六种类型。另一类是不规则型的或衰减型的振动系列，记为 P_i 型。它也可再分为两种类型。这类微扰形态虽为不规则型，但类似于阻尼振荡之特点，在振动中振幅是逐步衰减的。持续时间为几分钟到几十分钟。

通过本节讨论可知，地球变化的磁场与磁法勘查是密切关联的。例如利用不同年代的航磁进行编图时，应该考虑到地磁场的长期变化的特点，需在不同年代的时间统调的基础上进行；在高精度磁测中，地磁周日变化是一种严重干扰场，一般在地面磁测、航空磁测过程中设有专用仪器进行地磁日变观测，以便进行相应的校正，称为日变改正。但在海上磁测时，这是一个困难的问题，如近海测量，虽然可建立日变站进行观测校正，但由于海岸效应等因素会影响其精度。若为远洋磁测，就根本无法建立日变站。因此，为了提高测量精度，必须提出相应的措施，消除其日变干扰场；在强磁暴和强磁扰期间，应该停止野外磁测工作，避免那些严重的地磁扰动覆盖在地质体异常之上。然而，短期变化场中也有对磁法勘查工作有利之处，如地磁脉动微扰是一种更短周期的电磁波，它在具有高电导率的地壳层中可能是产生感应大地电流电磁场的天然场源，作为磁测的激发场。故有可能利用它来区分矿与非矿异常。且测量其大地电流可以确定地壳层的电导率及其厚度等，以解决某些地质、地球物理问题。

§2.3 地下稳定电流场和交变电磁场的基本特征

若将直流电源的正、负极通过导线和电极与大地相连，便在地中建立起呈体分布的电流场，其分布特征决定于地下不同导电性岩石或矿体的赋存状况。人们采用一定的供电和测量方式观测稳定电流场的分布，借以了解地下地质情况。

一、地下稳定电流场的基本特征

（一）地下稳定电流场所满足的基本方程及边界条件

1.地下稳定电流场遵守的基本定律

（1）地中电流密度与电场之间的关系。根据微分形式的欧姆定律，地下电流场中任意点上电流密度矢量 $\boldsymbol{j}$ 和电场强度矢量 $\boldsymbol{E}$ 成正比，比例系数为该点岩石的电导率，即：

$$\boldsymbol{j}=\sigma\boldsymbol{E}=\frac{\boldsymbol{E}}{\rho} \tag{2.3-1}$$

该式适用于任何形状的各向同性、非均匀导电岩石分布情况。

（2）地中电流的连续性。对于稳定电流场而言，包围强度为 I 的电流之任意闭合面 S 的通量表达式为

$$\oint_S \boldsymbol{j}\cdot\boldsymbol{n}\,\mathrm{d}s=I \tag{2.3-2}$$

式中 $\boldsymbol{n}$ 为面元 $\mathrm{d}s$ 的单位法线矢量。上式即电荷守恒定律，它表明：电荷不能无中生有，也不能消灭。

如果闭合面不包含电流源，上式变为

$$\oint_S \boldsymbol{j}\cdot\boldsymbol{n}\,\mathrm{d}s=0 \tag{2.3-3}$$

它表明在稳定电流场中电流是连续的，即在任何一个闭合面内，不会发生正电荷或负电荷的积累。其微分形式为

$$\mathrm{div}\,\boldsymbol{j}=0 \tag{2.3-4}$$

即在稳定电流场的情况下,地下岩石任何点处的电流密度的散度恒等于零。

(3) 稳定电流场的势场性。稳定电流场在空间的分布是稳定的,不随时间而改变。因此,它和静电场一样是一种势场。稳定电流场中任意点 M 处的电位 U,在数值上等于将单位正电荷从 M 点移到无限远处,电场力所做的功,即:

$$\boldsymbol{U}=\int_{M}^{\infty}\boldsymbol{E}\cdot\mathrm{d}\boldsymbol{l}$$

故电场强度 $\boldsymbol{E}$ 与电位 $\boldsymbol{U}$ 的关系是:

$$\boldsymbol{E}=-\mathrm{grad}\boldsymbol{U} \tag{2.3-5}$$

势场是一种无旋场,在导电岩石中,电流沿任一闭合回路所做的功恒等于零,即:

$$\oint_{L}\boldsymbol{E}\cdot\mathrm{d}\boldsymbol{l}=0 \tag{2.3-6}$$

其微分形式为

$$\mathrm{rot}\boldsymbol{E}=0 \tag{2.3-7}$$

即稳定电流场的旋度为零。

2. 稳定电流场电位满足的方程

稳定电流场所遵循的上述基本规律,可以归纳为一个简单的方程:

$$\mathrm{div}(\sigma\mathrm{grad}U)=\nabla\cdot(\sigma\nabla U)=0 \tag{2.3-8}$$

该式便是稳定电流场的电位满足的基本方程式。

在岩石导电性均匀或分区均匀的情况下,式中 σ 为常数,式 (2.3-8) 变为

$$\mathrm{divgrad}U=\nabla^2U=0 \tag{2.3-9}$$

式 (2.3-9) 便是稳定电流场电位满足的拉普拉斯方程。

3. 地中稳定电流场的边界条件

在研究导电岩石中的电场分布时,需要求解场所满足的微分方程式,并需要利用稳定电流场的边界条件来保证电流场解的唯一性。

第一类极限条件为:

(1) 在距场源和研究区域无限远处,电位为零,即

$$R\rightarrow\infty\text{时},\quad U=0 \tag{2.3-10}$$

(2) 场源为点源的情况下,

$$R\rightarrow 0\text{时},\quad U=\frac{I\rho}{4\pi R} \tag{2.3-11}$$

第二类边界条件包括:

(1) 在不同导电性岩石分界面处的电位连续,即有

$$U_1=U_2 \tag{2.3-12}$$

(2) 在不同导电性岩石分界面处,电流密度的法线分量连续,即

$$\boldsymbol{j}_{1n}=\boldsymbol{j}_{2n} \tag{2.3-13}$$

或写成

$$\frac{1}{\rho}\frac{\partial U_1}{\partial n}=\frac{1}{\rho_2}\frac{\partial U_2}{\partial n}$$

对于地表—空气分界面这种特殊的边界情况,由于空气的电阻率为无穷大,电流密度法线分量连续的条件为

$$j_n = -\frac{1}{\rho}\frac{\partial U}{\partial n} = 0 \tag{2.3-14}$$

（二）均匀岩石中不同场源形式的正常场

为了研究各种地电断面条件下稳定电流场分布的特征，我们利用第一章第三节中的电场理论，首先讨论均匀岩石中，以不同形式场源（点电流源、偶极电流源、均匀场）供电时的正常电场分布。

1. 一个点电流源的稳定电场

在导电性均匀、各向同性、电阻率为 ρ 的无限岩石中，强度为 I 的一个电流源 A 所产生的电场具有球对称性。若将点源 A 置于球坐标系原点 O 处，由于球对称性，电位分布与方位角 φ 和极角 θ 无关，岩石中任意点的电位 U 满足如下简化了的球坐标系拉普拉斯方程式

$$\frac{\partial}{\partial R}\left(R^2\frac{\partial U}{\partial R}\right) = 0 \tag{2.3-15}$$

式中 R 为观测点到点源 A 的距离。

根据电位满足的极限条件求解式（2.3-15），可得均匀、各向同性、无限的岩石中点源电场的电位表达式为

$$U = \frac{I\rho}{4\pi}\cdot\frac{1}{R} \tag{2.3-16}$$

其等电位面为以 A 为中心的一系列封闭球面；电流线为自 A 发出的辐射状直线。

实际的电法勘查工作，多是在地表面进行供电和观测。假设地表为无限大平面，地下为均匀、各向同性、电阻率为 ρ 的岩石，当点源 A 位于地表面，向地下供入强度为 I 的电流时，考虑到地面处电流密度法向分量等于零，可以得出地中任意点的电位为

$$U = \frac{I\rho}{2\pi}\cdot\frac{1}{R} \tag{2.3-17}$$

电场强度矢量为

$$\boldsymbol{E} = -\nabla U = \frac{I\rho}{2\pi}\cdot\frac{1}{R^2}\cdot\frac{\boldsymbol{R}}{R} \tag{2.3-18}$$

电流密度矢量为

$$\boldsymbol{j} = \frac{\boldsymbol{E}}{\rho} = \frac{I}{2\pi R^2}\cdot\frac{\boldsymbol{R}}{R} \tag{2.3-19}$$

式中 $\boldsymbol{R}$ 为点源 A 到观测点的矢径。此时，等位面是以 A 为中心的一系列半球面，电流线和电场强度力线一致，为自 A 指向地中岩石的一系列辐射状直线，如图 2-3-1 下部所示。电位和场强沿地表观测剖面的分布如图 2-3-1 上部所示。

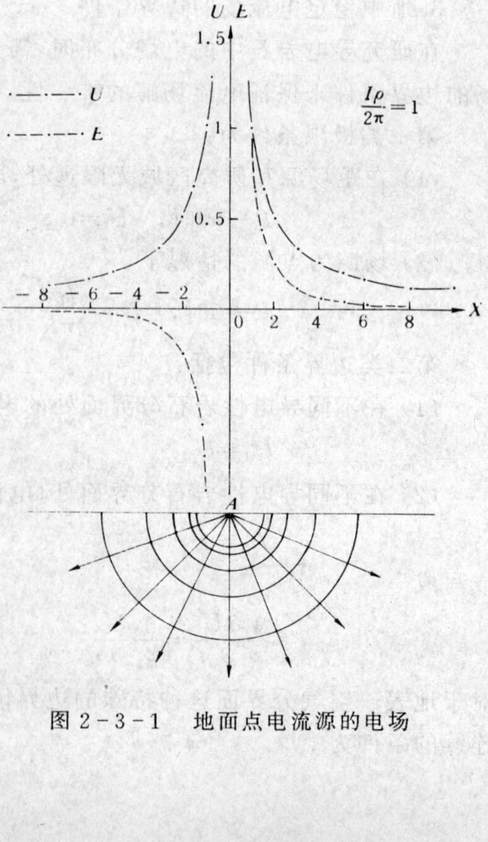

图 2-3-1　地面点电流源的电场

2. 地表两个异性点电流源的稳定电流场

若点电流源 $A(+I)$ 和 $B(-I)$ 于地表（相距 $2L$）向地下供入强度为 I 的电流，地中任意点的电位和场强可根据一个点电流源的电场按叠加原理求出。地中等位面和电流线的分布如图 2-3-2 下部所示，电位和场强沿地表 AB 剖面的变化如图 2-3-2 上部所示。由图可见，电极附近电场强度的绝对值大、电位变化明显；在 AB 中间约 $\frac{1}{3}\sim\frac{1}{2}$

地段处，电场和电位均变化缓慢，可近似视为均匀场。

了解电场在深处的分布情况，对于电法勘查来说是十分重要的。为此，我们研究电流沿 AB 中垂面的分布。在地表 AB 的中点 O 处，点电流源 A 和 B 产生的电流密度 j_0 为

$$\boldsymbol{j}_0=\boldsymbol{j}_0^A+\boldsymbol{j}_0^B=2\boldsymbol{j}_0^A$$

$$\boldsymbol{j}_0=\frac{I}{\pi}\cdot\frac{1}{L^2} \tag{2.3-20}$$

而在 AB 中垂线上深度为 h 处，点源 A 和 B 产生的电流密度为

$$\boldsymbol{j}_h=\boldsymbol{j}_h^A+\boldsymbol{j}_h^B$$

$$\boldsymbol{j}_h=2j_h^A\cos\alpha=\frac{I}{\pi}\cdot\frac{L}{[L^2+h^2]^{3/2}} \tag{2.3-21}$$

故
$$\frac{j_h}{j_0}=\frac{1}{\left[1+\left(\frac{h}{L}\right)^2\right]^{3/2}} \tag{2.3-22}$$

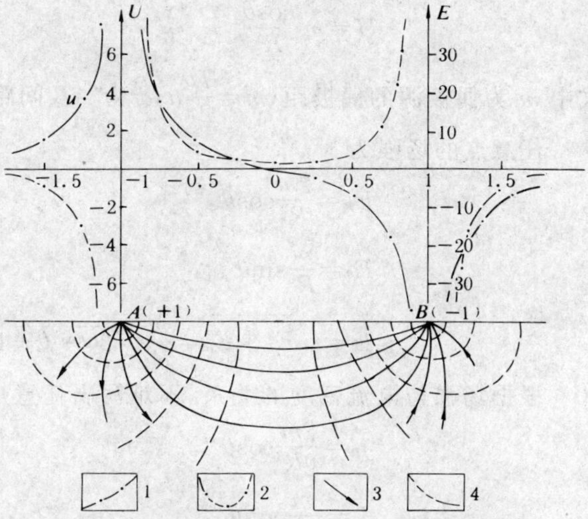

图 2-3-2　地表两个异性点电流源的电场

1—电位曲线；2—场强曲线；3—电流线；4—等位面

根据式(2.3-22)计算出电流密度随深度的变化曲线如图 2-3-3 所示。由图可见，随着深度增加，电流密度逐渐减小：在地表浅处($h=0.3L$ 范围内)，电流减小缓慢，愈往深处，减小得愈快。当 $h=3L$ 时，j_h 只有$0.032j_0$了。通过 AB 中垂面内，沿走向无限延展、高度等于 h 的矩形面的电流为

$$I_h=\frac{IL}{\pi}\int_{-\infty}^{\infty}\int_0^h\frac{\mathrm{d}y\mathrm{d}z}{(x^2+z^2+L^2)^{3/2}}=\frac{2I}{\pi}\mathrm{tg}^{-1}\frac{h}{L} \tag{2.3-23}$$

由式(2.3-23)计算出之 I_h 随深度 h 的关系曲线如图 2-3-3 所示，当 $h=L$ 时，$I_h=0.5I$。说明电极在地面供电时，地表电流密度最大，并主要集中于 AB 连线附近不太深的范围内。

3.偶极电流源的稳定电流场

位于地面的偶极电流源 $A(+I)$、$B(-I)$所产生的稳定电流场的分布如图 2-3-4 所示。

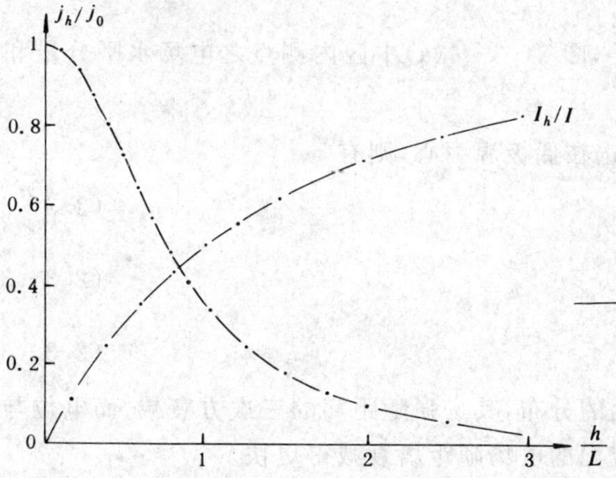

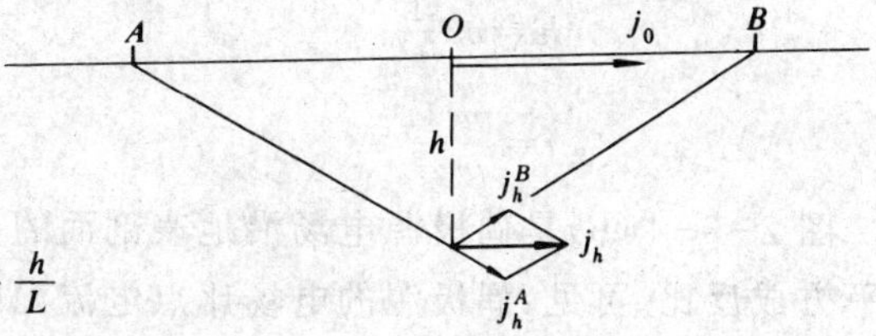

图 2-3-3　电流密度随深度的变化

地中任意点 M 的电位为

$$U=m\frac{\cos\theta}{R^2} \tag{2.3-24}$$

式中 m 为偶极源的偶极距（$m=\frac{I\rho}{2\pi}a$，a 为 AB 间距离），θ 为 R 与偶极轴线的夹角。

任意点的场强为

$$E_R=\frac{2m}{R^3}\cos\theta \tag{2.3-25}$$

$$E_\theta=\frac{m}{R^3}\sin\theta \tag{2.3-26}$$

$$E=\sqrt{E_R^2+E_\theta^2}=\frac{m}{R^3}\sqrt{3\cos^2\theta+1} \tag{2.3-27}$$

根据场强与电流密度的关系，不难写出任意点的电流密度为

$$j_R=\frac{2m}{\rho R^3}\cos\theta \tag{2.3-28}$$

$$j_\theta=\frac{m}{\rho R^3}\sin\theta \tag{2.3-29}$$

$$j=\frac{m}{\rho R^3}\sqrt{3\cos^2\theta+1} \tag{2.3-30}$$

上述式中 E_R 和 j_R 为径向分量；E_θ 和 j_θ 为垂直径向的分量。可见，地中电流密度与电场强度的分布特征相同。

如图 2-3-4 (a)所示，假设观测点 M 处的 $\boldsymbol{E}$ 和 E_R 夹角为 β，则 $\boldsymbol{E}$ 和地面夹角 $\alpha=\beta+\theta$，并有关系式

$$\mathrm{tg}\beta=\frac{E_\theta}{E_R}=\frac{1}{2}\mathrm{tg}\theta$$

$$\mathrm{tg}\alpha=\mathrm{tg}(\beta+\theta)=\frac{3\mathrm{tg}\theta}{2-\mathrm{tg}^2\theta}$$

成立。分析上式不难了解偶极电流源所产生的电场在地中分布的方向变化情况。

当 $\theta=\theta_0=\pm54°44'$ 时，$\alpha=\pi/2$，即地面偶极源 AB，在图 2-3-4 (a)中虚线（变向线）上的观测点处产生的电场强度 $\boldsymbol{E}$ 垂直于地面；当 $\theta=\frac{\pi}{2}$ 时，$\alpha=0$ 和 π，即偶极源在中垂线上的观测点处之电场强度 $\boldsymbol{E}$ 平行地面；当 $\theta<\theta_0$ 时，$\alpha<\frac{\pi}{2}$，图 2-3-4 (a)左区和右区内测点之电场水平分量和供电偶极矩的方向一致；当 $\theta>\theta_0$ 时，$\alpha>\frac{\pi}{2}$，图 2-3-4(a)中区内测点之电场水平分量和供电偶极矩的方向相反。

通常观测点位于地面，我们将坐标原点选在偶极源中心，则有

$$U=m\frac{1}{x^2} \tag{2.3-31}$$

$$E=m\frac{1}{x^3} \tag{2.3-32}$$

$$j=\frac{m}{\rho}\frac{1}{x^3} \tag{2.3-33}$$

图 2-3-4 (b)是偶极源电场沿地表剖面的分布，其场强随距离的三次方衰减，而电位与距离平方成反比。可见，偶极源的电场比点电流源的电场随距离衰减得更快。

今后，在定性分析电法勘查异常特征时，经常用到偶极源位于地下的情况。如图 2-3-5 (a)所示，倾斜偶极源的中心埋深为 h，偶极轴线与地面呈 α 角。若将坐标原点置于偶极中心于地

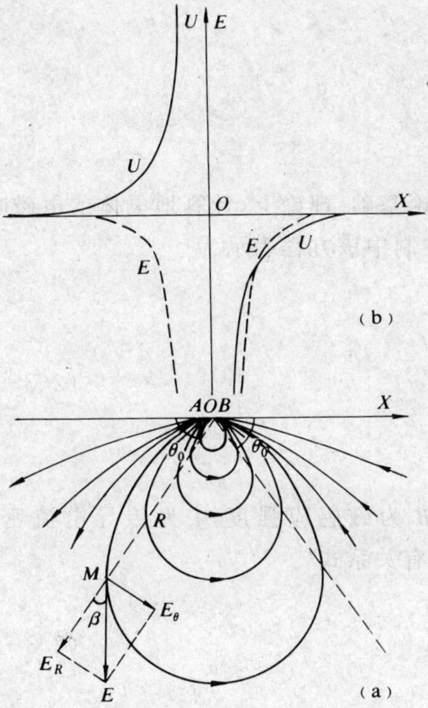

图 2-3-4　地面偶极电流源的电场

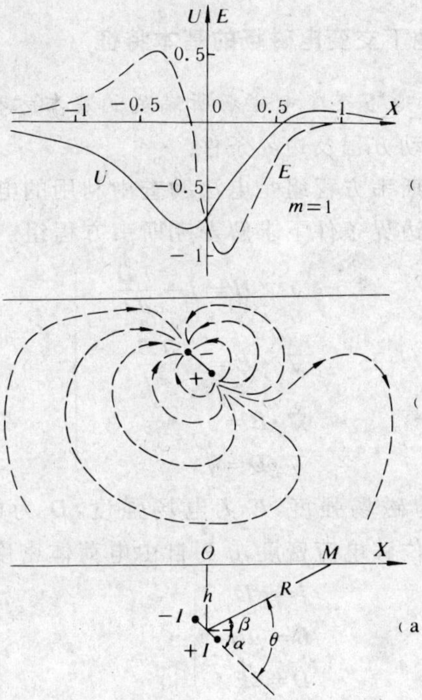

图 2-3-5　地下倾斜电流偶极子的电场分布图

面的投影点处，则地面点的电位和场强表达式为

$$U=m\frac{x\cos\alpha-h\sin\theta}{(h^2+x^2)^{3/2}} \tag{2.3-34}$$

$$E=-m\frac{(h^2-2x^2)\cos\alpha+3hx\sin\alpha}{(h^2+x^2)^{5/2}} \tag{2.3-35}$$

显然，倾斜电流偶极源的电场分布是不对称的，如图 2-3-5(b)。地表主剖面上电位极值点(即电场强度零值点)的坐标为

$$x_{1,2}=\frac{3h}{4}\left(\text{tg}\alpha\pm\sqrt{\text{tg}^2\alpha+\frac{8}{9}}\right) \tag{2.3-36}$$

电位零值点的坐标为

$$x_0=h\text{tg}\alpha \tag{2.3-37}$$

主剖面上的场强和电位曲线如图 2-3-5(c)所示。

分别令式(2.3-34)和式(2.3-35)中的 α 角等于0°和90°，直接得到地下水平偶极电流源和垂直偶极电流源的电场表达式：

$$\text{水平偶极源}\begin{cases}U_{=}=m\dfrac{x}{(h^2+x^2)^{3/2}} & (2.3-38)\\[2ex] E_{=}=-m\dfrac{h^2-2x^2}{(h^2+x^2)^{5/2}} & (2.3-39)\end{cases}$$

$$\text{垂直偶极源}\begin{cases}U_{\perp}=-m\dfrac{h}{(h^2+x^2)^{3/2}} & (2.3-40)\\[2ex] E_{\perp}=-m\dfrac{3hx}{(h^2+x^2)^{5/2}} & (2.3-41)\end{cases}$$

由式(2.3-38)、式(2.3-39)、式(2.3-40)和式(2.3-41)，得出地下水平和垂直偶极电流源的电场分布规律。

二、地下交变电磁场的基本特征

（一）地下交变电磁场所满足的基本方程及边界条件

1.波动方程及边界条件

麦克斯韦方程组是电法勘查中利用的电磁场的理论基础。理论上，计算地电体的电磁响应需在规定边界条件下求解麦克斯韦方程组。在国际单位制中该方程表示为

$$\left.\begin{aligned}&\nabla\times\boldsymbol{H}=\boldsymbol{j}+\frac{\partial\boldsymbol{D}}{\partial t}\\&\nabla\times\boldsymbol{E}=-\frac{\partial\boldsymbol{B}}{\partial t}\\&\nabla\cdot\boldsymbol{B}=0\\&\nabla\cdot\boldsymbol{D}=q\end{aligned}\right\}\tag{2.3-42}$$

式中 $\boldsymbol{H}$ 为磁场强度，$\boldsymbol{E}$ 为电场强度，$\boldsymbol{D}$ 为电位移①，$\boldsymbol{B}$ 为磁感应强度，$\boldsymbol{j}$ 为传导电流密度，$\partial\boldsymbol{D}/\partial t$为位移电流密度，$q$ 为自由电荷体密度。此外，还有关系式

$$\left.\begin{aligned}&\boldsymbol{j}=\sigma\boldsymbol{E}\\&\boldsymbol{B}=\mu\boldsymbol{H}\\&\boldsymbol{D}=\varepsilon\boldsymbol{E}\end{aligned}\right\}\tag{2.3-43}$$

在电导率 σ 不为零的均匀介质中，体电荷不可能堆积在某一处，经一定时间（$t<10^{-6}$s）被介质导走，故电法勘查中遇到的导电介质内

$$\nabla\cdot\boldsymbol{D}=0\tag{2.3-44}$$

这时，应用式（2.3－43）可将麦克斯韦方程组中的五个变量消去三个，并考虑式（2.3－44），得

$$\left.\begin{aligned}&\nabla\times\boldsymbol{H}=\sigma\boldsymbol{E}+\varepsilon\frac{\partial\boldsymbol{E}}{\partial t}\\&\nabla\times\boldsymbol{E}=-\mu\frac{\partial\boldsymbol{H}}{\partial t}\\&\nabla\cdot\boldsymbol{H}=0\\&\nabla\cdot\boldsymbol{E}=0\end{aligned}\right\}\tag{2.3-45}$$

对上式第一式两边求旋度，并将第二式代入，得

$$\nabla\times\nabla\times\boldsymbol{H}=-\sigma\mu\frac{\partial\boldsymbol{H}}{\partial t}-\varepsilon\mu\frac{\partial^2\boldsymbol{H}}{\partial t^2}\tag{2.3-46}$$

利用矢量恒等式$\nabla\times\nabla\times\boldsymbol{H}=\nabla\nabla\cdot H-\nabla^2 H$，并考虑式（2.3－45）的第三式，最后得

$$\nabla^2\boldsymbol{H}=\sigma\mu\frac{\partial\boldsymbol{H}}{\partial t}+\varepsilon\mu\frac{\partial^2\boldsymbol{H}}{\partial t^2}\tag{2.3-47}$$

同理可得：

$$\nabla^2\boldsymbol{E}=\sigma\mu\frac{\partial\boldsymbol{E}}{\partial t}+\varepsilon\mu\frac{\partial^2\boldsymbol{E}}{\partial t^2}\tag{2.3-48}$$

式（2.3－47）和式（2.3－48）分别为 $\boldsymbol{H}$ 和 $\boldsymbol{E}$ 满足的微分方程，称之为电报方程。

若场的频率很高并对高阻介质（$\sigma\doteq0$）而言，则式（2.3－47）、式（2.3－48）右端的第一项可被忽略，而变为

① 过去物理书中称为“电位移矢量”，现在根据国家标准，删去“矢量”二字。

$$\nabla^2 \boldsymbol{H}=\varepsilon\mu \frac{\partial^2 \boldsymbol{H}}{\partial t^2} \tag{2.3-49}$$

$$\nabla^2 \boldsymbol{E}=\varepsilon\mu \frac{\partial^2 \boldsymbol{E}}{\partial t^2} \tag{2.3-50}$$

式 (2.3-49)、式(2.3-50) 称为波动方程，这两个方程描述电磁波在绝缘介质中的传播过程，即电磁场的简化模型——波动模型(日丹诺夫，1990)。

若在场的频率很低和良导介质情况下，电报方程式 (2.3-47)、式(2.3-48) 两式右端第二项可忽略，而变为

$$\nabla^2 \boldsymbol{H}=\sigma\mu \frac{\partial \boldsymbol{H}}{\partial t} \tag{2.3-51}$$

$$\nabla^2 \boldsymbol{E}=\sigma\mu \frac{\partial \boldsymbol{E}}{\partial t} \tag{2.3-52}$$

式 (2.3-51)、式(2.3-52) 称为扩散方程(或热传导性方程)。由此可见，在导电的强吸取介质中，电磁场在介质中的传播不是按波动的规律而是按扩散规律传播的，以扩散方程描述电磁场在介质中的传播规律。

与时间无关的场叫做稳定电磁场。所有对时间的导数均为零，则在均匀介质中的场可写为

$$\nabla^2 \boldsymbol{H}=0 \tag{2.3-53}$$

$$\nabla^2 \boldsymbol{E}=0 \tag{2.3-54}$$

这样，均匀介质中稳定磁场或稳定电场都满足拉普拉斯方程。

以下讨论谐变场问题。谐变场的复数表达式为 $\boldsymbol{H}=\boldsymbol{H}_0 e^{-i\omega t}$，$\boldsymbol{E}=\boldsymbol{E}_0 e^{-i\omega t}$。将这些关系代入式 (2.3-46)，得

$$\left.\begin{aligned}\nabla\times\boldsymbol{H}&=-i\omega\varepsilon^*\boldsymbol{E}\\ \nabla\times\boldsymbol{E}&=i\omega\mu\boldsymbol{H}\\ \nabla\cdot\boldsymbol{H}&=0\\ \nabla\cdot\boldsymbol{E}&=0\end{aligned}\right\} \tag{2.3-55}$$

式中 $\varepsilon^*=\varepsilon+i\dfrac{1}{\omega\rho}$为复介电常数。

经推导，容易得到谐变电磁场的基本微分方程——亥姆霍兹齐次方程：

$$\left.\begin{aligned}\nabla^2\boldsymbol{H}&=k^2\boldsymbol{H}\\ \nabla^2\boldsymbol{E}&=k^2\boldsymbol{E}\end{aligned}\right\} \tag{2.3-56}$$

式中 $k=(\varepsilon\mu\omega^2-i\omega\sigma\mu)^{1/2}$称为波数(或传播系数)，在导电介质中忽略位移电流时

$$k^2=-i\omega\sigma\mu \tag{2.3-57}$$

在不同介质的分界面上，即在 σ 或 μ 出现不连续处，应满足以下边界条件

$$\left.\begin{aligned}E_{1t}=E_{2t} \quad &及 \quad H_{1t}=H_{2t}\\ D_{1n}=D_{2n} \quad &及 \quad B_{1n}=B_{2n}\end{aligned}\right\} \tag{2.3-58}$$

这里脚标 t 表示切向分量，n 表示法向分量。

在求解电磁场边值问题时，利用一对矢量 $\boldsymbol{H}$、$\boldsymbol{E}$ 很不方便。如果引入一个矢量位，将使求解过程中未知数减少。由电流源引起的矢量位 $\boldsymbol{A}$ 是这样引入的：从 $\nabla\cdot\boldsymbol{H}=0$出发，又利用恒等式 $\nabla\cdot\nabla\times\boldsymbol{A}\equiv 0$，可令

$$\boldsymbol{H}=\nabla\times\boldsymbol{A} \tag{2.3-59}$$

将式 (2.3-59) 代入式(2.3-55) 的第二式，得

$$\nabla\times\boldsymbol{E}=i\omega\mu\nabla\times\boldsymbol{A}$$

或 $$\nabla \times (\boldsymbol{E} - i\omega\mu\boldsymbol{A}) = 0 \tag{2.3-60}$$

此式指出，括号中的矢量可用任意标量的梯度来表示，即取

$$\boldsymbol{E} - i\omega\mu\boldsymbol{A} = -\nabla U$$

或 $$\boldsymbol{E} = i\omega\mu\boldsymbol{A} - \nabla U \tag{2.3-61}$$

式中 U 为电磁场的标量位。顺便指出，在直流电场中由于 $\omega=0$，故 $\boldsymbol{E} = -\nabla U$。

考虑到式（2.3-59）和式（2.3-61），将式（2.3-55）的第一式写成

$$\nabla \times \nabla \times \boldsymbol{A} = -i\omega\varepsilon^*(i\omega\mu\boldsymbol{A} - \nabla U)$$

或 $$\nabla\nabla\cdot\boldsymbol{A} - \nabla^2\boldsymbol{A} = \omega^2\varepsilon^*\mu\boldsymbol{A} + i\omega\varepsilon^*\nabla U$$

将带有梯度的项归到一起并令其为零

$$\nabla(\nabla\cdot\boldsymbol{A} - i\omega\varepsilon^* U) = 0$$

或 $$U = \frac{1}{i\omega\varepsilon^*}\nabla\cdot\boldsymbol{A} \tag{2.3-62}$$

则 $$\nabla^2\boldsymbol{A} = k^2\boldsymbol{A} \tag{2.3-63}$$

即为矢量位的亥姆霍兹方程。将式（2.3-62）代入到式（2.3-61），得

$$\boldsymbol{E} = i\omega\mu\left(\boldsymbol{A} - \frac{1}{k^2}\nabla\nabla\cdot\boldsymbol{A}\right) \tag{2.3-64}$$

由此可见，我们只需解一次矢量位方程式（2.3-63），通过式（2.3-59）和式（2.3-64）的微分运算就可分别得磁场和电场。这三个式子组成一方程组

$$\left.\begin{aligned} &\boldsymbol{H} = \nabla \times \boldsymbol{A} \\ &\boldsymbol{E} = i\omega\mu\left(\boldsymbol{A} - \frac{1}{k^2}\nabla\nabla\cdot\boldsymbol{A}\right) \\ &\nabla^2\boldsymbol{A} = k^2\boldsymbol{A} \end{aligned}\right\} \tag{2.3-65}$$

如果采用磁性激发源（如磁偶极子、不接地回线等），则在地中产生涡旋电流。其特点是

$$\nabla\cdot\boldsymbol{E} = 0$$

故也可引入磁性源的矢量位 $\boldsymbol{A}^*$，即取

$$\boldsymbol{E} = \nabla \times \boldsymbol{A}^* \tag{2.3-66}$$

经过类似的推导，可得到相应的方程组

$$\left.\begin{aligned} &\boldsymbol{E} = \nabla \times \boldsymbol{A}^* \\ &\boldsymbol{H} = -i\omega\varepsilon^*\left(\boldsymbol{A}^* - \frac{1}{k^2}\nabla\nabla\cdot\boldsymbol{A}^*\right) \\ &\nabla^2\boldsymbol{A}^* = k\boldsymbol{A}^* \end{aligned}\right\} \tag{2.3-67}$$

由方程组式（2.3-55）、式（2.3-65）和式（2.3-67）不难看出，由电性源方程组转到磁性源方程组或相反转换过程的电磁类比关系为

$$\boldsymbol{A} \rightleftharpoons \boldsymbol{A}^*, \qquad \boldsymbol{E} \rightleftharpoons \boldsymbol{H}, \qquad i\omega\mu \rightleftharpoons -i\omega\varepsilon^* \tag{2.3-68}$$

因此，在许多情况下不一定分别解电性源和磁性源的正演解，而利用类比关系可直接写出另一类解。

由式（2.3-58），考虑到式（2.3-59）和式（2.3-64）可写出利用矢量位 $\boldsymbol{A}$ 表示的边界条件：

$$\left.\begin{aligned} &\mu_1 A_{x1} = \mu_2 A_{x2}, \qquad \frac{\partial A_{x1}}{\partial z} = \frac{\partial A_{x2}}{\partial z} \\ &\mu_1 A_{y1} = \mu_2 A_{y2}, \qquad \frac{\partial A_{y1}}{\partial z} = \frac{\partial A_{y2}}{\partial z} \\ &A_{z1} = A_{z2}\ , \qquad \frac{\mu_1}{k_1^2}\nabla\cdot\boldsymbol{A}_1 = \frac{\mu_2}{k_2^2}\nabla\cdot\boldsymbol{A}_2 \end{aligned}\right\} \tag{2.3-69}$$

对于 A^* 的边界条件可利用类比关系直接由上式得到。这时以 A^* 换 A，以 $-\varepsilon^*$ 换 μ。

（二）平面电磁波在无限均匀介质中的传播

必须时刻记住的是，在似稳近似条件下的电磁场满足的不是电报方程，也不是波动方程，而是满足扩散方程。在介质中，场以扩散定律进行传播，所以在这种情况下"电磁波"这一术语具有条件性质。

现在我们给出几个定义。

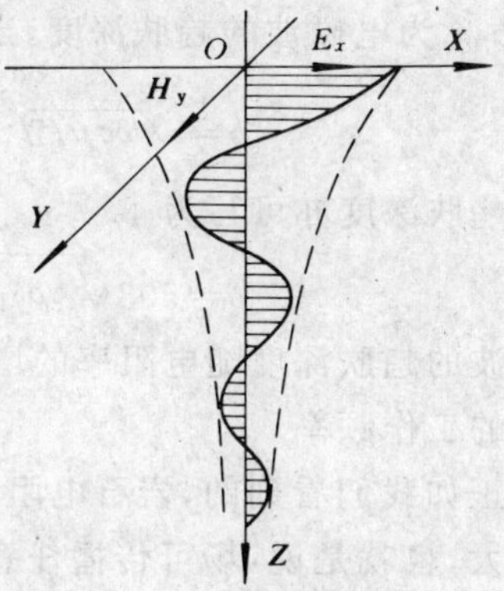

图 2-3-6　平面电磁波在地中传播

定义1　通过振动相位相同点的面叫做电磁波的相位波前。

正如我们所见，在每个固定的时刻 t，波的相位波前是个水平面。所以，把这种类型的电磁波叫做平面均匀电磁波（均匀电磁波是因为沿波前 $\boldsymbol{H}$、$\boldsymbol{E}$ 是恒定的）。如果时间 t 增长，z 也增大，也就是说，相位波前自上而下移动。这样，我们涉及到的是自上而下入射的平面电磁波（见图 2-3-6）。

在电阻率为 ρ_1 的均匀介质中选择如下的坐标系统：X 轴和 Y 轴位于波的极化平面上，Z 轴位于波的传播方向上（见图 2-3-6）。这时，由于 XOY 平面的场振幅相同，故 $\partial A/\partial x=0$，式（2.3-63）简化为

$$\frac{\partial^2 A}{\partial z^2}=k_1^2\boldsymbol{A} \tag{2.3-70}$$

上式中 $\boldsymbol{A}$ 可取 A_x、A_y、A_z。显然，式（2.3-70）的解为

$$\boldsymbol{A}=C_1\mathrm{e}^{-k_1z}+C_2\mathrm{e}^{k_1z}$$

第一项为正向波，即振幅值远离场源时逐渐衰减，而第二项是被反射回来的负向波。由于介质为无限均匀，故不可能出现负向波，即 $C_2=0$。最终解为

$$\boldsymbol{A}_{x,y,z}=C_{x,y,z}\mathrm{e}^{-k_1z}$$

利用式（2.3-65）求解电磁场的分量为

$$\left.\begin{aligned}&\boldsymbol{H}_x=C_yk_1\mathrm{e}^{-k_1z},\quad \boldsymbol{H}_y=-C_xk_1\mathrm{e}^{-k_1z},\quad \boldsymbol{H}_z=0\\&\boldsymbol{E}_x=i\omega\mu C_x\mathrm{e}^{-k_1z},\quad \boldsymbol{E}_y=i\omega\mu C_y\mathrm{e}^{-k_1z},\quad \boldsymbol{E}_z=0\end{aligned}\right\} \tag{2.3-71}$$

上式为复数式，且沿 Z 轴的正方向按指数规律衰减。现将传播系数 k_1 分成实、虚部。为此，令

$$k_1=b+ia \tag{2.3-72}$$

与式（2.3-56）中的波数等同起来，取平方后解得

$$\left.\begin{aligned}&b=\omega\sqrt{\varepsilon\mu}\sqrt{\frac{1}{2}(\sqrt{1+m^2}-1)}\\&a=-\omega\sqrt{\varepsilon\mu}\sqrt{\frac{1}{2}(\sqrt{1+m^2}+1)}\end{aligned}\right\} \tag{2.3-73}$$

式中 $m=\dfrac{\sigma}{\omega\varepsilon}$ 为介质的电磁系数。

将式（2.3-72）代入式（2.3-71），对 E_x 分量得

$$\begin{aligned}E_x=|E_x|\mathrm{e}^{-i\omega t}&=i\omega\mu C_x\mathrm{e}^{-(b+ia)z}\mathrm{e}^{-i\omega t}\\&=\omega\mu C_x\mathrm{e}^{-bz}\mathrm{e}^{-i(\omega t+az-\frac{\pi}{2})}\end{aligned}$$

其振幅和相位分别为

$$|E_x|=\omega\mu C_x\mathrm{e}^{-bz} \tag{2.3-74}$$

$$\varphi(t)=\omega t+az-\frac{\pi}{2} \tag{2.3-75}$$

由此称 b 为衰减系数，a 为相位系数。

对于其他分量也可做类似讨论。

式 (2.3－74) 表明，电场沿 Z 轴方向前进 $1/b$ 距离时，振幅衰减为 $1/e$ 倍。习惯上将距离 $\delta=1/b$ 称为电磁波的趋肤深度。当 $m\gg1$ 时，即忽略位移电流时，则由式 (2.3－73) 得

$$b=\sqrt{\omega\sigma\mu/2} \quad \text{或} \quad \delta=\sqrt{\frac{2}{\omega\sigma\mu}} \tag{2.3-76}$$

趋肤深度亦可写为

$$\delta=503\sqrt{\{\rho\}_{\Omega\cdot\mathrm{m}}/\{f\}_{\mathrm{Hz}}} \quad (\mathrm{m}) \tag{2.3-77}$$

电磁波的趋肤深度随电阻率的增高和频率的降低而增大。所以，为了进行深部地质调查应采用较低的工作频率。

正如我们看到的，岩石电阻率 ρ 越高，电磁场对大地的穿过深度越大。在绝缘体中 δ 趋于无穷大，也就是说，场可传播任意远，实际上不衰减。相反，在良导体中 δ 趋于零。例如，这种性质常常导致出现金属导体对电磁场(如无线电波)的屏蔽现象。

上述规律性在物理上可如下解释。当电磁场在导体中传播时，在其中产生感应电流，因而造成能量热消耗。显然，导体导电性越好，在介质中的自由电荷越多，能量消耗就越大。因此，场在导体中很快地消耗本身的能量而衰减。电磁场在导体中的上述衰减现象称为趋肤效应(来自英文词 skin—— 皮肤)。

从式 (2.3－76) 导出重要结果是：场的穿透深度也与场的振荡周期 T(或频率)有关，频率越低，场穿透深度越大。交变电磁场的上述性质，为地球物理工作者揭示了通过变化工作频率 ω 来控制场对大地的穿透深度的可能性，场的这个性质在频率电磁测深方法中得到重要应用(日丹诺夫，1990)。

定义2 电磁波相位波前移动的速度叫做电磁波传播的相速度。

定义3 一个周期内相位波前通过的距离叫做电磁波的波长。

由式 (2.3－75) 确定相速度和波长。令在 Δt 时间内平面波的相位波前发生 Δz 的位移，则

$$\varphi(t+\Delta t)=\omega(t+\Delta t)+a(z+\Delta z)-\frac{\pi}{2}$$

考虑到相位相同，故有等式

$$\omega t+az-\frac{\pi}{2}=\omega t+\omega\Delta t+az+a\Delta z-\frac{\pi}{2}$$

或

$$a\Delta z=-\omega\Delta t$$

即相速度为

$$v=\frac{\Delta z}{\Delta t}=-\frac{\omega}{a}$$

当忽略位移电流时，在无磁性介质中由式 (2.3－73) 得相速度为

$$v=\sqrt{10^7\{f\}_{\mathrm{Hz}}\{\rho\}_{\Omega\cdot\mathrm{m}}} \quad (\mathrm{m/s})$$

波长为

$$\lambda=vT=\frac{\omega}{af}=\frac{2\pi}{a}=\sqrt{10^7\{T\}_{\mathrm{s}}\{\rho\}_{\Omega\cdot\mathrm{m}}} \quad (\mathrm{m}) \tag{2.3-78}$$

由此可见，波数的实部 b[见式 (2.3－72)]是振幅的衰减系数，而虚部 a 表示被测信号和电流源之间的相位特性。

下面引入无量纲距离的概念。实际上，从式(2.3-71)中可看出乘积 $k_1 r$ 无量纲。在忽略位移电流的情况下

$$k_1=\sqrt{-i\omega\sigma_1\mu}=\sqrt{-i\omega\mu/\rho_1}$$

考虑到式(2.3-78)和式(2.3-76)，由上式还可得

$$k_1=\frac{2\pi}{\lambda}(1+i)=\frac{1}{\delta}(1+i)$$

或表示为另一无量纲参数的形式

$$p=|k_1 r|=2\pi\sqrt{2}\frac{r}{\lambda}$$

当 $p\ll 1$，称为"近区"；当 $p\gg 1$，称为"远区"。近区指的是收—发距很小或频率很低(或波长很长)的范围，而远区指的是收—发距很大或频率很高(或波长很短)的范围。

3. 波阻抗

波阻抗是介质对电磁波传播的一种物理特性，据此特性有可能确定介质的电阻率和磁导率。

为了消除式(2.3-71)中的未知系数 C_x 和 C_y，取如下比值

$$Z_{xy}=\frac{E_x}{H_y}=-i\frac{\omega\mu}{k_1},\quad Z_{yx}=\frac{E_y}{H_x}=i\frac{\omega\mu}{k_1} \tag{2.3-79}$$

可见，这个比值具有阻抗的量纲，它是平面电磁波在均匀导电介质中传播时遇到的复波阻抗。

在均匀介质中，阻抗 Z_{xy} 和 Z_{yx} 的振幅相同，相位相反。下面考察根据波阻抗振幅确定介质电阻率的可能性。为此，利用式(2.3-57)将式(2.3-79)写成

$$Z=\frac{-i\omega\mu}{\sqrt{\frac{-i\omega\mu}{\rho}}}=\sqrt{-i}\sqrt{\omega\mu\rho}=|Z|e^{-i\frac{\pi}{4}} \tag{2.3-80}$$

此式表明，在均匀介质中电场在相位上落后于磁场 $\pi/4$。如果介质为不均匀，则电场和磁场之间的相位差偏离45°，这就是在电磁法中利用相位特性的依据。

由式(2.3-80)可写出

$$|Z|=\sqrt{\omega\mu\rho}$$

或

$$\rho=\frac{1}{\omega\mu}|Z|^2 \tag{2.3-81}$$

这便是通过测量相互正交的电场和磁场分量确定介质电阻率的计算公式。如果介质为非均匀的，则计算的电阻率为视电阻率。

由式(2.3-81)可以看出，如果介质电阻率为已知，则可确定介质的磁导率。

$$\mu=\frac{1}{\omega\rho}|Z|^2 \tag{2.3-82}$$

(三)人工源激发的地下交变电磁场的基本特征

1. 交变电磁场的激发方式

交变电磁场的激发方式一般为接地式和感应式，见图2-3-7。

借助于交流电的发射装置，如振荡器、发电机等，在地中及空气中建立感应电磁场。第一种方式与直流电法一样，利用 A、B 供电电极将交流电源直接接到大地(图2-3-7(a))。由于供电导线和大地不仅具有电阻而且还具有电感，所以由 A、B 电极直接传入地中的一次电流场在相位上与电源相位发生位移。地中的分散电流及供电导线中的集中电流均在其周围产生交变一次磁场。后者在地中又感应产生二次电场，它是封闭的涡旋电场。如果地下介质不均匀，则在覆盖层、围岩及局部导体上均产生涡旋电场。但其电流密度大小取决于各地质体的电阻率，即由欧姆定律决定。由此可见，欧姆定律和法拉第电磁感应定律是电磁法的物理基础。除涡旋电

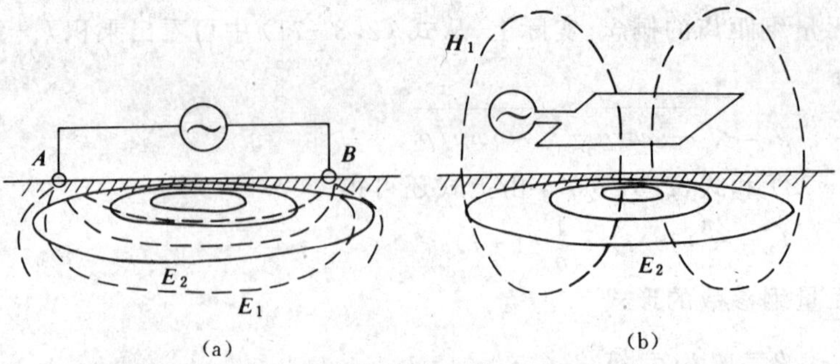

图 2-3-7　谐变场的激发方式

(a) 接地方式；(b) 感应方式；E_1、H_1为一次场；E_2为二次场

场外，被电流线穿过的电阻率分界面上产生积累电荷和具有不同磁导率分界面上产生的感应磁荷。这些也是电磁法的异常源。

传导类电场和感应类电场是叠加在一起的。如果观测是在 A、B 线附近(即近区)进行，则观测到两种场叠加的总合场。为了削弱传导类电场，可将 A、B 供电电极埋置在远离测区的地方，这时在测区范围内与感应场比较可忽略传导类电场。这种方法称之为无限长导线法，即研究纯感应场。如果观测点是在距 A、B 连线外的很远处，则 A、B 供电电极已成为电偶极子。

交变电磁场的第二种激发方式是在地表敷设通有交变电流的不接地回线或者多匝的小型发射线圈——磁偶极子(图 2-3-7 (b))。在回线或线圈周围产生交变磁场，由它激发在地中生成二次电磁场。感应激发方式多半用于接地条件较差的地方。这时可彻底摆脱接地的困难。电源的一次磁场和地中二次磁场叠加在一起形成总合磁场。在远离发射源的地方(远区)，磁场在地表具有不均匀平面波的特点，由地表垂直地向地下深处传播(见图 2-3-8)。图中的 A、B 供电电极可用发射线框代替。

2. 谐变场的结构特点

在频率域电磁法中常用的波场是谐变场。其中场强、电流密度以及其他量均按余弦或正弦规律变化，如

$$H=|H|\cos(\omega t-\varphi_H)$$

$$E=|E|\cos(\omega t-\varphi_E)$$

这里 φ_H和 φ_E为初始相位。

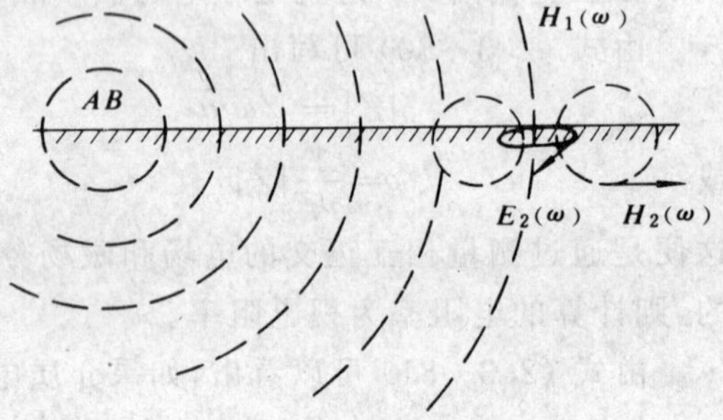

图 2-3-8　在远区形成不均匀平面波示意图

在频率域电磁法中，地中二次电、磁场的频率与激发它们的一次电、磁场的频率相同，且它们之间有相位移。相位移的出现与地下介质的电阻性和电感性有关。由于一次场和二次场在观测点上的空间取向不同，所以这两种场合成结果必然形成椭圆。总磁场(或总电场)矢量端点随时间变化的轨迹为椭圆的场叫做椭圆极化场。

设有水平方向的一次磁场 $\boldsymbol{H}_1=\boldsymbol{H}_{10}\cos\omega t$，二次磁场有相位移，则 $\boldsymbol{H}_2=\boldsymbol{H}_{20}\cos(\omega t+\varphi)$。总磁场的水平分量为

$$H_x=H_{10}\cos\omega t+H_{2x0}\cos(\omega t+\varphi)=H_{x0}\cos(\omega t+\varphi_x)$$

式中 H_{2x0}为二次磁场振幅在水平方向的分量。总磁场的垂直分量为

$$H_z=H_{2z0}\cos(\omega t+\varphi)=H_{z0}\cos(\omega t+\varphi_z)$$

由此可见，有相位差的两个矢量合成的总合场在直角坐标系中的各分量，不仅其振幅不

同，而且相位也不同。在一般情况下可写成

$$\left.\begin{aligned}H_x&=H_{x0}\cos(\omega t+\varphi_x)\\H_y&=H_{y0}\cos(\omega t+\varphi_y)\\H_z&=H_{z0}\cos(\omega t+\varphi_z)\end{aligned}\right\}\tag{2.3-83}$$

讨论 XOZ 平面内 H_x 和 H_z 场的极化情况。由于

$$\begin{aligned}\cos(\omega t+\varphi_z)&=\cos[(\omega t+\varphi_x)-(\varphi_x-\varphi_z)]\\&=\cos(\omega t+\varphi_x)\cos(\varphi_x-\varphi_z)+\sin(\omega t+\varphi_x)\sin(\omega t-\varphi_z)\\&=\frac{H_z}{H_{z0}}\end{aligned}$$

故利用式(2.3-83)，将上式整理成

$$\frac{H_x}{H_{x0}}\cos(\varphi_x-\varphi_z)+\sqrt{1-\left(\frac{H_x}{H_{x0}}\right)^2}\sin(\varphi_x-\varphi_z)=\frac{H_z}{H_{z0}}$$

两端平方后经过整理得

$$\frac{H_x^2}{H_{x0}^2}+\frac{H_z^2}{H_{z0}^2}-2\frac{H_x}{H_{x0}}\frac{H_z}{H_{z0}}\cos(\varphi_x-\varphi_z)=\sin^2(\varphi_x-\varphi_z)$$

此式乃为以 H_x 和 H_z 为变量的椭圆方程。当 $\varphi_x=\varphi_z$ 时，即在 XOZ 平面内无相位差时，上式变为

$$\frac{H_x}{H_{x0}}=\frac{H_z}{H_{z0}}$$

这意味着椭圆蜕化为直线，即为线性极化场，但在其他两个平面内仍可能呈椭圆极化。如果 $\varphi_x-\varphi_z=\pi/2$ 及 $H_{x0}=H_{z0}$，则场在 XOZ 平面内便呈圆极化。

设极化椭圆长轴与 X 轴的夹角为 θ，由解析几何中的转轴公式可导出 θ 与长半轴 a、短半轴 b 的表达式

$$\theta=\frac{1}{2}\mathrm{tg}^{-1}\left[\frac{2H_{x0}-H_{z0}}{H_{x0}^2-H_{z0}^2}\cos(\varphi_x-\varphi_z)\right]$$

$$a^2=\frac{1}{2}\left[H_{x0}^2+H_{z0}^2+\sqrt{(H_{x0}^2+H_{z0}^2)^2-4H_{x0}^2H_{z0}^2\sin^2(\varphi_x-\varphi_z)}\right]$$

$$b^2=\frac{1}{2}\left[H_{x0}^2+H_{z0}^2-\sqrt{(H_{x0}^2+H_{z0}^2)^2-4H_{x0}^2H_{z0}^2\sin^2(\varphi_x-\varphi_z)}\right]$$

地中电磁场的椭圆极化现象是电磁感应场的重要结构特征。它可反映地下不同地质体的存在，因此可用于电磁法的反演问题中。

一般情况下，$H_2\ll H_1$，利用这一条件由上式经推导得如下的近似关系式(傅良魁，1983)

$$\frac{b}{a}\approx\frac{I_mH_{2z}}{H_1}\quad 及\quad \theta\approx\mathrm{tg}^{-1}\frac{R_eH_{2z}}{H_1}$$

由此可见，椭圆极化率 b/a 及椭圆倾角 θ 的正切分别与二次场虚分量和实分量对 H_1 之比有对应关系。

3. 瞬变场的结构特点(傅良魁，1991)

瞬变场是指那些在阶跃变化电流源作用下，地中产生的过渡过程的感应电磁场。因为这一过渡过程的场具有瞬时变化的特点，故取名为瞬变场。与谐变场情况一样，其激发方式也有接地式和感应式两种。在阶跃电流(通电或断电)的强大变化磁场作用下，良导介质内产生涡旋的交变电磁场，其结构和频谱在时间与空间上均连续地发生变化。

在过渡过程的早期，频谱中高频成分占优势，因此涡旋电流主要分布在地表附近，且阻碍

电磁场的深入传播。在这一时间内，电磁场主要反映浅层地质信息。随着时间的推移，介质中场的高频部分衰减(热损耗)，而低频部分的作用相对明显起来，增加了穿透深度。在往下传播过程中遇到良导地层时，其中产生较强的涡旋电流，且其持续时间也较长。

在过渡过程的晚期，局部的涡流实际上衰减殆尽，而各层产生的涡流磁场之间的连续相互作用使场平均化。这时瞬变电磁场的大小主要依赖于地电断面总的纵向电导。

瞬变电磁场状态的基本参数是时间。这一时间依赖于岩石的导电性和收—发距。在近区的高阻岩石中，瞬变场的建立和消失很快(几十到几百毫秒)；而在良导地层中，这一过程变得缓慢。在远区这一过程可持续到几秒到几十秒，而在较厚的导电地质体中可延续到一分钟或更长。

由此可见，研究瞬变电磁场随时间的变化规律，可探测具有不同导电性的地层分布(各层的纵向电导或地层总的纵向电导)。也可以发现地下赋存的较大的良导矿体。

4. 瞬变场与谐变场比较

瞬变电磁场的激发是通过两种途径传播到观测点的。第一种激发方式是电磁能量直接经过空气瞬时传播到观测点处。地表的每个波前点成为场源(根据惠更斯原理)，于离发射装置足够远处，在地表面上形成垂直向下传播的不均匀平面波。激发的第二种方式是，由发射装置直接将电磁能量传入地中。这时，由于大地的趋肤效应不可能立即在深部激发出瞬变场，而是在一段时间后才能形成。由此可见，在过程早期上述两种激发方式在时间上是分开的。随着时间的推移，这两种场叠加在一起，即形成瞬变场的极大。在晚期第一类场实际上衰减殆尽，而在地中形成第二种场的优势。

瞬变场与谐变场在结构上差别很大。谐变场的结构是由一种频率的涡旋电流磁场之相互作用来决定，而瞬变场的结构是从过程的一开始就由多种频率的涡旋电流磁场的相互作用决定，电磁场各分量，如 $E_x(t)$、$B_z(t)$ 和 $\partial B_z(t)/\partial t$ 的瞬时值依赖于所有谐波频率的总和，其中包括超高频和超低频。在数学上借助于傅里叶变换式描述这一过程，即

$$F(t)=\frac{1}{2\pi}\int_{-\infty}^{\infty}F(\omega)\frac{e^{-i\omega t}}{-i\omega}d\omega \qquad (2.3-84)$$

式中函数 F 可代表 E、B、$\partial B/\partial t$ 及 ρ_s，而 $F(\omega)/-i\omega$ 代表阶跃电流电磁场的频谱密度。由此可见，如果在很宽频带内已知频率域电磁响应，则可利用上述傅里叶反变换确定瞬变电磁场响应。这一道理的物理基础是，它们都研究基于电磁感应定律的涡旋电磁场，具有相同的物理原理。

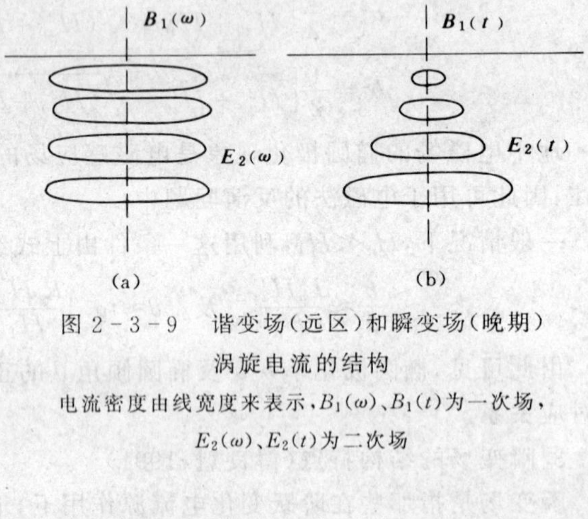

图 2-3-9　谐变场(远区)和瞬变场(晚期)涡旋电流的结构

电流密度由线宽度来表示，$B_1(\omega)$、$B_1(t)$ 为一次场，$E_2(\omega)$、$E_2(t)$ 为二次场

在图 2-3-9 上形象地给出了谐变场和瞬变场的涡旋电流场的结构。由于瞬变电磁场服从热传导方程的规律，故随时间的增加该场向深处传播过程中逐渐向外扩散，即可借用"烟圈"效应这一名词来描述。

§2.4　弹性波场的基本特征

弹性波场就是在弹性介质中传播的波。弹性介质在外力或扰动的作用下会发生体积和形

状的变化(称为形变),产生所谓应变。应变可分为纵向(或胀缩)应变和横向(或剪切)应变。这些应变用弹性常数来表示。当一扰动作用于均匀各向同性完全弹性介质时,在弹性介质内有胀缩应变的纵向位移形式向前传播的纵波存在,同时也有以剪切模向位移形式向前传播的横波存在。纵波传播速度比横波传播速度快,在地震时纵波比横波先到。

地震波的实质就是地下岩石中传播的弹性波。在地震波传播范围内绝大部分岩石都可以近似地看成理想弹性体或完全弹性体。因此弹性力学的许多理论和概念可以引入地震勘查中来。在这里我们重复了一些弹性力学的概念,是为了将它们引伸到地震勘查范围中来,着眼点是从地震勘查的角度描述这些基本概念。

一、应力和应变

(一) 应力

当弹性体在外力作用下发生形变时,总有一种阻止弹性体形变,欲恢复弹性体原状的内力,这种内力称为内应力,简称应力。应力可定义为单位面积上的内力。注意,应力的量纲不是力的量纲而是单位面积上力的量纲,因此有的书将应力称为"胁强"。

根据力的分解定理,可将弹性体内任意方向的应力分解为垂直于单位面积的法向应力和相切于单位面积的剪切应力。

描述弹性体内某一点 M 的应力,在直角坐标系中常取一小平行六面体,六面体的每个面都垂直坐标轴(图 2-4-1)。考虑这些面上的应力,可得九个应力分量,即法向应力 σ_{xx},σ_{yy},σ_{zz};剪切应力 σ_{xy},σ_{yz},σ_{zx},σ_{zy},σ_{yz},σ_{xz}。

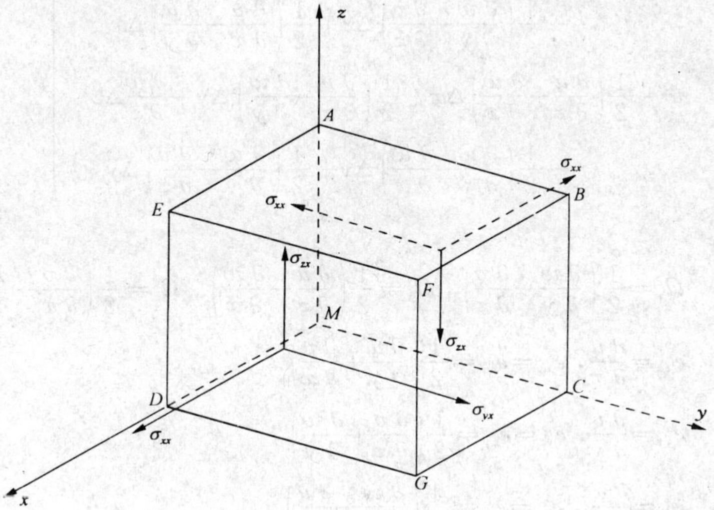

图 2-4-1　应力分量图示

σ_{ij}下标的第一个脚码 i 表示应力的作用方向,第二个脚码 j 表示应力作用在垂直 j 轴的平面上。弹性体处于静平衡时这些应力互相抵消。我们已知,由于 $\sigma_{ij}=\sigma_{ji}$,9个应力分量只有6个是独立的。

(二) 应变

当弹性体受到应力作用,产生体积和形状的变化,这种变化称为应变。弹性体在外力作用下可产生上述两种应变的综合,正如前述,这两种基本类型的应变正好对应着地震勘查中的纵波和横波。

在连续弹性介质中，在力的作用下发生形状变化时，我们说介质受到了形变。于是，在物质内部，在一直角坐标系中，任一点 $P(x,y,z)$ 的位置移动到邻近位置 $Q(x+\Delta x,y+\Delta y,z+\Delta z)$点，产生一个位移矢量 $\boldsymbol{U}$(图 2-4-2)，其沿三个坐标轴的分量分别用 u,v,w 来表示。P 点附近的位移分量可由泰勒展开式给出。

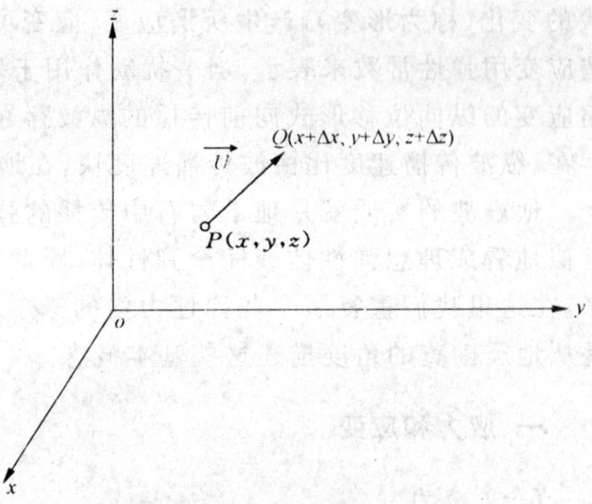

图 2-4-2　位移示意图

$$\left.\begin{aligned}&u+\frac{\partial u}{\partial x}\Delta x+\frac{\partial u}{\partial y}\Delta y+\frac{\partial u}{\partial z}\Delta z+\cdots\\&v+\frac{\partial v}{\partial x}\Delta x+\frac{\partial v}{\partial y}\Delta y+\frac{\partial v}{\partial z}\Delta z+\cdots\\&w+\frac{\partial w}{\partial x}\Delta x+\frac{\partial w}{\partial y}\Delta y+\frac{\partial w}{\partial z}\Delta z+\cdots\end{aligned}\right\}\quad(2.4-1)$$

在弹性波中主要讨论小形变，因此高次项可忽略不计。对上式稍加变化，可得

$$\left.\begin{aligned}&u+\frac{\partial u}{\partial x}\Delta x+\frac{1}{2}\left(\frac{\partial v}{\partial x}+\frac{\partial u}{\partial y}\right)\Delta y+\frac{1}{2}\left(\frac{\partial u}{\partial z}+\frac{\partial w}{\partial x}\right)\Delta z\\&\qquad-\frac{1}{2}\left(\frac{\partial v}{\partial x}-\frac{\partial u}{\partial y}\right)\Delta y+\frac{1}{2}\left(\frac{\partial u}{\partial z}-\frac{\partial w}{\partial x}\right)\Delta z\\&v+\frac{1}{2}\left(\frac{\partial v}{\partial x}+\frac{\partial u}{\partial y}\right)\Delta x+\frac{\partial v}{\partial y}\Delta y+\frac{1}{2}\left(\frac{\partial v}{\partial z}+\frac{\partial w}{\partial y}\right)\Delta z\\&\qquad-\frac{1}{2}\left(\frac{\partial w}{\partial y}-\frac{\partial v}{\partial z}\right)\Delta z+\frac{1}{2}\left(\frac{\partial v}{\partial x}-\frac{\partial u}{\partial y}\right)\Delta x\\&w+\frac{1}{2}\left(\frac{\partial u}{\partial z}+\frac{\partial w}{\partial x}\right)\Delta x+\frac{1}{2}\left(\frac{\partial v}{\partial z}+\frac{\partial w}{\partial y}\right)\Delta y+\frac{\partial w}{\partial z}\Delta z\\&\qquad-\frac{1}{2}\left(\frac{\partial u}{\partial z}-\frac{\partial w}{\partial x}\right)\Delta y+\frac{1}{2}\left(\frac{\partial w}{\partial y}-\frac{\partial v}{\partial z}\right)\Delta y\end{aligned}\right\}\quad(2.4-2)$$

引入下列符号：

$$\left.\begin{aligned}&\Omega_x=\frac{1}{2}\left(\frac{\partial w}{\partial y}-\frac{\partial v}{\partial z}\right),\ \Omega_y=\frac{1}{2}\left(\frac{\partial u}{\partial z}-\frac{\partial w}{\partial x}\right),\ \Omega_z=\frac{1}{2}\left(\frac{\partial v}{\partial x}-\frac{\partial u}{\partial z}\right),\\&e_{xx}=\frac{\partial u}{\partial x},\ e_{xy}=e_{yx}=\frac{1}{2}\left(\frac{\partial u}{\partial y}+\frac{\partial v}{\partial x}\right),\\&e_{yy}=\frac{\partial v}{\partial y},\ e_{yz}=e_{zy}=\frac{1}{2}\left(\frac{\partial v}{\partial z}+\frac{\partial w}{\partial y}\right),\\&e_{zz}=\frac{\partial w}{\partial z},\ e_{zx}=e_{xz}=\frac{1}{2}\left(\frac{\partial w}{\partial x}+\frac{\partial u}{\partial z}\right),\end{aligned}\right\}\quad(2.4-3)$$

由这些表达式可以把位移分量式 (2.4-2) 表示成下列形式：

$$\left.\begin{aligned}&u+(\Omega_y\Delta z-\Omega_z\Delta y)+(e_{xx}\Delta x+e_{yz}\Delta y+e_{xz}\Delta z)\\&v+(\Omega_z\Delta x-\Omega_x\Delta z)+(e_{yx}\Delta x+e_{yy}\Delta y+e_{yz}\Delta z)\\&w+(\Omega_x\Delta y-\Omega_y\Delta x)+(e_{zx}\Delta x+e_{zy}\Delta y+e_{zz}\Delta z)\end{aligned}\right\}\quad(2.4-4)$$

由此可见，这些表达式的第一项为 P 点的位移分量，第一个括号中的各项相当于一个体积元的纯转动，第二个括号中的各项与此体积元的应变有联系。

应变分量 e_{xx},e_{yy},e_{zz} 表示平行于 x,y,z 轴的简单伸长，称为线应变。其余三个分量 e_{xy},e_{yz}，

e_{zx}为形变的切变分量，可以证明它们分别等于原始直角体积元在 x_0y, y_0z, z_0x 平面内的角度变化。

体积元受力后的体积相对变化，可以用体变系数 θ 来描述，按体积相对变化的定义可得

$$\theta=\frac{\mathrm{d}v'-\mathrm{d}v}{\mathrm{d}v}=\frac{\Delta x\cdot\Delta y\cdot\Delta z\left(1+\frac{\partial u}{\partial x}+\frac{\partial v}{\partial y}+\frac{\partial w}{\partial z}\right)-\Delta x\cdot\Delta y\cdot\Delta z}{\Delta x\cdot\Delta y\cdot\Delta z}$$

$$=\frac{\partial u}{\partial x}+\frac{\partial v}{\partial y}+\frac{\partial w}{\partial z}=e_{xx}+e_{yy}+e_{zz} \tag{2.4-5}$$

据数学场论可知，上述体变系数的表达式恰好是位移向量 $\boldsymbol{U}$ 的散度，所以式（2.4－5）亦可写成

$$\theta=\frac{\partial u}{\partial x}+\frac{\partial v}{\partial y}+\frac{\partial w}{\partial z}=\mathrm{div}U \tag{2.4-6}$$

这就告诉我们一个向量场的散度在弹性波传播理论中的物理意义——体现为弹性介质体积的相对变化（膨胀或压缩）。

二、应力与应变的关系

对大多数固体而言，在弹性极限范围以内，测得的应变与外作用力成比例。这个规律由广义虎克定律描述。若固体中6个应力分量中的每一个都是6个应变分量的线性函数，在一般情况下，应力与应变关系中将出现6×6＝36个弹性系数。但在各向同性的理想弹性体中，由于各向同性所具有的对称性，弹性常数减少为两个，应力与应变的关系可写成下列虎克定律形式：

$$\left.\begin{aligned}\sigma_{xx}&=\lambda\theta+2\mu e_{xx}, & \sigma_{xy}&=\mu e_{xy}\\ \sigma_{yy}&=\lambda\theta+2\mu e_{yy}, & \sigma_{yz}&=\mu e_{yz}\\ \sigma_{zz}&=\lambda\theta+2\mu e_{zz}, & \sigma_{zx}&=\mu e_{zx}\end{aligned}\right\} \tag{2.4-6}$$

式中弹性系数 λ 和 μ 就是著名的拉梅常数。由上式还可看出

$$e_{ij}=\frac{\sigma_{ij}}{\mu} \qquad i,j=x,y,z \quad i\neq j$$

当 μ 值较大时，e_{ij}就变小，这说明 μ 的物理意义是阻止剪切应变(e_{ij})的，因此常称为剪切模量。

除 λ 和 μ 外，还常用一些其他弹性常数来描述应力与应变的关系，最常用的有杨氏模量 E，泊松比 σ，体积压缩模量 K。它们的定义分别是：杨氏模量 E 表示圆或多角形柱体，在其一端受力，侧面为自由面时，所加应力与伸长之比，即

$$E=\frac{\sigma_{xx}}{e_{xx}} \tag{2.4-7}$$

泊松比 σ 则为上述试验中，横向缩短与纵向伸长之比，即

$$\sigma=\frac{-e_{yy}}{e_{xx}} \tag{2.4-8}$$

体积压缩模量 K 表示当固体受均匀流体静压力时，所加压力与体积变化之比

$$K=\frac{-P}{\theta} \tag{2.4-9}$$

考虑到上述试验只有 σ_{xx}应力，其余5个应力分量为零。由方程式（2.4－6）和 E、σ 和 K 的定义可得出弹性常数之间的关系

$$E=\frac{\mu(3\lambda+2\mu)}{\lambda+\mu} \tag{2.4-10}$$

$$\sigma=\frac{\lambda}{2(\lambda+\mu)} \tag{2.4-11}$$

$$K=\frac{3\lambda+2\mu}{3} \tag{2.4-12}$$

上述弹性常数都是正数，泊松比是小于1的数，在0～0.5之间。松软和不胶结物质泊松比可达0.45，坚硬岩石泊松比值很低。液体没有剪切应变，其 $\mu=0,\sigma=0.5$。

三、运动方程

波动是弹性体内相邻质点间应力的变化，从而引起质点间应变的传递。研究波动应该考虑应力不平衡的状态。仍以小六面体为例。若让作用在每个面上的力由作用在这个面中心的应力乘上它的面积来表示，在应力不平衡的情况下，从一个面到另一个面应力分量是要发生变化的。此外小六面体还受体力 F 作用。体力 F 的三个分量分别用 X,Y,Z 表示。根据牛顿第二定律，我们可得出沿 x,y,z 方向的运动方程

$$\left.\begin{aligned}\rho\frac{\partial^2 u}{\partial t^2}&=\frac{\partial\sigma_{xx}}{\partial x}+\frac{\partial\sigma_{xy}}{\partial y}+\frac{\partial\sigma_{xz}}{\partial z}+\rho X\\ \rho\frac{\partial^2 v}{\partial t^2}&=\frac{\partial\sigma_{xy}}{\partial x}+\frac{\partial\sigma_{yy}}{\partial y}+\frac{\partial\sigma_{zy}}{\partial z}+\rho Y\\ \rho\frac{\partial^2 w}{\partial t^2}&=\frac{\partial\sigma_{xz}}{\partial x}+\frac{\partial\sigma_{yz}}{\partial y}+\frac{\partial\sigma_{zz}}{\partial z}+\rho Z\end{aligned}\right\} \tag{2.4-13}$$

将应力分量表达式（2.4-6）代入便可得到在均匀各向同性完全弹性介质中用位移表达的运动方程（亦称拉梅方程）

$$\left.\begin{aligned}\rho\frac{\partial^2 u}{\partial t^2}&=(\lambda+\mu)\frac{\partial\theta}{\partial x}+\mu\nabla^2 u+\rho X\\ \rho\frac{\partial^2 v}{\partial t^2}&=(\lambda+\mu)\frac{\partial\theta}{\partial y}+\mu\nabla^2 v+\rho Y\\ \rho\frac{\partial^2 w}{\partial t^2}&=(\lambda+\mu)\frac{\partial\theta}{\partial z}+\mu\nabla^2 w+\rho Z\end{aligned}\right\} \tag{2.4-14}$$

式中 ∇^2 为拉普拉斯算符。

若将式（2.4-14）用向量形式表示，则可得

$$\rho\frac{\partial^2\boldsymbol{u}}{\partial t^2}(\lambda+\mu)\mathrm{grad}\theta+\mu\nabla^2\boldsymbol{u}+\rho\boldsymbol{F} \tag{2.4-15}$$

对上式分别取散度和旋度，可得

$$\frac{\partial^2\theta}{\partial t^2}\left(\frac{\lambda+2\mu}{\rho}\right)\nabla^2\theta=\mathrm{div}\boldsymbol{F} \tag{2.4-16}$$

$$\frac{\partial^2\omega}{\partial t^2}-\frac{\mu}{\rho}\nabla^2\omega=\mathrm{rot}\boldsymbol{F} \tag{2.4-17}$$

式中 $\omega=\mathrm{rot}\boldsymbol{u}$。

式（2.4-16）和式（2.4-17）说明，在两种不同外力作用下，在弹性介质中产生两种不同的扰动。式（2.4-16）表明在胀缩力 $\mathrm{div}F$ 作用下，介质产生由体变系数 θ 决定的胀缩扰动。式（2.4-17）表明在旋转力 $\mathrm{rot}F$ 作用下，介质将产生由 ω 决定的形变扰动。这两种扰动在介质中独立存在。

若用标量位的梯度和矢量位的旋度来表示位移矢量和力矢量，并引入速度，则可得最常见的用位函数表示的纵波和横波的波动方程

$$\frac{\partial^2\varphi}{\partial t^2}-v_p^2\nabla^2\varphi=\Phi$$

$$\frac{\partial^2 \psi}{\partial t^2} - v_s^2 \nabla^2 \psi = \Psi$$

波动方程描述了波的传播特征，要了解地震波的传播具体特征，要解波动方程。有关地震波在无限介质、层状介质中传播的特点，将在地震波动力学中进一步介绍。

§2.5 放射性场的基本特征

一、三种放射性射线

放射性元素在衰变过程中主要放出α、β、γ三种射线，另外还有中子、X等射线。下面主要介绍α、β、γ三种射线的性质。

α射线是α衰变放出的，它是带正电的，初速度约为2×10^6km/s的α粒子流，即氦原子核(^4_2He)流。α粒子虽具有4～10MeV的能量，但在物质中的穿透能力很小，例如在空气中的射程仅为2.6～11.5cm，在岩石中仅为10^{-3}cm。

β射线是β衰变放出的，初速度达到2×10^6km/s以上的电子流。每个β粒子带一个负电荷，能量为0.1～2MeV之间，它的穿透能力比α射线大，在空气中的射程为几十厘米，在岩石中仅为几毫米。

γ射线通常是在α衰变和β衰变的过程中伴随放出的。原子核在抛出α、β粒子时，处于激发态，激发态的核通常在10^{-11}s内就要过渡到基态，同时放出γ射线。γ射线不带电，它是频率很高的电磁波(也可称为光子流)，它的波长为3×10^{-11}～3×10^{-9}cm，波速近似于光速，能量为0.05～5MeV。γ射线的穿透能力很强，在空气中，射程可达几百厘米，在固体物质和岩石中为几厘米至几十厘米，并可穿过25cm厚的铁板。

二、γ射线与物质的作用

γ射线的能量为0.05～5MeV，γ射线与物质作用产生的效应，依γ量子的能量不同而不同。γ量子处在低能时与物质的作用，以光电效应为主；γ量子为中等能量时与物质的作用，以产生康普顿-吴有训散射为主；γ量子为高能量时与物质的作用，以产生形成电子对效应为主。以下分别介绍这三种效应。

1. 光电效应

低能量的γ量子(能量小于0.5MeV)与原子核发生作用时，将能量几乎全部交给一个壳层电子，使电子脱离电子轨道成为自由电子，称为光电子，而γ量子本身被吸收，这种作用称为光电效应或称光电吸收(如图2-5-1)。

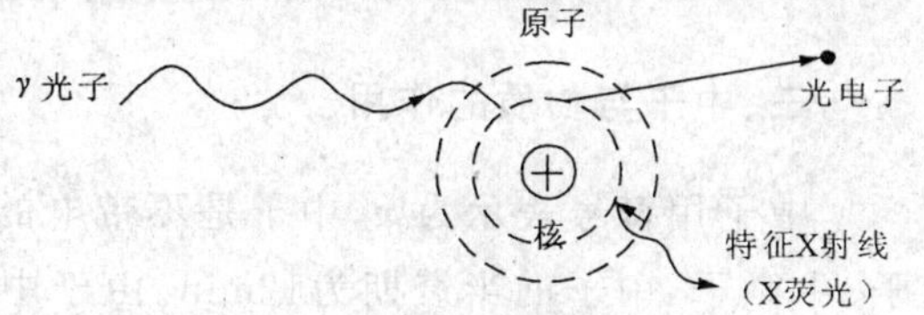

图2-5-1　光电效应示意图

光电效应在靠近核的内层产生光电子的几率最大。伽马量子与物质作用时产生光电效应的几率称为光电吸收系数，用τ表示

$$\tau = KZ^{4.5} \tag{2.5-1}$$

式中K为入射γ量子能量有关的系数，K近似与γ量子能量的三次方成反比；Z为原子序数。

2. 康普顿-吴有训散射

当γ射线能量为0.5～1.02MeV与物质作用时产生康普顿-吴有训散射。此时，入射γ量

子与原子核中的一个电子发生弹性碰撞，γ 量子将部分能量传给电子，电子获得能量脱离电子轨道，成为反冲电子，反冲电子与 γ 量子入射方向成 φ 角，而 γ 量子本身成为散射 γ 量子，散射 γ 量子与原来运动方向成 θ 角（如图 2－5－2）。

根据弹性碰撞的理论可以证明：$\theta=0°$时，γ 量子与物质没有发生作用，即 γ 量子无能量损失，反冲电子没有获得能量；$\theta=180°$时，γ 量子能量损失最大，反冲电子获得能量最大；$\theta=0°\sim180°$时，θ 角越大，γ 量子能量损失越大，反冲电子获得能量越大。

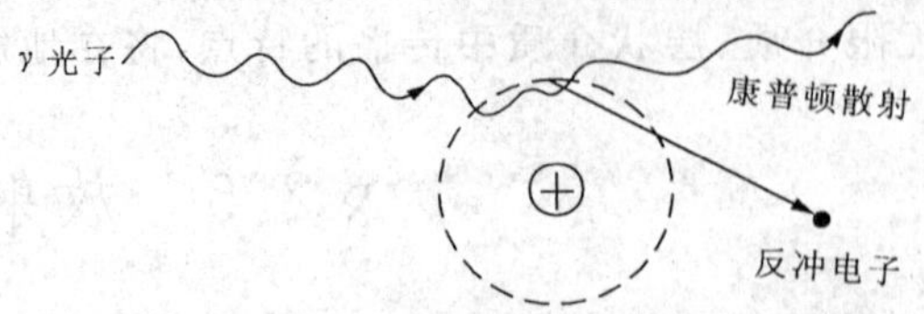

图 2－5－2　康普顿-吴有训散射示意图

γ 量子与物质作用时产生康普顿-吴有训散射的几率称为康普顿-吴有训散射的吸收系数，用 σ 表示

$$\sigma=\sigma_e\rho_e \tag{2.5-2}$$

式中 σ_e 为每个 γ 量子与物质产生康普顿-吴有训散射的几率；ρ_e 为单位体积中电子数，称为电子密度：

$$\rho_e=\frac{N_A Z\rho}{A} \tag{2.5-3}$$

式中 ρ 为体积密度；Z 为原子序数；A 为质量数；N_A 为阿佛加德罗常数。

3. 形成电子对

当入射 γ 量子的能量大于1.02MeV 与物质作用时产生形成电子对效应。此时，γ 量子与原子核（主要是重元素的原子核）的力场相互作用，作用的结果是，γ 量子的能量转化为产生正、负电子对，每个电子的能量为0.51MeV（如图 2－5－3）。

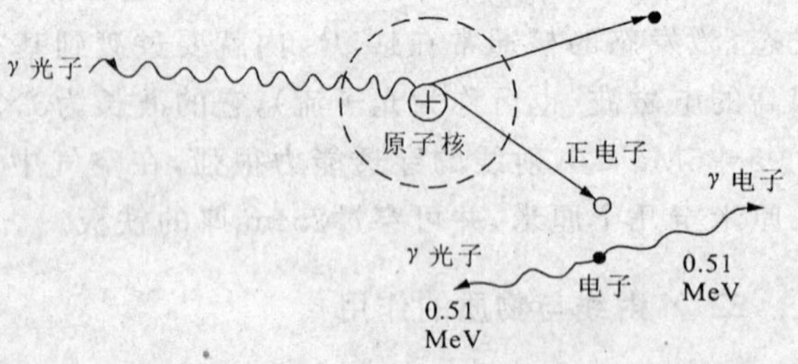

图 2－5－3　形成电子对效应示意图

γ 量子与物质作用形成电子对的几率称为形成电子对的吸收系数，用 K 表示：

$$K=C_1Z^2(E_\gamma-1.02) \tag{2.5-4}$$

式中 Z 为原子序数；E_γ 为入射 γ 量子的能量；C_1为一比例系数。

三、中子与物质的作用

中子用符号表示为^1_0n，中子是不带电的。中子很不稳定，单独存在时，很快衰变为质子、电子、中微子，中子的半衰期为12min。由于中子不带电，因而穿透力很强。根据中子所带能量的不同，可以分为快中子、中能中子和慢中子，慢中子又可分为超热中子和热中子。快中子的能量大于0.1MeV，速度约为3×10^9cm/s；中能中子的能量为0.1MeV～100eV；慢中子能量小于100eV，其中超热中子的能量为0.1～100eV，热中子的能量为0.025eV，热中子的平均运动速度为2.2×10^5cm/s。

中子的能量不同，与物质发生的作用不同。其作用形式有非弹性散射、弹性散射、中子俘获等，以下分别介绍。

1. 非弹性散射

高能快中子与原子核碰撞称为非弹性碰撞或称非弹性散射。速度快、能量高的快中子与原子核发生非弹性散射时，一方面中子能量损失，速度减慢，变为中等能量的快中子；另一方面，原子核获得能量，使原子核处在激发态，原子核从激发态回到基态放出γ射线，该γ射线称为非弹性散射γ射线。

高能快中子与原子核发生非弹性散射的几率称为非弹性散射截面σ。σ的大小取决于快中子的能量和原子核的种类。σ的不同会使散射γ射线的强度不同。

2. 弹性散射

中等能量的快中子与原子核发生作用称为弹性碰撞或称弹性散射。中等能量快中子与原子核发生碰撞时，一方面经多次碰撞后，中子能量损失，变为慢中子，即先变为超热中子，后变为热中子；另一方面原子核在碰撞过程中获得能量，此部分能量只能使原子核做热运动。

一个中子与原子核发生弹性碰撞的几率称为微观散射截面，用σ_s表示；单位体积中全部的原子核的微观散射截面之和称为宏观散射截面，用Σ_s表示。σ_s与Σ_s的关系为

$$\Sigma_s = N\sigma_s \tag{2.5-5}$$

式中N为单位体积中的原子核数。常见元素的散射截面如表2-5-1。

表2-5-1　常见元素的散射截面和俘获截面

元　素	俘获截面 ($10^{-28}m^2$)	散射截面 ($10^{-28}m^2$)	元　素	俘获截面 ($10^{-28}m^2$)	散射截面 ($10^{-28}m^2$)
H	0.32	20～80	P	0.3	10.6
He	0.008	1.55	S	0.47	1.1
Be	0.009	6.9	Cl	33	10
B	718	3.8	Ca	0.42	4.0
C	0.004 5	4.8	Fe	2.5	11.0
N	1.5	11.2	Ni	4.5	17.5
O	<0.000 9	4.2	Zr	0.4	8.0
Na	0.46	4.0	Cd	3 500	6.5
Al	0.22	1.35	In	191	2.2
Si	0.16	1.7	Pb	0.2	8.3

值得注意的是中子与原子核发生弹性碰撞前后的能量变化。设中子的质量为m，碰撞前、后中子的速度分别为v_1和v_2；原子核的质量为M，碰撞前后的速度分别为0和v；中子与原子核碰撞后，中子以φ角射出，原子核以θ角射出。则碰撞前后的能量根据弹性碰撞的理论可推导如下公式：

$$E_2 = E_1 \frac{1}{(1+\frac{M}{m})^2}\left[\cos\varphi + \sqrt{(\frac{M}{m})^2 - \sin^2\varphi}\right]^2 \tag{2.5-6}$$

式中$E_1 = \frac{1}{2}mv_1^2$、$E_2 = \frac{1}{2}mv_2^2$分别为中子碰撞前、后的能量。由上式可以看出：当$\varphi = 0°$时，$E_2 = E_1$，即没有发生碰撞，中子无能量损失；$\varphi = 180°$时，$E_2 = E_1\left(\frac{A-1}{A+1}\right)^2$，$A = \frac{M}{m}$，能量损失最大；当$\varphi = 0° \sim 180°$时，$\varphi$角越大，中子能量损失越大。尤其是当$A = \frac{M}{m} = 1$，$\varphi = 180°$时使$E_2 = 0$，这说明经弹性碰撞后，中子的能量全部损失，这种情况仅在原子核为H(氢)时，因为$m_{中子} \approx M_{原子核}$，由此可见，氢原子对中子的减速能力最大，即H是对中子减速的一种减速剂。

3. 热中子俘获

热中子速度慢、能量低，只能做热运动，即热中子从密度大的地方向密度小的地方扩散，扩散时容易被原子核俘获。原子核俘获热中子获得能量，使原子核处在激发态，从激发态回到基态放出 γ 射线，称为俘获 γ 射线。

一个原子核俘获热中子的几率称为微观俘获截面，用 σ_a 表示；单位体积中微观俘获截面之和称为宏观俘获截面，用 Σ_a 表示；它们之间的关系为

$$\Sigma_a = N\sigma_a \tag{2.5-7}$$

式中 N 为单位体积中的原子核数。常见元素的俘获截面见表 2-5-1。

另外，从热中子产生到热中子被俘获所需要的时间称为热中子寿命，用 τ 表示：

$$\tau = \frac{1}{v\Sigma_a} = \frac{4.55}{\Sigma_a} \quad (\mu s) \tag{2.5-8}$$

式中 v 为热中子的平均速度。

综上所述：

高能快中子 {
原子核获得能量，从激发态回到基态放出非弹性散射 γ 射线
热中子→超热中子→热中子→热中子俘获→放出俘获 γ 射线
（热中子→超热中子→热中子：减速过程（与H有关）；热中子→热中子俘获：扩散过程（与Cl有关））

§2.6 地球温度场的基本特征

一、大地热流密度

大地热流密度（简称热流）是表征地球热场的一个重要物理量，一般用它来表示地球内部热能向地球表面散失的状况。所谓大地热流密度，系指单位时间内地球表面单位面积以热传导方式由地球内部传输至地表，然后散发于太空中去的热量。它在数值上等于地温梯度与岩石热导率之积，即：

$$q = -k\frac{d\theta}{dz} \tag{2.6-1}$$

式中 q 为热流密度（mW/m^2）①；k 为岩石热导率（$W/(m\cdot K)$）；θ 为温度（K）；z 为深度（m）。

当地层含有放射性元素及其单位体积的热产率为 A 时，大地热流密度 q 为

$$q = q_m + DA$$

式中 q_m 为不含放射性元素时来自地下深处的热流；D 为比例系数，与含放射性元素的地层有关。除了火山活动与地热异常区外，地球上大多数地区的热流平均值为61.5±0.4mW/m^2，陆地与海洋之间没有明显的差异。与此相反，不同构造单元其热流值（表 2-6-1）是不同的，热流值还明显取决于造山运动的时代。岩石圈比较薄的地区热流值比较高，有的可达83.7～125.6mW/m^2。此外含放射性元素较多的花岗岩地区或近期火山活动区，热流值可高出几十至几百倍。

① 在采用 CGS 单位制的文献中，1μcal/($cm^2\cdot s$)，被定义为一个热流单位（HFU，即 Heat Flow Unit）。在国际单位制（SI）中，热流密度应以 mW/m^2为单位来表示。其换算关系为1HFU＝41.868mW/m^2。为了便于与其他文献相对比，本章用41.868mW/m^2做为热流单位，相应的热导率单位用0.418 68W/(m·K)来表示。

表 2-6-1　不同构造单元的热流值

构造区	$q(\times 41.87(mW/m^2))$	方差
寒武纪地区	0.98	0.24
前寒武纪地区	1.49	0.41
古生代造山带	1.43	0.40
中一新生代造山带	1.76	0.58
洋底基岩	1.27	0.53
大洋中脊	1.90	0.48
海沟	1.16	0.20

二、地球内部的热源

1. 放射生热

地球热场的分布及其随时空的变化，受控于地球内部热源。在地球内部，具有足够丰度的、生热率较大且半衰期与地球年龄相当的放射性元素(如^{238}U、^{235}U、^{232}Th 和^{40}K 等)衰变时所释放的巨大热量，构成了地球内部的主要热源。它们的半衰期、蜕变常数的能量见表 2-6-2。

表 2-6-2　U、Th、^{40}K 的半衰期、衰变常数及生热率

放射性元素	半衰期(10^8a)	衰变常数(a^{-1})	存在比(%)	衰变能($\times 10^{-13}$J)	生热率	
					$(\times 4.186\,8\times 10^{-3}$ W/(kg·a))	$(\times 4.186\,8\times 10^{-3}$ W/(kg·s))
^{238}U	45	1.54×10^{-10}	99.27	75.9	0.71	2.25×10^{-8}
^{235}U	7.1	9.72×10^{-10}	0.72	72.4	4.30	13.60×10^{-8}
^{232}Th	139	4.99×10^{-11}	100	63.7	0.20	0.63×10^{-8}
^{40}K	118	$\lambda_{\beta^-}=5.85\times 10^{-11}$	0.011 9	1 614		
	14.7	$\lambda_{\beta^-}=4.72\times 10$				
	13.1				0.22	0.70×10^{-8}
普通 K					27×10^{-6}	0.86×10^{-12}
普通 U					0.73	2.30×10^{-8}

① ^{40}K 有两种衰变方式：1. 电子俘获：^{40}K＋轨道电子$\longrightarrow {}^{40}Ar+\gamma$(占11%)；2. β 衰变：$^{40}K \longrightarrow {}^{40}Ca+\beta^-$(占89%)。

② 本表据 Mac Donald G. J. F.，1959，Farquhar R. M.，1972，Kappelmeyer O. 及 Haenel R.，1974等整理编制。

已有人统计过各类岩石放射性元素含量及生热率(表 2-6-3)。可以看出，放射性元素 U、Th、^{40}K 集中在地球上部的地壳和上地幔中，以地壳的酸性岩(花岗岩)中最为富集。根据粗略的统计，酸性岩的生热量约占生热总量的70%，基性岩约占20%，超基性岩约占10%。

2. 其他热源

(1) 重力生热：地球收缩所释放的重力能也是一种长期有效的热源。是地球物质在重力作

表 2-6-3　各类岩石放射性元素含量及生热率

放射性元素含量及生热率 / 岩类	放射性元素平均含量 ($\times 10^{-12}$)			K/U	平均总生热率		密度 (g/cm^3)
	U	Th	K		($\times 4.186\ 8\times 10^{-5}$ W/(kg·a))	($\times 4.186\ 8\times 10^{-11}$ W/(kg·s))	
沉积岩	3.00	5.0	20 000	6.7×10^4	373.0	11.8	2.3
花岗岩	4.75	18.5	37 900	8.0×10^2	818.0	25.8	2.7
花岗闪长岩	2.00		18 000	9.0×10^3	340.0	10.8	2.75
玄武岩	0.60	2.7	8 400	1.4×10^4	120.5	3.8	3.0
榴辉岩 低U	0.048	0.18	360	7.5×10^3	8.1	0.26	3.2
榴辉岩 高U	0.250	0.45	2 600	1.0×10^4	34.3	1.09	3.2
橄榄岩	0.015	0.05	63	4.2×10^3	2.26	0.072	3.2
纯橄榄岩	0.008	0.023	8	1.0×10^3	1.07	0.034	3.3
球粒陨石	0.012	0.04	845	7.0×10^4	3.95	0.125	3.6

（据 Heicr K. S. 及 Rogers J. J. W.，1963）。

用下向地心集中时由位能转换成的热能，在地球形成初期和以后的核、幔分异过程中曾起过很大作用。根据均质理想球体相对于它的中心的重力位能的表达式，可计算出由于地球半径的变化，而放出的热量（地球半径收缩1cm，放出3.3×10^{23}J 的热量。）

（2）潮汐摩擦热：月球和地球之间相互吸引而产生的摩擦热量，有人估计为4 262～4 266J/a，约占地球内部放出来的总热流量的4%左右。

（3）化学反应释放热：主要表现在地壳某些局部部位，如在硫化矿物的富集地带中，由于放热化学反应而形成局部热源，对地表现代岩浆流附近的地热场产生影响，对全球产生的热意义不大。

三、地球的热平衡

1. 热损耗

（1）大地热流量：全球热流密度平均值为1.47×41.868mW/m^2，乘以全球表面面积，得出一年间的数值为1.03×10^{21}J/a。

（2）温泉、地热带的损热量：这是难以确切估计的一个量，虽然温泉和地热区释放热最明显。据怀特（White D. E.，1965）和早川（1970）的估算，全球温泉、地热带释放的总热量为2.1×10^{18}J/a。

（3）火山喷发出的热：由火山喷发将高温物质带到地表，从而也损失大量的内热。据上田（1978）的估算，火山喷发每年可带去的热量为363×10^{19}J/a。

（4）地震时释放的波动能：可由众所周知的古登堡—里式公式计算。计算表明，地震释放的能量大体上可由7级以上地震决定，图 2-6-1 表明1960年到1977年间7级以上地震释放能量。

2. 全球热平衡的统计

若将上述地球的各项散热量同本节第一部分介绍的地球生热量进行对比统计，由表 2-6-4 可知，地球每年的散热量与生热量基本达到平衡。热能的支出略多于热能的收入。然而，这

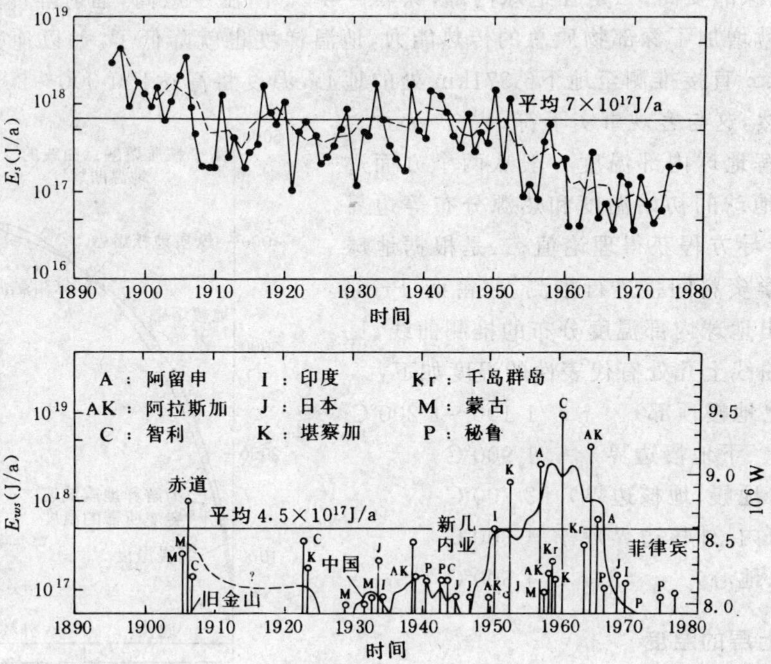

图 2-6-1　1960—1977年间7级以上地震释放的能量(据金森,1977)

上图根据古登堡—里式公式,下图根据金森公式。上图虚线及下图实线表示五年间的平均移动

表 2-6-4　全球热量平衡

热平衡主要因素	生热量		散热量	
	(J/a)	($\times$41.87mW/m^2)	(J/a)	($\times$41.87mW/m^2)
放射性元素生热量	2.37×10^{20}	1.42		
潮汐摩擦热	5×10^{18}	0.03		
大地热流			2.45×10^{20}	1.47
火山喷发			7.8×10^{18}	0.047
温泉、地热带			5×10^{18}	0.003
地　　震			1.75×10^{18}	0.001
总　　计	2.42×10^{20}	1.45	2.54×10^{20}	1.52

(据上田、麦克唐纳、古登堡等人资料汇编)。

是一个十分粗略的统计,还会有一些与全球热平衡有关的自然现象未被人们认识,尚待今后的科学工作去深入认识。

四、地球深部温度的估计

地球深部的温度分布代表地球内部的热状态,目前尚无法直接量得。当前的钻探能力至多打到12 000～13 000m,自然温度测量也不会超过这个深度。而且利用地壳浅部测温资料也难以适用于推测地壳以下深部的温度。这是因为,一是放射性元素集中于地壳上部,浅部测量的地温梯度远比深部要高；二是在地球内部，除热传导以外，温度愈高，辐射等传热能力所起的作用也愈大，这就增加了深部物质总的传热能力，地温梯度也就降低了。如以地壳浅部地温梯度值20～30℃/km 直接推测至地下6 371km 处的地心，温度将高达100 000～200 000℃，整个地球将熔化，显然，这与客观事实不符。

目前，了解地球内部温度一般从两个方面进行。一是根据地球的初始温度和热源分布等边界条件求解热传导方程获得理论值；二是根据地球物理、地球化学资料间接进行推测。普雷斯(Press F.，1974)给出地球内部温度分布的推测曲线，见图 2-6-2 。曲线上几处有代表性的温度如下：

100km(上地幔顶部)	1 100～1 200℃
400km(上、下地幔边界)	1 900℃
2 900km(地幔、地核边界)	3 700℃
5 100km(内、外核边界)	4 300℃
6 371km(地心)	4 500℃

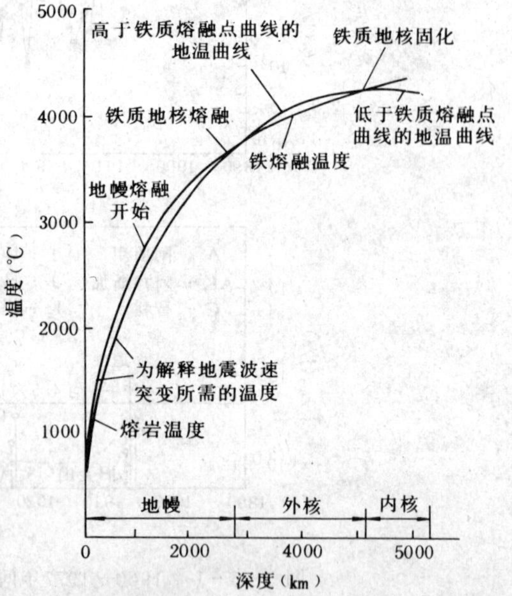

图 2-6-2　地球内部的温度

五、地壳上层的温度

地壳上层的温度是在目前人们所能测量到的深度范围内进行的。根据地壳上层(最深为10km，一般在3km 深度内)的温度测量资料，地壳中的温度分布状态大致可分为三个带：即变温带、恒温带和增温带。

1. 变温带温度

地球是个热体，它不断地把热量散发到空间，同时又接受太阳的辐射热量，散热和吸热之间的平衡关系，决定了地壳最上层的温度场。

以传导方式来自地球内部而后通过地面散发到太空的总热量约为1.03×10^{21}J/a，地球表面接受太阳辐射的热量约为2.3×10^{24}J/a，后者比前者大三个数量级。因此，地面及地壳最上层的温度状况实质是太阳的热辐射决定的。在太阳放射的能量中，约有34%经大气的散射以及地表面的反射等又返回到宇宙空间，约有66%使大气和地表受热。由于太阳热辐射具有周期性的变化，所以在地壳最上层会产生温度的日变化、年变化以至世纪性的周期变化，受太阳辐射影响的近地表带称为变温带。

地球表面某地点的温度，主要与该地点的阳光辐射强度和阳光与地面所成的角度有关，即与该处纬度和海拔高度有关，也和地球在太阳系运行轨道上所处的位置有关。太阳辐射强度的变化还与当地大气层的吸收情况，微气候的变化，植被、雪被、地形和地表水体分布情况等因素有关。

对于地面平坦、岩性均匀和各向同性的岩层来说，可以认为任何时间的温度只随深度而变化，其在垂直轴上的热传导方程为

$$\frac{\partial\theta}{\partial t}=a\frac{\partial^2\theta}{\partial z^2} \tag{2.6-2}$$

式中 a 为热扩散系数，在地面上(当 $z=0$时)的温度变化可近似地用时间的简谐函数表示：

$$\theta(z,t)=\theta_0+\Delta\theta_0\sin\frac{2\pi}{T}t \tag{2.6-3}$$

式中 T 为温度变化周期（如日、年），t 为时间，θ_0为 T 周期内地面平均温度值，$\Delta\theta_0$为温度变化幅度，利用式 (2.6－3) 作边界条件解式(2.6－2) 得

$$\theta(z,t)=\theta_0+\Delta\theta_0 e^{-\sqrt{\frac{\pi}{KT}}z}\sin\left[\frac{2\pi}{T}t-\sqrt{\frac{\pi}{aT}}z\right] \tag{2.6－4}$$

式 (2.6－4) 表明：地壳最上层任一深度上的温度变化周期不随深度、时间而变化，地面温度变化向深处传播时，地温变化幅度 $\Delta\theta_z$ 的增加按指数规律减小，即

$$\Delta\theta_z=\Delta\theta_0 e^{-\sqrt{\frac{\pi}{aT}}z} \tag{2.6－5}$$

在式 (2.6－5) 中，使$\sqrt{\frac{\pi}{aT}}=L$，称 L 为衰减系数。该式表明，如深度以算术级数增加，其对应的温度变幅则按几何级数减小；同时也表明温度变幅随深度衰减的强度依周期的减小而增大，在深度 z 上温度极值滞后的时间为

$$t_a=\frac{z}{2}\sqrt{\frac{T}{\pi a}} \tag{2.6－6}$$

而相位滞后则为

$$\varphi_z=z\sqrt{\frac{\pi}{aT}} \tag{2.6－7}$$

由式 (2.6－6) 及式(2.6－7) 得知，当深度 $z=\sqrt{\pi aT}$时，温度变化的极值滞后时间恰为周期的一半($\frac{T}{2}$)，其相位滞后为 π。在这个深度上，温度的变化正与地面温度变化相反，一年之中，温度最高值出现在冬季，最低值则在夏季。

同一地点，以 T_1和 T_2为周期的温度变幅作相同倍数衰减的对应深度 z_1和 z_2之比等于两周期平方根之比，换句话说，按照式 (2.6－5)，当 $e^{-\sqrt{\frac{\pi}{aT_1}}z_1}=e^{-\sqrt{\frac{\pi}{aT_2}}z_2}$时，则可得

$$\frac{z_1}{z_2}=\frac{\sqrt{T_1}}{\sqrt{T_2}} \tag{2.6－8}$$

式 (2.6－8) 表明，如 T_1和 T_2分别为年和日，则有：$z_{年}:z_{日}=\sqrt{365}:\sqrt{1}=19.1$，亦即温度的年变化影响的深度为日变化影响深度的19.1倍，日变的影响深度在1～2m，年变温带的深度为10～30m（地热异常区的年变影响深度要小些），而多年变化（世纪变化）主要发生在800～1 000m深度的多年冻土区（世纪变化可影响到1km 以上）。变温带温度的变化幅度按一定规律随深度而递减。

按式 (2.6－5) 和式(2.6－7)，可以把热扩散率作为同一周期两个深度 z_1和 z_2及其温度振幅 $\Delta\theta_1$和 $\Delta\theta_2$或其相位滞后之差($\Delta\varphi$)的函数表达，即

$$a=\frac{(z_2-z_1)^2\pi}{(\ln\Delta\theta_1-\ln\Delta\theta_2)^2T}=\frac{(z_2-z_1)^2\pi}{\Delta\varphi^2T} \tag{2.6－9}$$

因此，根据野外观测数据，可按上式求 a 值。

需要指出，式 (2.6－4) 仅表示地面温度的变化对地下温度的影响。如果考虑大地热流引起的温度升高和附加的地温梯度，则地壳最上层的温度为

$$\theta(z,t)=\theta_0+\frac{qz}{\lambda}+\Delta\theta_0 e^{-\sqrt{\frac{\pi}{aT}}z}\sin\left[\frac{2\pi}{T}t-\sqrt{\frac{\pi}{aT}}z\right] \tag{2.6－10}$$

地温梯度为

$$G(z,t)=\frac{q}{\lambda}-\Delta\theta_0\sqrt{\frac{2\pi}{aT}}\ \mathrm{e}^{-\sqrt{\frac{\pi}{aT}}z}\sin\left(\frac{2\pi}{T}t-\sqrt{\frac{\pi}{aT}}z+\frac{\pi}{4}\right) \qquad (2.6-11)$$

图 2-6-3 为地壳最上层的温度剖面(据 Gognel, 1976),图中年变化曲线每月一条,日变化曲线每两小时一条。对于一般的岩石 $a=0.01\mathrm{cm^2/s}$,$k=2.1\mathrm{W/(m\cdot K)}$,在 $z=\sqrt{a\pi T}$ 的深度上,温度变幅 $\Delta\theta_z$ 和 $\Delta\theta_0$之比为 $\mathrm{e}^{-\pi}$,即以比率 $\mathrm{e}^{-\pi}=\frac{1}{23}$减小。

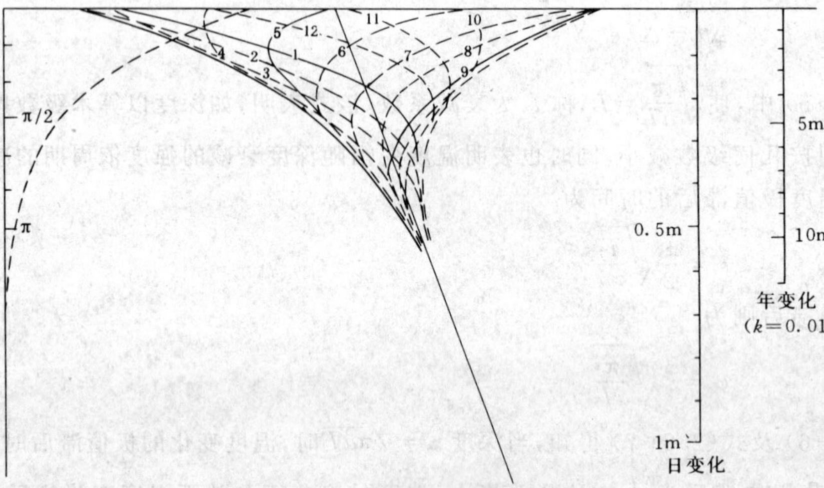

图 2-6-3　地壳最上层的温度剖面

地球表面的温度受控于近地表处的气候条件,小气候对地表温度的局部性变化起重要作用。在植物、温度和地表倾斜程度多变的地区,由小气候局部性变化引起的局部温度扰动远远超过大地热流导致的温度升高。表 2-6-5 是根据气象观测得到的,与纬度相关的海平面以上气温全球平均值,海拔高度对温度的影响用雪线的平均高程来指示,雪线以上则全年存在冰雪。

表 2-6-5　海平面气温全球平均值与纬度的关系

北　纬(°)	90～80	80～70	70～60	60～50	50～40	40～30	30～20	20～10	10～0
年平均温度(℃)	−18	−10	−1	6	14	20	26	27	26
年平均温度变幅(℃)	—	33	35	27	27	16	9	4	1
雪线平均高程(km)	—	0.6	1.2	2.1	3.0	4.6	5.2	5.0	5.0
南　纬(°)	0～10	10～20	20～30	30～40	40～50	50～60	60～70	70～80	80～90
年平均温度(℃)	26	25	23	18	12	6	−2	−12	−20
年平均温度变幅(℃)	2	3	7	7	6	8	17	—	—
雪线平均高程(km)	5.2	5.5	5.2	3.0	1.5	0.9	0	—	—

资料来源:美国气象局,整个地球表面年平均温度的平均值为 $\theta_e=14.3$℃。

2. 恒温带及其确定

如前所述,地壳最上层的温度受地面温度周期性变化的影响是随着深度的增加而衰减,至一定的深度，地表温度变化对深部的影响渐趋于消失，该深度的地温基本保持恒定。这里所指的恒定，有两方面原因：一是指观测精度而言，如果所用的仪器的测温精度为0.1℃，则小于该精度的变化就观测不到；另一原因是气温和地面温度的变化每年都不同，严格来说，向地下传播影响的深度每年都随之变化，只是这个变化较微小、缓慢，实际工作中完全可以看作不变。地温常年基本保持恒定的带、层称为恒温带或中性层，即地下某一深处太阳辐射热影响已察觉不到的带、层。年恒温带一般很薄，有时可视为一个面。恒温带以上，地温受太阳辐射热影响而具有周期性变化，称为变温带或外热带。恒温带以下，地温的变化主要受控于地球的内热，随深度增加而不断增温，称为增温带或内热带。恒温带则视为内热带与外热带二者的分界面。

一个地区的恒温带深度与温度，可在一个或一组浅钻孔通过地温长期观测来确定。必须注意，所选择观测孔所在地的条件要能够代表该地区的自然条件。在工矿企业和农田井灌区附近，要避开排水及灌溉的影响。在地下水位过深时，不宜作观测孔。一年之内，最好每月观测一次地温，也可每季观测一次。按各次的观测数据作出深度-温度曲线图，找出温度变化趋于恒定的层段，从而确定年恒温带的深度和温度。

年恒温带的深度和其相应的温度，在一定程度上反映一个地区近地表处浅层的热状况。在实际工作中，它对地区地温场的评定及深层地温的预测，地热资源的普查及勘探，都是十分有用的参数。

表 2-6-6 为我国东部地区有关恒温带的一些数据。由于资料来源不一，各单位所用仪器不同，部分恒温带数据是根据单孔长期观测确定的，部分是多孔一次或两次观测数据的平均值，故观测精度不一。表 2-6-6 中的资料表明：各地区恒温带的深度一般为20～30m，比理论深度较大(10～15m)。怀来地区恒温带最浅，为14m，系在后郝窑局部地热异常区测得。至于恒温带的温度，除抚顺和山东陶庄两点的数值可能偏高外，其余的明显地随着纬度的增高而降低，呈现纬度分带性，并与地表多年平均温度接近。

表 2-6-6　我国东部地区恒温带数据

地　区	北　纬	深　度 (m)	温　度 (℃)	多年平均气温 (℃)	多年平均地面温度 (℃)	资料来源
抚顺	41°50′	20～30	10.5	7.4	8.3	辽宁煤研所
怀来	40°21′	14	9.0	8.5	10.6	怀来地热电站
唐山	39°38′	35	13.6	10.7	12.9	唐山矿
天津	39°10′	32	12.7	12.8	13.5	天津市城建局
陶庄	34°52′	40	13.6			陶庄矿
徐州	34°15′	25	17	14.0	15.1	
蓝田	34°10′	20	16.6	13.5		陕西省第一水文队
平顶山(按101孔)	33°46′	15～20	16.9	14.8	17.2	平顶山矿务局
确山	32°56′	20	16.20			中科院地质所
淮南	32°40′	20～30	16.8	15.5		辽宁煤研所
庐江	31°0′	25	18.9	15		中科院地质所
合山	23°53′	20	23.0			合山矿

一个地区如无直接观测资料，在实际工作中，可将一个地区的年恒温带深度大体估算为该地区气温日变化影响深度的20倍。气温日变化影响深度，在当地气象台站可直接查到，一般在1m以下就观测不到昼夜温度变化，图2-6-4是在英山某地实际观测的日温变化曲线，从曲线明显看出，在80cm以下就基本上没有日变影响了。但不同测温深度，温度值是不同的，年恒温带的温度，也可按下述经验公式估算：

$$\theta=\theta_{1.6\sim3.2\mathrm{m}}+0.2\pm0.006H \qquad (2.6-12)$$

式中 $\theta_{1.6\sim3.2\mathrm{m}}$ 为该区深度1.6～3.2m的多年平均温度(℃)；H 为相对高程(m)，高于测点时取减号，低于测点时取加号。以平顶山为例，$\theta_{1.6\mathrm{m}}$ 的平均温度为16.6℃，因气象站的标高和101孔测点的标高相近，故恒温带的温度为16.8℃，与实测的17.2℃相差无几。恒渐带温度一般还可以采用年平均气温。年平均气温可以用来作为地表年平均温度。从理论上讲它们在地壳表层应该处于平衡状态，但实际上有一定差别，因此，现在都用年平均气温加1℃来作为平均温度。

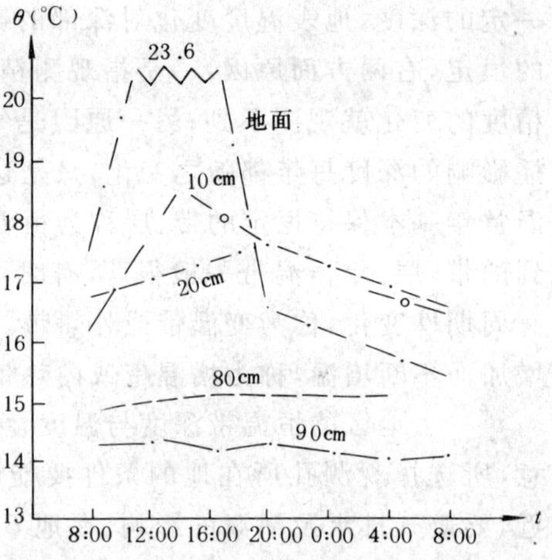

图2-6-4　英山某地实测日变曲线

3.增温带温度

在恒温带以下，随着深度增加，温度是逐渐增加的，温度增加的速率取决于该处的热流密度 q 以及岩层的热导率值 k。如果在一个区域内地热流密度 q 不变，且热流密度垂直地表，那么某一深度 z 的温度 θ_z 为

$$\theta_z=\theta_0-q\int_{z_0}^{z}\frac{\mathrm{d}z}{k_z} \qquad (2.6-13)$$

式中 θ_0 为恒温带温度，z_0 为恒温带深度，k_z 为深度 z 处岩层的热导率。当地层均匀水平分层时，设 i 层地层底界深度为 h_i，热流密度为 q_i，那么第 n 层处地层温度 θ_z 为

$$\theta_z=\theta_0+q\left(\sum_{i=1}^{n-1}\frac{h_i-h_{i-1}}{k_i}+\frac{z-h_{n-1}}{k_n}\right) \qquad (2.6-14)$$

上式表明，在同一地区，低热导率的岩层有较大的地温梯度，高热导率的岩层地温梯度较小。当较为均一的岩层或岩体中夹有透镜状的岩层或矿体，且其热导率又与围岩有较明显的差异时，地温剖面较为复杂。当透镜体的热导率 k_2 大于围岩的热导率 k_1 时，透镜体内温度梯度减小(见图2-6-5(a))，当 $k_2<k_1$ 时，透镜体内温度梯度应增加(图2-6-5(b))。在均匀热流场中不均匀体对温度的扰动作用，取决于 k_2/k_1 比值。

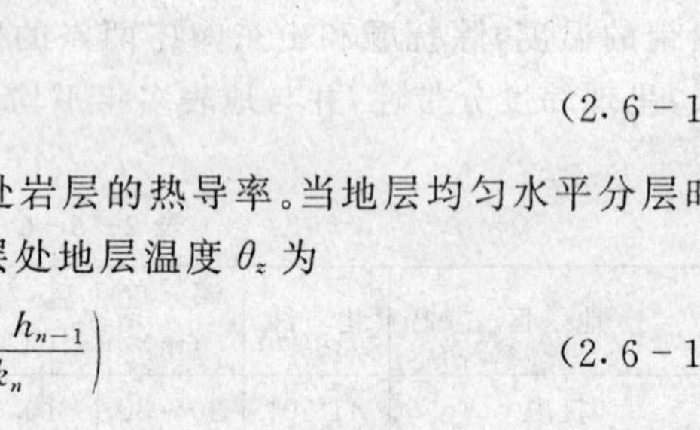

图2-6-5　均一岩层中透镜体对地温场的影响

六、地壳深部的温度

地表的温度和热流同样可影响地下深层部位的温度分布，同时上地幔的热流也在加热地壳，随深度而变化的岩石热导率及放射性元素的含量等，也决定着深部温度的分布。图2-6-6

列举了四种地壳类型的深层分布特点。图中的阴影区，表明温度的变化范围。这说明求下层温度的分布，存在着一定的误差。但可以肯定，计算的误差是小于各地壳类型之间的温度差异。从图中可量出各类型地壳底部的温度（即莫霍面的温度）：塞拉内华达325～375℃；前寒武纪地盾350～450℃；中—新生代造山区500～650℃；盆岭区750～800℃。

图2-6-7是我国地热研究人员利用地表热场的初始状态（地表温度、地表热流和热导率等）和人工地震等资料提供地壳分层的数据，通过解一维温度方程，计算的华北一些地区的地壳及上地幔（图中以M表示）的温度。结果表明了莫霍面隆起处的温度高（957℃），而低洼的莫霍面温度为532℃。这种莫霍面的隆洼与温度的高低呈正相关的现象，可在许多地方见到。

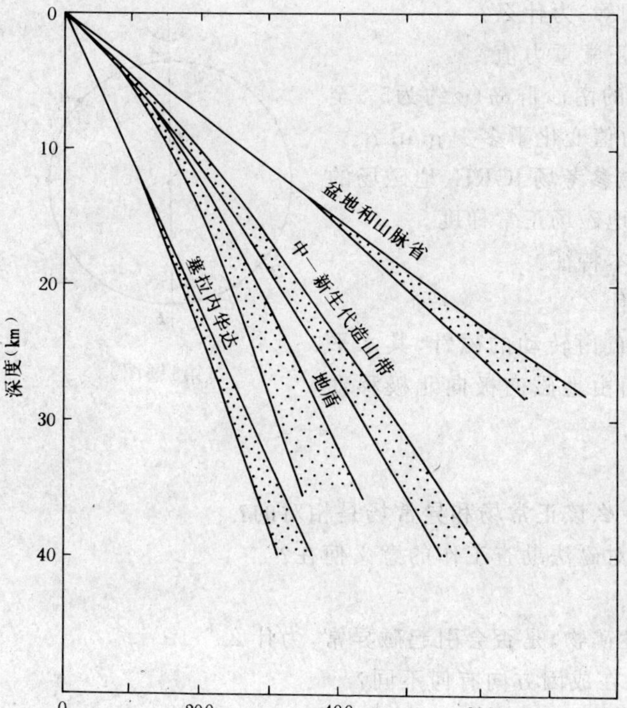

图2-6-6　四种地壳类型的深部温度

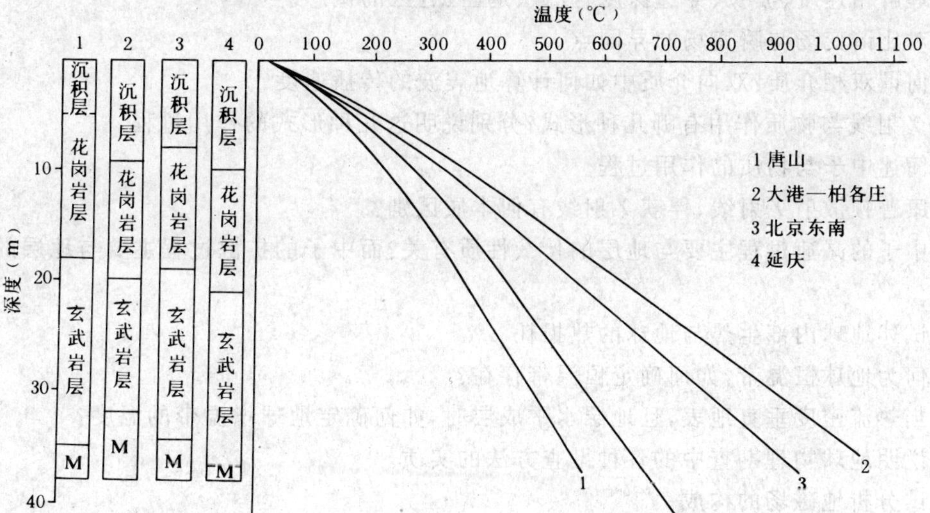

图2-6-7　华北地区地壳的计算温度

思考题与习题

1. 绘出图中各点的引力、离心力和重力的方向。
2. 重力位具有哪些基本性质？

3.重力等位面上的重力值是否处处相等?为什么?

4.什么是正常重力值?为什么要研究正常重力值?

5.请用赫尔默特公式,计算出从我国的南沙群岛(φ约为5°)至最北边的黑龙江漠河(φ约为54°)正常重力值变化了多少g.u.?

6.解释下列名词:地磁要素、国际地磁参考场IGRE、地磁场的静日变化、磁暴与磁扰、地磁资料的通化、地磁场正常梯度。

7.试述地磁场随空间、时间变化的基本特征?

8.磁偏角在全球有几处为不定值?为什么?

9.绘图表示一个通过重心绕水平轴自由转动的磁针,其水平轴分别平行于磁子午面、垂直于磁子午面由地磁南极向北极移动时,磁针的静止状态。

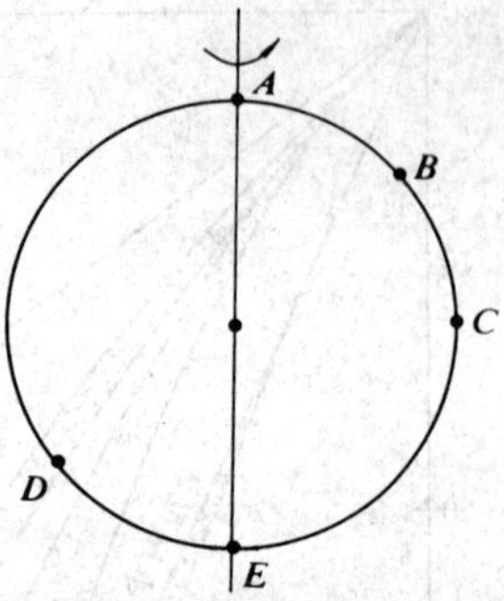

(第1题图)

10.简述球谐系数的物理意义。

11.如何定义正常磁场和磁异常?为什么该正常场和异常场是相对的?

12.地磁场随空间、时间变化的特征,对磁法勘查工作的意义何在?

13.铁磁性物质的类型和特点有哪些?

14.如果某种岩、矿石中不含任何磁性矿物,是否会引起磁异常,为什么?

15.感应强度 M_i 和剩余磁化强度 M_r 在成因方向有何不同?

16.简述剩余磁化强度的类型及其实际意义?

17.研究地中电场、电磁场性质有何意义?

18.说明电报方程、波动方程、扩散方程中各物理量的名称及各方程的应用条件。

19.理解相速度、波长、穿透深度、波数、远区、近区的概念。

20.对比谐变场与瞬变场的异同点。

21.何谓双相介质?双向介质中如何计算地震波的传播速度?

22.γ射线与物质作用有哪几种形式?分别说明这几种形式的作用过程。

23.简述中子与物质的作用过程。

24.康普顿散射γ射线、俘获γ射线有何本质区别?

25.中子的减速过程主要与地层的什么性质有关?而中子的扩散过程主要与地层的什么性质有关?

26.试述地球内部生热与地球的热损耗。

27.何为地球恒温带?如何确定恒温带存在?

28.当热流密度垂直地表,且地层水平成层时,如何确定地球增温带的温度?

29.说明地球物理勘查中的各种勘查方法的实质。

30.试分析地磁场的构成。

31.请分析"重力发生变化就说明有重力异常"这句话的正误之处。

32."同一质量的地质体在各处产生的重力异常都一样",这话对吗?

33.若一剩余质量为50万t的球形矿体(可当作点质量看待),当其中心埋深为100m时,请计算:

(1) 在地面产生的异常极大值是多少g.u.?

(2) 异常值为极大值的1/3的点距极大值点有多少米?

(3) 若该矿体与围岩密度分别为3.0t/m^{3}和2.5t/m^3,问该矿体的实际质量是多少吨?

主要参考文献

[1] 丁绪荣主编,普通物探教程。北京:地质出版社,1984

[2] 丁绪荣主编,普通物探教程——电法及放射性。北京:地质出版社,1983

[3] 傅良魁主编,应用地球物理教程——电法,放射性,地热。北京:地质出版社,1991

[4] 傅良魁主编,电法勘探教程。北京:地质出版社,1983

[5] 郭鹤桐,电化学。北京:高等教育出版社,1965

[6] 黄国祥、余惠祥、蔡文成,应用地球物理。长沙:中南工业大学出版社,1988

[7] 黄隆基编,放射性测井原理。北京:石油工业出版社,1985

[8] 陆基孟主编,地震勘探原理。东营:石油大学出版社,1993

[9] 罗孝宽、郭绍雍主编,应用地球物理教程——重力磁法。北京:地质出版社,1991

[10] 潘玉玲、殷长春等编,电法、放射性、地热实验、实习教学指导书。北京:地质出版社,1993

[11] 申宁华、管志宁,磁法勘探问题。北京:地质出版社,1984

[12] 谭承泽、郭绍雍,磁法勘探教程。北京:地质出版社,1984

[13] 吴功建、林清缓、高锐编著,地球物理方法及在地质和找矿中的应用。北京:地质出版社,1988

[14] 王惠濂主编,综合地球物理测井。北京:地质出版社,1990

[15] 王维勇、黄尚瑶等译选,地热基础理论研究。北京:地质出版社,1982

[16] 中国科学院地质研究所地热室编著,矿山地热概论。北京:煤炭工业出版社,1981

[17] 周远田编,地球物理测井教程。武汉:中国地质大学出版社,1999

[18] 杨诺夫斯基 Б. M.,刘洪学、周姚秀译,地磁学。北京:地质出版社,1982

[19] 谢苗诺夫 A.C. 等,电法勘探文集。北京:地质出版社,1958

[20] [苏]切列缅斯基 Г. A. 著,赵羿、陈明译,实用地热学。北京:地质出版社,1982

[21] [西德]卡普迈耶 O.、海涅尔 R. 著,北京大学地质系地热研究室译,地热学及其应用。北京:科学出版社,1981

[22] 日丹诺夫 M.C. 著,潘玉玲、王守坦译,电法勘探。武汉:中国地质大学出版社,1990

[23] Keller G. V. and Frischnecht F. C., Electrical Methods in Geophysical Prospcting: PERGAMON PRESS, 1966

第三章　应用地球物理常用的正演方法

地球物理学的问题分为两类，一类称之为正演问题，另一类称为反演问题。简单地说，正演问题是按事物一般原理(或说模型)以及相关的条件(初始条件、边界条件)来预测事物的结果。而这些结果往往是可以由观测而得到的。反演问题是根据实际观测的(有时也用理论的)地球物理场的观测值解释出(定量或定性)地球内部的结构，包括地质体形态和岩层的物理性质。正演问题是反演问题的基础，是为反演问题服务的。

地球物理学的各个分支，如地震学、重力学、电磁学等都研究正演问题。我们首先介绍应用地球物理中的通用方程式，它适合于地震、重力、电磁、地热和磁法勘探。

§3.1　应用地球物理学的基本方程式

应用地球物理学是探测地球内介质物理上的不均性的一门应用科学，目前探测的深度从几米到几百千米。根据探测对象的深度和尺度，可大致分为以下四类。

(1) 浅层(1～100m)，目标尺度小于 20m，应用于工程地基、地下建筑物探测及考古。

(2) 中浅层(50m～1km)，目标尺度小于 100m，应用于固体矿产、地下水等资源探查和地质构造调查。

(3) 中层(0.5～10km)，目标尺度大于 1km，应用于石油天然气勘探及上地壳探查。

(4) 深层(10～500km)，目标尺度大于 1km，应用于地壳与岩石圈组构调查。

以下方程包含了地震、电磁、重力、地磁和地热等各种地球物理方法的正问题，因此称为基本方程式(杨文采，1997)。

$$pu \equiv \nabla^2 u(x,t) - h(x)\frac{\partial^2 u(x,t)}{\partial t^2} - g(x)\frac{\partial u(x,t)}{\partial t} = f(x,t) \qquad (3.1-1)$$

式中 u 表示地球物理场的一种，如声场、电磁场的某一分量等；$f(x,t)$ 为源函数；x 为空间的一个点，t 为时间。方程(3.1-1)为阻尼标量波动方程。系数 h 和 g 的物理含义对不同的方法是不同的，详见表 3-1-1。

表 3-1-1　方程式(3.1-1)中系数的物理意义

方　法	物理场 u	h	g
地　震	声压或位移分量	$1/c^2$	$2\alpha/c$
电磁法	磁场分量或电场分量	$\mu\varepsilon$	$\mu\sigma$
地质雷达	电场分量	$\mu\varepsilon$	0
低频电磁法	电磁场分量	0	$\mu\sigma$
地热法	地温场	0	$1/a'$
传导类电法、重力、磁法	位场	0	0

注：c 为波数，α 为波场衰减系数，μ 为磁导率，ε 为介电系数，σ 为电导率，a' 为热扩散系数。

我们以电磁场为例，说明式(3.1-1)是如何导出的，详细过程可参考第二章§2.3节的公式(2.3-47)和(2.3-48)。

$$\nabla^2 \boldsymbol{H} - \mu\varepsilon \frac{\partial^2 \boldsymbol{H}}{\partial t^2} - \mu\sigma \frac{\partial \boldsymbol{H}}{\partial t} = 0 \tag{3.1-2}$$

$$\nabla^2 \boldsymbol{E} - \mu\varepsilon \frac{\partial^2 \boldsymbol{E}}{\partial t^2} - \mu\sigma \frac{\partial \boldsymbol{E}}{\partial t} = 0 \tag{3.1-3}$$

其中系数的对应的关系为

$$\mu\varepsilon \sim h(x), \quad \mu\sigma \sim g(x), \; f(x,t) = 0$$

因此，式(3.1-2)和式(3.1-3)是基本方程式(3.1-1)的特殊情况。

对传导类电法、重力、磁法等位场问题，上式可进一步简化为

$$\nabla^2 u = 0 \tag{3.1-4}$$

式中 u 表示位场。

对于非广角反射地震波动场的阻尼波动方程也可推导如下的方程(杨文采，1997)：

$$\nabla^2 u(x,t) - \frac{1}{c^2(x)} \frac{\partial^2 u(x,t)}{\partial t^2} - \frac{2a(x)}{c(x)} \frac{\partial u(x,t)}{\partial t} = 0 \tag{3.1-5}$$

式中 c 为相速度，a 为衰减系数，u 为压力(对海洋勘探)或位移的垂直分量(地面反射)。

式(3.1-5)对应数学物理中的典型方程之一，即阻尼波动方程，其中系数项都是可测量的。

基本方程式(3.1-1)中的算子 p 为拟微分算子，因为其中的系数项 h 和 g 为 x 的函数，当系数 h 和 g 为常数时，p 才退化为偏微分算子。

§3.2 求解正演问题的常用方法

正演问题一般是先给出地球模型，即全球或局部的地质构造，在假定的自然源或人工源的激发下，用相应的地球物理场方程求解地面或地下某处的地球物理场的响应函数，可用下面表达式表示

$$d = f(m) \tag{3.2-1}$$

在线性条件下，上式为

$$d = Am \tag{3.2-2}$$

式中 d 表示数据向量；m 表示地球模型的参数向量；A 表示线性算子或矩阵。

这样求出的理论场，如重力场、磁场、电场或电磁场、地震波场、热流场和其他物理场等，可用来研究地球模型与这些场之间的物理过程和映射关系，以便正确地对地球内部结构与地球物理场的关系做出解释。正演问题的实质是用人为的条件在实验室内模拟自然界的各种地球物理现象，并给出相应的观测值或计算值。因此，求解地球物理的正演问题也常称为地球物理模拟。地球物理模拟有两种方式。一种是用物理的手段进行，称为物理模拟。这种模拟是按照相似原理将设计的地球模型用各种材料做成物理模型，然后在模型表面或内部施加相应的物理源，如震源、电源、热源等，并用相应的换能器将接收的物理场响应转换为电信号，记录在信号接收-控制系统中。在接收系统中进行模—数转换与采样。这种模拟方式投资较大，材料选用比较困难，但能获得真实的实验结果，是地球物理中的重要的模拟方法之一。另一种是数学模拟方法。用数学方法对地球物理场的响应函数进行计算也有两种方式。一种是用解析方法，用建立起来的地球模型给出的条件解相应的场方程，求出场方程的解析解公式，再根据这个公式求出地面或地球内部各点的场函数值。

如果能够对各种地球模型给出相应的地球物理场方程，并对此种场方程求得解析解，则是解地球物理正演问题最简捷方便的方法。但是，能够对各种地球模型列出与之对应的地球物理场方程并求出它们的解析解的一般是非常简单的情况，是极少数的。

对于解复杂的地球模型的正演问题，可以采用最近二三十年发展起来的数值模拟方法。数值模拟方法已经成为解地球物理正演问题的主要工具和手段。

数值模拟就是将描述的各种地球物理场的方程或表达式及初、边值条件通过数值方法求出它们的数值解。在地球物理场的数值模拟中，常用的方法有：有限差分法、有限元法、积分方程法、快速离散傅里叶变换法、拟谱法、元胞自动机法和射线追踪法等。这些方法都各有自身的优点与不足。在千变万化的多样地球物理问题中，它们都可能被应用于解决实际计算问题。当然，所有的数值算法都是有误差的。

用数学模拟方法求解地球物理正演问题的过程如下：

第一步，根据要研究的对象和问题建立地球模型或地质结构模型；

第二步，根据要使用的物理手段和地球模型建立相应的数学模型；

第三步，选择进行计算的方法，并根据计算方法编制的计算机实现程序进行计算。

计算的结果是否正确可通过理论分析或几种计算方法相互验证来判断。在以上三个步骤中它们是相互关联的。建立的地球模型能够反映主要地质构造和岩石、矿物特征即可，不要把模型搞得太复杂。否则，将无法建立相应的数学模型，或者计算出来的地球物理场过于复杂化，难以辨认地质特征与物理场特征之间的联系。

计算方法的选择对于求解地球物理正演问题是重要的。有的计算方法只适合用于简单的地质-数学模型，但它的计算效率高，机时少，周期短，费用低。有的数值方法能够适用于复杂的地质-数学模型，也适用于简单的模型。但是，它的计算效率低，周期长，费用高。如果把它用于简单的地质-数学模型的计算显然是不合适的。因此，要综合考虑各种因素采用的计算方法，特别要有针对性地灵活运用计算方法。

在地球物理场的计算中，在场源外区域满足拉普拉斯方程（式 3.1－4）的物理场称为位场，如重力场、磁场和稳定电流场。在场源外区域满足波动方程或扩散方程的物理场称为波场，如电磁场、弹性波场，具有波场的性质。

由于解析法在后面各个地球物理方法的章节中有很多例子介绍，所以，下面我们重点介绍数值模拟和物理模拟方法。

§3.3　数值模拟方法

由于非均匀复杂地球介质中基本方程式（3.1－1）的解析解不存在，必须求助于数值计算方法。随着计算机技术的发展，数值计算方法获得迅速发展，目前用于地球物理场计算的数值方法主要有：有限差分法、有限元法、积分方程法等。下面对这些数值计算方法的原理作简要的介绍。

一、有限差分法

有限差分法是以差分原理为基础的一种数值计算方法。它用各离散点上函数的差商来近似替代该点的偏导数，把要解的边值问题转化为一组相应的差分方程。然后，解出差分方程组（线性代数方程组）在各离散点上的函数值，便得到边值问题的数值解。

下面分别以位场(稳定电流场)和波场(弹性波场)的计算为例,说明有限差分法的原理和方法步骤。

(一) 位场计算

1. 位场所满足的方程

在二维地电断面情况下,位场所满足的方程(傅良魁,1991)为

有源时: $\nabla^2 u(x,z)=f$ (3.3-1)

无源时: $\nabla^2 u(x,z)=0$ (3.3-2)

式中 u 表示电位,f 表示源项。

2. 区域离散化,作网格剖分

如图 3-3-1 所示,用平行于坐标轴的两组直线族将地下断面划分成正方形或长方形网格,相邻两坐标线的距离为 h,则任一点的 (x,z) 坐标为

$$x=ih \quad (i=0,1,2,\cdots,M)$$

$$z=kh \quad (k=0,1,2,\cdots,N)$$

每个正方形为一单元,其边长 h 称为步长,网格的交点称为节点。任一节点的坐标 (x,z) 可表示为 (ih,kh),或简化为 (i,k),用阶梯状折线代替原来的曲线段。在边界线以内的节点称为内节点,节界上的节点称为边界节点。

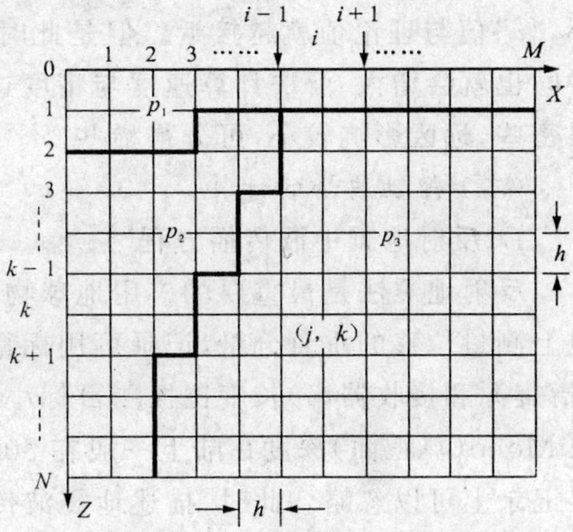

图 3-3-1 二维等步长正方形网格

3. 微分方程离散化,构组差分方程

某一内节点 (i,k) 处的电位为 $u(i,k)$,由于 h 很小,可将节点 (i,k) 四周的电位在节点展成泰勒级数:

$$u(i+1,k)=u(i,k)+u_x(i,k)h+u_{xx}(i,k)\frac{h^2}{2!}+u_{xxx}(i,k)\frac{h^3}{3!}+\cdots$$

$$u(i-1,k)=u(i,k)-u_x(i,k)h+u_{xx}(i,k)\frac{h^2}{2!}-u_{xxx}(i,k)\frac{h^3}{3!}+\cdots$$

$$u(i,k+1)=u(i,k)+u_z(i,k)h+u_{zz}(i,k)\frac{h^2}{2!}+u_{zzz}(i,k)\frac{h^3}{3!}+\cdots$$

$$u(i,k-1)=u(i,k)-u_z(i,k)h+u_{zz}(i,k)\frac{h^2}{2!}-u_{zzz}(i,k)\frac{h^3}{3!}+\cdots$$

式中 $u_x,u_{xx},\cdots$ 和 $u_z,u_{zz},\cdots$ 分别表示 u 对 x 和 z 的一阶导数、二阶导数等。

将前两个式子相加,并且忽略 h 的四次项与更高项,经整理可得

$$u_{xx}(i,k)\approx\frac{u(i+1,k)-2u(i,k)+u(i-1,k)}{h^2} \quad (3.3-3)$$

同理得

$$u_{zz}(i,k)\approx\frac{u(i,k+1)-2u(i,k)+u(i,k-1)}{h^2} \quad (3.3-4)$$

将式(3.3-3)和式(3.3-4)代入含源分区均匀岩石中位函数 u 所满足的微分方程(3.3-1),即得二维函数 $u(x,z)$ 的差分方程

$$u(i+1,k)+u(i,k-1)+u(i-1,k)+u(i,k+1)-4u(i,k)=h^2 f \quad (3.3-5)$$

对于无源分区均匀介质,位函数 $u(x,z)$ 所满足的微分方程(3.1-2)的差分方程为

$$u(i+1,k)+u(i,k-1)+u(i-1,k)+u(i,k+1)-4u(i,k)=0 \quad (3.3-6)$$

4. 线性方程组的形成与求解

对于边界节点，其相应的差分方程可根据边界条件给出。全部节点所建立的差分方程(3.3-5)和(3.3-6)的总和可分别写成以下矩阵形式

$$[A]\cdot\{u\}=\{F\} \tag{3.3-7}$$

和

$$[A]\cdot\{u\}=0 \tag{3.3-8}$$

式中$[A]$是方程组的系数矩阵，它是与物性参数(如电阻率)分布有关的函数；$\{u\}$是电位u的列向量，其分量为所有节点上的电位；$\{F\}$是常向量。当给定电阻率分布及边界条件后，解线性方程式(3.3-7)和式(3.3-8)，便可求得电位的空间分布。

电位$\{u\}$值的计算精度与步长h的大小有很大关系。一般说来，网格划分越细，即h值越小，$\{u\}$值与理论值就越接近。但是此时节点数目也急剧增加，因而所需的计算机内存和计算时间也就会增大。解决计算速度与精度这一矛盾的较好方法是采用变步长，即在近区将网格分得密些，远区影响较小，可分得稀些。

(二) 弹性波场的计算

1. 反射地震中波传播方程

反射地震法是最重要的应用地球物理方法。它由点震源激发，在海洋中测量压力波，在陆地上测量位移的垂直分量，记录可用标量波场$u(x,t)$来表示。在一般的情况下，反射地震排列(指震源和接收器串)长度比探测目标小许多。例如，深反射地震排列长度6km左右，而探测对象Moho(莫霍面)深度在陆上一般在30km以上。因此，波传播到界面上产生的转换波能在地震记录上可以忽略。此时，描述地震波传播的弹性波方程可以简化为标量波动方程

$$\Delta u-\frac{1}{c^2}\frac{\partial^2 u}{\partial t^2}-\frac{1}{\rho}\nabla\rho\cdot\nabla u=\delta(s)f(t) \tag{3.3-9}$$

式中ρ为密度，s为点震源位置，$f(t)$为震源波形函数。如果假定密度ρ为常数和平面波入射，则式(3.3-9)进一步简化为一般标量波动方程

$$\nabla^2 u_{xx}-\frac{1}{c^2}\nabla^2 u_{tt}=0 \tag{3.3-10}$$

它是基本方程式(3.1-1)中$g=0$的特殊情况。此方程只能准确地反映波的相位，而不能准确地反映波在非均匀介质中传播时振幅的变化，在合成反射地震图时不宜使用。

在二维情况下，对式(3.3-9)左边的算子作展开得

$$\frac{\partial^2 u}{\partial t^2}=c^2\left[\left(\frac{\partial^2 u}{\partial x^2}+\frac{\partial^2 u}{\partial z^2}\right)-\frac{1}{\rho}\left(\frac{\partial\rho}{\partial x}\cdot\frac{\partial u}{\partial x}+\frac{\partial\rho}{\partial z}\cdot\frac{\partial u}{\partial z}\right)\right]+\delta(x_s,z_s)f'(t) \tag{3.3-11}$$

相应的初始条件为

$$u\bigg|_{t\leqslant 0}=0\text{ 和 }\frac{\partial u}{\partial t}\bigg|_{t\leqslant 0}=0 \tag{3.3-12}$$

边界条件如地面($z=0$)上垂直方向应力等于0。

2. 区域离散化

用如图3-3-2所示的网格划分地下介质，其中h为正方形网格元的边长，m和n为当前网格节点的横向及垂向编号。用l注记时间取样号，则可把式(3.3-11)逐步离散化。

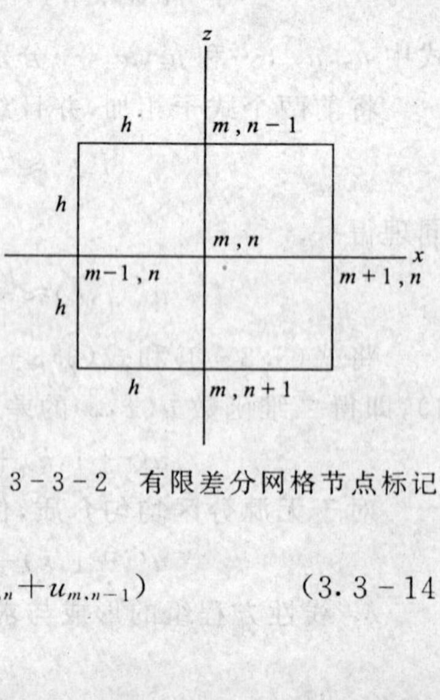

图3-3-2 有限差分网格节点标记

$$\frac{\partial^2 u_{m,n}}{\partial x^2}=\frac{1}{h}\left(\frac{\partial u_{m+h/2,n}}{\partial x}-\frac{\partial u_{m-h/2,n}}{\partial x}\right)$$

$$=h^{-2}(u_{m+1,n}-2u_{m,n}+u_{m-1,n}) \tag{3.3-13}$$

$$\frac{\partial^2 u_{m,n}}{\partial z^2}=\frac{1}{h}\left(\frac{\partial u_{m,n+h/2}}{\partial z}-\frac{\partial u_{m,n-h/2}}{\partial z}\right)=h^{-2}(u_{m,n+1}-2u_{m,n}+u_{m,n-1}) \tag{3.3-14}$$

$$\frac{\partial^2 u_t}{\partial t^2}=\Delta t^{-2}(u_{l+1}-2u_l+u_{l-1}) \tag{3.3-15}$$

$$\frac{\partial \rho_{m,n}}{\partial x}=\frac{\rho_{m+1,n}-\rho_{m,n}}{h},\quad \frac{\partial \rho_{m,n}}{\partial z}=\frac{\rho_{m,n+1}-\rho_{m,n}}{h} \tag{3.3-16}$$

将式(3.3-13)～式(3.3-16)代入式(3.3-11)得

$$u_{m,n,l+1}=-u_{m,n,l-1}+c_1u_{m,n,l}+c_2u_{m+1,n,l}+c_3u_{m,n+1,l}+c_4u_{m-1,n,l}+c_5u_{m,n-1,l} \tag{3.3-17}$$

式中系数为

$$c_1=2-4k,\qquad c_2=k\left(1-\frac{\rho_{m+1,n}-\rho_{m,n}}{2\rho_{m,n}}\right) \tag{3.3-18}$$

$$c_3=k\left(1-\frac{\rho_{m,n+1}-\rho_{m,n}}{2\rho_{m,n}}\right),\qquad c_4=k\left(1+\frac{\rho_{m+1,n}-\rho_{m,n}}{2\rho_{m,n}}\right) \tag{3.3-19}$$

$$c_5=k\left(1+\frac{\rho_{m,n+1}-\rho_{m,n}}{2\rho_{m,n}}\right);\qquad k=\left(\frac{c\Delta t}{h}\right)^2 \tag{3.3-20}$$

对于差分方程式(3.3-17)，由上至下，由左至右并随时标 l 加大计算空间任一点 (m,n) 的波场 $u_{m,n,l+1}$，便得到波传播图像，$u(m,0,l)$ 便是地面直达波和反射波场的合成记录图。有限差分计算必须满足的条件如下：

(1) 时间取样率 $\Delta t(t=l\Delta t)$ 满足 $\Delta t\leqslant h/c$。

(2) 震源信号的主周期 $T<10h/c$，否则有严重的频散。

(3) 由于地下介质无限，而计算网格有限，计算网格的边界必须是吸收边界。

(4) 震源必须作专门处理，即在源点加入 $f(t)$ 信号。

(三) 基本方程式的有限差分格式

类似上边的推导，即把式(3.3-13)～式(3.3-16)代入式(3.1-1)式可得(二维情况)：

$$\begin{aligned}u_{m,n,j+1}=&-B_1u_{m,n,j-1}+B_2u_{m,n,j}\\&+B_3[u_{m+1,n,j}+u_{m-1,n,j}+u_{m,n+1,j}+u_{m,n-1,j}]-B_4f_{m,n,j}\end{aligned} \tag{3.3-21}$$

式中系数项为

$$\left.\begin{aligned}B_1&=\frac{h_{m,n}}{h_{m,n}+\Delta t\cdot g_{m,n}}\\B_2&=\frac{2h_{m,n}+\Delta t g_{m,n}-4(\Delta t/l)^2}{h_{m,n}+\Delta t\cdot g_{m,n}}\\B_3&=\frac{(\Delta t/l)^2}{h_{m,n}+\Delta t\cdot g_{m,n}}\\B_4&=\frac{\Delta t^2}{h_{m,n}+\Delta t\cdot g_{m,n}}\delta_{p\cdot q}\end{aligned}\right\} \tag{3.3-22}$$

式中 l 为剖分网格边长，p 指网格任一节点，q 为人工场源点。

二、有限单元法

上面介绍的有限差分法具有简明快速的特点，但由于只能使用矩形网格，因而对复杂的地质构造不能准确地模拟，例如，对反射地震中常见的倾斜界面，电法勘探中的局部不规则电性不均匀体等。因此，需要有更为灵活的方法求解基本方程式(3.1-1)。这时，有限元法(FEM)(杨文采，1997；Slivester，1983；徐世球，1994)就是一种很有用而且很灵活的计算技术，最适用于与复杂介质结构有关的拟微分方程边值问题的数值解。有限元法一般只对式(3.1-1)中的空间微分算子作逼近，而与时间微分有关的计算仍然多采用有限差分法。因此，下面只对空间微分算子方程(Laplace 方程)的有限元作剖析。

(一) 场问题的变分原理

变分法的主要出发点之一,对与场能量有关的泛函极小化等效于直接求解相应的场的方程。对于 Laplace 方程

$$\nabla^2 u=0 \tag{3.3-23}$$

最小势能原理要求,在封闭区域 Ω 内势的分布使场能量达到最小(稳定保守场)。势场能量表示为

$$F(u)=\frac{1}{2}\int_{\Omega}|\nabla u|^2\mathrm{d}\Omega \tag{3.3-24}$$

于是,满足 Laplace 方程的势场同时也是使式(3.3-24)取极小的场。因此,我们有两大类不同的方法求解势场问题,或者用有限差分等方法直接求解式(3.3-23),或者将势场 u 展成某种简单函数和系数的线性组合,通过对能量 $F(u)$ 的极小化确定这些系数之后逼近势场。有限元法就属于后一种。

一般来说,在应用地球物理中涉及的多数拟微分方程都可以找到对应的泛函,并通过其极小化来逼近(Silvester,1983;徐世球,1994)。如 Poission 方程

$$\nabla\cdot(\nu\nabla u)=g \tag{3.3-25}$$

其对应泛函为

$$F(u)=\int_{\Omega}[\nu(\nabla u)^2/2+gu]\mathrm{d}\Omega \tag{3.3-26}$$

对电磁法中常见的非齐次 Helmhotz 方程

$$\nabla\cdot(\nu\nabla u)+k^2u=g \tag{3.3-27}$$

其对应泛函为

$$F(u)=\frac{1}{2}\int_{\Omega}[\nu(\nabla u)^2-k^2u^2+2gu]\mathrm{d}\Omega \tag{3.3-28}$$

对标量波动方程

$$\nabla^2 u+k^2u=0 \qquad k=\omega/c \tag{3.3-29}$$

其对应的泛函为

$$F(u)=\frac{1}{2}\int_{\Omega}[(\nabla u)^2-k^2u^2]\mathrm{d}\Omega \tag{3.3-30}$$

对于使用微波段的电磁法(地质雷达),其似稳电磁场方程可对 t 作 Fourier 变换得出

$$\nabla\times(\nabla\times\boldsymbol{H}/\varepsilon)=\omega^2\mu\boldsymbol{H},\quad \nabla\times(\nabla\times\boldsymbol{E}/\mu)=\omega^2\varepsilon\boldsymbol{E} \tag{3.3-31}$$

相应的泛函为

$$F(\boldsymbol{H})=\frac{1}{2}\int_{\Omega}[\mu\boldsymbol{H}^2-(\nabla\times\boldsymbol{H})^2/\omega^2\varepsilon]\mathrm{d}\Omega \tag{3.3-32}$$

上述各泛函极小化与介质的灵活剖面分相结合,就是有限元法的科学思想。介质剖分选择的单元以单纯形最为灵活。所谓单纯形,在平面上为三角形,三维空间为四面体。下面以平面问题为例介绍剖面的基本计算,重点在于用单纯形网格逼近任意复杂的边界与介质。

(二) 一阶三角形单元

在用有限元法解二维 Laplace 方程时,研究区域用三角形单元剖分。由于三角元以公共边界及顶点连接成网,势的分布在穿过单元时保持连续。图 3-3-3 表示一个典型的三角元,并假定元内势可用线性(一阶)方程表示为

$$V=a+bx+cy \tag{3.3-33}$$

因此,沿三角元边缘势 V 可以由相应两角点势值线性内插而来,如果两个三角元共用一条边,

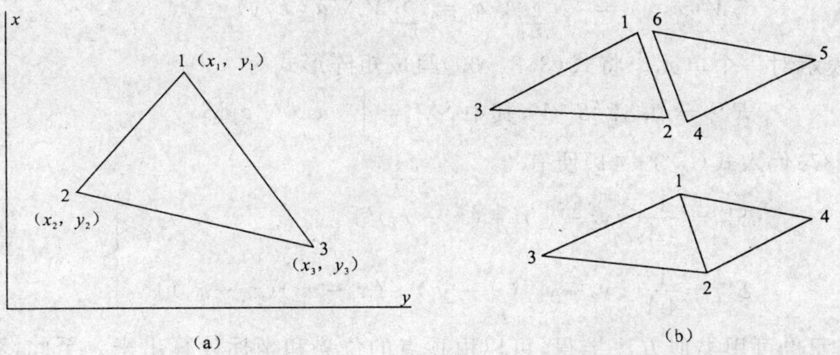

图 3-3-3 典型的三角形单元(a)和元的合并(b)

点 1—2—3 和 4—5—6 为合并前元的顶点号,合并后重编为 1—2—3—4

则位势在跨单元时保持连续。

为求式(3.3-33)中的系数,设三个顶点上势为 V_1,V_2 和 V_3,代入后有

$$\begin{bmatrix} V_1 \\ V_2 \\ V_3 \end{bmatrix} = \begin{bmatrix} 1 & x_1 & y_1 \\ 1 & x_2 & y_2 \\ 1 & x_3 & y_3 \end{bmatrix} \begin{bmatrix} a \\ b \\ c \end{bmatrix} \tag{3.3-34}$$

用 Cramer 准则解线性方程组式(3.3-34),可求得系数 a,b 和 c 的表达式。将它们代回式(3.3-33)便得三角元内任一点位势的一阶近似式

$$V = [1 \quad x \quad y] \begin{bmatrix} 1 & x_1 & y_1 \\ 1 & x_2 & y_2 \\ 1 & x_3 & y_3 \end{bmatrix}^{-1} \begin{bmatrix} V_1 \\ V_2 \\ V_3 \end{bmatrix} = \sum_{i=1}^{3} V_i \alpha_i(x,y) \tag{3.3-35}$$

式中的系数为

$$[\alpha_1 \quad \alpha_2 \quad \alpha_3] = [1 \quad x \quad y] \begin{bmatrix} 1 & x_1 & y_1 \\ 1 & x_2 & y_2 \\ 1 & x_3 & y_3 \end{bmatrix}^{-1} \equiv [1 \quad x \quad y] \begin{bmatrix} b_{11} & b_{12} & b_{13} \\ b_{21} & b_{22} & b_{23} \\ b_{31} & b_{32} & b_{33} \end{bmatrix} \cdot \frac{1}{A} \tag{3.3-36}$$

式中 A 为三角元的面积。用伴随矩阵法求出 $\{b_{ij}\}$,便有

$$\left.\begin{aligned} \alpha_1 &= \left(\begin{vmatrix} x_2 & y_2 \\ x_3 & y_3 \end{vmatrix} - \begin{vmatrix} 1 & y_2 \\ 1 & y_3 \end{vmatrix} x + \begin{vmatrix} 1 & x_2 \\ 1 & x_3 \end{vmatrix} y \right) \Big/ 2A \\ \alpha_2 &= \left(- \begin{vmatrix} x_1 & y_1 \\ x_3 & y_3 \end{vmatrix} + \begin{vmatrix} 1 & y_1 \\ 1 & y_3 \end{vmatrix} x - \begin{vmatrix} 1 & x_1 \\ 1 & x_3 \end{vmatrix} y \right) \Big/ 2A \\ \alpha_3 &= \left(\begin{vmatrix} x_1 & y_1 \\ x_2 & y_2 \end{vmatrix} - \begin{vmatrix} 1 & y_1 \\ 1 & y_2 \end{vmatrix} x + \begin{vmatrix} 1 & x_1 \\ 1 & x_2 \end{vmatrix} y \right) \Big/ 2A \end{aligned}\right\} \tag{3.3-37}$$

注意式中

$$\alpha_i(x_j, y_j) = \begin{cases} 0 & (i \neq j) \\ 1 & (i = j) \end{cases} \tag{3.3-38}$$

在求出三角元内位势近似式(3.3-35)之后,考虑单个元内位势能的极小问题,此势能表示为

$$F^{(e)} = 0.5 \int |\nabla V|^2 \mathrm{d}S = 0.5 \sum_{i=1}^{3} \sum_{j=1}^{3} V_i \int \nabla \alpha_i \cdot \nabla \alpha_j V_j \mathrm{d}S \tag{3.3-39}$$

式中

$$\nabla V(x,y) = \nabla \sum_{i=1}^{3} V_i \alpha_i = \sum_{i=1}^{3} V_i \nabla \alpha_i(x,y) \tag{3.3-40}$$

上角标(e)表示对一个单元。将式(3.3-39)写成矩阵形式有

$$F^{(e)} = 0.5\boldsymbol{V}^T\boldsymbol{S}^{(e)}\boldsymbol{V}, \text{其中 } S_{ij}^{(e)} = \int \nabla \alpha_i \cdot \nabla \alpha_j \mathrm{d}S \tag{3.3-41}$$

将式(3.3-37)代入式(3.3-41)便有

$$\left.\begin{aligned} S_{11}^{(e)} &= \frac{1}{4A}[(y_2-y_3)^2+(x_3-x_2)^2] \\ S_{12}^{(e)} &= \frac{1}{4A}[(y_2-y_3)(y_3-y_1)+(x_3-x_2)(x_1-x_3)] \end{aligned}\right\} \tag{3.3-42}$$

其他的矩阵元也可用类似方法推得,可以由顶点的位势和坐标计算出来。至此,对单个元的近似已经完成,接下去要把所有单元一个个装配起来求解。

(三)三角元的组合与 Laplace 方程的数值解

根据最小势能准则,要把整个研究区域的势能极小化,而整个区域的势能为单个三角元势能之总和。由于上述三角元剖分具有连续的势能,知道两个元如何连接便可以将所有元逐次组合起来。此时,将一对元在连接前的顶点位势写成以下列向量

$$\boldsymbol{V}_{\mathrm{dis}}^T = [V_1, V_2, V_3, V_4, V_5, V_6] \tag{3.3-43}$$

下角标 dis 表示组合前不连接的三角元。对应这两个元的未组合能量写为矩阵

$$\boldsymbol{W} = 0.5\boldsymbol{V}_{\mathrm{dis}}^T\boldsymbol{S}_{\mathrm{dis}}\boldsymbol{V}_{\mathrm{dis}}, \text{其中 } \boldsymbol{S}_{\mathrm{dis}} = \begin{bmatrix} S_{11}^{(1)} & S_{12}^{(1)} & S_{13}^{(1)} & & & \\ S_{21}^{(1)} & S_{22}^{(1)} & S_{23}^{(1)} & & & \\ S_{31}^{(1)} & S_{32}^{(1)} & S_{33}^{(1)} & & & \\ & & & S_{44}^{(2)} & S_{45}^{(2)} & S_{46}^{(2)} \\ & & & S_{54}^{(2)} & S_{55}^{(2)} & S_{56}^{(2)} \\ & & & S_{64}^{(2)} & S_{65}^{(2)} & S_{66}^{(2)} \end{bmatrix} \tag{3.3-44}$$

按照图 3-3-3 所示的顶点连接后的顶点标号,我们知道这一对三角元在连接前后满足以下关系

$$\boldsymbol{V}_{\mathrm{dis}} \equiv \begin{bmatrix} V_1 \\ V_2 \\ V_3 \\ V_4 \\ V_5 \\ V_6 \end{bmatrix} = \begin{bmatrix} 1 & & & \\ & 1 & & \\ & & 1 & \\ & 1 & & \\ & & & 1 \\ 1 & & & \end{bmatrix} \begin{bmatrix} V_1 \\ V_2 \\ V_3 \\ V_4 \end{bmatrix} \equiv \boldsymbol{C}\boldsymbol{V}_{\mathrm{con}} \tag{3.3-45}$$

下角标 con 注记已联接,对应连接后的能量变为

$$\boldsymbol{W} = 0.5\boldsymbol{V}_{\mathrm{con}}^T\boldsymbol{S}\boldsymbol{V}_{\mathrm{con}} = 0.5\boldsymbol{V}_{\mathrm{con}}^T\boldsymbol{C}^T\boldsymbol{S}_{\mathrm{dis}}\boldsymbol{C}\boldsymbol{V}_{\mathrm{con}} \tag{3.3-46}$$

这样,连续近似的势能分布被表示为与元顶点位势向量有关的二次型。

Laplace 方程的有限元近似解要将连接网中的势能极小化。记 k 为网格节点(连接后多个三角形的顶点)的编号,则势能极小化为

$$\frac{\partial \boldsymbol{W}}{\partial V_k} = 0 \tag{3.3-47}$$

在求解的边值问题中,在给定研究区域的边界上位势(或其导数)是给定的。假如我们在对网格节点编号时首先编区域内部的号,最后对给定位势的边界点编号,则式(3.3-47)可改写为

$$\frac{\partial \boldsymbol{W}}{\partial \boldsymbol{V}_k}=\frac{\partial}{\partial[\boldsymbol{V}_f]_k}[\boldsymbol{V}_f \quad \boldsymbol{V}_p]\begin{pmatrix}\boldsymbol{S}_{ff} & \boldsymbol{S}_{fp}\\ \boldsymbol{S}_{pf} & \boldsymbol{S}_{pp}\end{pmatrix}\begin{pmatrix}\boldsymbol{V}_f\\ \boldsymbol{V}_p\end{pmatrix}=0 \tag{3.3-48}$$

其中下角标 f 表示区域内的节点，下角标 p 表示边界上预给定位势的节点（不必对它们求导），矩阵 $\boldsymbol{S}$ 由式(3.3-46)给出。对式(3.3-48)作微分便有

$$\boldsymbol{S}_{ff}\boldsymbol{V}_f=-\boldsymbol{S}_{fp}\boldsymbol{V}_p \tag{3.3-49}$$

解线性矩阵方程式(3.3-49)便可求出研究区域内各节点的位势 V_f，此方程有唯一解，其精度取决于三角元的尺度。

在求解比 Laplace 方程更复杂的问题时，上述有限元方法同样可用于处理有关空间微分算子的逼近。在有限元法中并没有用到高于微积分的数学工具，但其中正确的思路与巧妙的计算技术相配合的思维，在不少工程计算中都可借鉴。

三、积分方程法

数值模拟有两种基本方法。一种是微分方程法。前面讨论过的有限差分法和有限元法等都属于这种方法。另一种是积分方程法（马在田，1997），三维数值模拟多采用它。

微分方程的解从数字上易于建立，形成的是大规模带状矩阵。由于要在网格上模拟整个地球，所以微分方程方法适于模拟复杂的地质情况。与此相比，积分方程方法涉及较复杂的数学，但其优点是仅需在异常区求出未知场。正是由于这个原因，当要模拟一个或少数几个小异常体的响应时，采用积分方程方法比较经济。下面以电磁法为例，介绍积分方程法。

要讨论的模型如图 3-3-4 所示。在导电率为 σ_1 的半空间中有一长方体，其导电率 $\sigma_2(r)$ 是变化的，为 r 的函数，r 表示矢径。由于假设大地电磁场的源是来自高空的垂直入射到地面的平面电磁波，所以可从讨论如下的频域中无源的麦克斯韦方程式组出发：

$$\begin{aligned}&\nabla\times\boldsymbol{E}-i\omega\mu_0\boldsymbol{H}=0\\&\nabla\times\boldsymbol{H}-\sigma\boldsymbol{E}=0\end{aligned} \tag{3.3-50}$$

我们定义均匀地球的场为一次场，以上角标 p 表示，一次场也满足无源的麦克斯韦方程组：

$$\begin{aligned}&\nabla\times\boldsymbol{E}^{\mathrm{p}}-i\omega\mu_0\boldsymbol{H}^{\mathrm{p}}=0\\&\nabla\times\boldsymbol{H}^{\mathrm{p}}-\sigma_1\boldsymbol{E}^{\mathrm{p}}=0\end{aligned} \tag{3.3-51}$$

从式(3.3-50)中分别减去式(3.3-51)中相应的公式，得到：

$$\nabla\times(\boldsymbol{E}-\boldsymbol{E}^{\mathrm{p}})-i\omega\mu_0(\boldsymbol{H}-\boldsymbol{H}^{\mathrm{p}})=0 \tag{3.3-52}$$

$$\nabla\times(\boldsymbol{H}-\boldsymbol{H}^{\mathrm{p}})-\sigma\boldsymbol{E}+\sigma_1\boldsymbol{E}^{\mathrm{p}}=0 \tag{3.3-53}$$

式中 σ 表示地下任一点处实际的导电率值，在异常体内为 σ_2，在其他处为 σ_1。

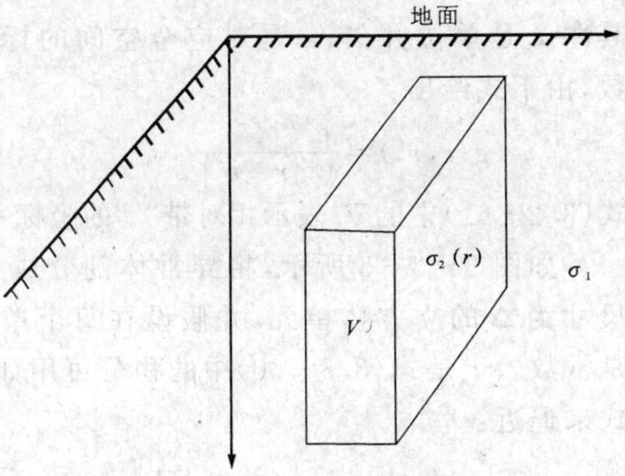

图 3-3-4　三维模型

式(3.3-53)可改写成：

$$\nabla\times(\boldsymbol{H}-\boldsymbol{H}^{\mathrm{p}})-\sigma_1(\boldsymbol{E}-\boldsymbol{E}^{\mathrm{p}})+(\sigma_1-\sigma)\boldsymbol{E}=0 \tag{3.3-54}$$

如果把实测场与一次场之差看作是二次场，并用上角标 s 表示，则式(3.3-52)和式(3.3-54)可简化成

$$\nabla\times\boldsymbol{E}^{\mathrm{s}}-i\omega\mu_0\boldsymbol{H}^{\mathrm{s}}=0 \tag{3.3-55}$$

和

$$\nabla\times\boldsymbol{H}^{\mathrm{s}}-\sigma_1\boldsymbol{E}^{\mathrm{s}}=\boldsymbol{J}^{\mathrm{s}} \tag{3.3-56}$$

其中

$$\boldsymbol{J}^{\mathrm{s}}=[\sigma_2(r)-\sigma_1]\boldsymbol{E} \tag{3.3-57}$$

是散射电流，仅在异常体中才存在。

对式(3.3－55)取旋度后代入式(3.3－56)，得

$$\nabla\times\nabla\times\boldsymbol{E}^{s}-i\omega\mu_0(\boldsymbol{J}^{s}+\sigma_1\boldsymbol{E}^{s})=0$$

移项后有

$$\nabla\times\nabla\times\boldsymbol{E}^{s}+k^2\boldsymbol{E}^{s}=-i\omega\mu_0\boldsymbol{J}^{s} \tag{3.3-58}$$

其中 $k^2=-i\omega\mu_0\sigma_1$

这样，电磁场被分成两部分，一部分是一次场，通过解式(3.3－51)可以很容易地求出。二次场可以认为是由异常体中的散射电流 $\boldsymbol{J}^{s}$ 引起的，如式(3.3－56)所示。这一部分场可以通过把 $\boldsymbol{J}^{s}$ 作为场源电流，并将式(3.3－55)和式(3.3－56)转换成积分方程，然后求解。

二次电场可通过将散射电流源 $\boldsymbol{J}^{s}$ 乘以适当的并矢格林函数 $\boldsymbol{G}(r,r')$，并对异常体所占的体积做积分而得

$$E^{s}(r)=\int_v \boldsymbol{G}(\boldsymbol{r},\boldsymbol{r}')\cdot\boldsymbol{J}^{s}(r')\mathrm{d}v' \tag{3.3-59}$$

式中的并矢格林函数是在存在空气—地球界面情况下将 r 处的二次电场与 r' 处的电流元 $\boldsymbol{J}^{s}(r')$ 联系起来，这时 r 处二次电场的方向与 r' 处源电流元的方向不再平行，所以必须用并矢格林函数。

如假设异常体内的电导率为常数 σ_2，则将式(3.3－57)代入式(3.3－59)后，可得到实测电场表达式为

$$\boldsymbol{E}(r)=\boldsymbol{E}^{p}(r)+(\sigma_2-\sigma_1)\int_v \boldsymbol{G}(\boldsymbol{r},\boldsymbol{r}')\cdot\boldsymbol{E}(r')\mathrm{d}v' \tag{3.3-60}$$

上式是一非齐次的第二类矢量弗雷德霍姆(Fredholm)积分方程式。

并矢格林函数由下式给出：

$$\boldsymbol{G}(\boldsymbol{r},\boldsymbol{r}')=\frac{1}{\sigma_1}[k_1^2\boldsymbol{I}-\nabla\nabla']g(r,r') \tag{3.3-61}$$

其中 $\boldsymbol{I}$ 是单位并矢，g 是对应全空间的标量格林函数，由下式给出：

$$g(r,r')=\frac{\mathrm{e}^{-ik_1|r-r'|}}{4\pi|r-r'|} \tag{3.3-62}$$

式(3.2－61)中的 ∇' 表示相对带“′”的坐标系求导数。

如图 3－3－5 所示，将异常体剖分成 N 个线性尺寸为 Δ 的立方体单元，并假设在每个单元内电场是常数。于是式(3.3－60)中的积分可用如下的求和式来逼近：

$$\boldsymbol{E}(r)=\boldsymbol{E}^{p}(r)+(\sigma_2-\sigma_1)\sum_{n=1}^{N}\int_{vn}\boldsymbol{G}(\boldsymbol{r},\boldsymbol{r}')\mathrm{d}v'\cdot\boldsymbol{E}_n$$

虽然在每个单元内可认为电场是常数，但格林函数变化很快，必须保留相对它的积分。应用关系式

$$\int_v \nabla\boldsymbol{G}(\boldsymbol{r},\boldsymbol{r}')\mathrm{d}v=\int_s \boldsymbol{G}(\boldsymbol{r},\boldsymbol{r}')\mathrm{d}s$$

可得

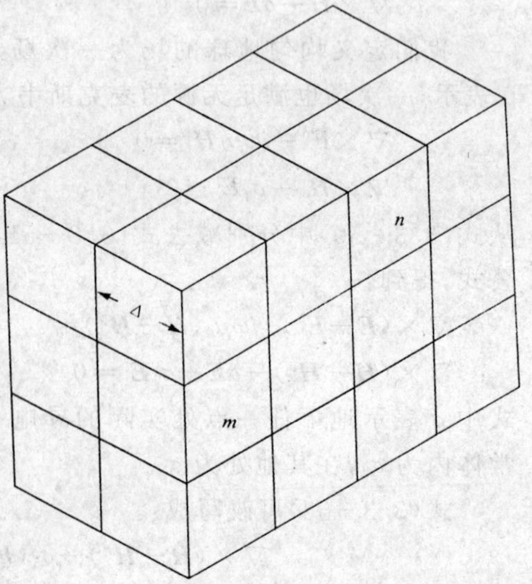

图 3－3－5　异常体剖分成立方体单元

$$\boldsymbol{E}(r)=\boldsymbol{E}^{p}(r)+\frac{\sigma_2-\sigma_1}{\sigma_1}\sum_{n=1}^{N}\Gamma(r,r')\cdot\boldsymbol{E}_n \tag{3.3-63}$$

式中 Γ 是相对有限单元体积电流的并矢格林函数，而 $\boldsymbol{G}$ 是相对无限小电流元的并矢格林函

数。并矢格林函数 Γ 可看成是两部分之和，分别对应电流源和电荷源：

$$\Gamma=\Gamma_A+\Gamma_\phi$$

根据式(3.3－61)可知：

$$\Gamma_A = k_1^2\int_{vn} \boldsymbol{G}_A(r,r')\mathrm{d}v' \tag{3.3-64}$$

$$\Gamma_\phi = \sum_{l=1}^{2}(-1)^l\int_{sn} \boldsymbol{G}_\phi(r,r')\mathrm{d}s' \tag{3.3-65}$$

而

$$\boldsymbol{G}_A=g(r,r')\boldsymbol{I}$$

$$\boldsymbol{G}_\phi = \sum_{i=1}^{3} - \nabla g(r,r')\cdot \boldsymbol{u} \tag{3.3-66}$$

上列各式中的下角标 A 和 ϕ 分别表示对应矢量位和标量位的作用。产生标量位部分的电荷源分布在单元之间的分界面上，因此式(3.3-65)中的面积分别包含对第 n 个单元6个面的积分，于是式(3.3-66)中的 r' 应为

$$r'=r_n+(-1)^l\cdot\frac{\Delta}{2}\cdot\boldsymbol{u}_i$$

$\boldsymbol{u}_i$ 是 x,y,z 轴的单位矢量，第 m 个单元中心处的电场可根据式(3.3－63)给出为

$$\boldsymbol{E}_m = \boldsymbol{E}_m^{\mathrm{p}} + \frac{\sigma_2-\sigma_1}{\sigma_1}\sum_{n=1}\Gamma_{mn}\cdot\boldsymbol{E}_n$$

移项后可写成：

$$\sum_{n=1}^{N}\left(\frac{\sigma_2-\sigma_1}{\sigma_1}\Gamma_{mn}-\delta_{mn}\right)\boldsymbol{E}_n=-\boldsymbol{E}_m^{\mathrm{p}} \tag{3.3-67}$$

式中

$$\delta_{mn}=\begin{cases}\boldsymbol{I} & (m=n)\\ 0 & (m\neq n)\end{cases}$$

0 是零矢。

对 N 个 m 值中的每一个都写出式(3.3－67)，可得到如下的分块矩阵方程式：

$$[M]\cdot[E]=-[E^{\mathrm{p}}] \tag{3.3-68}$$

矩阵 $[M]$ 中的每个元素本身就是一个 3×3 阶矩阵：

$$M_{mn}=\frac{\sigma_2-\sigma_1}{\sigma_1}\Gamma_{mn}-\delta_{mn}$$

由式(3.3－68)解出异常体内每个单元中心处的电场值之后，用这些结果及式(3.3－60)可求出异常体外任一点处的电场。为了计算任一点处的磁场，要对式(3.3－63)应用法拉第定律：

$$\boldsymbol{H}=\frac{1}{i\omega\mu_0}\cdot\nabla\times\boldsymbol{E}$$

考虑到：

$$\nabla\times\nabla\doteq0$$

得到：

$$\boldsymbol{H}(r) = \boldsymbol{H}^{\mathrm{p}}(r) + (\sigma_2-\sigma_1)\sum_{n=1}^{N}\int_{vn}\nabla\times\boldsymbol{G}_A(r,r')\mathrm{d}v'\cdot\boldsymbol{E}_n$$

这里 $\boldsymbol{H}^{\mathrm{p}}(r)$ 是均匀地球时的一次磁场。

前面重点介绍应用地球物理正演问题的几个常用的计算方法。随着应用地球物理方法技术的不断发展，已涌现出许多新的更有前途的方法。

§3.4 物理模拟方法

物理模拟是获取各种地质模型的物理场的重要技术。这种模拟是按照相似原理，在实验室以某种比例尺(通常在1∶100和1∶1 000 000之间)复制地质模型。实验室模型的物性参数一般也应按一定的比例改变，观测装置也要微型化。借助适当的比例因子，可将缩小模型转换成等价的理想化实际模型的响应。物理模拟方法与数值模拟方法一样是应用地球物理方法理论研究的一种重要手段。它不仅可对简单和复杂形状的物体物理场进行模拟，而且其真实的实验结果也可对其他模拟方法的结果进行对比和检验。

为了使室内缩小模型的响应能代表野外实际模型的响应，通常需通过比例换算确定实验室模型的物性参数，要使实际模型的物理场与模拟所得物理场具有相同的幅值和规律，必须遵守模拟准则。下面以电磁场和超声波的模拟为例，介绍模拟准则，其方法可适用于其他物理场的模拟。

一、电磁场物理模拟的基本原理

1. 频率域电磁场的模拟准则

设野外条件下地电体参数为σ_n，μ_n，工作频率为f_n，在模型条件下，参数为σ_m，μ_m，工作频率为f_m。要保持两种条件下得到的场相同，必须保持两种条件下的方程相同。因为

$$\frac{\partial^2 \boldsymbol{H}}{\partial x_m^2}+\frac{\partial^2 \boldsymbol{H}}{\partial y_m^2}+\frac{\partial^2 \boldsymbol{H}}{\partial_m^2}=i\omega_m\sigma_m\mu_m\boldsymbol{H} \tag{3.4-1}$$

$$\frac{\partial^2 \boldsymbol{H}}{\partial x_n^2}+\frac{\partial^2 \boldsymbol{H}}{\partial y_n^2}+\frac{\partial^2 \boldsymbol{H}}{\partial_n^2}=i\omega_n\sigma_n\mu_n\boldsymbol{H} \tag{3.4-2}$$

室内模型实验系统尺寸与野外比例关系为$1/l$，即

$$x_n=lx_m,\ y_n=ly_m,\ z_n=lz_m$$

$$\mathrm{d}x_m=\frac{1}{l}\mathrm{d}x_n,\ \mathrm{d}y_m=\frac{1}{l}\mathrm{d}y_n,\ \mathrm{d}z_m=\frac{1}{l}\mathrm{d}z_n$$

将上式代入式(3.4-1)，得

$$\frac{\partial^2 \boldsymbol{H}}{\partial x_n^2}+\frac{\partial^2 \boldsymbol{H}}{\partial y_n^2}+\frac{\partial^2 \boldsymbol{H}}{\partial z_n^2}=i\omega_m\sigma_m\mu_m\frac{1}{l^2}\boldsymbol{H} \tag{3.4-3}$$

将式(3.4-3)与式(3.4-2)比较，可写出

$$\omega_n\sigma_n\mu_n=\frac{1}{l^2}\omega_m\sigma_m\mu_m$$

即

$$\omega_n\sigma_n\mu_n l^2=\omega_m\sigma_m\mu_m \tag{3.4-4}$$

在此种条件下野外和模型磁场满足的波动方程完全相同，因而其磁场值也相同。故称式(3.4-4)为模拟准则。

实际上，式(3.4-4)两边为响应参数k^2r^2，亦称综合参数，只不过右端的线性尺寸等于1。这一关系式表明：具有相同综合参数的每个系统必定产生相同的电磁响应，而与ω，μ，σ及l的具体数值无关。因此，模拟准则简化为

$$\omega\mu\sigma l^2=\text{常数} \tag{3.4-5}$$

2. 时间域电磁场的模拟准则

由热传导方程，在实际条件下

$$\nabla_n^2 \boldsymbol{H} = \sigma_n \mu_n \frac{\partial \boldsymbol{H}}{\partial t_n} \tag{3.4-6}$$

与频率域相似，可得模型系统中的方程

$$\nabla_m^2 \boldsymbol{H} = \frac{1}{l^2} \sigma_m \mu_m \frac{\partial \boldsymbol{H}}{\partial t_m} \tag{3.4-7}$$

因此，得

$$\frac{l^2 \sigma_n \mu_n}{t_n} = \frac{\sigma_m \mu_m}{t_m} \tag{3.4-8}$$

上式为时间域电磁法的模拟准则，它可简化为

$$\frac{\sigma \mu l^2}{t} = 常数 \tag{3.4-9}$$

通常，模型实验和野外工作用同一种仪器，并且工作频率相同($f_m = f_n$)，或取样时间相同($t_m = t_n$)。对于无磁性导体，若我们选择模型实验比例尺为 1/1 000，则导电体模型的电导率为

$$\sigma_m = \sigma_n \times 10^6 \tag{3.4-10}$$

3. 模拟模型的种类

同数学模型一样，物理模拟模型通常只是实际地下构造的理想化近似。大多数用于研究固体矿勘查问题和其他类似问题的模型可分为四种类型，它们以不同近似程度代表野外的实际情况。如图 3-4-1 所示。

在第一类模型(图 3-4-1(a))中，除矿体或其他类型的目标体的模型外，所有介质都由一种绝缘体或空气来代表，目标体模型通常是由金属、碳或石墨做成的板、块、圆柱或其他简单形体。在某些特定的情况下，可将目标体做成与实际的导电构造相似的形状。

在第二类模型(图 3-4-1(b))中，导电性薄板代表覆盖层，空气代表围岩，其他与第一类模型相同。在有些模拟试验中，覆盖层的厚度是可改变的，也可在模拟实验中将覆盖层的电导率作为可改变量。这类模型可用于研究覆盖层本身的响应，场通过覆盖层产生的衰减和相位旋转，以及目标体和覆盖层之间的磁场相互耦合。

第三类模型(图 3-4-1(c))，目标体(或矿体)置于一均匀介质中，无覆盖层。最常用的均匀介质材料为导电性溶液，比如盐水，也可用固体，如大块铸字铅作均匀介质，浇铸时置入铜质目标体，还有人尝试过用其他材料(比如金属屑)做均匀介质。液体介质相对固体介质来说，主要优点是可以方便地改变矿体(或目标体)的位置。而使用液体的主要缺点是它的电导率不能做得很高。对于那些采用传导电流源或者对于那些观测电场强度的方法来说，这类模型是一种很方便的研究工具。

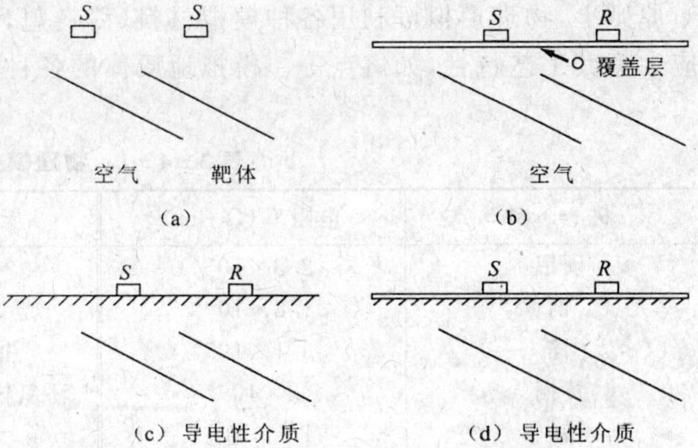

图 3-4-1 四类典型的模型

第四类模型(图 3-4-1(d))，目标体置于一均匀介质中，导电性介质上紧覆着导电性更好的覆盖，这类模型在很多场合能较好地模拟野外实际情况。如果模拟覆盖层的电导率是可变的，则尤为理想。在有些情况下，还应将围岩电导率在横向和纵向上的变化考虑进去，不过这种技术还不够成熟。

4. 物理模拟实验装置

模型实验的装置可繁可简。如果矿体(目标体)模型放置在空气中,则可将测量线圈放在一个桌面上,桌面上刻有适当的网格以方便线圈的手工定位。架设在桌面下的目标体模型应当可以方便地升降和改变方向。如将移动线圈安装在可沿一轨道运动的滑车上,则可加快剖面测量速度。物理模拟实验装置示意图见图 3-4-2。有些实验装置还配备了遥控系统,用以控制滑车的横向位置和安装其上的线圈的垂向位置。

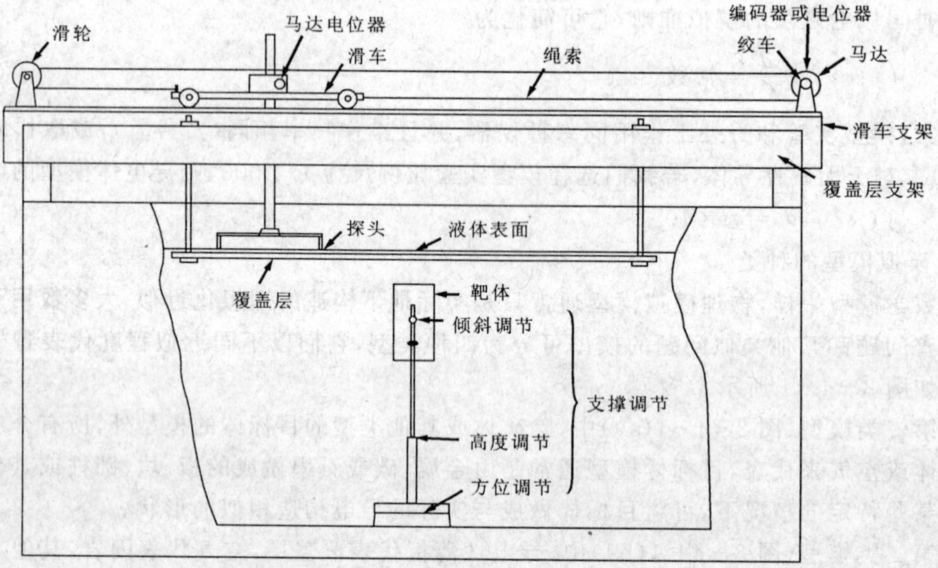

图 3-4-2 物理模拟实验装置示意图

5. 模型材料

原则上,物理模拟可利用各种模拟材料(傅良魁,1991)。但这时不仅要注意电阻率的差异,还应注意其工艺特性,如熔点等。模拟地质体的各种材料列于表 3-4-1 中。

表 3-4-1 物理模拟材料

材 料	电阻率(Ω·m)	材 料	电阻率(Ω·m)
硬铝	2.8×10^{-9}	铁	$\approx10^{-7}$
铜	1.8×10^{-8}	石墨	$5\times10^{-5\sim-7}$
锌	6.1×10^{-8}	饱和食盐溶液	0.05
黄铜	8×10^{-8}	环氧树脂和石墨粉胶结	$10^{-2}\sim10^{7}$
锡	1.1×10^{-7}	油烟橡皮	$10^{2}\sim10^{5}$
铅	2.1×10^{-7}	导电纸	$10^{2}\sim10^{6}$
锰铜(锰镍铜合金)	2.4×10^{-6}	有机玻璃	$10^{9}\sim10^{10}$

根据食盐水溶液的溶质浓度的改变,其电阻率可在 $10^{-2}<\rho<10^{2}\Omega\cdot m$ 内变化。

为了做好金属模型,必须使两种或三种金属材料连结成一块。一般选择下列金属对:铅—铜,铅—锌,锡—铜,锡—锌,锡—锰铜等。作为围岩介质选用相对易熔金属(锡或铅),并在其中焊入较难熔金属(铜、铅、锰铜等)。

二、超声波模拟

超声波模拟也是一种物理模拟。常用于地震勘查的模拟研究。它运用一些已知参数的介质做成一定几何形态的模型来模拟地下地质结构，采用超声波模拟地震波，专用换能器模拟震源和检波器，将野外地震勘查的过程在室内重现，用以获得地震记录或时间剖面。

任何一种计算模拟方法都要做一定的数学简化，因此所得结果与实际记录有较大差异，不能完全包括野外实际记录过程中的所有现象。超声波模拟则不然，它没有引入任何数学抽象，只是将大范围的实验(野外工作)在小范围中重现，因而其结果更接近实际，更具可比性。

要使超声波模拟观测到的波场特征与野外观测到的波场特征一致，物理模型必须在几何形态上、物理关系(运动学和动力学)上与被模拟的系统相似。也就是说，必须遵守相似性准则。

(一) 相似性准则

1. 几何相似性

要求模型的对应长度应成比例，一般对长度是用波长进行度量，野外地质体很大，地震波长较大。将地质结构缩小于室内，其超声波长就要小许多。模型缩小尺度应满足下式

$$\left(\frac{L}{\lambda}\right)_{实}=\left(\frac{L}{\lambda}\right)_{模} \quad 或 \quad \frac{\lambda_{实}}{\lambda_{模}}=\frac{L_{实}}{L_{模}}=d \tag{3.4-11}$$

式中 L 为几何尺度，λ 为波长。

例如某区野外记录频率为 30Hz，地层平均速度为 3 000m/s，地震波长 λ 为 100m。若室内超声波频率为 100kHz，模型材料速度为 1 000m/s，故超声波长约为 1cm，相似比可达 10^4 量级，即可用 10cm 大小的模型表示地下 1km 大小的地质介质。

2. 物理相似性

要求制作模型的材料与相应地层的物理参数相似，以便获得相似的运动学和动力学特征。材料的物理参数很多，就目前的技术水平而言，很难甚至根本无法做到完全相似，只能考虑最主要的参数相似。地震勘查中最主要的物理参数是速度和密度，只需要求各层之间的速度比和密度比相似即可。即

$$\left(\frac{v_i}{v_{i+1}}\right)_{实}=\left(\frac{v_i}{v_{i+1}}\right)_{模} \qquad \left(\frac{\rho_i}{\rho_{i+1}}\right)_{实}=\left(\frac{\rho_i}{\rho_{i+1}}\right)_{模} \tag{3.4-12}$$

式中下角标 i 表示上一层，$i+1$ 表示下一层。有时可能还考虑纵、横波速度比的相似性，即

$$\left(\frac{v_{\mathrm{p}}}{v_{\mathrm{s}}}\right)_{实}=\left(\frac{v_{\mathrm{p}}}{v_{\mathrm{s}}}\right) \tag{3.4-13}$$

(二) 超声模拟使用的仪器

超声模型试验的仪器可分为一般和专用两类。一般仪器是指实验室常用仪器，如万用表、晶体管电压表、频率计、示波器、振荡器……等等。专用仪器如超声测试仪、声发射仪、专用计算机，以及专门用来测试模型中波的运动学和动力学特征的仪器。制作模型的各种工具及真空抽气机、恒温箱等等。限于篇幅，我们不可能一一描述，现仅就专用换能器及超声探测仪做一个简略的介绍。

1. 换能器

用于超声波发射和接收的换能器，也称为传感器(俗称探头)。一般运用具有压电效应的晶体做成。它能将电能转换为机械振动能送入模型介质形成波动，也能将波动能转换为电能而接收下来。目前最常用的是压电陶瓷换能器。此换能器相当于野外工作的激发源和接收检波器。

换能器的性能指标有工作频率和频带宽度、指向性、阻抗特性、发射功率、灵敏度等。选择换能器时最为关注的应该是频率和指向性。

换能器的频率是根据模型的几何尺度、介质性质、模型形态等来选择。换能器的一些性能指标均会随频率而变化。室内模拟用换能器的工作频率一般为几十千赫到几兆赫。

换能器的指向性系指发射或接收换能器在各个方向的声能。其指向性不是一个球面(这与点源激发不同),而是向某一方向突出的曲面。图 3-4-3 是一个换能器指向性示意图,指向性越尖锐,声能愈集中,信噪比也愈大。但指向性太尖锐对模拟工作不利。一般要求指向性扁平一些,类似于半个“8”字。指向性与换能器的辐射面大小、结构和频率等有关。

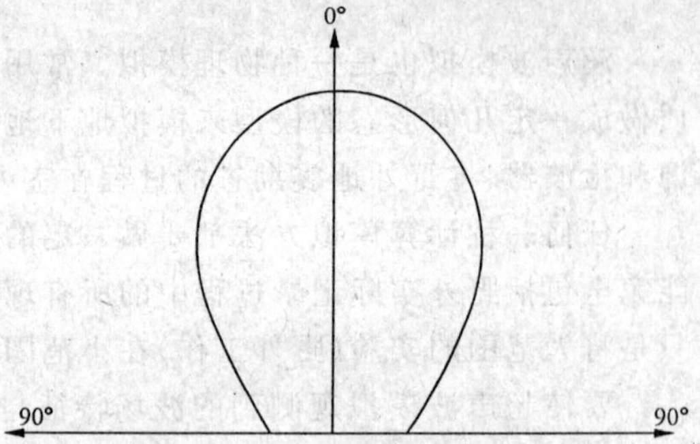

图 3-4-3　换能器指向性

2. 声波检测仪

目前有多种超声探测仪器,但都不是专门为室内模型试验设计的。所用仪器常是岩体超声探测仪或岩石参数测定仪。各种仪器基本原理大体相同,具有发射系统、接收系统和记录显示处理系统。发射机发射脉冲宽度和幅度均可调节的负方波,经探头形成声脉冲向介质传播。接收机频带宽度较大,可达 100kHz,增益可调。仪器能显示接收的波形并能数字显示波的传播时间。采样间隔可调。一般都可一发两收(两道接收)甚至多收。

除以上两种仪器以外,模型试验中计算机也是不可少的,计算机配以专用软件可控制采集方式,进行测试前的理论计算和采集数据的各种处理和成图。超声波模拟中各种仪器连结关系如图 3-4-4 所示。

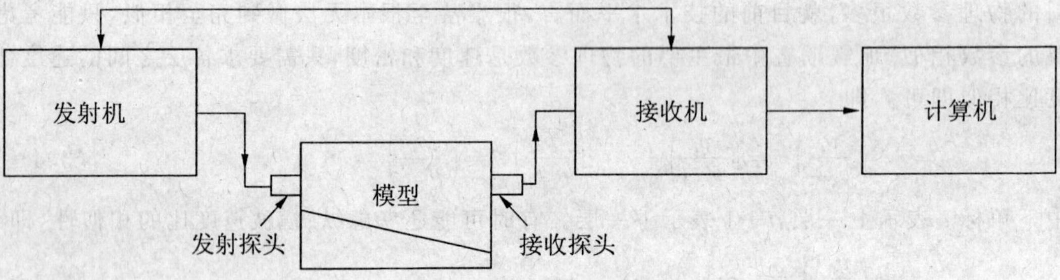

图 3-4-4　超声模拟仪器连结关系示意图

思考题与习题

1. 目前应用地球物理常用的正演方法有哪些？它们各有什么特点？

2. 什么是应用地球物理学的基本方程式？其系数 $h(x)$ 和 $g(x)$ 对不同方法的物理含义是什么？

3. 根据探测对象的深度和尺度,应用地球物理可分为哪四类？

4. 什么是有限差分法？简述它的基本原理和方法步骤。

5. 什么是有限单元法？简述它的基本原理和方法步骤。

6. 简述积分方程法的基本原理和方法特点。

7. 简述物理模拟的基本原理。

8. 物理模拟方法与数学模拟方法相比有什么优缺点？

主要参考文献

[1] 傅良魁主编，应用地球物理教程——电法、放射性、地热。北京：地质出版社，1991

[2] 何樵登主编，地震勘探原理和方法。北京：地质出版社，1986

[3] 何樵登、熊维钢主编，应用地球物理教程——地震勘探。北京：地质出版社，1991

[4] 马在田等编著，计算地球物理学概论。上海：同济大学出版社，1997

[5] 徐世浙，地球物理中的有限单元法。北京：科学出版社，1994

[6] 杨文采著，地球物理反演的理论与方法。北京：地质出版社，1997

[7] 米萨克 N. 纳比吉安主编，赵经祥等译，勘查地球物理——电磁法，第一卷：理论。北京：地质出版社，1992

[8] Silvester P. P., Finite Element for Electrical Engineers, Cambridge Univ. Press, 1983

第四章 重力勘查方法的基本原理

以研究对象与围岩存在着密度差异为前提条件的重力勘查，最早起源于20世纪初的以寻找盐丘等储油构造为目的的扭秤测量。20世纪30年代中期，精密、快速、轻便的地面重力仪问世，迅及取代了原有的扭秤测量，其应用领域也大为扩展。60年代发展起来的海洋重力测量，使占地球表面70%以上的海洋区也成了应用重力法的广阔场所，配合同期发展的对人造卫星资料的分析与研究，使重力法在研究全球板块构造、地壳深部构造、区域地质构造、圈定含油气远景区及煤盆地以及寻找部分固体矿产资源等多种领域起到重要作用。20世纪70年代初，世界第一台观测精度达微伽级的陆地重力仪诞生，促使了微重力测量学这一新的分支学科的出现。这种重力仪被广泛地应用于水文、工程、环境各领域，为探测地下洞穴、陵址、破碎带、地热田的勘查与动态监测、滑坡与地下坑道岩爆的监控与预报等等。井中重力测量是将陆地微伽级重力仪改装后而实施的，它主要用于地层密度的测定、老油井的重新开发、采油的动态监控以及探区岩层裂隙发育情况的探查；航空重力一直是地球物理学家们所梦寐以求的，但比起航磁、航电等方法，航重的实践困难要大得多。自20世纪50年代后期起，美国和苏联即已开始了有关仪器系统和工作方法的研制，后来德国、加拿大等也开展了这方面的工作。全球定位系统(GPS)与信号数字滤波系统的开发是航重走向实用的又一重要条件。20世纪70～80年代，已局部开始了有实用价值的商业试验飞行，前苏联已作了部分面积的小比例尺航重测量飞行。至20世纪90年代中期，一些国家已在部分地区(如格陵兰、墨西哥湾、亚马逊盆地、南极、阿尔及利亚……)采集了大量可供实用的数据，瑞士已有了覆盖全国范围的航重图件。因此，航空重力未来的前景将会是更美好的。

重力勘查观测的是天然重力场，因而成本低；又因造成重力变化的因素自地下深处到地表都有，所以该方法具有探测深度大的优点；轻便快速获得资料也是它的长处之一。但制约该方法进一步发展的主要原因在于不同深度的重力异常叠加后如何按需要分离开来，是所有奠基在位场理论的各方法共同存在的难关；其次，对本方法来说，地形影响远较其他方法也来得严重。

我国在解放后发展起来的重力勘查，于第一轮石油普查(20世纪50～60年代)中立下过显赫战功，现在已能在陆地、海洋和井中各领域内开展工作。20世纪70年代末开始的全国范围的区域重力调查，是一项基础性地球物理调查，是综合开发国土资源与矿产资源的基础资料，具有长期利用的价值。与此同时，微重力测量的研究与应用还有待于进一步开发与深化，以适应时代发展的需要。

在第二章§2.1节中我们介绍了什么是重力，重力正常场变化的基本规律和重力异常的概念。本章则着重介绍重力异常的求取过程，重力异常的地质—地球物理含义，并给出几种简单形体重力异常的特征和复杂形体异常的求解方法等。

§4.1 重力观测资料的整理

一、普通点观测资料的初步整理

（一）读数换算

对于格值（即重力仪计数器每一格相当于多大重力值的变化）为常数的重力仪来说，这一换算十分简单，只要将某测点上的读数 S_i 减去在该测段的首基点上的读数 $S_{首}$，然后乘以仪器格值 C，便得到该测点与首基点之间的重力差，即 $\Delta g=C\cdot(S_i-S_{首})$。

而对于格值不是常数的重力仪，如美国的拉科斯特（LACOSTE & ROMERG）重力仪（简写为 LCR）有两种型号，即 G 型（Geodetic）和 D 型（Microgal），这时的换算要复杂些。表 4－1－1 为 LCR－G929[#] 的部分格值表。举例来说，若某测点上的读数为 2 794.635，则先取出最接近它又比它小的整数即 2 700 所对应的累加重力值为 2 739.68（单位为 mGal），然后加上差值 94.635 乘以由 2 700 至 2 800 读数区间的对应格值（亦称间隔因子）1.01412，最后求和，即 2 739.68＋94.635×1.014 12＝2 835.651（mGal），就是该测点上的换算重力值，它与首基点上的换算重力值之差即为该测点相对于首基点的重力差。

表 4－1－1　LCR－G929[#] 的部分格值表

读数区间	累加重力值	间隔因子
2 500	2 536.86	1.014 11
2 600	2 638.27	1.014 11
2 700	2 739.68	1.014 12
2 800	2 841.10	1.014 14
2 900	2 942.51	1.014 15
3 000	3 043.92	1.014 16

（二）重力固体潮校正与零漂校正

重力固体潮校正是为了消除太阳、月亮对地表各测点产生的重力变化，已有专用程序可供调用，只须输入测点的经纬度及观测时刻（24 小时制）即可。对于大比例尺小工区而言，仅用测区平均经纬度值和各点观测时刻即可；零漂校正是因为重力仪总存在零点漂移的问题，必须在基点控制下予以校正。两种校正先后次序不能颠倒，当测量精度要求不高（如小于 1：10 万的比例尺测量）时，可将这两种影响合在一起当作混合零点漂移一次性进行校正。通常重力普通点观测都是在基点控制下作单次观测的。如图 4－1－1 所示，对该时间段内的某测点观测值进行零点漂移（或混合零漂）校正是按下式进行：

$$\Delta g_{it}=K(t_i-t_{\mathrm{I}}) \tag{4.1-1}$$

图 4－1－1　普通点观测方式示意图

式中 K 为校正系数

$$K=-\frac{\Delta g'_{\mathrm{II}}-\Delta g_{\mathrm{II\,I}}}{t_{\mathrm{II}}-t_{\mathrm{I}}}=\frac{\Delta g'_{\mathrm{II}}-\Delta g_{\mathrm{II\,I}}}{t_{\mathrm{I}}-t_{\mathrm{II}}}$$

式中 $\Delta g'_{\mathrm{II}}$ 为作普通点观测时由仪器读数求得的本测段 G_{I} 与 G_{II} 两基点间的重力差，而 $\Delta g_{\mathrm{II\,I}}$ 则为该两基点在经基点网平差后的已知正确的重力差，t_{II}、t_{I} 与 t_i 分别表示在 G_{II}、G_{I} 和第 i 个测点上的观测时刻（精确到分钟值）。

普通点的观测质量是以检查观测来衡量，检查点应均匀分布全工区，其数量一般为总点数的 3%～5%，当同一点仅作一次检查观测时，其精度衡量公式是

$$\varepsilon_{检}=\pm\sqrt{\frac{\sum_{i=1}^{n}\delta_i^2}{2n}} \tag{4.1-2}$$

式中的 n 为检查点数目，δ_i 为前后两次观测值的偏差。由于普通点是受基点控制的，基点网经平差后也有其精度，所以，最后衡量普通点的观测精度应由下式确定：

$$\varepsilon_{观}=\pm\sqrt{\varepsilon_{检}^2+\varepsilon_{基}^2} \tag{4.1-3}$$

式中的 $\varepsilon_{基}$ 代表经平差后基点网的精度，通常要求 $\varepsilon_{基}\leqslant(\frac{1}{2}\sim\frac{1}{3})\varepsilon_{观}$。

二、基点网观测资料的整理

（一）基点网的联测

在进行重力普通点观测工作之前，需要用多台性能较好的重力仪，采用重复观测方式，按事前设计好的基点网布局对基点进行联测，以获得相邻基点（一个边段）上高精度的增量值。下面以一台仪器为例介绍联测方法。

1. 双程往返观测法

本方法主要适用于性能很好的 LCR 重力仪等，观测路线为 1，2，3，…，n，n，…，3，2，1，然后计算出各点经重力固体潮校正后的重力值 g_i，g_j。当考虑仪器零漂为线性变化时，计算各边段重力增量值的公式为

$$\Delta g_{i,j}=g_j-g_i+\frac{(g_i'-g_i)-(g_j'-g_j)}{(t_i'-t_i)-(t_j'-t_j)}(t_i-t_j) \tag{4.1-4}$$

式中 g_i、g_i' 为 i 点往、返程观测经固体潮校正后的重力值；g_j、g_j' 为 j 点往、返程观测经固体潮校正后的重力值；t_i、t_i' 与 t_j、t_j' 分别为第 i 点和第 j 点往、返程观测的时间。

2. 三重循环观测法

本方法主要适用于石英弹簧重力仪中那些零漂不够线性的仪器，观测路线为 1，2，1，2，3，2，3，…，计算相邻两个点间边段重力增量值的公式为

$$\Delta g_{2,1}=K(S_2-S_1)+(R_2-R_1)-\frac{K(S_1'-S_1)+(R_1'-R_1)}{t_1'-t_1}(t_2-t_1) \tag{4.1-5}$$

$$\Delta g_{1,2}=K(S_1'-S_2)+(R_1'-R_2)-\frac{K(S_2'-S_2)+(R_2'-R_2)}{t_2'-t_2}(t_1'-t_2) \tag{4.1-6}$$

式中 K 为仪器格值；S_1、t_1、R_1 为在第一点上的第一次观测值、观测时间、固体潮校正值；S_2、t_2、R_2 代表第二点上的第一次观测值、观测时间、固体潮校正值；S_1'、t_1'、R_1' 及 S_2'、t_2'、R_2' 则表示第一点与第二点上第二次观测值、观测时间和固体潮校正值。

最后得该独立增量的计算式是

$$\overline{\Delta g_{2,1}}=\frac{1}{2}(\Delta g_{2,1}+\Delta g_{1,2})$$

由于基点网的建立要求每一边段至少有三个独立增量，最后求平均段差，所以每边至少有三台（次）重力仪同步进行观测，衡量联测精度的公式为：

$$\left.\begin{aligned}\varepsilon_j&=\pm\sqrt{\frac{\sum\limits_{i=1}^{n_j}\delta_{ij}^2}{n_j(n_j-1)}}\\ \varepsilon_b&=\pm\sqrt{\frac{\sum\limits_{j=1}^{N}\varepsilon_j^2}{N}}\end{aligned}\right\} \tag{4.1-7}$$

式中 ε_j 为第 j 边段平均重力增量的联测均方误差；ε_b 为基点网的重力联测均方误差；n_j 为组成第 j 边段平均重力增量的独立增量个数；N 为基点网的联测总边段数；δ_{ij}为基点网第 j 边

段上各个独立增量与该边段平均增量之差。

（二）基点网平差

经过联测资料的初步整理，求得了各边段上的重力差。如果没有误差存在，由这些边段组成的每一个闭合环路的段差之和应等于零。但事实上由于联测中总存在误差，这一和值常常不会为零，这个不为零的值就称为该环路的闭合差。平差就是将每个环路中的闭合差按照一定的方法和条件分配到相应环路中的每一个边上，使每环经过改正后的各边段新的段差之和为零。基点网分两种，其中不包括精度更高的已知重力基点（如国家级基点）的网称为自由网，而包含有精度更高的已知重力基点的网就叫作非自由网。在作非自由网的平差时，应保持那些已知重力点的重力值不变。

1. 自由网的条件平差

在基点网的联测中，由于各边段上独立增量个数 P 常常并不相等，P 大的其平均增量精度高，因而对闭合差的分配值就应该少，所以这种分配是与 $1/P$ 有关，P 就称为权。

（1）绘制基点网分布示意图。某工区重力基点网由 8 个基点组成两个闭合环路（见图 4-1-2），在各边上（环内侧）标出平均增量及变化方向（箭头指向重力值减小的一点），以箭头为顺时针方向各边平均增量之和减去箭头为逆时针方向各边平均增量之和，即得出各环的闭合差，将其写在各环中央（注意：本例是以 G_2 点作起始基点，即它的相对重力值为 0.000mGal。边段上重力增量也是以 mGal 作单位的，而闭合差是以 μGal 为单位的），同时把各边上的权 P 值也标在边段上。

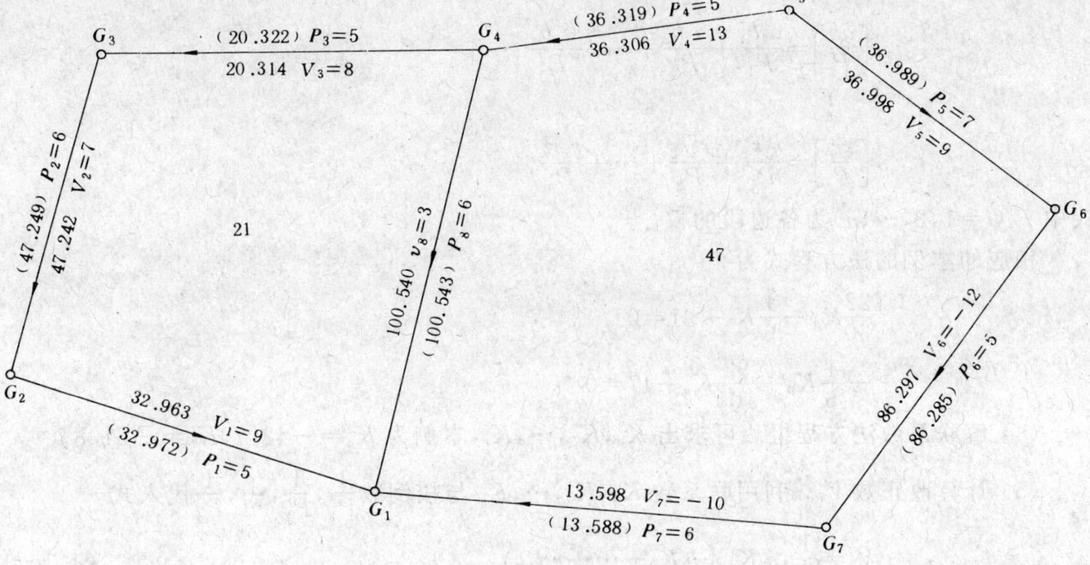

图 4-1-2　某区重力基点网分布示意图

（2）列改正数条件方程组。假设基点网由 r 个闭合环组成，各环的闭合差分别为 W_a、W_b、…、W_r，待求的各边段改正值为 $V_i(i=1,2,\cdots,n)$，则可列出 r 个改正数条件方程式：

$$\left.\begin{aligned}a_1V_1+a_2V_2+\cdots+a_nV_n+W_a=0\\b_1V_1+b_2V_2+\cdots+b_nV_n+W_b=0\\\vdots\qquad\qquad\\r_1V_1+r_2V_2+\cdots+r_nV_n+W_r=0\end{aligned}\right\}\tag{4.1-8}$$

式中 $a_i,b_i,\cdots,r_i(i=1,2,\cdots,n)$ 为条件式系数，该系数按各边段箭头方向确定，顺时针方向取 +1，反之取 −1。本例可得到两个改正数条件方程式：

$$-V_1-V_2-V_3+V_8+21=0$$
$$-V_4+V_5+V_6+V_7-V_8+47=0$$

其中条件式系数为

$a_1=a_2=a_3=-1,a_8=1$，其余的 $a_i=0$；

$b_4=b_8=-1,b_5=b_6=b_7=1$，其余的 $b_i=0$。

式(4.1-8)中未知数 V_i 的个数大于方程的个数，无法求解，需根据条件式系数，求解联系数 $K_a,K_b,\cdots,K_r$，以便计算出 V_i。

(3) 建立求解联系数的法方程组。其一般形式为

$$\left.\begin{aligned}\left[\frac{aa}{P}\right]K_a+\left[\frac{ab}{P}\right]K_b+\cdots+\left[\frac{ar}{P}\right]K_r+W_a=0\\ \left[\frac{ab}{P}\right]K_a+\left[\frac{bb}{P}\right]K_b+\cdots+\left[\frac{br}{P}\right]K_r+W_b=0\\ \vdots\qquad\qquad\\ \left[\frac{ar}{P}\right]K_a+\left[\frac{br}{P}\right]K_b+\cdots+\left[\frac{rr}{P}\right]K_r+W_r=0\end{aligned}\right\}\tag{4.1-9}$$

式中 $K_a,K_b,\cdots,K_r$ 称为联系数，其个数与方程个数相同，[　]内代表的算式如下：

$$\left[\frac{aa}{P}\right]=\frac{a_1a_1}{P_1}+\frac{a_2a_2}{P_2}+\cdots+\frac{a_na_n}{P_n}$$
$$\left[\frac{ab}{P}\right]=\frac{a_1b_1}{P_1}+\frac{a_2b_2}{P_2}+\cdots+\frac{a_nb_n}{P_n}$$
$$\vdots$$
$$\left[\frac{rr}{P}\right]=\frac{r_1r_1}{P_1}+\frac{r_2r_2}{P_2}+\cdots+\frac{r_nr_n}{P_n}$$

式中 $P_i(i=1,2,\cdots,n)$ 为各边段的权。

相应的本例的法方程式为

$$\frac{22}{30}K_a-\frac{1}{6}K_b+21=0$$
$$-\frac{1}{6}K_a+\frac{92}{105}K_b+47=0$$

(4) 解联系数法方程组。可求出 $K_a,K_b,\cdots,K_r$，本例为 $K_a=-42.7,K_b=-61.8$。

(5) 计算改正数 V_i。利用联系数 $K_a,K_b,\cdots,K_r$ 与权倒数 $\frac{1}{P_1},\frac{1}{P_2},\cdots,\frac{1}{P_n}$ 代入式

$$V_i=\frac{1}{P_i}(a_iK_a+b_iK_b+\cdots+r_iK_r)\tag{4.1-10}$$

中，即可计算出 V_i 值，本例中为

$V_1\doteq9(\mu\text{Gal})$，　$V_2=7(\mu\text{Gal})$，　$V_3=8(\mu\text{Gal})$，　$V_4=3(\mu\text{Gal})$，

$V_5=9(\mu\text{Gal})$，　$V_6=-12(\mu\text{Gal})$，　$V_7=-10(\mu\text{Gal})$，　$V_8=3(\mu\text{Gal})$

(6) 计算各边改正后的重力增量值。将计算出的各个改正数 V_i 值标在基点网示意图中相应边的内侧上，以各边原来的平均重力增量值 L_i 与 V_i 求代数和，即为经平差后的重力增量值 X_i（简称"平差值"），即 $X_i=L_i+V_i$，将各边 X_i 标在相应边外侧，并用(　)括起来，此时各环闭合差应等于零，但由于求改正数 V_i 值的四舍五入等原因，闭合差可能含有一个不为零的小值，

如 1～2 个 μGal，此时，可将该值分到本环不与邻环接界的、权小的自由边上。

(7) 平差后各基点相对重力值的计算，是从起始(总)基点出发由各边平差值推算而得，是各边平差值的线性函数(称之为平差值函数 ΔG)。

$$\Delta G=f_1X_1+f_2X_2+\cdots+f_nX_n+f_0 \tag{4.1-11}$$

对自由网来说，是由起始基点起算的，$f_0=0$，$f_i(i=1,2,\cdots,n)$的确定方法为：当边段箭头方向同该基点到起算点的方向一致时取+1，反之取-1。本例以 G_2 作总基点推出的其他各基点的值为

$$\Delta G_3=X_2=47.249(\text{mGal})$$

$$\Delta G_4=X_3+X_2=67.571(\text{mGal})$$

$$\Delta G_5=X_4+X_3+X_2=103.890(\text{mGal})$$

$$\Delta G_6=X_6+X_7-X_1=66.901(\text{mGal})$$

$$\Delta G_7=X_7-X_1=-19.384(\text{mGal})$$

$$\Delta G_1=-X_1=-32.972(\text{mGal})$$

2. 非自由网的平差

当网内有少数几个高一级基点，且它们都处在全网最外围自由边上时，可以由相近的两个高一级基点建立一条边，与其他几个基点组成的几个边构成一个新环路，这样全网就多了若干环，按前叙的方法进行平差，只是凡由两个高一级基点连成的边(称坚强边)不参与改正值的分配；当高一级基点位于网内的交叉点上时，宜采用结点平差法。限于篇幅，在此不作介绍(可参考由王宝仁、徐公达编著的《高精度重力测量》)。

3. 波波夫逐次渐近平差法

在大比例尺小面积的高精度测量中，基点数目少，网形简单，且各边的独立增量数常常相等，即为等权观测，前叙的计算可通过图解的逐次渐近方法求得。先求出每环的原始闭合差，选出闭合差绝对值最大的一环开始分配，按单环边数平均分配闭合差反号即得各边改正数 V，有公共边的，将本环的改正数反号与邻环的原始闭合差求和得新的闭合差，再选出新的闭合差最大的一环重复上述步骤……如此继续下去，直至其他环闭合差为零，仅某一环存在一个 1～2μGal 的残差时，就可将其放到该环的某一自由边上去求得新的改正数，最后实现各环闭合差都为零，就可以推算各基点相对总基点的相对重力值了。

(三) 基点网精度评价

对于不等权观测的基点网，都是以网内最弱点重力值的均方差 ε_G 来评定的。

1. 求单位权中误差 μ

$$\mu=\pm\sqrt{\frac{[PVV]}{r}} \tag{4.1-12}$$

式中$[PVV]$值可由改正数 V 直接计算求取，也可以由$-[WK]$得到，即

$$[PVV]=-W_aK_a-W_bK_b-\cdots-W_nK_n$$

本实例的结果为 $\mu=\pm 43.6(\mu\text{Gal})$(或 10^{-8}m/s^2)。

2. 平差后各基点相对重力值的中误差计算

(1) 转换系数的计算。转换系数 $q_a,q_b,\cdots,q_r$ 应满足下列方程组：

$$
\left.\begin{aligned}
&\left[\frac{aa}{P}\right]q_a+\left[\frac{ab}{P}\right]q_b+\cdots+\left[\frac{ar}{P}\right]q_r+\left[\frac{af}{P}\right]=0\\
&\left[\frac{ab}{P}\right]q_a+\left[\frac{bb}{P}\right]q_b+\cdots+\left[\frac{br}{P}\right]q_r+\left[\frac{bf}{P}\right]=0\\
&\qquad\vdots\\
&\left[\frac{ar}{P}\right]q_a+\left[\frac{br}{P}\right]q_b+\cdots+\left[\frac{rr}{P}\right]q_r+\left[\frac{rf}{P}\right]=0
\end{aligned}\right\} \tag{4.1-13}
$$

本例中以 G_7 点有关数据代入式(4.1－13)可得

$$\frac{11}{15}q_a-\frac{1}{6}q_b+\frac{1}{5}=0$$

$$-\frac{1}{6}q_a+\frac{92}{105}q_b+\frac{1}{6}=0$$

解出　$q_a=-0.330, q_b=-0.253$。同理可得其他各点对应的转换系数。

(2) 计算平差值函数的权倒数 $\frac{1}{P_G}$，计算公式为

$$\frac{1}{P_G}=\left[\frac{ff}{P}\right]+\left[\frac{af}{P}\right]q_a+\left[\frac{bf}{P}\right]q_b+\cdots+\left[\frac{rf}{P}\right]q_r \tag{4.1-14}$$

计算时将各基点的 $\left[\frac{ff}{P}\right]$、$\left[\frac{af}{P}\right]$、$\left[\frac{bf}{P}\right]$、…、$\left[\frac{rf}{P}\right]$ 和 q_a、q_b、…、q_r 代入式(4.1－14)即可，例如

$$\frac{1}{P_{G_7}}=\frac{11}{30}+\frac{1}{5}(-0.330)+\frac{1}{6}(-0.253)=0.259$$

(3) 计算平差值函数中误差 ε_G，其公式为

$$\varepsilon_G=\pm\mu\sqrt{\frac{1}{P_G}} \tag{4.1-15}$$

依据已得到的各基点的权倒数 $\frac{1}{P_G}$ 和单位权中误差 μ，就可按式(4.1－15)求取各点的 ε_G，例如 G_7 点的

$$\varepsilon_G=\pm 43.6\sqrt{0.259}\doteq 22(\mu\text{Gal})$$

各基点相对重力值的精度求出后，以全网内最弱点中误差表示全网的精度，本例计算结果是 G_6 点为最弱点，其中误差为±24(μGal)，故此网精度 $\varepsilon_G=\pm 24(\mu\text{Gal})$(或 10^{-8}m/s^2)。

对于等权观测的基点网平差后，也可按下式评定精度：

$$\varepsilon_{平}=\pm\sqrt{\frac{n}{N}}\cdot\sqrt{\frac{\sum_{j=1}^{N}V_j^2}{r}} \tag{4.1-16}$$

式中 N 为基点网的边数，n 为基点数减 1，r、V_j 代表闭合环数与各边改正数。

上述不等权的自由网平差法称为高斯-杜力特法，可编程上机计算，也可列表格一步一步手算出来。

从以上的讨论中，我们可以总结出建立重力基点网的重要性就在于：第一，利用每一测段的首尾基点已知值(即平差后的值)来控制普通点测量，以便进行各普通点上的零漂校正；第二，可以由总基点出发依各基点上的相对重力值推算出全区所有普通点的相对重力值。如果总基点与国家已知绝对重力值的基本点实施过联测，则各基点与各测点上的绝对重力值也可推算出来了。

三、重力异常的求取

普通点上的相对重力值，已消除了读数随时间变化的影响，各测点的相对重力值除了包含有地下不均匀地质体的剩余质量产生的重力异常外，还包含有因测点空间位置的不同（如高度、地形等）而造成的重力的正常变化。这些变化不是我们所需要的。因此，为单纯获得重力异常，就要引入一系列校正，以消除这些因素的影响。

（一）正常场校正

由于正常重力值是纬度的函数，不同纬度上的测点正常重力值就不同。一般在小比例尺大面积测量中，测点上的值都换算为绝对重力值了，所以只要将测点纬度代入式(2.1－20)或式(2.1－21)、式(2.1－22)中选定的某一个，就可计算出其正常值，从观测值中减去它即完成这一项校正（注意：影响值与校正值是异号的）。需要提醒注意的是，测点上的观测值是在自然地表上的，而它的正常值则是测点在大地水准面上投影点处的。对于在大比例尺小面积测量中，只需求相对重力异常，故采用纬度校正这一作法。纬度校正公式是利用正常重力值 g_0 随纬度的变化率导出来的，具体计算公式是：

$$\delta g_{纬} = -8.14\sin 2\varphi\{D\}_{\mathrm{km}} \quad (\mathrm{g.u.}) \tag{4.1-17}$$

式中 φ 为测区内总基点的纬度或测区的平均纬度，D 为测点到总基点（或平均纬度处）的南北向距离，$\{\ \}_{\mathrm{km}}$是代表 D 以 km 为单位（下同）。在北半球，当测点在总基点以北时，正常重力值要增大，为消除其影响，要减掉它，故 D 取正（公式前已有负号），反之取负。

（二）地形校正

通常测点周围的地形都不尽相同，讨论某测点 A 周围地形起伏对 A 点观测值的影响，可通过图 4－1－3 来分析。相对于平坦地形而言，高于 A 点的地形物质对 A 点的引力在铅垂方向的分力是向上的，因而会使观测值减小；低于 A 点的地形，如果填满同样密度的物质，则这部分物质对 A 点引力的铅垂分量会使 A 点观测值加大。但事实上没有这部分物质存在，所以测点周围起伏地形的影响总是使测点观测值减小，即影响值为负，故地形校正值总是正的（此处仅指局部地形校正而言。而如果考虑地球表面的弯曲且改正范围远及全球的广义地形校正时，其值将有正有负）。

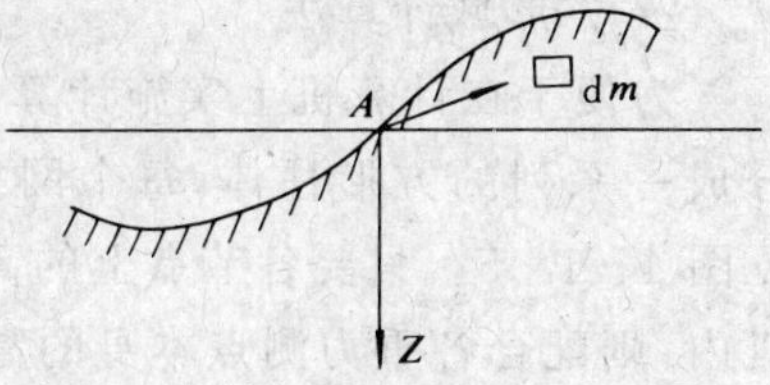

图 4－1－3　地形影响示意图

计算地形校正值的方法很多，但原理大都一样。由于实际地形起伏是随机的，只能将复杂的地形按一定要求分割成一系列简单的形状，每个简单形状地形块可通过积分运算求出其校正值，最后将一定范围内所有这种地形块体的校正值求和。目前应用最多的有如下两种计算方法。

1. 扇形域计算法

图 4－1－4 为一张扇形域的分区量板和其中一个扇形柱体示意图。在圆柱坐标系中，应用基本公式(2.1－24)，可得到扇形柱体 $EFHG$ 对 A 点的校正值为

$$\delta g_T = G\sigma\int_{R_i}^{R_{i+1}}\mathrm{d}R\int_{\alpha_j}^{\alpha_{j+1}}\mathrm{d}\alpha\int_0^h\frac{R\zeta}{(R^2+\zeta^2)^{3/2}}\mathrm{d}\zeta$$

若 $\alpha_{j+1}-\alpha_j=\dfrac{2\pi}{n}$，则上式为

$$\delta g_T = \frac{2\pi G\sigma}{n}\left(R_{i+1}-R_i+\sqrt{R_i^2+h^2}-\sqrt{R_{i+1}^2+h^2}\right)$$

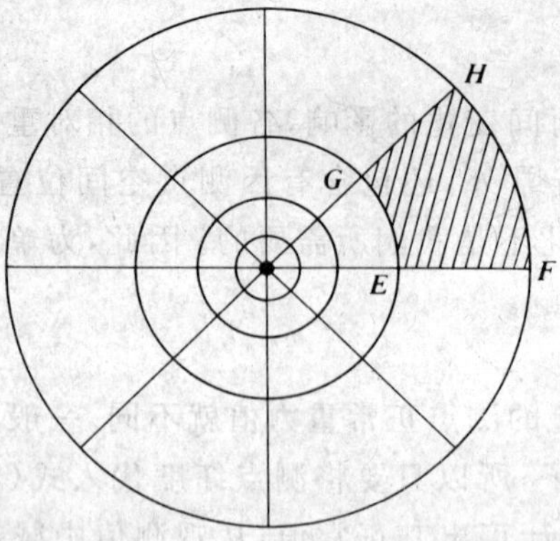

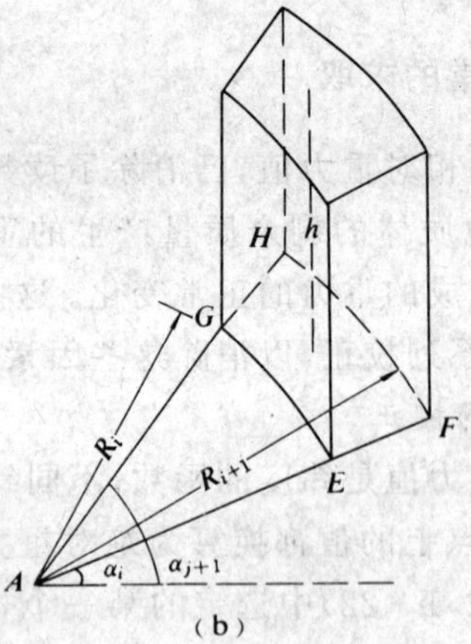

图 4-1-4 扇形分区地形校正法示意图

$$=\frac{0.419}{n}\{\sigma\}_{t/m^3}\{(R_{i+1}-R_i+\sqrt{R_i^2+h^2}-\sqrt{R_{i+1}^2+h^2})\}_m \quad (g.u.) \quad (4.1-18)$$

式中 h 为该柱体平均高程与 A 点高程之差，σ 为地表的平均密度。这样 A 点的地形校正值就是各个柱体校正值之总和，即

$$\delta g_{地}=\sum \delta g_T \quad (4.1-19)$$

2. 方形域计算法

为便于在计算机上实施计算，将地形按一定尺度划分成一系列的方形柱体，每个网格节点代表其中一个，见图 4-1-5。只要各节点上的高程事前取好存入计算机内，则配合各重力测点本身的高程就可以快速进行计算，图中所示的 $abcd$ 方柱对 A 点的地形校正值为

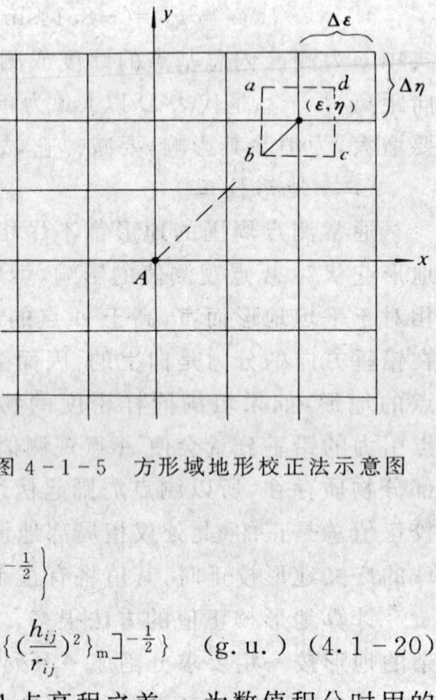

图 4-1-5 方形域地形校正法示意图

$$\delta g_T = G\sigma\int_{\xi_{i-1}+\frac{1}{2}\Delta\xi}^{\xi_{i+1}-\frac{1}{2}\Delta\xi}\mathrm{d}\xi\int_{\eta_{j-1}+\frac{1}{2}\Delta\eta}^{\eta_{j+1}-\frac{1}{2}\Delta\eta}\mathrm{d}\eta\int_0^{h_{ij}}\frac{\zeta\mathrm{d}\zeta}{(\xi^2+\eta^2+\zeta^2)^{3/2}}$$

则全部地形校正值为

$$\delta g_{地}=\sum\delta g_T = G\sigma\Delta\xi\Delta\eta\sum_i\sum_j\frac{c_{ij}}{r_{ij}}\left\{1-\left[1+(\frac{h_{ij}}{r_{ij}})^2\right]^{-\frac{1}{2}}\right\}$$

$$=0.0667\times\{\sigma\}_{t/m^3}\{\Delta\xi\Delta\eta\}_m\sum_i\sum_j\frac{c_{ij}}{\{r_{ij}\}_m}\times\{1-[1+\{(\frac{h_{ij}}{r_{ij}})^2\}_m]^{-\frac{1}{2}}\} \quad (g.u.) \quad (4.1-20)$$

式中 r_{ij} 为测点 A 到节点(ξ,η)的距离，h_{ij} 为该方柱高程与 A 点高程之差，c_{ij} 为数值积分时用的节点系数。

当重力测点（自由网点）并不落在高程节点网上时（这种情况更为普遍），一般采用“共用点法”来处理，即先计算测点附近四个节点的地形校正值（计算时都用测点实测高程值代替四个节点的高程值），然后将四个节点地形校正值用双线性插值公式算出来，设 P 点为重力测点，就近的四个节点按 A、B、C、D 顺时针排列，A 点在左上角，则计算公式为

$$\delta g_{TP}=\delta g_{TA}(1-\frac{\xi_P}{\Delta\xi})(1-\frac{\eta_P}{\Delta\eta})+\delta g_{TB}(1-\frac{\eta_P}{\Delta\eta})(\frac{\xi_P}{\Delta\xi})$$
$$+\delta g_{TC}(\frac{\xi_P}{\Delta\xi})(\frac{\eta_P}{\Delta\eta})+\delta g_{TD}(1-\frac{\xi_P}{\Delta\xi})(1-\frac{\eta_P}{\Delta\eta}) \quad (4.1-21)$$

式中 δg_{TP} 为 P 点的地形校正值，δg_{TA} 到 δg_{TD} 为节点 A、B、C、D 的地形校正值，$\Delta\xi$ 与 $\Delta\eta$ 为节

点划分的网格距，ξ_P 与 η_P 为以 A 点为原点的自由点 P 的坐标。

3. 几点说明

计算中用的 σ 值，除供全国统一拼图采用地壳平均密度 2.67t/m³ 外，其余均应用实测地表的平均密度值；为保证精度又要提高效率，地形校正的计算总是分近、中、远三区分别计算的，近区因影响大，所以分割要细，中、远区则逐步加大分割的面（体）积；就重力勘查应用范围来说，地形校正的最大半径一般是：对微重力测量常取 2km 左右，而对于为寻找油气田的勘探等目的时，最大校正半径为 20～30km。

（三）高度校正

由自然地表到大地水准面的距离即海拔高程。高程越大，意味着离地心越远，正常重力值将随之减小，反之亦然。进行高度校正的精确公式为

$$\delta g_{高}=3.086(1+0.0007\cos 2\varphi)\{h\}_{\mathrm{m}}-7.2\times 10^{-7}\{h^2\}_{\mathrm{m}} \quad (\mathrm{g.u.}) \qquad (4.1-22)$$

式中 φ 为测点纬度，h 为测点海拔高程或相对于总基点的高差，高于大地水准面（或总基点）的值取正，反之取负。

当测区不大且地形高差也不大时，上式可简化为

$$\delta g_{高}=3.086\{h\}_{\mathrm{m}} \quad (\mathrm{g.u.}) \qquad (4.1-23)$$

式中 h 的正负取法同式（4.1-22）。

（四）中间层校正

经过地形校正后，地面被假想夷为平地，再经过高度校正，在过测点的水准面与大地水准面（或过总基点所在的水准面）之间仅存在一个厚度为 h 的物质层，这个物质层称为中间层。h 为正，表明测点高于大地水准面（或总基点），物质层在测点下方，其引力将使观测值加大，校正值为负，反之则为正，它与高度校正正好相反。中间层校正值可以通过以测点为圆心（最大地形校正）半径为 R、厚度为 h、平均密度为 σ 的水平圆盘的积分求得

$$\begin{aligned}\delta g_{中} &= -G\sigma\int_0^{2\pi}\mathrm{d}\alpha\int_0^R \mathrm{d}R\int_0^h \frac{R\zeta}{(R^2+\zeta^2)^{3/2}}\mathrm{d}\zeta \\ &= -2\pi G\sigma(R+h-\sqrt{R^2+h^2}) \\ &= -2\pi G\sigma h\left[1+\left|\frac{R}{h}\right|-\sqrt{1+\left(\frac{R}{h}\right)^2}\right] \\ &= -0.419\{\sigma\}_{\mathrm{t/m^3}}\{h\}_{\mathrm{m}}\left[1+\left\{\left|\frac{R}{h}\right|\right\}_{\mathrm{m}}-\sqrt{1+\left\{\left(\frac{R}{h}\right)^2\right\}_{\mathrm{m}}}\right] \quad (\mathrm{g.u.}) \qquad (4.1-24)\end{aligned}$$

式中 $\left|\frac{R}{h}\right|$（取绝对值）是为了避免当 h 为负时与后面根号项叠加而出现大于 1 的负数。在 R/h 值较大吋（约为 5～10），上式可简化为无限平板（$R\to\infty$）公式：

$$\delta g_{中}=-2\pi G\sigma h=-0.419\{\sigma\}_{\mathrm{t/m^3}}\{h\}_{\mathrm{m}} \quad (\mathrm{g.u.}) \qquad (4.1-25)$$

由于高度校正与中间层校正都与 h 有关，故常把这两项校正合起来，统称为布格校正：

$$\begin{aligned}\delta g_{布} = &\Big[3.086(1+0.0007\cos 2\varphi)-7.2\times 10^{-7}\{h\}_{\mathrm{m}} \\ &-0.419\{\sigma\}_{\mathrm{t/m^3}}\Big(1+\left\{\left|\frac{R}{h}\right|\right\}_{\mathrm{m}}-\sqrt{1+\left\{\left(\frac{R}{h}\right)^2\right\}_{\mathrm{m}}}\Big]\cdot\{h\}_{\mathrm{m}} \quad (\mathrm{g.u.}) \qquad (4.1-26)\end{aligned}$$

相应的简化公式是：

$$\delta g_{布}=(3.086-0.419\{\sigma\}_{\mathrm{t/m^3}})\{h\}_{\mathrm{m}} \quad (\mathrm{g.u.}) \qquad (4.1-27)$$

经上述四项校正后所获得的重力异常叫做布格重力异常。

（五）均衡校正

这种校正主要是对很大区域的重力测量数据进行的，涉及到地壳构造运动和结构等地学基础问题，对于一般的找矿、工程勘查等无需作这种校正。

地球物理学的研究和全球大量的重力测量成果表明，大范围的布格重力异常往往呈现出系统的有规律的变化。如果以海平面附近的布格异常作为标准，则山区的布格异常均为负值，而海洋区的布格异常为正值，且异常幅度随海拔高度和海水深度的增加而增加。根据对异常实质的分析可以设想，山区大的负的异常应当对应地下物质的大量亏损，反之，海洋区下面应有大量的物质盈余。这一现象可用地壳均衡假说来解释。地壳均衡假说认为，在地下的某一深度（即补偿深度），相同截面积（面积足够大）所承受的重量趋于相等，这就是地壳均衡概念。

地壳均衡的假说甚多，主要有艾里（Airy G.B.）假说和普拉特（Pratt J.H.）假说。图4-1-6中(a)是艾里假说模式的示意图，地壳的标准厚度均是一样，他假定地壳密度σ是均匀的，上地幔的密度σ_m也是均匀的，但$\sigma<\sigma_m$，相当于地壳漂浮在地幔岩浆之上。由于各地区地表地形高度不同，依阿基米德原理，山越高，地壳应越厚，即插入上地幔的深度越大，相对于标准地壳厚度的下界面而形成山根，在这山根部分形成了相对地幔的负的剩余密度，因体积庞大而造成巨大的质量亏损；而在海洋区，因海水而使地壳缺失一部分质量，为能达到静力平衡，上地幔物质必然会超过标准地壳下界面而向上拱，形成反山根，地壳变薄，反山根部分相对地壳来说就形成巨大的质量盈余。普拉特假说（图4-1-6(b)）则假定地壳各处的均衡面深度相等，故山越高，密度比正常地壳密度越小，反之，在海洋区则密度要变大。

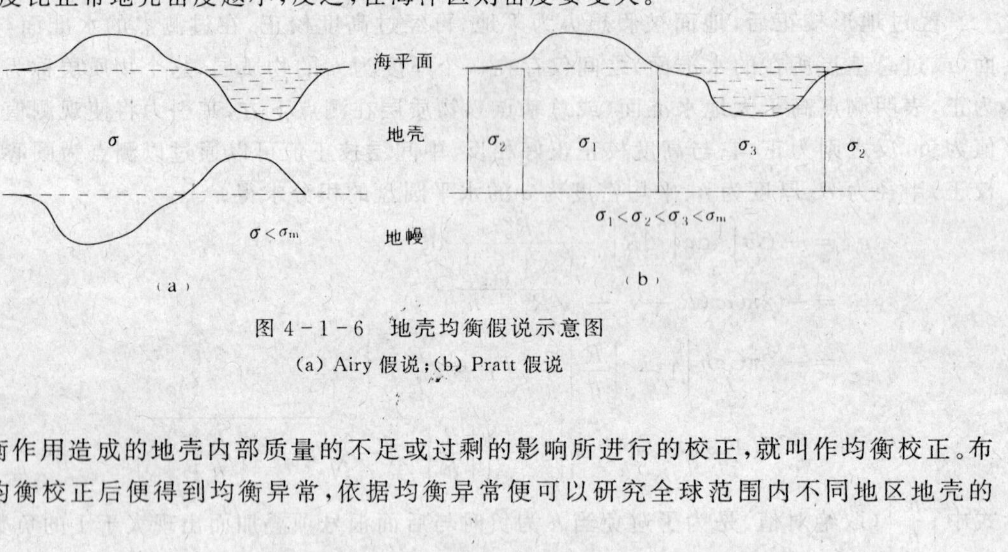

图4-1-6　地壳均衡假说示意图

(a) Airy假说；(b) Pratt假说

对均衡作用造成的地壳内部质量的不足或过剩的影响所进行的校正，就叫作均衡校正。布格异常经均衡校正后便得到均衡异常，依据均衡异常便可以研究全球范围内不同地区地壳的均衡状态。

四、各种异常的地质-地球物理含义

在这里，有必要着重指明的是：相对于大地水准面（或过总基点的水准面）所进行的各项校正，是按照重力的正常变化规律归算到这两个水准面中之一的，使各测点观测重力值中因空间位置不同造成的正常重力值的差异得以消除，以便最后比较各测点的异常值大小；再者，各项校正都未涉及到地下剩余质量所产生的重力异常部分，所以经过各项校正后获得的异常仍然是原测点处的异常，绝不是大地水准面或过总基点水准面上的异常；其三，由于地表不平，实际获得的异常不是在一个平面上的异常，势必使异常形态、量值受到畸变，因而在精度要求很高时，对异常的解释之前，还存在一个曲化平问题——通过一定数学运算或物理模拟办法将起伏地形上的异常转化为平面上的异常。

由于在进行各项校正过程中，对地球质量进行了不同程度的调整，因而获得具有不同地质-地球物理含义的几种重力异常。为进一步深入理解各项校正的物理意义和相应重力异常的含义，我们按照艾里均衡假说模式绘出各种异常求取过程和内含的示意图 4-1-7。这里我们取地壳的平均密度为 $2.67t/m^3$，上地幔的平均密度为 $3.27t/m^3$。

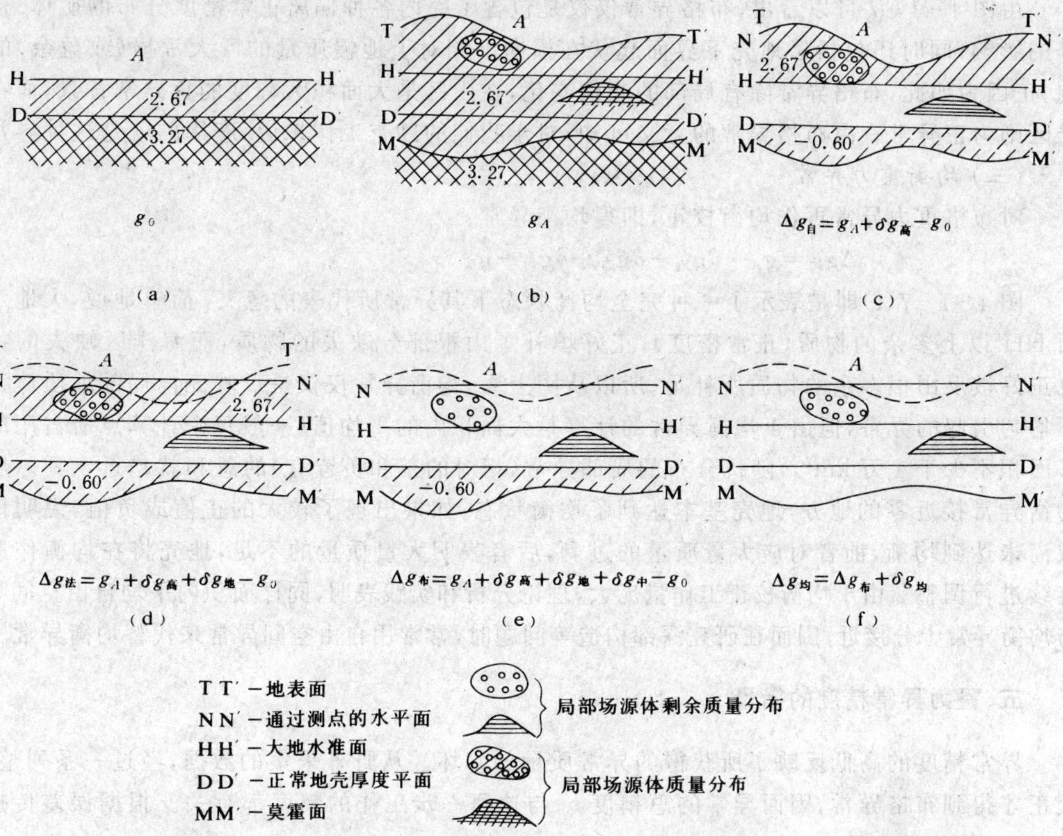

图 4-1-7　各种异常的意义示意图

(一) 自由空间重力异常

图 4-1-7 中(a)代表正常重力值对应的参考椭球体(仅绘出表层部分)，(b)代表现在实际存在的地球，A 为地表的一个测点，设 g_A 代表该点的重力观测值，g_0 是 A 点在大地水准面上投影点处的正常重力值。自由空间重力异常就是对观测值仅作正常场校正和高度校正，即

$$\Delta g_自=g_A+\delta g_高-g_0$$

作高度校正就相当于把 A 点观测中的正常值部分按高度影响大小归算到它在 HH′面投影点处，故未改变地球的质量分布。图 4-1-7(c)就代表了自由空间重力异常的意义，即反映的是实际地球的形状和质量分布与参考椭球体的偏差，因此若大范围自由空间异常的正或负，应是反映了该区域下方质量的相对过剩或不足。但 $\Delta g_自$ 中还包含有地形影响的因素在内，若加上局部地形校正，即得到第二种自由空间异常，常称为法耶异常，即

$$\Delta g_法=g_A+\delta g_高+\delta g_地-g_0$$

它部分地改变了地表质量的分布，但总体意义上说仍与第一种异常相近，见图 4-1-7(d)。

（二）布格重力异常

经过地形校正后，A 点周围平坦了，它与在 HH′面上投影点相比，还多了 NN′与 HH′之间一个物质层的影响。布格重力异常就是在法耶异常基础上再加上一个中间层校正，见图 4-1-7(e)。

$$\Delta g_{布}=g_A+\delta g_{地}+\delta g_{高}+\delta g_{中}-g_0$$

由图 4-1-7 可以看出，布格异常仅仅是包含了壳内各种偏离正常密度分布的矿体、构造等的影响，同时还包括了地壳下界面起伏在横向上相对上地幔质量的巨大亏损（或盈余）的影响。正因为如此，布格异常除有局部的起伏变化，在山区是大面积大幅度的负异常背景，而在海洋区则为正异常。由布格异常的意义可知，对于我们的勘查工作来说，应用的就是这种异常。

（三）均衡重力异常

对布格重力异常再作均衡校正，即得均衡异常：

$$\Delta g_{均}=g_A+\delta g_{地}+\delta g_{布}+\delta g_{均}-g_0$$

图 4-1-7(f)即是表示了一种完全均衡状态下其异常所代表的意义。简单地说，大地水准面 HH′以上多余的物质（正常密度），正好填补了山根部分缺失的物质，而海洋区缺失的物质也正好被反山根多余的物质所补足。所以从图上看，均衡异常仅仅是反映壳内局部地质体密度不均匀引起的异常，但由于均衡异常的计算是大面积内的平均值（一般每个计算点所占用的计算面积不少于 1 万 km^2），随机分布的局部异常（相对的正和负皆有）的总和就趋近于零。所以均衡异常接近零的地方，地壳基本达到了均衡状态；如果出现了较大的正值或负值，说明该区域尚未达到均衡，前者对应大量质量的过剩，后者表明大量质量的不足，地壳将在均衡作用下继续进行调整。由于均衡校正工作量庞大，理论分析和实践表明，同样面积内平均自由空间异常与均衡异常十分接近，因而在研究深部构造等问题时，常常用自由空间异常来代替均衡异常。

五、重力异常精度的衡量

异常精度的高低反映了所获得的异常质量的好坏。从野外采集的数据，经过一系列整理、校正才得到布格异常，因而异常的总精度 $\varepsilon_{异}$ 与这每一步工作的精度都有关。根据误差传播规律，它们的关系式是

$$\varepsilon_{异}=\pm\sqrt{\varepsilon_{观}^2+\varepsilon_{布}^2+\varepsilon_{纬}^2+\varepsilon_{地}^2} \tag{4.1-28}$$

下面我们逐项给出它们的计算公式。

(1) $\varepsilon_{观}$ 是由式(4.1-3)给出，式中的 $\varepsilon_{基}$ 可以是式(4.1-15)中的 ε_G，也可以是式(4.1-16)中的 $\varepsilon_{平}$。

(2) 布格校正均方误差 $\varepsilon_{布}$。这项校正的误差来源主要为测点高程测量的均方差传递来的，由式(4.1-26)可得

$$\varepsilon_{布}=\pm\left[3.086(1+0.000\,7\cos 2\varphi)-1.44\times10^{-7}h-0.419\sigma\times\left(1-\frac{h}{\sqrt{h^2+R^2}}\right)\right]\varepsilon_h \quad (\text{g.u.}) \tag{4.1-29}$$

若使用简化公式(4.1-27)，则为

$$\varepsilon_{布}=\pm(3.086-0.419\sigma)\varepsilon_h \quad (\text{g.u.}) \tag{4.1-30}$$

式中 ε_h 为测点高程测量中的均方差，单位为 m。

(3) 地形校正均方误差 $\varepsilon_{地}$。总体来说，它与分割地形的详细程度和读取节点高程精度有关，但又要兼顾效率。精度的估算是选出一批检查点采用重复计算的办法进行。检查点应均匀

分布，特别是对于重力异常值突变点要进行检查，检查工作量一般也是占总点数的3%～5%。

近区地形校正的检查。当用目测高差或使用近区地改仪进行校正时，可转一定角度重测；当用实测高程时，也改变方位角重测高程进行计算；当用地形图以扇形量板计算时，也需转动方位角重读高程计算，有条件时可用比原用的地形图大一级比例尺图件作检查计算。这样，可求得每一个检查点上前后两次校正的偏差，代入式(4.1-2)求出 $\varepsilon_{近地}$来。

中、远区地形校正的计算多用方域法，故检查时用适当的扇形域量板人工手算，以分别获得 $\varepsilon_{中地}$和 $\varepsilon_{远地}$，于是地形校正总的均方差为

$$\varepsilon_{地}=\pm\sqrt{\varepsilon_{近地}^2+\varepsilon_{中地}^2+\varepsilon_{远地}^2} \tag{4.1-31}$$

(4) 正常场(或纬度)校正均方误差为

$$\varepsilon_{纬}=\pm 8.14\sin 2\varphi\cdot\varepsilon_D \quad (\text{g.u.}) \tag{4.1-32}$$

式中 ε_D 为测点南北向定位的均方差。

异常精度是施工前编写技术设计中的一项重要内容，依据仪器性能、测区地形、交通等条件，在满足 $\varepsilon_{异}$的条件下，合理分配式(4.1-28)中各项精度要求，而 $\varepsilon_{异}$的大小应视任务、工作比例尺大小来决定。从发现有意义的最小探测对象的异常来说，异常精度 $\varepsilon_{异}$ 应小于或等于$\left(\frac{1}{2}-\frac{1}{3}\right)\Delta g_{\mathrm{m}}$，$\Delta g_{\mathrm{m}}$ 是最小有意义的异常极值，而对于为详细研究异常特征以便于进行反演计算地质体某些参数时，则 $\varepsilon_{异}$要提高到$\leqslant\frac{1}{5}\Delta g_{\mathrm{m}}$ 以上，测点的密度也应使相邻点间异常的变化可视为线性的，这样才能客观详细地反映出异常的真实面貌。

六、异常的图示

为了对异常进行识别、分析和解释，总是把异常用各种图件来表示，统称为异常图。

(一) 异常平面等值线图

与地形等高线类似(但不全相同)，用异常等值线来表示出它的形态与变化，等值线的线距应等于 $2.5\varepsilon_{异}$；图上还同时应标明主要地名、交通干线、水系等，见图 4-1-8(a)。

(二) 异常剖面图

这是反映沿某一剖面线上异常变化情况的，多用于定量解释某些主要异常，见图4-1-8(b)。

(三) 异常平剖图

这种图件是把多个异常剖面图按测线位置以一定比例尺展现在平面上，可给人以立体视觉，更便于相邻剖面间异常特征的对比，如图 4-1-8(c)，它在磁力勘查中应用更为普遍。

§4.2 重力勘查正演结果的特征与分析

一、讨论正演的简化条件

为了使问题的讨论简化，突出异常的基本特征，需要提出如下几个简化条件：

(1) 地面(观测面)是水平的，所选定的坐标系 Z 轴向下为正，代表重力方向；

(2) 地质体和围岩密度是均匀的，即是说剩余密度是一个常数(讨论中均取 $\Delta\sigma>0$ 为例)；

(3) 只研究单个地质体的异常特征(因为多个地质体异常可由位场叠加原理求得)。

正演或正问题的计算中，对于简单规则形体，可由基本公式得到精确的解；而对于复杂形

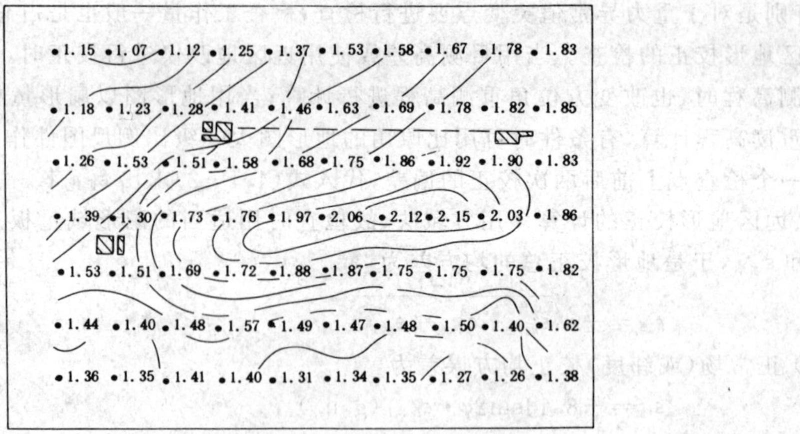

（a）异常平面等值线图

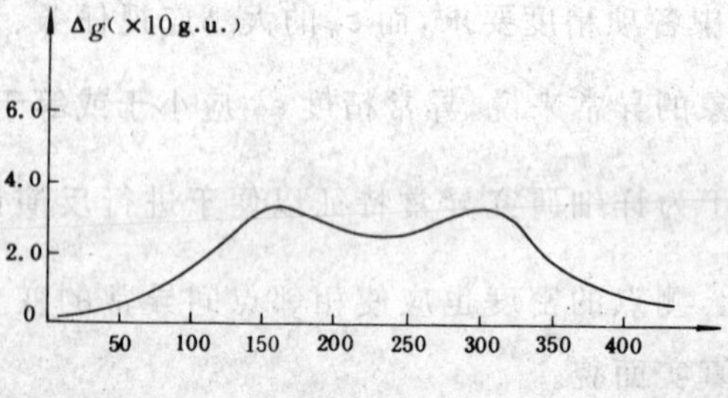

（b）异常剖面图

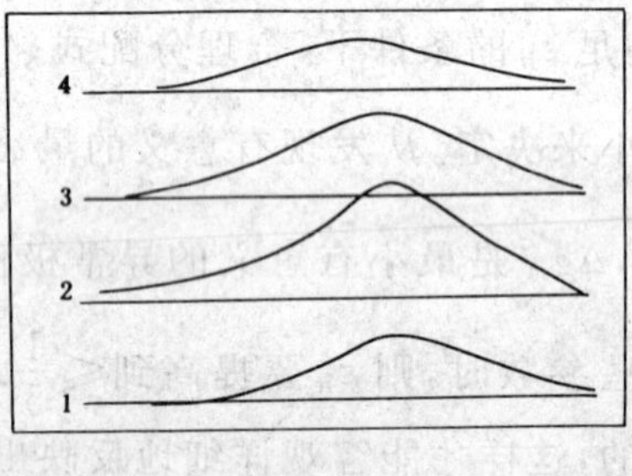

（c）异常平剖图

图 4-1-8　各种异常图件

体来说，就是将它按一定的要求分割成若干个小的、具有简单规则形状的部分，并使每一部分内的剩余密度可视为常数(不同部分的剩余密度可不同)，然后分别计算每一部分引起的异常，最后通过数值积分累加求和而得到近似值。显然，分割得愈细，其结果的近似程度越高，但工作量也会急剧加大，必须全面衡量。

二、简单规则形体正演的特征

选用简单规则形体来了解其对应的异常分布并不失去其一般性。因为其一，某些形状较复杂的研究对象，当距它足够远时，可近似当作一些规则形体进行研究；其二，简单规则形体给出了有普遍性的典型异常特征，对于指导异常的识别、分类和解释都有现实意义。

(一) 球体(点质量)

在实际工作中，一些近于等轴状的研究对象，如矿巢、矿囊、岩株、穹隆构造、某些溶洞、废弃的古矿硐等，都可以近似当作球体来计算它们的异常，特别是当其水平方向的尺度小于它们的中心埋深时，其效果更好。

对于剩余密度均匀的球体来说，它与将其全部剩余质量集中在球心处的点质量所产生的异常完全一样。设球心的埋藏深度为 D，半径为 R，则它的剩余质量 $\Delta M=\dfrac{4}{3}\pi R^3\Delta\sigma$。为使计算简化，将坐标原点 O 选在球心于地面的投影点上，由对称性可知，只需研究过原点 O 的任意剖面上异常的分布即可。设该剖面与 X 轴重合(中心剖面)，则在剖面上任一点 $P(x,0,0)$ 处的重力异常，在基本公式(2.1-24)中，令$\xi=\eta=y=z=0,\zeta=D,\Delta\sigma\iiint\limits_v \mathrm{d}\xi\mathrm{d}\eta\mathrm{d}\zeta=\Delta M$，立即可得计算其异常的表达式

$$\Delta g=\frac{G\Delta MD}{(x^2+D^2)^{3/2}} \tag{4.2-1}$$

分析上式，可以获得沿该中心剖面上异常分布的基本特征是：

(1) 在$x=0$(即原点)处，异常取得极大值为

$$\Delta g_{\max}=\frac{G\Delta M}{D^2} \tag{4.2-2}$$

这说明极大值与中心埋深的平方成反比。

(2) 式(4.2-1)中因含x^2项，故异常是相对原点为对称分布的。当$x\to\pm\infty$时，$\Delta g\to 0$，其形态见图4-2-1(a)。在平面上，由对称性可知，其异常等值线为一簇以球心在地面投影点为圆心的许多不等间距的同心圆(图4-2-1(b))。

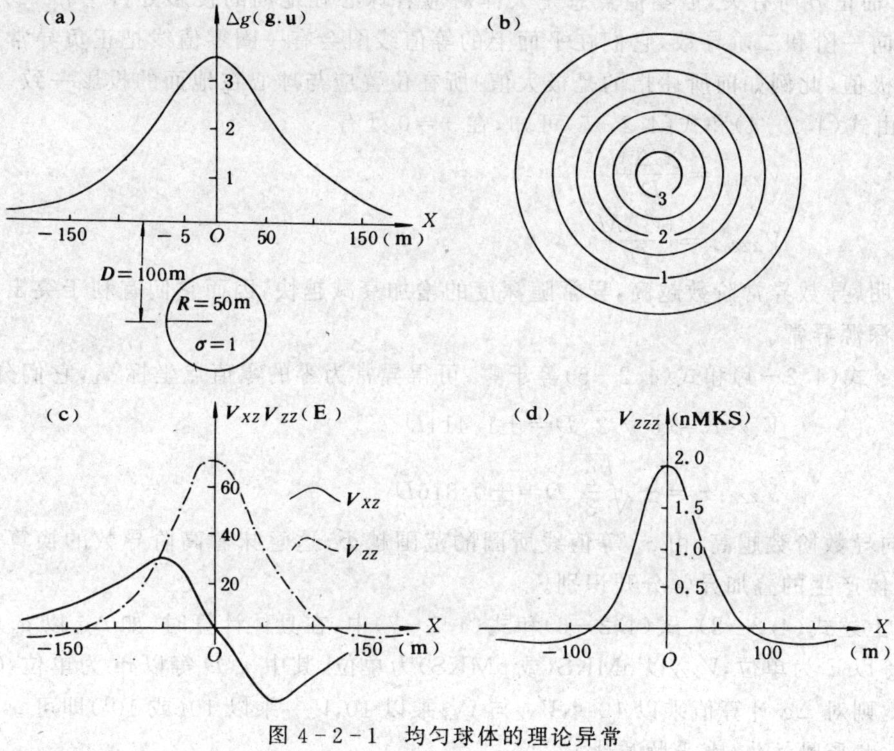

图4-2-1 均匀球体的理论异常

(3) 当取异常为极大值的$1/n$时，对应的该点之横坐标以$x_{1/n}$表示，则由关系式

$$\frac{G\Delta M}{nD^2}=\frac{G\Delta MD}{(x_{1/n}^2+D^2)^{3/2}}$$

可解得$x_{1/n}=\pm D\sqrt{n^{2/3}-1}$。例如取$n=2$，可得$x_{1/2}=0.766D$($X$正半轴)或$x'_{1/2}=-0.766D$($X$负半轴)，指示出异常半极值点到原点处的距离为球体中心埋深的0.766倍。

(4) 当D不变，使ΔM加大(或减小)m倍时，异常也同样加大(或减小)m倍。

综上所述，作为三度体典型的球体重力异常Δg的特征告诉我们：在实测重力异常平面图中，近于圆形或长短轴差别不大的近椭圆形异常，多半是近于球形地质体产生的；在同一地区，异常愈尖锐，范围愈小(以$x_{1/2}$来度量)，则该地质体的埋深会越小，反之则会更深些。

运用同样的分析方法，依据计算其地质体剩余质量产生的V_{XZ}、V_{ZZ}和V_{ZZZ}基本公式，可以得到

$$V_{XZ}=-3G\Delta M\frac{Dx}{(x^2+D^2)^{5/2}} \tag{4.2-3}$$

$$V_{ZZ}=G\Delta M\frac{2D^2-x^2}{(x^2+D^2)^{5/2}} \tag{4.2-4}$$

$$V_{ZZZ}=3G\Delta MD\frac{2D^2-3x^2}{(x^2+D^2)^{7/2}} \tag{4.2-5}$$

它们的理论曲线分别示于图 4-2-1 中的(c)、(d)。这些异常，在实用中现在都是通过位场转换由 Δg 换算得出的，因此都是近似值。如果干扰严重，其可靠性大为下降。但这些换算的结果，在定性乃至条件较好时的定量计算中仍有着重要作用。

由式(4.2-3)至式(4.2-5)可以综合分析出这些异常的基本特征如下。

(1) V_{XZ}表示重力异常 Δg 沿某一方向的变化率，亦称水平梯度或方向导数。异常的正负与选择的 X 轴正方向有关，但零值点总是大体对应着球心在地面的投影处；V_{ZZ}和 V_{ZZZ}称作重力异常的垂向一阶和二阶导数，它们在平面上的等值线图会有一圈零值线把正负异常部分分开，且异常的极值(此例如前所述指的是极大值)所在位置应与球心在地面的投影一致。

(2) 由式(4.2-4)和式(4.2-5)可知，在 $x=0$ 处有

$$V_{ZZ\max}=\frac{2G\Delta M}{D^3} \tag{4.2-6}$$

$$V_{ZZZ\max}=\frac{6G\Delta M}{D^4} \tag{4.2-7}$$

这说明，导数异常阶数越高，异常随深度的增加衰减越快，因而它们有利于突出浅源异常，而压制了深源异常。

(3) 令式(4.2-4)和式(4.2-5)等于零，可得异常为零的零值点坐标 x_0，它们分别是

$$V_{ZZ}: x_0=\pm\sqrt{2}\ D=\pm1.414D \tag{4.2-8}$$

$$V_{ZZZ}: x_0=\pm\sqrt{\frac{2}{3}}\ D=\pm0.816D \tag{4.2-9}$$

可见，垂向导数阶数越高，由 x_0 等值线所圈的范围越小，这意味着高阶导数的换算，有助于将相邻地质体产生的叠加异常分开识别。

对于上述式(4.2-2)、式(4.2-6)和式(4.2-7)中，在具体计算时，如 Δg 以 g.u. 为单位，V_{XZ}、V_{ZZ}等以 E 为单位，V_{ZZZ}以 nMKS(或 pMKS)为单位，其中 x、D 等以 m 为单位，G 取 6.67，σ 取 t/m^3，则对 Δg 计算值乘以 10^{-2}，V_{XZ}与 V_{ZZ}乘以 10，V_{ZZZ}乘以 10(或 10^4)即可。

(二) 水平圆柱体(水平物质线)

对于某些横截面近于圆形、沿水平方向延伸较长的地质体，如扁豆状矿体、两翼较陡的长轴背斜及向斜，大型人工管道等，在一定精度要求内，可以当成水平圆柱体来看待。无限长的水平圆柱体在地面引起的异常，完全可以把它当作剩余质量集中在其中轴线的物质线看待，而对有限长的水平圆柱体，这会带来误差，但随着长度的增加这种误差会迅速减小。

设圆柱体长度为 $2L$，半径为 R，中轴线埋深为 D，剩余密度为 $\Delta\sigma$，则单位长度圆柱体内的剩余质量称为剩余线密度 λ，$\lambda=\Delta\sigma(\int d\xi\int d\eta\int d\zeta/\int d\eta)=\Delta\sigma\int d\xi\int d\zeta=\Delta\sigma\cdot S$，$S$ 为圆柱体截面积，因而 $\lambda=\Delta\sigma\cdot\pi R^2$。

计算时，取坐标原点为中轴线中点在地面的投影处，让 Y 轴平行中轴线，则由基本公式可求得 X 轴上任意点 $P(x,0,0)$处的重力异常表达式为

$$\Delta g_{2L} = G\lambda\int_{-L}^{L} \frac{D\mathrm{d}\eta}{(x^2+\eta^2+D^2)^{3/2}}$$

$$= \frac{2G\lambda DL}{(x^2+D^2)(x^2+L^2+D^2)^{1/2}} \quad (4.2-10)$$

当 $L\to\infty$ 时，上式简化为

$$\Delta g = \frac{2G\lambda D}{x^2+D^2} \quad (4.2-11)$$

同理可获得在 $L\to\infty$ 时的重力异常各阶导数表达式是：

$$V_{XZ} = -\frac{4G\lambda Dx}{(x^2+D^2)^2} \quad (4.2-12)$$

$$V_{ZZ} = \frac{2G\lambda(D^2-x^2)}{(x^2+D^2)^2} \quad (4.2-13)$$

$$V_{ZZZ} = 4G\lambda D\,\frac{D^2-3x^2}{(x^2+D^2)^3} \quad (4.2-14)$$

它们的理论曲线示于图 4-2-2。从 Δg 剖面图来看与球体类似，但平面图则完全不同(见图 4-2-2(b))，它是一组不等间距的平行直线，中间异常值最大，两边异常值小(实测异常当然不会有无限长的等值线，而是长轴拉得很长的长椭圆形封闭曲线，在长轴线的中间部位就是这种状况)。

当 $x=0$ 时，可得

$$\Delta g_{\max} = \frac{2G\lambda}{D} \quad (4.2-15)$$

式中 λ 以 t/m 为单位，以 $x_{1/2}$ 代表半极大值点坐标，则可由

$$\frac{2G\lambda D}{x_{1/2}^2+D^2} = \frac{2G\lambda}{2D}$$

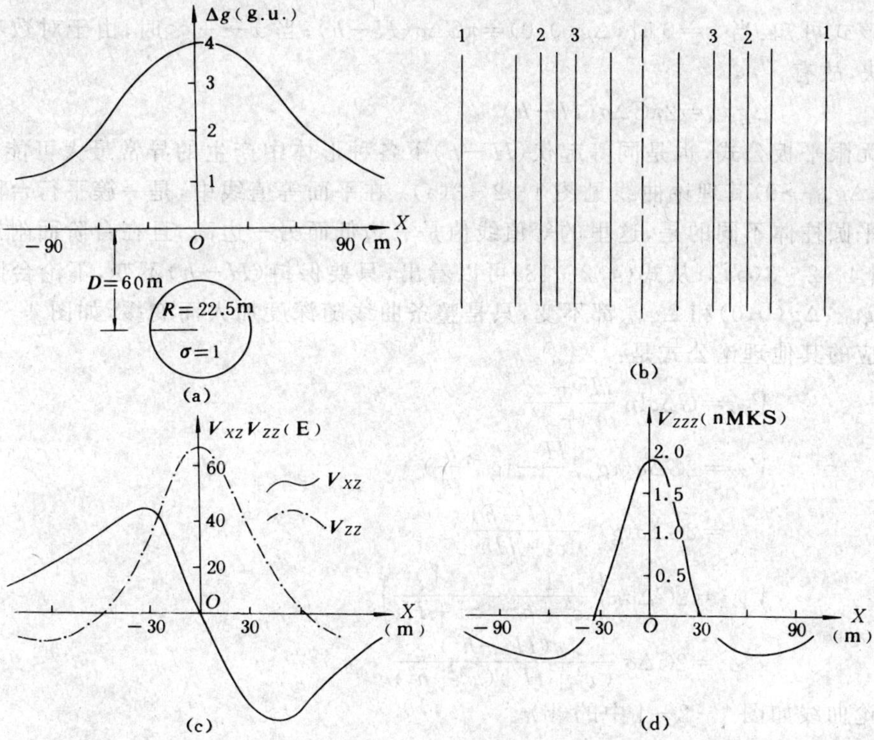

图 4-2-2　无限长均匀水平圆柱体的理论异常

得出　　　　$D=\pm x_{1/2}$　　　　(4.2-16)

其他的异常特征可仿照球体异常的分析，由读者自己去分析、总结。

（三）铅垂台阶

一些界线清楚的高角度接触带，可等效成图4-2-3中的(a)所示的铅垂台阶来研究。将坐标原点选在台阶铅垂面与地面的交线上，让X轴与台阶铅垂面垂直，台阶沿X轴正方向和沿Y轴均为无限延伸。若以h和H分别表示台阶顶面与底面的深度，则由二度体基本公式可得：

$$\Delta g=2G\Delta\sigma\int_0^{\infty}\mathrm{d}\xi\int_h^H\frac{\zeta\mathrm{d}\zeta}{(\xi-x)^2+\zeta^2}$$

$$=G\Delta\sigma\left[\pi(H-h)+x\ln\frac{x^2+H^2}{x^2+h^2}+2H\mathrm{tg}^{-1}\frac{x}{H}-2h\mathrm{tg}^{-1}\frac{x}{h}\right]\qquad(4.2-17)$$

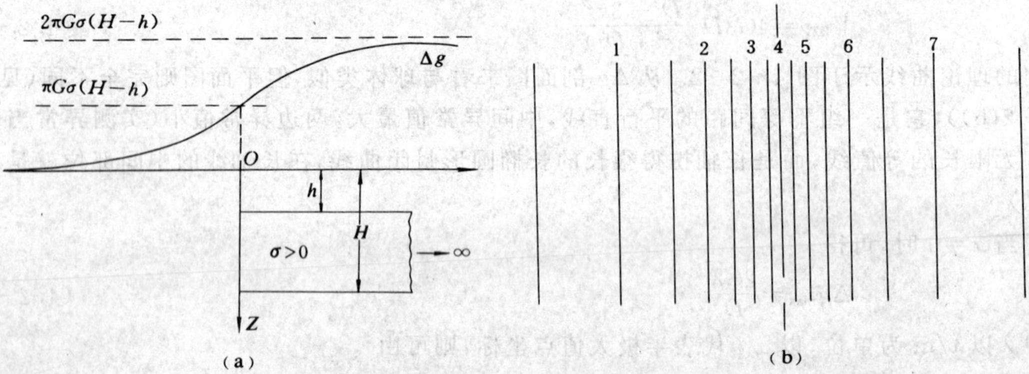

图4-2-3　铅垂台阶Δg剖面与平面等值线图

分析该式可知：当$x=0$时，$\Delta g(0,0)=\pi G\Delta\sigma(H-h)$；当$x\to+\infty$时，由于对数项趋于零比$x$增长更快，故有

$$\Delta g_{\max}=2\pi G\Delta\sigma(H-h)\qquad(4.2-18)$$

此式亦称无限平板公式，也是同等起伏$(H-h)$下各种形体中产生的异常最大可能值。而当$x\to-\infty$时，$\Delta g_{\min}\to0$，其理论曲线见图4-2-3(a)。在平面等值线中，是一簇平行台阶走向的直线。与水平圆柱体不同的是，这里的等值线值是一边低而另一边高，且在台阶面附近等值线最为密集(图4-2-3(b))；从式(4.2-18)可以看出，只要保持$(H-h)$不变，不论台阶的上顶埋深如何，$\Delta g_{\min}$、$\Delta g(0,0)$和$\Delta g_{\max}$都不变，只是整条曲线随深度加大而变缓，如图4-2-4中(a)所示。相应的其他理论公式是：

$$V_{xz}=G\Delta\sigma\ln\frac{H^2+x^2}{h^2+x^2}\qquad(4.2-19)$$

$$V_{zz}=2G\Delta\sigma\left(\mathrm{tg}^{-1}\frac{H}{x}-\mathrm{tg}^{-1}\frac{h}{x}\right)$$

$$=2G\Delta\sigma\mathrm{tg}^{-1}\frac{x(H-h)}{x^2+Hh}\qquad(4.2-20)$$

$$V_{zzz}=2G\Delta\sigma x\left(\frac{1}{x^2+h^2}-\frac{1}{x^2+H^2}\right)$$

$$=2G\Delta\sigma\frac{x(H^2-h^2)}{(x^2+H^2)(x^2+h^2)}\qquad(4.2-21)$$

对应的理论曲线如图4-2-4中的(b)。

（四）断裂构造异常基本特征

由于岩层的断裂、错动，断裂构造由上盘和下盘组成，当上盘下降而下盘相对上升时为正

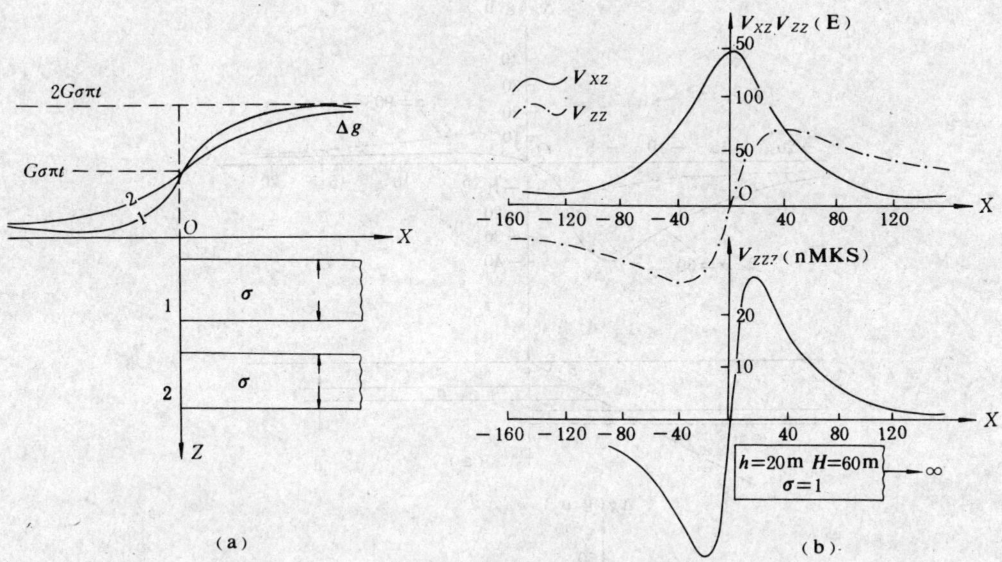

图 4-2-4　不同埋深的台阶 Δg 剖面图(a)和铅垂台阶的 V_{XZ}、V_{ZZ}及 V_{ZZZ}曲线(b)

断层；当上盘上升，而下盘相对下降时则为逆断层，如图 4-2-5 所示。这种断裂构造可由两个垂直台阶或两个倾斜台阶组合而成。由于倾斜台阶的理论公式过于复杂，这里不去列出表达式，可在其后的多边形截面法中作相应计算。

由于两个台阶叠加，使 $x\to\pm\infty$ 和 $x=0$ 时，重力异常均为 $2\pi G\Delta\sigma(H-h)=2\pi G\Delta\sigma t$，这是一个常数，作为常数在野外是测不出来的，故图中纵坐标是将其当作零绘出三种情况下重力异常的变化情形。对于 $\alpha=90°$的垂直正断层，Δg 极大与极小绝对值相等，曲线是以原点 O 为中心对称的曲线；对于 $\alpha<90°$的正断层，下降盘一侧的异常极小值十分明显，而对于 $\alpha>90°$的逆断层，上升盘一侧对应的极大值十分清晰。三种情况下，都是在断层面附近重力异常变化很明显，即水平梯度较大，在平面等值线图中为密集的重力异常等值线分布，常称为重力梯级带，它是识别断裂构造的重要标志。

(五) 水平物质半平面

如果铅垂台阶的厚度比其顶面埋深小得多时，可以将厚度为$(H-h)=t$ 的物质层向它的中心平面压缩成一个水平物质半平面(图 4-2-6)，使正问题的求解以及后续的反问题解释更为方便。

令物质半平面的埋深为 $D=\dfrac{H+h}{2}$。引入剩余面密度 μ 的概念，即单位面积上的剩余质量。$\mu=\Delta\sigma\left(\int d\xi\int d\eta\int d\zeta\Big/\int d\xi\int d\eta\right)=\Delta\sigma\int d\zeta=\Delta\sigma(H-h)=\Delta\sigma\cdot t$，由基本公式可得

$$\Delta g=2G\Delta\sigma\int_0^\infty d\xi\int_h^H\frac{D d\zeta}{(\xi-x)^2+D^2}=2G\mu\int_0^\infty\frac{D d\xi}{(\xi-x)^2+D^2}$$

$$=G\mu\left(\pi+2\mathrm{tg}^{-1}\frac{x}{D}\right)=2G\mu\left(\frac{\pi}{2}+\mathrm{tg}^{-1}\frac{x}{D}\right)\quad(2.3-22)$$

$$V_{XZ}=2G\mu\frac{D}{x^2+D^2}\quad(4.2-23)$$

$$V_{ZZ}=2G\mu\frac{x}{x^2+D^2}\quad(4.2-24)$$

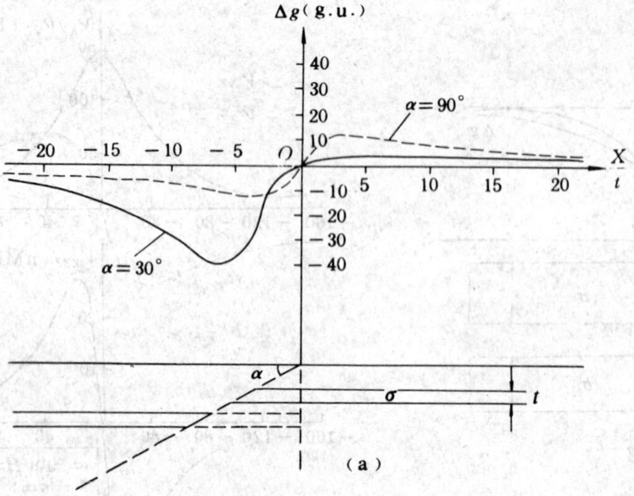

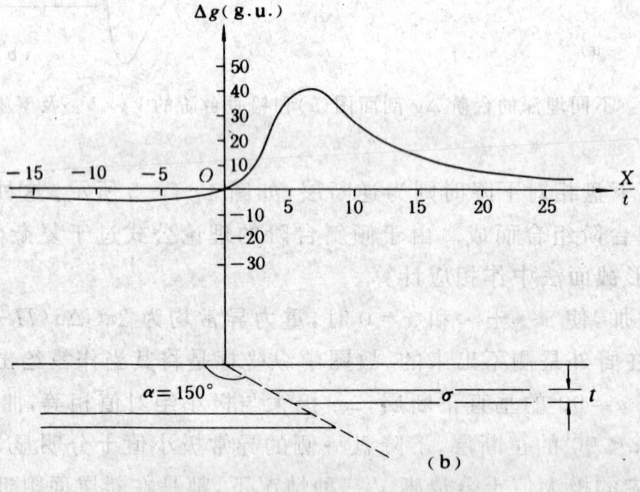

图 4-2-5　断层的 Δg 理论曲线

$$V_{zzz} = 4G\mu \frac{xD}{(x^2 + D^2)^2} \qquad (4.2-25)$$

它们的理论曲线与铅垂台阶十分接近，对于 Δg 来说，理论分析表明，在 $h=0$ 时最不利的条件下，这种压缩所造成的误差仅在个别点处最大也不过是 7.2%左右。

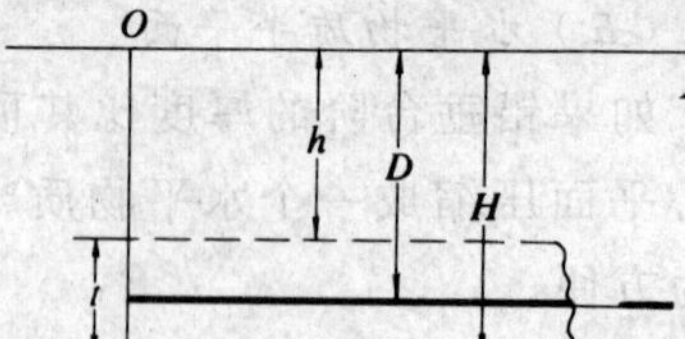

图 4-2-6　水平物质半平面

（六）二度板状体

一些矿脉、岩脉、岩墙等，只要它们沿走向方向延伸较长时，就可以当作二度板状体来研究它们的异常。

1. 二度铅垂板状体

当其横截面为近于直立的矩形时（图 4-2-7(a)），可用两个铅垂台阶异常之差来计算它的异常，设板体水平宽度为 $2a$，上顶及下底埋深为 h 和 H。当坐标原点选在板体顶面中点、X 轴垂直板体走向时，用 $(x+a)$ 与 $(x-a)$ 代替式(4.2-17)、式(4.2-19)至式(4.2-21)中的 x 后并相减，即可得到有关的理论公式如下：

$$\Delta g = G\Delta\sigma\left[(x+a)\ln\frac{(x+a)^2+H^2}{(x+a^2)+h^2} - (x-a)\ln\frac{(x-a)^2+H^2}{(x-a)^2+h^2}\right.$$

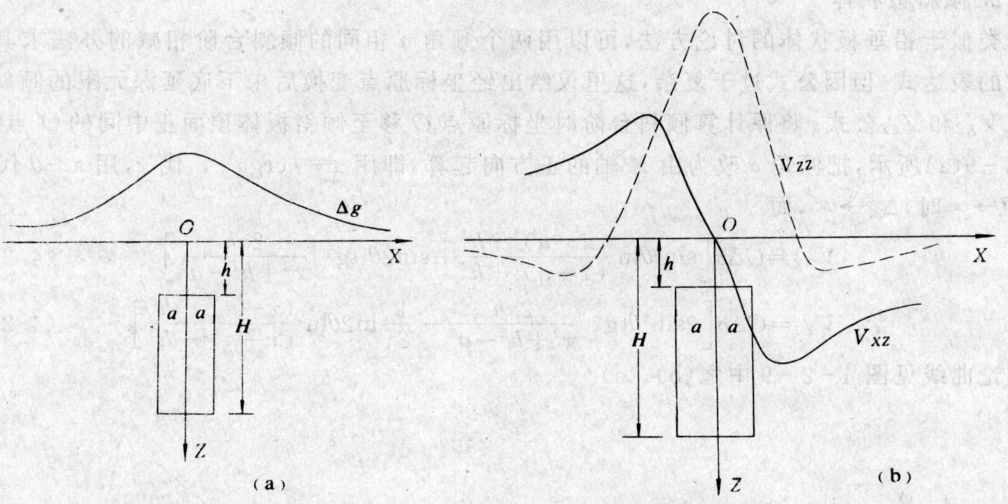

图 4-2-7　二度铅垂柱体理论曲线

$$+2H(\mathrm{tg}^{-1}\frac{x+a}{H}-\mathrm{tg}^{-1}\frac{x-a}{H})-2h(\mathrm{tg}^{-1}\frac{x+a}{h}-\mathrm{tg}^{-1}\frac{x-a}{h})] \quad (4.2-26)$$

$$V_{XZ}=G\Delta\sigma\ln\frac{[(x+a)^2+H^2][(x-a)^2+h^2]}{[(x+a^2)+h^2][(x-a)^2+H^2]} \quad (4.2-27)$$

$$V_{ZZ}=2G\Delta\sigma(\mathrm{tg}^{-1}\frac{H}{x+a}-\mathrm{tg}^{-1}\frac{h}{x+a}-\mathrm{tg}^{-1}\frac{H}{x-a}+\mathrm{tg}^{-1}\frac{h}{x-a}) \quad (4.2-28)$$

$$V_{ZZZ}=2G\Delta\sigma[\frac{x+a}{(x+a)^2+h^2}-\frac{x+a}{(x+a)^2+H^2}-\frac{x-a}{(x-a)^2+h^2}+\frac{x-a}{(x-a)^2+H^2}] \quad (4.2-29)$$

当板体下底埋深 H 可视为无穷远时，即 $H\rightarrow\infty$，以上各式可简化为

$$\Delta g\rightarrow\infty$$

$$V_{XZ}=G\Delta\sigma\ln\frac{(x-a)^2+h^2}{(x+a)^2+h^2} \quad (4.2-30)$$

$$V_{ZZ}=2G\Delta\sigma\mathrm{tg}^{-1}\frac{2ah}{x^2+h^2-a^2} \quad (4.2-31)$$

$$V_{ZZZ}=4G\Delta\sigma\frac{a(a^2+h^2-x^2)}{(x^2+a^2+h^2)^2-4a^2x^2} \quad (4.2-32)$$

相应的理论曲线见图 4-2-8。

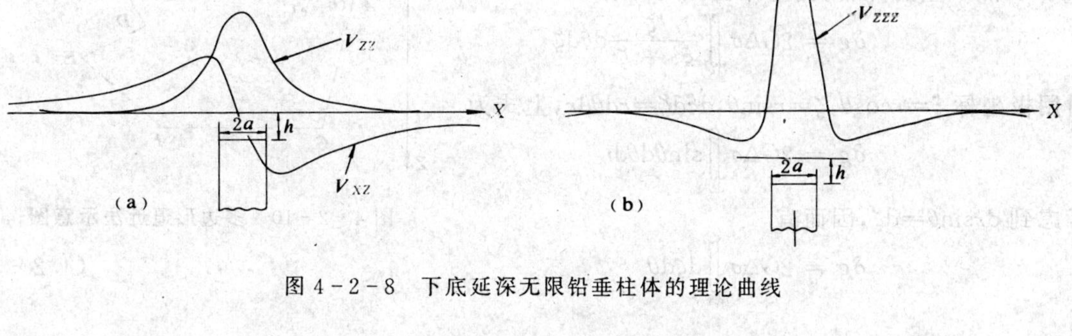

图 4-2-8　下底延深无限铅垂柱体的理论曲线

2. 倾斜板状体

类似于铅垂板状体的讨论方法，可以用两个倾角 α 相同的倾斜台阶相减的办法求其计算异常的表达式。但因公式过于复杂，这里仅给出经坐标原点变换后求下底延深无限的倾斜板状体之 V_{xz} 和 V_{zz} 公式。将原计算倾斜台阶时坐标原点 O 移至倾斜板体顶面正中间的 O' 点，如图4-2-9(a)所示，把倾角 α 改为由 X 轴的正方向起算，即用 $x-h\mathrm{ctg}\alpha+a$ 代 x，用 $\pi-\theta$ 代替 α，当 $H\to\infty$ 时，$\Delta g\to\infty$，而

$$V_{xz}=G\Delta\sigma\left[\sin^2\theta\ln\frac{(x-a)^2+h^2}{(x+a)^2+h^2}+\sin2\theta\ \mathrm{tg}^{-1}\frac{2ah}{x^2+h^2-a^2}\right] \tag{4.2-33}$$

$$V_{zz}=G\Delta\sigma\left[2\sin^2\theta\mathrm{tg}^{-1}\frac{2ah}{x^2+h^2-a^2}-\frac{1}{2}\sin2\theta\ln\frac{(x-a)^2+h^2}{(x+a)^2+h^2}\right] \tag{4.2-34}$$

其理论曲线见图4-2-9中之(b)、(c)。

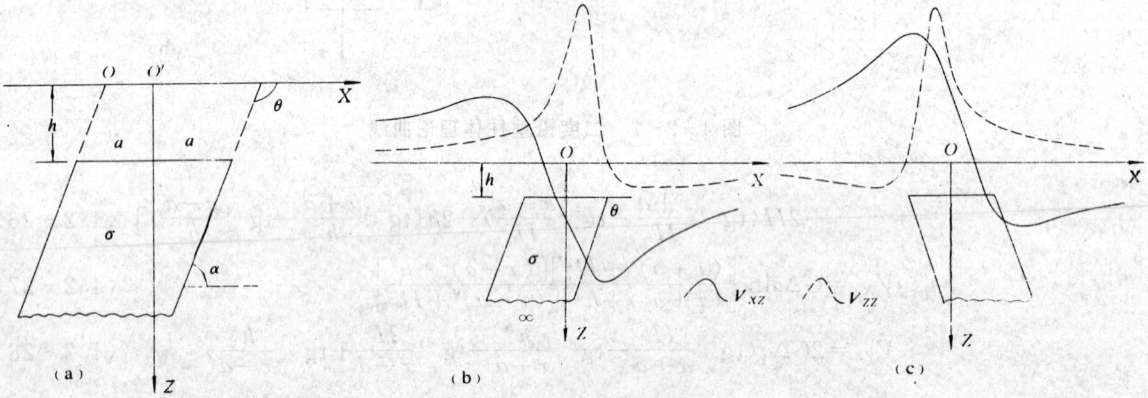

图4-2-9 倾斜板状体及理论曲线

三、复杂形体的正演

(一) 横截面为任意形状的二度体的重力异常

对于横截面为任意形状的二度体，可用多边形来逼近其截面的形状，只要给出多边形各角点的坐标(ξ,ζ)，就可以用解析式计算出它的重力异常来。显然，其精度取决于多边形逼近任意形状的程度。

图4-2-10给出了由多边形 $ABCDEFGA$ 所代表的二度体截面。首先我们计算由 AB 边与 O 点(与计算点重合)所围的$\triangle OAB$ 截面代表的二度水平柱体于 O 点产生的异常，由基本公式可知：

$$\delta g=2G\Delta\sigma\iint\limits_{dS}\frac{\zeta}{\xi^2+\zeta^2}\mathrm{d}\xi\mathrm{d}\zeta$$

引用极坐标 $\xi=r\cos\theta,\zeta=r\sin\theta,\mathrm{d}\xi\mathrm{d}\zeta=r\mathrm{d}\theta\mathrm{d}r$，上式为

$$\delta g=2G\Delta\sigma\iint\limits_{dS}\sin\theta\mathrm{d}\theta\mathrm{d}r$$

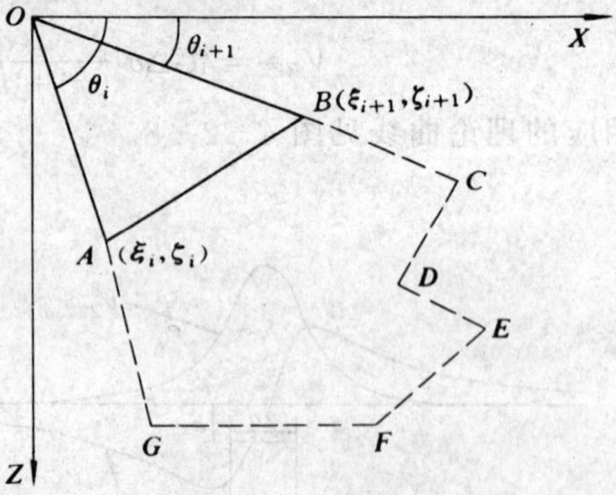

图4-2-10 多边形逼近法示意图

考虑到 $\mathrm{d}r\sin\theta=\mathrm{d}\zeta$，因而有

$$\delta g=2G\Delta\sigma\iint\limits_{dS}\mathrm{d}\zeta\mathrm{d}\theta \tag{4.2-35}$$

根据式(4.2-35)，$\triangle OAB$ 在 O 点产生的异常应为

$$\delta g_i = 2G\Delta\sigma\int_{\theta_i}^{\theta_{i+1}}\mathrm{d}\theta\int_0^{\zeta}\mathrm{d}\zeta = 2G\Delta\sigma\int_{\theta_i}^{\theta_{i+1}}\zeta\mathrm{d}\theta \tag{4.2-36}$$

上式中 ζ 是 θ 的函数，利用 A、B 两点的直线方程以及 $\xi=\zeta\mathrm{ctg}\theta$ 可求得

$$\zeta=\frac{\xi_i\zeta_{i+1}-\xi_{i+1}\zeta_i}{\mathrm{ctg}\theta(\zeta_{i+1}-\zeta_i)-(\xi_{i+1}-\xi_i)}$$

式中 i、$i+1$ 代表按顺时针方向，计第 i 边两个端点的编号。将 ζ 表达式代入(4.2-36)式中便有

$$\begin{aligned}\delta g_i &= 2G\Delta\sigma(\xi_i\zeta_{i+1}-\xi_{i+1}\zeta_i)\int_{\theta_i}^{\theta_{i+1}}\frac{\mathrm{d}\theta}{\mathrm{ctg}\theta(\zeta_{i+1}-\zeta_i)-(\xi_{i+1}-\xi_i)}\\ &= 2G\Delta\sigma\frac{\xi_i\zeta_{i+1}-\xi_{i+1}\zeta_i}{(\zeta_{i+1}-\zeta_i)^2+(\xi_{i+1}-\xi_i)^2}\Big[(\xi_{i+1}-\xi_i)\Big(\mathrm{tg}^{-1}\frac{\zeta_i}{\xi_i}-\mathrm{tg}^{-1}\frac{\zeta_{i+1}}{\xi_{i+1}}\Big)\\ &\quad+\frac{1}{2}(\zeta_{i+1}-\zeta_i)\ln\frac{\xi_{i+1}^2+\zeta_{i+1}^2}{\xi_i^2+\zeta_i^2}\Big]\end{aligned} \tag{4.2-37}$$

用同样的方法，把 $\triangle OBC$、$\triangle OCD$、…的重力异常都算出来相加，由于是沿同一方向的环流积分，故多边形 $AB\cdots A$ 以外的面积部分产生的异常互相抵消，最后结果仅是该多边形所代表的二度体在原点处产生的重力异常。若多边形共有 n 个边，则计算重力异常的表达式是

$$\begin{aligned}\Delta g &= \sum_{i=1}^{n}\delta g_i = 2G\Delta\sigma\sum_{i=1}^{n}\frac{\xi_i\zeta_{i+1}-\xi_{i+1}\zeta_i}{(\zeta_{i+1}-\zeta_i)^2+(\xi_{i+1}-\xi_i)^2}\\ &\quad\Big[(\xi_{i+1}-\xi_i)\Big(\mathrm{tg}^{-1}\frac{\zeta_i}{\xi_i}-\mathrm{tg}^{-1}\frac{\zeta_{i+1}}{\xi_{i+1}}\Big)\\ &\quad+\frac{1}{2}(\zeta_{i+1}-\zeta_i)\ln\frac{\xi_{i+1}^2+\zeta_{i+1}^2}{\xi_i^2+\zeta_i^2}\Big]\end{aligned} \tag{4.2-38}$$

应用式(4.2-38)时应注意：边数为 n 时，$\xi_{n+1}=\xi_1$，$\zeta_{n+1}=\zeta_1$；当 $\xi_{i+1}>\xi_i$ 时，反正切函数在 $0\sim\pi$ 之间取值，反之则在 $-\pi\sim0$ 之间取值；由于上式是在原点与计算点重合时导出的，所以计算任意点 $P(x,0,z)$ 时的异常，只要把式中 ξ_i、ζ_i 改为 ξ_i-x 和 ζ_i-z 即可。

有了这一方法，对前面介绍过的铅垂台阶、倾斜台阶、各种板状体等，均可用角点的坐标计算出来，十分简便，遇到无穷远或无限延深时，可以用一个很大的 ξ_i 和 ξ_{i+1} 或 ζ_i 与 ζ_{i+1} 来表示即可。不仅如此，当 $\Delta\sigma$ 一定时，可计算多个二度体同时产生的异常(如断裂构造)。具体作法是将相邻的二度体沿同一方向(如顺时针方向)将各角点用直线连结，形成封闭的单个二度体即可，见图 4-2-11。

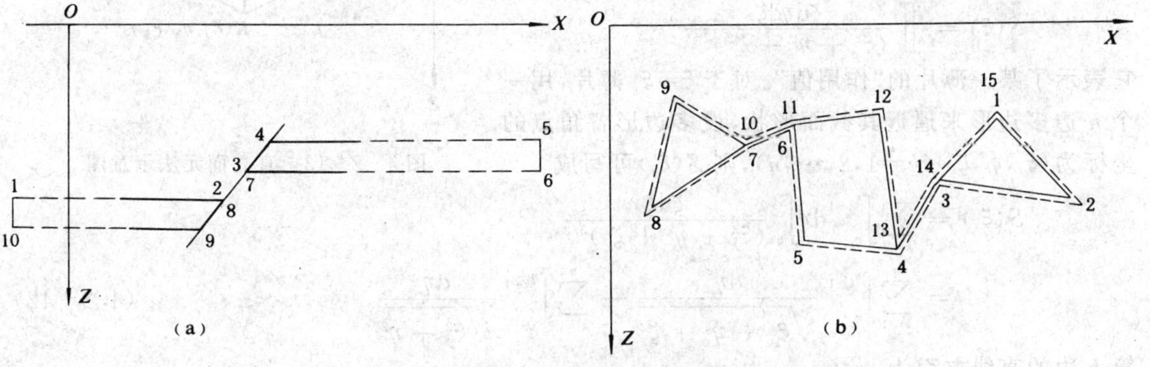

图 4-2-11　用多边形逼近法计算断裂与复杂形体二度体异常示意图

（二）任意形状三度体的正演

1. 长方体元法

将任意形状的三度体用三组平行于直角坐标面的平面进行分割，使物体分成一系列的长方（或立方）体元，依据8个角点坐标（图4-2-12）引用基本公式，可得到其中某个长方体元在坐标原点引起的重力异常为

$$\delta g = G\Delta\sigma\int_{\xi_1}^{\xi_2}\int_{\eta_1}^{\eta_2}\int_{\zeta_1}^{\zeta_2}\frac{\zeta d\xi d\eta d\zeta}{(\xi^2+\eta^2+\zeta^2)^{3/2}}$$

$$= -G\Delta\sigma\left|\left|\left|\xi\ln(\eta+R)+\eta\ln(\xi+R)+\zeta \operatorname{tg}^{-1}\frac{\zeta R}{\xi\eta}\right|_{\xi_1}^{\xi_2}\right|_{\eta_1}^{\eta_2}\right|_{\zeta_1}^{\zeta_2} \quad (4.2-39)$$

或者

$$\delta g = -G\Delta\sigma\left|\left|\left|\xi\ln(\eta+R)+\eta\ln(\xi+R)-\zeta \operatorname{tg}^{-1}\frac{\xi\eta}{\zeta R}\right|_{\xi_1}^{\xi_2}\right|_{\eta_1}^{\eta_2}\right|_{\zeta_1}^{\zeta_2} \quad (4.2-40)$$

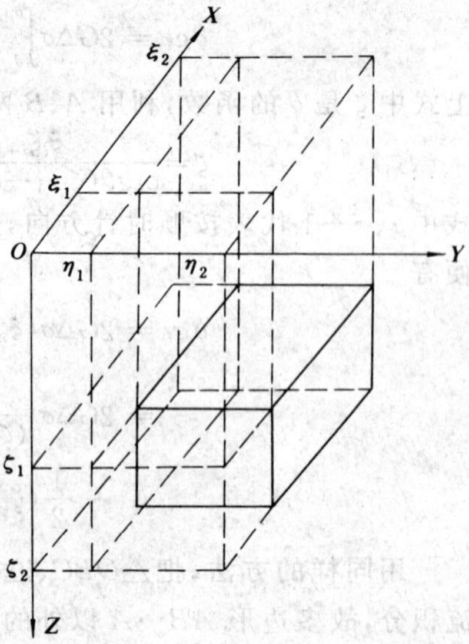

图4-2-12　长方体元法示意图

式中 $R=(\xi^2+\eta^2+\zeta^2)^{1/2}$。

将所有长方体元的异常求和即得该物体在原点处产生的异常近似值。注意：式中反正切函数的取值范围应在 $0\sim\pi$ 之间；若计算点为任意点 $P(x,y,z)$，则式中 ξ、η、ζ 应分别以 $\xi-x$、$\eta-y$ 和 $\zeta-z$ 代入。

2. 多边形截面法（面元法）

用一组相互平行的铅垂面（或水平面）切割物体，使其分成若干个直立（或水平）薄片，每个薄片又用多边形来逼近。用解析法计算多边形对计算点的“作用值”，最后对所有薄片“作用值”进行数值积分求和。

下面给出铅垂面元法的计算公式，见图4-2-13，设坐标原点为计算点，X 轴与切平面正交，则由基本公式，整个物体产生的异常可表达为

$$\Delta g = G\Delta\sigma\int S(\xi)d\xi \quad (4.2-41)$$

式中

$$S(\xi) = \iint\frac{\zeta d\eta d\zeta}{(\xi^2+\eta^2+\zeta^2)^{3/2}}$$

它表示了某一薄片的“作用值”。对于 $\xi=\xi_j$ 薄片，用一个 n 边多边形来逼近其截面形状，设多边形各角点的坐标为 $(\xi_j,\eta_k,\zeta_k)(k=1,2,\cdots,n)$，则 $S(\xi_j)$ 可写成

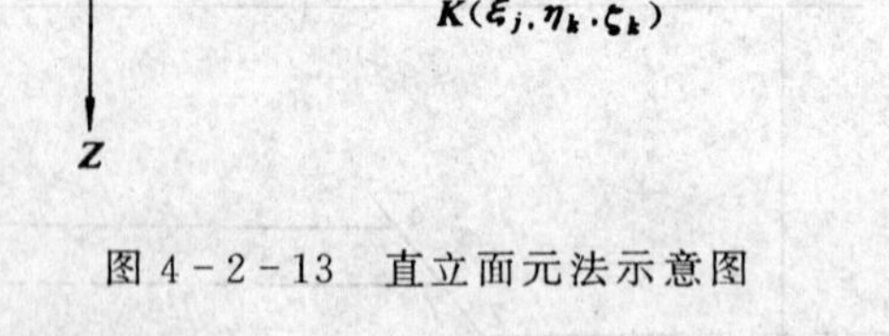

图4-2-13　直立面元法示意图

$$S(\xi_j) = \sum_{k=1}^{n}\int_{\eta_k}^{\eta_{k+1}}d\eta\int_0^{\zeta}\frac{\zeta d\zeta}{(\xi_j^2+\eta^2+\zeta^2)^{3/2}}$$

$$= \sum_{k=1}^{n}\int_{\eta_k}^{\eta_{k+1}}\frac{d\eta}{\sqrt{\xi_j^2+\eta^2+\zeta^2}} - \sum_{k=1}^{n}\int_{\eta_k}^{\eta_{k+1}}\frac{d\eta}{\sqrt{\xi_j^2+\eta^2}} \quad (4.2-42)$$

第 k 边的直线方程为

$$\zeta=C_k\eta+D_k$$

式中 $$C_k=\frac{\zeta_{k+1}-\zeta_k}{\eta_{k+1}-\eta_k},D_k=\frac{\zeta_k\eta_{k+1}-\zeta_{k+1}\eta_k}{\eta_{k+1}-\eta_k}$$

将 ζ 代入式(4.2-42)进行积分，由于 $\eta_{n+1}=\eta_1,\zeta_{n+1}=\zeta_1$，式中右边第二项结果为零，于是有

$$S(\xi_j)=\sum_{k=1}^{n}\frac{1}{\sqrt{1+C_k^2}}\ln\frac{\sqrt{1+C_k^2}\cdot R_{k+1}+\eta_{k+1}(1+C_k^2)+C_kD_k}{\sqrt{1+C_k^2}\cdot R_k+\eta_k(1+C_k^2)+C_kD_k} \tag{4.2-43}$$

式中 $R_{k+1}=(\xi_j^2+\eta_{k+1}^2+\zeta_{k+1}^2)^{1/2},R_k=(\xi_j^2+\eta_k^2+\zeta_k^2)^{1/2}$。

$S(\xi_j)$ 求得后，按式(4.2-41)应用数值积分就可求取整个物体在计算点上的异常了。

3. 压缩质线法(线元法)

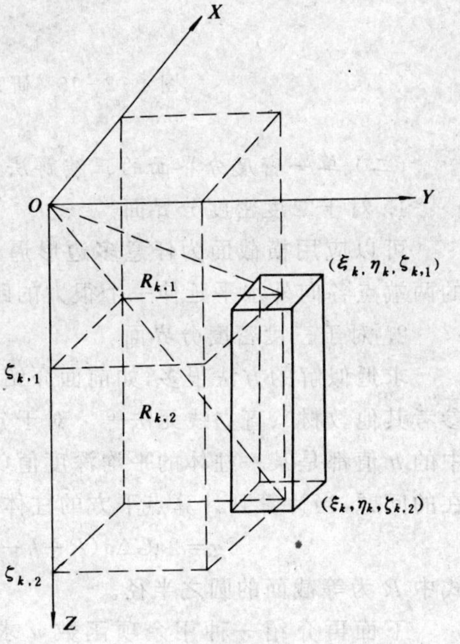

图 4-2-14　直立线元法示意图

用一组平行于 X 轴的铅垂面与一组平行于 Y 轴的铅垂面来切割三度体，将其分成一个一个的直立矩(方)形柱体(当然也可以另外切成水平的一些方柱体)。当柱体横截面两个边长远小于其柱体长度时，计算它的重力异常就可以把它当成质量被均匀地压缩在其铅垂的中轴线上的物质线段来看。图 4-2-14 示出了以 O 为计算点的第 k 个直立矩形柱体的有关坐标。以 $(\xi_k,\eta_k,\zeta_{k,1})$ 和 $(\xi_k,\eta_k,\zeta_{k,2})$ 分别表示其中轴线上下端点坐标，λ 表示剩余线密度，由基本公式，只要对 ζ 积分便可求得该物质线段的异常 δg，即

$$\begin{aligned}\delta g&=G\lambda\left(\frac{1}{R_{k,1}}-\frac{1}{R_{k,2}}\right)\\&\doteq G\Delta\sigma\Delta\xi\Delta\eta\left(\frac{1}{R_{k,1}}-\frac{1}{R_{k,2}}\right)\end{aligned} \tag{4.2-44}$$

式中 $R_{k,1}=(\xi_k^2+\eta_k^2+\zeta_{k,1}^2)^{1/2},R_{k,2}=(\xi_k^2+\eta_k^2+\zeta_{k,2}^2)^{1/2}$。

于是，整个三度体在 O 点引起的重力异常即为所有被分割出的线元产生的异常之和。

从式(4.2-44)可以看出，当 $R_{k,1}=0$ 时，$\delta g\to\infty$，这一情况恰好发生在直立柱体正好位于计算点的正下方而且又离地面很近时，为减小误差，用一等截面积的直立圆柱体来代替，在直立圆柱体的中心轴正上方，重力异常表达式为

$$\delta g=2\pi G\Delta\sigma(\zeta_2-\zeta_1-\sqrt{\zeta_2^2+R^2}+\sqrt{\zeta_1^2+R^2})$$

式中 R 应满足

$$R=\sqrt{\frac{\Delta\xi\Delta\eta}{\pi}} \tag{4.2-45}$$

显然，上述这些计算的方法都是近似的，分割愈细，自然逼近真值愈好，要视工作精度的需要而定。

四、密度分界面正演的近似解法

(一) 密度分布的等效性

所谓密度分界面是指在一定条件下，较为典型的地质界面两侧具有较大较为稳定的密度差异而言的，无疑，这对研究构造形态等问题有着重要的作用。假设地下界面 S 之上下物质层的密度分别为 σ_1 和 σ_2，为计算该界面的起伏在地表产生的重力异常，可以如图 4-2-15 所示的三种办法来进行。(a)表示由地面与 S 面构成的物质层，此时 $\Delta\sigma=\sigma_1-\sigma_2$；(b)代表 S 面与其

下方某一水平面 H_1 构成的物质层，$\Delta\sigma'=\sigma_2-\sigma_1$；(c)代表穿过 S 面的某一水平面 H_2 与 S 面构成的物质层可分为两部分，相应的剩余密度分别为 $\Delta\sigma$ 和 $\Delta\sigma'$。不难证明，不论取何种方案，计算所得的重力异常，彼此形态（相对变化）完全一样，只差某一个常数而已，这即是密度分布的等效性原理。

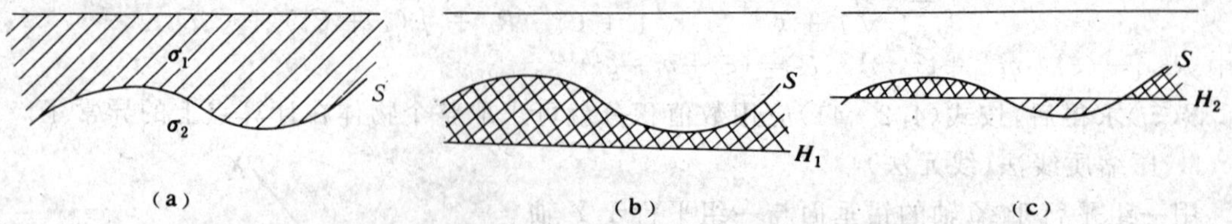

图 4-2-15 研究密度分界面时剩余密度的选取方式

（二）单一密度分界面的正演解法

1. 对于二度密度分界面

可以应用横截面为任意多边形逼近的正演公式式(4.2-38)来计算，此时，只需将界面 S 的两端点各向外水平延伸一个很大的距离后沿地面闭合即可。

2. 对于三度密度分界面

求近似解的方法很多，如前面介绍的地形校正方法、铅垂面元法（水平面元法同样可行，请参考其他教材）、直立线元法等。对于分割的每一个柱体或截面，都是从地面起算的，相应公式中的 h 值都是某一柱体的平均深度值（面元法中则是每一角点的深度值）。类似于线元法中存在的问题，当计算到计算点下方的柱体时，都用深度为 h 的直立圆柱体来代替，即

$$\delta g=2\pi G\Delta\sigma(R+h-\sqrt{R^2+h^2}) \tag{4.2-46}$$

式中 R 为等截面的圆之半径。

下面再介绍一种用余项函数 u 求解的方法（亦称 u 函数法）。设界面起伏的幅度远小于其平均深度，$\Delta\sigma$ 为上下物质层的密度差，在圆柱坐标系中，当原点 O 与计算点重合时（图 4-2-16），界面 S 以上物质层的剩余质量在 O 点引起的重力异常应为

$$\Delta g = G\Delta\sigma\int_0^{2\pi}\mathrm{d}\alpha\int_0^{\infty}\mathrm{d}r\int_0^{h}\frac{r\zeta}{(r^2+\zeta^2)^{3/2}}\mathrm{d}\zeta \tag{4.2-47}$$

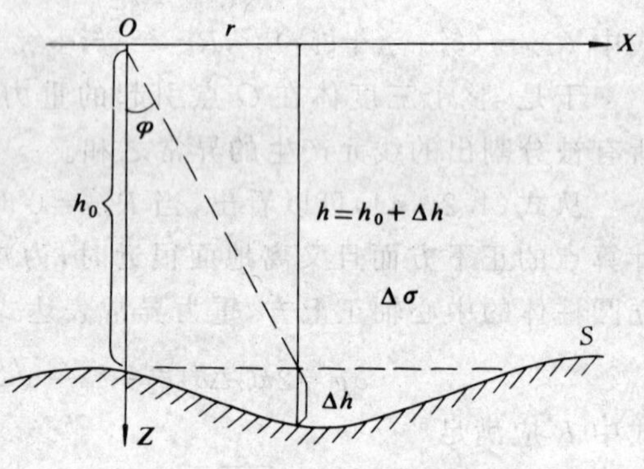

图 4-2-16 u 函数法计算时坐标的选取

以计算点处界面的深度 h_0 将上式对 ζ 的积分限分成 $(0,h_0)$ 和 (h_0,h) 两部分，则可得

$$\begin{aligned}\Delta g &= G\Delta\sigma\int_0^{2\pi}\mathrm{d}\alpha\int_0^{\infty}\mathrm{d}r\int_0^{h_0}\frac{r\zeta\mathrm{d}\zeta}{(r^2+\zeta^2)^{3/2}}+G\Delta\sigma\int_0^{2\pi}\mathrm{d}\alpha\int_0^{\infty}\mathrm{d}r\int_{h_0}^{h}\frac{r\zeta\mathrm{d}\zeta}{(r^2+\zeta^2)^{3/2}}\\ &= 2\pi G\Delta\sigma h_0+u_0\end{aligned} \tag{4.2-48}$$

式中

$$u_0 = G\Delta\sigma\int_0^{2\pi}\mathrm{d}\alpha\int_0^{\infty}\mathrm{d}r\int_{h_0}^{h}\frac{r\zeta\mathrm{d}\zeta}{(r^2+\zeta^2)^{3/2}} \tag{4.2-49}$$

式(4.2-48)中等号右边的第一项代表了厚度为 h_0 的无限平板物质层产生的异常，而第二项则相当于界面 S 相对于 h_0 的起伏所加的修正项。

在假定的条件下，即 $\Delta h\ll h_0$ 时，式(4.2-49)可将对 ζ 积分的被积函数在 h_0 的邻域内展成泰勒级数，然后略去 Δh 二次项及更高次各项，便有

$$u_0 \approx G\Delta\sigma\int_0^{2\pi}\mathrm{d}\alpha\int_0^{\infty}\frac{h_0 r\Delta h}{(r^2+h_0^2)^{3/2}}\mathrm{d}r \tag{4.2-50}$$

利用关系式 $r=h_0\mathrm{tg}\varphi$ 作变量置换，则

$$u_0 \approx G\Delta\sigma\int_0^{2\pi}\mathrm{d}\alpha\int_0^{\frac{\pi}{2}}\frac{h_0^2\Delta h\mathrm{tg}\varphi}{(h_0^2\mathrm{tg}^2\varphi+h_0^2)^{3/2}}\cdot h_0\cdot\frac{\mathrm{d}\varphi}{\cos^2\varphi}$$

$$=G\Delta\sigma\int_0^{2\pi}\mathrm{d}\alpha\int_0^{\frac{\pi}{2}}\Delta h\sin\varphi\mathrm{d}\varphi=G\Delta\sigma\int_0^{2\pi}\mathrm{d}\alpha\int_0^1\Delta h\mathrm{d}\cos\varphi$$

将上式改用增量求和形式，并令 $\Delta\alpha=\frac{2\pi}{m}$，$\Delta\cos\varphi=\frac{1}{n}$，即可得到

$$u_0 \approx \frac{2\pi G\Delta\sigma}{mn}\sum_{i=1}^{m}\sum_{j=1}^{n}\Delta h_{ij} \tag{4.2-51}$$

例如取 $m=8$，$n=6$时，可制成如图 4-2-17 中所示的扇形量板，利用这个量板，只要读出每个扇形块中的 $\Delta h_{ij}(=h_{ij}-h_0)$，将它们代入式（4.2-51），就可以求出 u_0值，从而得到 Δg 值来。需要指出的是，若其他点下方界面的深度 h_0' 与 h_0相差较大时，需按 h_0' 重制量板，这是很不方便的。在各点深度相差不大或精度要求不高时，可取界面的平均深度来构制量板，并应用到各计算点上。

针对扇形量板法使用的不便，改用方域分割法，能在计算机中计算就快捷、准确得多了。将待计算的区间用等间距的 $\Delta\xi=\Delta\eta$ 的两组直线划分成一系列小方块，每个结点就代表一个横截面积为 $\Delta\xi\cdot\Delta\eta$、深度为 h_{ij}的直立方形柱体，如图 4-2-18 中所示，将原点与计算点重合，计算范围取 x：$-m\Delta\xi\sim m\Delta\xi$，$y$：$-m\Delta\eta\sim m\Delta\eta$。在直角坐标中，$u_0$式（4.2-50）可写成

$$u_0 \approx G\Delta\sigma\iint_{\infty}^{\infty}\frac{h_0\Delta h\mathrm{d}\xi\mathrm{d}\eta}{(\xi^2+\eta^2+h_0^2)^{3/2}}$$

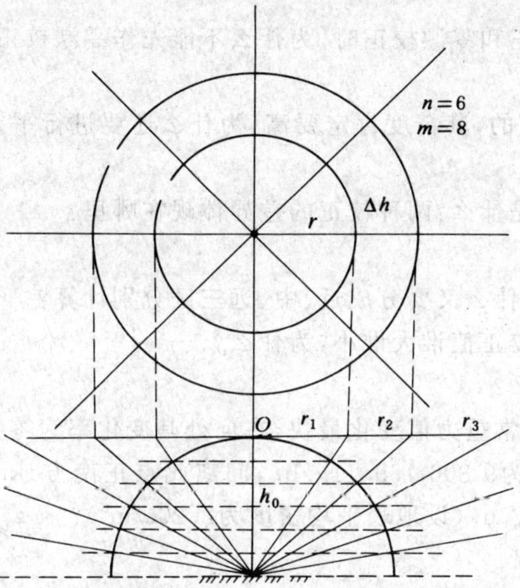

图 4-2-17 u 函数法扇形域读数量板

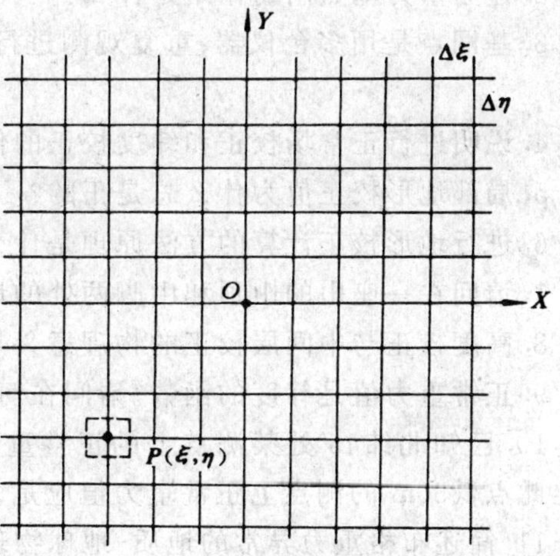

图 4-2-18 方形域 u 函数法计算方案示意图

其增量求和表达式是

$$u_0 \approx G\Delta\sigma\sum_{i=-m}^{m}\sum_{j=-m}^{m}\int_{(i-\frac{1}{2})\Delta\xi}^{(i+\frac{1}{2})\Delta\xi}\mathrm{d}\xi\int_{(j-\frac{1}{2})\Delta\eta}^{(j+\frac{1}{2})\Delta\eta}\frac{h_0\Delta h_{ij}\mathrm{d}\eta}{(\xi^2+\eta^2+h_0^2)^{3/2}}$$

$$= G\Delta\sigma \sum_{i=-m}^{m} \sum_{j=-m}^{m} (h_{ij} - h_0) \mathrm{tg}^{-1} \frac{\xi\eta}{h_0\sqrt{\xi^2 + \eta^2 + h_0^2}} \Bigg|_{(i-\frac{1}{2})\Delta\xi}^{(i+\frac{1}{2})\Delta\xi} \Bigg|_{(j-\frac{1}{2})\Delta\eta}^{(j+\frac{1}{2})\Delta\eta} \quad (4.2-52)$$

这样用各计算点下方的h_0和相应的$(h_{ij}-h_0)$值便可求出u_0来。

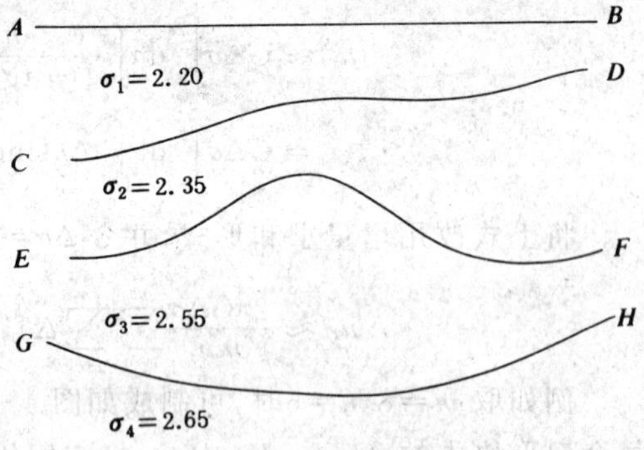

图 4-2-19　多层密度分界面正演举例（单位：t/m³）

（三）多个密度分界面正演的解法

对于多个密度分界面的正演计算，只需将地面与各个界面逐一构成单个物质层，用单一界面的正演计算方法进行计算，最后求各层界面重力异常的总和。需要注意的是各层剩余密度的计算不能出错。下面以一个实例说明剩余密度的取法。图 4-2-19 给出地面 AB 之下有三个密度分界面，相应各层的密度值也示于图中。为方便计，常以最下一层密度值作“正常”看待，此例是 σ_4，要计算 GH 界面的异常，将它与 AB 地面间作一个单层看待，则 $\Delta\sigma_1=2.55-2.65=-0.10$(t/m³)；同理，计算 EF 界面异常时，$\Delta\sigma_2=2.35-2.55=-0.20$(t/m³)，计算 CD 界面异常时，取 $\Delta\sigma_3=2.20-2.35=-0.15$(t/m³)。检查各层密度值为：$\sigma_4=2.65$(t/m³)，$\sigma_3=\sigma_4+\Delta\sigma_1=2.55$(t/m³)，$\sigma_2=\sigma_4+\Delta\sigma_1+\Delta\sigma_2=2.35$(t/m³)，$\sigma_1=\sigma_4+\Delta\sigma_1+\Delta\sigma_2+\Delta\sigma_3=2.20$(t/m³)。说明剩余密度值选取正确。

思考题与习题

1. 当对测点观测重力值要分别作固体潮校正和零漂校正时，为什么不能先作零漂校正？

2. 建立重力基点网的作用是什么？

3. 基网点是用多台仪器、重复观测进行联测的，其精度肯定要高，为什么还要进行平差处理？

4. 说明进行正常场校正和纬度校正的作用是什么？两种校正的差异体现在哪里？

5. 局部地形校正值为什么总是正的？

6. 进行地形校正计算的方法原理是什么？为什么又要分成近、中、远三区分别计算？

7. 请问在一座山的山顶和山脚两处的地形校正值谁大谁小，为什么？

8. 高度校正与中间层校正的物理意义是什么？

9. 正常重力值是纬度的函数。请问在何处正常重力值变化最快，在何处其变化率为零？

10. 已知北纬45°处某测点上的正常重力值为9 806 169.11g.u.，问离此点正南方1km处且比此点低50m的测点上正常重力值应是多少g.u.（设地表平均密度为2.20t/m³）？

11. 简述布格重力异常的地质-地球物理含义。

12. 在求取异常过程中，为什么总是要将观测值归算到大地水准面或过总基点的水准面上？最后所得到的异常是何处的异常？

13. 证明：圆锥体在其顶点处引起的引力铅垂分量为$2\pi G\sigma h(1-\cos\alpha)$，式中 h 为锥体高度，α 为锥体的半顶角，σ 为锥体密度；并由此式再证明锥体顶点处的地形校正值为$2\pi G\sigma h\cos\alpha$。

14. 若测点 O 四周为一圆环形水池，其内环半径为10m，外环半径为50m，水深10m，地表岩土层密度为2.3t/m³，水的密度为1.0t/m³，试计算该地形对测点 O 的地形影响值有多大（单位用 g.u.)？

15. 什么是地壳均衡概念？请依据艾里假说作如下计算：设大地水准面上有一高为1km 的单位山脉柱体(横截面足够大)，在完全均衡条件下，标准地壳以下产生的山根会有多深？已知条件是地壳的平均密度为2.67t/m³，上地幔的平均密度为3.27t/m³。

16. 简述地形校正精度的求取方法。

17. 什么是正演？为什么要研究正演问题？

18. 示意给出图中两剖面上的各两条 Δg 异常曲线，其条件是除 D 不同外其他均不变($\Delta\sigma>0$)。注意必须抓住基本特征。

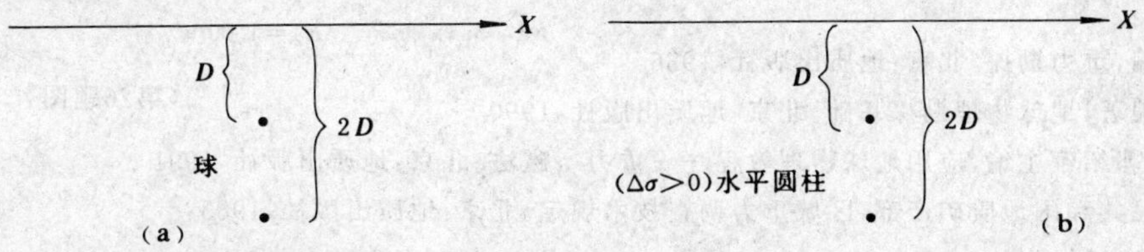

(第18题图)

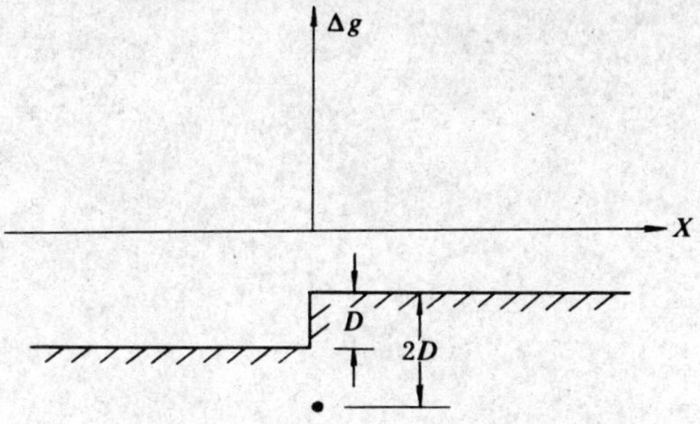

(第19题图)

19. 抓住异常特征，示意绘出图所示的台阶地形剖面下由无限长水平圆柱体产生的异常($\Delta\sigma>0$)。图中黑点代表该圆柱体中轴线。

20. 如果利用与无限长水平圆柱体走向斜交的观测剖面测得的 Δg 异常曲线会有什么样的失真？

21. 请导出第18题图(b)所示的两个水平圆柱体各自产生的异常恰好相等时那一点的横坐标 X 与 D 的关系式。

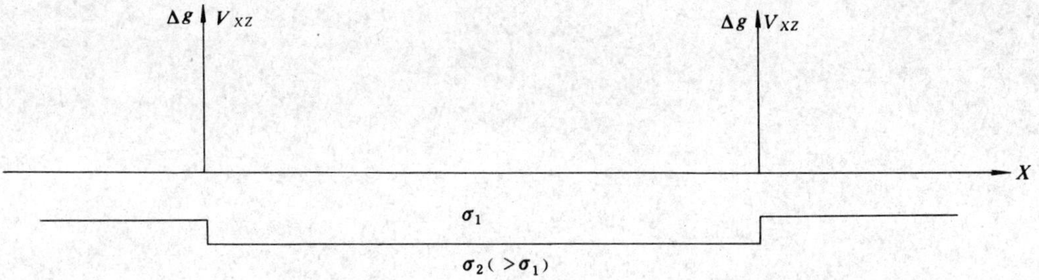

(第22题图)

22. 抓住特征示意绘出图中剖面上的 Δg 和 V_{XZ}曲线。

23. 由球体(三度)、水平圆柱体(二度)、水平物质半平面(一度体)的 Δg 异常，自己总结出它们各自参数(如 $\Delta\sigma$、D 等)改变时，异常变化的基本规律。

24. 利用无限平板公式 $\Delta g=2\pi G\Delta\sigma(H-h)$来估算地下地质体有$(H-h)$的幅度变化所产生的异常，是最小可能值还是最大可能值，为什么？

25. 在某地形平坦地区的地下有一个半径为6m、中心深度为10m 的充满水的洞穴。洞穴周围表土的密度为2.30t/m³。试问用一台观测精度约为±1.0g.u. 的重力仪能否发现这个洞穴？

26. 图中为垂直一排污管道(可视为无限长)的剖面及有关参数，请作下列计算：

(1) 该管道在地面产生的异常极值为多少微伽？

(2) 为发现此异常，设计的异常精度应为多少？

(3) 当管内充满密度为1.10t/m³的污水时，还能以这种精度来发现吗？

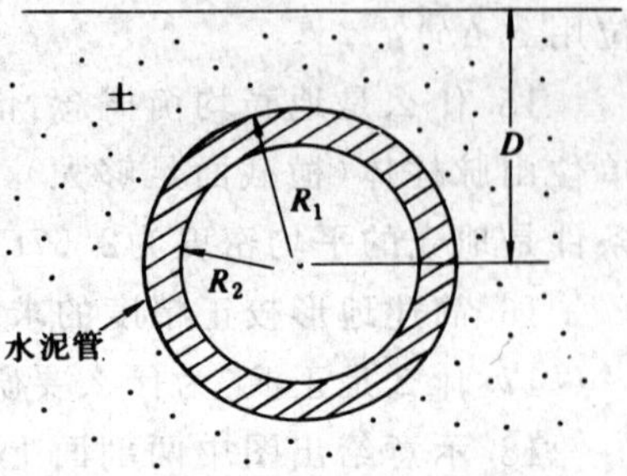

$D=2.50m$　　$\sigma_{土}=2.00\ t/m^3$

$R_1=1.20m$　　$\sigma_{水泥}=2.30\ t/m^3$

$R_2=1.00m$

(第26题图)

主要参考文献

[1] 陈善主编，重力勘探。北京：地质出版社，1986

[2] 顾功叙编著，地球物理勘探基础。北京：地质出版社，1990

[3] 罗孝宽、郭绍雍主编，应用地球物理教程——重力　磁法。北京：地质出版社，1991

[4] 中华人民共和国地质矿产部，区域重力调查技术规定。北京：地质出版社，1983

第五章　磁法勘查的基本原理

我国是世界上最早发现并应用磁现象的国家。早在二千多年前，我国就知道并利用天然磁石的吸铁性和指极性。战国时代就能应用天然磁铁磨成指南针，称之为“司南”。宋代学者沈括在《梦溪笔谈》中记有“以磁石磨针锋，则能指南，然常微偏东，不全南也”。这是世界上关于地磁偏角的最早记载。宋代的另一位学者曾公亮编写的《武经纪要》记载了“指南鱼”的制作方法：“鱼法以薄铁叶剪裁，长二寸阔五分。首尾锐如鱼形，置炭火中烧之，候通赤，以铁钤，钤鱼首出水，以尾正对子位，蘸水盆中，没尾数分则止，以密器收之。用时置水碗于无风处。平放鱼在水面令浮，其首常南向午也。”这是世界上关于利用地磁场进行人工磁化的最早应用。公元1119年，北宋学者朱或在《萍州可谈》中指出“舟师识地理，夜则观星，昼则观日，阴晦观指南针”。北宋时期，我国已经把指南针用于航海。

中国古代四大发明之一的指南针，传入欧洲后，促使了人类对地磁现象的研究，1600年，英国女皇伊丽莎白的医生威廉·吉尔伯特(William Gilbert)把一个均匀磁化的铁球看作是地球，用一个小磁针在其周围进行试验测量后指出，磁针能指南北，是由于地球本身像一个稍不规则的大磁铁，地球的北磁极吸引磁针的北极，南磁极吸引磁针的南极。他得出地球的磁场，与一个置于地心并接近于地球旋转轴方向放置的永久磁铁的磁场等效的结论。从这时候起，人们开始了对地磁现象的理论研究。

1840年，Gauss发表了《地磁概论》一书。他在书中对地磁场作了周密的数学分析，奠定了地磁场理论分析的基础。

1640年，瑞典人开始用罗盘寻找磁铁矿。1870年，泰朗(Thalen)和铁贝尔(Tiberg)制成了找磁铁矿用的万能磁力仪。有人认为这是应用地球物理学开始发展的重要标志。

1915年，阿道夫·施密特(Adolf Schmidt)制成刃口式垂直磁秤后，磁法勘查不仅在寻找磁铁矿中，而且在圈定磁性岩体、地质构造以及与油气有关的盐丘中得到应用。

1936年，苏联罗加乔夫A.A.(Лагачев A.A.)试制成功了感应式航空磁力仪，大大提高了磁测速度和扩大了磁测范围，使磁法勘探进入了一个新阶段。20世纪50～60年代，苏联、美国又相继把质子旋进磁力仪移装于船上，开展了海洋磁测。在海洋磁测和古地磁学研究成果的支持下，复活了大陆漂移学说，发展了海底扩张学说和板块学说，大大推动了地球科学的变革与发展。

随着现代科学技术的发展，磁法勘查仪器由机械式磁力仪发展到质子旋进磁力仪、光泵磁力仪和超导磁力仪，仪器精度越来越高，并且已经将磁力仪装载在人造卫星中进行遥测。磁法勘查方法也可以在空中、海洋、井中、地面进行不同分量、不同参量的磁测，如磁力梯度测量。各种新的数学方法和解释理论，以及电子计算机的广泛应用使磁场观测方式、数据处理、成果解释、资料存储发生了深刻的变化。如地球物理反演理论，非线性科学以及可视化技术，远程勘探，远程教学等应用，使这一古老学科焕发了新的活力。磁法勘查不仅在地球的基础科学方面，而且在资源、环境、城市工程等方面发挥着重要作用。

我国磁法勘查工作从20世纪30年代在云南开始，直到解放前，十多年仅停留在科学试验阶段。全国解放后，我国物探工作得到很大的发展。地面磁测、航空磁测、井中磁测和海洋磁测相继开展。到1985年，磁测工作已几乎覆盖全国。航线间距500m到10km的有效覆盖面积内陆地区达到$886\times10^4km^2$，海域为$120\times10^4km^2$，地面磁测也做了大量工作。在各种金属矿物探方法中，磁法投入的实际工作量最大，取得的效果也非常显著。建国以来，以磁法为主发现的各类矿床449处。多年来，用磁法寻找铁矿及其他金属、非金属矿都获得了很大的效益。在各种比例尺的地质测量中，磁法成功地用来圈定侵入岩体，研究各种构造，进行大地构造分区，编制各种推断地质图以及进行成矿远景区的划分等工作。

磁法勘查作为一门课程首先在前苏联开设，1940年由罗加乔夫A.A.（Лагачев A.A.）等人出版了第一本《磁法勘探教程》。随着知识经济时代的到来，社会对高素质的地球物理人才也提出了更高的要求。在专业课程设置与改革方面，我们把各种单一的地球物理方法课程有机地结合在一起来编写，作为地球物理课程改革的一种大胆尝试。

§5.1 计算磁性体磁场的意义和条件

野外磁测的最后成果是磁异常的等值线平面图和平面剖面图。磁测的根本目的是要解决地质问题，这需要对磁测资料进行定性、定量和地质解释。为此，必须先了解各种地质现象与磁异常的对应规律和本质联系，以及磁异常特征与各种磁性地质体形状、产状等的定性和定量关系，以便根据测得的磁异常推断出地下的地质情况。

本节的讨论将不涉及具体的地质问题，仅是对由实际地质模型简化出的规则磁性体磁场进行数学物理的解析，从中找出其规律，以作为地质解释推断的数理依据。根据已知磁性体计算其磁场分布，在场论或数学中称为正演问题；而根据已知的磁场分布确定磁性体的磁性参量和几何参数，叫做反演问题。显然，正演问题是反演问题的基础。本章主要讨论正演问题。读者将会看到，磁异常要比同形状物体的重力异常更复杂。由已知模型计算重力异常，仅仅取决于物体的几何形状和它的密度差，而磁异常的形态与更多的因素有关。

为了根据磁异常的分布变化特征了解地下磁性岩层、岩体的分布特征、构造特征和矿产特征，就要研究不同形状、产状、大小和磁化特点的地质体的磁场，从定性和定量两方面研究磁性体与磁场的关系，了解和掌握磁性体特征和磁异常特征间的规律，以此作为解释推断的理论依据。这就是计算磁性体磁场的意义所在。

自然界的地质现象是复杂的，岩体或矿体的形状多是不规则的，磁性是不均匀的。对各种复杂情况，常难以用数学方法去计算其磁场分布。但我们知道，了解简单是认识复杂的基础；另外，规则和不规则、均匀和不均匀的概念都是相对的，是因条件而变化的。因此，在计算磁性体磁场中，常作如下假设：

(1) 磁性体为简单规则形体；

(2) 磁性体是被均匀磁化的；

(3) 只研究单个磁性体；

(4) 观测面是水平的；

(5) 不考虑剩磁（或认为M_i与M_r方向一致）。

除少数情况外，实际地质条件并不符合上述假设条件，从理论上讲，只有二次曲面形体才能被均匀磁化。由于磁法主要是研究被掩盖的磁性地质体，当其有一定的埋藏深度时，形态不规则和磁性不均匀的地质体引起的磁场，可近似为均匀磁化的规则形体的磁场，因此这些假设条件并不失实际意义。

§5.2　计算磁性体磁场的基本公式

计算磁性体磁场的方法有多种，主要是体积分公式法、面积分公式法和重磁位场的泊松公式法。一般应根据形体特征，选用简便的基本公式。

在讨论各种磁性体的磁场时，我们选用右手直角坐标，XOY 面为观测平面；Y 轴沿地质体走向方向，X 轴垂直走向，为测线方向，Z 轴垂直向下，坐标原点选在磁性体中心或顶面中心在地面的投影点。我们还规定磁性体以外的计算点以 P 表示，该点坐标以(x,y,z)表示；磁体内的体元点以 Q 表示，其坐标为(ξ,η,ζ)。

一、重磁位场的泊松公式

一个均匀磁化且密度均匀的物体，其磁位和引力位的解析式间存在一定的关系式，利用这种关系式，可使我们较方便地计算磁性体的磁场。

一个体积为 v、密度均匀的物体之引力位为

$$V = G\sigma\iiint_v \frac{1}{r}\mathrm{d}v \tag{5.2-1}$$

式中 G 为引力常数，σ 为密度差，同一均匀磁化物体的磁位为

$$U = \frac{-1}{4\pi}\boldsymbol{M}\cdot\mathrm{grad}_P\iiint_v \frac{1}{r}\mathrm{d}v \tag{5.2-2}$$

将式(5.2-1)式代入式(5.2-2)，可得：

$$U = -\frac{1}{4\pi G\sigma}\boldsymbol{M}\cdot\mathrm{grad}_P V \tag{5.2-3}$$

该式即为磁位与引力位间的泊松公式。该式表明，同一个既均匀磁化又密度均匀物体的磁位，可由其引力位来计算。

若已知物体的引力位，利用泊松公式可求得磁场各分量的表达式：

$$\left.\begin{aligned} H_{aX} &= \frac{\mu_0}{4\pi G\sigma}[M_X V_{XX} + M_Y V_{YX} + M_Z V_{ZX}] \\ H_{aY} &= \frac{\mu_0}{4\pi G\sigma}[M_X V_{XY} + M_Y V_{YY} + M_X V_{ZY}] \\ Z_a &= \frac{\mu_0}{4\pi G\sigma}[M_X V_{XZ} + M_Y V_{YZ} + M_Z V_{ZZ}] \end{aligned}\right\} \tag{5.2-4}$$

对二度体(即走向为无限长的物体)，因引力位与坐标变量 y 无关，故有

$$\left.\begin{aligned} H_{aX} &= \frac{\mu_0}{4\pi G\sigma}[M_X V_{XX} + M_Z V_{XZ}] \\ H_{aY} &= 0 \\ Z_a &= \frac{\mu_0}{4\pi G\sigma}[M_X V_{XZ} + M_Z V_{ZZ}] \end{aligned}\right\} \tag{5.2-5}$$

式(5.2-4)和式(5.2-5)是利用给定磁性体的引力位导出磁性体磁场表达式的基本公式。

二、体积分公式

一个体积元为 v 的磁性体，可将其看作是由无数多体积为 $\mathrm{d}v$ 元磁矩 $\boldsymbol{M}\mathrm{d}v$ 的元磁体组成，

每个元磁体相当于一个磁偶极子，则该磁体的磁位为

$$U=\frac{1}{4\pi}\iiint_v \frac{\boldsymbol{M}\cdot\boldsymbol{r}}{r^3}\mathrm{d}v=\frac{M}{4\pi}\iiint_v \frac{\cos\theta}{r^2}\mathrm{d}v \tag{5.2-6}$$

上式中，θ 是矢径 $\boldsymbol{r}$ 与磁化强度矢量 $\boldsymbol{M}$ 之间的夹角。

由式(5.2-6)可导出计算磁性体磁场的体积分公式和磁荷面积分公式。

对式(5.2-6)据矢量间的夹角公式

$$\cos\theta=\cos(M,x)\cos(r,x)+\cos(M,y)\cos(r,y)+\cos(M,z)\cos(r,z)$$

磁化强度矢量在三个坐标轴上的分量为

$$M_X=M\cos(M,x);\ M_Y=M\cos(M,y);\ M_Z=M\cos(M,z)$$

将以上关系式代入式(5.2-6)，而后根据场位关系以及 $\cos(r,x)=(x-\xi)/r,\cos(r,y)=(y-\eta)/r,\cos(r,z)=(z-\zeta)/r,r=\sqrt{(x-\xi)^2+(y-\eta)^2+(z-\zeta)^2}$，则最后可得

$$\left.\begin{aligned}
H_{aX}&=\frac{\mu_0}{4\pi}\Big[M_X\iiint_v \frac{2(x-\xi)^2-(y-\eta)^2-(z-\zeta)^2}{r^5}\mathrm{d}v\\
&\quad+M_Y\iiint_v \frac{3(x-\xi)(y-\eta)}{r^5}\mathrm{d}v+M_Z\iiint_v \frac{3(x-\xi)(z-\zeta)}{r^5}\mathrm{d}v\Big]\\
H_{aY}&=\frac{\mu_0}{4\pi}\Big[M_X\iiint_v \frac{3(x-\xi)(y-\eta)}{r^5}\mathrm{d}v\\
&\quad+M_Y\iiint_v \frac{2(y-\eta)^2-(x-\xi)^2-(z-\zeta)^2}{r^5}\mathrm{d}v\\
&\quad+M_Z\iiint_v \frac{3(y-\eta)(z-\zeta)}{r^5}\mathrm{d}v\Big]\\
Z_a&=\frac{\mu_0}{4\pi}\Big[M_X\iiint_v \frac{3(x-\xi)(z-\zeta)}{r^5}\mathrm{d}v+M_Y\iiint_v \frac{3(y-\eta)(z-\zeta)}{r^5}\mathrm{d}v\\
&\quad+M_Z\iiint_v \frac{2(z-\zeta)^2-(x-\xi)^2-(y-\eta)^2}{r^5}\mathrm{d}v\Big]
\end{aligned}\right\} \tag{5.2-7}$$

上式是计算均匀磁化体磁场的积分表达式。当磁性体被沿某一特定方向磁化时，上式可以简化。

三、磁荷面积分公式

由于

$$\frac{\boldsymbol{r}}{r^3}=\mathrm{grad}_Q\left(\frac{1}{r}\right)=-\mathrm{grad}_P\left(\frac{1}{r}\right)$$

故式(5.2-6)可写为

$$U=-\frac{1}{4\pi}\iiint_v \boldsymbol{M}\cdot\mathrm{grad}_P\left(\frac{1}{r}\right)\mathrm{d}v \tag{5.2-8}$$

已知散度公式有

$$\mathrm{div}_Q\left(\frac{\boldsymbol{M}}{r}\right)=\frac{1}{r}\mathrm{div}_Q\boldsymbol{M}+\boldsymbol{M}\cdot\mathrm{grad}_Q\left(\frac{1}{r}\right)$$

移项后为

$$\boldsymbol{M}\cdot\mathrm{grad}_Q\left(\frac{1}{r}\right)=\mathrm{div}_Q\left(\frac{\boldsymbol{M}}{r}\right)-\frac{1}{r}\mathrm{div}_Q\boldsymbol{M}$$

将上式代入式(5.2-8),得

$$U=\frac{1}{4\pi}\left\{\iiint_v \mathrm{div}_Q\left(\frac{\boldsymbol{M}}{r}\right)\mathrm{d}v-\iiint_v \mathrm{div}_Q\boldsymbol{M}\frac{\mathrm{d}v}{r}\right\} \tag{5.2-9}$$

根据矢量积分中的高斯公式

$$\iiint_v \mathrm{div}_Q\left(\frac{\boldsymbol{M}}{r}\right)\mathrm{d}v=\iint_S \boldsymbol{M}\cdot\boldsymbol{n}\frac{\mathrm{d}S}{r}$$

上式中 $\boldsymbol{n}$ 为磁性体边界面 S 的外法线方向,因此式(5.2-9)可改写为

$$U=\frac{1}{4\pi}\left\{\iint_S \boldsymbol{M}\cdot\boldsymbol{n}\frac{\mathrm{d}S}{r}+\iiint_v(-\mathrm{div}_Q\boldsymbol{M})\frac{\mathrm{d}v}{r}\right\} \tag{5.2-10}$$

上式是场论的一个重要结果。它表明,磁性体在 P 点的磁位,等于磁荷面密度 $\sigma_m=\mu_0\boldsymbol{M}\cdot\boldsymbol{n}=\mu_0 M_n$ 的各个表面和磁荷体密度为 $\rho_m=-\mu_0\mathrm{div}_Q\boldsymbol{M}$ 的磁体在 P 点引起的磁位之和。

当为均匀磁化时,M 为常数,$\mathrm{div}_Q M=0$,因此

$$U=\frac{1}{4\pi}\iint_S \frac{M_n}{r}\mathrm{d}S \tag{5.2-11}$$

上式为均匀磁化体在 P 点的磁位,等于该磁体外表面磁荷在该点磁位的总和。凡是由一些平表面所围成的形体,利用磁荷面积分公式计算其磁场是方便的,每个面的 M_n 是常量。根据场位关系式,磁场各分量的积分公式为

$$\left.\begin{aligned}
H_{aX}&=\frac{\mu_0}{4\pi}\iint_S \frac{M_n\cos(r,x)}{r^2}\mathrm{d}S=\frac{\mu_0}{4\pi}\iint_S \frac{M_n(x-\xi)}{r^3}\mathrm{d}S\\
H_{aY}&=\frac{\mu_0}{4\pi}\iint_S \frac{M_n\cos(r,y)}{r^2}\mathrm{d}S=\frac{\mu_0}{4\pi}\iint_S \frac{M_n(y-\eta)}{r^3}\mathrm{d}S\\
Z_a&=\frac{\mu_0}{4\pi}\iint_S \frac{M_n\cos(r,z)}{r^2}\mathrm{d}S=\frac{\mu_0}{4\pi}\iint_S \frac{M_n(z-\zeta)}{r^3}\mathrm{d}S
\end{aligned}\right\} \tag{5.2-12}$$

由以上公式可知,当形体给定以后,只要确定了 M_n 和积分限,代入上式完成面积分,即可求得给定磁性体磁场表达式。

四、ΔT 的物理意义及其计算公式

磁异常总强度矢量 $\boldsymbol{B}_a$ 是磁场总感应强度 $\boldsymbol{B}$ 与正常地磁总磁感应强度 $\boldsymbol{B}_0$ 的矢量差,即:

$$\boldsymbol{B}_a=\boldsymbol{B}-\boldsymbol{B}_0 \tag{5.2-13}$$

而 ΔT 是 $\boldsymbol{B}$ 与 $\boldsymbol{B}_0$ 的模量差,即:

$$\Delta T=|\boldsymbol{B}|-|\boldsymbol{B}_0| \tag{5.2-14}$$

ΔT 既不是 $\boldsymbol{B}_a$ 模量,也不是 $\boldsymbol{B}_a$ 在 $\boldsymbol{B}_0$ 方向的投影,如图 5-2-1 所示。

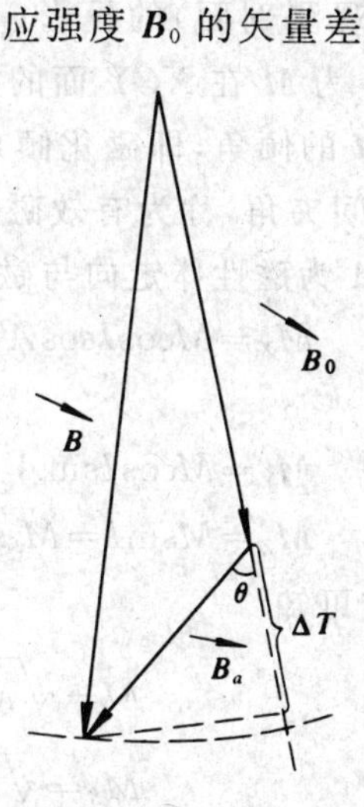

图 5-2-1 ΔT 与 $\boldsymbol{B}_a$ 关系图

根据矢量三角形的余弦定理

$$B=\sqrt{B_0^2+B_a^2+2B_0B_a\cos\theta}$$

上式中 θ 是 B_a 与 B_0 的夹角,根据式(5.2-14),上式可改写为

$$B_0+\Delta T=(B_0^2+B_a^2+2B_0B_a\cos\theta)^{1/2}$$

对上式两端取平方,并除以 B_0^2,则得

$$\left(\frac{\Delta T}{B_0}\right)^2+2\left(\frac{\Delta T}{B_0}\right)^2=\left(\frac{B_a}{B_0}\right)^2+2\left(\frac{B_a}{B_0}\right)\cos\theta \tag{5.2-15}$$

当 $B_a \ll B_0$ 时，上式中的平方项可略去。例如，在中纬度地区，$B_0=50\ 000\text{nT}$，若 $B_a \leqslant 2\ 000\text{nT}$ 时，则 $(B_a/B_0)^2 \leqslant 0.001\ 6$。又因 $\Delta T < B_a$，故 $(B_a/B_0)^2$ 项也可以略去。因此，式(5.2-15)可以简化为

$$\Delta T \approx B_a\cos\theta = B_a\cos(B_a, B_0) \tag{5.2-16}$$

上式表明，当磁异常强度 B_a 不大时，可近似把 ΔT 看作是 $\boldsymbol{B}_a$ 在 $\boldsymbol{B}_0$ 方向的投影；航空磁测中一般 $\boldsymbol{B}_a<1\ 000\text{nT}$，在进行高精度地面磁测的地区，一般 $\boldsymbol{B}_a$ 也不大。因此将 ΔT 近似看作 $\boldsymbol{B}_a$ 在 $\boldsymbol{B}_0$ 方向的投影，有足够的精度。另外，$\boldsymbol{B}_0$ 在相当大的区域内，方向是不变的（$1\ 000\text{km}^2$ 内变化 1°左右），因此，可把 ΔT 看作是 $\boldsymbol{B}_a$ 在固定方向的投影。这样，ΔT 的物理意义与 Z_a、H_a 相似，都是 $\boldsymbol{T}_a$ 在固定方向的分量。

由于 ΔT 是 $\boldsymbol{B}_a$ 在 $\boldsymbol{B}_0$ 方向的分量，令 $\boldsymbol{t}_0$ 表示其单位矢量，其方向余弦为 $\cos(x,t_0)=\cos\alpha$，$\cos(y,t_0)=\cos\beta$，$\cos(z,t_0)=\cos\gamma$，又因为 H_{aX}、H_{aY}、Z_a 为 $\boldsymbol{B}_a$ 在三个坐标轴上的分量，因此

$$\Delta T = H_{aX}\cos\alpha + H_{aY}\cos\beta + Z_a\sin\gamma \tag{5.2-17}$$

上式表示 ΔT 是 $\boldsymbol{B}_a$ 的三个分量分别投影到 $\boldsymbol{B}_0$ 方向之和。

因为 $\boldsymbol{B}_0$ 在 XOY 面的投影为 $\boldsymbol{H}_0$，$\boldsymbol{B}_0$ 与 $\boldsymbol{H}_0$ 的夹角为 I，测线方向 X 轴与 $\boldsymbol{H}_0$ 的夹角为 A'，则有：$\cos\alpha=\cos I\cos A'$，$\cos\beta=\cos I\sin A'$，$\cos\gamma=\sin I$，故式(5.2-17)可写为

$$\Delta T = H_{aX}\cos I\cos A' + H_{aY}\cos I\sin A' + Z_a\sin I \tag{5.2-18}$$

上式即为 ΔT 与 H_{aX}、H_{aY}、Z_a 的基本关系式。它表明，知道了 H_{aX}、H_{aY}、Z_a 的磁场表达式，由上式即可求得 ΔT 的磁场表达式。

对于二度体，由于磁性体沿 Y 方向无限伸长，磁位沿 Y 方向无变化，磁位对 Y 的微商为零，即 $H_{aY}=0$，故式(5.2-18)简化为

$$\Delta T = H_{aX}\cos I\cos A' + Z_a\sin I \tag{5.2-19}$$

式(5.2-18)对任何形体都适用，而式(5.2-19)只适用于测线垂直走向的水平二度体。

五、有效磁化强度 M_S 与 i_S

根据前面对磁性体所做的均匀磁化和不考虑退磁和剩磁的假设，磁化强度矢量 $\boldsymbol{M}$ 的空间分布如图 5-2-2 所示。图中 $\boldsymbol{M}$ 为总磁化强度矢量；$\boldsymbol{M}_S$ 为 $\boldsymbol{M}$ 在 XOZ 平面（即观测剖面）的投影（分量），称为有效磁化强度矢量；$\boldsymbol{M}_H$ 为 $\boldsymbol{M}$ 在 XOY 面的投影，叫水平磁化强度矢量；I 表示 $\boldsymbol{M}$ 的倾角，即磁化倾角；i_S 为 $\boldsymbol{M}_S$ 的倾角，即 $\boldsymbol{M}_S$ 与 OX 轴间夹角，称为有效磁化倾角；A' 为 $\boldsymbol{M}_X$ 与 $\boldsymbol{M}_H$ 间的夹角，A 为磁性体走向与磁北的夹角。由图可以看出

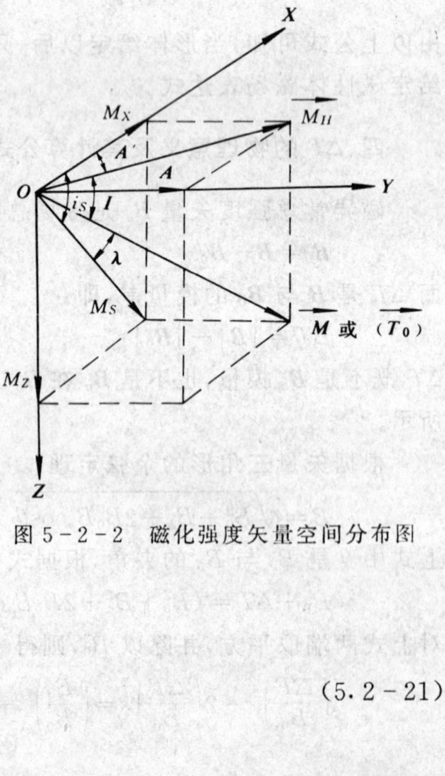

图 5-2-2　磁化强度矢量空间分布图

$$\left.\begin{aligned} M_X &= M\cos I\cos A' = M_S\cos i_S \\ &= M\cos I\sin A \\ M_Y &= M\cos I\sin A' = M\cos I\cos A \\ M_Z &= M\sin I = M_S\sin i_S \end{aligned}\right\} \tag{5.2-20}$$

由上式可知

$$\left.\begin{aligned} M &= \sqrt{M_X^2+M_Y^2+M_Z^2} \\ M_S &= \sqrt{M_X^2+M_Z^2} \\ &= M\ \sqrt{\cos^2 I\cos^2 A' + \sin^2 I} \end{aligned}\right\} \tag{5.2-21}$$

$$\left.\begin{aligned}
\frac{M_X}{M}&=\cos I\cos A'=\cos I\sin A\\
\frac{M_Y}{M}&=\cos I\cos A'=\cos I\cos A\\
\frac{M_Z}{M}&=\sin I\\
\mathrm{tg}\,i_S&=\mathrm{tg}I\sec A'=\mathrm{tg}I\csc A
\end{aligned}\right\} \tag{5.2-22}$$

以上关系式表明，磁性体的磁化强度与磁性体走向或剖面方向有关，走向不同，被磁化的情况也不同。这是因为在一个局部地区，地磁场的方向是一定的，而磁性体的走向，可能有不同的方向；不同走向的磁性体，地磁场对它的磁化特点也不相同，即表面磁荷分布不同。

由以上讨论可知，在前述假设条件下，磁性体被磁化的情况，不仅与当地地磁场的大小和方向有关系，与其自身磁化率有关系，还与磁性体的走向或剖面方向有关系。

在影响磁性体磁场特征的诸因素中，当形体确定后，磁化强度的方向是决定磁场特征的重要（或主要）因素。因为磁化强度的方向决定了磁性体磁荷的分布特征，磁荷的分布与磁性体磁场的分布特征直接相关。

§5.3　球体的磁场

在自然界很难找到标准的球形地质体。但是，一些有限大小的地质体，当中心埋深比其直径大很多时，它们在地面产生的磁场特征与球体磁场特征近似。因此，讨论球形磁性体的磁场不仅有实际意义，也有代表性。

一、球体的磁场表达式

如图 5-3-1 所示，设球体中心埋深为 R，磁化强度为 M，体积为 v，磁矩 $m=Mv$，球心坐标为 $Q(0,0,R)$，球心到空间任一点 $P(x,y,z)$ 的距离 $r=[x^2+y^2+(z-\zeta)^2]^{1/2}$。其磁场表达式可由泊松公式导出。

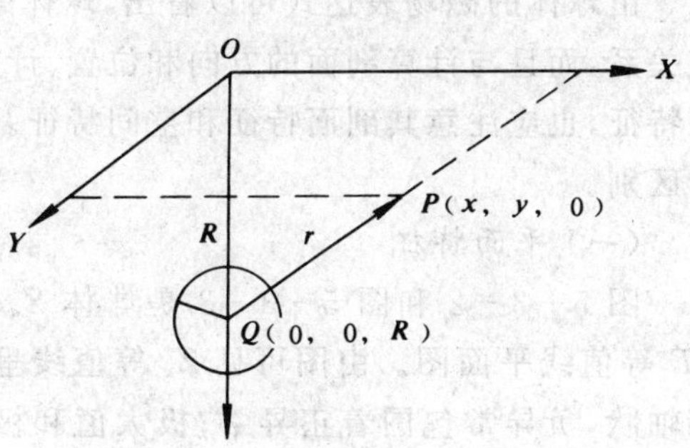

图 5-3-1　球体与坐标的关系

球体的引力位 V 为

$$V=\frac{G\sigma v}{[x^2+y^2+(z-\zeta)^2]^{1/2}}$$

对上式求二次导数后，令 $z=0,\zeta=R$ 代入式(5.2-4)，可得：

$$\left.\begin{aligned}
H_{aX}&=\frac{\mu_0}{4\pi}\frac{m}{(x^2+y^2+R^2)^{5/2}}[(2x^2-y^2-R^2)\cos I\cos A'\\
&\quad-3Rx\sin I+3xy\cos I\sin A']\\
H_{aY}&=\frac{\mu_0}{4\pi}\frac{m}{(x^2+y^2+R^2)^{5/2}}[(2y^2-x^2-R^2)\cos I\sin A'\\
&\quad-3Ry\sin I+3xy\cos I\cos A']\\
Z_a&=\frac{\mu_0}{4\pi}\frac{m}{(x^2+y^2+R^2)^{5/2}}[(2R^2-x^2-y^2)\sin I\\
&\quad-3Rx\cos I\cos A'-3Ry\cos I\sin A']
\end{aligned}\right\} \tag{5.3-1}$$

将式(5.3-1)代入式(5.2-18)，化简后可得：

$$\Delta T=\frac{\mu_0}{4\pi}\frac{m}{(x^2+y^2+R^2)^{5/2}}[(2R^2-x^2-y^2)\sin^2 I+(2x^2-y^2-R^2)\cos^2 I\cos^2 A'$$
$$+(2y^2-x^2-R^2)\cos^2 I\sin^2 A'-3Rx\sin 2I\cos A'$$
$$+3xy\cos^2 I\sin 2A'-3yR\sin 2I\sin A'] \tag{5.3-2}$$

式(5.3－1)和式(5.3－2)为剖面方向相对球体位置任意时的剖面磁场表达式。当剖面取特定方向时，两式还可简化。

当我们只讨论通过原点的中心剖面（或称主剖面）时，因为 $y=0$，$M_S=M\cos\lambda$，此处 λ 为 $\boldsymbol{M}_S$ 与 $\boldsymbol{M}$ 之间的夹角；又因为 $\cos\lambda=\sin I/\sin i_S$，以及 $\mathrm{ctg}\, i_S=\mathrm{ctg}\, I\cos A'$；令 $m_S=M_S\cdot v$，则在中心剖面上的磁场分量表达式为：

$$\left.\begin{aligned}
Z_a&=\frac{\mu_0 m_S}{4\pi(x^2+R^2)^{5/2}}[(2R^2-x^2)\sin i_S-3Rx\cos i_S]\\
H_{aX}&=\frac{\mu_0 m_S}{4\pi(x^2+R^2)^{5/2}}[(2x^2-R^2)\cos i_S-3Rx\sin i_S]\\
H_{aY}&=\frac{-\mu_0 m_S}{4\pi(x^2+R^2)^{5/2}}(x^2+R^2)\sin i_S\,\mathrm{ctg}\, I\sin A'\cos\lambda\\
\Delta T&=\frac{\mu_0 m_S}{4\pi(x^2+R^2)^{5/2}}[(2R^2-x^2)\sin i_S\sin I\\
&\quad+(2x^2-R^2)\cos i_S\cos I\cos A'-3xR\cdot 2\sin i_S\cos I\cos A'\\
&\quad-(x^2+R^2)\sin i_S\,\mathrm{ctg}\, I\cos I\sin^2 A']
\end{aligned}\right\} \tag{5.3-3}$$

二、磁场特征分析

由球体的磁场表达式可以看出，球体的磁场不仅与其位置、体积、磁化强度的大小和方向有关系，而且与计算剖面的方向和位置、计算点的坐标有关系。对磁性体的磁场，既应注意其平面特征，也应注意其剖面特征和空间特征。这样，才便于掌握一种形体与另一种形体磁场特征的区别。

（一）平面特征

图 5－3－2 和图 5－3－3 是球体 Z_a、ΔT 等值线平面图。由图可见 Z_a 等值线呈等轴状，负异常包围着正异常；极大值和极小值的连线（即异常的极轴）对应磁化强度矢量 $\boldsymbol{M}$ 在平面上的投影方向；极小值位于正异常的北侧，极大值位于坐标原点之南侧。由图可知，ΔT 的等值线总体形态与 Z_a 类似，只是其负值较大。

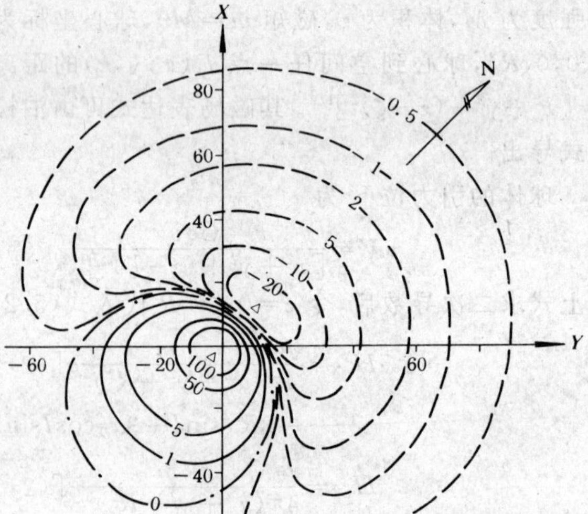

图 5－3－2 球体 Z_a 等值线平面图

$A'=45°$，$I=45°$，$R=15$

（二）剖面特征

当球体被沿特定方向磁化，剖面也取特定方向时，其磁场表达式可大为简化，剖面曲线形态也简单，易于掌握。例如，若为垂直磁化，即 $i_S=I=90°$，则有

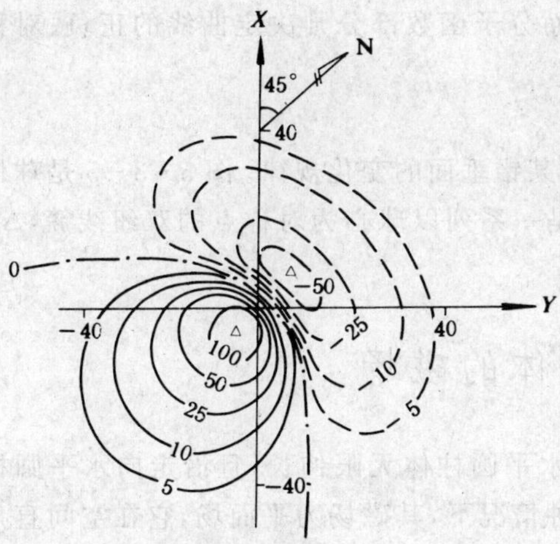

图 5-3-3　球体 ΔT 等值线平面图

$A'=45°, I=45°, R=15$

$$
\left.\begin{aligned}
Z_a&=\frac{\mu_0 m_S}{4\pi(x^2+R^2)^{5/2}}(2R^2-x^2)\\
H_{aX}&=\frac{-\mu_0 m_S}{4\pi(x^2+R^2)^{5/2}}3Rx\\
H_{aY}&=\frac{-\mu_0 m_S}{4\pi(x^2+R^2)^{5/2}}3Ry\\
\Delta T&=Z_a
\end{aligned}\right\}\quad(5.3-4)
$$

此时 Z_a 为对称曲线，如图 5-3-4 所示。$Z_{a\max}$ 在原点处，由式(5.3-4)可得

$$Z_{a\max}=\frac{\mu_0 m_S}{2\pi R^3}$$

当 $Z_a=0$ 时，$x_0=\pm\sqrt{2}\ R$；若 $y=0$，则 $H_{aY}=0$。

若球体被斜磁化时，Z_a 为两边有负值的非对称曲线，ΔT 与 Z_a 曲线形态类似，只是 ΔT 受磁化倾角的影响比 Z_a 更大；若剖面为东西方向，则 $A'=90°$，令 $\lambda=0°$ 即磁化方向在 XOZ 断面内，这时的磁场表达式为

$$
\left.\begin{aligned}
Z_a&=\frac{\mu_0}{4\pi}\frac{m_S}{(x^2+R^2)^{5/2}}(2R^2-x^2)\\
H_{aX}&=\frac{\mu_0}{4\pi}\frac{-m_S}{(x^2+R^2)^{5/2}}3Rx\\
H_{aY}&=\frac{\mu_0}{4\pi}\frac{-m_S}{(x^2+R^2)^{5/2}}\cos I\\
\Delta T&=Z_a\sin I+H_{aY}\cos I
\end{aligned}\right\}\quad(5.3-5)
$$

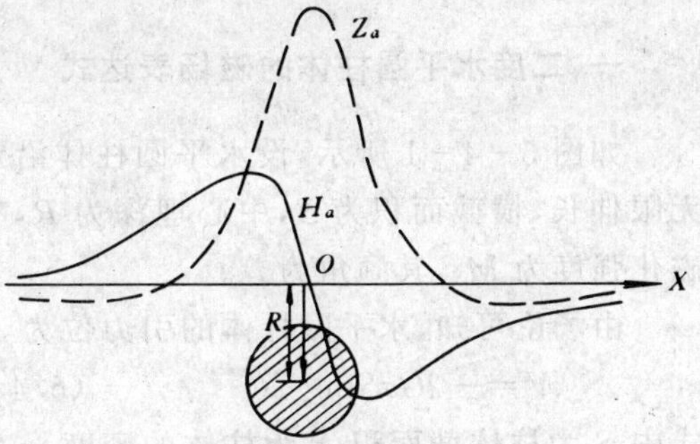

图 5-3-4　垂直磁化球体 Z_a、H_a 图

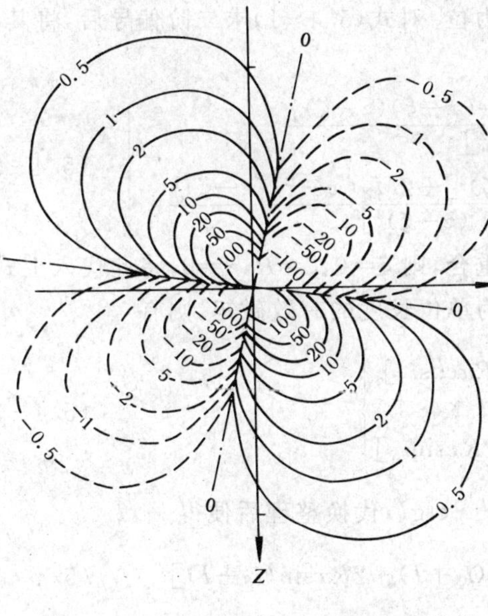

图 5-3-5　球体磁场 ΔT 空间等值线图

$A=45°, I=45°, Y=0$

比较式(5.3-4)和式(5.3-5)可知，除 ΔT 外，二者的曲线形态相同，仅是幅值有差别，式中 $m_S=m\cdot\sin I$。

当剖面为南北方向，即 $A'=0°$时，这时 $i_S=I$，$m_S=m$，由式(5.3-3)，其 Z_a、ΔT 的表达式为

$$
\left.\begin{aligned}
Z_a&=\frac{\mu_0 m}{4\pi}\frac{1}{(x^2+R^2)^{5/2}}\\
&\quad\cdot[(2R^2-x^2)\sin I-3Rx\cos I]\\
\Delta T&=\frac{\mu_0 m}{4\pi}\frac{1}{(x^2+R^2)^{5/2}}[(2R^2-x^2)\\
&\quad\cdot\sin^2 I+(2x^2-R^2)\cdot\cos^2 I\\
&\quad-3Rx\sin 2I]
\end{aligned}\right\}\quad(5.3-6)
$$

由上式可以看出，ΔT 比 Z_a 受磁化倾角的影响大，表达式 ΔT 也较 Z_a 繁。但从磁场表达式的结构看，二者类同，均由三部分组成，即常数部分、分子部分和分母部分。常系数部分只影响场的强弱，即剖面曲线的幅度；分母函数部分主要影响曲

线随 x 的衰减特征，分母方次越高，曲线衰减越快；而分子函数部分则决定曲线的正负、对称性等变化特征。

（三）空间分布特征

磁场的空间分布特征，在此是指磁性体的磁场在某铅垂面的变化规律。图 5-3-5 是球体磁场 ΔT 空间等值线图。由图可知 ΔT 空间等值线是一系列以球心为对称点的双组线簇，ΔT 的零值线是直线，且相交于球心。

§5.4 水平圆柱体的磁场

对水平圆柱体，我们只讨论二度情况，即沿走向水平圆柱体无限伸长，且沿走向水平圆柱体的埋深、截面形状、磁化特征均稳定的情况。在这种情况下，其磁场为平面场，它在空间直角坐标系中，只与坐标(x,z)有关，而与 y 无关。实际上，无限和有限是个相对的概念，真正的无限伸长磁性体是不存在的，但在一定的误差允许范围内，我们常将有限长的形状当作二度体来处理。

一、二度水平圆柱体的磁场表达式

如图 5-4-1 所示，设水平圆柱体沿走向无限伸长，横截面积为 S，中心埋深为 R，有效磁化强度为 M_S，其倾角为 i_S。

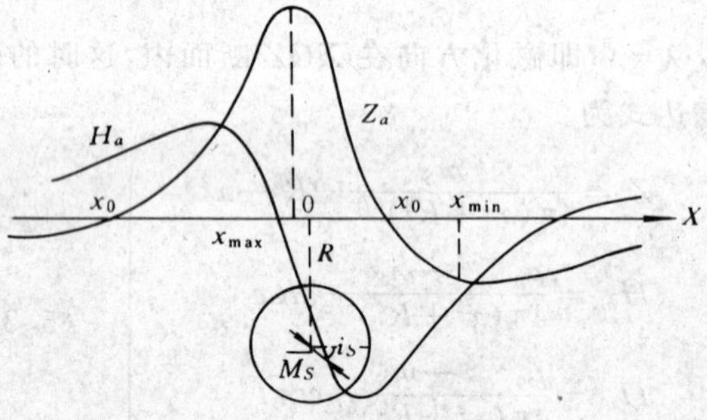

图 5-4-1 水平圆柱体的剖面曲线图

由场论可知，水平圆柱体的引力位为

$$V=-2G\sigma S\ln r \qquad (5.4-1)$$

式中 S 为柱体截面积，σ 为柱体的密度，r 为观测点到柱轴的距离，$r=[(x-\xi)^2+(z-\zeta)^2]^{1/2}$。式(5.4-1)表明：一个密度均匀的无限长水平圆柱体的引力位等于其质量集中于柱轴在该点的引力位。对式(5.4-1)求二阶偏导后，将其代入式(5.2-5)，则得

$$\left.\begin{aligned}Z_a&=\frac{\mu_0 S\{M_Z[(z-\zeta)^2+(x-\xi)^2]+2M_X(x-\xi)(z-\zeta)\}}{2\pi[(x-\xi)^2+(z-\zeta)^2]^2}\\ H_{aX}=H_a&=\frac{-\mu_0 S\{M_X[(x-\xi)^2-(z-\zeta)^2]+2M_X(x-\xi)(z-\zeta)\}}{2\pi[(x-\xi)^2+(z-\zeta)^2]^2}\end{aligned}\right\} \qquad (5.4-2)$$

由于我们选取的坐标点与柱体中心在地面的投影点重合，则 $\xi=0,\zeta=R,z=0$，将此代入上式，并考虑到 $M_X=M_S\cos i_S$，$M_Z=M_S\sin i_S$，令 $m_S=SM_S$ 为单位长度的有效磁矩，则有

$$\left.\begin{aligned}Z_a&=\frac{\mu_0 m_S}{2\pi}\frac{1}{(x^2+R^2)^2}[(R^2-x^2)\sin i_S-2Rx\cos i_S]\\ H_a&=\frac{\mu_0 m_S}{2\pi}\frac{-1}{(x^2+R^2)^2}[(R^2-x^2)\cos i_S+2Rx\sin i_S]\end{aligned}\right\} \qquad (5.4-3)$$

将上式代入式(5.2-19)，并引入关系式：$\operatorname{ctg} i_S=\cos A'\cdot\operatorname{ctg} I$，代换整理后便得

$$\Delta T=\frac{-\mu_0 m_S}{2\pi(x^2+R^2)^2}\cdot\frac{\sin I}{\sin i_S}[(R^2-x^2)\cos(i_S+I)+2Rx\sin(i_S+I)] \qquad (5.4-4)$$

若 $i_S=I$，即 M 与磁化场方向一致，则上式可写为

$$\Delta T=\frac{\mu_0 m_S}{2\pi(x^2+R^2)^2}\frac{\sin I}{\sin i_S}[(R^2-x^2)\sin(2i_S-90°)-2Rx\cos(2i_S-90°)] \qquad (5.4-5)$$

二、磁场特征分析

对二度体的磁场，主要是分析其剖面上的曲线特征。为便于读者掌握其特征，首先分析特定磁化方向的情况。

若为垂直磁化，即 $i_S=90°$ 或 $I=i_S=90°$，则由式(5.4-3)有

$$\left.\begin{aligned}Z_{a\perp}&=\frac{\mu_0 m_S(R^2-x^2)}{2\pi(x^2+R^2)^2}\\ H_{a\perp}&=\frac{-\mu_0 m_S\cdot 2Rx}{2\pi(x^2+R^2)^2}\end{aligned}\right\}\tag{5.4-6}$$

由上式可知，当 $x=0$ 时，$H_{a\perp}=0$，$Z_{a\perp}=Z_{a\max}=\frac{\mu_0 m_S}{2\pi R^2}$，即 $H_{a\perp}=0$ 和 $Z_{a\max}$ 对应柱体中心；当 $Z_a=0$ 时，有 $R^2=x^2$，即 $Z_{a\perp}$ 零值点间距离等于二倍中心埋深；当 $x^2>R^2$ 时，Z_a 为负值。因此，$Z_{a\perp}$ 为两边有负值的轴对称曲线，而 $H_{a\perp}$ 为点对称曲线，且负半轴为正，如图 5-4-2 所示。

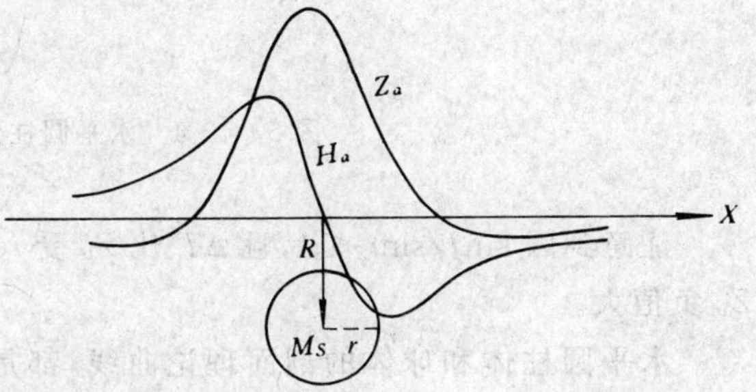

图 5-4-2 垂直磁化水平圆柱体 Z_a、H_a 曲线

由式(5.4-5)，当 $i_S=90°$ 时，则有

$$\Delta T=\frac{\mu_0 m_S}{2\pi(x^2+R^2)^2}(R^2-x^2)\tag{5.4-7}$$

由上式可知，当 $i_S=I=90°$ 时，$Z_a=\Delta T$。

若为水平磁化，即 $i_S=0°$ 时，由式(5.4-3)及式(5.4-4)式，有：

$$\left.\begin{aligned}Z_a&=H_{a\perp}\\ H_a&=-Z_{a\perp}\\ \Delta T&=\frac{\sin I}{\sin i_S}\cdot(H_{a\perp}\sin i_S-Z_{a\perp}\cos i_S)\end{aligned}\right\}\tag{5.4-8}$$

若为 $i_S=I=0°$，则 $\Delta T=-Z_{a\perp}$。由此可知，ΔT 受磁化倾角的影响比 Z_a 大。

若水平圆柱体为斜磁化，即：$0<i_S<90°$，则 Z_a、H_a、ΔT 均为非对称曲线，见图 5-4-3，图 5-4-4。

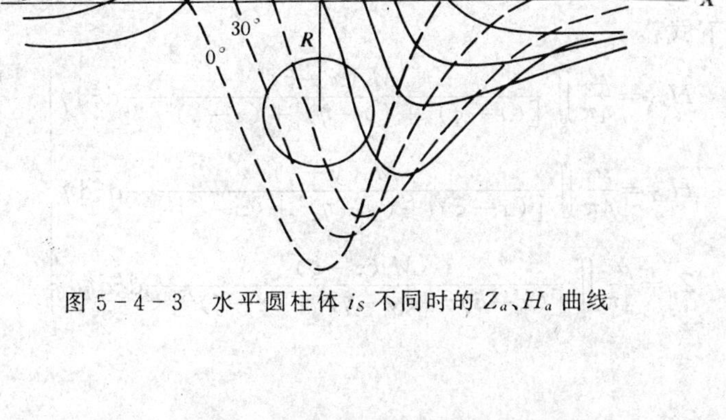

图 5-4-3 水平圆柱体 i_S 不同时的 Z_a、H_a 曲线

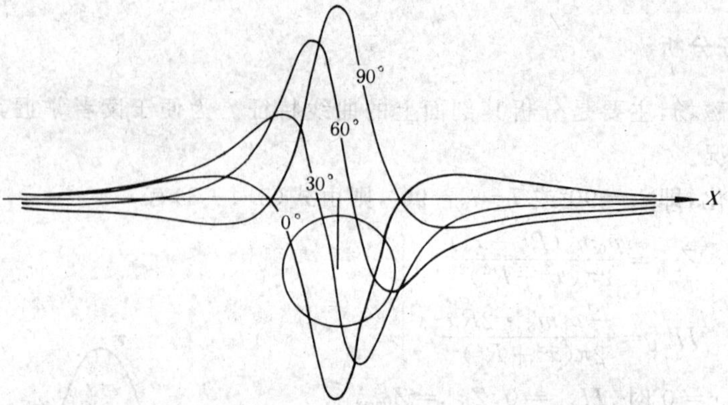

图 5-4-4　水平圆柱体不同 i_S 时的 ΔT 的曲线

注意到因 $\sin I/\sin i_S \leqslant 1$，且 ΔT 比 Z_a 受 i_S 影响大，故 ΔT 曲线一般正值小于 Z_a，而负值比 Z_a 负值大。

水平圆柱体和球体的剖面理论曲线，都是两边有负值的曲线，但其平面等值线图明显不同，球体为均度（或近于等轴状）异常，而水平圆柱体为长带状（或长椭圆状）异常。另外，从其磁场表达式看，不论系数因子、距离衰减因子还是形态因子，二者都有明显差别。

§5.5　板状体的磁场

板状体是一种很重要的模型体，许多地质体都可简化为板状体。如岩墙、岩脉、沉积变质的含铁石英岩系，地台基底中的变质岩和杂岩系，各种磁性矿脉等，只要它们沿走向长度较大，都可看作是厚度、产状不同的板状体。

板状体被均匀磁化时，仅有面磁荷分布，且同一磁荷面的磁荷密度相同。板状体在地面任一点 P 产生的磁场，是各个磁荷面在该点产生磁场的总和。因此，计算板状体的磁场可归结为计算磁荷面磁场而后求和。

一、二度水平和倾斜磁荷面的磁场

（一）水平磁荷面的磁场表达式

单个的磁荷面是不存在的，但一个向下延深很大的磁性厚岩脉，当它为顺层磁化时，仅上、下两个端面有磁荷分布，下端面因埋深很大，在地面引起的磁场可以忽略，可只考虑上顶面引起的磁场。

假定磁荷面与观测面平行，其磁荷面密度 $\sigma_m = \mu_0 M_n$，在直角坐标系中，式（5.2-12）磁荷面积分公式变为下式：

$$\left.\begin{aligned}
H_{aX} &= \frac{\mu_0}{4\pi}\iint_S \frac{M_n(x-\xi)}{[(x-\xi)^2+(y-\eta)^2+(z-\zeta)^2]^{3/2}}\mathrm{d}\xi\mathrm{d}\eta \\
H_{aY} &= \frac{\mu_0}{4\pi}\iint_S \frac{M_n(y-\eta)}{[(x-\xi)^2+(y-\eta)^2+(z-\zeta)^2]^{3/2}}\mathrm{d}\xi\mathrm{d}\eta \\
Z_a &= \frac{\mu_0}{4\pi}\iint_S \frac{M_n(z-\zeta)}{[(x-\xi)^2+(y-\eta)^2+(z-\zeta)^2]^{3/2}}\mathrm{d}\xi\mathrm{d}\eta
\end{aligned}\right\} \tag{5.5-1}$$

若磁荷面沿走向(Y 轴方向)为很长(无限长),其截面如图 5-5-1 所示,则上式可写为:

$$\left.\begin{aligned}H_{aZ}&=\frac{\mu_0}{4\pi}\int_{x_A}^{x_B}M_n(x-\xi)\mathrm{d}\xi\int_{-\infty}^{\infty}\frac{\mathrm{d}\eta}{[(x-\xi)^2+(y-\eta)^2+(z-\zeta)^2]^{3/2}}\\H_{aY}&=\frac{\mu_0}{4\pi}\int_{x_A}^{x_B}M_n\mathrm{d}\xi\int_{-\infty}^{\infty}\frac{(y-\eta)\mathrm{d}\eta}{[(x-\xi)^2+(y-\eta)^2+(z-\zeta)^2]^{3/2}}\\Z_a&=\frac{\mu_0}{4\pi}\int_{x_A}^{x_B}M_n(z-\zeta)\mathrm{d}\xi\int_{-\infty}^{\infty}\frac{\mathrm{d}\eta}{[(x-\xi)^2+(y-\eta)^2+(z-\zeta)^2]^{3/2}}\end{aligned}\right\}\quad(5.5-2)$$

对上式完成里层的无穷积分后,且令 $z=0,\zeta=h$,则有

$$\left.\begin{aligned}H_{aX}&=\frac{\mu_0}{4\pi}\int_{x_A}^{x_B}\frac{2M_n(x-\xi)}{(x-\xi)^2+h^2}\mathrm{d}\xi\\H_{aY}&=0\\Z_a&=\frac{\mu_0}{4\pi}\int_{x_A}^{x_B}\frac{-2M_nh}{(x-\xi)^2+h^2}\mathrm{d}\xi\end{aligned}\right\}\quad(5.5-3)$$

式中 h 为水平磁荷面的埋深,即 $h=\zeta$。完成以上积分,且注意到:$x_A=-b,x_B=b$,且板的倾角 $\alpha=i_S,M_n=\boldsymbol{M}\cdot\boldsymbol{n}=-M_S\sin\alpha$,则有:

$$\left.\begin{aligned}H_{aX}&=H_a=\frac{\mu_0M_S\sin\alpha}{4\pi}\ln\frac{(x-b)^2+h^2}{(x+b)^2+h^2}\\Z_a&=\frac{\mu_0M_S\sin\alpha}{2\pi}\left(\mathrm{tg}^{-1}\frac{x+b}{h}-\mathrm{tg}^{-1}\frac{x-b}{h}\right)\end{aligned}\right\}\quad(5.5-4)$$

若用极坐标,则上式变为:

$$\left.\begin{aligned}H_a&=\frac{\mu_0M_S\sin\alpha}{2\pi}\ln\frac{r_B}{r_A}\\Z_a&=\frac{\mu_0M_S\sin\alpha}{2\pi}\cdot\Delta\varphi\\\Delta T&=H_a\cos I\cos A'+Z_a\sin I\end{aligned}\right\}\quad(5.5-5)$$

上式中 $(x-b)^2+h^2=r_B^2,(x+b)^2+h^2=r_A^2$,设 r_A 与垂线的夹角为 φ_A,r_B 与垂线的夹角为 φ_B,如图 5-5-1 所示,则有:

$$\mathrm{tg}^{-1}\frac{x+b}{h}=\varphi_A,\mathrm{tg}^{-1}\frac{x-b}{h}=\varphi_B,\varphi_A-\varphi_B=\Delta\varphi$$

式(5.5-4)和式(5.5-5)是研究板状磁场最基本的公式。

(二)倾斜磁荷面的磁场表达式

如图 5-5-2 所示,设磁荷面与观测面夹角为 δ,为计算 P 点的磁场,过 P 点作辅助坐标 PX' 和 PZ',它们分别与倾斜磁荷面平行和垂直。对新坐标系,因为磁荷面密度 $\sigma_m=\mu_0M_n$,所以有 $Z'_a=\frac{\sigma_m}{2\pi}\Delta\varphi,H'_{aX}=\frac{\sigma_m}{2\pi}\ln\frac{r_B}{r_A}$,对原水平直角坐标系,则有:

$$\left.\begin{aligned}H_{aX}&=H'_{aX}\cos\delta-Z'_a\sin\delta\\Z_a&=H'_{aX}\sin\delta+Z'_a\cos\delta\end{aligned}\right\}\quad(5.5-6)$$

将 Z'_a、H'_{aX} 代入上式,可得:

$$\left.\begin{aligned}H_{aX}&=\frac{\sigma_m}{2\pi}(\cos\delta\cdot\ln\frac{r_B}{r_A}-\Delta\varphi\cdot\sin\delta)\\Z_a&=\frac{\sigma_m}{2\pi}(\Delta\varphi\cos\delta+\sin\delta\cdot\ln\frac{r_B}{r_A})\end{aligned}\right\}\quad(5.5-7)$$

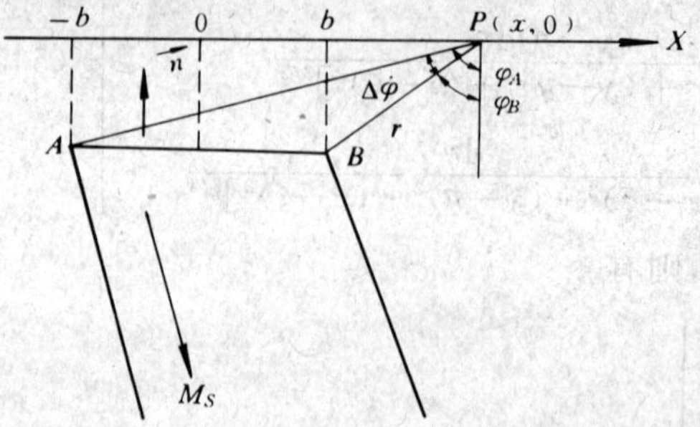

图 5-5-1　二度体水平磁荷面坐标示意图

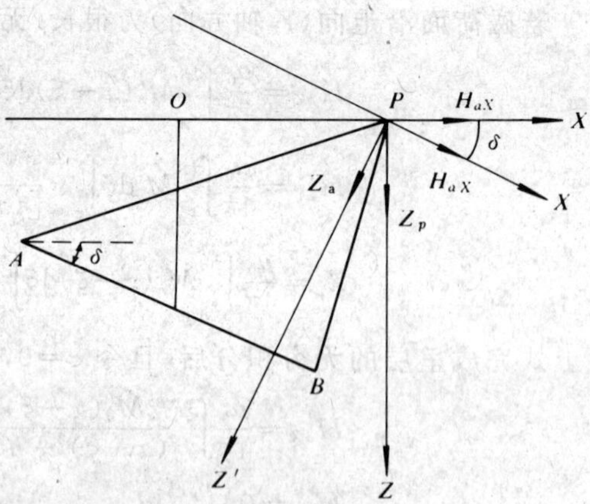

图 5-5-2　倾斜磁场荷面坐标示意图

由以上讨论可知，有了水平磁荷面的磁场表达式，利用转轴（或坐标变换）的方法很容易求得倾斜磁荷面的磁场表达式。由以下的讨论可以看出，有了水平和倾斜磁荷面的磁场表达式，很容易求得板状体的磁场表达式。

二、无限走向、有限延深板状体的磁场表达式

前面已经提到，在自然界不存在无限长或无限延深的地质体，仅是为了研究和解释的方便，在一定误差范围内把有限延长（或延深）的地质体看作是无限延长或延深的地质体。根据理论计算，当磁性体长度 $2L$ 与埋深 h 之比大于 10 时，$Z_{a\infty}$与 Z_{a2L}的差别小于 6%。这种条件因形体的不同而变化，通常把 Z_a 等值线的长轴与短轴之比大于或等于 3 的情况，当作地质体走向为无限长的情况。

如图 5-5-3 所示，斜磁化板状体沿走向无限延长，其他参量如图所示。由图可知：$\alpha=i_S+\gamma$，即 $\gamma=\alpha-i_S$，$|\sigma'_{AB}|=\sigma'_{CD}=M_S\cdot\sin i_S$，$|\sigma'_{AC}|=\sigma'_{BD}=M_S\cdot\sin\gamma$。该板状体在 P 点的磁场是六个磁荷面分别在 P 点产生磁场之和。由于其走向端面位于无限远，这两端面在 P 点的磁场视为零，因此，板状体磁场可表示为

$$\left.\begin{aligned}Z_a&=Z_{aAB}+Z_{aCD}+Z_{aAC}+Z_{aBD}\\H_{aX}&=H_{aXAB}+H_{aXCD}+H_{aXAC}+H_{aXBD}\end{aligned}\right\}\quad(5.5-8)$$

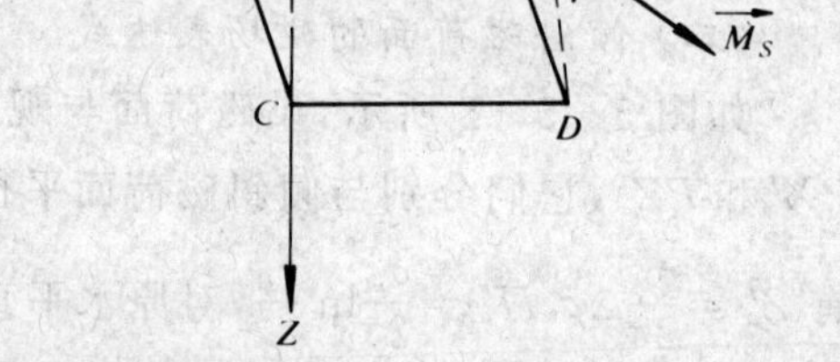

图 5-5-3　有限延深厚板状体坐标示意图

将式(5.5-4)、式(5.5-7)代入式(5.5-8)，并考虑到磁荷面的正、负以及磁荷密度的对应关系，利用三角公式：$\sin i_S=\sin(\alpha-\gamma)=\sin\alpha\cos\gamma-\cos\alpha\sin\gamma$，代入后经整理合并，得：

$$\left.\begin{aligned}Z_a&=\frac{\mu_0 M_S\sin\alpha}{2\pi}\left\{\sin\gamma\ln\frac{r_B\cdot r_C}{r_A\cdot r_D}+\cos\gamma[(\varphi_A-\varphi_B)-(\varphi_C-\varphi_D)]\right\}\\H_{ax}&=\frac{\mu_0 M_S\sin\alpha}{2\pi}\left\{\cos\gamma\ln\frac{r_B\cdot r_C}{r_A\cdot r_D}-\sin\gamma[(\varphi_A-\varphi_B)-(\varphi_C-\varphi_D)]\right\}\end{aligned}\right\}\quad(5.5-9)$$

式(5.5-9)是二度板状体的一般表达式。当板状体的几何尺度变化时，如向下无限延深或沿一

侧无限变宽，都可由上式简化出其磁场表达式。

三、走向、延深无限厚板状体的磁场表达式

当板状体向下无限延深时，则 $r_C \cong r_D$，$\varphi_C \cong \varphi_D$，这时式(5.5-9)可简化为：

$$\left.\begin{aligned} Z_a &= \frac{\mu_0 M_S \sin\alpha}{2\pi}\left[\sin\gamma \ln\frac{r_B}{r_A} + \cos\gamma(\varphi_A - \varphi_B)\right] \\ H_{aX} &= \frac{\mu_0 M_S \sin\alpha}{2\pi}\left[\cos\gamma \ln\frac{r_B}{r_A} - \sin\gamma(\varphi_A - \varphi_B)\right] \end{aligned}\right\} \quad (5.5-10)$$

用直角坐标，上式可写为

$$\left.\begin{aligned} Z_a &= \frac{\mu_0 M_S \sin\alpha}{2\pi}\left[\frac{1}{2}\sin\gamma \ln\frac{(x-b)^2+h^2}{(x+b)^2+h^2} + \cos\gamma\left(\mathrm{tg}^{-1}\frac{x+b}{h} - \mathrm{tg}^{-1}\frac{x-b}{h}\right)\right] \\ H_{aX} &= \frac{\mu_0 M_S \sin\alpha}{2\pi}\left[\frac{1}{2}\cos\gamma \ln\frac{(x-b)^2+h^2}{(x+b)^2+h^2} - \sin\gamma\left(\mathrm{tg}^{-1}\frac{x+b}{h} - \mathrm{tg}^{-1}\frac{x-b}{h}\right)\right] \end{aligned}\right\} \quad (5.5-11)$$

根据式(5.2-19)，可得

$$\begin{aligned} \Delta T = \frac{\mu_0 M_S \sin\alpha}{2\pi}\frac{\sin I}{\sin i_S}\Bigg[&\frac{1}{2}\cos(\alpha - 2i_S)\ln\frac{(x-b)^2+h^2}{(x+b)^2+h^2} \\ &- \sin(\alpha - 2i_S)\left(\mathrm{tg}^{-1}\frac{x+b}{h} - \mathrm{tg}^{-1}\frac{x-b}{h}\right)\Bigg] \end{aligned} \quad (5.5-12)$$

四、厚板状体的磁场特征

由于板状体有倾向，一般其截面为非轴对称型，只有当板状体的倾角 $\alpha-90°$ 即直立时，特定方向磁化，其磁场表达式及其磁场曲线形态才简单；一般顺层磁化无限延深时的磁场表达式及其剖面形态，可作为了解板状体磁场特征的基础。

当为顺层磁化时，$\gamma=0°$，由式(5.5-11)有

$$\left.\begin{aligned} Z_a &= \frac{\mu_0 M_S \sin\alpha}{2\pi}\left(\mathrm{tg}^{-1}\frac{x+b}{h} - \mathrm{tg}^{-1}\frac{x-b}{h}\right) = \frac{\mu_0 M_S \sin\alpha}{2\pi}\mathrm{tg}^{-1}\frac{2bh}{x^2-b^2+h^2} \\ H_{aX} &= \frac{\mu_0 M_S \sin\alpha}{2\pi}\cdot\frac{1}{2}\ln\frac{(x-b)^2+h^2}{(x+b)^2+h^2} \\ \Delta T &= H_{aX}\cos I\cos A' + Z_a \sin I \end{aligned}\right\} \quad (5.5-13)$$

由上式可知，Z_a 剖面曲线对称于 Z 轴，且无负值；H_{aX} 曲线对称于原点；ΔT 曲线相当于 Z_a 和 H_{aX} 分别乘以不同角函数后的合成。其曲线形态见图 5-5-4。

当 $\gamma=90°$（相当于直立板水平磁化）时，则

$$\left.\begin{aligned} Z_a &= \frac{\mu_0 M_S \sin\alpha}{2\pi}\cdot\frac{1}{2}\ln\frac{(x-b)^2+h^2}{(x+b)^2+h^2} \\ H_{aX} &= \frac{-\mu_0 M_S \sin\alpha}{2\pi}\left(\mathrm{tg}^{-1}\frac{x+b}{h} - \mathrm{tg}^{-1}\frac{x-b}{h}\right) \end{aligned}\right\} \quad (5.5-14)$$

式(5.5-13)和式(5.5-14)表明：当 γ 角由 0°变为 90°时，Z_a 曲线由轴对称变为点对称，而 H_{aX} 由点对称变为反向轴对称。ΔT 曲线也相应发生变化。

当 $0°<\gamma<90°$ 时，Z_a 为非对称曲线，其不对称性随 γ 角增大而增强，但 $Z_{a\max} > Z_{a\min}$，若 $\gamma > 90°$，则 $|Z_{a\min}| > Z_{a\max}$。

如把顺层磁化时的 Z_a、H_{aX} 表示为 $Z_{a//}$、$H_{aX//}$，则式(5.5-11)可写成以下形式：

$$\left.\begin{aligned} Z_a &= Z_{a//}\cos\gamma + H_{aX//}\sin\gamma \\ H_{aX} &= H_{aX//}\cos\gamma - Z_{a//}\sin\gamma \end{aligned}\right\} \quad (5.5-15)$$

由于 $Z_{a//}$、$H_{aX//}$ 的曲线形态简单，利用上式更易于分析斜磁化时的 Z_a、H_{aX} 的曲线特征。

如把式(5.5-12)改写为：

$$\Delta T=\frac{\mu_0 M_S\sin\alpha}{2\pi}\cdot\frac{\sin I}{\sin i_S}\left[\frac{1}{2}\sin(90°+\alpha-2i_S)\ln\frac{(x-b)^2+h^2}{(x+b)^2+h^2}+\cos(90°+\alpha-2i_S)\times\left(\mathrm{tg}^{-1}\frac{x+b}{h}-\mathrm{tg}^{-1}\frac{x-b}{h}\right)\right] \quad (5.5-16)$$

则上式可写为：

$$\Delta T=K(Z_{a//}\cos\theta+H_{aX//}\sin\theta) \quad (5.5-17)$$

上式中 $K=\sin I/\sin i_S$，$\theta=90°+\alpha-i_S$。由此可见，斜磁化二度板状体的剖面曲线特征，可类似于分析 Z_a 一样进行，但要注意 K 和 θ 的含义。

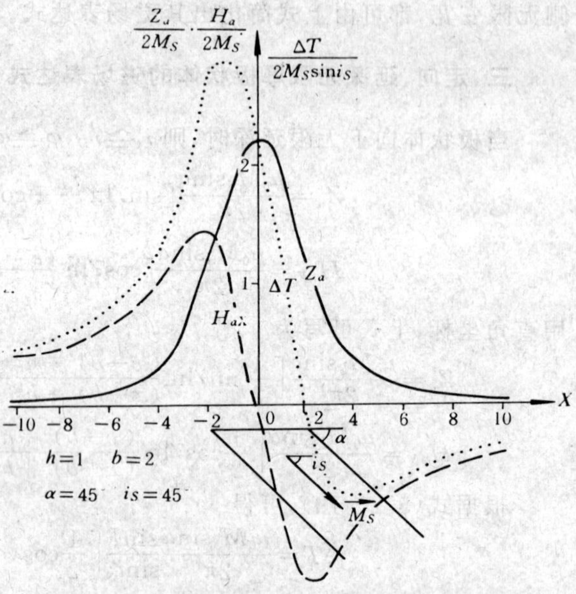

图 5-5-4 顺层磁化厚板 Z_a、H_{aX}、ΔT 剖面曲线

五、薄板状体的磁场

(一) 走向无限、延深无限薄板状体的磁场

薄板状体可看作是厚板的特殊情况。在磁法勘查中"厚"与"薄"也是一个相对的概念。在一定限度内当板状体的 $2b\ll h$ 时，称其为薄板，反之为厚板。厚板和薄板只是磁场表达式的繁、简程度不同，剖面曲线形态类似。薄板的磁场表达式可从厚板的磁场表达式简化导出。可将式(5.2-4)中的反正切项和对数展开成 b/h 的级数，然后略去 b/h 的高次项，即可得薄板的磁场表达式。

根据级数展开式

$$\mathrm{tg}^{-1}x=\frac{x}{1}-\frac{x^3}{3}+\frac{x^5}{5}-\cdots \qquad (|x|<1)$$

$$\ln x=2\left[\frac{x-1}{x+1}+\frac{1}{3}\left(\frac{x-1}{x+1}\right)^3+\frac{1}{5}\left(\frac{x-1}{x+1}\right)^5+\cdots\right] \qquad (x>0)$$

则有

$$\mathrm{tg}^{-1}\frac{2bh}{x^2-b^2+h^2}\cong\frac{2bh}{x^2+h^2}$$

$$\ln\frac{(x-b)^2+h^2}{(x+b)^2+h^2}=2\,\frac{-2bx}{h^2+x^2}$$

将以上关系式代入式(5.5-11)，即得薄板状体的磁场表达式

$$\left.\begin{aligned}Z_a&=\frac{\mu_0}{2\pi}\frac{2bM_S\sin\alpha}{x^2+h^2}(h\cos\gamma-x\sin\gamma)\\H_{aX}&=\frac{\mu_0}{2\pi}\frac{-2bM_S\sin\alpha}{x^2+h^2}(h\sin\gamma+x\cos\gamma)\\\Delta T&=\frac{\mu_0 2bM_S\sin\alpha}{2\pi(x^2+h^2)}\frac{\sin I}{\sin i_S}[h\sin(\alpha-2i_S)+x\cos(\alpha-2i_S)]\end{aligned}\right\} \quad (5.5-18)$$

以上关系式与式(5.5-11)和式(5.5-12)相比较，其函数关系简化了，其表达式形式基本类似，仅是反正切函数、对数与偶函数和奇函数的不同。因此，由上式决定的磁场特征与厚板类似，例如，当 $\gamma=0°$，即当顺层磁化 $\alpha=i_S$ 时，

$$
\left.\begin{aligned}
Z_a &= \frac{\mu_0 2bM_S \sin\alpha \cdot h}{2\pi(x^2+h^2)} \\
H_{aX} &= -\frac{\mu_0 2bM_S \sin\alpha \cdot x}{2\pi(x^2+h^2)}
\end{aligned}\right\} \tag{5.5-19}
$$

这时 Z_a 为无负值的轴对称曲线，H_{aX}为点对称曲线，与厚度情况相同。当 $\gamma \neq 0°$时，由式(5.5-18)可看出，Z_a、H_{aX}随 γ 角的变化规律与厚板完全相同。由此可见，板状体的磁场剖面特征，主要由 γ 角决定，$\gamma=\alpha-i_S$，只要 γ 保持一定，对不同的 α 和 i_S，Z_a、H_a 曲线形态不变。图 5-5-5 是薄板状体的 Z_a 随 γ 角的变化曲线。

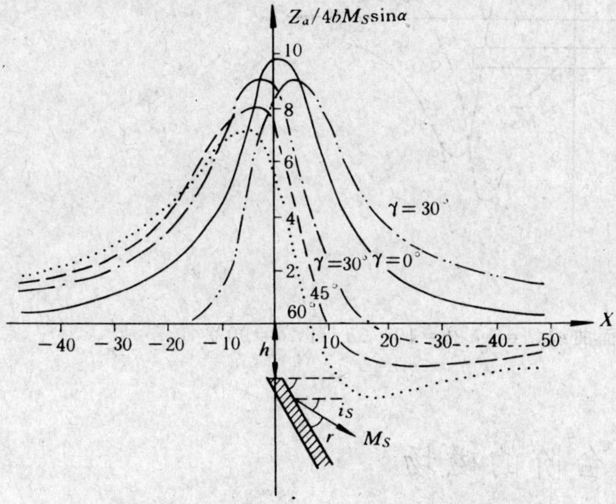

图 5-5-5 不同 γ 角薄板 Z_a 剖面的曲线

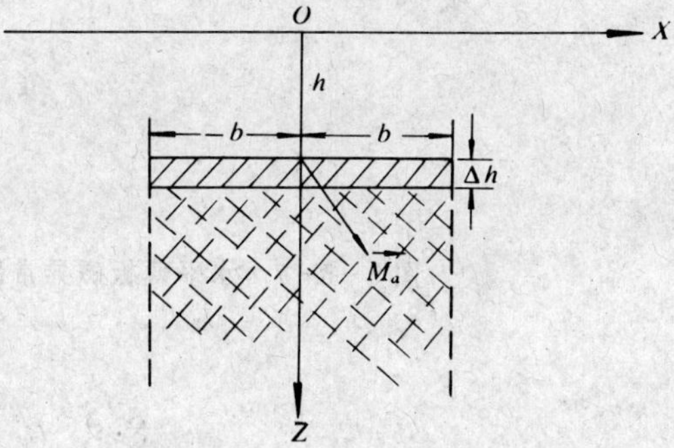

图 5-5-6 水平薄板示意图

（二）水平薄板状体磁场

水平薄板状体的磁场也可利用式(5.5-11)求导得出。令式(5.5-11)中 $\alpha=90°$，由顶深分别为 h 和 $h+\Delta h$ 的两个厚板状体磁场表达式相减得到，可表示为：$Z_a=Z_a(h)-Z_a(h+\Delta h)$，见图 5-5-6。当 Δh 很小时，上式可写为：

$$
Z_a=\frac{\partial Z_a(h)}{\partial h}\Delta h
$$

可见，由式(5.5-11)对 h 求一次微商，即得水平薄板的磁场表达式。令 $m_S=M_S \cdot 2b\Delta h$，其形式为：

$$
\left.\begin{aligned}
Z_a &= \frac{\mu_0 m_S}{2\pi}\frac{(h^2+b^2-x^2)\sin i_S-2hx\cos i_S}{[(x-b)^2+h^2][(x+b)^2+h^2]} \\
H_{aX} &= \frac{-\mu_0 m_S}{2\pi}\frac{2hx\sin i_S-(h^2+b^2-x^2)\cos i_S}{[(x-b)^2+h^2][(x+b)^2+h^2]} \\
\Delta T &= \frac{-\mu_0 m_S}{2\pi}\frac{\sin I}{\sin i_S}\left(\frac{2hx\sin 2i_S+(h^2+b^2-x^2)\cos 2i_S}{[(x-b)^2+h^2][(x+b)^2+h^2]}\right)
\end{aligned}\right\} \tag{5.5-20}
$$

当 $i_S=90°$时，上式可进一步简化，即式中 $\cos i_S$ 项为零，Z_a 为偶函数，其剖面曲线为两边有负值的轴对称曲线，H_{aX}为奇函数，其剖面曲线为点对称曲线。若 $0°<i_S<90°$，则其剖面曲线为非对称曲线，图 5-5-7 为水平薄板的 Z_a、H_{aX}、ΔT 剖面曲线图。

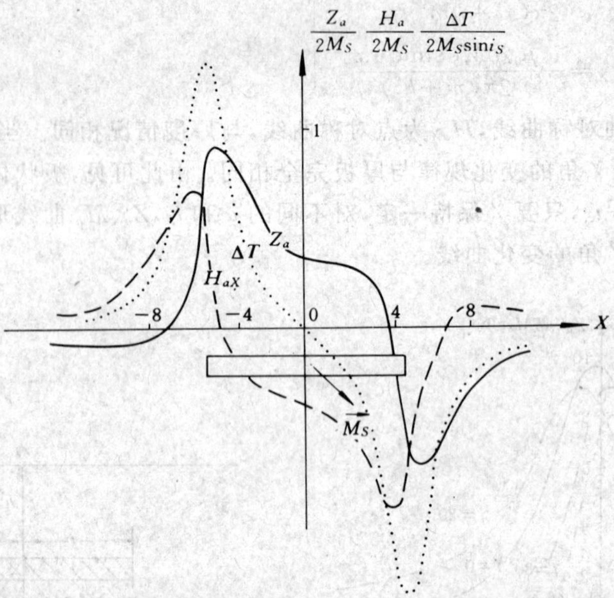

图 5-5-7　水平薄板磁异常剖面曲线($h=1$, $2b=10$, $\Delta h=1$, $\alpha=90°$)

§5.6　台阶的磁场

除前面讨论的规则形体外,磁性火成岩接触带、磁性地层的褶皱,常可将其简化为台阶,背、向斜磁性层。这些形体在均匀磁场化条件下,其磁场都可看作是不同磁荷面磁场的组合。

一、台阶的磁场

图 5-6-1 所示为磁性接触带台阶,可将其看作是有限延深二度厚板的特例,即一个层面趋于无穷远的情况。当 B、D 面趋于无限远时,$r_D=r_B$,$\varphi_D\doteq\varphi_B=\pi/2$,因此,由式(5.5-9)可得台阶的磁表达式

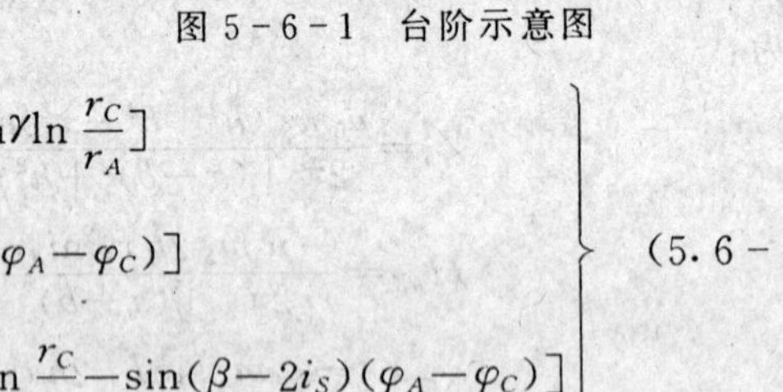

图 5-6-1　台阶示意图

$$\left.\begin{aligned}
Z_a&=\pm\frac{\mu_0 2M_S\sin\beta}{2\pi}\left[\cos\gamma(\varphi_A-\varphi_C)+\sin\gamma\ln\frac{r_C}{r_A}\right]\\
H_{aX}&=\pm\frac{\mu_0 2M_S\sin\beta}{2\pi}\left[\cos\gamma\ln\frac{r_C}{r_A}-\sin\gamma(\varphi_A-\varphi_C)\right]\\
\Delta T&=\pm\frac{\mu_0 2M_S\sin\beta}{2\pi}\frac{\sin I}{\sin i_S}\left[\cos(\beta-2i_S)\ln\frac{r_C}{r_A}-\sin(\beta-2i_S)(\varphi_A-\varphi_C)\right]
\end{aligned}\right\}\quad(5.6-1)$$

上式中当磁性层沿 X 轴正向延伸时,取正号,反之取负号。ΔT 的公式只考虑感应磁化(或 M 与 T_0 方向一致)的情况。式中 β 表示接触面的倾角,由 X 轴正方向起算。

图 5-6-2 是倾斜接触面台阶的磁异常剖面图。由图可知,Z_a、H_{aX}、ΔT 均为不对称曲线。当接触面垂直,即 $\beta=90°$时,若 $i_S=90°$,Z_a 为点对称曲线,见图 5-6-3。

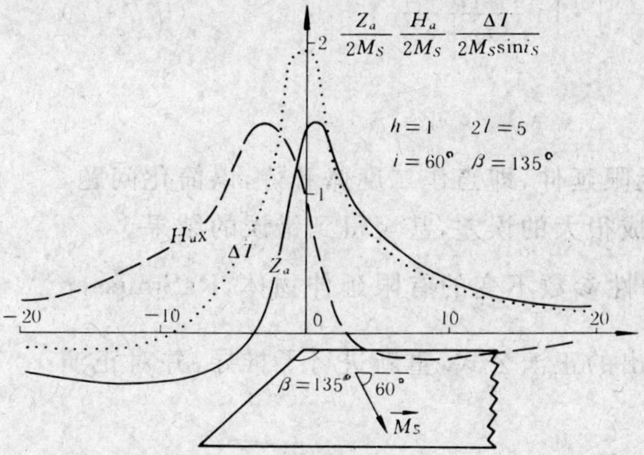

图 5-6-2 台阶磁异常剖面图

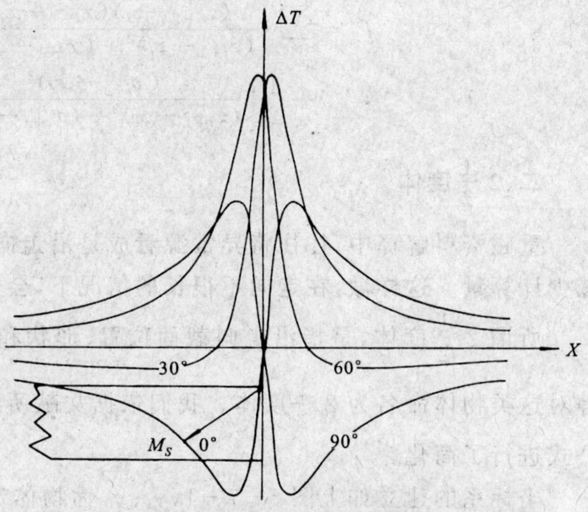

图 5-6-3 不同 i_S 的垂直接触台阶 ΔT 剖面图

§5.7 任意截面形状水平柱体的磁场

对于复杂不规则体重磁异常的计算常用的方法是图解法(量板法)及数值法。由于计算机的日益普及,所以 20 世纪五六十年代常用的图解法使用日趋减少,数值法成了最常用的方法。下面分 2 度、$2\frac{1}{2}$度和 3 度体三种情况来讨论复杂形体重磁场的计算方法。

一、任意截面二度体磁异常计算

设 Y 轴平行磁性体走向,J_S 为剖面内有效磁化强度,i_S 为剖面内有效磁化倾角,则坐标原点处磁异常为

$$
\begin{aligned}
Z_a &= 2(J_X Q - J_Z P) \\
H_a &= -2(J_X Q' + J_Z P') \\
\Delta T &= Z_a \sin I + H_a \cos I \cos A
\end{aligned}
\tag{5.7-1}
$$

式中 $J_X = J_S \cos i_S$,$J_Z = J_S \sin i_S$

$$
Q = \sum_{i=1}^{n} \left\{ \frac{(z_{i+1}-z_i)(x_{i+1}-x_i)}{(z_{i+1}-z_i)^2+(x_{i+1}-x_i)^2} \left[\mathrm{tg}^{-1}\frac{x_i}{z_i} - \mathrm{tg}^{-1}\frac{x_{i+1}}{z_{i+1}} \right] + \frac{1}{2}\left[\frac{(z_{i+1}-z_i)^2}{(z_{i+1}-z_i)^2+(x_{i+1}-x_i)^2} \right] \cdot \ln \frac{x_{i+1}^2+z_{i+1}^2}{x_i^2+z_i^2} \right\}
$$

$$
P = \sum_{i=1}^{n} \left\{ \frac{(x_{i+1}-x_i)^2}{(z_{i+1}-z_i)^2+(x_{i+1}-x_i)^2} \left[\mathrm{tg}^{-1}\frac{x_i}{z_i} - \mathrm{tg}^{-1}\frac{x_{i+1}}{z_{i+1}} \right] + \frac{1}{2}\left[\frac{(z_{i+1}-z_i)(x_{i+1}-x_i)}{(z_{i+1}-z_i)^2+(x_{i+1}-x_i)^2} \right] \cdot \ln \frac{x_{i+1}^2+z_{i+1}^2}{x_i^2+z_i^2} \right\}
$$

$$
Q' = \sum_{i=1}^{n} \left\{ \frac{(z_{i+1}-z_i)^2}{(z_{i+1}-z_i)^2+(x_{i+1}-x_i)^2} \left[\mathrm{tg}^{-1}\frac{x_i}{z_i} - \mathrm{tg}^{-1}\frac{x_{i+1}}{z_{i+1}} \right] - \frac{1}{2}\left[\frac{(z_{i+1}-z_i)(x_{i+1}-x_i)}{(z_{i+1}-z_i)^2+(x_{i+1}-x_i)^2} \right] \cdot \ln \frac{x_{i+1}^2+z_{i+1}^2}{x_i^2+z_i^2} \right\}
$$

$$P'=\sum_{i=1}^{n}\left\{\frac{(z_{i+1}-z_i)(x_{i+1}-x_i)}{(z_{i+1}-z_i)^2+(x_{i+1}-x_i)^2}\left[\mathrm{tg}^{-1}\frac{x_i}{z_i}-\mathrm{tg}^{-1}\frac{x_{i+1}}{z_{i+1}}\right]\right.$$
$$\left.+\frac{1}{2}\left[\frac{(x_{i+1}-x_i)^2}{(z_{i+1}-z_i)^2+(x_{i+1}-x_i)^2}\right]\cdot\ln\frac{x_{i+1}^2+z_{i+1}^2}{x_i^2+z_i^2}\right\} \quad (5.7-2)$$

二、2 $\frac{1}{2}$度体

重磁资料解释中，往往将异常源看成是沿走向无限延伸，即当作二度体看待，以简化问题，减少计算量。这样做，在走向不很长的情况下，会造成很大的误差，甚至得到错误的结果。

所谓 2 $\frac{1}{2}$度体，是指沿走向截面位置、形状和物性参数不变的有限延伸物体，RaSmussen 等对这类物体命名为 2 $\frac{1}{2}$度体。我们依据文献所给出的正演公式，重新进行了推导，并对正演公式进行了简化。

坐标系的建立如上图 5-7-1，y_1、y_2 为物体走向方向上两个端面的 Y 坐标，过 X、Z 轴的物体截面的顶点坐标(x_i,z_i)，$i=1,2,\cdots,N$，(u_i,w_i)为坐标轴以 Y 为中心，旋转 φ_i之后，顶点(x_i,z_i)之坐标，φ_i为 X 轴正方向与第 i 条边的正方向(即由第 i 个顶点至第 $i+1$ 个顶点的连线)的夹角。

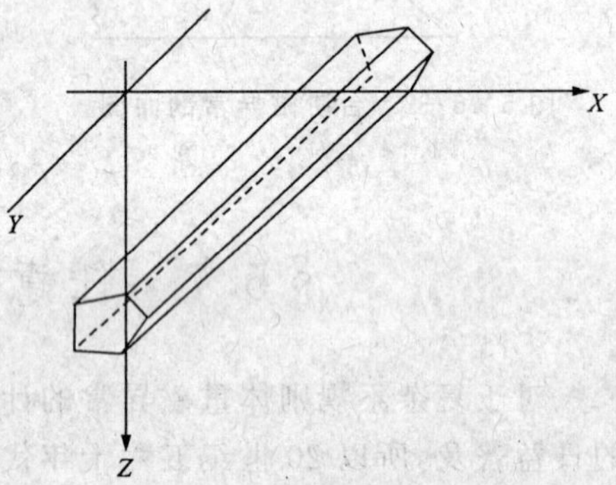

图 5-7-1　2 $\frac{1}{2}$度体坐标系

故有：

$$\begin{pmatrix}u\\w\end{pmatrix}=\begin{pmatrix}\cos\varphi_i & \sin\varphi_i\\ -\sin\varphi_i & \cos\varphi_i\end{pmatrix}\begin{pmatrix}x\\z\end{pmatrix}$$

$$\mathrm{tg}\varphi_i=\frac{z_{i+1}-z_i}{x_{i+1}-x_i}$$

以下四个基本公式在推导正演计算公式中要用到：

$$F_1(y,i)=y\ln\frac{u_{i+1}+R_{i+1}}{u_i+R_i}-w_i\left[\mathrm{tg}^{-1}\frac{u_{i+1}y}{w_iR_{i+1}}-\mathrm{tg}^{-1}\frac{u_iy}{w_iR_i}\right]$$
$$+u_{i+1}\ln\frac{y+R_{i+1}}{r_{i+1}}-u_i\ln\frac{y+R_i}{y_i} \quad (5.7-3)$$

$$F_2(y,i)=-\cos\varphi_i\ln\frac{r_i(y+R_{i+1})}{r_{i+1}(y+R_i)}-\sin\varphi_i\left[\mathrm{tg}^{-1}\frac{u_{i+1}y}{w_iR_{i+1}}-\mathrm{tg}^{-1}\frac{u_iy}{w_iR_i}\right]$$

$$F_3(y,i)=-\sin\varphi_i\ln\frac{r_i(y+R_{i+1})}{r_{i+1}(y+R_i)}+\cos\varphi_i\left[\mathrm{tg}^{-1}\frac{u_{i+1}y}{w_iR_{i+1}}-\mathrm{tg}^{-1}\frac{u_iy}{w_iR_i}\right]$$

$$F_4(y,i)=\ln\frac{(u_i+R_i)(u_{i+1}+r_{i+1})}{(u_{i+1}+R_{i+1})(u_i+r_i)}$$

$F_4(y,i)$的计算公式是由原文中简化得到的。

式中$r_i^2=u_i^2+w_i^2$　　$r_{i+1}^2=u_{i+1}^2+w_i^2$

$R_i^2=u_i^2+w_i^2+y^2$　　$R_{i+1}^2=u_{i+1}^2+w_i^2+y^2$

重力正演计算公式为：

$$\Delta g(x,y,z)=G\sigma\sum\cos\varphi_i[F_1(y_2-y,i)+F_1(y_1-y,i)] \quad (5.7-4)$$

(x, y, z)为观测点在固定坐标系中的坐标。计算中场源角点坐标在固定坐标系中的坐标为(x_i,z_i)，要注意此时公式中 x_i 相当于 x_i-x，z_i 相当于 z_i-z。

磁力 ΔT 正演公式为：

$$\Delta T(x,y,z)=X\cos A\cos I+Y\sin A\cos I+Z\sin I$$

$$X = -J \cdot \sum_i \sin\varphi_i \{\cos A_1 \cos I [F_2(y_2 - y, i) - F_2(-y_1 + y, i)]$$
$$+ \sin I_1 [F_3(y_2 - y, i) - F_3(-y_1 + y, i)]$$
$$+ \sin A_1 \cos I_1 [F_4(y_2 - y, i) - F_4(-y_1 + y, i)]\}$$
$$Z = -J \cdot \sum_i (\cos\varphi_i) \{\cos A_1 \cos I_1 [F_2(y_2 - y, i) - F_2(-y_2 + y, i)]$$
$$+ \sin I_1 [F_3(y_2 - y, i) - F_3(-y_1 + y, i)]$$
$$+ \sin A_1 \cos I_1 [F_4(y_2 - y, i) - F_4(-y_1 + y, i)]\}$$
$$Y = -J \cdot \sum_i \{[\cos A_1 \cos I_1 \sin\varphi_i - \sin I_1 \cos\varphi_i] \cdot$$
$$[F_4(y_2 - y, i) - F_4(-y_2 + y, i)]$$
$$- \sin A_1 \cos I_1 \sin\varphi_i [F_2(y_2 - y, i) - F_2(-y_1 + y, i)]$$
$$+ \sin A_1 \cos I_1 \cos\varphi_i [F_3(y_2 - y, i) - F_3(-y_1 + y, i)]\} \quad (5.7-5)$$

式中 A, I 分别为测线磁方位角和磁倾角（相对于地磁场方向）；A_1, I_1 分别为测线相对于磁化强度的方位角和倾角。

本方法的特点是适用范围广，可用于 $2\frac{1}{2}$度体、二度体和三度体的重磁正反演计算，还可进行磁力各分量的正反演计算。

图 5-7-2 为理论模型重力正演试验结果。从图中可知理论长方体公式计算结果与 $2\frac{1}{2}$度体公式计算结果十分一致，其计算精度是高的。

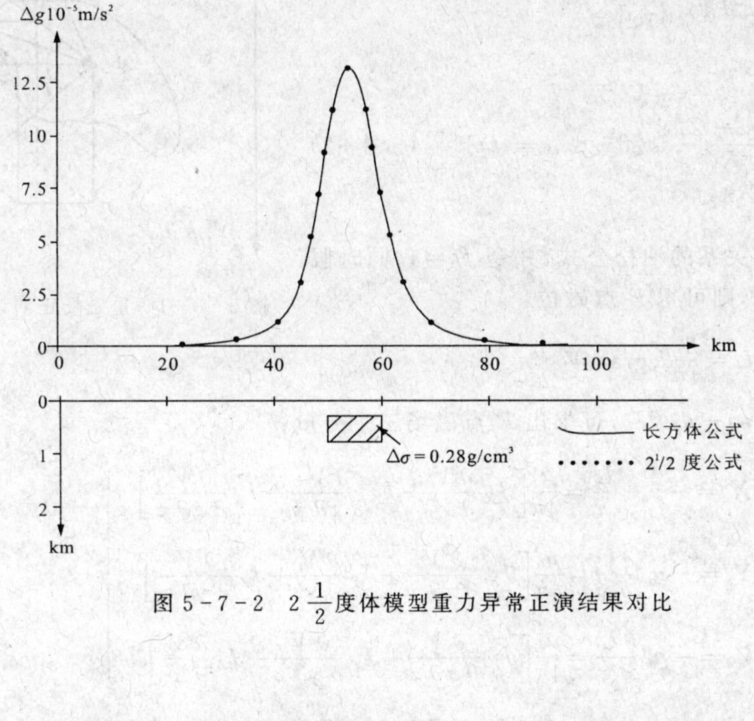

图 5-7-2　$2\frac{1}{2}$度体模型重力异常正演结果对比

§5.8　任意形状三度体磁场数值积分法正演

任意形状不规则三度磁性体，很难给出简单的磁场表达式。可以采用数值积分方法，以立方体、长方体、有限柱体等去逼近任意形体，计算出这些形体的磁场和，作为任意三度体磁场的近似值。常用的方法有:点元法、面元法、线元法和表面积分法。下面重点介绍线元法。

一、重磁场正演计算的基本公式

1. 重力场

设直角坐标中 Z 轴向下为正,Y 轴向右为正,在该坐标系中有均匀磁化、形状不规则地质体 Q,计算地质体外部某点 P 的引力位。我们将地质体分成许多小的体积元,则小体积元产生的引力位 $\mathrm{d}V$:

$$\mathrm{d}V=\frac{f\rho}{R}\mathrm{d}v \tag{5.8-1}$$

式中 $\mathrm{d}v$ 是小质量元中心到 P 点距离,为:

$$R=[(x_Q-x_P)^2+(y_Q-y_P)^2+(z_Q-z_P)^2]^{\frac{1}{2}}$$

f 为引力常数,ρ 为剩余密度,于是整个物体在 P 点产生的引力位为:

$$V=f\iiint_Q\frac{\rho}{R}\mathrm{d}x_Q\mathrm{d}y_Q\mathrm{d}z_Q$$

重力 Δg 为:

$$\Delta g=\frac{\partial V}{\partial Z}=f\iiint_Q\frac{\rho}{R^3}(Z_Q-Z_P)\mathrm{d}x_Q\mathrm{d}y_Q\mathrm{d}z_Q$$

若密度均匀,则 ρ 可以提到积分号外面,令:

$$V_Z=\iiint_Q\frac{z_Q-z_P}{R^3}\mathrm{d}x_Q\mathrm{d}y_Q\mathrm{d}z_Q$$

则有:

$$\Delta g=f\rho\iiint_Q\frac{Z_Q-Z_P}{R^3}\mathrm{d}x_Q\mathrm{d}y_Q\mathrm{d}z_Q=f\rho V_Z \tag{5.8-2}$$

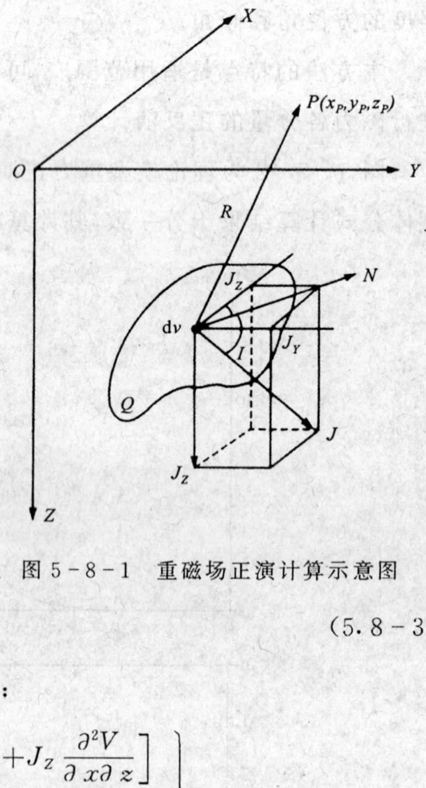

图 5-8-1 重磁场正演计算示意图

2. 磁场

利用重磁位场关系的泊松公式,并令 $f\rho=1$,同时假设地质体均匀磁化,则可得 P 点磁位:

$$U=\frac{1}{4\pi}J_0\mathrm{grad}_PV \tag{5.8-3}$$

由 $T=-\mu_0\mathrm{grad}_PU=-\mu_0\Delta U_P$,可求出 P 点磁场三个分量:

$$\left.\begin{aligned}X_a&=-\mu_0\frac{\partial U}{\partial x}=\frac{\mu_0}{4\pi}\left[J_X\frac{\partial^2V}{\partial x^2}+J_Y\frac{\partial^2V}{\partial x\partial y}+J_Z\frac{\partial^2V}{\partial x\partial z}\right]\\Y_a&=-\mu_0\frac{\partial U}{\partial y}=\frac{\mu_0}{4\pi}\left[J_X\frac{\partial^2V}{\partial x\partial y}+J_Y\frac{\partial^2V}{\partial y^2}+J_Z\frac{\partial^2V}{\partial y\partial z}\right]\\Z_a&=-\mu_0\frac{\partial U}{\partial z}=\frac{\mu_0}{4\pi}\left[J_X\frac{\partial^2V}{\partial x\partial z}+J_Y\frac{\partial^2V}{\partial y\partial z}+J_Z\frac{\partial^2V}{\partial z^2}\right]\end{aligned}\right\} \tag{5.8-4}$$

$$\Delta T=X_a\cos I\cos A'+Y_a\cos I\sin A'+Z_a\sin I$$

式中 J_X,J_Y,J_Z 为磁化强度的三分量,μ_0 为真空中的导磁系数,I 是地磁倾角,A 是测线磁方位角,即 X 轴与磁北夹角。

因此,重磁正演计算的基本公式可以归纳为

$$
\begin{cases}
\Delta g = f\rho V_Z \\
X_a = \dfrac{\mu_0}{4\pi}[J_X V_{XX} + J_Y V_{XY} + J_Z V_{XZ}] \\
Y_a = \dfrac{\mu_0}{4\pi}[J_X V_{XY} + J_Y V_{YY} + J_Z V_{YZ}] \\
Z_a = \dfrac{\mu_0}{4\pi}[J_X V_{XZ} + J_Y V_{YZ} + J_Z V_{ZZ}]
\end{cases}
\tag{5.8-5}
$$

而 $V_Z, V_{XZ}, V_{YZ}, V_{ZZ}, V_{XX}, V_{XY}, V_{YY}$ 为

$$V_Z = \iiint_Q \frac{z_Q - z_P}{R^3} \mathrm{d}x_Q \mathrm{d}y_Q \mathrm{d}z_Q$$

$$V_{XZ} = \iiint_Q \frac{3(x_Q - x_P)(z_Q - z_P)}{R^5} \mathrm{d}x_Q \mathrm{d}y_Q \mathrm{d}z_Q$$

$$V_{YZ} = \iiint_Q \frac{3(y_Q - y_P)(z_Q - z_P)}{R^5} \mathrm{d}x_Q \mathrm{d}y_Q \mathrm{d}z_Q$$

$$V_{ZZ} = \iiint_Q \frac{3(z_Q - z_P)^2 - R^2}{R^5} \mathrm{d}x_Q \mathrm{d}y_Q \mathrm{d}z_Q$$

$$V_{XX} = \iiint_Q \frac{3(x_Q - x_P)^2 - R^2}{R^5} \mathrm{d}x_Q \mathrm{d}y_Q \mathrm{d}z_Q$$

$$V_{XY} = \iiint_Q \frac{3(x_Q - x_P)(y_Q - y_P)}{R^5} \mathrm{d}x_Q \mathrm{d}y_Q \mathrm{d}z_Q$$

$$V_{YY} = \iiint_Q \frac{3(y_Q - y_P)^2 - R^2}{R^5} \mathrm{d}x_Q \mathrm{d}y_Q \mathrm{d}z_Q$$

对于球体、棱柱体等规则几何形体，上述 7 个三重积分可以解析求出。而对于不规则形体，则只能采用数值积分方法。

二、任意形状三度体数值积分法正演

如图 5-8-2 所示，我们用两组相互垂直的截面把任意三度体分割成许多小棱柱体，每个棱柱体相当于一个直立线元。沿 Z 轴用解析方法实现一重积分，求出各线元的作用值，然后在垂直线元的 X、Y 方向分别数值积分，即可得到地质体的近似作用值。

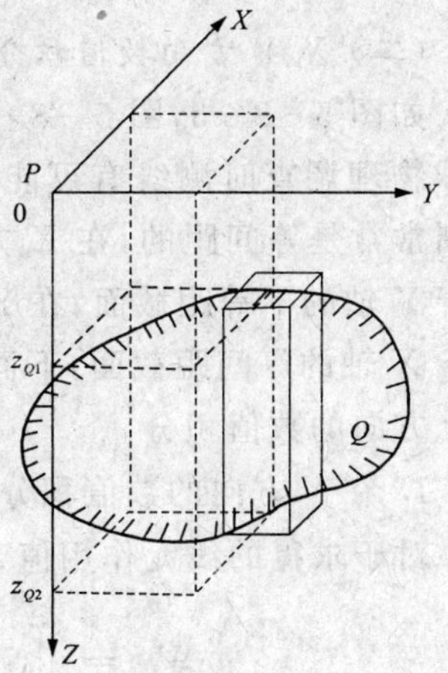

图 5-8-2　积分法线元示意图

（一）线元作用值的计算

把计算点移到坐标原点，求各个线元对 P 点作用值，记为 S：

$$
\begin{aligned}
S_Z &= \int_{z_{Q1}}^{z_{Q2}} \frac{z_Q}{R^3} \mathrm{d}z_Q & S_{XX} &= \int_{z_{Q1}}^{z_{Q2}} \frac{3x_Q^2 - R^2}{R^5} \mathrm{d}z_Q \\
S_{XZ} &= \int_{z_{Q1}}^{z_{Q2}} \frac{3x_Q z_Q}{R^5} \mathrm{d}z_Q & S_{XY} &= \int_{z_{Q1}}^{z_{Q2}} \frac{3y_Q x_Q}{R^5} \mathrm{d}z_Q \\
S_{YZ} &= \int_{z_{Q1}}^{z_{Q2}} \frac{3y_Q z_Q}{R^5} \mathrm{d}z_Q & S_{YY} &= \int_{z_{Q1}}^{z_{Q2}} \frac{3y_Q^2 - R^2}{R^5} \mathrm{d}z_Q \\
S_{ZZ} &= \int_{z_{Q1}}^{z_{Q2}} \frac{3z_Q^2 - R^2}{R^5} \mathrm{d}z_Q
\end{aligned}
\tag{5.8-7}
$$

上述积分可以解析求得：

$$\left.\begin{aligned}
&S_Z=-\left(\frac{1}{R_2}-\frac{1}{R_1}\right)\\
&S_{XZ}=-\left(\frac{x_Q}{R_2^3}-\frac{x_Q}{R_1^3}\right)\\
&S_{YZ}=-\left(\frac{y_Q}{R_2^3}-\frac{y_Q}{R_1^3}\right)\\
&R_2=(x_Q^2+y_Q^2+z_{Q2}^2)^{1/2}\\
&S_{ZZ}=-\left(\frac{z_{Q2}}{R_2^3}-\frac{z_{Q1}}{R_1^3}\right)\quad R_1=(x_Q^2+y_Q^2+z_{Q1}^2)^{1/2}\\
&S_{XX}=\frac{x_Q^2}{(x_Q^2+y_Q^2)^2}\left[\frac{3z_{Q2}}{R_2}-\frac{3z_{Q1}}{R_1}-\frac{z_{Q2}^3}{R_2^3}+\frac{z_{Q1}^3}{R_1^3}\right]-\frac{1}{x_Q^2+y_Q^2}\left(\frac{z_{Q2}}{R_2}-\frac{z_{Q1}}{R_1}\right)\\
&S_{XY}=\frac{x_Qy_Q}{(x_Q^2+y_Q^2)^2}\left[\frac{3z_{Q2}}{R_2}-\frac{3z_{Q1}}{R_1}-\frac{z_{Q2}^3}{R_2^3}+\frac{z_{Q1}^3}{R_1^3}\right]\\
&S_{YY}=\frac{y_Q^2}{(x_Q^2+y_Q^2)^2}\left[\frac{3z_{Q2}}{R_2}-\frac{3z_{Q1}}{R_1}-\frac{z_{Q2}^3}{R_2^3}+\frac{z_{Q1}^3}{R_1^3}\right]-\frac{1}{x_Q^2+y_Q^2}\left(\frac{z_{Q2}}{R_2}-\frac{z_{Q1}}{R_1}\right)
\end{aligned}\right\}\quad(5.8-8)$$

其中，当计算点 P 位于直立点线元正上方时，$x_Q=y_Q=0$，上式中后三个积分为

$$S_{XX}=S_{YY}=\frac{1}{2}\left[\frac{1}{z_{Q2}^2}-\frac{1}{z_{Q1}^2}\right]$$

$$S_{XY}=S_{XZ}=S_{YZ}=0$$

（二）X、Y 方向数值积分计算

如图 5-8-3，图 5-8-4 所示，考虑到地球物理调查时测线有可能不等间距，而测点则常常是等间距的，在 X 方向取一系列平行于 Y 轴的不等距截面，在 Y 轴取一系列平行于 X 轴的等间距截面，下面分别计算 X，Y 两个方向的数值积分。

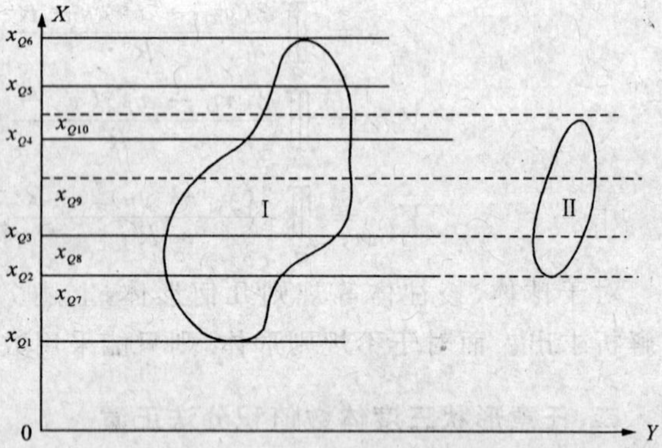

图 5-8-3　X 轴方向截面

1. 在 Y 方向的数值积分

对于求得的线元作用值 S，整个异常源的作用值 V_K：

$$V_K=\iint S(x_Q,y_Q)\mathrm{d}y_Q\mathrm{d}x_Q=\sum_{i=1}^{n_1}\sum_{j=1}^{n_2}w_ic_js_k(x_Q,y_Q)\qquad(5.8-9)$$

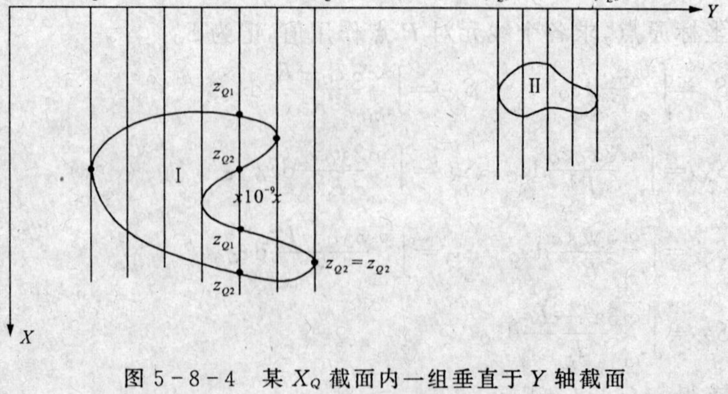

图 5-8-4　某 X_Q 截面内一组垂直于 Y 轴截面

式中 w_i, c_j 为 X,Y 方向数值积分的积分系数。

由于 Y 轴方向上的截面为等间距的奇数个截面，即 $n_2=2n+1$，因而可采用等间距三点辛普生积分公式，记截面值为 $v(x)$

$$v(x)=\sum_{j=1}^{2n+1}c_j s=\frac{\Delta y}{3}[s_1+s_{2n+1}+2\sum_{i=1}^{2n-1}s_{2i-1}+4\sum_{i=1}^{2n}s_{2i}] \tag{5.8-10}$$

式中 Δy 即图中截面间距 $\mathrm{d}y_Q$。

2. 在 X 方向的数值积分

由于 X 方向截面为不等间距，截面可为奇数，也可为偶数。因此，当截面数为奇数时，采用不等距三点辛普生积分公式。若截面为偶数，其最后一个积分区间 $(2n-1,2n)$ 采用梯形积分公式，其他区间仍可用三点不等距的辛普生积分公式。

(1) 不等间距辛普生积分。设三点不等间距积分结点 X 坐标为 x_1,x_2 和 x_3，对应函数值 $v(x_1)$,$v(x_2)$ 和 $v(x_3)$，则

$$\int_{x_1}^{x_3}v(x)\mathrm{d}x$$

对于被积函数 $v(x)$ 可采用拉格朗日二次多项式来描述：

$$\int_{x_1}^{x_3}v(x)\mathrm{d}x=\int_{x_1}^{x_3}\Big[\frac{(x-x_2)(x-x_3)}{(x_1-x_2)(x_1-x_3)}v(x_1)+\frac{(x-x_1)(x-x_3)}{(x_2-x_1)(x_2-x_3)}v(x_2)+\frac{(x-x_1)(x-x_2)}{(x_3-x_1)(x_3-x_2)}v(x_3)\Big]\mathrm{d}x$$

利用积分公式 $\int(u-a)(u-b)\mathrm{d}u=\frac{1}{6}(u-a)^2(2u-3b-a)$ 不难得出：

$$\begin{aligned}\int_{x_1}^{x_3}v(x)\mathrm{d}x&=\frac{1}{6}\Big[\frac{(x_1-x_3)(3x_2-x_3-2x_1)}{(x_1-x_2)}v(x_1)+\frac{(x_1-x_3)^3}{(x_2-x_1)(x_2-x_3)}v(x_2)\\&\quad+\frac{(x_1-x_3)(3x_2-x_1-2x_3)}{(x_3-x_2)}v(x_3)\Big]\\&=\frac{1}{6}[W_1V(x_1)+W_2V(x_2)+W_3V(x_3)]\end{aligned} \tag{5.8-11}$$

(2) 梯形积分公式：

$$\int_{x_{2n-1}}^{x_{2n}}v(x)\mathrm{d}x=\frac{X_{2n}-X_{2n-1}}{2}[v(x_{2n})-v(x_{2n-1})] \tag{5.8-12}$$

经上述两个方向数值积分后，便可求得整个异常源对计算点的作用值 $V_Z,\cdots,V_{YY}$，利用这些 V 值代入相应的位场公式则可求得相应重磁场。

§5.9 频率域重磁界面异常快速正演

在重磁界面正反演中，常常把重磁界面划分成大量的离散的二度水平棱柱体或三度直立棱柱体组合模型。由于未知参数太多不能采用直接解法，往往只能采用迭代法或其他方法。Parker (1972,1973,1974) 采用了连续模型，提出了频率域重磁位场正反演的理论公式。Oldenburg(1974) 把它推广成迭代形式并做了二维计算。由于引入快速傅里叶变换，在相同精度下，Parker 算法比离散模型的算法至少要快一个数量级以上。因此，Parker 法成为重磁异常定量计算中的有力工具，可用于油气田勘探中研究基底构造的起伏变化及区域重磁资料反演解释。

若密度或磁性界面上下密度差为 σ，磁化强度差为 J，为简单起见，设 J 的方向垂直向下，我们熟知，界面下一体积元 $\mathrm{d}v$ 在观测点 $P(x,y,z)$ 产生的引力位为

$$\mathrm{d}V=f\sigma\frac{\mathrm{d}v}{[(x-\zeta)^2+(y-\eta)^2+(z-\xi)^2]^{1/2}} \tag{5.9-1}$$

式中 f 为万有引力常数。

而体积元 $\mathrm{d}v$ 在 $P(x,y,z)$ 点产生的引力场强度 $\mathrm{d}\Delta g$ 为

$$\mathrm{d}\Delta g(x,y,z)=\frac{\partial V}{\partial z}=f\sigma\frac{-(z-\xi)}{[(x-\zeta)^2+(y-\eta)^2+(z-\zeta)^2]^{3/2}}\mathrm{d}v \tag{5.9-2}$$

若 $P(x,y,z)$ 点在地面，则有

$$\mathrm{d}\Delta g(x,y,0)=f\sigma\frac{\zeta}{[(x-\zeta)^2+(y-\eta)^2+\zeta^2]^{3/2}}\mathrm{d}v \tag{5.9-3}$$

我们把式(5.9-3)简记为

$$\mathrm{d}\Delta g=f\sigma\cdot G\cdot \mathrm{d}v \tag{5.9-4}$$

其中 $G=\frac{\zeta}{[(x-\zeta)^2+(y-\eta)^2+\zeta^2]^{3/2}}$，是与观测点及场源点坐标有关的函数，称为核函数。

利用表示重磁位之间关系的泊松公式

$$U_p=\frac{1}{f\sigma}\overline{J}\cdot \mathrm{grad}_p V$$

式中 U_p，V 分别表示磁位和重力位，则有

$$\Delta Z=-\frac{\partial U_p}{\partial Z}=\frac{1}{f\sigma}[J_X V_{XZ}+J_Y V_{YZ}+J_Z V_{ZZ}]$$

当垂直磁化时

$$\Delta Z_\perp=\frac{J_Z}{f\sigma}\cdot\frac{\partial \Delta g}{\partial z}$$

我们简记 $\Delta Z_\perp$ 为 ΔZ，J_Z 为 J，并注意到对 P 点的微分与对 Q 点的微分相差一符号，即 $\frac{\partial}{\partial z}=-\frac{\partial}{\partial\zeta}$，对于一体积元有

$$\begin{aligned}\mathrm{d}\Delta Z&=\frac{J}{f\sigma}\frac{\partial\Delta g}{\partial z}\mathrm{d}v\\&=J\cdot\left(-\frac{\partial}{\partial\zeta}\right)\cdot\frac{\zeta}{[(x-\zeta)^2+(y-\eta)^2+\zeta^2]^{3/2}}\mathrm{d}v\\&=J\cdot\left(-\frac{\partial}{\partial\zeta}\right)\mathrm{d}v\end{aligned} \tag{5.9-5}$$

记为 $\qquad \mathrm{d}\Delta Z=JT\mathrm{d}v$

其中 $\qquad T=-\frac{\partial G}{\partial\zeta}$

我们设界面的平均深度为 H，将核函数 G 在 $\zeta=H$ 处用泰勒级数展开：

$$G(x-\xi,y-\eta,\zeta)=\sum_{n=0}^{\infty}\frac{G^{(n)}(x-\xi,y-\eta,H)}{n!}\cdot(\zeta-H)^n$$

式中 $G^{(n)}(x-\xi,y-\eta,H)$ 是在 $\zeta=H$ 处 G 对 ζ 的 n 阶导数。将 G 对 ζ 积分，从 $(H+h)\to H$，其中 h 是界面相对于平均深度 H 的距离，由于我们规定 Z 轴向下为正，所以在 $\zeta=H$ 以上 h 为负，而在其下为正，h 是 (ξ,η) 的函数。我们有

$$\begin{aligned}\int_{H+h}^{H}G(x-\xi,y-\eta,\zeta)\mathrm{d}\zeta&=\sum_{n=0}^{\infty}\int_{H+h}^{h}\frac{G^{(n)}(x-\xi,y-\eta,H)}{n!}\cdot(\zeta-H)^n\mathrm{d}\zeta\\&=\sum_{n=0}^{\infty}G^{(n)}(x-\xi,y-\eta,H)\cdot\frac{1}{(n+1)!}(\zeta-H)^{n+1}\Big|_{H+h}^{H}\end{aligned}$$

$$= -\sum_{n=0}^{\infty} G^{(n)}(x-\xi, y-\eta, H) \cdot \frac{1}{(n+1)!} h^{n+1}(\xi,\eta)$$

$$= -\sum_{n=1}^{\infty} G^{(n-1)}(x-\xi, y-\eta, H) \cdot \frac{1}{n!} h^{n}(\xi,\eta) \qquad (5.9-6)$$

类似于式(5.9-6)的推导，有

$$\int_{H+h}^{H} T(x-\xi, y-\eta, \zeta)\mathrm{d}\zeta = \int_{H+h}^{H} -\frac{\partial G}{\partial \zeta}\mathrm{d}\zeta$$

$$= \sum_{n=0}^{\infty} \frac{G^{(n)}(x-\xi, y-\eta, H)}{n!} h^{n}(\xi,\eta) \qquad (5.9-7)$$

式(5.9-4)、式(5.9-5)是对界面内体积元 dv 而言的，若对于整个界面，则有

$$\Delta g(x,y,0) = \iint_{-\infty}^{\infty} f\sigma(\xi,\eta)\left(\int_{H+h}^{H} + \int_{H}^{\infty}\right) G(x-\xi, y-\eta, \zeta)\mathrm{d}\xi\mathrm{d}\zeta\mathrm{d}\eta$$

$$= -f\iint_{-\infty}^{\infty}\Big[\sum_{n=1}^{\infty} \frac{G^{(n-1)}(x-\xi, y-\eta, H)}{n!} h^{n}(\xi,\eta)\sigma(\xi,\eta)$$

$$- \frac{\sigma(\xi,\eta)}{[(x-\xi)^2 + (y-\eta)^2 + H^2]^{1/2}}\Big]\mathrm{d}\xi\mathrm{d}\eta \qquad (5.9-8)$$

$$\Delta Z(x,y,0) = \iint_{-\infty}^{\infty} J(\xi,\eta)\left(\int_{H+h}^{H} + \int_{H}^{\infty}\right) T(x-\xi, y-\eta, \zeta)\mathrm{d}\xi\mathrm{d}\zeta\mathrm{d}\eta$$

$$= \iint_{-\infty}^{\infty}\Big[\sum_{n=0}^{\infty} \frac{G^{(n-1)}(x-\xi, y-\eta, H)}{n!} h^{n}(\xi,\eta) \cdot J(\xi,\eta)$$

$$+ \frac{H \cdot J(\xi,\eta)}{[(x-\xi)^2 + (y-\eta)^2 + H^2]^{3/2}}\Big]\mathrm{d}\xi\mathrm{d}\eta \qquad (5.9-9)$$

注意到 $\qquad \tilde{G}(x,y,H) = G(u,v) = 2\pi\mathrm{e}^{-HS} \qquad (5.9-10)$

式中 $\qquad S = (u^2+v^2)^{1/2}$

$$\tilde{G}^{(n)}(x,y,H) = G^{(n)}(u,v) = (-S)^n \cdot 2\pi\mathrm{e}^{-HS} \qquad (5.9-11)$$

核函数 G 的垂直向积分

$$G^{(-1)}(x,y,H) = \frac{-1}{[(x-\zeta)^2+(y-\eta)^2+H^2]^{1/2}}$$

$$\tilde{G}^{(-1)}(x,y,H) = G^{(-1)}(u,v) = 2\pi\mathrm{e}^{-HS}/(-S) \qquad (5.9-12)$$

将式(5.9-11)、式(5.9-12)代入式(5.9-8)：

$$\Delta g(u,v) = -f\Big[\sum_{n=1}^{\infty} \frac{(-S)^{n-1} \cdot 2\pi\mathrm{e}^{-HS}}{n!}(\sigma\tilde{h}^{n}) + \frac{2\pi\mathrm{e}^{-HS}\sigma}{(-S)}\Big]$$

$$= -2\pi f\mathrm{c}^{-HS}\Big[\sum_{n=1}^{\infty} \frac{(-S)^{n-1}}{n!}(\sigma\tilde{h}^{n}) + \frac{\sigma}{(-S)}\Big]$$

$$-2\pi f\mathrm{e}^{-HS}\sum_{n=0}^{\infty} \frac{(-S)^{n-1}}{n!}(\sigma\tilde{h}^{n}) \qquad (5.9-13)$$

类似地，将式(5.9-10)、式(5.9-11)代入式(5.9-9)得

$$\Delta Z(u,v) = \sum_{n=0}^{\infty} \frac{(-S)^{n} \cdot 2\pi\mathrm{e}^{-HS}}{n!} \tilde{h}^{n}) \cdot J + 2\pi\mathrm{e}^{-HS} \cdot J$$

若考虑 $n=0$ 时，即泰勒展开式第一项在空间域为常数项，则有

$$\Delta Z(u,v) = 2\pi\mathrm{e}^{-HS}\sum_{n=0}^{\infty} \frac{(-S)^{n}}{n!}(J \cdot \tilde{h}^{n}) \qquad (5.9-14)$$

式(5.9－13),式(5.9－14)即为频率域中密度界面产生的重力异常和磁性界面产生的磁异常的正演公式。

当 σ, J 为常数时,$\Delta\tilde{g}, \Delta\tilde{Z}$ 为:

$$\Delta g(u,v) = -2\pi f\sigma\left[\mathrm{e}^{-HS}\sum_{n=0}^{\infty}\frac{(-S)^{n-1}}{n!}(\tilde{h}^n)\right] \tag{5.9-15}$$

$$\Delta Z(u,v) = 2\pi J\left[\mathrm{e}^{-HS}\sum_{n=0}^{\infty}\frac{(-S)^{n-1}}{n!}(\tilde{h}^n)\right] \tag{5.9-16}$$

若类似于前面的考虑,略去 $n=0$ 项:

$$\Delta\tilde{g}(u,v) = -2\pi f\sigma\left[\mathrm{e}^{-HS}\sum_{n=1}^{\infty}\frac{(-S)^{n-1}}{n!}(\tilde{h}^n)\right] \tag{5.9-15'}$$

$$\Delta Z(u,v) = 2\pi J\left[\mathrm{e}^{-HS}\sum_{n=1}^{\infty}\frac{(-S)^{n-1}}{n!}(\tilde{h}^n)\right] \tag{5.9-16'}$$

注意到我们这里推导出的式(5.9－15′),式(5.9－16′)是取坐标系 Z 轴向下为正,并且规定在平均深度之上的起伏 $h<0$,平均深度之下的起伏 $h>0$,因此式(5.9－10)中平均深度 $H>0$,$G(x,y,H)$ 的傅里叶变换

$$\tilde{G}(x,y,H) = G(u,v) = 2\pi\mathrm{e}^{-HS}$$

通常,根据 Erdelyi(1954)积分变换表

$$\frac{-Z}{2\pi(x^2+y^2+z^2)^{3/2}} \to \mathrm{e}^{2\pi(u^2+v^2)^{\frac{1}{2}}\cdot Z} = \mathrm{e}^{2\pi SZ} \qquad Z\leqslant 0$$

H 即相当于 $-Z$,它们相差一个负号,这样也就造成式(5.9－11)出现 $(-S)^n=(-1)^n\cdot S^n$,而不是 S^n。考虑式(5.9－15),式(5.9－16)中的 $\tilde{h}^n$,若我们规定 Z 轴向上,则在平均深度 H 之上的起伏 $h>0$,反之 $h<0$,这里 $\tilde{h}^n$ 实际上隐含了 $(-1)^n\tilde{h}$,如果同时考虑 $(-S)^n$ 中的 $(-1)^n$ 与 $\tilde{h}^n$ 中的 $(-1)^n$,那么式(5.9－16)就可以表示为

$$\Delta g(u,v) = -2\pi f\sigma\left[\mathrm{e}^{-HS}\sum_{n=1}^{\infty}\frac{S^{n-1}}{n!}(\tilde{h}^n)\right] \tag{5.9-17}$$

$$\Delta Z(u,v) = 2\pi J\left[\mathrm{e}^{-HS}\sum_{n=1}^{\infty}\frac{S^n}{n!}(\tilde{h}^n)\right] \tag{5.9-18}$$

这与 Parker 导出的公式完全一致。上式表示,当给定了平均深度 H 及平均深度上的起伏 $h(\zeta,\eta)$,我们取泰勒展开式有限项数 $n=3\sim8$,就可以计算出 $\tilde{h}^n$ 和 $\Delta g(u,v)$,利用快速傅里叶变换即可得到空间域的重磁异常值 $\Delta g(x,y,0)$ 与 $\Delta Z(x,y,0)$。

§5.10 磁性体磁场的频谱

如果把磁异常随空间变化看作周期无限大的周期函数,那么就可以把磁异常分解成为各种频率的谐波。这些谐波幅度不是随时间变化,而是随空间变化。各种频率的谐波又具有各不相同的振幅和初相位,因此,我们可以把磁异常看成是这些谐波所组成。这些谐波的振幅和初相位是频率的函数,此种关系分别称为振幅谱和相位谱,它们又统称为频谱。我们把磁异常转换成频谱来进行解释的方法称为频谱分析法。

一个磁异常 $T(x)$ 的傅里叶变换及其反变换 $S_T(f)$ 如下式所示。我们称 $S_T(f)$ 为磁异常 $T(x)$ 的频谱。

$$T(x)=\int_{-\infty}^{\infty}S_T(f)e^{i2\pi fx}df$$
$$S_T(f)=\int_{-\infty}^{\infty}T(x)e^{-i2\pi fx}dx \tag{5.10-1}$$

显然 $S_T(f)$ 为复函数，它的模称为振幅谱，它的幅角称为相位谱。故有

$$A(f)=|S_T(f)|=\{[R_eS_T(f)]^2+[I_mS_T(f)]^2\}^{1/2}$$
$$\varphi(f)=\mathrm{tg}^{-1}\left[\frac{I_mS_T(f)}{R_eS_T(f)}\right] \tag{5.10-2}$$

一、水平圆柱体

已知沿走向无限长的水平圆柱体的重力异常为：

$$\Delta g(x)=\frac{2G\lambda D}{x^2+D^2} \tag{5.10-3}$$

式中 G 为引力常数，λ 为剩余线密度，D 为水平圆柱体中心埋深。通过傅里叶变换可求得重力异常的频谱

$$S_g(f)=\int_{-\infty}^{\infty}g(x)e^{-i2\pi fx}dx$$

由积分公式 $\int_{-\infty}^{\infty}\frac{R}{R^2+x^2}e^{-i2\pi fx}dx=\pi e^{-2\pi fR}$，则可求得：

$$S_g(f)=2\pi G\lambda e^{-2\pi fD}(\lambda=\pi r^2\sigma) \tag{5.10-4}$$

由频率域的泊松公式可得到磁异常垂直分量的频谱为：

$$S_Z(f)=\frac{2\pi fM}{G\sigma}(i\alpha_1+r_1)S_g(f)$$
$$=\frac{2\pi fM}{G\sigma}(i\cos\theta+\sin\theta)2\pi G\lambda e^{-2\pi fD}$$
$$=4\pi^2fm_se^{i(\frac{\pi}{2}-\theta)}e^{-2\pi fD} \tag{5.10-5}$$

式中 M 为磁化强度，θ 为磁化强度倾角，$m_s=\pi r^2M$ 为圆柱体单位长度的磁矩。

其振幅谱为 $|S_Z(f)|=4\pi^2m_sfe^{-2\pi fD}$ (5.10-6)

相位谱为 $\varphi_Z(f)=\frac{\pi}{2}-\theta$ (5.10-7)

二、无限延深薄板

对于顺层磁化无限延深薄板，它相当于水平磁极线。设薄板水平宽度 $2b(2b\ll h)$，倾角为 α，则磁场垂直分量 Z_a 为

$$Z_a=\frac{2b2M\sin\alpha h}{x^2+h^2} \tag{5.10-8}$$

对式(5.10-8)直接进行傅里叶变换，利用积分公式 $\int_{-\infty}^{\infty}\frac{1}{h^2+x^2}e^{-2\pi fix}dx=\frac{\pi}{h}e^{-2\pi fh}$，可求得 Z_a 的频谱

$$S_{Z_{/\!/}}(f)=\int_{-\infty}^{\infty}Z_ae^{-i2\pi fx}dx=2M2b\sin\alpha\pi e^{-2\pi fh}$$
$$=2\pi\tau e^{-2\pi fh} \tag{5.10-9}$$

式中 $\tau=M2b\sin\alpha$ 为磁极线的线磁荷密度，且此时坐标原点为薄板上顶中心在地面的投影点。

在实际工作中，原点通常是任意选的，设顶部中心投影点坐标为 x_0，利用傅里叶变换的位移定理有：

$$S_{Z_{/\!/}}(f)=2\pi\tau e^{-2\pi fh}e^{-i2\pi fx_0} \tag{5.10-10}$$

利用斜磁化与垂直磁化垂直分量频谱关系式

$$S_Z(f)=S_{Z_\perp}(f)e^{i(\frac{\pi}{2}-\theta)} \tag{5.10-11}$$

可由顺层磁化导出垂直磁化时的频谱：

$$S_{Z_\perp}(f)=e^{-(\frac{\pi}{2}-\alpha)}S_{Z_{/\!/}}(f)=2\pi\tau e^{-2\pi fh}e^{-(\frac{\pi}{2}-\alpha)} \tag{5.10-12}$$

上式中 α 为板的倾角，当顺层磁化时，$\alpha=\theta$，$S_{Z_{/\!/}}$ 为顺层磁化时频谱。

再一次利用式(5.10-11)，就可以由垂直磁化得到斜交磁化无限延深薄板的频谱：

$$\begin{aligned}S_Z(f)&=S_{Z_\perp}(f)e^{i(\frac{\pi}{2}-\theta)}=2\pi\tau e^{-2\pi fh}e^{i(\alpha-\theta)}\\&=2\pi\tau e^{-2\pi fh}e^{ir}\end{aligned} \tag{5.10-13}$$

式中 $r=\alpha-\theta$，即磁化强度方向与薄板倾面的夹角。

三、有限延深薄板

有限延深薄板可以看作是两个埋深不同的无限延深薄板的叠加。设坐标原点在顶部中心的投影点上，h_1，h_2 分别为顶、底板埋深，α，$2b$ 分别为板的倾角和水平宽度。

利用式(5.10-10)，式(5.10-13)得到频谱公式为：

$$\begin{aligned}S_Z(f)&=S_{Z_1}(f)-S_{Z_2}(f)\\&=2\pi\tau(e^{-2\pi fh_1}-e^{-2\pi fh_2}e^{-i2yf(h_2-h_1)\mathrm{ctg}\alpha})e^{ir}\\&=2\pi\tau(e^{-2\pi fh_1}-e^{-2\pi fh_2}e^{-2\pi fx_2})e^{ir}\end{aligned} \tag{5.10-14}$$

四、倾斜厚板

设坐标原点位于厚板顶部中心的正上方，此时厚板的磁异常可视为宽为 $d\xi$ 的倾斜薄板磁异常沿 ξ 方向的积分，令厚板水平宽度为 $2b$，则由积分方法可以求出厚板的频谱：

$$S_{Z_2}(f)=\int_{-b}^{b}S_{Z_1}(f)e^{-i2\pi f\xi}d\xi$$

式中 $S_{Z_2}(f)$，$S_{Z_1}(f)$ 分别为厚板和薄板的频谱，将上式运算得

$$\begin{aligned}S_{Z_2}(f)&=S_{Z_1}(f)\int_{-b}^{b}e^{-i2\pi f\xi}d\xi=\frac{S_{Z_1}(f)}{\pi f}\sin(2\pi fb)\\&=\frac{2M\sin\alpha}{f}\sin(2\pi fb)(e^{-2\pi fh_1}-e^{-2\pi fh_2}e^{-i2\pi f(h_2-h_1)\mathrm{ctg}\alpha})e^{ir}\end{aligned}$$

这里 $S_{Z_1}(f)$ 中的 τ 应为 $Md\xi\sin\alpha$，因为薄板水平宽度为 $d\xi$，令 $d\xi=1$(单位长度)，则 $\tau=M\sin\alpha$，故得上式。如果令厚板的 $\tau=M2b\sin\alpha$，则上式还可变为：

$$S_{Z_2}(f)=\tau\frac{\sin(2\pi fb)}{fb}(e^{-2\pi fh_1}-e^{-2\pi fh_2}e^{-i2\pi f(h_2-h_1)\mathrm{ctg}\alpha})e^{ir} \tag{5.10-15}$$

当 $\alpha=\dfrac{\pi}{2}$ 时，则得有限延深直立厚板的频谱：

$$S_Z(f)=2M\frac{\sin 2\pi fb}{f}(e^{-2\pi fh_1}-e^{-2\pi fh_2})e^{i(\frac{\pi}{2}-\theta)} \tag{5.10-16}$$

当 $h_2\to\infty$ 时，则得无限延深倾斜厚板的异常频谱：

$$S_Z(f)=\tau\frac{\sin(2\pi fb)}{fb}e^{-2\pi fh_1}e^{i(\alpha-\theta)} \tag{5.10-17}$$

五、无限延深直立长方柱体

设一无限延深直立长方柱体，长为 $2L$，宽为 $2b$，长与宽分别平行于 Y 轴与 X 轴，顶的埋深

为 h，坐标原点在柱体中心正上方。当它垂直磁化时，相当于一个水平磁荷面，则它产生的磁异常 Z_a 的频谱可以通过有限长单极线频谱积分得到：

$$S_Z(u,v)=\frac{2M}{\pi}\frac{\sin(2\pi vL)}{uv}\mathrm{e}^{-2\pi h\sqrt{u^2+v^2}}$$

当倾斜磁化时，直立长方柱体的频谱为：

$$S_Z(u,v)=\frac{2M}{\pi}\frac{\sin(2\pi vL)\sin(2\pi ub)}{vu}\left(\frac{i\alpha_1 u+i\beta_1 v+r\sqrt{u^2+v^2}}{\sqrt{u^2+v^2}}\right)\mathrm{e}^{-2\pi h\sqrt{u^2+v^2}} \quad (5.10-18)$$

六、直立棱柱体

对直立的直角棱柱体可以看作是埋深为 h_1 的直立无限长方柱和埋深为 h_2 的直立无限长方柱之差，由式(5.10-18)容易得出：

$$S_Z(u,v)=\frac{2M}{\pi}\frac{(\sin 2\pi vL)(\sin 2\pi ub)}{uv}\left(\frac{i\alpha_1 u+i\beta_1 v+r_1\sqrt{u^2+v^2}}{\sqrt{u^2+v^2}}\right)\cdot\left(\mathrm{e}^{-2\pi h_1\sqrt{u^2+v^2}}-\mathrm{e}^{-2\pi h_2\sqrt{u^2+v^2}}\right) \quad (5.10-19)$$

通过以上几种规则形状磁性体的磁异常频谱的推导，我们由磁异常频谱的表达式可以得出，它们的表达式可以表示为以下几个因子的乘积：

$$S(u,v)=CB(u,v)D(u,v)H(u,v)E(u,v)F(u,v) \quad (5.10-20)$$

式中 C 为常数因子，仅与物体形状和磁性参数有关。B 为水平尺寸因子，与物体水平尺寸有关，一般形式为：

$$B=\sin(2\pi ub)\sin(2\pi vL)$$

D 为方向因子，它与磁化方向有一定延深物体的倾斜轴的方向以及测量磁场的方向有关，当测量磁场方向一定后，它仅取决于磁化方向及倾斜轴方向：

$$D=\frac{i\alpha_1 u+i\beta_1 v+r_1\sqrt{u^2+v^2}}{i\alpha u+i\beta v+r\sqrt{u^2+v^2}}$$

式中 α_1,β_1,r_1 和 α,β,r 分别为磁化强度和倾斜轴的方向余弦。对于直立物体有 $\alpha=\beta=0,r=1$；对无明显延深的球体、水平圆柱体、水平薄板相当于直立情况。

H 为深度因子，它与物体埋深及下延深有关，一般形式为

$$H=\mathrm{e}^{-2\pi h_1\sqrt{u^2+v^2}}-\mathrm{e}^{-2\pi h_2\sqrt{u^2+v^2}}\cdot\mathrm{e}^{-i2\pi(ux_2'+vy_2')}$$

式中 $x_2'=x_2-x_1$，$y_2'=y_2-y_1$，即磁性体延深度分别在 X,Y 轴的投影。

E 为位移因子，它与坐标原点选取有关，其一般形式为

$$E=\mathrm{e}^{-i2\pi(ux_0+vy_0)}$$

式中 x_0,y_0 为物体中心的坐标。

F 为与 u,v 有关的频率因子，它与物体形状有关。

可以看出，磁异常的频谱表达式比磁场表达式的形式简单，便于迅速利用频谱关系式进行磁场的正演计算。磁异常的相位谱与方向因子 D、位移因子 E 和深度因子 H 中延深长度在 X 轴和 Y 轴的投影有关，而与物体的埋深、水平尺寸无关。对于所有直立物体来讲，其相位谱仅决定于物体中心位置和磁化角。而振幅谱与物体的中心位置无关，在许多情况下，它的变化主要取决于物体的几何尺寸和埋深。因此分别研究振幅谱和相位谱，对于定量解释较方便。

磁异常的频谱表达式中，与埋深有关的项是负指数函数即 $\mathrm{e}^{-2\pi fh}$。当 f 变大时，$\mathrm{e}^{-2\pi fh}$ 将对频谱函数起重要作用，因此就使得我们有可能利用一些简单方法求埋深，并把平面位置相同，

埋深不同的物体的磁异常分开。

在频率域进行磁异常的各种转换比空间域简单得多。

§5.11 磁性体与磁异常曲线的定性分析

由以上讨论可知，磁异常要比同样形状物体的重力异常要复杂。一个已知磁性体的磁异常形态取决于以下因素：

(1) 物体的几何形态；

(2) 物体所处位置上的地磁场方向；

(3) 组成物体岩、矿石的磁化方向；

(4) 相对于磁北方向的磁性体走向；

(5) 相对于物体轴向的测线方向。

在解释磁异常时，要注意分析磁异常的平面特征。

一、平面特征

磁异常的等值线形态是各种各样的，有的是等轴状或同心圆状，有的是条带状，有的呈椭圆形。一般等轴状和椭圆形异常是三度体引起的，而条带状和长椭圆状异常可近似看作由二度体引起。

三度体异常一般是正负成对出现。在北半球，一般负异常在偏北一侧，若整个正异常周围有负异常（伴生负异常）环绕，则表示磁性体向下延深不大。

在实际中，真正的三度体是不存在的。只要磁性体沿走向的长度大于埋深五倍，将其看作是二度体异常来解释，误差不大。通常是由异常等值线来判定二度体或三度体异常的，其方法是：取 1/2 极大值等值线，若长轴长度为短轴长度的三倍以上，即可将其近似看作是二度体异常，这一规则适用于中、高纬度区。

二度体异常一般是正异常一侧有伴生负异常出现，只有顺层磁化向下无限延深的板状体上，Z_a 曲线为两侧无负值的对称异常。在特定情况下，ΔT 也可能出现正或负的异常。

二、磁异常的剖面特征

异常的剖面特征，主要是指异常的对称性和正、负异常的伴生关系。

一般来讲，若磁性体截面为轴对称型时，当 $i_S=90°$，Z_a 为对称曲线，$\theta=90°(\theta=2i_S-90°)$，$\Delta T$ 为对称曲线；两边无负值，表示向下延深较大。若为非轴对称形体，当为顺层磁化且无限延深时，才出现对称异常；当为垂直磁化，可根据 Z_a 曲线陡缓判定板状体的倾向。

当磁性体为斜磁化时，异常曲线形态一般都不对称，但两边出现负值，仍可作为有限延深的判定标志。

应该注意，当形体和剖面确定后，有效磁化强度方向是决定异常特征的主要因素。因此，一定要注意有效磁化倾角 i_S 与测线方位角或走向方位角的关系。

习题与思考题

1. 解释以下名词：

水平磁化　垂直磁化　斜交磁化　顺层磁化　均匀磁化　异常极值　异常幅值　异常梯度带　厚板　薄板

2. 研究和计算磁性体磁场，有何实际意义？

3. 导出重磁位场泊松公式，并讨论该公式的条件及应用。

4. 决定剖面磁异常特征的因素有哪些？各起什么作用？

5. 分析说明 H_{aX}、H_{aY}、Z_a、ΔT 的异同点。

6. 一个向下无限延深的厚板状体，当其位于 $I=0°$ 的磁赤道区时，画图、分析说明其被地磁场磁化的特征，及不同走向时 Z_a、H_{aX}、ΔT 剖面曲线特征：(1) 东西走向；(2) 北东走向；(3) 南北走向。

7. 由式(5.5-18)中之 Z_a 表达式，导出其特征点坐标关系式，并分析利用其解反问题的可能性。

8. 试分析过中心剖面的球体与水平圆柱体其垂直磁异常的异同点。

9. 当同一简单条件下的规则地质体的磁化强度增大一倍时，磁异常的剖面曲线是否平行？

10. 对于顺层磁化无限延深板状体，请回答如下问题：

(1) 在板上顶面深度等于宽度的 1/4 情况下，当深度增大一倍时，$Z_{a\max}$ 将为原值的多少倍？Z_a 剖面曲线的宽度(将 $Z_{a\max}$ 与 $Z_{a\min}$ 两点水平距离视为曲线的宽度)将为原值的多少倍？

(2) 在板上顶面深度等于宽度的 4 倍情况下，Z_a 剖面曲线的宽度将为原值的多少倍？

11. 举例说明为什么 ΔT 磁异常受斜磁化影响比 Z_a 磁异常严重？

12. 画出 $i_S=0°,30°,45°,60°,90°,135°,180°$ 不同斜化方向下的下延无限薄板状体 Z_a 磁异常曲线。

13. 画出南北剖面与东西剖面 $I=45°$ 时下延无限板状体 Z_a 磁异常曲线。

14. 分析斜交磁化薄板特征点的横坐标随着剖面高度变化的规律，画出不同高度斜交磁化薄板 Z_a 异常曲线。

15. 分析并画出 $I=0°,45°,90°$ 球体 Z_a，ΔT 磁异常的平面特征与中心剖面特征。

16. 起伏地形下观测的磁异常特征将发生什么变化？以垂直磁化水平圆柱体为例加以分析。

主要参考文献

[1] 成都地质学院等,应用地球物理学——磁法教程。北京:地质出版社,1980

[2] 董焕成,重磁勘探教程。北京:地质出版社,1993

[3] 黄国祥、余惠祥、蔡文成,应用地球物理——磁法勘探。长沙:中南工业大学出版社,1988

[4] 罗孝宽、郭绍雍,应用地球物理教程——重力磁法。北京:地质出版社,1991

[5] 谭承泽、郭绍雍,磁法勘探教程。北京:地质出版社,1984

[6] 王家林、王一新、恨明浩,石油重磁解释。北京:石油工业出版社,1991

[7] 杨诺夫斯基 Б. М.,刘洪学、周姚秀译,地磁学。北京:地质出版社,1982

[8] 内特尔顿 L. L.,苏盛甫、高明远译,石油勘探中的重力法和磁法。北京:石油工业出版社,1987

[9] [英]特尔福德 W. M. 等,吴荣祥译,应用地球物理学。北京:地质出版社,1982

第六章 电法勘查的基本原理

电法勘查是地球物理勘查方法中的一种勘查方法。它以岩石、矿石的导电性、电化学活动性(激发极化特性)、介电性和导磁性的差异为物质基础,使用专用的仪器设备,观测和研究地壳周围物理场的变化和分布规律,进而达到解决地质问题的目的的一组地球物理勘查方法。电法勘查的主要特点是利用的场源形式多,方法变种多,能解决的地质问题多,工作领域(地面、航空、海洋、地下)宽广,是一种有着悠久发展历史、又有发展前途的勘查方法。

§6.1 电阻率法

电阻率法是以地壳中岩石、矿石的电阻率差异为物质基础,观测和研究人工电场的变化和分布规律,进而进行找矿和解决构造、水文、工程地质问题以及进行环境监测等的一组电法勘查方法。

一、电阻率法的基本概念和知识

(一)地电断面及其基本模型

1. 地电断面的概念

前已述及,岩石、矿石电阻率对地中电磁场分布性质产生很大影响。而电阻率参数是根据电磁场观测结果确定的,在一般情况下,探查组成大地的各种岩石的电阻率分布情况是电法勘查的基本任务。通常都用一个术语——地电断面。地电断面是按电阻率差异来划分的断面。显然,地球真正的地电断面是一个非常复杂的问题,所以,实际利用的是地电断面的简化模型,其中主要的是一维模型、二维模型和三维模型。

2. 地电断面的基本模型

一维模型是广泛使用的模型。在一维模型范围内,实际不均匀的大地断面用水平均匀断面代换。在水平均匀断面内,电阻率 ρ 仅是深度 Z 的函数,即 $\rho=\rho(Z)$。一维模型如图 6-1-1 所示。图 6-1-1(a)是 $Z=0$ 时导电大地与不导电($\rho_{空气}=\infty$)的大气有共同边界,组成大地的岩石电阻率值不变且向下无限延伸,这是一维模型最简单的情况。图 6-1-1(b)是实际上用得最多的、由有限数目均匀水平层组成的一维模型。图 6-1-1(b)中的 $\rho_i(i=1,2,3\cdots,n-1,n,$

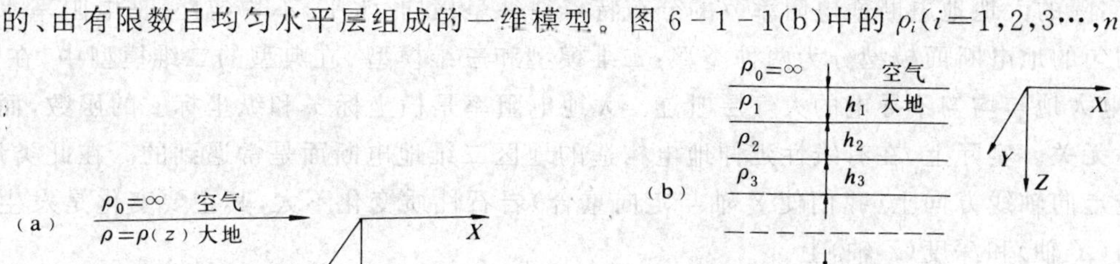

图 6-1-1 地电断面的一维模型(日丹诺夫,1990)

n 为电性层的顺序)和 h_i 分别为第 i 层的电阻率和厚度，$h_n \to \infty$。

在实际工作中可以有二层、三层或更多层的地电断面。例如，二层地电断面中包含厚度有限的一个电性层，其下伏为厚度无限大的基底层，如图 6-1-2 所示。而电阻率 ρ_1 和 ρ_2 之间关系只有两种类型：$\rho_1<\rho_2$ 和 $\rho_1>\rho_2$。

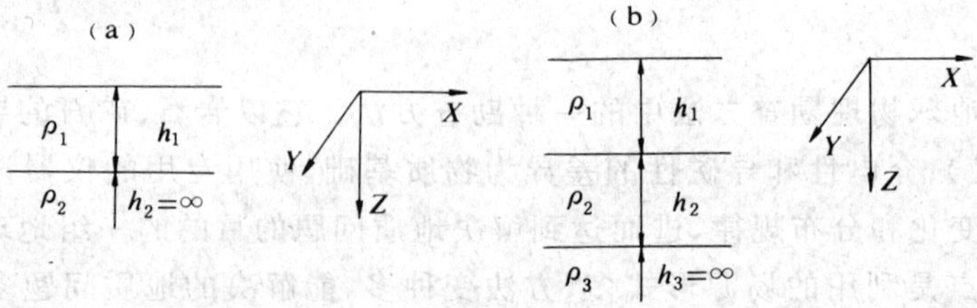

图 6-1-2 二层地电断面和三层地电断面(日丹诺夫，1990)

三层断面是由位于厚度无限大的基底层上面的厚度有限的二个电性层组成，在这个模型中，ρ_1、ρ_2 和 ρ_3 之间有四种关系，根据这些关系，三层断面分为以下四种类型：

A 型 $\rho_1<\rho_2$，$\rho_2<\rho_3$；

K 型 $\rho_1<\rho_2$，$\rho_2>\rho_3$；

H 型 $\rho_1>\rho_2$，$\rho_2<\rho_3$；

Q 型 $\rho_3<\rho_2$，$\rho_2<\rho_1$。

四层断面就是在厚度为无限大的基底层上面包含厚度有限的三个电性层。显然，在这种情况下，根据各层电阻率关系，该断面类型有八种：

AA 型 $\rho_1<\rho_2$，$\rho_2<\rho_3$，$\rho_3<\rho_4$；

AK 型 $\rho_1<\rho_2$，$\rho_2<\rho_3$，$\rho_3>\rho_4$；

HA 型 $\rho_1>\rho_2$，$\rho_2<\rho_3$，$\rho_3<\rho_4$；

HK 型 $\rho_1>\rho_2$，$\rho_2<\rho_3$，$\rho_3>\rho_4$；

KQ 型 $\rho_1<\rho_2$，$\rho_2>\rho_3$，$\rho_3>\rho_4$；

QQ 型 $\rho_1>\rho_2$，$\rho_2>\rho_3$，$\rho_3>\rho_4$；

KH 型 $\rho_1<\rho_2$，$\rho_2>\rho_3$，$\rho_3<\rho_4$；

QH 型 $\rho_1>\rho_2$，$\rho_2>\rho_3$，$\rho_3<\rho_4$。

不难看出，随着断面中层数 n 的增加，断面的类型数按 2^{n-1} 成比例增加。

实际上，在建立所有电法勘查的理论基础时，都利用上面描述的水平均匀层状断面模型。但是，实际的大地地电断面电阻率 ρ 的分布特点往往呈横向(水平)不均匀性。把电阻率水平分布不均匀的地电断面模型分为两种类型：二维模型和三维模型。在典型的二维模型中，在 $Z=0$ 时，导电大地与均匀不导电的大气层毗连。大地电阻率是横坐标 x 和纵坐标 z 的函数，而与横坐标 y 无关。实际上，在有线性延伸地电构造的地区二维地电断面是常遇到的。在此类地区，在构造走向轴线方向上(我们使 Y 轴与走向重合)岩石性质变化不大，其主要变化是发生在垂直走向(X 轴)和深度(Z 轴)上。

地电断面的三维模型描述的是在电法勘查工作中遇到的最普遍的地质情况，无明显走向的地质体均属此种模型。在此指出，三维构造上电磁资料解释是最复杂同时又是目前电法勘查中研究的最少的问题之一。

(二) 视电阻率的概念及电阻率法的实质

1. 均匀大地电阻率的测定

在地表水平、地下半空间被导电性均匀、各向同性的岩石所充满的特定条件下，若通过地面的点电流源 $A(+)$ 和 $B(-)$ 向地下供入电流强度 I 时，根据点源电场的基本公式，很容易写出地面任意两点 M 和 N 处的电位

$$U_M=\frac{I\rho}{2\pi}\left(\frac{1}{AM}-\frac{1}{BM}\right)$$

$$U_N=\frac{I\rho}{2\pi}\left(\frac{1}{AN}-\frac{1}{BN}\right)$$

M、N 两点之间的电位差为：

$$\Delta U_{MN}=U_M-U_N=\frac{I\rho}{2\pi}\left(\frac{1}{AM}-\frac{1}{AN}-\frac{1}{BM}+\frac{1}{BN}\right)$$

将上式移项后，得：

$$\rho=\frac{2\pi}{\frac{1}{AM}-\frac{1}{AN}-\frac{1}{BM}+\frac{1}{BN}}\cdot\frac{\Delta U_{MN}}{I} \tag{6.1-1}$$

实际工作中，点源 A、B 是通过一对供电电极将电流 I 供入地下，M、N 两点通过一对测量电极与观测电位差的仪器相接；并统称 A、B 和 M、N 分别为供电电极和测量电极。AM、AN、BM、BN 分别为各电极间的水平距离。各个电极位置的几何关系通常用装置系数表示，即

$$K=\frac{2\pi}{\frac{1}{AM}-\frac{1}{AN}-\frac{1}{BM}+\frac{1}{BN}} \tag{6.1-2}$$

于是(6.1-1)式简化为：

$$\rho=K\frac{\Delta U_{MN}}{I} \tag{6.1-3}$$

实践当中，把供电电极、测量电极的排列形式和移动方式称为电极装置，简称装置。为方便起见，常按 $AMNB$ 顺序将装置排列在一条直线上，用电法勘查仪器实际测出电位差 ΔU_{MN} 和供电电流强度 I 之后，便可按式(6.1-3)求得均匀大地之岩石电阻率值。在电法勘查的实际工作中，正是基于测定均匀大地电阻率的原理和方法来测定各种岩石、矿石露头或标本的电阻率参数。

2. 视电阻率

在地下岩石电性分布不均匀(同时赋存有两种或两种以上导电性不同的岩石或矿石)或地表起伏不平的情况下，若仍按测定均匀水平大地电阻率的方法，按式(6.1-3)计算的结果称之为视电阻率，以符号 ρ_s 表示

$$\rho_s=K\frac{\Delta U_{MN}}{I} \tag{6.1-4}$$

显然，它和电阻率具有相同的量纲。

一般情况下，视电阻率虽然不是地下某一种岩石的真电阻率，而是在电场作用的范围内，地下电性不均匀体的综合反映。视电阻率值与地下不同导电性岩石(或矿体)的分布状况有关，还与所采用的装置类型、装置大小、装置相对于电性不均匀体的位置以及地形有关。对于某一个确定的(不均匀)地电断面，若按一定规律不断改变装置大小或装置相对于电性不均匀体的位置，并按式(6.1-4)测量和计算视电阻率值，则测得的视电阻率值将按一定规律变化。电阻率法正是根据视电阻率的变化探查和发现地下导电性不均匀体的分布，从而达到找矿或解决其他地质问题的目的。

根据稳定电流场的基本性质，我们知道，在地下岩石导电性分布不均匀的情况下，自供电电极 A 供入地中的电流总是趋向于沿着电阻较小，路程较近的路径流向 B 极；流经不同电性体的总电流值保持恒定，表征地中电场分布的电流线呈连续的曲线，不会在地中突然消失，也不会在某处无中生有。此外，电流线间彼此相互排斥，因此，电流线不会全部集中于良导电体内，也不会所有电流线都选择同一条最短路径，而是呈体分布状态。实际上，视电阻率的变化，正是反映了电性不均匀岩石中电场的分布情况。

3. 电阻率法的实质

为了揭示视电阻率变化与地下电场分布之间的关系，我们引入视电阻率的微分表示式。

在地表不平、地下岩、矿石导电性分布不均匀的条件下，对于测量电极距 MN 很小的梯度装置来说，MN 范围内的电场强度和电流密度均可视为恒定不变的常量。

经推导得出视电阻率的微分形式：

$$\rho_s = \frac{j_{MN}}{j_0} \cdot \rho_{MN} \frac{1}{\cos\alpha} \tag{6.1-5}$$

式中 j_{MN} 和 ρ_{MN} 分别表示 MN 处的电流密度和电阻率，α 为 MN 处地形坡角，j_0 为地表水平、地下为半无限均匀岩石条件下的电流密度。

式(6.1-5)为起伏地形条件下，视电阻率的微分表示式。其应用条件是测量电极距 MN 较小。显然，如果地面水平，只是地下赋存有导电性不均匀体时，上式简化为：

$$\rho_s = \frac{j_{MN}}{j_0} \cdot \rho_{MN} \tag{6.1-6}$$

在对视电阻率曲线进行定性分析时，经常用到式(6.1-5)和式(6.1-6)。

图 6-1-3 中示出了三种不同的地电断面，若采用同样极距的四极装置，分别于地表测量视电阻率 ρ_s 时，将会得到不同的观测结果。图 6-1-3(a)中地下为均匀、各向同性的单一岩石，其电阻率为 ρ_1。正如前面我们讨论测定均匀大地电阻率的情况，这时测得的视电阻率 ρ_s 就等于岩石的真电阻率值 ρ_1。图 6-1-3(b)是在电阻率等于 ρ_1 的围岩中，赋存一良导电矿体，其电阻率 $\rho_2<\rho_1$。良导矿体的存在改变了均匀岩石中电场分布的状况，电流汇聚于导体的结果，使地表测量电极 MN 附近岩石中的电流密度 j_{MN} 比均匀岩石情况下那里的正常电流密度 j_0 减小，于是式(6.1-6)中的比值 $\frac{j_{MN}}{j_0}<1$，由于图 6-1-3(b)情况下的 $\rho_{MN}=\rho_1$，故由式(6.1-6)得知，此时的视电阻率 ρ_s 小于均匀围岩的真电阻率 ρ_1。图 6-1-3(c)是在电阻率等于 ρ_1 的围岩中，赋存一局部隆起的高阻基岩，其电阻率 $\rho_3>\rho_1$。高阻基岩向地表排挤电流，使测量电极 M、N 附近岩石中的电流密度比均匀岩石条件下增大，式(6.1-6)中的比值 $\frac{j_{MN}}{j_0}>1$，$\rho_{MN}=\rho_1$，于是图 6-1-3(c)条件下地面测得的视电阻率 $\rho_s>\rho_1$。

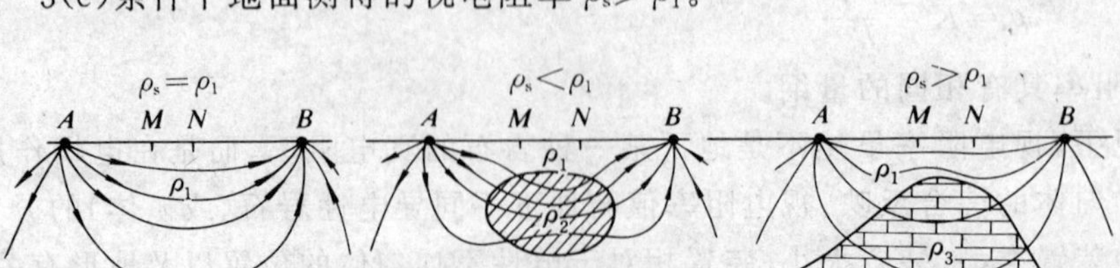

图 6-1-3　视电阻率与地电断面性质的关系

(a)均匀岩石；(b)围岩中赋存良导矿体；(c)围岩中赋存高阻岩体

综上所述，我们将视电阻率的性质归纳如下：

(1) 当地下只有同一种电性的岩石存在时，式(6.1-3)和式(6.1-4)完全相同，故按式(6.1-4)计算的视电阻率 ρ_s 就等于该岩石的真电阻率值。

(2) 当地下有电性不同的局部地质体赋存时，在高阻地质体上方的视电阻率 ρ_s 值比围岩电阻率值大；在良导地质体上方的视电阻率 ρ_s 值比围岩电阻率值小。若在地质体上方，采用一定的装置沿地表剖面逐点观测视电阻率时，视电阻率 ρ_s 随测点变化的曲线便能反映出地下电性不均匀体的位置和不均匀体电阻率的相对高低。上述 ρ_s 曲线以视电阻率等于围岩电阻率的水平直线为正常背景，故视电阻率异常不受正常电流场分布不均匀的影响，ρ_s 曲线比电位或场强曲线对地下不均匀体的赋存情况反映得更理想。

(3) 当地下有多种电性不同的岩石存在时，地面某点的视电阻率值，一般情况下既不等于这种岩石的电阻率，也不等于那种岩石的电阻率，而是多种电性不同岩石对电流场分布总的作用结果；它与电性不均匀体的分布状况及各不均匀体的真电阻率值有关，而与供入地下的电流强度 I 的大小无关。

(4) 除了地下电性不均匀体之外，起伏的地形同样会改变地面电流场的分布状况，因此地形对电阻率法的观测结果有影响。对电阻率法资料进行解释时，地形是一种常见的、不可忽视的干扰因素。

(三) 电阻率法的常用电极装置类型

在电法勘查中，为了解决不同的地质问题，常采用不同的装置。目前，我国常用的电阻率装置类型有电剖面法、中间梯度法和电测深法，如图 6-1-4 所示。

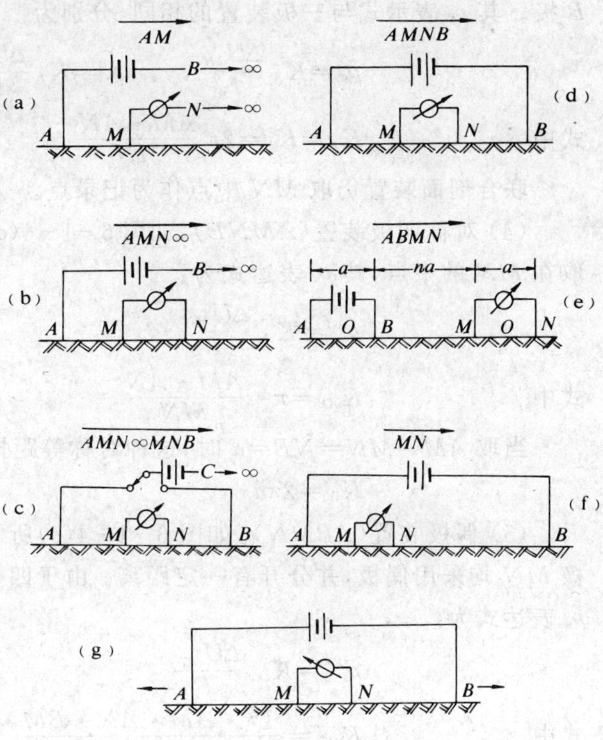

图 6-1-4 电阻率法的常用装置类型示意图

(a)二极装置；(b)三极装置；(c)联合剖面装置；(d)对称四极装置；(e)偶极装置；(f)中间梯度装置；(g)电测深装置

电阻率法的常用装置类型与特点如下：

1. 电阻率剖面法

电阻率剖面法简称为电剖面法。它包括许多分支装置：二极装置、三极装置、联合剖面装置、对称四极装置和偶极装置等。这些装置的共同特点是装置形式(电极排列方式)和装置大小在工作过程中始终保持不变，将整个装置同时沿着测线移动，逐点观测电位差 ΔU_{MN}、供电电流 I，并算出视电阻率 ρ_s。ρ_s 随测点位置的变化曲线——ρ_s 剖面曲线是地下一定深度内沿观测剖面水平方向地电断面特征的反映。

(1) 二极装置(AM)。如图 6-1-4(a)所示，这种装置的特点是供电电极 B 和测量电极 N 均置于"无穷远"处接地。这里所指的"无穷远"具有相对概念：若 B 极在 M 点产生的电位或 A 极在 N 点所产生的电位相对于 A 极在 M 点所产生的电位可忽略不计时，便可认为 B 极或 N 极位于"无穷远"。因此，二极装置实际上是一种测量电位的装置。其 ρ_s 表示式为：

$$\rho_s^{AM}=K_{AM}\frac{U_M}{I} \tag{6.1-7}$$

式中装置系数

$$K_{AM}=2\pi AM \tag{6.1-8}$$

二极装置通常取 AM 中点作为记录点。

(2) 三极装置(AMN)。如图 6-1-4(b)所示，当只将供电电极 B 置于“无穷远”，而将 AMN 沿测线排列并进行逐点观测时，便称为三极装置。其 ρ_s 表示式为：

$$\rho_s^{AMN}=K_{AMN}\frac{\Delta U_{MN}}{I} \tag{6.1-9}$$

式中

$$K_{AMN}=2\pi\frac{AM\cdot AN}{MN} \tag{6.1-10}$$

三极装置取 MN 中点为记录点。

(3)联合剖面装置($AMN\infty MNB$)。如图 6-1-4(c)所示，它由两个对称的三极装置联合组成，故称联合剖面装置。其中电源负极接到置于“无穷远”处的 C 极，正极可分别接至 A 极或 B 极。其 ρ_s 表示式与三极装置的相同，分别为：

$$\rho_s^A=K_A\frac{\Delta U_{MN}^A}{I_A},\quad \rho_s^B=K_B\frac{\Delta U_{MN}^B}{I_B} \tag{6.1-11}$$

式中 $$K_A=K_B=2\pi\frac{AM\cdot AN}{MN}$$

联合剖面装置仍取 MN 中点作为记录点。

(4) 对称四极装置($AMNB$)。如图 6-1-4(d)所示，这种装置的特点是 $AM=NB$，记录点取在 MN 的中点，其 ρ_s 表达式为：

$$\rho_s^{AB}=K_{AB}\frac{\Delta U_{MN}}{I} \tag{6.1-12}$$

式中 $$K_{AB}=\pi\cdot\frac{AM\cdot AN}{MN}$$

当取 $AM=MN=NB=a$ 时，这种对称等距排列称为温纳(Wenner)装置。其装置系数为：

$$K_W=2\pi a$$

(5) 偶极装置($ABMN$)。如图 6-1-4(e)所示，这种装置的特点是供电电极 AB 和测量电极 MN 均采用偶极，并分开有一定距离。由于四个电极都在一条直线上，故又称轴向偶极。其 ρ_s 表达式为：

$$\rho_s^{OO'}=K_{OO'}\frac{\Delta U_{MN}}{I} \tag{6.1-13}$$

式中 $$K_{OO'}=\frac{2\pi\cdot AM\cdot AN\cdot BM\cdot BN}{MN(AM\cdot AN-BM\cdot BN)}$$

如果取 $AB=MN$，则

$$K_{OO'(AB=MN)}=\pi\cdot AM\left[\left(\frac{AM}{MN}\right)^2-1\right]$$

当取 $AB=MN=a$ 及 $BM=na$(n 为正整数)时，则

$$K_{OO'(AB=MN)}=\pi an(n+1)(n+2)$$

式中 a 称为偶极长度，n 称为电极的间隔系数。偶极装置常取 OO' 中点为记录点(O 为 AB 中点，O' 为 MN 中点)，$OO'=(n+1)a$。

2. 中间梯度法

如图 6-1-4(f)所示，中间梯度法的装置是将供电电极 A 和 B 固定在相距很远的地方，测量电极 MN 在 AB 中段 1/3 的范围内逐点观测。在半无限介质的条件下，AB 中部三分之一

范围内电场可近似地认为是均匀的。由于在测量中 AB 固定不变，MN 沿剖面移动，所以其视电阻率曲线反映了地电断面沿水平方向的分布情况。其 ρ_s 表达式为：

$$\rho_s^{MN}=K_{MN}\frac{\Delta U_{MN}}{I} \tag{6.1-14}$$

其中主测线上装置系数为：

$$K_{MN}=\frac{2\pi\cdot AM\cdot AN\cdot BM\cdot BN}{MN(AM\cdot AN+BM\cdot BN)}$$

此外，中间梯度装置的 MN 极还可以在离开 AB 连线一定距离$\left(\frac{AB}{6}\text{范围内}\right)$且与之平行的旁侧测线上进行观测，其装置系数可近似的表示式为：

$$K_{MN}\approx\frac{2\pi}{MN}\cdot\frac{1}{\dfrac{\frac{AB}{2}+x}{\left[\left(\frac{AB}{2}+x\right)^2+y^2\right]^{3/2}}+\dfrac{\frac{AB}{2}-x}{\left[\left(\frac{AB}{2}-x\right)^2+y^2\right]^{3/2}}}$$

式中 x 为 MN 中点的横坐标，y 为纵坐标，坐标原点取在 AB 中点处。

3. 电阻率测深法

如图 6－1－4(g)所示，电测深法的装置特点是保持测量电极 MN 的位置固定，在不断增大供电电极距的同时，逐次进行观测。但是，在实际工作中，由于 AB 极距不断加大，若 MN 的距离始终保持不变，则 ΔU_{MN} 将逐渐减小，以至于无法观测。因此，随着 AB 极距的加大，需要适当地加大 MN 距离，以保证顺利进行观测。通常要求满足以下条件

$$\frac{1}{3}AB\geqslant MN>\frac{1}{30}AB$$

视电阻率随供电电极距变化的电测深曲线反映了地下不同电性的岩层随深度的分布情况。

电测深法的电极排列方式也有许多种，我国应用最多的是对称四极测深法。其视电阻率 ρ_s 表示式与对称四极剖面法的相同。

二、电阻率剖面法在典型地电断面上的视电阻率异常

前已述及，电法勘查正演问题的解是唯一的，正演是解反问题的基础和前提，只有认识了大量不同条件下的正演结果，才能具体掌握不同变种方法解决地质问题的能力和特点。在此将阐述电阻率剖面法在典型地电断面上的视电阻率异常特点。

（一）中间梯度法的视电阻率异常

中间梯度装置的电场分布特点是在 AB 中间地段的电场可近似视为均匀场。当地下赋存有导电性不均匀体时，将会引起均匀电场的畸变，并在地面产生相应的视电阻率异常。

1. 球体上中间梯度法的视电阻率异常

当地下存在着近似于等轴状矿体或其他地质体时，它们可近似地看作球体。对于球体，可用解析法直接求得地面电位，进而获得球体上方中间梯度法的视电阻率异常。

（1）均匀电流场中球体的正问题解答。

我们首先讨论全空间的情况。

设在均匀、各向同性、电阻率为 ρ_1 的无限岩石中，有一半径为 r_0、电阻率为 ρ_2 的球形地质体。若沿水平方向的均匀电流场之电流密度为 j_0，正问题要求获得球内、外的电位分布。

如图 6－1－5 情况下，球内和球外的电位是由两部分电位叠加而成，并表示为：

$$\left.\begin{array}{l}\text{球内电位 } U^{(2)}=U_0+U_a^{(2)} \\ \text{球外电位 } U^{(1)}=U_0+U_a^{(1)}\end{array}\right\} \quad (6.1-15)$$

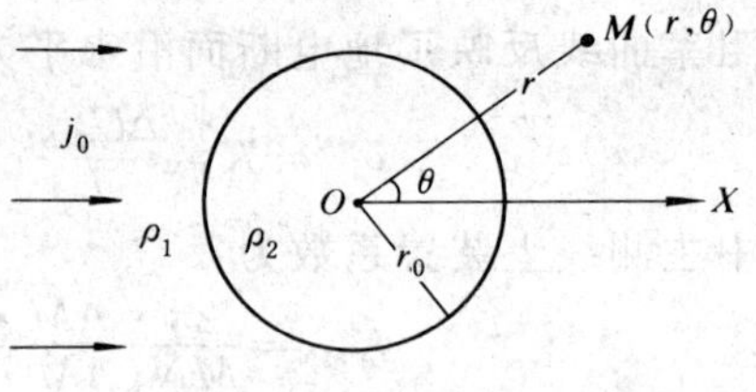

图 6-1-5　均匀电流场中的球体

式中 U_0 为均匀电流场的正常电位；$U_a^{(2)}$ 和 $U_a^{(1)}$ 分别为球体在球内和球外产生的异常电位。

由题意可知，上式中的 U_0 和 $U_a^{(1)}$、$U_a^{(2)}$ 均满足拉普拉斯方程。若取球坐标系的坐标原点位于球心，极轴 X 和均匀电流场 j_0 的方向一致，当取球心处的电位等于零时，均匀电流场的正常电位表达式可写成：

$$U_0=-j_0\rho_1 r\cos\theta \quad (6.1-16)$$

于是，通过求解拉普拉斯方程式求得球内、外的异常电位 $U_a^{(2)}$ 和 $U_a^{(1)}$ 后，利用式(6.1-15)和式(6.1-16)很容易求出球内、外的电位 $U^{(2)}$ 和 $U^{(1)}$。

在图 6-1-5 所示的条件下，球内、外的电位具有轴对称性，故电位分布与 φ 角无关。球内、外的电位满足如下拉普拉斯方程：

$$\frac{\partial}{\partial r}\left(r^2\frac{\partial U}{\partial r}\right)+\frac{1}{\sin\theta}\cdot\frac{\partial}{\partial\theta}\left(\sin\theta\frac{\partial U}{\partial\theta}\right)=0 \quad (6.1-17)$$

用分离变量法和极限条件、边界条件便可得到均匀场中存在球体时的电位解答：

$$\left.\begin{array}{l}U^{(2)}=-\left[1+\dfrac{\rho_2-\rho_1}{2\rho_2+\rho_1}\right]j_0\rho_1 r\cos\theta \\ U^{(1)}=-\left[1+\dfrac{\rho_2-\rho_1}{2\rho_2+\rho_1}\left(\dfrac{r_0}{r}\right)^3\right]j_0\rho_1 r\cos\theta\end{array}\right\} \quad (6.1-18)$$

由于地面电法勘查的供电和测量工作均在地面进行，讨论半无限空间的电场分布，特别是讨论球外的电位分布更有实际意义。

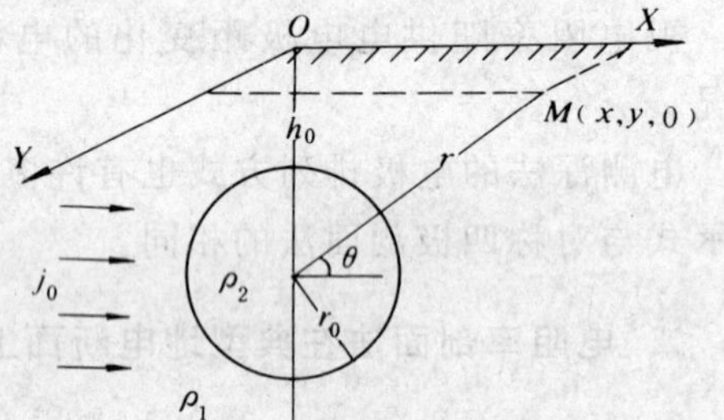

图 6-1-6　地下半空间均匀电流场中的球体

在图 6-1-6 所示半空间条件下，可按镜像法原理将半空间映射为全空间，用地面上方一个镜像球代替地面影响。若球心深度 h_0，相对球体半径较大，即球体埋藏较深的条件下，求解地面电场分布时，可忽略球体与镜像的相互作用。于是，用将全空间球外电位表达式中的异常部分加倍的办法，可求得地面电位的一级近似解答(因我们只对球外电位感兴趣，故以后略去电位符号的肩标，直接用 U 表示球外电位)：

$$U=-\left[1+2\frac{\rho_2-\rho_1}{2\rho_2+\rho_1}\left(\frac{r_0}{r}\right)^3\right]j_0\rho_1 r\cos\theta \quad (6.1-19)$$

式中 r 为地面观测点 M 至球心的距离。

若以球心在地面的投影点为坐标原点，Z 轴铅垂向下，则上式中的

$$r=\sqrt{x^2+y^2+h_0^2}$$

$$\cos\theta=\frac{x}{\sqrt{x^2+y^2+h_0^2}}$$

地面任意观测点 $M(x,y,0)$ 处的电场强度沿 X 方向的分量为：

$$E_x=-\frac{\partial U}{\partial x}=\left[1+2\,\frac{\rho_2-\rho_1}{2\rho_2+\rho_1}r_0^3\,\frac{h_0^2+y^2-2x^2}{(h_0^2+y^2+x^2)^{5/2}}\right]j_0\rho_1 \tag{6.1-20}$$

由式(6.1-19)和式(6.1-20)看出，均匀场中有球体存在时，球外电场的异常分布与地下水平电流偶极子的电场等效，其等效偶极矩为：

$$m=2\,\frac{\rho_2-\rho_1}{2\rho_2+\rho_1}r_0^3\cdot j_0\cdot\rho_1$$

可见，偶极矩的大小与球体体积成正比，还与球体相对围岩的电阻率比值($\frac{\rho_2}{\rho_1}$)有关。

(2) 球体上中间梯度法的 ρ_s 曲线。根据视电阻率的微分表示式(6.1-6)，我们利用式(6.1-20)，直接写出中间梯度法在球体上视电阻率的解析表达式：

$$\rho_s=\frac{E_x}{j_0}=\rho_1\left[1+2\,\frac{\rho_2-\rho_1}{2\rho_2+\rho_1}r_0^3\,\frac{h_0^2+y^2-2x^2}{(h_0^2+y^2+x^2)^{5/2}}\right] \tag{6.1-21}$$

为了进一步讨论球体上 ρ_s 曲线的异常，令式(6.1-21)中的 $y=0$，可得主剖面上视电阻率的表达式：

$$\frac{\rho_s}{\rho_1}=1+2\,\frac{\mu_{12}-1}{2\mu_{12}+1}r_0^3\,\frac{h_0^2-2x^2}{(h_0^2+x^2)^{5/2}} \tag{6.1-22}$$

式中 $\mu_{12}=\frac{\rho_2}{\rho_1}$，称之为相对电阻率。

① ρ_s 剖面曲线特征。图 6-1-7 是对 $h_0=2r_0$ 的球体，当 $\mu_{12}=0.1$ 和 10 时，按式(6.1-22)计算的结果。

由图可见，当 $\mu_{12}=0.1$，即球体为低阻的情况下，球心正上方对应 ρ_s 曲线的极小值，两侧有极大值；而 $\mu_{12}=10$ 的高阻球体，球心正上方对应 ρ_s 曲线极大值，两侧有 ρ_s 极小值。不论球体为高阻还是低阻，ρ_s 曲线皆左右对称。根据 ρ_s 曲线主极值的坐标，可以确定球心在地面的投影位置。

我们知道，视电阻率的变化反映了地下不均匀岩石中电场分布的情况。有球体存在时，中间梯度装置的地中电场乃是均匀电流场和水平电流偶极子电场的叠加。图 6-1-7 中的 ρ_s 曲线，不难利用式(6.1-6)，根据地表各测点处 j_{MN} 的变化，定性说明其异常特征。

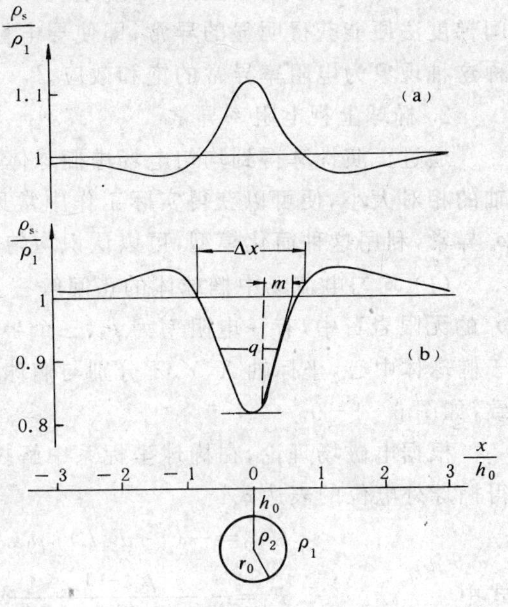

图 6-1-7 球体主剖面上中间梯度法的 ρ_s 曲线

($h_0=2r_0$)

(a) $\mu_{12}=10$；(b) $\mu_{12}=0.1$

② ρ_s 异常与相对电阻率的关系。

令 $x=0$，用式(6.1-22)可写出 ρ_s 同线主极值处的相对视电阻率表示式：

$$\frac{\rho_s}{\rho_1}=1+2\,\frac{\mu_{12}-1}{2\mu_{12}+1}\left(\frac{r_0}{h_0}\right)^3 \tag{6.1-23}$$

根据上式，当 $\frac{r_0}{h_0}$ 一定时，可计算出 $\frac{\rho_s}{\rho_1}$ 与相对电阻率 μ_{12} 的关系曲线，见图 6-1-8。

由式(6.1-23)和图 6-1-8 可以看出：在 $h_0=2r_0$ 的条件下

当 $\mu_{12}<1$ 时，主极值处的 $\rho_s<\rho_1$，相对异常 $\frac{\Delta\rho_s}{\rho_1}=\frac{\rho_s-\rho_1}{\rho_1}$ 为负；

当 $\mu_{12}\to 0$ 时，$\frac{\Delta\rho_s}{\rho_1}=-0.25$；

当 $\mu_{12}=1$ 时，$\rho_s=\rho_1$ 无异常，ρ_s 曲线为水平直线；

当 $\mu_{12}>1$ 时，主极值处的 $\rho_s>\rho_1$，$\frac{\Delta\rho_s}{\rho_1}$为正；

当 $\mu_{12}\to\infty$时，$\frac{\Delta\rho_s}{\rho_1}=0.125$。

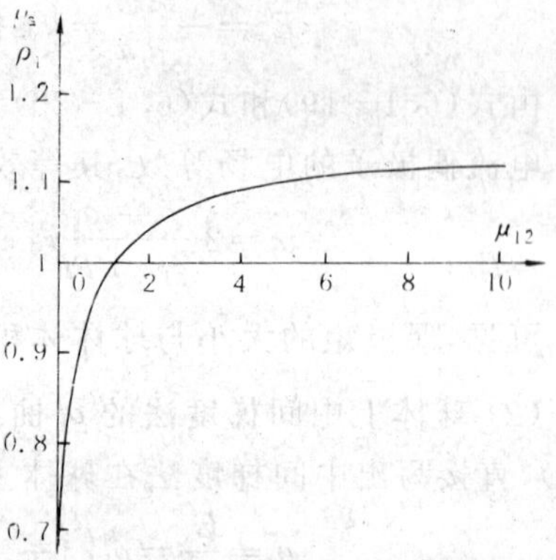

图 6-1-8　球体 ρ_s 异常与 μ_{12}的关系曲线($h_0=2r_0$)

以上情况表明：理想导电球体($\mu_{12}\to0$)的 ρ_s 相对异常$\frac{\Delta\rho_s}{\rho_1}$为绝缘球体($\mu_{12}\to\infty$)相对异常的两倍。因此，用中间梯度法寻找良导球体比寻找高阻球体更有利。计算结果还表明：不论是良导球体还是高阻球体，视电阻率异常均不随球体与围岩电阻率差异的继续增大而无限变大。实际上，球体与围岩电阻率的差异不需很大。例如，$\mu_{12}=10$ 的高阻球体的相对异常$\frac{\Delta\rho_s}{\rho_1}$，约为 $\mu_{12}\to\infty$ 的绝缘球体之相对异常值的 86%；$\mu_{12}=0.1$ 的良导球体之 ρ_s 相对异常，约为 $\mu_{12}\to0$ 的理想导电球体之相对异常的 75%。显然，球形地质体与其围岩的导电性只要有一个级次以上的差异，用中间梯度法便能获得明显的异常；即使导电性差异再增大，其 ρ_s 异常也不会再有显著增加，人们称这种现象为电阻率异常的饱和效应。

2. 椭球上视电阻率异常

通过正演计算得到均匀电场中椭球体的电场分布和视电阻率异常。通过改变椭球三个半轴的相对大小，便可以获得实际工作中常见的倾陡产状脉状体或近水平产状的地质体上方的 ρ_s 异常，利用这种简化模型，可以认识均匀场中导电性不同的脉状地质体的 ρ_s 异常特征。

(1) 均匀电流场中椭球体的正问解答及视电阻率表达式。设在均匀、各向同性、电阻率为 ρ_1 的无限岩石中，有一电阻率为 ρ_2、三个半轴分别为 a、b、c 的椭球。我们将直角坐标的原点设于椭球体中心，坐标轴 X、Y、Z 分别与椭球半轴 a、b、c 重合；均匀外电流场 j_0 的方向与 X 轴一致，如图 6-1-9。

根据电磁场理论，在椭球坐标系中解拉普拉斯方程式，并引用极限条件和边界条件，可求得椭球外电位的表达式：

$$U^{(1)}=-(1+F_1L)j_0\rho_1x \tag{6.1-24}$$

式中

$$F_1=\frac{\mu_{12}-1}{4\pi\mu_{12}+(1-\mu_{12})L_0}$$

$$L=2\pi abc\int_{t_0}^{\infty}\frac{\mathrm{d}t}{(a^2+t)\sqrt{(a^2+t)(b^2+t)(c^2+t)}}$$

L 中的积分下限 t_0 为以下方程的最大实根：

$$\frac{x^2}{a^2+t_0}+\frac{y^2}{b^2+t_0}+\frac{z^2}{c^2+t_0}=1$$

式(6.1-24)为全空间情况下，均匀场中椭球的电位解答。

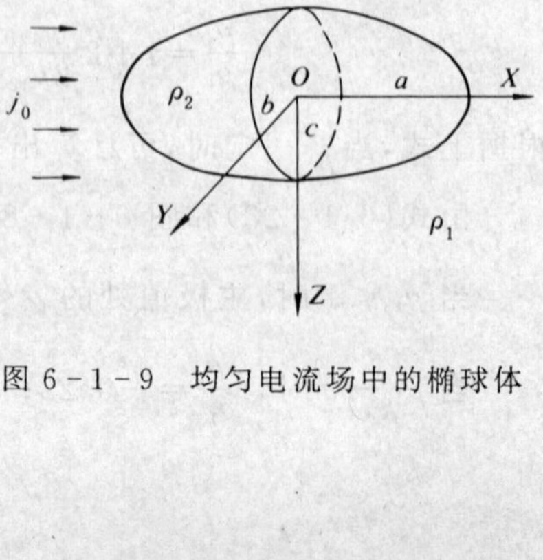

图 6-1-9　均匀电流场中的椭球体

若存在有平行于 XOY 坐标平面的地表 $z=h_0$ 时，地面电位的表达式可将式(6.1-24)中异常部分加倍近似写为：

$$U=-(1+2F_1L)j_0\rho_1x \tag{6.1-25}$$

沿 X 方向的电场强度：

$$E_X=-\frac{\partial U}{\partial x}=(1+2F_1g')j_0\rho_1 \tag{6.1-26}$$

式中 $g'=\frac{\partial}{\partial x}(xL)=L+x\frac{\partial L}{\partial x}$为椭球体的几何系数。$L$ 中的积分下限 t_0 是方程：

$$\frac{x^2}{a^2+t_0}+\frac{y^2}{b^2+t_0}+\frac{h_0^2}{c^2+t_0}=1$$

的最大实根，其中 h_0 为椭球中心深度。而 g' 中的 $x\frac{\partial L}{\partial x}$为：

$$x\frac{\partial L}{\partial x}=\frac{-4\pi abcx^2}{(a^2+t_0)^2\sqrt{(a^2+t_0)(b^2+t_0)(c^2+t_0)}\left[\frac{x^2}{(a^2+t_0)^2}+\frac{y^2}{(b^2+t_0)^2}+\frac{h_0^2}{(c^2+t_0)^2}\right]}$$

由式(6.1-26)可写出地面任意点沿 X 方向观测的视电阻率

$$\rho_s=(1+2F_1g')\rho_1 \tag{6.1-27}$$

(2) 脉状体上 ρ_s 异常的形态特征及量值规律。当 $b\to\infty$ 时，式(6.1-27)中的 F_1、g' 可以简化，便得到走向无限、柱轴平行于地面的椭圆柱体的视电阻率表达式：

$$\rho_s=\rho_1\left\{1+\frac{2(\mu_{12}-1)}{a\mu_{12}+c}\cdot\frac{ac}{a+c}\left[\frac{c^2-a^2}{2(a^2+t_0)^{3/2}\sqrt{c^2+t_0}}\frac{\partial t_0}{\partial x}x+1-\sqrt{\frac{c^2+t_0}{a^2+t_0}}\right]\right\} \tag{6.1-28}$$

由上式可见，椭圆柱体上的 ρ_s 为一偶函数，当式中 $x=0$，得主极值处的相对异常为：

$$\left(\frac{\Delta\rho_s}{\rho_1}\right)^{\text{极大}}=\frac{2(\mu_{12}-1)}{\mu_{12}+\frac{c}{a}}\left[1-\sqrt{\frac{1}{1-(\frac{c}{h_0})^2+(\frac{a}{h_0})^2}}\right]\frac{\frac{c}{a}}{1-\frac{c}{a}} \tag{6.1-29}$$

可见，高阻体($\mu_{12}\geqslant1$)上，ρ_s 异常为正；良导体($\mu_{12}\leqslant1$)上，ρ_s 异常为负。下面我们分别讨论直立和水平薄脉的两种情况：

① 若椭圆柱的半轴 $a\ll c$，则可将其视为直立薄脉状体。式(6.1-29)简化为：

$$\left(\frac{\Delta\rho_s}{\rho_1}\right)^{\text{极大}}=\frac{2(\mu_{12}-1)}{\mu_{12}+\frac{c}{a}}\left[\sqrt{\frac{1}{1-(\frac{c}{h_0})^2}}-1\right] \tag{6.1-30}$$

由该式可以看出：

直立良导薄脉上($\mu_{12}=0$)，中间梯度法的 ρ_s 异常很小，极不明显(除非$\frac{c}{h_0}$薄脉直接出露地表)；

直立高阻薄脉上($\mu_{12}\to\infty$)，中间梯度法的 ρ_s 异常明显，其相对异常值随$\frac{c}{h_0}$的增大而增大，即高阻脉中心深度 h_0 一定时，下延越深，ρ_s 相对异常越大。由式(6.1-30)不难看出，$\frac{c}{h_0}=0$ 时，$\left(\frac{\Delta\rho_s}{\rho_1}\right)^{\text{极大}}=0$，而$\frac{c}{h_0}=1$ 时，$\left(\frac{\Delta\rho_s}{\rho_1}\right)^{\text{极大}}=\infty$。前者相当于薄脉延深极小或不存在；后者则为无限延深高阻薄脉直接出露地表面的情况。

中间梯度法在直立良导薄脉和直立高阻薄脉上的异常幅度前者很小，后者很大，这是由于电性不同的薄脉对与其垂直的均匀电流场的畸变作用不同所造成的。

② 若椭圆柱之半轴 $a\gg c$，$h_0\gg c$，则可看成是水平薄板状体的情况。这时，式(6.1-29)简化为：

$$\left(\frac{\Delta\rho_s}{\rho_1}\right)^{\text{极大}}=\frac{2(\mu_{12}-1)}{\mu_{12}+\frac{c}{a}}\cdot\frac{c}{a}\left[1-\sqrt{\frac{1}{1+\left(\frac{a}{h_0}\right)^2}}\right] \tag{6.1-31}$$

由上式可以看出：

在水平良导薄板($\mu_{12}=0$)上，ρ_s 异常明显，并且薄板的水平宽度愈大，异常愈明显；

在水平高阻薄板($\mu_{12}\to\infty$)上，ρ_s 异常很小。

上述 ρ_s 曲线的特征，仍然是不同电性之水平板对与其平行之外电场畸变作用的不同所致。

这里应当指出，在 $a\gg c$，并且 $a\gg h_0$ 时，对于 $\mu_{12}=0$ 的良导薄板情况，式(6.1-31)将会得出 $\left(\dfrac{\Delta\rho_s}{\rho_1}\right)^{\text{极大}}=-2$ 的结果。这相当于 $\rho_s=-\rho_1$，显然是不合理的。这一情况是因为式(6.1-27)是按异常部分简单加倍的办法代替地面影响，忽略了椭球与其地面上方镜像之间的相互作用所造成的结果。显然，在 $a\gg h_0$ 的情况下，这种处理地面影响的方法是不合适的。

图 6-1-10 为不同电性倾斜椭圆柱体($\dfrac{a}{c}=5$，$b\to\infty$，椭圆长轴倾角 $\alpha=45°$)上中间梯度法 ρ_s 异常曲线的计算结果。由图可见，高阻和低阻倾斜脉状体的 ρ_s 曲线形态特征也有明显差别；高阻倾斜脉之 ρ_s 极大值坐标大约位于脉顶于地面投影处，极大值两测有不对称的极小值出现，其中倾向一侧的极小值明显；而良导倾斜脉的 ρ_s 曲线特征不同，脉顶于地表投影附近 ρ_s 异常为零，脉体倾向一侧出现 ρ_s 异常极小值，反倾向一测为 ρ_s 异常极大值。在对实测曲线进行解释时，必须注意上述特征。

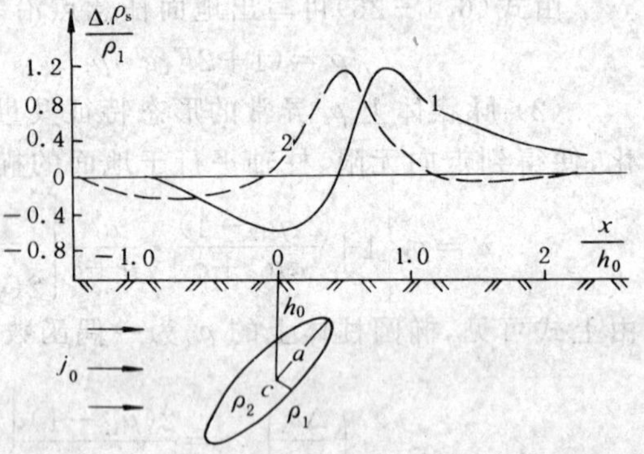

图 6-1-10　倾斜椭圆柱体上中间梯度法的异常曲线($\dfrac{a}{c}=5$)

1—$\mu_{12}=0.1$；2—$\mu_{12}=10$

（二）二极剖面法的视电阻率异常

二极剖面法的供电电极 A 和测量电极 M 之间距离（一般为几十米）保持不变，AM 沿测线移动，另一供电电极 B 和测量电极 N 置于“无穷远”处，固定不动。

1. 垂直接触面上视电阻率异常

(1) 视电阻率表达式。如图 6-1-11 所示，设点源 $A(I)$、观测点 M 均位于地表，其间距离为 R；X 轴垂直于分界面，并取其与分界面之交点 O 为原点；AM 中点到界面的距离为 x；界面两边岩石的电阻率分别为 ρ_1 和 ρ_2。

根据电流场理论，用“镜像法”可得地面上任一点的一次电位

$$U_1(1,1)=\frac{I\rho_1}{2\pi}\left(\frac{1}{R}+\frac{K_{12}}{2x}\right)\quad(6.1-32)$$

$$U_1(1,2)=\frac{I\rho_1}{2\pi}\cdot\frac{1+K_{12}}{R}\quad(6.1-33)$$

$$U_1(2,2)=\frac{I\rho_2}{2\pi}\left(\frac{1}{R}-\frac{K_{12}}{2x}\right)\quad(6.1-34)$$

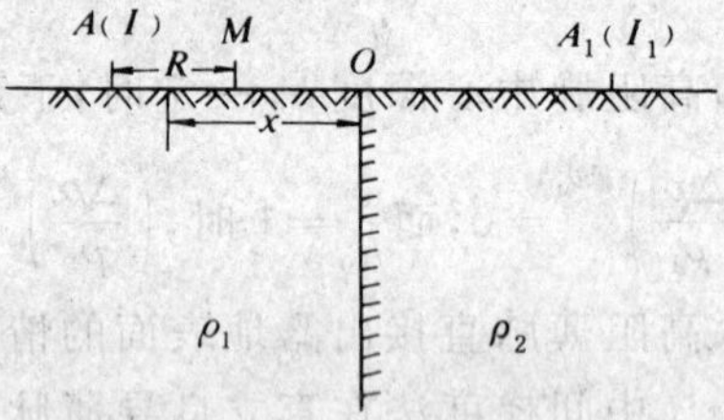

图 6-1-11　垂直接触面上坐标与实、虚电源分布示意图

式中 $U_1(1,1)$、$U_1(1,2)$ 和 $U_1(2,2)$ 分别表示点源 A 和观测点 M 位于 ρ_1 介质、A 在 ρ_1 介质和 M 在 ρ_2 介质中，以及 A、M 均位于 ρ_2 介质中的一次电位；$K_{12}=\dfrac{\rho_2-\rho_1}{\rho_1+\rho_2}$ 为接触面的电性反射系数；I 为点源 A 的供电电流强度。

将式(6.1-32)～式(6.1-34)代入式(6.1-7)后，可得 A、M 位于不同介质中的视电阻率表达式

$$\rho_s(1,1)=\rho_1\left(1+\frac{K_{12}R}{2x}\right) \tag{6.1-35}$$

$$\rho_s(1,2)=\rho_1(1+K_{12})=\frac{2\rho_1\rho_2}{\rho_1+\rho_2} \tag{6.1-36}$$

$$\rho_s(2,2)=\rho_2\left(1-\frac{K_{12}R}{2x}\right) \tag{6.1-37}$$

(2) 视电阻率剖面曲线。为了解二极装置通过接触界面时，其视电阻率异常的变化规律，根据式(6.1-35)～式(6.1-37)对 $\mu_2=\frac{\rho_2}{\rho_1}=0.1,5$ 和 $R=0.1,1,2,5$ 进行了理论计算，结果示于图 6-1-12。

现在我们用“镜像法”虚电源的作用代替界面影响来讨论二极剖面法 ρ_s 曲线的变化规律。

① $\mu_2=0.1$ 时，ρ_s 的计算结果示于图 6-1-12(a)。在这种条件下，当 A、M 均在 ρ_1 介质中时，虚电源 A_1 的极性($K_{12}I<0$)为负；而当 A、M 均进入 ρ_2 介质时，虚电源 A_1 的极性($K_{12}I>0$)为正。

由图可见，当 A、M 均在 ρ_1 介质中，且距离接触面很远时，位于 ρ_2 介质中的虚电源 A_1 的作用可以忽略不计。此时，由式(6.1-35)得到 $\rho_s=\rho_1$。

当 AM 向右移动、逐渐靠近接触界面时，虚电源 A_1 也就愈与界面接近，从而 A_1 到测量电极 M 的距离也就愈小，故其作用逐渐加强。又因为虚电源的极性为负，根据电位的叠加原理，M 点的电位 U_1 为实电源 A 和虚电源 A_1 分别在 M 点产生的电位 U_1^A 和 $U_1^{A_1}$ 的代数和，虚电源 A_1 的作用使 M 点的电位减小。由式(6.1-32)和式(6.1-35)得知 $\rho_s<\rho_1$，并随着 AM 靠近界

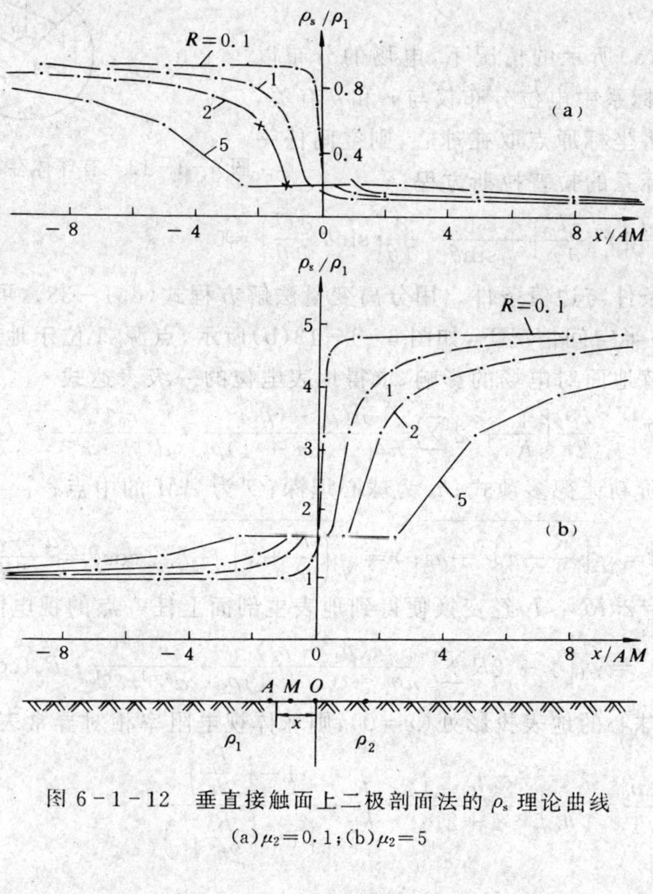

图 6-1-12 垂直接触面上二极剖面法的 ρ_s 理论曲线

(a) $\mu_2=0.1$；(b) $\mu_2=5$

面 ρ_s 逐渐减小。

当 M 极越过界面进入 ρ_2 介质，而 A 极仍在 ρ_1 介质中时，由于实电源和虚电源均位于 ρ_1 介质的同一点，并一直保持 AM 不变。直到 A 极跨过界面前，虚电源的作用保持恒定，$\rho_s=2\rho_1\rho_2/(\rho_1+\rho_2)$曲线为一平直段，其长度恰等于 AM。因记录点为 AM 中点，所以，平直段的中点即为界面位置。

当 A、M 均进入 ρ_2 介质中，并逐渐远离界面时，由于虚电源 A_1 具有正极性，与实电源 $A(I)$相对界面保持对称的虚电源 $A_1(K_{21}I)$的作用逐渐减弱以至消失，因此，ρ_s 曲线逐渐下降下，最后 ρ_s 趋于 ρ_2 值。

② $\mu_2=5$ 时，ρ_s 的计算结果示于图6－1－12(b)。在这种条件下，当 A、M 均在 ρ_1 时，虚电源 A_1 的极性($K_{12}I>0$)为正，而当 A 进入 ρ_2 时，虚电源的极性($K_{21}<0$)则为负。因而，用上述虚电源作用的类似分析方法，便可对图 6－1－12(b)剖面曲线特征作出定性解释，这里不再重复。

2. 球体上视电阻率异常

(1) 视电阻率表达式。如图 6－1－13(a)所示：设在电阻率为 ρ_1 的均匀无限介质中有一电阻率为 ρ_2、半径为 r_0 的球体；距球心为 d 处有一点源 A，供电电流强度为 I；观测点 M 与 A 相距为 R、与球心相距为 r；d 与 r 间的夹角为 θ。

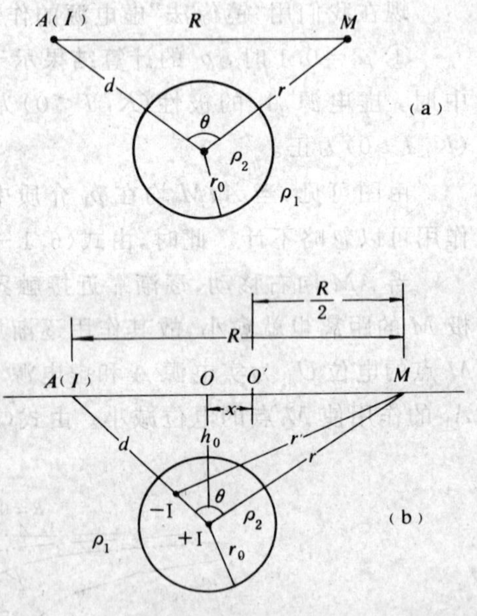

图 6－1－13　有球体存在时点源场的计算简图

在图 6－1－13(a)所示的情况下，电场的分布以 d 为对称轴，在球坐标系中电位分布仅与 r 和 θ 有关，而与 φ 角无关。若将坐标原点取在球心，则空间任一点的电位满足球坐标系的拉普拉斯方程

$$\frac{\partial}{\partial r}\left(r^2\frac{\partial U}{\partial r}\right)+\frac{1}{\sin\theta}\cdot\frac{\partial}{\partial\theta}\left(\sin\theta\frac{\partial U}{\partial\theta}\right)=0 \tag{6.1-38}$$

并满足相应的极限条件与边值条件。用分离变量法解方程式(6.1－38)，可得全空间条件下球外的电位表达式。在半空间情况下，如图 6－1－13(b)所示，点源 A 位于地表，采用将异常电位简单加倍的办法代替地面对电场的影响，求得地表电位的一级表达式

$$U_1=\frac{I\rho_1}{2\pi}\left[\frac{1}{R}+2\sum_{n=0}^{\infty}\frac{n(\rho_2-\rho_1)}{n\rho_1+(n+1)\rho_2}\cdot\frac{r_0^{2n+1}}{d^{n+1}\cdot r^{n+1}}P_n(\cos\theta)\right] \tag{6.1-39}$$

式中 $P_n(\cos\theta)$为 n 阶勒让德多项式；h_0 为球心埋深；O'为 AM 的中点；

$$d=\sqrt{\left(\frac{R}{2}-x\right)^2+h_0^2};\ r=\sqrt{\left(\frac{R}{2}+x\right)^2+h_0^2};\ \cos\theta=\frac{d^2+r^2-R^2}{2d\cdot r}。$$

根据关系式 $\rho_s=2\pi RU_1/I$，经变换便得到地表主剖面上任一点的视电阻率表达式

$$\rho_s=\rho_1\left[1+2R\sum_{n=0}^{\infty}\frac{n(\rho_2-\rho_1)}{n\rho_1+(n+1)\rho_2}\cdot\frac{r_0^{2n+1}}{d^{n+1}r^{n+1}}\cdot P_n(\cos\theta)\right] \tag{6.1-40}$$

若 AM 中点在球心的地表投影处($x=0$)，则球体视电阻率相对异常表达式可表示为：

$$\frac{\Delta\rho_s}{\rho_1}=\left(\frac{r_0}{h_0}\right)^3\frac{2(\mu_2-1)}{1+2\mu_2}\cdot\frac{R}{h_0}\cdot\frac{1-\left(\frac{R}{2h_0}\right)^2}{\left[1+\left(\frac{R}{2h_0}\right)^2\right]^3} \tag{6.1-41}$$

(2) 视电阻率剖面曲线。为了解二极装置 AM 通过球体上方主剖面时，其视电阻率异常的变化规律，根据式(6.1-40)，对在 $\mu_2=0.5$ 和 $R=0.2r_0$、$0.5r_0$、$1.0r_0$、$1.5r_0$、$2.5r_0$、$5r_0$ 条件下的视电阻率进行了理论计算，结果示于图 6-1-14。

前已述及地下偶极源在地表电场的分布规律。球体的存在构成了地下一对电流偶极子。当二极剖面法 AM 通过球上方主剖面时，其视电阻率异常的变化，便是由于 AM 处于不同位置时在地下所产生的异常"偶极源"所引起的。

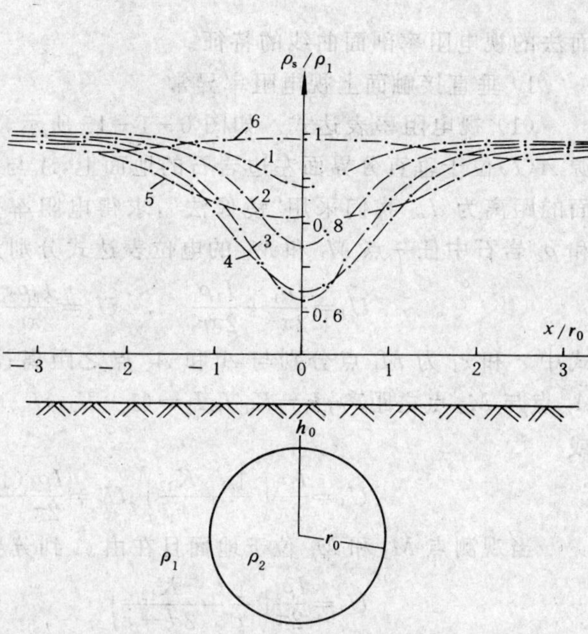

图 6-1-14　低阻球体上二极剖面法的 ρ_s 理论曲线

$h_0=1.5r_0$；$\rho_2=0.5\rho_1$

1—$\frac{R}{r_0}=0.2$；2—$\frac{R}{r_0}=0.5$；3—$\frac{R}{r_0}=1.0$；

4—$\frac{R}{r_0}=1$；5—$\frac{R}{r_0}=2.5$；6—$\frac{R}{r_0}=5$

当二极剖面法的 AM 由左向右沿剖面逐点移动、供电电源 $A(I)$ 位于不同位置时，在地下球体中先后产生(处在 AO 连线上)水平、倾斜、垂直异常电流偶极子。当电极距 AM 较小时，异常源在 M 点所产生的电位中，总是负虚源的贡献大于正虚源的贡献，因而异常源在小极距情况下所产生的电位皆为负值。从而有 $\rho_s<\rho_1$。不难理解：若 AM 处于离球体足够远处，水平异常偶极源的作用可忽略不计，$\rho_s=\rho_1$；若 AM 沿剖面线逐点移向球体时，倾斜异常偶极源的作用逐点增强，负位值加大，这时，视电阻率 $\rho_s(<\rho_1)$ 值逐点减小；随着极距 AM 由小变大，在相同的记录点上，则由于测点 M 愈来愈靠近异常源而远离实电源 $A(I)$，这时由正、负虚电源、实电源共同产生的 U_1 值，将经由大变小，然后又增大的过程，并且在球心上方取得极值；根据上述电位值分布和关系式 $\rho_s=2\pi RU_1/I$，便可得如图 6-1-14 所示形态和幅值随 AM/r_0 变化的 ρ_s 曲线：小极距时，ρ_s 为单峰异常，其值随 AM/r_0 的增大而增大；当 $AM=1.5r_0=h_0$ 时，ρ_s 幅值最大；当 $AM=3r_0=2h_0$ 时，球顶上 ρ_s 无异常；ρ_s 异常随 AM/r_0 的继续增大而减弱，范围变宽，由极小变为极大，最后趋于零。

由上述讨论可得出结论：① 当地下球体与围岩在导电性方面有一定差异时，二极剖面法的 ρ_s 曲线有明显异常，电阻率差异越大，ρ_s 异常也越大。在良导体球上，ρ_s 异常一般为极小型，可依极值性质和位置判别球体的导电性和位置。因此，用二极剖面法寻找低阻球体比高阻球体有利。② 研究表明，ρ_s 异常的形态和量值与极距有密切关系，为了获得最大的 ρ_s 异常，应选 AM 最佳极距 $R_m\approx0.73h_0$。

(三) 三极剖面法、联合剖面法和对称四极剖面法的视电阻率异常

在电阻率剖面法的装置特点中已知，联合剖面法由两个三极装置联合而成，那么，讨论其中一个三极装置就成为三极剖面法。当联合剖面法和对称四极剖面法的电极距大小相等时，两个方法视电阻率的关系是：$\rho_s^{AB}=\frac{1}{2}(\rho_s^A+\rho_s^B)$，这样，由联合剖面法的视电阻率曲线可以获得对称四极剖面法 ρ_s 曲线。

下面着重讨论形状和导电性不同的岩体或矿体上三极剖面法、联合剖面法和对称四极剖

面法的视电阻率剖面曲线的特征。

1. 垂直接触面上视电阻率异常

(1) 视电阻率表达式。如图 6-1-15 所示，设点源 $A(I)$ 位于垂直分界面左边岩石的地面上，A 与分界面的距离为 d。我们采用“镜像法”，求得电阻率为 ρ_1 和 ρ_2 岩石中任一点 M_1 和 M_2 的电位表达式分别为：

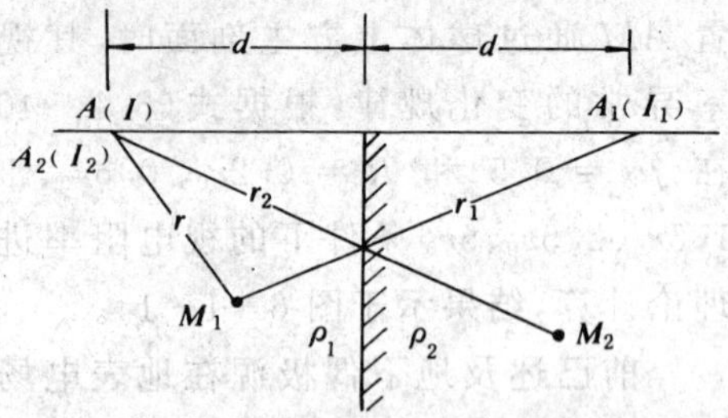

图 6-1-15 求解垂直接触面两边电场分布的“镜像法”图示

$$U_1=\frac{I\rho_1}{2\pi r}+\frac{I_1\rho_1}{2\pi r_1}\quad,\quad U_2=\frac{I_2\rho_2}{2\pi r_2}$$

式中 r 和 r_1 为 M_1 点分别与 A 和 A_1 点之距离；r_2 为 A_2 点与 M_2 点之距离；$I_1=K_{12}I$，$I_2=(1-K_{12})I$。

或

$$U_1=\frac{I\rho_1}{2\pi}\left(\frac{1}{r}+\frac{K_{12}}{r_1}\right);U_2=\frac{I\rho_2}{2\pi}\frac{(1-K_{12})}{r_2}\tag{6.1-42}$$

当观测点 M_1 和 M_2 位于地面且在由 A 到分界面的垂直线上时，由公式(6.1-42)可写出

$$U_1=\frac{I\rho_1}{2\pi}\left(\frac{1}{x}+\frac{K_{12}}{2d-x}\right)\tag{6.1-43}$$

$$U_2=\frac{I(1-K_{12})\rho_2}{2\pi x}=\frac{I(1+K_{12})\rho_1}{2\pi x}\tag{6.1-44}$$

式中

$$(1-K_{12})\rho_2=(1+K_{12})\rho_1=\frac{2\rho_1\rho_2}{\rho_1+\rho_2}$$

这里坐标原点取在 A，x 为观测点坐标。

根据式(6.1-43)和式(6.1-44)可得 U_M、U_N。对于 AMN 三极装置而言，在 $MN\to 0$ 的情况，可写出以下三种不同的 ρ_s^A 表达式：

$$\rho_s^A(1,1)=\rho_1\left[1-\frac{K_{12}x^2}{(2d-x)^2}\right]\tag{6.1-45}$$

$$\rho_s^A(1,2)=\frac{2\rho_1\rho_2}{\rho_1+\rho_2}\tag{6.1-46}$$

$$\rho_s^A(2,2)=\rho_2\left[1-\frac{K_{12}x^2}{(2d+x)^2}\right]\tag{6.1-47}$$

式中 x 为 A 至 O 的距离，$\rho_s^A(1,1)$、$\rho_s^A(1,2)$、$\rho_s^A(2,2)$分别为当供电电极(A)和测量电极中点(O)均在 ρ_1 岩石中、A 极在 ρ_1，而 O 点进入 ρ_2 岩石、A 极和 O 点全部进入 ρ_2 岩石时的视电阻率。

同理，对于 MNB 三极装置而言，当 $MN\to 0$ 时，ρ_s^B 的计算公式也有以下三种情况：

$$\rho_s^B(1,1)=\rho_1\left[1+\frac{K_{12}x^2}{(2d+x)^2}\right]\tag{6.1-48}$$

$$\rho_s^B(1,2)=\frac{2\rho_1\rho_2}{\rho_1+\rho_2}\tag{6.1-49}$$

$$\rho_s^B(2,2)=\rho_2\left[1+\frac{K_{12}x^2}{(2d-x)^2}\right]\tag{6.1-50}$$

式中 x 为 B 至 O 的距离。

(2) 视电阻率剖面曲线。根据上述 AMN 装置的三种 ρ_s^A 计算公式，对于 $\rho_1>\rho_2$ 之计算结果示于图 6-1-16。现在可用电流密度的分布规律来解释 ρ_s^A 曲线的变化特征。

如图 6-1-16 所示，根据关系式 $\rho_s^A=\frac{j_{MN}}{j_0}\rho_{MN}$，当装置距离接触面很远时，地中电流的分布

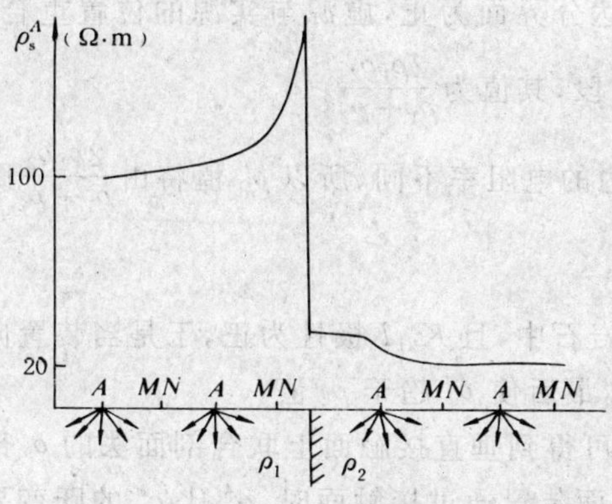

图 6-1-16　*AMN* 三极装置通过垂直接触面时的 ρ_s^A 剖面曲线
($\rho_1=100\ \Omega\cdot m$;　$\rho_2=20\ \Omega\cdot m$)

几乎与电阻率为 ρ_1 的均匀岩石情况相同，此时，$j_{MN}=j_0$ 及 $\rho_{MN}=\rho_1$，故 $\rho_s^A=\rho_1$。当装置右移并逐渐接近接触面时，由于 $\rho_2<\rho_1$，将吸引电流，致使 *MN* 处的电流密度增大，即 $j_{MN}>j_0$，所以 $\rho_s^A>\rho_1$，于是 ρ_s^A 便逐渐上升。装置愈靠近接触面，ρ_2 岩石吸引电流的作用愈强，ρ_s^A 也就不断增加，当 *MN* 到达接触面时，ρ_s^A 有最大值 $\left(\dfrac{2\rho_1^2}{\rho_1+\rho_2}\right)$。反之，如果 $\rho_2>\rho_1$，则 ρ_2 岩石将排斥电流，则 *MN* 达到接触面时，ρ_s^A 将有最小值 $\left(\dfrac{2\rho_1^2}{\rho_1+\rho_2}\right)$。

当 *MN* 极由 ρ_1 岩石进入到 ρ_2 岩石时，由于电流密度的法线分量是连续的，即 $j_{MN}^{(1)}=j_{MN}^{(2)}$，而 ρ_{MN} 由 ρ_1 跃变到 ρ_2，所以 ρ_s^A 在接触面处将发生跃变，并且两侧数值($\rho_s^{A(1)}$ 和 $\rho_s^{A(2)}$)之比等于 $\dfrac{\rho_1}{\rho_2}$。由于当前 $\rho_2<\rho_1$，故 ρ_s^A 曲线过界面时乃是向下跃变。反之，如果 $\rho_2>\rho_1$，则 $\rho_s^{A(1)}<\rho_s^{A(2)}$，那时 ρ_s^A 曲线过界面时将向上跃变。

当装置继续向前移动、直到 *A* 极达到接触面之前，ρ_s^A 将保持为常数值 $\left(\dfrac{2\rho_1\rho_2}{\rho_1+\rho_2}\right)$，这相当于地下充满了电阻率等于 $\dfrac{2\rho_1\rho_2}{\rho_1+\rho_2}$ 的均匀介质。

当 *A* 极也进入 ρ_2 岩石时，ρ_s^A 将随着 *d* 的增加而减小，直到 *A* 极远离界面时，ρ_s^A 便趋于 ρ_2。从地下电流的分布状态来说，当 *A* 极在 ρ_2 岩石中靠近分界面时，由于 $\rho_1>\rho_2$，所以 ρ_1 岩石对 *A* 极流入 ρ_2 岩石中的电流表现为排斥作用，使得 j_{MN} 比正常情况(地下全为 ρ_2 岩石)的 j_0 大，故 $\rho_s^A>\rho_2$。此后，随着装置远离分界面，ρ_1 岩石排斥电流的作用逐渐减弱，于是 j_{MN} 便趋于 j_0，最后 ρ_s^A 达到均匀情况时的 ρ_2 值。

根据上述 *MNB* 装置的三种 ρ_s^B 计算公式，对于 $\rho_1>\rho_2$ 之计算结果示于图 6-1-17。现在用"镜像法"虚点源的作用来讨论 ρ_s^B 曲线的变化特征。

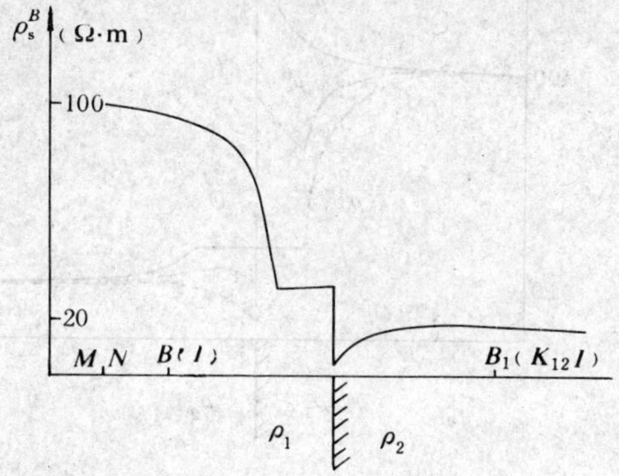

图 6-1-17　*MNB* 三极装置通过垂直接触面时的 ρ_s^B 剖面曲线
($\rho_1=100\ \Omega\cdot m$;　$\rho_2=20\ \Omega\cdot m$)

由图可见，当全部装置均在 ρ_1 中，且距离接触面很远时，镜像 B_1 的作用可以忽略不计，此时 $\rho_s^B=\rho_1$，相当均匀介质情况。

当装置右移并逐渐靠近接触面时，虚点源 B_1 的作用便逐渐加强，这是因为虚点源 B_1 与实点源 *B* 相对界面要保持对称，所以实点源 *B* 愈靠近界面，虚点源 B_1 也就愈与界面接近，从而 B_1 与测量电极 *MN* 的距离也就愈小，故其作用加强。在当前条件下，因 $\rho_1>\rho_2$、$K_{12}<0$，又 *I* 为正，故 $K_{12}I$ 极性为负。于是虚源 B_1 的电流方向在测点处与实源 *B* 的电流方向相反，所以其作用是使 ρ_s^B 减小，即 $\rho_s^B<\rho_1$。

当 *B* 极到达接触面时($d=0$)，则

$$\rho_s^B=\rho_1(1+K_{12})=\frac{2\rho_1\rho_2}{\rho_1+\rho_2}$$

自 B 极越过界面进入 ρ_2 岩石开始，直到 O 点到达分界面为止，虚源与实源的位置重合，大小不变，ρ_s^B 始终为一常量。对应于 ρ_s^B 曲线上的平直段，其值为$\dfrac{2\rho_1\rho_2}{\rho_1+\rho_2}$。

当观测点 O 过界面，虚源位于 ρ_1 时，由于界面两边的电阻率不同，所以 ρ_s^B 值将由$\dfrac{2\rho_1\rho_2}{\rho_1+\rho_2}$跃变到$\dfrac{2\rho_2^2}{\rho_1+\rho_2}$，由于 $\rho_1>\rho_2$，故为下跃；反之则为上跃。

当装置全部进入 ρ_2 岩石时，虚点源 B_1 则位于 ρ_1 岩石中，且 $K_{21}I$ 极性为正，于是当装置向右移动并逐渐远离分界面时，B_1 的反作用将逐渐减小，最后使 ρ_s^B 趋于 ρ_2 值。

把 ρ_s^A 和 ρ_s^B 曲线画在一张图上，见图 6－1－18，即可得到垂直接触面上联合剖面法的 ρ_s 剖面曲线。由图 6－1－18 可见，在 $\rho_1>\rho_2$ 情况下，联合剖面装置通过接触面时，ρ_s^A 比 ρ_s^B 的跃变要明显得多。因此根据前者确定分界面位置比后者容易。

反之，如果 $\rho_1<\rho_2$，则计算结果如图 6－1－19 所示，表明 ρ_s^B 反映接触面的位置要比 ρ_s^A 明显。所以，当联合使用 ρ_s^A 和 ρ_s^B 时，可比较准确地确定直立低阻或高阻岩层左右两边的分界面，从而可达到地质填图的目的。

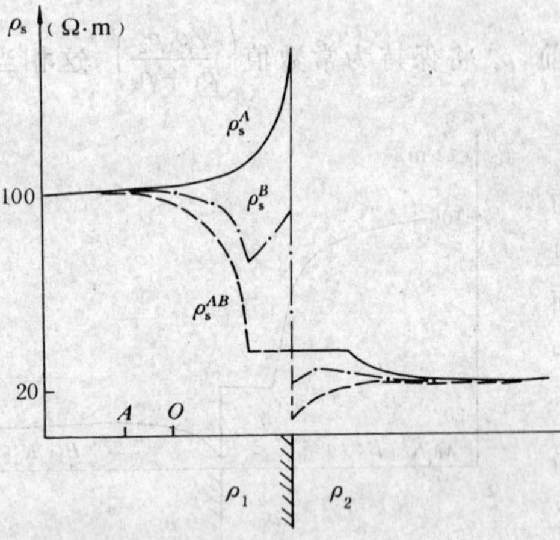

图 6－1－18　联合剖面法和对称四极剖面法通过垂直接触面时的 ρ_s 剖面曲线（$\rho_1>\rho_2$）

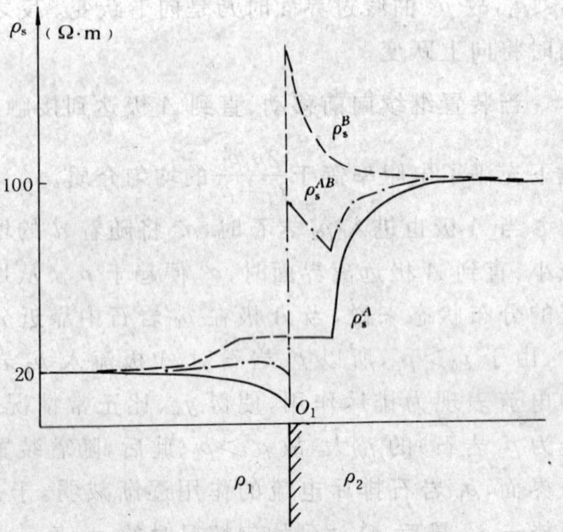

图 6－1－19　联合剖面法和对称四极剖面法通过垂直接触面时的 ρ_s 剖面曲线（$\rho_1<\rho_2$）

有了上述联合剖面法的 ρ_s^A 和 ρ_s^B 剖面曲线以后，根据 $\rho_s^{AB}=\dfrac{1}{2}(\rho_s^A+\rho_s^B)$ 的关系式，取各点 ρ_s^A 和 ρ_s^B 的平均值即可得到如图 6.1－19 所示的对称四极剖面法的 ρ_s^{AB} 剖面曲线。曲线的跃变亦可确定接触面的位置，但不如 $\rho_1>\rho_2$ 时的 ρ_s^A 和 $\rho_1<\rho_2$ 时的 ρ_s^B 跃变明显。对于 ρ_s^{AB} 曲线的变化特征也可用镜像虚点源的作用进行解释，这里不再赘述。

当垂直接触面上方有覆盖层时，联合剖面 ρ_s 曲线已变圆缓，如图 6－1－20 和图 6.1－21 所示，供电电极位于高阻一侧的 ρ_s 曲线（图 6－1－20 中的 ρ_s^A，图 6－1－21 中的 ρ_s^B），在接触面附近出现极大值并有明显的阶梯状异常。另一条曲线的这些特征不大明显。根据经验，对于陡立的接触面，可选取具有明显极大值和阶梯状异常的那条 ρ_s 曲线，认为接触面的位置在它的陡度最大处，或它的极大点幅值的 2/3 处（图 6－1－20）。但对于倾角较小的接触面不能采用这种判断方法。

2. 球体上的视电阻率异常

(1) 视电阻率表达式。如图 6-1-22 所示，设在地下均匀、各向同性、电阻率为 ρ_1 的半无限岩石中，有一个半径为 r_0、电阻率为 ρ_2 的球体。在距球心为 d_A 和 d_B 的位置上有点电流源 A 和 B，其电流强度均为 I。观测点 M 与 A、B 的距离分别为 R_A 和 R_B，与球心的距离为 r_M。根据二极剖面法地下赋存球体情况下地表任一点的电位表达式(6.1-39)，当前可写出

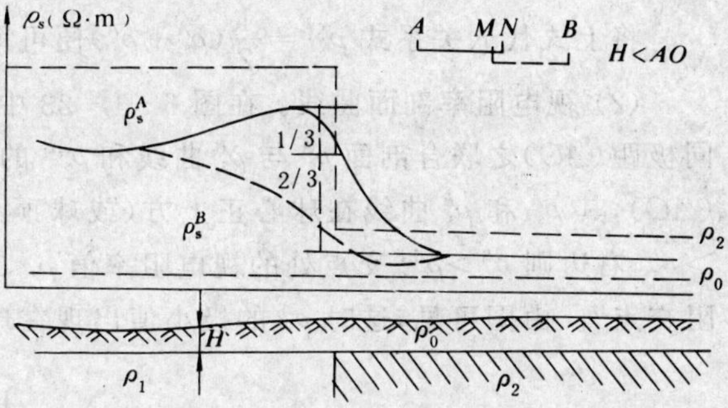

图 6-1-20　垂直接触面上联合剖面模型实验曲线

(丁绪荣，1984)

($\rho_1>\rho_2>\rho_0$)

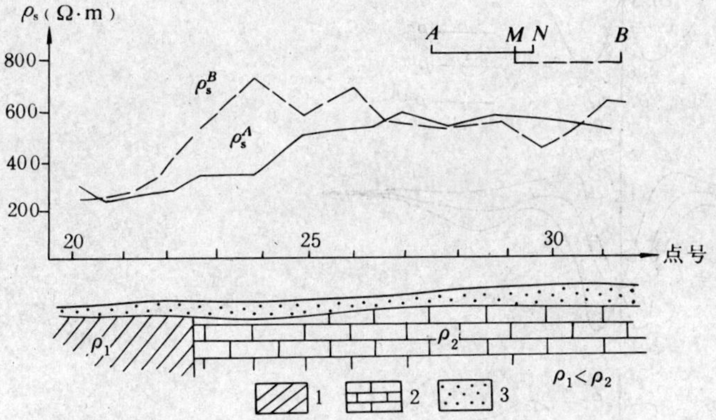

图 6-1-21　垂直接触面的联合剖面实测曲线[4]

($\rho_2>\rho_1$)

1—泥岩；2—灰岩；3—浮土

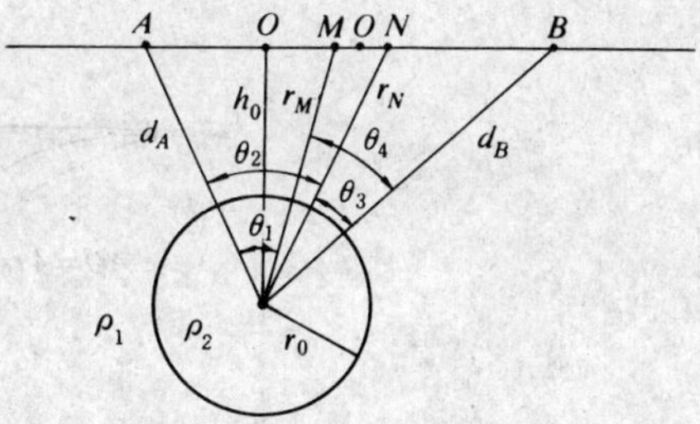

图 6-1-22　球体上联剖和对称四极装置的计算简图

$$U_M^A=\frac{I\rho_1}{2\pi}\left[\frac{1}{R_A}+2\sum_{n=0}^{\infty}\frac{(\rho_2-\rho_1)n}{\rho_1 n+\rho_2(n+1)}\cdot\frac{r_0^{2n+1}}{d_A^{n+1}r_M^{n+1}}P_n(\cos\theta_1)\right]\tag{6.1-51}$$

$$U_M^B=\frac{I\rho_1}{2\pi}\left[\frac{1}{R_B}+2\sum_{n=0}^{\infty}\frac{(\rho_2-\rho_1)n}{\rho_1 n+\rho_2(n+1)}\cdot\frac{r_0^{2n+1}}{d_B^{n+1}r_M^{n+1}}P_n(\cos\theta_4)\right]\tag{6.1-52}$$

同理，可得点电流源 A、B 在 N 点的电位公式

$$U_N^A=\frac{I\rho_1}{2\pi}\left[\frac{1}{R_A}+2\sum_{n=0}^{\infty}\frac{(\rho_2-\rho_1)n}{\rho_1 n+\rho_2(n+1)}\cdot\frac{r_0^{2n+1}}{d_A^{n+1}r_N^{n+1}}P_n(\cos\theta_2)\right]\tag{6.1-53}$$

$$U_N^B=\frac{I\rho_1}{2\pi}\left[\frac{1}{R_B}+2\sum_{n=0}^{\infty}\frac{(\rho_2-\rho_1)n}{\rho_1 n+\rho_2(n+1)}\cdot\frac{r_0^{2n+1}}{d_B^{n+1}r_N^{n+1}}P_n(\cos\theta_3)\right]\tag{6.1-54}$$

如图 6-1-22 所示，当 AMN 和 MNB 均沿地表主剖面 X 方向排列时，根据式(6.1-51)～式(6.1-54)(只取 $n=1$ 项)分别写出 M 和 N 点的电位差 ΔU_{MN}，代入关系式 $\rho_s=K\Delta U_{MN}/I$ 后，便可得到三极剖面法或联合剖面法 ρ_s^A 和 ρ_s^B 的近似计算公式：

$$\left.\begin{aligned}\rho_s^A&=\rho_1\left[1+2K\frac{\mu_2-1}{2\mu_2+1}\cdot r_0^3\left(\frac{\cos\theta_1}{d_A^2\cdot r_M^2}-\frac{\cos\theta_2}{d_A^2\cdot r_N^2}\right)\right]\\\rho_s^B&=\rho_1\left[1+2K\frac{\mu_2-1}{2\mu_2+1}\cdot r_0^3\left(\frac{\cos\theta_3}{d_B^2\cdot r_N^2}-\frac{\cos\theta_4}{d_B^2\cdot r_M^2}\right)\right]\end{aligned}\right\}\tag{6.1-55}$$

式中　$K=\dfrac{AM\cdot AN}{MN}=\dfrac{BM\cdot BN}{MN}$；$\mu_2=\dfrac{\rho_2}{\rho_1}$。

将上式代入关系式 $\rho_s^{AB}=\frac{1}{2}(\rho_s^A+\rho_s^B)$ 便可得到对称四极剖面法的视电阻率计算公式。

(2) 视电阻率剖面曲线。在图 6-1-23 中，给出了按公式(6.1-55)计算的低阻球体上不同极距(AO)之联合剖面 ρ_s^A 与 ρ_s^B 曲线和 ρ_s^{AB} 的剖面曲线。对联合剖面曲线而言，无论哪种极距(AO)，其 ρ_s^A 和 ρ_s^B 曲线在球心正上方(或球顶上)均有一个交点($\rho_s^A=\rho_s^B$)，并在交点左边有 $\rho_s^A>\rho_s^B$，右边则 $\rho_s^B>\rho_s^A$。交点处的视电阻率值 $\rho_s<\rho_1$。通常将这种性质的交点称为"正交点"或"低阻交点"。由图可见，这时 ρ_s^A 的极小值出现在球体右边，而 ρ_s^B 的极小值则出在球体左边。

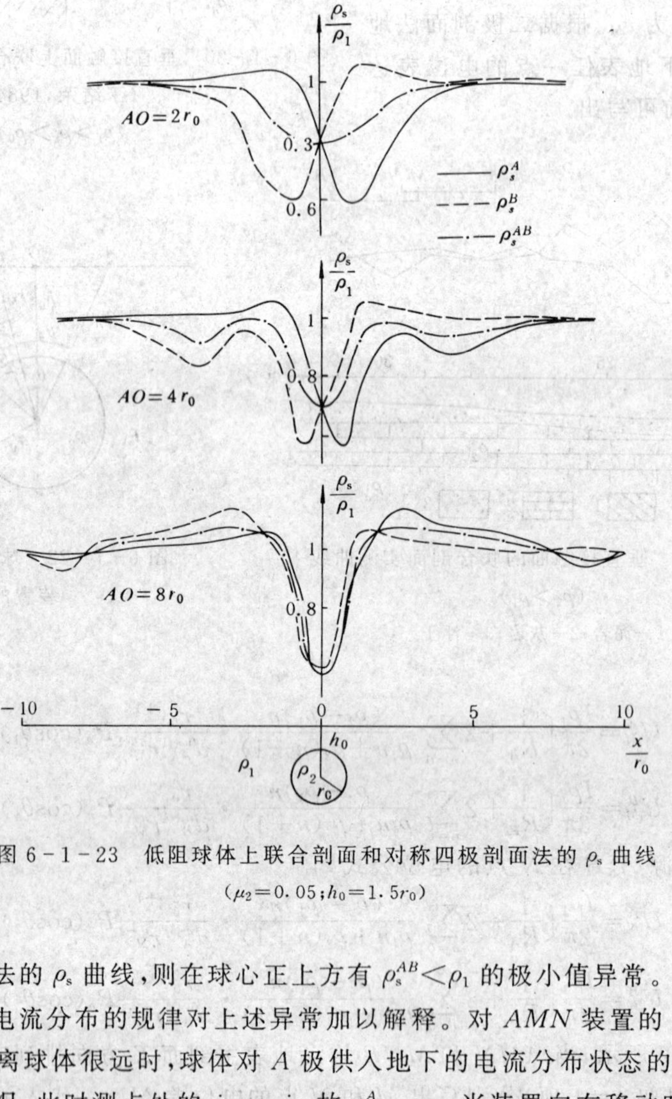

图 6-1-23 低阻球体上联合剖面和对称四极剖面法的 ρ_s 曲线

($\mu_2=0.05;h_0=1.5r_0$)

对称四极剖面法的 ρ_s 曲线，则在球心正上方有 $\rho_s^{AB}<\rho_1$ 的极小值异常。

下面根据地下电流分布的规律对上述异常加以解释。对 AMN 装置的 ρ_s^A 曲线而言，当装置位于球体左边并离球体很远时，球体对 A 极供入地下的电流分布状态的影响可忽略不计，相当于均匀介质情况，此时测点处的 $j_{MN}=j_0$，故 $\rho_s^A=\rho_1$。当装置向右移动时，因低阻球体"吸引"电流，使得位于供电电极右边的 MN 处之 j_{MN} 增大($j_{MN}>j_0$)，故 ρ_s^A 开始上升($\rho_s^A>\rho_1$)，并在某一位置取得极大值。随着 AMN 继续向右移动，球体对 A 极流出电流的"吸引"作用变为倾斜向下，这样 MN 处的电流密度又逐渐减小，致使 $j_{MN}<j_0$，于是 $\rho_s^A<\rho_1$。j_{MN} 的不断减小一直继续到 MN 极越过球顶以后，并在某一位置(此位置与极距 AO 大小、球体埋深以及球体半径大小有关)上达到最小，即 $j_{MN}\ll j_0$，这里 ρ_s^A 将有极小值。

以后，随着装置的右移，球体对 A 极电流的"吸引"作用开始减弱，于是 j_{MN} 有所增大(仍小

于 j_0），ρ_s^A 开始向 ρ_1 靠近，直到装置离开球体很远（实际上，大于两倍 AO 的距离）时，因 $j_{MN} \approx j_0$，所以 ρ_s^A 趋于围岩电阻率 ρ_1。

同样，也可用地下电流分布规律对 ρ_s^B 曲线作定性解释，不再重复。

当然，球体的作用也可用前述等效电流偶极子来代替。此时，用正常电流场（点源 A 产生的场）和异常电流场（偶极子场）的叠加方法对曲线进行解释。但是，需要注意偶极矩的方向随 A 极相对球体位置的不同将发生改变。

3. 脉状体上联合剖面法视电阻率异常

（1）良导薄脉上的视电阻率异常。所谓薄脉，是指脉的宽度比极距 L 小的情况。对于埋深为 H 的良导薄脉上的 ρ_s 曲线，目前还没有严密的理论计算公式，但已有大量的模型实验资料。图 6-1-24 为直立良导薄脉上的联合剖面曲线。根据 $\rho_s = \frac{j_{MN}}{j} \cdot \rho_{MN}$ 公式，可以定性地分析 ρ_s^A 及 ρ_s^B 曲线的特点。

首先分析 ρ_s^A 曲线：

① 当电极 AMN 在良导脉左侧且与之相距较远时，由于良导脉对电流的畸变作用较小，因此 $j_{MN}^A = j_0^A$，$\rho_s^A = \rho_1$（见曲线上的 1 号点）。

② 当 AMN 沿测线向良导脉接近时，良导脉吸引电流，使电流线偏向 MN 一侧，造成 MN 处的电流密度增大，即 $j_{MN}^A > j_0^A$，故 $\rho_s^A > \rho_1$，ρ_s 曲线上升（见曲线上的 2 号点）。

③ 随着 AMN 继续向右移动，良导脉对电流的吸引作用逐渐增强，致使 ρ_s^A 曲线继续上升，直到 MN 电极靠近脉顶时，由于良导脉向下吸引电流，使 j_{MN}^A 相对减小，ρ_s^A 曲线亦开始下降，因而在 3 号点形成了一个极大值。

④ 在 MN 接近脉顶到越过脉顶这个范围内，良导脉对电流的吸引作用最强烈，j_{MN}^A 急剧减小，因而 ρ_s^A 曲线也随之迅速下降。当 A 和 MN 各处在良导脉的一侧，由于良导脉的屏蔽作用使 ρ_s^A 曲线出现一段比较宽的低值段（见 4 号点）。

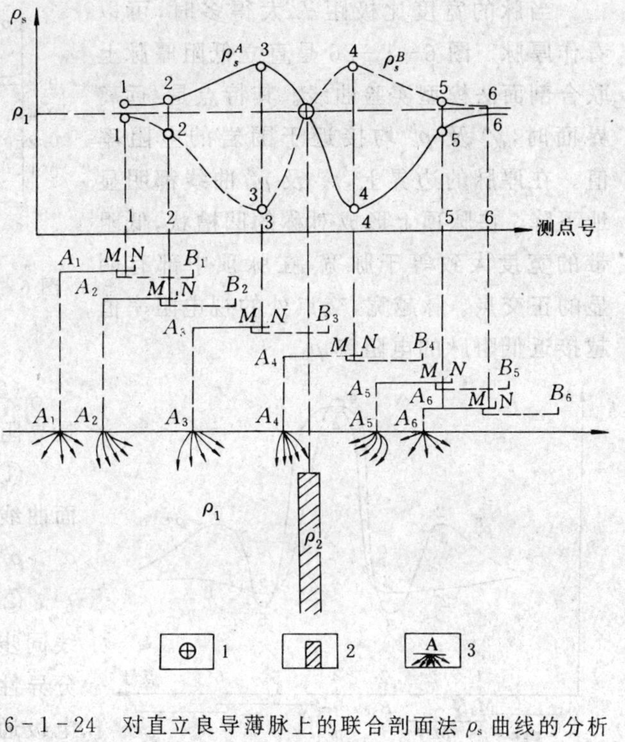

图 6-1-24 对直立良导薄脉上的联合剖面法 ρ_s 曲线的分析

1—正交点；2—良导薄脉；3—A 电极的电流线（示意图）

⑤ 当 AMN 都跨过脉顶后，随着电极继续向右移动，良导脉吸引电流的作用逐渐减弱，j_{MN}^A 逐渐增大，从而使 $\rho_s^A \approx \rho_1$（见曲线上的 5 和 6 号点）。

同理，可以分析 ρ_s^B 曲线。ρ_s^A 和 ρ_s^B 两条曲线相交，交点位于直立良导脉顶上方；且在交点左侧 $\rho_s^A > \rho_s^B$，交点右侧 $\rho_s^A < \rho_s^B$。前已述及，这样的交点称为联合剖面曲线的“正交点”。在正交点两翼，两条曲线明显地张开，一个达到极大值，另一个则为极小值，形成横“8”字式的明显歧离带。

在倾斜的良导薄脉上，两条曲线是不对称的，但仍然有正交点。交点位置在脉顶附近，稍移向倾斜一侧。图 6-1-25 为不同倾角时良导薄脉的模型实验曲线。可以看出随着倾角的减小，

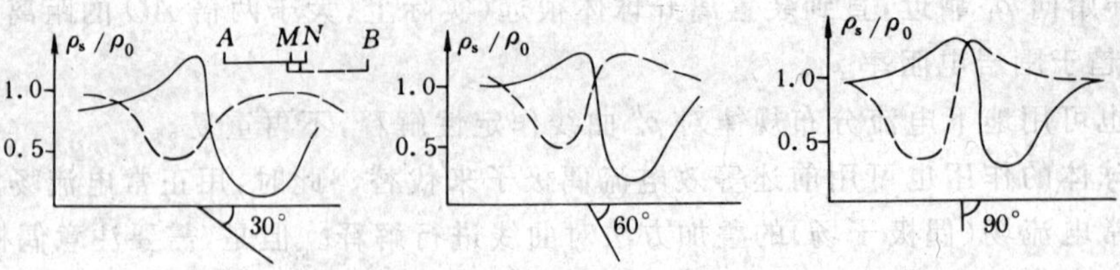

图 6-1-25　不同倾角时良导薄脉的联合剖面法 ρ_s 曲线

（实线—ρ_s^A 曲线；虚线—ρ_s^B 曲线）

两条曲线的不对称性越加明显。若低阻脉向 B 极方向倾斜，则 ρ_s^A 的极小值小于 ρ_s^B 的极小值。反之，则 ρ_s^B 极小值小于 ρ_s^A 极小值。综合各种实验结果得知，低阻薄脉倾角越小，埋藏越浅，以及极距 $L(=AO=BO)$ 适当地加大时，两条曲线的不对称性就越显著，正交点向倾斜方向的位移也越远。

当脉的宽度比极距 L 大得多时，可以看作厚脉。图 6-1-26 是直立低阻厚脉上联合剖面法模型实验曲线。其特点是：远离界面时，ρ_s^A 及 ρ_s^B 均接近于围岩的电阻率值。在厚脉的边界上，ρ_s^A 及 ρ_s^B 曲线都明显地下降。在脉顶上形成对称的凹槽状，低阻带的宽度大致等于脉宽，在脉顶中部有明显的正交点。脉越宽，交点处的视电阻率值越接近低阻脉的电阻率 ρ_2。

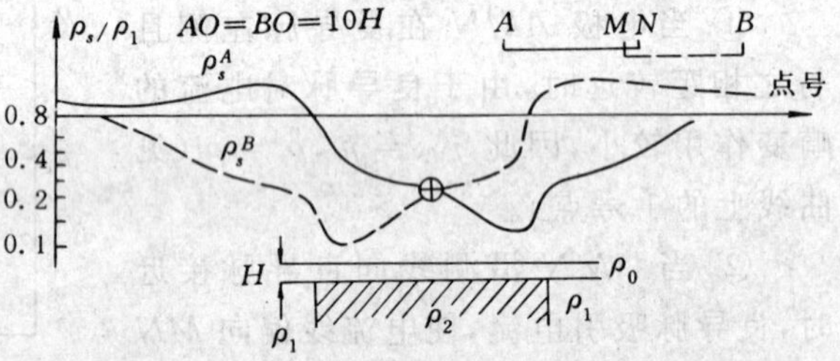

图 6-1-26　直立低阻厚脉上的联合剖面法 ρ_s 曲线

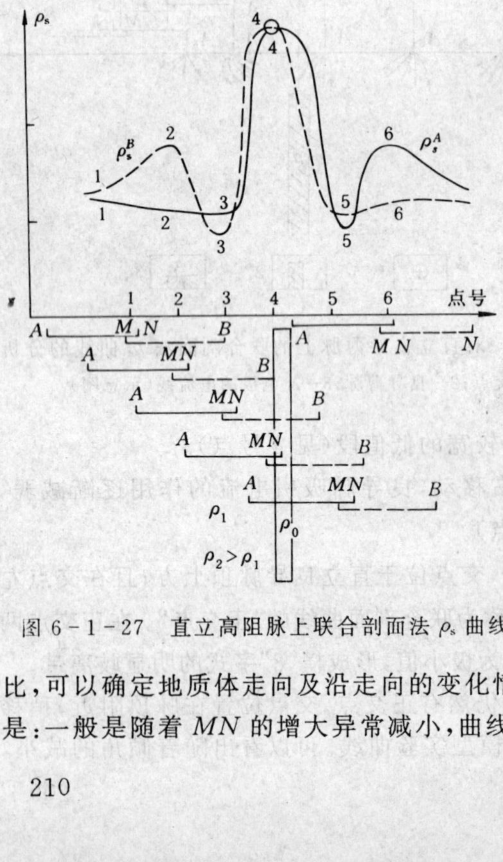

图 6-1-27　直立高阻脉上联合剖面法 ρ_s 曲线

（2）高阻脉上的联合剖面曲线。图 6-1-27 是高阻脉上联合剖面法模型实验曲线。其特点为：

① 高阻脉顶上方有一个不太明显的联合剖面曲线的“反交点”。“反交点”的左侧 $\rho_s^A < \rho_s^B$；右侧 $\rho_s^A > \rho_s^B$。

② 脉顶上呈现高阻异常，其两侧 ρ_s^A 和 ρ_s^B 曲线同步下降并各自出现极小值。故 ρ_s^A 和 ρ_s^B 曲线分异性差，歧离幅度很小。值得注意的是，当供电电极通过高阻脉时，在相应的 ρ_s 曲线上还会出现一个次级的峰值。

综上分析可知，联合剖面法 ρ_s 曲线的交点坐标可以确定球心在地表的投影位置，并由交点的性质指明球体相当围岩电阻率的高低，正交点说明球体为低阻体，反交点为高阻体。对于有走向的地质体来说，把测量结果绘成 ρ_s 剖面图和剖面平面图。通过剖面平面图中相邻剖面 ρ_s 曲线的对比，可以确定地质体走向及沿走向的变化情况。最后指出，测量电极 MN 大小对 ρ_s 异常的影响是：一般是随着 MN 的增大异常减小，曲线变平滑。

（四）偶极剖面法

偶极剖面法（傅良魁，1991）（以下简称偶极法），由于供电和测量皆为偶极装置，故又称双偶极或偶极—偶极法，它一般采用轴向排列。该法也是目前金属矿及其他矿产资源调查中的一种常用方法，尤其在频率域激发极化法配合测量时，其应用更为普遍。本节将通过对球体和板状体上偶极 ρ_s 异常的认识，掌握其异常特征以便解决有关的地质问题。

1. 球体上视电阻率异常

（1）视电阻率表达式。根据点源电流场中有球体存在时的球外电位表达式（6.1－39），对 $AB=MN=a$ 和 $BM=na$ 的偶极装置（见图 6－1－28）而言，当只取 $n=1$ 的一项时可近似地写出球体主剖面上 $\rho_s^{OO'}$ 的表达式：

$$\rho_s^{OO'}=\rho_1\left\{1+an(n+1)(n+2)\cdot\frac{\mu_{12}-1}{2\mu_{12}+1}\cdot r_0^3\left[\left(\frac{\cos\theta_3}{d_B^2r_M^2}-\frac{\cos\theta_4}{d_B^2r_N^2}\right)-\left(\frac{\cos\theta_1}{d_A^2r_M^2}-\frac{\cos\theta_2}{d_A^2r_N^2}\right)\right]\right\} \quad (6.1-56)$$

式中 n 表示电极的间隔系数。

（2）视电阻率剖面曲线。利用公式（6.1－56），可计算出不同 μ_2 和不同极距（n）的 $\rho_s^{OO'}$ 剖面曲线。另外，在偶极剖面法中，为了更直观地了解不同深度的地质情况和进一步对异常作解释，通常还根据用 3～4 种电极距所获得的视电阻率值作 $\rho_s^{OO'}$ 拟断面图，如图 6－1－29 所示。以供电偶极 AB 之中点 O 和测量偶极 MN 之中点 O' 的连线长度为底边，作等腰直角三角形，取直角顶点为记录点，并将相应的 ρ_s 值标在旁边。当改变电极距（n）时，按同样方法又可画出同一测点不同 n 值的直角顶点，并同时标出相应的 ρ_s 值，而后便可按一定间隔勾绘 ρ_s 的等值线。一般说，随着极距的加大，探测深度也加大。所以这种图件的上部反映浅部情况，而下部则反映深部情况。下面结合具体的地电断面，可逐步了解这种图件的作用。

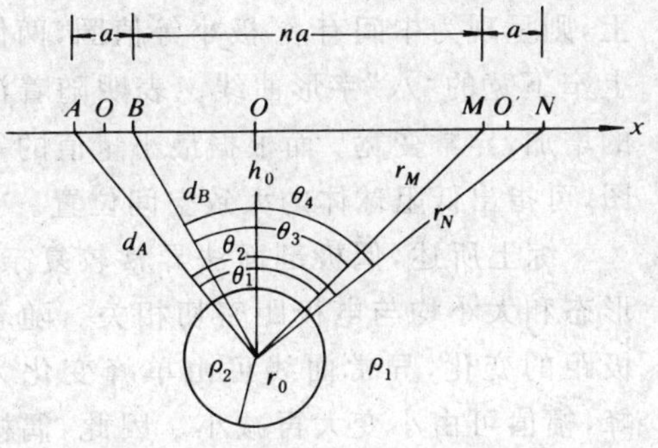

图 6－1－28　球体上偶极装置的电位计算简图

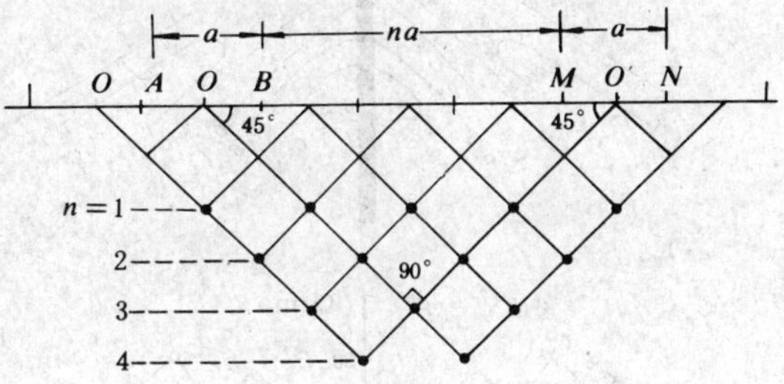

图 6－1－29　偶极剖面法拟断面图的绘制方法示意图

对于低阻球体，当取 $h_0=1.5r_0$、$\mu_2=0.05$ 和 $a=1$ 时，按式（6.1－56）所计算的 $\rho_s^{OO'}$ 剖面曲线及其拟断面图示于图 6－1－30。

由图可见，剖面曲线在电极距较小时，在球体上方 $\rho_s^{OO'}$ 有极小值，两侧有两个对称的不大的极大值。随着极距（n）增加，球顶上方的极小值的幅值，开始时增加，而后又变小形成次级极大值（如 $n=3$ 的情况），并在球体两侧出现两个极小值，形成向下的“双谷”。当极距进一步加大时，球顶上的次级极大值进一步升高，同时双谷向球体两侧位移且距离变大。当极距很大（如 $n=5$ 的情况）时，球顶上的视电阻率极大值继续增加变为大于 ρ_1 的最大值。与此同时，“双谷”的两个极小点间距离变得很大（近似等于 OO'），实际上大极距的 $\rho_s^{OO'}$ 曲线，可看成是两个中间梯度异常。容易理解，$\rho_s^{OO'}$ 剖面曲线随着极距的增加而出现的“双谷”，是当供电偶极（AB）或测量偶极（MN）通过球顶时形成的。在这种情况下，由于低阻球体吸引电流的作用最强，使 MN 处的电流密度最小，故 $\rho_s^{OO'}$ 在那里便出现极小值。

关于偶极剖面 $\rho_s^{OO'}$ 曲线随电极距（n）的变化过程，可用供电偶极在地面供电时，地下电流场的分布规律进行解释。即根据供电偶极相对于球体所处不同位置，将球体的作用用一具有不同偶极矩方向的等效电流偶极源代替，然后由供电偶极和等效电流偶极源在测量偶极处的正常电场和异常电场分布相叠加，便可得到较满意的物理解释。

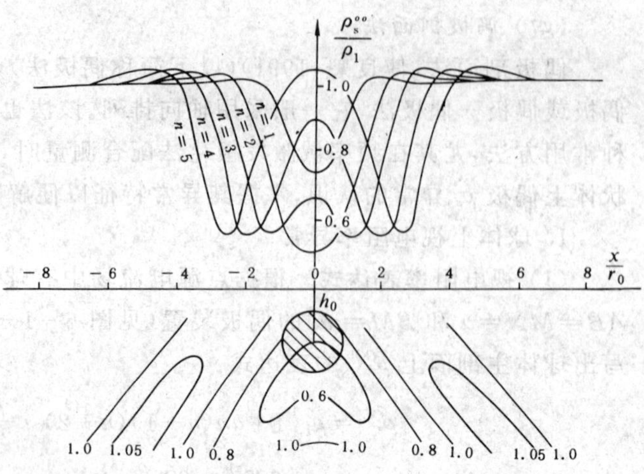

图 6-1-30　低阻球体上偶极剖面法的 ρ_s 剖面曲线与拟断面图

上述结果表明，$\rho_s^{OO'}$ 在某一极距时取得异常极大值，说明该法有最佳极距。计算结果表明，最佳极距的大小与球心埋藏深度（h_0）有关，对埋藏较深的矿体，应采用较大电极距方能取得最大异常值。

上述 $\rho_s^{OO'}$ 剖面曲线随极距的变化特征和规律，反映到图 6-1-30 中的拟断面图上，则呈现为中间有 ρ_s 极小等值圈，两侧有上窄下宽的“八”字形曲线。表明随着深度的增加，异常变宽。而根据最小量值的等值图，可指出低阻球体的大致空间位置。

综上所述，偶极剖面法异常较复杂，其形态和大小均与电极距密切相关。随着电极距的变化，异常曲线可由单峰变化为双峰，幅值可由小变大再减小。因此，偶极装置采用多种极距，并辅以等值断面图作解释是必要的。

高阻球体上的 $\rho_s^{OO'}$ 剖面曲线和拟断面图异常特征与低阻球体的特征基本类似，不同的是曲线的高、低是相反的，且高阻球体的异常幅值较低球体的异常幅值小。

2. 板状体上视电阻率异常

下面将讨论偶极剖面法在产状不同的低阻和高阻板状体上实验所得的 $\rho_s^{OO'}$ 剖面

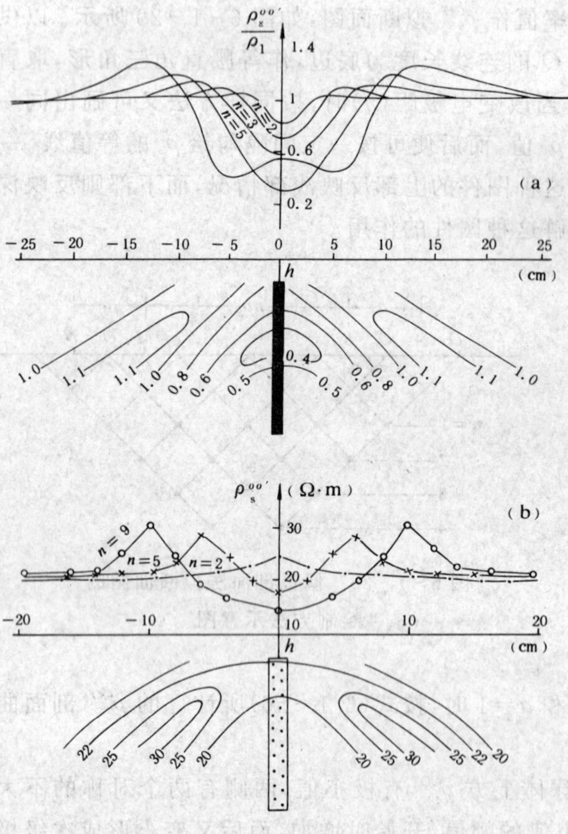

图 6-1-31　直立板状体上偶极剖面法的 ρ_s 剖面曲线与拟断面异常图

(a) 直立铜板（h=2.5cm）；(b) 直立高阻浸染石墨板（h=2cm）

（AB=MN=2cm）

曲线及其拟断面图异常特征。

(1) 直立板状体。由图 6-1-31(a)可见，良导电直立铜板上的 $\rho_s^{OO'}$ 曲线剖面异常和拟断面异常的形态特征及其与电极距的关系，皆与上述低阻球体异常类似。然而，图 6-1-31(b)所示直立高阻板状体的情况却有所不同：随着电极距的增加，异常一直变大，最后趋于饱和值。因此，在直立高阻板上偶极的 ρ_s 异常无相应的最佳极距。在拟断面图上亦不出现封闭等值线圈，而成半封闭的"八"字形曲线。这时的高阻半封闭异常并不与高阻脉的空间位置吻合，而是位于它的两侧。这是由于随着极距(n)的增加，高阻"双峰"的极大值向外位移所产生的。因此，对这种有异常处而无"矿"的情况作解释时，应予以注意。

(2) 倾斜板状体。由图 6-1-32 可见，在倾斜板状体(高阻或低阻)上曲线均表现为不对称，其特点是，低阻板在倾斜方向变化缓，反倾斜方向变化陡；高阻板则与其相反，并且随着极距的增加，不对称性越来越明显。

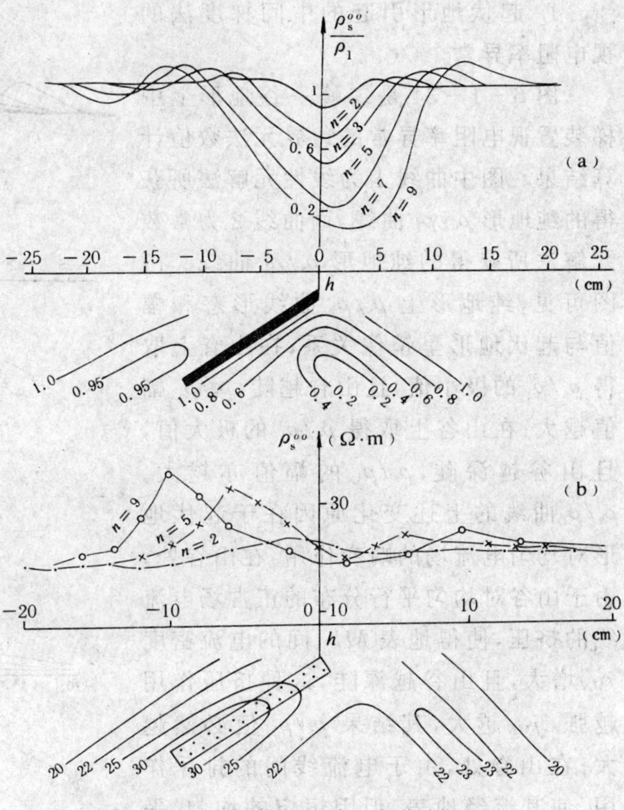

图 6-1-32 倾斜板状体上偶极剖面法 ρ_s 剖面曲线与拟断面异常图

(a) 倾斜(30°)铜板(h=2.5cm)；(b) 倾斜(30°)高阻浸染石墨板(h=2cm) ($AB=MN$=2cm)

此外，极距增加时，异常一直变大，最后均趋于各自的饱和值，故均无相应的最佳极距。

由图还可看出，随着极距增加异常变大的同时，异常曲线的极值点发生明显位移。对于低阻板，其 $\rho_s^{OO'}$ 的极小值点向反倾斜方向位移，对于高阻板，则 $\rho_s^{OO'}$ 的极大值点向倾斜方向位移。故在拟断面图上，低阻板的低值异常半封闭曲线落在反倾斜方向；而高阻板的高值异常半封闭曲线则与其倾斜方向一致，且在空间位置上也较吻合。

(3) 水平板状体。由图 6-1-33 可见，水平良导板上 $\rho_s^{OO'}$ 剖面曲线随极距增大的变化规律及其拟断面异常的分布形态均与上述直立高阻板的情况相似。而在水平高阻板上 $\rho_s^{OO'}$ 剖面曲线随极距增大的变化规律及其拟断面异常的分布形态却与上述直立良导板情况相同。对板状体情况而言，电阻率不同和产状呈正交，而异常形态、特点和分布规律相同的现象被称为偶极剖面法异常的"正交特性"。该特性的实质是，由供入地下的电流在从正极流向负极的路径中，具有通过低阻、绕过高阻和尽量流经最短距离等性质决定的。因此，利用前述地下电流场分布的基本规律和偶极源在地面供电时地下电流的分布特征，不难对上述"正交特性"作出正确的物理解释。

(五) 电剖面法主要干扰因素引起的视电阻率假异常

起伏地形和地表局部电性不均匀均使 ρ_s 异常形态发生畸变，甚至产生假异常。为了压制和削弱地形影响，可用数值计算、物理模拟方法得出地形异常，然后对电测资料进行改正。为此，要认识地形引起的视电阻率异常特征，以便识别有用信号。

1. 起伏地形引起的中间梯度法的视电阻率异常

图 6-1-34 是二峰一谷地形上中梯装置视电阻率异常的边界元法数值计算结果。图中曲线 1 为线性元解法所获得的纯地形 ρ_s/ρ_1 曲线，而曲线 2 为常数元解法所获得的纯地形 ρ_s/ρ_1 曲线。由图可见，纯地形上 ρ_s/ρ_1 曲线形态和幅值与起伏地形呈镜像关系；在山脊上取得 ρ_s/ρ_1 的极小值，且山脊越陡，ρ_s/ρ_1 幅值越大；在山谷上取得 ρ_s/ρ_1 的极大值，且山谷越深陡，ρ_s/ρ_1 的幅值亦越大。ρ_s/ρ_1 曲线的上述变化原因在于起伏地形对均匀电流场的畸变作用：在山谷处，由于山谷对均匀平行分布的正常场电流线的挤压，使得地表 MN 间的电流密度 j_{MN} 增大，且山谷越深陡，这种挤压作用越强，j_{MN} 越大，其结果 ρ_s/ρ_1 值必然越大；在山脊处，由于电流线间的排斥作用，使其流经地表，但因恒定的均匀、平行分布的正常电流线在该处变为稀疏，使得地表 MN 间的 j_{MN} 减小，且山脊越高、越陡，j_{MN} 也就越小，其结果必然使 ρ_s/ρ_1 值越小。

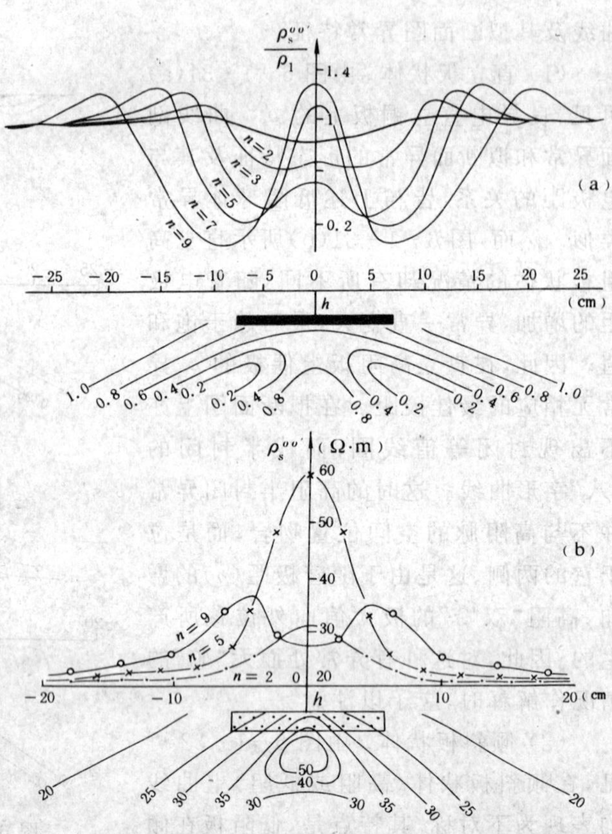

图 6-1-33 水平板状体上偶极剖面法 ρ_s 剖面曲线及拟断面异常图($AB=MN=2$cm)

(a) 水平铜板($h=2.5$cm)；(b) 水平高阻浸染石墨板($h=2$cm)

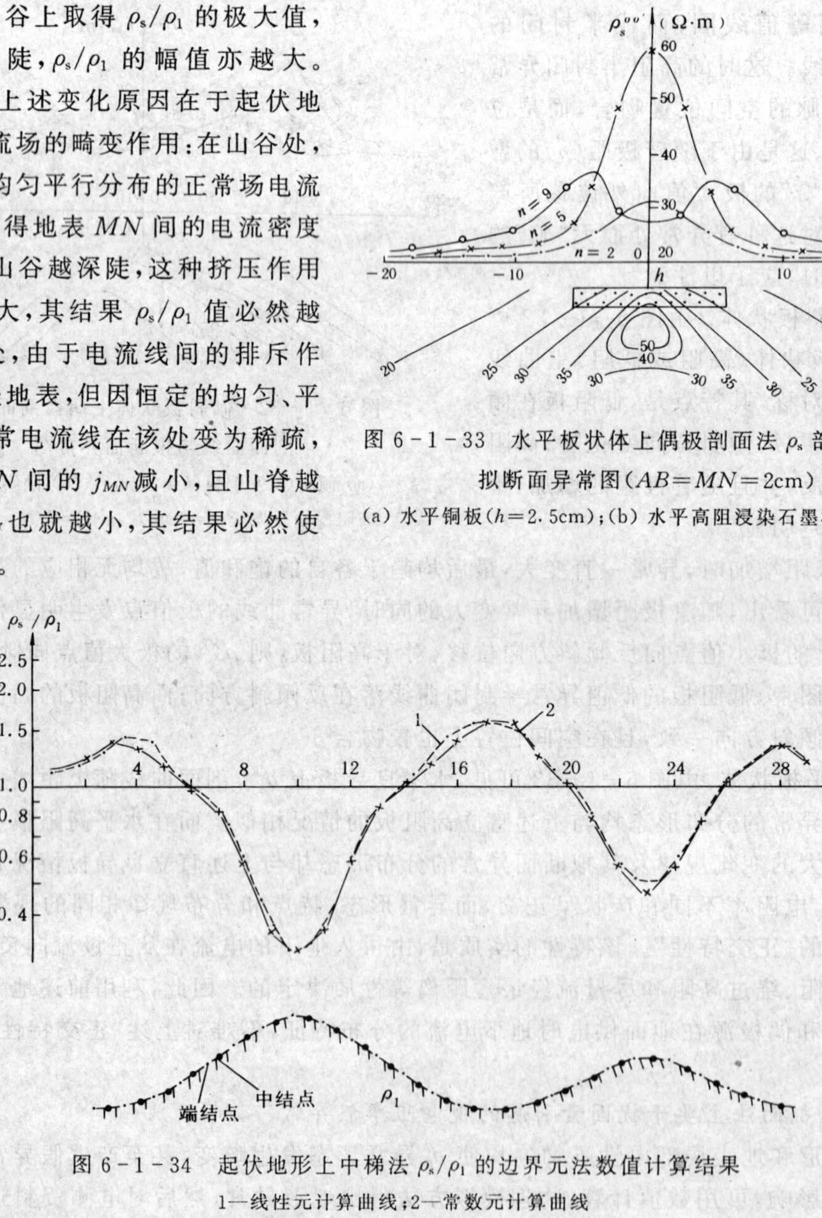

图 6-1-34 起伏地形上中梯法 ρ_s/ρ_1 的边界元法数值计算结果

1—线性元计算曲线；2—常数元计算曲线

2. 起伏地形引起的二极法的视电阻率异常

如图 6-1-35 表示，在地下无矿的纯山脊、山谷地形上，二极法土槽实验的 ρ_s 剖面曲线具有明显的异常。由图可见，在山脊上 ρ_s 有极大，两侧山脚处有极小；在山谷上则 ρ_s 有极小，而两侧有极大，ρ_s 异常与地形起伏变化具有相同规律。

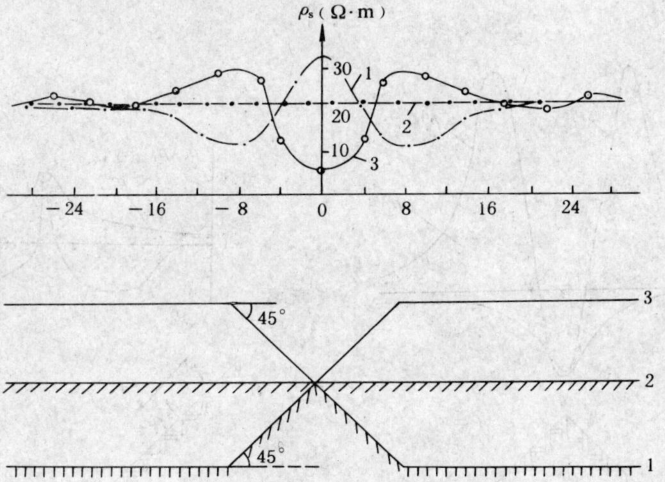

图 6-1-35 纯山脊、山谷地形上二极法土槽实验的 ρ_s 剖面曲线

1—山脊；2—平地；3—山谷；AM=8cm

可用镜像法不难解释地形引起的视电阻率异常，值得指出的二极法是实测电位，在了解了虚源极性后，与实源是代数叠加关系。

3. 联合剖面法实测曲线遇到的干扰

前面所讨论的是在地形水平，围岩电性均匀的理想条件下，几种简单几何形体上联合剖面法 ρ_s 曲线的特点。但是，在实际工作中情况是十分复杂的。地表电性不均匀可以引起 ρ_{MN} 的变化；地形的起伏可以影响电流密度 j_{MN} 的分布，有时单纯地形影响就会引起与矿体相似的异常；相邻导电体的干扰也可以造成异常的畸变。这些因素都将使 ρ_s 曲线大大复杂化。因此，在进行资料解释之前，必须结合实地情况对实测曲线进行分析，识别异常，进行正确的地质解释。

下面列举一些模型实验资料与实例，简要说明干扰因素引起 ρ_s 曲线变化的特点。

(1) 表土电性不均匀时对 ρ_s 曲线的影响。在野外实际工作中，地表覆盖层电性不均匀，将导致 ρ_s^A 及 ρ_s^B 曲线出现锯齿状跳动。

当极距 L 大于电性不均匀体半径的 5 倍时，局部不均匀体对 ρ_s^A 和 ρ_s^B 的影响近似地相等，并且 ρ_s^A 和 ρ_s^B 呈同步上下跳动(见图 6-1-36(b))。这时可以取 ρ_s^A 与 ρ_s^B 的比值 $F^A=\frac{\rho_s^A}{\rho_s^B}$；$F^B=\frac{\rho_s^B}{\rho_s^A}$来压制表土电性不均匀的影响。如图 6-1-36(a)所示，F^A 与 F^B 曲线不仅压

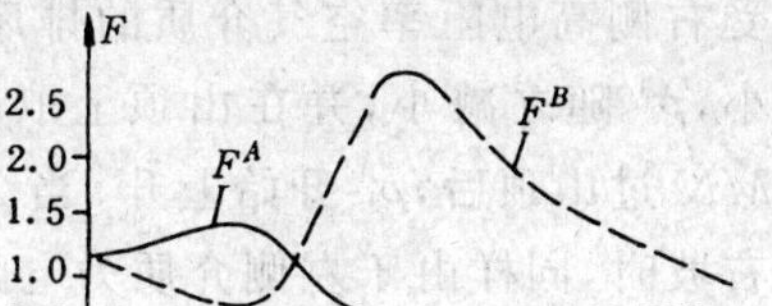

图 6-1-36 表土电性不均匀对联合剖面装置 ρ_s 曲线的影响

(a) F^A 与 F^B 曲线；(b) ρ_s^A 与 ρ_s^B 曲线

制了局部电性不均的影响，而且在矿体顶部出现了比较清晰的正交点。

(2) 地形对 ρ_s 曲线的影响。在联合剖面法工作中，地形对 ρ_s 曲线的影响是比较严重的。有时由地形引起的 ρ_s 曲线的形态和幅度变化与矿体所引起的相当，甚至幅度更大。

图 6-1-37(a)和图 6-1-37(b)分别是无限长斜坡的山脊和山谷上的联合剖面法的 ρ_s 曲线。

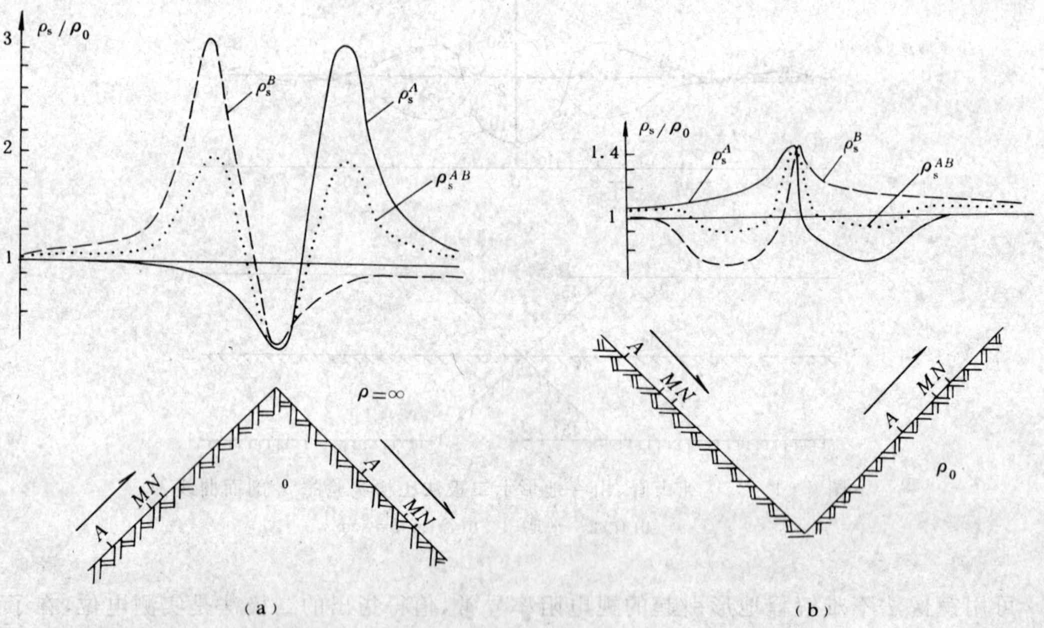

图 6-1-37 起伏地形上的联合剖面装置的 ρ_s 曲线

(a) 山脊；(b) 山谷

对于顶角为 90°的山脊地形影响可作如下分析。当 AMN 都在左坡时，可把左坡坡面当作水平面，并向右作虚线延伸，其右侧介质即为电阻率 $\rho=\infty$ 的空气。AMN 向山顶移动时，j_{MN} 因受右侧高电阻率空气介质的排斥作用而减小，ρ_s^A 随之减小，并在山顶上取得极小值。MN 过山顶后，ρ_s^A 开始上升。当 AMN 都在右坡时，同样由于左侧介质为电阻率 $\rho=\infty$ 的空气，因而 A 位于山顶时高阻空气排斥电流作用最强，使 j_{MN} 最大，ρ_s^A 取得极大值。AMN 顺着右坡远离山顶移动，排斥作用逐渐减弱，ρ_s^A 值开始下降，在离山顶足够远时，ρ_s^A 将等于介质电阻率 ρ_0。ρ_s^B 曲线为 ρ_s^A 的镜像(因为山脊是对称的)，于是在山脊上出现“反交点”，交点的 ρ_s 值较低，而且位于两曲线极小值处。

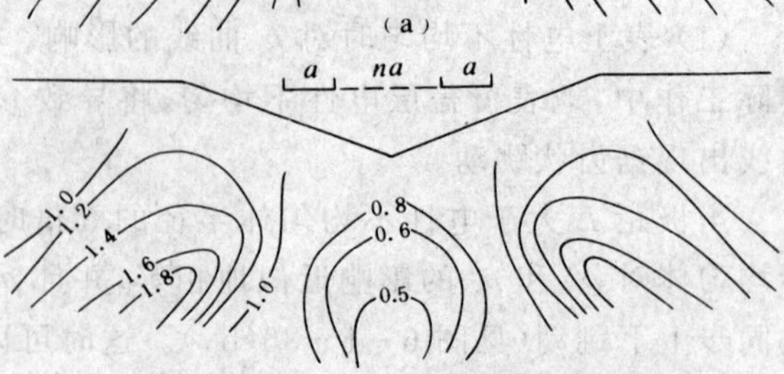

图 6-1-38 偶极剖面装置纯地形 ρ_s 异常的拟断面图

4. 起伏地形引起的偶极装置的视电阻率异常

图 6-1-38(a)、(b)分别为山脊和山

谷上偶极剖面装置纯地形 ρ_s 异常拟断面图。由图可见，山脊上以高阻异常为主，两侧有低阻异常带；山谷上则相反，以低阻异常为主，两侧有高阻异常带。

在山脊上联合剖面法 ρ_s 曲线为低阻异常，而偶极剖面法 ρ_s 曲线则为高阻异常。这是由于两种方法所规定的记录点不同造成的。当记录点位于山顶时，联合剖面法的 MN 极正处于山顶，而偶极剖面法的 AB、MN 极却分别处于山顶两侧。同理，在山谷上两种方法也有类似差别。

三、电阻率测深法

电阻率测深法简称电测深，是用来探明水平层状（或近水平层状）岩石在地下分布情况的一组电阻率法变种。根据所用装置的不同，电测深法有三极测深、对称四极测深、偶极测深、温纳测深、五极纵轴测深等方法。其中用得最广的是对称四极测深，又称垂向电测深。每个测点的电测深观测结果，绘制成一条视电阻率 ρ_s 随极距 $\left(\frac{AB}{2}\right)$ 变化的电测深曲线。通常将电测深曲线绘在双对数坐标纸上，其横坐标表示供电极距 $\left(\frac{AB}{2}\right)$，纵坐标表示相应的视电阻率值。电测深曲线反映了测点下方垂直方向上电性层的变化情况。

（一）水平层状大地上对称四极测深

1. 多层水平地层上的对称四极电测深视电阻率表示式

（1）多层水平地层地面点电流源的电场。如图 6-1-39 所示，水平地面下有 n 层水平地层，各层电阻率分别为 $\rho_1, \rho_2, \cdots, \rho_n$；各层厚度分别为 $h_1, h_2, \cdots, h_{n-1}$；各层底面到地表的距离分别为 $H_1, H_2, \cdots, H_{n-1}, H_n \to \infty$。设地面点电流源 A 的强度为 I。为求各层中的电位表达式，将柱坐标系的原点设在 A 点，Z 轴垂直向下。在所设条件下，电位与 φ 角无关，满足如下形式的拉普拉斯方程：

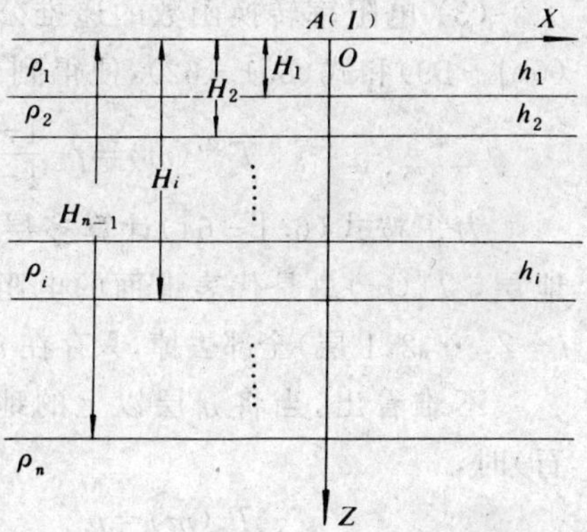

图 6-1-39　多层水平地层模型

$$\frac{\partial^2 U}{\partial r^2}+\frac{1}{r}\cdot\frac{\partial U}{\partial r}+\frac{\partial^2 U}{\partial z^2}=0$$

用分离变量法求出上式的解后，可得出地面点（$z=0$）的电位表达式

$$U=\int_0^\infty\left[\frac{I\rho_1}{2\pi}+2B_1(m)\right]J_0(mr)\mathrm{d}m \qquad (6.1-57)$$

式中 $J_0(mr)$ 为零阶第一类贝赛尔函数；$B_1(m)$ 为积分变量 m 的函数。

对于层数确定的水平地层，根据地层界面上电位和电流密度法向分量连续的边界条件，可具体求出 $B_1(m)$ 的表示式。例如，最简单的二层水平地层，利用 ρ_1 和 ρ_2 岩层分界面的相应边界条件可具体求出

$$B_1^{(2)}(m)=\frac{I\rho_1}{2\pi}\cdot\frac{K_{12}\mathrm{e}^{-2mh_1}}{1-K_{12}\mathrm{e}^{-2mh_1}} \qquad (6.1-58)$$

对于多层水平断面的情况，求解根据边界条件形成的 $2(n-1)$ 个线性方程组，同样可具体求出 $B_1(m)$ 的表现形式。不过，对于多层情况，解 $2(n-1)$ 个线性方程组求系数 $B_1(m)$ 是十分繁琐的。

（2）多层水平地层上电测深的 ρ_s 表示式和电阻率转换函数。

令式（6.1-57）中的

$$B_1(m)=\frac{I\rho_1}{2\pi}B(m) \qquad (6.1-59)$$

则地面电位公式变为：

$$U=\frac{I\rho_1}{2\pi}\int_0^{\infty}[1+2B(m)]J_0(mr)\mathrm{d}m \tag{6.1-60}$$

若采用 $MN\to 0$ 的装置测量，相应的 ρ_s 表达式为：

$$\rho_s(r)=2\pi r^2\frac{E}{I}=\frac{2\pi r^2}{I}\left(-\frac{\partial U}{\partial r}\right)$$

将式(6.1-60)对 r 微分后代入上式后，得

$$\rho_s(r)=\rho_1 r^2\int_0^{\infty}[1+2B(m)]J_1(mr)m\mathrm{d}m \tag{6.1-61}$$

令 $$T_1(m)=\rho_1[1+2B(m)] \tag{6.1-62}$$

则多层水平地层上的电测深 ρ_s 公式简写成：

$$\rho_s(r)=r^2\int_0^{\infty}T_1(m)J_1(mr)m\mathrm{d}m \tag{6.1-63}$$

式中，$T_1(m)$定义为电阻率转换函数，又称核函数。可见，电阻率转换函数与各层的层参数(厚度和电阻率)及积分量 m 有关。

(3) 电阻率转换函数的递推公式。对于二层水平地层情况，若将式(6.1-58)先后代入式(6.1-59)和式(6.1-62)，便得到二层水平地层的电阻率转换函数 $T_1^{(2)}(m)$

$$T_1^{(2)}(m)=\rho_1\frac{1+K_{12}\mathrm{e}^{-2mh_1}}{1-K_{12}\mathrm{e}^{-2mh_1}} \tag{6.1-64}$$

为了按式(6.1-64)计算多层水平地层的 ρ_s 理论曲线，统一遵守如下规定：无论为几层地层，$T_1(m)$总是代表地面的电阻率转换函数，而 $T_i(m)$表示将第 i 层以上各层(即第 $i-1$，$i-2$，…，2，1 层)全部去掉，只存在 i，$i+1$，$i+2$，…，$n-1$，n 层时，第 i 层表面的电阻率转换函数。

不难看出，当将 n 层以上的地层全部去掉，只剩下电阻率为 ρ_n 的第 n 层(半无限均匀岩石)时，

$$T_n(m)=\rho_n \tag{6.1-65}$$

当存在第 $n-1$ 和第 n 层这两层时，根据式(6.1-64)可写出

$$T_{n-1}(m)=\rho_{n-1}\frac{\rho_{n-1}(1-\mathrm{e}^{-2mh_{n-1}})+\rho_n(1+\mathrm{e}^{-2mh_{n-1}})}{\rho_{n-1}(1+\mathrm{e}^{-2mh_{n-1}})+\rho_n(1-\mathrm{e}^{-2mh_{n-1}})}$$

照此一层层地向上累加，可写出任一层的电阻率转换函数。归纳这些函数表达式，可得出向上递推公式

$$T_i(m)=\rho_i\frac{\rho_i(1-\mathrm{e}^{-2mh_i})+T_{i+1}(m)(1+\mathrm{e}^{-2mh_i})}{\rho_i(1+\mathrm{e}^{-2mh_i}+T_{i+1}(m)(1-\mathrm{e}^{-2mh_i})} \tag{6.1-66}$$

电阻率转换函数递推公式(6.1-66)的导出，免去应用边界条件解方程组求系数 $B_1(m)$的计算，开辟了正演计算层状大地电测深曲线的新领域(Ghosh，1971；Koefoed，1979)。

2. 水平地层的电测深曲线

二层和三层水平地层，是最简单、最常见的地电断面，二层和三层电测深曲线是讨论多层水平地层上电测深曲线的基础。因此，我们着重讨论二层和三层地电断面的电测深曲线。

(1) 二层水平地层的电测深 ρ_s 曲线

① 二层电测深曲线的类型。如图 6-1-40，二层水平地层的上层岩石电阻率为 ρ_1，厚度为 h_1，其下层岩石的电阻率为 ρ_2，厚度无限大。根据两层岩石电阻率比值$\left(\mu_{12}=\frac{\rho_2}{\rho_1}\right)$的不同，二层水平地层上的电测深 ρ_s 曲线分为两种类型：

若 $\rho_2<\rho_1$，即 $\mu_{12}<1$ 时，则电测深曲线 ρ_s 为 D 型，如图 6-1-40(a)所示。若 $\rho_2>\rho_1$，即 μ_{12}

>1 时，则电测深曲线 ρ_s 为 G 型，如图 6－1－40(b)所示。

② 二层电测深曲线的性质。二层曲线的前段以 $\rho_s=\rho_1$ 的水平直线为渐近线。对于二层水平地电断面。当电极距 $\frac{AB}{2}\ll h_1$ 时，地下电流主要分布在第一层内，第二层岩石对电场分布的影响很小，地下犹如是电阻率等于 ρ_1 的均匀岩石情况，故不论 μ_{12} 为何值，二层曲线的前支渐近线均为 $\rho_s=\rho_1$ 的水平直线。

二层曲线中段的形态决定于 μ_{12} 值，D 型曲线中段 ρ_s 值单调下降；G 型曲线中段 ρ_s 值单调上升。当供电极距 $\frac{AB}{2}$ 增大至接近第一层厚度 h_1 时，ρ_2 岩石对测点附近电流分布的影响不可忽略，若基底为高阻，向上排挤电流，使 j_{MN} 增大，于是 $\rho_s>\rho_1$。并且极距愈大，电流分布受 ρ_2 影响愈甚；μ_{12} 值愈大，ρ_s 随极距增加愈快，曲线中段上升愈陡。若基底为低阻，ρ_2 岩石向下吸引电流，使 j_{MN} 减小，因而 $\rho_s<\rho_1$。同样，极距愈大，电场分布受 ρ_2 影响愈甚；μ_{12} 愈小，D 型曲线中段愈陡。

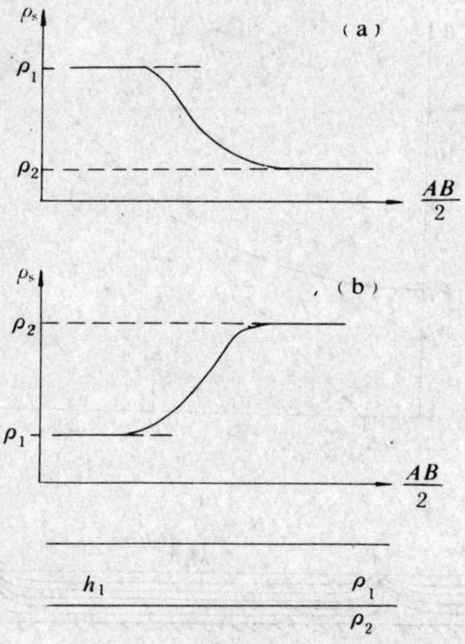

图 6－1－40　二层水平地层的电测深 ρ_s 曲线

(a) D 型；(b) G 型(ρ_2 为有限值)

研究结果表明(傅良魁，1959)，二层曲线上升或下降最陡段(即过拐点切线)的斜率值为 μ_{12} 的函数，并指出，所有 G 型曲线过拐点之切线皆通过第一层特征点 $O_1(h_1,\rho_1)$。二层曲线中段的上述性质，在对实际曲线进行解释时十分有用。

当 ρ_2 为有限值时，二层曲线尾段以 $\rho_s=\rho_2$ 的水平直线为渐近线。

当 $\frac{AB}{2}\ll h_1$ 时，测点深处的电流近似呈水平分布。根据电场强度切向分量连续的边界条件，有

$$E_{1t}=E_{2t}$$

或写成　$j_{1t}\cdot\rho_1=j_{2t}\cdot\rho_2$

在所设条件下，　$j_{1t}\approx j_1,\ j_{2t}\approx j_2$

故有　$j_1\cdot\rho_1=j_2\cdot\rho_2$

$$\rho_s=\frac{j_{MN}\rho_{MN}}{j_0}=\frac{j_1\rho_1}{j_0}=\frac{j_2\rho_2}{j_0}$$

当 $\frac{AB}{2}\gg h_1$ 时，地中电流大部分分布在基岩中，即有 $j_2\approx j_0$，代入上式得

$$\rho_s=\rho_2$$

应当特别指出，$\rho_2\to\infty$ 的 G 型曲线尾段渐近线与以上情况不同：是与横坐标轴呈 45°交角的一条倾斜直线。

对于 $\rho_2\to\infty$ 的二层断面，电流几乎流不进基岩中去，当 $\frac{AB}{2}\gg h_1$ 时，电流均在第一层中沿水平方向流动，如图 6－1－41(a)，故测点处的电流密度为：

$$j_{MN}=\frac{I}{\pi\left(\frac{AB}{2}\right)h_1}$$

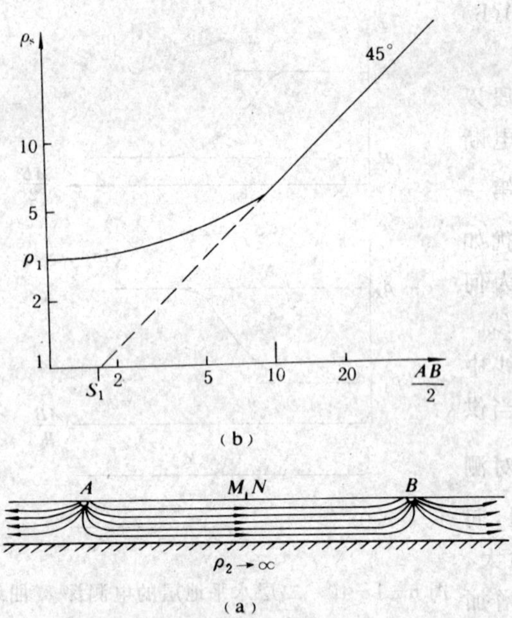

图 6-1-41　$\rho_2\to\infty$的二层电测深曲线

(a) $\rho_2\to\infty$时的电流分布图；(b) $\rho_2\to\infty$时的二层曲线

于是

$$\rho_s=\frac{j_{MN}}{j_0}\cdot\rho_{MN}=\frac{\dfrac{I}{\pi\left(\dfrac{AB}{2}\right)h_1}}{\dfrac{I}{\pi\left(\dfrac{AB}{2}\right)^2}}\cdot\rho_1=\frac{\dfrac{AB}{2}}{S_1}$$

式中$S_1=\dfrac{h_1}{\rho_1}$，为第一层的纵向电导。

在双对数坐标中，$\rho_2\to\infty$的ρ_s曲线尾段方程为：

$$\lg\rho_s=\lg\frac{AB}{2}-\lg S_1 \qquad (6.1-67)$$

可见，$\lg\rho_s$与$\lg\dfrac{AB}{2}$的关系曲线为斜率等于1的直线，见图 6-1-41(b)。

当$\rho_s=1$时，由(6.1-67)式得

$$\lg\frac{AB}{2}=\lg S_1$$

上述关系表明，尾段渐近线与横坐标轴($\rho_s=1$)交点的横坐标为S_1。

$\rho_2\to\infty$时，曲线尾段的性质在定量解释电测深曲线时，获得广泛应用。

(2) 三层水平地层的电测深曲线

① 三层电测深曲线的类型。三层水平地电断面，依照相邻地层电阻率的相对关系，划分为如下四种类型：

如图 6-1-42，$\rho_1>\rho_2$，$\rho_2<\rho_3$的三层地电断面对应H型曲线(图a)；$\rho_1<\rho_2<\rho_3$的三层断面对应A型曲线(图b)；$\rho_1<\rho_2$，$\rho_2>\rho_3$的三层断面对应K型曲线(图c)；$\rho_1>\rho_2>\rho_3$的三层断面对应Q型曲线(图d)。

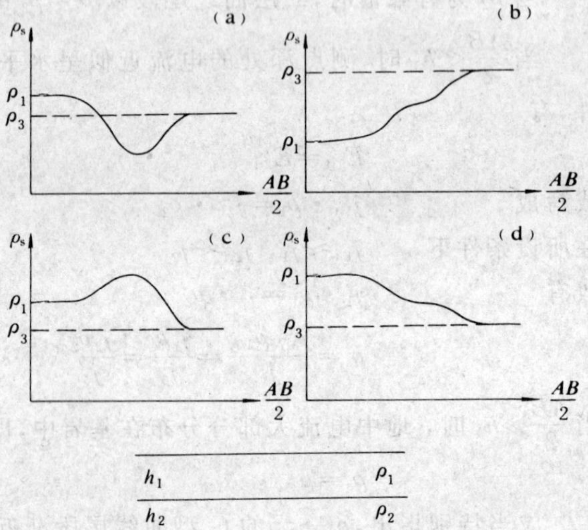

图 6-1-42　三层水平地层的电测深曲线

(a) H型；(b) A型；(c) K型；(d) Q型

② 三层电测深曲线的性质。三层曲线的前支以$\rho_s=\rho_1$的水平直线为渐近线。三层曲线中段的特征决定于μ_2、μ_3和υ_2值。

当$\dfrac{AB}{2}\geqslant h_1$时，$\rho_2$岩石对电场分布的影响开始表现出来。若$\mu_2>1$，$\rho_s$值随极距增大而增高，曲线逐渐上升，如K、A型曲线中段的前半部分；若$\mu_2<1$，随极距增大ρ_s值减小，曲线逐渐下降，如H、Q型曲线中段的前半部分。显然，三层曲线的前半段实际上相当于二层曲线。当υ_2值很大(第二层厚度很大)时，三层曲线的前半段实际上就和μ_2值相同的二层曲线一样了。

当$\dfrac{AB}{2}$增大到与基岩埋深(h_1+h_2)可比较时，基岩ρ_3对电场分布的影响也将表现出来；若

$\mu_3>1$，随极距加大 ρ_s 值增高，ρ_s 曲线可继续上升(如A型曲线)，或由先前的下降转为上升(H型曲线)。若 $\mu_3<1$，则随极距增大 ρ_s 值减小，曲线可继续下降(Q型曲线)，或由先前的上升转为下降(K型曲线)。

三层曲线的尾段以 $\rho_s=\rho_3$ 的水平直线为渐近线。当 $\frac{AB}{2}\gg(h_1+h_2)$ 时，电流绝大部分分布于基岩中。类似于二层曲线的情况那样，可证明 $\rho_s=\rho_3$。不难看出，三层曲线的后半段，也和某二层曲线相近：其上层为第一、二层组成的代替层，基底为 ρ_3。

应当特别指出：$\rho_3\to\infty$ 的三层水平地层对应的H型及A型三层曲线尾段和 $\rho_2\to\infty$ 的二层曲线尾段具有相同的性质——尾段渐近线是与横坐标轴呈45°交角的倾斜直线，其相应的方程式为

$$\lg\rho_s=\lg\frac{AB}{2}-\lg S_{12} \tag{6.1-68}$$

式中 $S_{12}=S_1+S_2=\frac{h_1}{\rho_1}+\frac{h_2}{\rho_2}$，为第一层和第二层的纵向电导之和。$S_{12}$ 值的大小可以根据尾支渐近线与 $\rho_s=1$ 的横坐标轴交点之横坐标读出。

三层电测深曲线具有等值性。

根据电场分布的唯一性定理，层参数确定的地电断面和电测深曲线之间应是一一对应的关系。即一组层参数对应唯一的一条电测深曲线，层参数不同的地电断面对应不同的电测深曲线。然而，在实践中人们发现，某些 μ_2、υ_2 参数不同的地电断面对应的三层电测深曲线，彼此相差甚小(在实际观测误差5%以内)，以至于区别不开，实际上可以认为是相同的。进一步的研究表明，这些 μ_2、υ_2 参数不同而形状实际上相同的H型(或A型)曲线中，其第二层的纵向电导 $S_2=\frac{h_2}{\rho_2}$ 或 $\frac{\upsilon_2}{\mu_2}=\frac{S_2}{S_1}$ 是相同的；在形状实际上相同的K型(或Q型)曲线中，其第二层的横向电阻 $T_2=h_2\cdot\rho_2$ 或 $\upsilon_2\cdot\mu_2=\frac{h_2\cdot\rho_2}{h_1\cdot\rho_1}=\frac{T_2}{T_1}$ 是相同的。上述三层曲线的性质称为中间层的等值性，即三层曲线的等值性。这里我们不讨论对等值性的理论证明，而是根据电场分布的特征，阐明等值现象的物理实质。

对于H型和A型断面，由于 $\rho_3>\rho_2$，第二层中的电流近似与层面平行，如图6-1-43(a)，故第二层对地中电流分布所起的作用，主要由该层的纵向电导 S_2 所决定。当 ρ_1、h_1 和 ρ_3 相同时，若在一定范围内按比例改变 h_2 和 ρ_2，保持 S_2 值不变，则地中电场分布变化甚小，因而测点附近的电流密度 j_{MN} 也无明显改变。这将导致不同的地电断面对应形状几乎相同的 ρ_s 电测深曲线。这是H、A型曲线的 S 等值性。

对于K型和Q型断面，由于 $\rho_3<\rho_2$，第二层中电流近于与层面垂直，见图6-1-43(b)。该层对地中电流分布的作用主要决定于第二层的横向电阻 T_2。当 ρ_1、h_1 和 ρ_3 相同时，只要保持

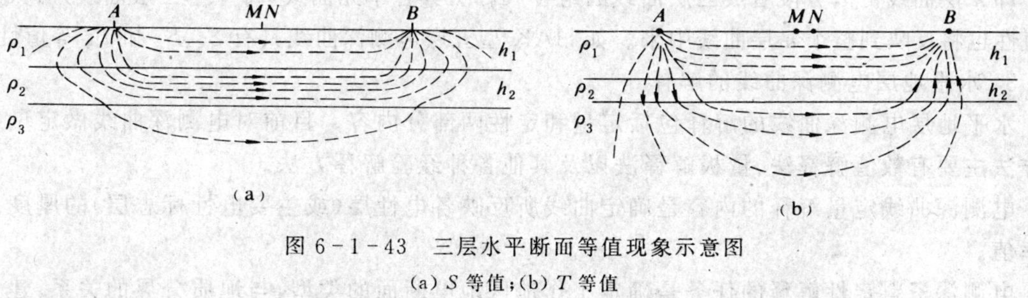

图6-1-43　三层水平断面等值现象示意图

(a) S 等值；(b) T 等值

T_2 不变，虽然层参数 h_2 和 ρ_2 不同，但对应的三层曲线形状几乎一样。此乃是 K、Q 型曲线的 T 等值性。

根据等值性的物理本质不难理解，υ_2 值愈小，第二层愈薄，等值性作用范围愈宽。若 h_2 很大时，ρ_s 曲线中段可以达到 $\rho_s=\rho_2$ 渐近值，这种情况下则无等值性可言了。此外，等值性范围还和 μ_{12}、μ_{23}值有关，其值与 1 相差愈大，则等值范围也愈大。

三层曲线的等值性在电测深曲线的定量解释工作中，具有十分重要的意义。

综上所述，我们将三层曲线的性质归纳如下：

三层电测深曲线的形状决定于相对电阻率 μ_2、μ_3 及相对厚度 υ_2；曲线在坐标系中的位置决定于第一层的特征点 $O_1(h_1,\rho_1)$。

三层曲线的前支和尾段均有渐近线：其前支渐近线为 $\rho_s=\rho_1$ 的水平直线；尾段渐近线与 ρ_3 值有关；ρ_3 为有限值时，尾段以 $\rho_s=\rho_3$ 的水平直线为渐近线，$\rho_3\to\infty$时，尾段渐近线为与横轴呈 45°交角的倾斜直线。

三层曲线的前半段与层参数为 ρ_1,h_1,ρ_2 的二层曲线相近；后半段与第一、二层的代替层和基岩所组成的二层曲线相近。

H、A 型三层曲线具有 S 等值性；K、Q 型三层曲线具有 T 等值性。

(3) 多层水平地层的电测深曲线

通常统称三层以上的水平地层断面为 n 层断面。假设水平地面以下 n 层断面各层的电阻率和厚度分别为 ρ_1、h_1，ρ_2、h_2，…，ρ_n、$h_n\to\infty$，它所对应的电测深曲线为 n 层曲线。我们不去详细讨论各种类型的多层曲线，只是根据对二层和三层曲线的分析，指出多层电测深曲线的基本性质。

在分析 n 层电测深曲线时，可将其逐段分成$(n-2)$个三层曲线，将各三层曲线的类型符号按顺序组合起来，就是 n 层曲线的类型。n 层曲线总共有 $2^{(n-1)}$种曲线类型，例如四层曲线共有 8 种类型，五层曲线共有 16 种类型，……。

n 层曲线的形状决定于相对电阻率 $\mu_2=\dfrac{\rho_2}{\rho_1},\mu_3=\dfrac{\rho_3}{\rho_2},\mu_4=\dfrac{\rho_4}{\rho_3},\cdots,\mu_n=\dfrac{\rho_n}{\rho_{n-1}}$和相对厚度 $\upsilon_2=\dfrac{h_2}{h_1},\upsilon_3=\dfrac{h_3}{h_1},\upsilon_4=\dfrac{h_4}{h_1},\cdots,\upsilon_{n-1}=\dfrac{h_{n-1}}{h_1}$；$n$ 层曲线在坐标系中的位置决定于第一层特征点 $O_1(h_1$、$\rho_1)$。

n 层电测深曲线的首、尾也分别有渐近线，其首支渐近线为 $\rho_s=\rho_1$ 的水平直线，尾支渐近线的情况与 ρ_n 有关：当 ρ_n 为有限值时，尾段以 $\rho_s=\rho_n$ 的水平直线为渐近线；当 $\rho_n\to\infty$时，尾段渐近线为 45°倾斜直线，其与 $\rho_s=1$ 的横坐标轴交点之横坐标为基岩以上所有$(n-1)$层地层的纵向电导之和，称为总纵向电导 S，并有

$$S=S_1+S_2+\cdots+S_{n-1}=\frac{h_1}{\rho_1}+\frac{h_2}{\rho_2}+\cdots+\frac{h_{n-1}}{\rho_{n-1}} \tag{6.1-69}$$

即 n 层曲线可以分段看成三层曲线的组合。因此，其各单元曲线（每一个三层曲线）所具有的等值性也将反映到整个 n 层曲线中来。如 HAK 型五层电测深曲线具有 S_2、S_3 和 T_4 等值性。

3. 水平地层电测深曲线的解释

水平地层电测深曲线的解释包括定量和定性两部分内容。目前对电测深曲线做定量解释的方法主要有数值解释法、量板解释法以及其他各种经验解释方法。

电测深曲线定量解释的内容是确定曲线所反映各电性层（或主要电性标志层）的厚度及电阻率值。

电测深资料定性解释的任务是确定工作地区地电断面的类型，与地质分界的关系，建立测

区内地电断面变化的初步概念，获得地质断面、地质构造的定性认识。

电测深工作成果，常绘制曲线类型图、纵向电导图、ρ_s 等值线断面图、ρ_s 剖面图或 ρ_s 等值线平面图等图件，供定性解释用。

实际工作中，电测深资料的定性解释和定量解释是相辅相成、互相补充的，有时甚至是交叉进行，使推断解释结论更加符合实际情况。在条件有利的情况下，将电测深成果和当地岩石电阻率资料结合起来，将电性层和地层联系起来可进一步绘制出地电断面图、标志层顶板深度图、中间层厚度图等推断解释成果图(见图 6-1-44)。

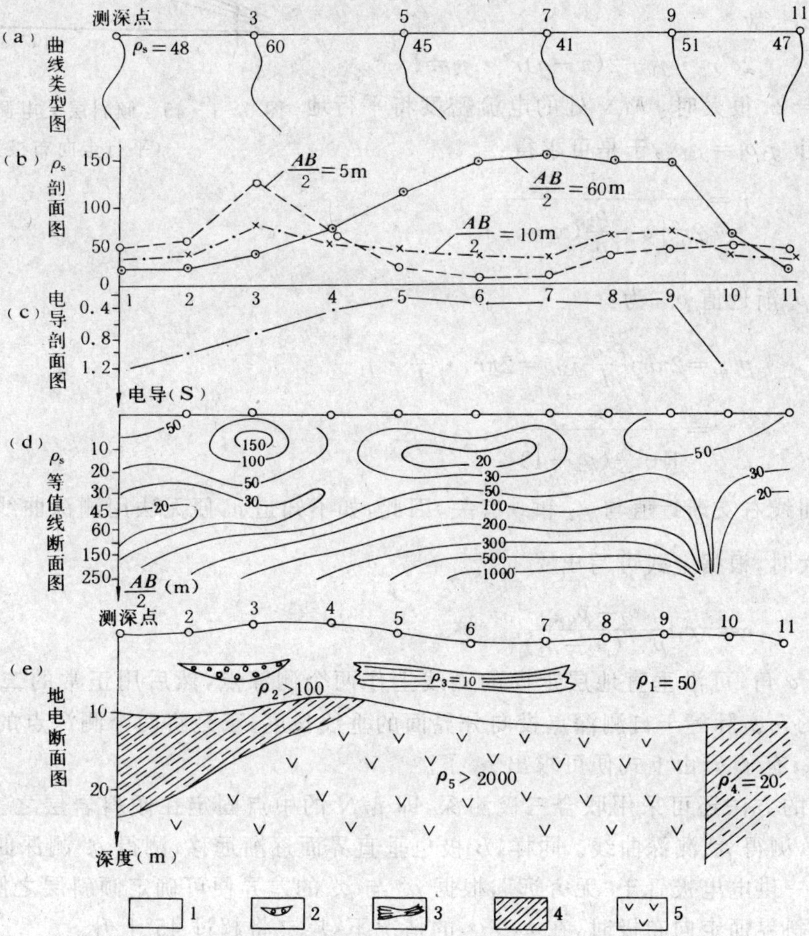

图 6-1-44　某地区电测深综合剖面图(ρ_s 单位为 Ω·m)

1—浮土；2—砂石采石层；3—粘土层；4—砂页岩层；5—花岗岩

(二) 非水平层上的电测深曲线(傅良魁，1983)

1. 斜触层上的电测深曲线

两种电阻率地层的分界面为倾斜时，测深曲线的形状除与 μ_2 及界面倾角 α 有关外，还与布极方向有关。图 6-1-45 为 μ_2 等于 19 的斜触层上平行走向布极的 ρ_s 曲线，其形状与二层水平断面的 ρ_s 曲线相似，不易区分。解释时应予注意。

曲线的左支渐近线为 ρ_1，曲线左支与水平层曲线相似。可利用这一点求得 h_1，但此时求得的 h_1 为测点到倾斜面的垂直距离。曲线右支视电阻率值要比界面水平时的电测深曲线右支低得多(在$\frac{\rho_2}{\rho_1}$及标准层深度都相同的情况下)。当$\rho_2=\infty$时,不再有与横轴成45°角的渐近线,而是趋于某一有限的ρ_s值。随α角的增大,该有限ρ_s值变小,这是由于高阻介质排斥电流作用逐渐减弱的结果。

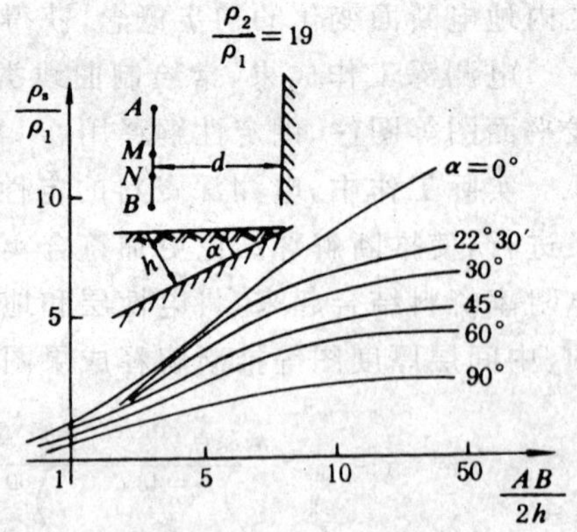

图 6-1-45　倾斜层上电测深理论曲线(平行走向布极)

可从电流分布情况分析ρ_s曲线的右支渐近值。以电极A供电而言,在ρ_1与ρ_2地层中电流强度分别为I_1和I_2,在倾斜角为α的层内,以r为半径的球面上所对应的面积S等于$2\alpha r^2$,故

$$2\alpha\, r^2\cdot j_1+2(\pi-\alpha)r^2\cdot j_2=I$$

由于$AB=2r$很大时,MN处的电流密度将平行地面,在分界面上$j_1\rho_1=j_2\rho_2$,于是可求得:

$$j_1=\frac{I}{2r^2\left[\alpha+\frac{\rho_1}{\rho_2}(\pi-\alpha)\right]}$$

当$\frac{AB}{2}\to\infty$时,ρ_s渐近值$\rho_{s\infty}$为:

$$\rho_{s\infty}=2\pi r^2\frac{\rho_{MN}}{I}j_{MN}=2\pi r^2\cdot\frac{\rho_1}{I}\cdot j_1$$
$$=\frac{\rho_2}{1+\frac{\alpha}{\pi}(\mu_2-1)}$$

可见,ρ_s曲线右支渐近值与μ_2和α有关,因此,如不知道α,便无法用测深曲线确定ρ_2值。

当$\frac{AB}{2}$很大时,根据上式可写出

$$\alpha=\pi\rho_1\frac{\rho_2-\rho_{s\infty}}{\rho_{s\infty}(\rho_2-\rho_1)}$$

为了确定α角,可沿垂直地层走向的测线上作两个测深点,然后用正常的二层量板($\alpha=0°$)求h,这时的h实际等于自测深点投向分界面的垂线长度,于是将两个测深点的h连成一条线,即可确定α,有了α,由上式便可求出ρ_2了。

确定倾向的方法还可采用联合三极测深,即MN的中点固定在倾斜岩层之上,A极垂直界面逐渐远移,测得ρ_s^A测深曲线。同样,B极也垂直界面逐渐远移,测得ρ_s^B测深曲线。这两种装置都是将另一供电电极置于"无穷远",根据ρ_s^A与ρ_s^B的差异便可确定倾斜层之倾向。

当垂直倾斜界面走向布极时,在$\rho_2\to\infty$的情况下,尾支将超过45°上升。

理论计算表明,对于高阻($\rho_2=\infty$)分界面,当倾角小于20°时,如将这种倾斜面上的电测深曲线(平行界面布极)当做水平界面情况下的测深曲线解释,不会引起很大误差(<20%)。这种误差随$\frac{\rho_2}{\rho_1}$的减小而减小,但与倾角$\alpha=0°$的水平层状介质的曲线相比,有明显不同。

2. 球体上的电测深曲线

点源场中存在球体时的电位表达式前面已经推出,故不难获得当$MN\to 0$时三极梯度装置沿X轴的视电阻率ρ_s的近似表达式:

$$\rho_s=\rho_1\left\{1-2r^2\sum_{n=0}^{\infty}\frac{n(\mu_2-1)}{(n+1)\mu_2+n}\cdot\frac{\partial}{\partial x}\left[\frac{r_0^{2n+1}}{d^{n+1}r^{n+1}}P_n(\cos\theta)\right]\right\}\quad(6.1-70)$$

式中$\mu_2=\frac{\rho_2}{\rho_1}$,$\rho_2$和$\rho_1$分别为球体及围岩的电阻率,$r_0$为球体半径。$r$和$d$分别为点源到观测点

及点源到球心的距离。对称四极 ρ_s 表达式可由 $\rho_s^{AB}=\dfrac{\rho_s^A+\rho_s^B}{2}$ 关系得出。

图 6-1-46 为一组计算结果，上图为不同测深点上的电测深曲线，下图为等 ρ_s 断面图。左面的拉线方向通过球心在地面的投影，右面的拉线方向保持 AB 对球心对称。

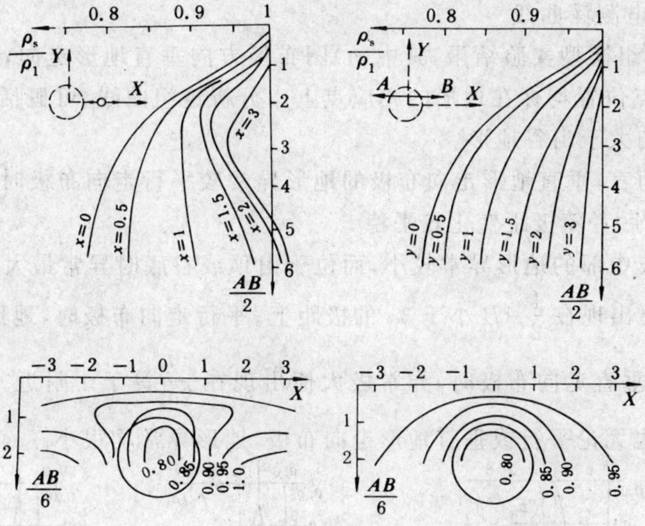

图 6-1-46 球体上不同拉线方向的电测深

上面两图为球体上电测深曲线；下面两图为等视电阻率断面图

球体电阻率 $\rho_2=0$，球心埋深 $h_0=2r_0$。对左面图情况而言，从图可见：当测深点正在球顶上方（$x=0$）时，ρ_s 有二层曲线形状，这是由于当极距很小时，$\rho_s\to\rho_1$，随着极距的加大，球体影响逐渐加大，ρ_s 小于 ρ_1，当 $\dfrac{AB}{2}\to\infty$ 时，相当于均匀场中的导体球，$\dfrac{\rho_s}{\rho_1}\to\left(\dfrac{1-2r_0^3}{h_0^3}\right)$。

测深点位于 $x=0.5$ 时的曲线仍表现二层特征，但 $\dfrac{AB}{2}$ 较大时渐近值增高了。

自测深点位于 $x=1$ 起，ρ_s 表现为 H 型三层曲线形状，且 x 越大，极小值越明显。这是由于当供电电极之一接近球体时，将使 ρ_s 减小，而越过球体后 ρ_s 又升高，故极小值对应的 $\dfrac{AB}{2}$ 约与 x 相当。

上述特点表明，在有限大小的地质体上进行电测深时，电测深曲线较水平层情况复杂。曲线形态不仅与有限形体的导电性有关，还与测深点位置和拉线方向有关。如将水平层上电测深曲线机械地搬用，便会以为在低阻球体正上方将得到 H 型三层曲线。事实并非如此，而是两层曲线，但在球体外侧均得到三层曲线。

对图 6-1-46 中右边的图而言，由于保持布极方向垂直测点与球心的连线，故 A 极与 B 极对称地分布在球两边。故所得测深曲线均有二层曲线形状，但其尾支渐近线不同，这是由于随着测深点远离，球体的影响逐渐减小的缘故。这种布极方式的电测深曲线和等视电阻率断面图均较简单。

由图 6-1-46 的等 ρ_s 断面图可见，如以视电阻率反映的是 1/6 电极距的深度，则视电阻率的极小与球心重合得最好。此结论与实际结果较吻合，如野外实测结果取 $\dfrac{AB}{6}$ 作距离坐标，则 ρ_s 断面图的中心与等轴状金属矿体重合较好。

（三）复杂条件下的电测深曲线

在实际工作中存在起伏地形或岩层非各向同性或存在旁侧影响，这些影响相对水平层状大地来说是属复杂条件。在复杂条件下开展电测深工作时，测深点的位置、布极方向对电测深曲线形态有明显的影响。

1. 起伏地形上的电测深曲线

图 6-1-47 是一组模型实验结果，其中(a)图布极方向垂直地形走向，(b)图平行地形走向布极。各曲线的测点位置均标在地形的相应点上。分析这组曲线，可概括出如下几点认识：

(1) 山脊地形影响大于山谷地形。

(2) 对同一地形而言，垂直地形走向布极的地形异常较平行走向布极时为大，并且前者随极距变化的幅度大，而后者随极距变化较平稳。

(3) 测点位于斜坡中部的地形异常较小，而位于山顶或谷底时异常最大。

(4) 地形异常主要出现在 $\frac{1}{2}AB$ 小于 $3a$ 的极距上。平行走向布极时，地形异常主要出现在 $\frac{1}{2}AB$ 小于 a 的极距；垂直走向布极时，异常极大值出现在 $\frac{AB}{2a}$ 等于 1 附近。当 $\frac{1}{2}AB$ 大于 $3a$ 后，无论山脊或山谷，也无论平行或垂直地形走向布极，地形异常均很小。

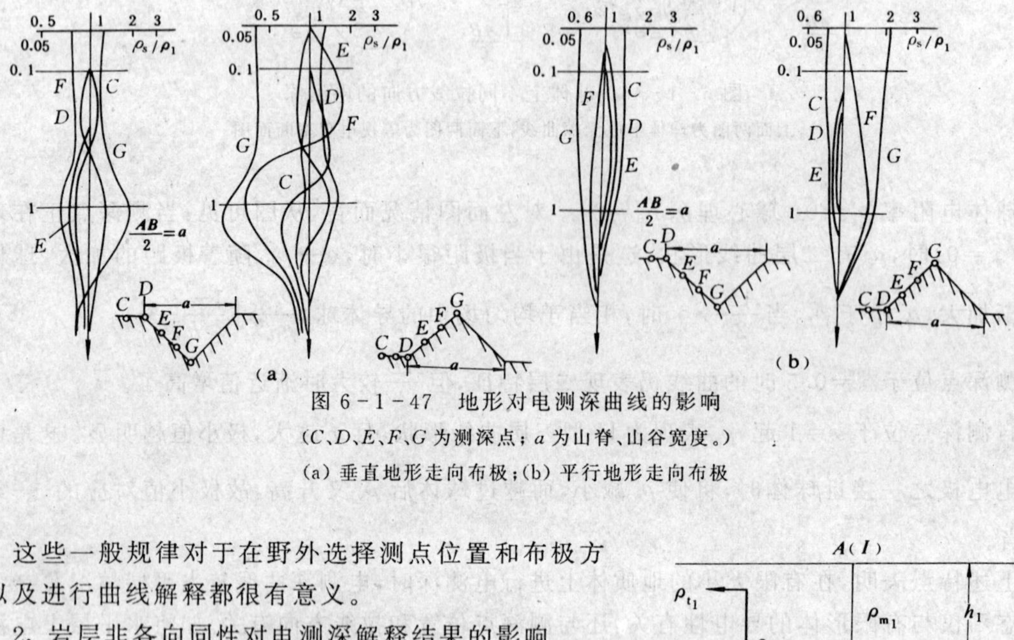

图 6-1-47 地形对电测深曲线的影响

(C、D、E、F、G 为测深点；a 为山脊、山谷宽度。)

(a) 垂直地形走向布极；(b) 平行地形走向布极

这些一般规律对于在野外选择测点位置和布极方向以及进行曲线解释都很有意义。

2. 岩层非各向同性对电测深解释结果的影响

前面讨论水平层状介质电测深时，假定每一层都是均匀各向同性的。现在讨论各层为均匀非各向同性岩石对电测深结果的影响。按图 6-1-48 取坐标系，由式(6.1-60)相似地可写出地面上的电位公式为：

$$U_1(r,0)=\frac{\rho_{m1}I}{2\pi}\int_0^{\infty}[1+2B(m)]J_0(mr)\mathrm{d}m \quad (6.1-71)$$

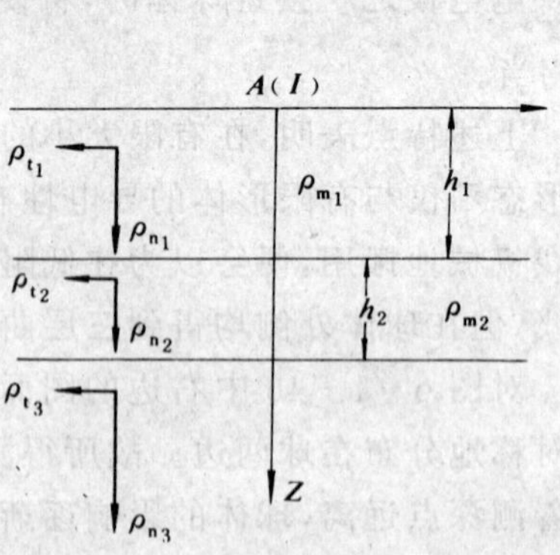

图 6-1-48 均匀非各向同性水平层状地层

以及三极或对称四极电测深的 ρ_s 表达式

$$\rho_s(r)=\rho_{m1}r^2\int_0^{\infty}[1+2B(m)]J_1(mr)m\mathrm{d}m \quad (6.1-72)$$

式中 ρ_{m1} 为第一层电阻率的几何平均值，只有一层时，$\rho_{m1}=\sqrt{\rho_{n1}\cdot\rho_{t1}}$，同理，$\rho_{m2}$、$\rho_{m3}$ 和各层的

非各向同性系数 λ_i 分别为

$$\rho_{m2}=\sqrt{\rho_{n2}\cdot\rho_{t2}}\ ,\quad \rho_{m3}=\sqrt{\rho_{n3}\cdot\rho_{t3}}$$

$$\lambda_1=\sqrt{\frac{\rho_{n1}}{\rho_{t1}}}\ ,\quad \lambda_2=\sqrt{\frac{\rho_{n2}}{\rho_{t2}}}$$

将以上公式与前面均匀各向同性多层介质对应的公式相比较可以看出，在非各向同性介质情况下，解释水平层电测深曲线所得的电阻率为各层电阻率的几何平均值 ρ_{m1}、ρ_{m2}、…，各层厚度为 $\lambda_1 h_1$、$\lambda_2 h_2$、…。即如将其当作均匀各向同性水平层状电测深曲线进行解释时，应将所得各层厚度分别除以该层的非各向同性系数 λ_i 后，方可得到各岩层的真厚度。

3. 电测深的旁侧影响

现以垂直分界面为例，讨论在进行电测深工作时，常遇到的旁侧影响问题。

当存在两种介质的垂直接触面时，在界面的一侧进行电测深，必然会受到界面另一侧介质的影响，这时，可以用镜像法计算其电场分布。图 6-1-49 是平行接触面布极的 ρ_s 理论曲线。

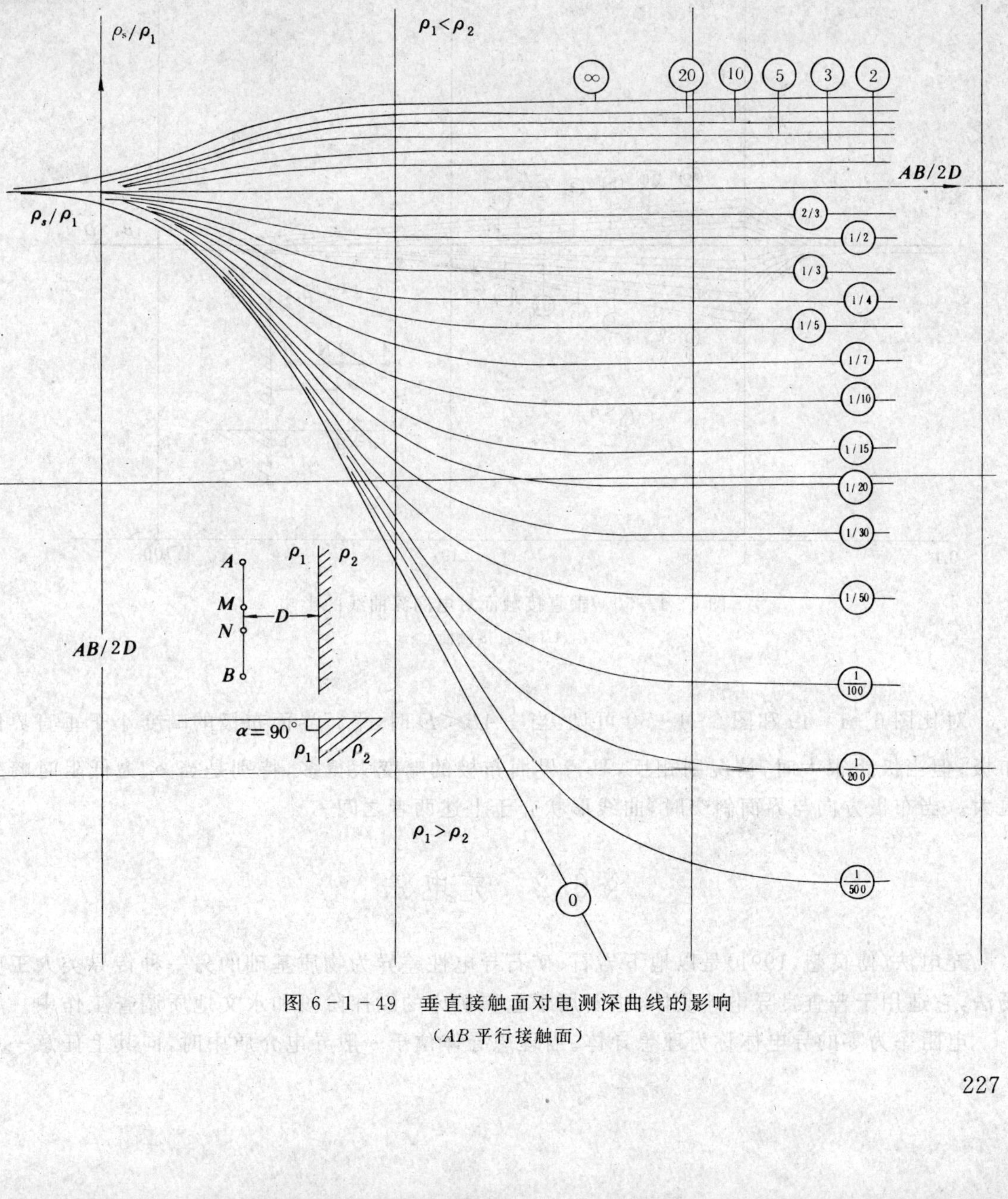

图 6-1-49　垂直接触面对电测深曲线的影响

（AB 平行接触面）

设测深点在介质 ρ_1 中，且 $\frac{1}{2}AB \ll D$ 时，界面影响很小。随着极距的增大，ρ_2 的影响也增大，如果 $\rho_2 > \rho_1$，则 ρ_2 排斥电流而使 ρ_s 上升；如果 $\rho_2 < \rho_1$，则由于 ρ_2 吸引电流而使 ρ_s 下降。这种影响从 $\frac{1}{2}AB$ 接近于 D 时开始，而在 $\frac{1}{2}AB > 10D$ 时，ρ_s 曲线逐渐趋于渐近值 $2\rho_1\rho_2/(\rho_1+\rho_2)$。例如，当 $\rho_2=\infty$，在极距很大时，电流密度较均匀半空间几乎加大一倍，因而 ρ_s 曲线的渐近值为 $2\rho_1$。而 $\rho_2=0$ 时，在 AB 很大时，电流全部吸入 ρ_2 介质中，使 ρ_s 趋于零。

图 6-1-50 是测深点在 ρ_1 中，AB 垂直界面时的 ρ_s 理论曲线。从 $\frac{1}{2}AB$ 约为 $0.5D$ 开始，由于逐渐受 ρ_2 的影响，使 ρ_s 偏离 ρ_1，当 $\frac{1}{2}AB=D$ 时影响最大，达到极大值（$\rho_2>\rho_1$）或极小值（$\rho_2<\rho_1$）。但当供电电极跨过界面后，随着 AB 的增加，使电流线逐渐垂直于分界面，因而界面对电流分布的影响逐渐减小。当 $\frac{1}{2}AB>10D$ 时，ρ_s 又逐渐趋于 ρ_1。

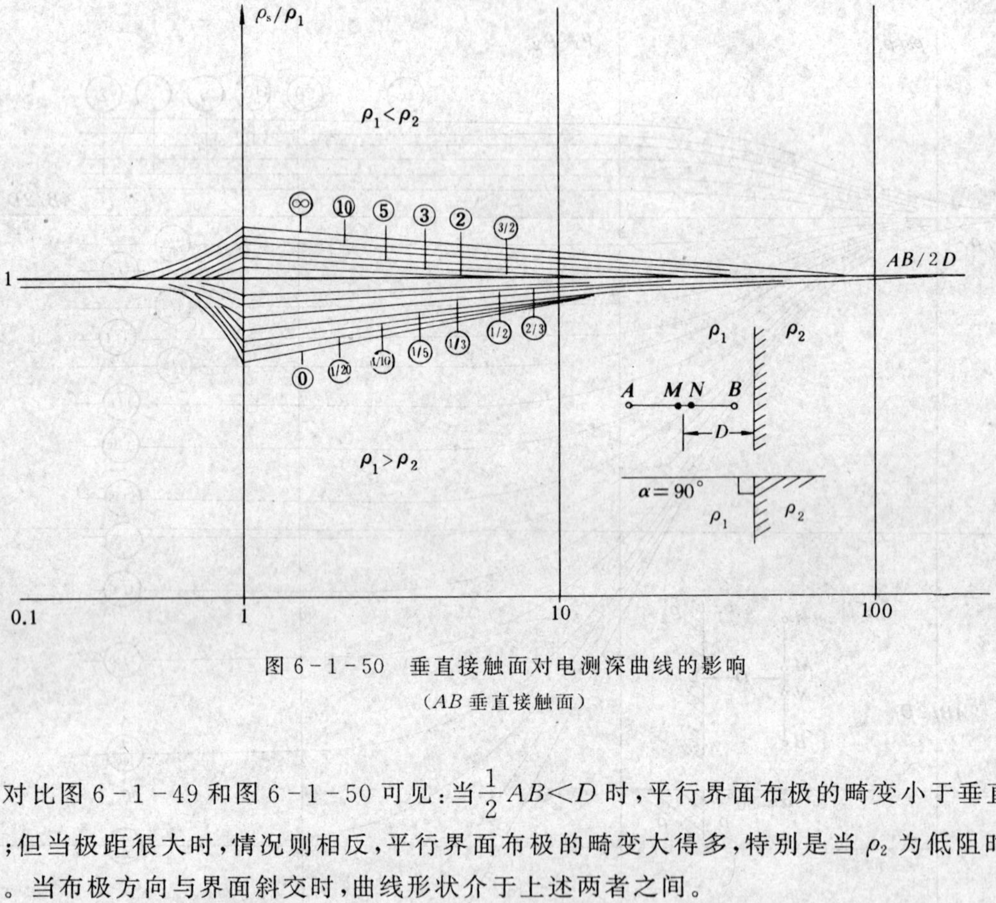

图 6-1-50　垂直接触面对电测深曲线的影响

（AB 垂直接触面）

对比图 6-1-49 和图 6-1-50 可见：当 $\frac{1}{2}AB<D$ 时，平行界面布极的畸变小于垂直界面布极；但当极距很大时，情况则相反，平行界面布极的畸变大得多，特别是当 ρ_2 为低阻时畸变更大。当布极方向与界面斜交时，曲线形状介于上述两者之间。

§6.2　充电法

充电法（傅良魁，1991）是以地下岩石、矿石导电性差异为物质基础的另一种传导类人工电场法，它适用于普查良导电地质体，主要用于金属矿床的勘探阶段和水文地质调查工作中。

电阻率为零的导电体称为理想导体。当理想导体位于一般导电介质中时，向其上任意一点供电(或称"充电")后,电流便遍及整个理想导体,然后垂直于导体表面流向周围介质。电流在理想导体内流过时,不产生电位降,导体内电位处处相等,故又称理想导体为等位体。理想导体的充电电场与充电点的位置无关,只决定于充电电流大小、充电导体的形状、产状、大小、位置及周围介质的电性分布情况。许多金属矿体及某些高矿化度的地下水,相对其周围岩石而言,电阻率很低,可近似地看成是理想导体。这样,当它们局部在地表出露或被某种勘探或开发工程揭露时,如果向这种天然或人工露头充电,并观测其充电电场的分布,便可据此推断整个地下良导电地质体(矿体或高矿化度地下水)及其周围岩石的电性分布情况,解决某些特定的地质问题。充电法便是这样一种电法勘查方法。

一、充电法的基本理论

为了能正确地应用充电法来解决地质问题,首先需要了解充电电场与充电体形状、大小、位置及周围岩石中电性分布的关系。下面我们就来讨论这些问题。

(一) 球形导体的充电电场

当导电球体的规模不大或埋藏较深时,可用"简单加倍"的方法近似考虑地表—空气分界面对水平地表电场的影响。理想导电球体的充电电场实际上与位于球心的点电源场没有区别。若导电球体位于电阻率为 ρ 的均匀岩石中,球心埋深为 h_0,对球体的充电电流强度为 I,则按地下点电流源场可写出地表电位的表达式

$$U=\frac{I\rho}{2\pi}\frac{1}{(x^2+y^2+h_0^2)^{1/2}} \tag{6.2-1}$$

式中 x 和 y 是以球心在地表投影点为坐标原点的地面观测点的坐标。沿测线 X 方向的电位梯度为:

$$\frac{\partial U}{\partial x}=-\frac{I\rho}{2\pi}\frac{x}{(x^2+y^2+h_0^2)^{3/2}} \tag{6.2-2}$$

令式(6.2-1)右端等于常数,可得地面等位线方程为:

$$x^2+y^2+h_0^2=常数 \tag{6.2-3}$$

这表明地面等位线是以球心于地面投影点为中心的一簇同心圆。

图 6-2-1 绘出了按式(6.2-1)和式(6.2-2)计算的电位和电位梯度的剖面平面图。在 $y=0$ 的主剖面上,电位曲线于球心正上方有极大值,两侧电位值对称地逐渐减小,直到无限远处趋于零;电位梯度曲线在球心正上方过零点,两侧符号相反呈倒像对称,并在 $x=\pm\frac{\sqrt{2}}{2}h_0$

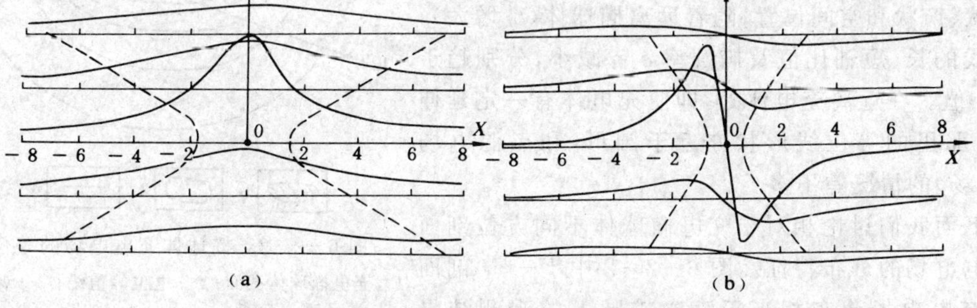

图 6-2-1　理想球体充电电场的电位(a)和电位梯度(b)的剖面平面图

(计算条件:$\frac{I\rho}{2\pi}=1$;$h_0=1$。虚线为电位曲线半极值坐标点或电位梯度曲线极值坐标点轨迹)

处分别取得极值。旁侧剖面上电位和电位梯度曲线的基本形态与主剖面上的相似，只是随着远离主剖面，曲线的幅度减小，范围变宽。

当导电球体的规模很大或埋深甚浅时，地表对球体充电电场的畸变将使其明显不同于地下点电源场。利用镜像法并考虑充电球体和镜像球体间的相互影响，可导出地下理想导电球体充电电场的精确解。计算结果表明，当球半径 r_0 与球心深度 h_0 的比值 $r_0/h_0 \leqslant 0.5$ 时，便可足够近似地用点源场来代替球体的充电电场。

（二）导电椭球体的充电电场

讨论三轴椭球体的充电场特征具有普遍的实用意义，因为适当改变三个轴的相对大小，便可获得多种形体的充电场分布特征。例如：三轴椭球体近似于透镜状矿体；当半轴 $a \gg b = c$ 时，近于圆柱体；若半轴 $a = b \gg c$，则与脉状体的形状接近；显然，$a = b = c$ 的情况即为球体。

设在电阻率为 ρ 的均匀无限介质中，对椭球状理想导体充以强度为 I 的电流。将笛卡尔坐标原点设在椭球中心，X、Y、Z 坐标轴分别与三个半轴 a、b、c 重合。椭球表面的方程为：

$$\frac{x^2}{a^2}+\frac{y^2}{b^3}+\frac{z^2}{c^2}=1 \tag{6.2-4}$$

求解椭球坐标系中的拉普拉斯方程，可得充电球体外任意点 M 处的电位表达式

$$U=\frac{I\rho}{8\pi}\int_{t_0}^{\infty}\frac{\mathrm{d}t}{\sqrt{(a^2+t)(b^2+t)(c^2+t)}} \tag{6.2-5}$$

式中 t_0 为 M 点的椭球坐标，若 M 点的笛卡尔坐标为 (x,y,z)，则 t_0 为方程

$$\frac{x^2}{a^2+t_0}+\frac{y^2}{b^2+t_0}+\frac{z^2}{c^2+t_0}=1 \tag{6.2-6}$$

的最大实根。从式(6.2-5)可知，如椭球坐标 t_0 = 常数，则电位 U = 常数。即在椭球坐标系中，椭球体充电电场的等位面方程为：

$$t_0=\text{常数} \tag{6.2-7}$$

令式(6.2-6)中的 t_0 = 常数，便得到笛卡尔坐标系中的等位面方程。对比式(6.2-4)和式(6.2-6)可知，理想导电椭球体充电电场的等位面乃是与该椭球体表面共焦的椭球面簇。

图 6-2-2 给出了 XOY 平面内的等位线簇（虚线）。它们是椭球体在 XOY 截面边缘的共焦椭圆曲线簇。由图可见，在椭球体附近（t_0 很小时），椭圆形等位线的长、短轴之比 $\sqrt{\dfrac{a^2+t_0}{b^2+t_0}}$ 及椭圆率 $e=\sqrt{\dfrac{a^2-b^2}{a^2+t_0}}$ 均与椭球截面相近，等位线清楚地反映了充电椭球体的形状、产状和空间位置；随着远离椭球体（t_0 增大），等位线的长、短轴比值及椭圆率 e 皆减小，分别趋于 1 和 0 值。在远离充电体处，即使充电体有一定延伸长度，那里的等位线形状亦近于圆形，和点源电场（正常场）的情况差不多。

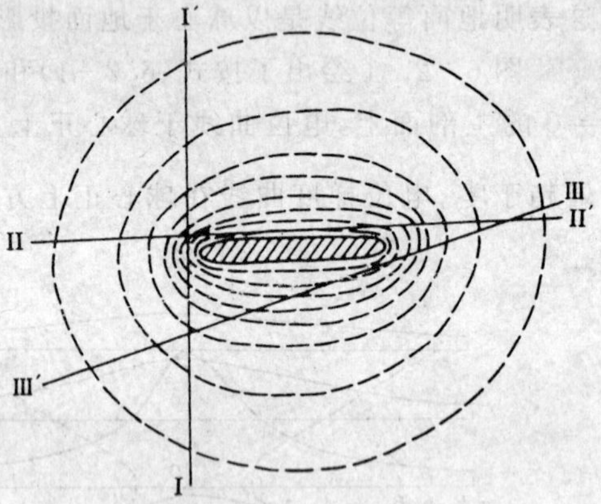

图 6-2-2　椭球体充电电场的等位线

1—充电椭球体截面；2—电位等值线；3—观测剖面

下面我们讨论相对于充电椭球体不同方位剖面上充电电场的分布特征。图 6-2-2 中 Ⅰ—Ⅰ′剖面上的充电电场分布相当于直立矿脉上的观测结果（见图 6-2-3(a)），其曲线形态与前述球体充电电场或点电源场相似，但异常范围较宽。图 6-2-2 中 Ⅱ—Ⅱ′剖面相当于在水平透镜体上的测线，如图 6-2-3(b)所示，在此测线上出现宽

缓的电位极大值和电位梯度零值段;在充电体边缘附近,电位曲线急剧下降,梯度曲线出现极值。图6-2-3(c)所示Ⅲ—Ⅲ′剖面曲线相当于倾斜透镜体上的观测结果。由于充电体相对观测剖面不对称,电位和电位梯度曲线均呈不对称形状,电位曲线极值点和梯度曲线零值点大致位于充电体中心和上顶在剖面的投影点之间;充电体两端在剖面上的投影点附近仍有电位明显下降和电位梯度的极值;在充电体倾斜一侧电位曲线下降较缓,梯度极值较小。根据充电法实测曲线的这些特征,可大致判断充电体的产状。

应该指出,上述讨论都是对均匀、全空间而言的。对于实际的半空间情况,如果围岩仍是均匀的,且地面水平和充电体有相当大的埋深,则根据镜像法原理,在地面测线上的电位和电位梯度观测结果近似为全空间条件下的两倍,地面等位线和剖面曲线的形状保持不变。故前面讨论的内容也适用于半空间的情况。

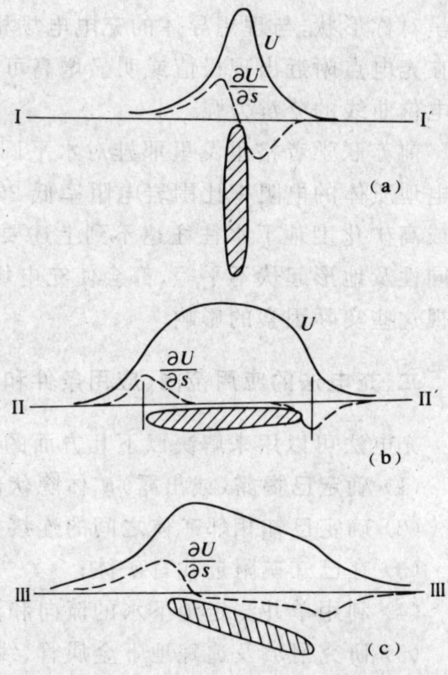

图6-2-3 在不同观测剖面上充电椭球体的电位(U)和电位梯度$\left(\frac{\partial U}{\partial s}\right)$剖面曲线

(剖面位置参见图6-2-2)

(三)不等位导体的充电电场

当向电阻率不为零的非理想导体充电时,导体内将有电位降,故称其为不等位导体。其充电电场的分布特征除与充电体的形状、大小、产状和埋深有关外,还与充电点的位置有关。为说明这些特征,我们来看一组水槽模型实验结果。不等位导体模型呈薄板状,由水泥和石墨混合制成,尺寸为30×10×2cm³,水平放置于模拟围岩的自来水中。不等位导体与围岩电阻率的比值约为1∶15。

图6-2-4(a)示出了充电点A位于不等位导体一端时的电位和电位梯度实验曲线,它们都呈不对称状。电位极大点和电位梯度零值点位于充电点附近(偏向板状体中心);充电点外侧电位曲线变化较陡,相应有梯度曲线较大的极值;充电体上方,电位曲线变化平缓,直到另一端处又出现稍陡的下降,与之对应的梯度曲线为低值带并伴有两个较小的极值。这些特征和倾斜理想导体的充电电场很相似,容易混淆。

充电点A位于不等位导体中心的模型实验结果示于图6-2-4(b),剖面曲线相对于充电

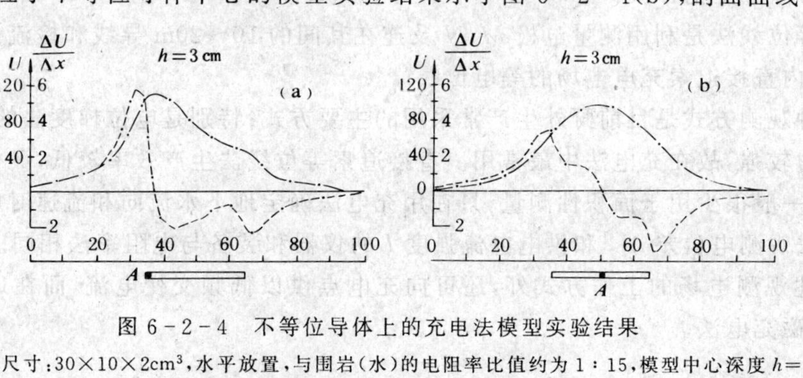

图6-2-4 不等位导体上的充电法模型实验结果

(板状模型尺寸:30×10×2cm³,水平放置,与围岩(水)的电阻率比值约为1∶15,模型中心深度h=3cm)

A—充电点位置;·—·电位曲线(单位:mV/mA);·----·电位梯度曲线(单位:mV/(mA·cm))

点呈对称形状，与理想导体的充电电场相似；不过，和充电点位于导体一端时相同，电位梯度曲线在充电点附近出现极值或明显增高可作为识别不等位导体的标志。可以看出，电位梯度曲线比电位曲线的分辨力强。

前苏联学者格里戈里耶娃对水平圆柱状不等位导体充电电场的研究结果表明，当长条形充电地质体的电阻率比围岩电阻率低200倍时，便可看作等位导体了。实际地质条件下，金属矿或高矿化度地下水往往达不到上述要求，即为不等位导体；此外，围岩导电性不均匀或非各向同性及地形起伏不平等，都会使充电场的分布复杂化。在对充电法资料作推断解释时，不可忽视这些实际因素的影响。

二、充电法的应用范围、应用条件和观测方式

充电法可以用来解决以下几方面的地质问题：

(1) 确定已揭露(或出露)矿体隐伏部分的形状、产状、规模、平面分布位置及深度；

(2) 确定已知相邻矿体之间的连接关系；

(3) 在已知矿附近找盲矿体；

(4) 利用单井测定地下水的流向和流速；

(5) 研究滑坡及追踪地下金属管、线等。

充电法的应用条件是：

(1) 被研究的对象(充电体)至少已有一处被揭露或出露，以便设置充电点；

(2) 充电体相对围岩应是良导体；

(3) 充电体规模越大，埋藏越浅，应用充电法的效果越理想。充电法的最大研究深度一般仅为充电体延伸长度之半。

充电法的观测方式：

充电法中主要有电位法、电位梯度法和直接追索等位线法三种观测方式。

电位法是将一个测量电极 N 固定在远离测区的“无穷远”处，作为电位零值点；另一测量电极 M 则沿测线逐点移动，观测其相对于 N 极的电位差，作为 M 极所在测点的电位值 U；同时观测供电(即充电)电流强度 I；计算归一化电位值 U/I。

电位梯度法(简称梯度法)是使测量电极 M 和 N 保持一定距离(通常为1～2个测点距)沿测线一起移动，逐点进行电位差 ΔU 和供电电流强度 I 的观测，计算归一化电位梯度值 $\Delta U/(MN\cdot I)$。记录点为 MN 的中点。由于电位梯度值有正、负之分，故观测时要注意待测电位差 ΔU 的符号变化。

追索等位线法是利用测量电极 M、N 及连在其间的10～20m导线和检流计组成的追索线路，在测区内直接追索充电电场的等电位线。

前两种观测方式是目前野外生产常采用的主要方式；特别是电位梯度法的装置轻便，梯度曲线分辨力较强，故在充电法中最常用。直接追索等位线法生产效率较低，又仅能获得等电位线资料，故一般很少用于面积性测量，只在用充电法确定地下水流向和流速时应用。

充电法观测电位差 ΔU 和供电电流强度 I 的仪器和装备与电阻率法相同。

除上述观测电场的工作方式外，还可向充电点供以低频交变电流，而在地面观测交变磁场，这称为磁充电法。

§6.3 自然电场法

在一定的地质-地球物理条件下，地中存在的天然稳定电流场称为自然电场。自然电场法利用了岩石、矿石导电性、极化特性差异，观测和研究自然电场的变化规律，用于寻找金属矿和解决水文地质问题的一种天然场源方法。该方法不需供电设备，因此，装置轻便。

一、自然极化球体的电场

本节将以自然极化球体的电场为例，讨论电子导电矿体自然电场的特征。

设在均匀充满全空间的电阻率为 ρ_1 的介质里，有一个电阻率为 ρ_2、半径为 r_0 的球体。当球体被均匀极化时，球体表面形成不均匀的(异常)双电层，其电位差(近似看作是偶电层的电位跃变值)$\Delta\varepsilon$ 随极化方向的坐标呈线性变化，即

$$\Delta\varepsilon = \Delta U_0 \cos\theta \qquad (6.3-1)$$

式中 ΔU_0 为球体表面电位跃变的极大值，即极化轴与球体表面两交点的电位跃变值；θ 为极化轴与球心到所论点方向间的夹角(见图 6-3-1)。

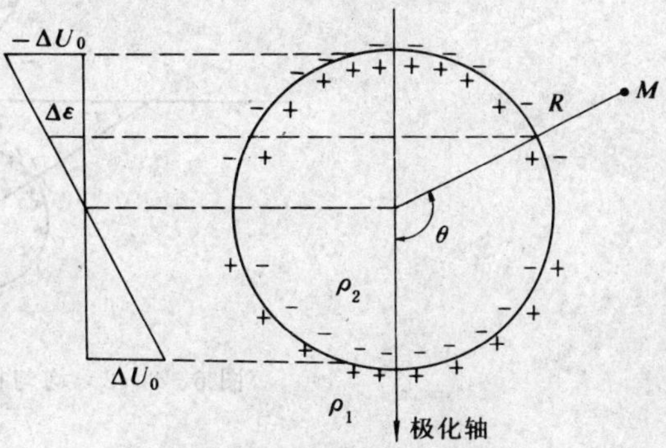

图 6-3-1 均匀极化球体表面上电位跃变的分布

均匀极化球体内、外电位 U 的分布以极化轴为对称轴，与方位角 φ 无关，故满足如下形式的球坐标系的拉普拉斯方程

$$\frac{\partial}{\partial R}\left(R^2\frac{\partial U}{\partial R}\right)+\frac{1}{\sin\theta}\cdot\frac{\partial}{\partial\theta}\left(\sin\theta\frac{\partial U}{\partial\theta}\right)=0 \qquad (6.3-2)$$

应用分离变量法解此方程，利用边界条件便得全空间条件下均匀极化球体外的电位表示式

$$U^{(1)}=\frac{\rho_1}{2\rho_2+\rho_1}\cdot\frac{r_0^2}{R^2}\cdot\Delta U_0\cos\theta \qquad (6.3-3)$$

对于半空间条件下均匀极化球体在地面的电场，可用简单加倍的方法近似处理地球-空气分界面的影响。由式(6.3-3)可写出球外电位公式

$$U=2\cdot U^{(1)}=\frac{2\rho_1}{2\rho_2+\rho_1}\cdot\frac{r_0^2}{R^2}\cdot\Delta U_0\cos\theta=M\cdot\frac{\cos\theta}{R^2} \qquad (6.3-4)$$

式中

$$M=\frac{2\rho_1}{2\rho_2+\rho_1}r_0^2\cdot\Delta U_0 \qquad (6.3-5)$$

式(6.3-4)表明，均匀极化球体在球外的电场与位于球心、偶极矩为 M 的电偶极子的电场等效，偶极子的方向与极化轴方向一致。

为研究地面电场的分布，设球心埋深为 h_0，极化轴与地面夹角为 α(见图 6-3-2)下部)，这时

$$\cos\theta=\cos(\alpha+\beta)=\frac{1}{R}(x\cos\alpha-h_0\sin\alpha)$$

故沿 X 轴方向主剖面上的电位表达式为：

$$U=M\cdot\frac{x\cos\alpha-h_0\sin\alpha}{(h_0^2+x^2)^{3/2}} \qquad (6.3-6)$$

按上式算出的不同倾角极化时主剖面上的电位曲线示于图 6-3-2 上部。

当垂直极化($\alpha=90°$)时，电位曲线为一全负值的对称曲线，负极值位于球心正上方($x=0$)

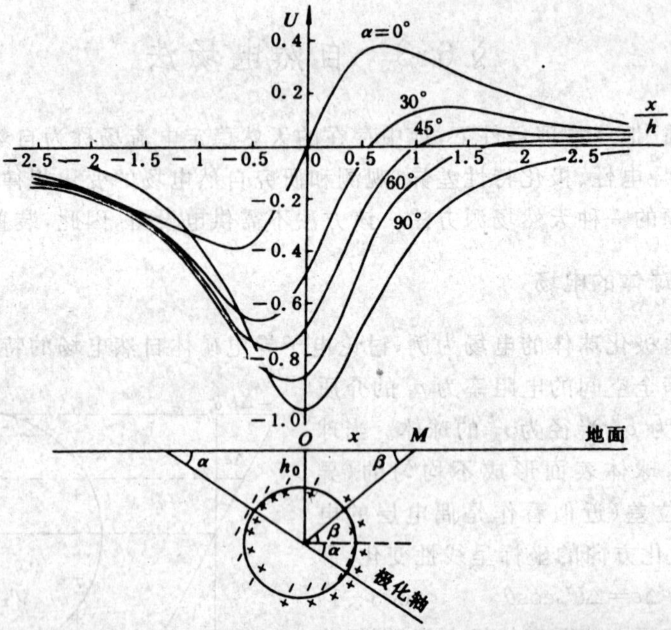

图 6-3-2 均匀极化球体主剖面上电位曲线

$$U_0=-\frac{M}{h_0^2}=-\frac{2\rho_1}{2\rho_2+\rho_1}\cdot\Delta U_0\cdot\left(\frac{r_0}{h_0}\right)^2 \tag{6.3-7}$$

上式表明：

(1) 异常幅值 U_0 与 ΔU_0 成正比，即球面上最大电位跃变值越大，电位异常值就越大。

(2) U_0 与 $(r_0/h_0)^2$ 成正比，即球体异常幅值决定于球半径与其埋深的相对大小，并且随此比值减小而急剧减小。

(3) U_0 与球体和围岩的相对电阻率 ρ_2/ρ_1 成反变关系：ρ_2/ρ_1 越小，异常越大。对于良导电矿体($\rho_2/\rho_1\to 0$)，异常最大；而在高阻体上($\rho_2/\rho_1\to\infty$)，异常趋于零。故用自然电场法找良导电矿体最有利。

(4) 在式(6.3-6)中令 $\alpha=90°$，可导出主剖面上电位曲线半极值弦长 q 和过拐点切线的弦切距 m 与球心埋深 h_0 的近似关系式

$$\left.\begin{aligned} h_0 &\approx 0.65q \\ h_0 &\approx 0.86m \end{aligned}\right\} \tag{6.3-8}$$

这些式子可用来由实测电位曲线估算球心深度。

斜极化($0<\alpha<90°$)时，电位曲线为以负值为主、在倾斜方向伴随有正值的不对称异常。异常幅值随 ΔU_0、r_0/h_0 和 ρ_2/ρ_1 的变化规律基本上与垂直极化时相同。采用电位曲线左、右两侧弦切距的平均值作为 m，则(6.3-8)式仍近似成立。

在自然界中，由于水文地质条件的关系，一般极化轴近于垂直，故在金属矿体上通常观测到负电位；只在地形切割较强的地区或倾斜向下延伸的矿体上，才能见到明显的正电位异常。

二、自然电场法的应用范围和观测方式

自然电场法是进行硫化金属矿和石墨矿快速普查乃至详查的有效方法；在水文地质和工程地质调查中也应用相当广泛。此外，还常常利用自然电场法普查找矿的面积性观测成果，对

石墨化或黄铁矿化地层和构造破碎带进行地质填图，提供进一步找矿的远景地段。

自然电场法的观测方式和充电法的观测方式相似，最常用的是电位观测法；当工作地区游散电流干扰严重时，可采用电位梯度观测法；用于解决水文地质问题时，还可采用电位梯度环形测量法。

与电阻率法和充电法不同，自然电场法不能用极化补偿器来消除极差的影响，因此，测量电极需采用“不极化电极”。常用的不极化电极有 $Cu—CuSO_4$ 和 $Pb—PbCl_2$ 不极化电极。

§6.4 激发极化法

激发极化法是利用岩、矿石的导电性、激发极化特性差异，观测和研究人工形成的激发极化场的变化规律，进行找矿和解决其他地质问题的一组人工场源形式的勘查方法。

一、激发极化场的正演计算

在第一、第二章中我们讨论了均匀岩石、矿石（标本或露头）的真激电参数及其性质。实际大地一般是非均匀性的，在此情况下若仍按均匀岩石、矿石测量真激电参数的方法进行观测和计算，则所得的为视激电参数，如视极化率 η_s、视复电阻率 $\tilde{\rho}_s$、视频散率 P_s 和视相位 φ_s 等。激电法正是用一定的电极装置观测这些视激电参数，以推断地下地质情况。为了合理布置激电法工作和正确推断解释激电异常，必须了解各种电极装置在不同地电条件下的视激电参数分布规律，这就要求进行正演计算。

激电法求解正演问题的基本方法和电阻率法相似，也包括解析计算、物理模拟和数值模拟三类方法。这里我们重点讨论激电异常的解析计算方法，然后根据解析计算、物理模拟和数值模拟结果讨论几种常用装置的激电异常。

从计算上述视激电参数（η_s、$\tilde{\rho}_s$、P_s、φ_s）的公式表明，要计算任何一种视激电参数，都需要先计算包括一次场和激电二次场在内的极化总场。

激发极化的形成和衰减是一个比较缓慢的过程，在时间域中，充、放电过程大体发生在 $n\cdot10^{-2}\sim n\cdot10^{2}$s 的时间区段中；在频率域中激电效应基本上只发生在超低频段上（$n\cdot10^{-2}\sim n\cdot10^{2}$Hz）。对于这样缓慢变化的电场，通常可以忽略电磁感应和电磁辐射效应。所以，在计算激发极化总场时可以近似采用对稳定电流场的处理方法，即用标量电位 U 来描述极化总场，它可通过求解拉普拉斯方程的边值问题来获得，即解

$$\nabla^2 U=0 \tag{6.4-1}$$

（一）面极化电场的计算

1. 面极化电场的边界条件

在面极化条件下，极化体（设其电阻率为 ρ_2）和围岩（电阻率为 ρ_1）的界面上存在过电位 $\Delta\Phi$，所以在界面极化体一侧的总场电位 $U^{(2)}$ 和围岩一侧的总场电位 $U^{(1)}$ 不连续，两者之差等于 $\Delta\Phi$。

$$\Delta\Phi=U^{(1)}-U^{(2)}=-k\cdot j_n=\frac{k}{\rho_1}\cdot\frac{\partial U^{(1)}}{\partial n} \tag{6.4-2}$$

式中，$\frac{\partial U}{\partial n}$是电位沿界面外法线的方向导数。

另一个边界条件，即电流连续性条件，和稳定电流场一样，可写为

$$\frac{1}{\rho_1}\cdot\frac{\partial U^{(1)}}{\partial n}=\frac{1}{\rho_2}\cdot\frac{\partial U^{(2)}}{\partial n} \tag{6.4-3}$$

这样，只要给出待解正演问题的具体地电条件，便可求解上述微分方程边值问题，以确定总场电位。

2. 面极化电场的计算

下面我们用球体电场的算例来说明面极化电场的解题过程。

设在均匀、充满全空间的电阻率为 ρ_1 的不极化围岩中，赋存一个电阻率为 ρ_2、半径为 r_0 的电子导电球体。在水平均匀外电场 $E_0=\rho_1 j_0$ 的激发下，球体产生面极化，其面极化系数为 k。将球坐标系的原点置于球心，极轴自球心指向外电场的反方向（见图 6-4-1）。由于对称性，总电场电位 U 仅仅是坐标 θ 和 R 的函数，而与方位角 φ 无关。在此情况下，球坐标系中的拉普拉斯方程为

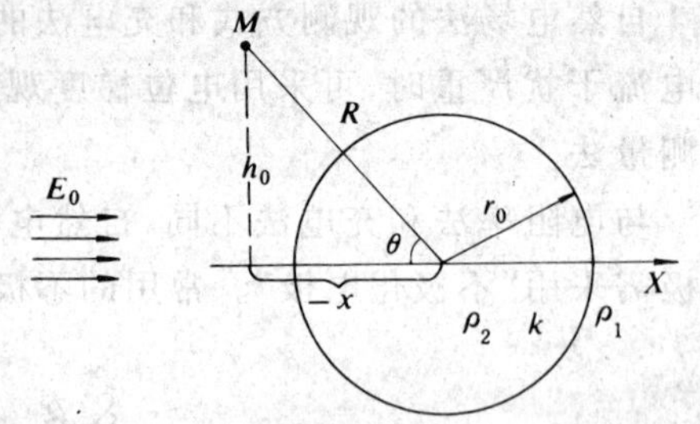

图 6-4-1　均匀外电流场中的面极化球体

$$\frac{\partial}{\partial R}\left(R^2\frac{\partial U}{\partial R}\right)+\frac{1}{\sin\theta}\cdot\frac{\partial}{\partial\theta}\left(\sin\theta\frac{\partial U}{\partial\theta}\right)=0 \qquad (6.4-4)$$

设球外和球内的总场电位分别为 $U^{(1)}$ 和 $U^{(2)}$，并将其分解为正常场和异常场电位两部分

$$U^{(1)}=U_0+U_a^{(1)}$$
$$U^{(2)}=U_0+U_a^{(2)}$$

式中，U_0 表示正常场电位，设球心处正常场电位为零，则

$$U_0=-\rho_1 j_0 x=\rho_1 j_0 R\cos\theta$$

U_0 和球外及球内的异常场电位 $U_a^{(1)}$ 及 $U_a^{(2)}$ 均满足拉普拉斯方程式(6.4-4)，其通解为

$$U=\sum_{n=0}^{\infty}[A_nR^n+B_nR^{-(n+1)}]P_n(\cos\theta)$$

因为在 $R\to\infty$（远离球体）和 $R\to 0$（球心）处，异常场电位均为有限值，故球外和球内异常电位表示式应取如下形式

$$U_a^{(1)}=\sum_{n=0}^{\infty}B_nR^{-(n+1)}P_n(\cos\theta)$$

$$U_a^{(2)}=\sum_{n=0}^{\infty}A_nR^nP_n(\cos\theta)$$

故有

$$\left.\begin{aligned}U^{(1)}&=\rho_1 j_0R\cos\theta+\sum_{n=0}^{\infty}B_nR^{-(n+1)}P_n(\cos\theta)\\U^{(2)}&=\rho_1 j_0R\cos\theta+\sum_{n=0}^{\infty}A_nR^nP_n(\cos\theta)\end{aligned}\right\} \qquad (6.4-5)$$

将上式代入边界条件式(6.4-2)和式(6.4-3)，并考虑到在球面上 $R=r_0$ 和 $\frac{\partial U}{\partial n}=\frac{\partial U}{\partial R}$，则得

$$\left.\begin{aligned}&\sum_{n=0}^{\infty}[B_nr_0^{-(n+1)}-A_nr_0^n]P_n(\cos\theta)\\&\quad=\frac{k}{\rho_1}\left[\rho_1 j_0\cos\theta-\sum_{n=0}^{\infty}(n+1)B_nr_0^{-(n+2)}P_n(\cos\theta)\right]\\&j_0\cos\theta-\frac{1}{\rho_1}\sum_{n=0}^{\infty}(n+1)B_nr_0^{-(n+2)}P_n(\cos\theta)\\&\quad=\frac{\rho_1}{\rho_2}j_0\cos\theta+\frac{1}{\rho_2}\sum_{n=0}^{\infty}nA_nr_0^{(n-1)}P_n(\cos\theta)\end{aligned}\right\} \qquad (6.4-6)$$

分别令方程式(6.4－6)两端 $n=0,1,2,\cdots$ 的勒让德多项式 $P_n(\cos\theta)$ 的系数相等，并考虑到 $P_1(\cos\theta)=\cos\theta$，可解得

$$\left.\begin{aligned}
A_1&=\frac{\rho_2-\rho_1-2\dfrac{k}{r_0}}{2\rho_2+\rho_1+2\dfrac{k}{r_0}}\rho_1 j_0\\
B_1&=\frac{\rho_2-\rho_1+\dfrac{k}{r_0}}{2\rho_2+\rho_1+2\dfrac{k}{r_0}}\rho_1 j_0 r_0^3\\
A_0&=B_0=A_2=B_2=\cdots=0
\end{aligned}\right\}\tag{6.4-7}$$

将式(6.4－7)代入式(6.4－5)，便得球外和球内的总场电位表达式

$$\left.\begin{aligned}
U^{(1)}&=\left[1+\frac{\rho_2-\rho_1+\dfrac{k}{r_0}}{2\rho_2+\rho_1+2\dfrac{k}{r_0}}\cdot\frac{r_0^3}{R^3}\right]\rho_1 j_0 R\cos\theta\\
U^{(2)}&=\left[1+\frac{\rho_2-\rho_1-2\dfrac{k}{r_0}}{2\rho_2+\rho_1+2\dfrac{k}{r_0}}\right]\rho_1 j_0 R\cos\theta
\end{aligned}\right\}\tag{6.4-8}$$

如果球体是不极化的，将 $k=0$ 代入上式则得球外和球内的一次场电位表达式为：

$$\left.\begin{aligned}
U_1^{(1)}&=\left(1+\frac{\rho_2-\rho_1}{2\rho_2+\rho_1}\cdot\frac{r_0^3}{R^3}\right)\rho_1 j_0 R\cos\theta\\
U_1^{(2)}&=\left(1+\frac{\rho_2-\rho_1}{2\rho_2+\rho_1}\right)\rho_1 j_0 R\cos\theta
\end{aligned}\right\}\tag{6.4-9}$$

从总场电位中减去一次场电位，可得到二次场电位的表达式

$$\left.\begin{aligned}
U_2^{(1)}&=U^{(1)}-U_1^{(1)}=\frac{3\rho_1^2 j_0 k r_0^2}{(2\rho_2+\rho_1)\left(2\rho_2+\rho_1+2\dfrac{k}{r_0}\right)}\cdot\frac{\cos\theta}{R^2}\\
U_2^{(2)}&=U^{(2)}-U_1^{(2)}=\frac{6\rho_1\rho_2 j_0\dfrac{k}{r_0}}{(2\rho_2+\rho_1)\left(2\rho_2+\rho_1+2\dfrac{k}{r_0}\right)}\cdot R\cos\theta
\end{aligned}\right\}\tag{6.4-10}$$

还可以进一步将球外二次场电位改写成

$$U_2^{(1)}=\frac{\rho_1\cdot P_s}{4\pi}\cdot\frac{\cos\theta}{R^2}\tag{6.4-11}$$

式中

$$P_s=\frac{12\pi\rho_1 j_0 k r_0^2}{(2\rho_2+\rho_1)\left(2\rho_2+\rho_1+2\dfrac{k}{r_0}\right)}=\frac{12\pi j_0\lambda r_0^2}{\left(2\dfrac{\rho_2}{\rho_1}+1\right)\left(2\dfrac{\rho_2}{\rho_1}+1+2\dfrac{\lambda}{r_0}\right)}\tag{6.4-12}$$

上两式说明，激电二次场在球外的分布与一个位于球心的电流偶极子的电场相同。其强弱由等效电流偶极子的电流偶极矩 P_s 表示。从式(6.4－12)可看出：

(1) P_s 与 j_0 成正比，即二次场随外电流密度增大而增强。

(2) P_s 近似与 r_0^2 成正比，即面极化球体的表面积越大，二次场就越强。这充分显示了面极化的特点。

(3) P_s 近似与 $\lambda=\frac{k}{\rho_1}$ 成正比①，即面极化系数值越大(面极化效应越强)，二次场就越强；并且，二次场近似有与 λ 或 k 相同的时间特性和频率特性。

(4) P_s 随 $\frac{\rho_2}{\rho_1}$ 减小而单调增大，即面极化体相对围岩的导电性越好，二次场越强：在良导电面极化体上($\rho_2/\rho_1\to 0$)，二次场最强；而在高阻面极化体上($\rho_2/\rho_1\to\infty$)，二次场趋于零。这是面极化的又一特点。

(二) 体极化电场的计算

在讨论体极化电场的计算和模拟方法之前，我们先介绍体极化岩石、矿石的等效电阻率概念。

1. 等效电阻率

在第一章§1.3体极化效应的测量装置和测量结果中可以看到，由于存在激发极化效应，在流过标本的电流保持不变的条件下，标本两端的极化总场电位差随充电时间增长而增大。根据欧姆定律，我们可将上述现象理解为，体极化效应等效于体极化介质电阻率的增大。为与介质在无激电效应时的真电阻率相区别，我们将发生体极化效应时，极化体对极化总场的电阻率称为"等效电阻率"。一般说来，等效电阻率随频率或充电时间而变。在 $T\to 0$ 或 $f\to\infty$ 的极限情况下，总场电位 $U(T)|_{T\to 0}$ 或 $U(f)|_{f\to\infty}$ 趋于无激电效应的一次场电位 U_1，等效电阻率 $\rho(T)|_{T\to 0}$ 或 $\rho(i\omega)|_{\omega\to\infty}$ 就等于介质真电阻率 ρ。在 $T\to\infty$ 或 $f\to 0$ 的另一极限情况下，总场电位趋于饱和值 $U(T)|_{T\to\infty}$ 或 $U(f)|_{f\to 0}$，此时的等效电阻率 $\rho(T)|_{T\to\infty}$ 或 $\rho(i\omega)|_{\omega\to 0}$ 为"极限等效电阻率"，记为 ρ^*。

根据极限极化率 η 的计算式和电阻率的计算式，可以写出

$$\eta=\frac{\rho^*-\rho}{\rho^*} \tag{6.4-13}$$

上式稍加变换，便可写出极限等效电阻率 ρ^* 和真电阻率 ρ 的关系式

$$\rho^*=\frac{\rho}{1-\eta} \tag{6.4-14}$$

2. 体极化电场的边界条件

体极化条件下，微小的极化单元呈体分布于极化体内，故在极化体与围岩的界面上没有电位跃变，即极化总场电位是连续的。由此可写出体极化总场电位的连续性边界条件

$$U^{(1)}-U^{(2)}=0 \tag{6.4-15}$$

前已述及，我们对极化总场按稳定电流场处理，故在界面上总场电流密度的法向分量也应连续。可见关于电流连续性的边界条件应与面极化总场的相应边界条件式(6.4-3)相似，不过，当前极化体和围岩的电阻率，应采用相应的等效电阻率 ρ_2^* 和 ρ_1^*，即有

$$\frac{1}{\rho_1^*}\cdot\frac{\partial U^{(1)}}{\partial n}=\frac{1}{\rho_2^*}\cdot\frac{\partial U^{(2)}}{\partial n} \tag{6.4-16}$$

为了对比，我们将无激电效应时的一次场和包括激电效应的极化总场的边界条件汇集于表6-4-1中。从表中可以看到，体极化总场的边界条件，在形式上完全和一次场的相同。此外，两种场都满足同一微分方程式(6.4-1)，故它们的解在形式上也应完全相同。由此得出结论：只要将无激发极化的一次场电位表达式中各介质的电阻率 $\rho_i(i=1,2,3,\cdots)$ 换成相应的等效电阻率 ρ_i^*，便可得到体极化总场电位的表达式。这便是求解体极化总场的"等效电阻率法"(柯马洛夫，1983)。

① 面极化系数 λ 的变化不大，一般 $\lambda\leqslant 1$m。所以，对于野外有一定规模的面极化矿体($r_0>10$m)，式(6.4-12)分母中的 $\frac{\lambda}{r_0}<0.1$，可以忽略。

表 6-4-1 一次场和极化总场的边界条件

场的类型	一次场	总场	
		面极化	体极化
边界条件	$U_1^{(1)}-U_1^{(2)}=0$	$U^{(1)}-U^{(2)}=\frac{k}{\rho_1}\frac{\partial U^{(1)}}{\partial n}$	$U^{(1)}-U^{(2)}=0$
	$\frac{1}{\rho_1}\frac{\partial U_1^{(1)}}{\partial n}=\frac{1}{\rho_2}\frac{\partial U_1^{(2)}}{\partial n}$	$\frac{1}{\rho_1}\frac{\partial U^{(1)}}{\partial n}=\frac{1}{\rho_2}\frac{\partial U^{(2)}}{\partial n}$	$\frac{1}{\rho_1^*}\frac{\partial U^{(1)}}{\partial n}=\frac{1}{\rho_2^*}\frac{\partial U^{(2)}}{\partial n}$

3. 用等效电阻率法计算体极化电场

利用等效电阻率法很容易由无激电效应的一次场的已知解计算体极化电场。下面举例加以说明。

例 1 均匀半空间条件下，点源场及极化率的计算。

设大地为均匀无限半空间，电阻率为 ρ，(极限)极化率为 η。则由地面点电源 $A(+I)$ 和 $B(-I)$ 在地面 M 和 N 点产生的一次场电位差为：

$$\Delta U_1=\frac{I\rho}{2\pi}\left(\frac{1}{AM}-\frac{1}{AN}-\frac{1}{BM}+\frac{1}{BN}\right) \tag{6.4-17}$$

为计算长时间充电($T\to\infty$)达饱和时的总场电位差 ΔU，只需将上式中的电阻率 ρ 换成等效电阻率 $\rho^*=\frac{\rho}{1-\eta}$，即

$$\Delta U=\frac{I\rho}{2\pi(1-\eta)}\left(\frac{1}{AM}-\frac{1}{AN}-\frac{1}{BM}+\frac{1}{BN}\right) \tag{6.4-18}$$

式(6.4-18)和式(6.4-17)两式相减得二次场电位差

$$\Delta U_2=\frac{I\rho}{2\pi}\frac{\eta}{1-\eta}\left(\frac{1}{AM}-\frac{1}{AN}-\frac{1}{BM}+\frac{1}{BN}\right) \tag{6.4-19}$$

式(6.4-19)与式(6.4-18)相除，则得

$$\frac{\Delta U_2}{\Delta U}=\eta \tag{6.4-20}$$

这便是测量均匀大地极化率的计算公式。该式表明，在均匀水平大地条件下，测出的极化率与所用装置无关。

仿照视电阻率的定义，将地形不平或地下不均匀时，按均匀水平大地公式(6.4-20)计算的参数称为视极化率，记为 η_s，即

$$\eta_s=\frac{\Delta U_2}{\Delta U} \tag{6.4-21}$$

例 2 体极化球体电场的计算。

在电阻率为 ρ_1 的均匀全空间中，赋存一个半径为 r_0、电阻率为 ρ_2 的球体时，均匀外电场 $E_0=\rho_1 j_0$ 激发下球外一次电位的表达式已在前面导出(见图 6-4-1 和式(6.4-9))。当存在水平地面时，用对异常部分简单加倍的方法近似处理大地—空气分界面对地面电场的影响。于是地面一次场电位的表达式可写成

$$U_1=\left(1+2\,\frac{\rho_2-\rho_1}{2\rho_2+\rho_1}\frac{r_0^3}{R^3}\right)\rho_1 j_0 R\cos\theta \tag{6.4-22}$$

当球体产生体极化时，在频率域中球体的等效电阻率为柯尔-柯尔模型描述的复电阻率

$$\rho_2(i\omega)=\rho_2^*\left\{1-m_2\left[1-\frac{1}{1+(i\omega\tau_2)^{c_2}}\right]\right\} \tag{6.4-23}$$

式中 ρ_2^* 为球体的零频电阻率，即极限等效电阻率；m_2 为球体的(真)充电率，即极限极化率

η_2；c_2 为球体的（真）频率相关系数；τ_2 为球体的（真）时间常数。

将式（6.4-22）中的 ρ_2 换成等效（复）电阻率 $\rho_2(i\omega)$，并将外电场 $E_0=\rho_1 j_0$ 改写为交变电场的形式 $\tilde{E}_0=\rho_1\cdot\tilde{j}_0$，则可得频率域中总场电位的表达式

$$U=\left(1+2\frac{\rho_2(i\omega)-\rho_1}{2\rho_2(i\omega)+\rho_1}\cdot\frac{r_0^3}{R^3}\right)\rho_1\tilde{j}_0 R\cos\theta \tag{6.4-24}$$

由此可进一步写出，中梯装置视复电阻率的表达式为：

$$\rho_s(i\omega)=\frac{E}{\tilde{j}}=-\frac{1}{\tilde{j}_0}\cdot\frac{\partial U}{\partial x}$$

$$=\left(1+2\frac{\rho_2(i\omega)-\rho_1}{2\rho_2(i\omega)+\rho_1}\cdot r_0^3\cdot\frac{R^2-3x^2}{R^5}\right)\rho_1 \tag{6.4-25}$$

式中 $R=\sqrt{h_0^2+x^2}$；h_0 为球心埋深；x 为地面观测点沿外电场方向的坐标。

将式（6.4-23）代入式（6.4-25），经过若干变换后，可将视复电阻率表示成如下形式

$$\rho_s(i\omega)=\rho_s^*\left\{1-m_s\left[1-\frac{1}{1+(i\omega\tau_s)^{c_s}}\right]\right\} \tag{6.4-26}$$

式中 ρ_s^* 为零频视电阻率，即极限等效视电阻率

$$\rho_s^*=\left(1+2\frac{\rho_2^*-\rho_1}{2\rho_2^*+\rho_1}\cdot r_0^3\cdot\frac{R^2-3x^2}{R^5}\right)\rho_1 \tag{6.4-27}$$

视充电率 m_s，即极限视极化率 η_s

$$m_s=\frac{6\rho_1\rho_2^* m_2}{(2\rho_2+\rho_1)\cdot\left[2\rho_2^*+\rho_1+(\rho_2^*-\rho_1)\cdot r_0^3\dfrac{R^2-3x^2}{R^5}\right]}\cdot r_0^3\frac{R^2-3x^2}{R^5}$$

$$=\frac{6\rho_1\rho_2^* m_2}{(2\rho_2+\rho_1)\cdot\left\{2\rho_2+\rho_1(1-m_2)+[\rho_2-\rho_1(1-m_2)]r_0^3\dfrac{R^2-3x^2}{R^5}\right\}}r_0^3\frac{R^2-3x^2}{R^5} \tag{6.4-28}$$

视频率相关系数

$$c_s=c_2 \tag{6.4-29}$$

视时间常数

$$\tau_s=\tau_2/\left[1+\frac{2\rho_2 m_2}{(2\rho_2+\rho_1)(1-m_2)}\right]^{1/c_2}=\tau_2\left[1-m_2\frac{2\dfrac{\rho_2^*}{\rho_1}}{1+2\dfrac{\rho_2^*}{\rho_1}}\right]^{1/c_2} \tag{6.4-30}$$

对于良导电体极化球（$\rho_2/\rho_1\to 0$），$\tau_s\to\tau_2$；对于高阻体极化球（$\rho_2/\rho_1\to\infty$），$\tau_s\to\tau_2(1-m_2)^{1/c_2}$。

以上各式表明，体极化球体上中梯装置的视复电阻率也满足柯尔-柯尔模型，对应的视谱参数 ρ_s^*、m_s、c_s 和 τ_s 都可解析地表示为式（6.4-27）～式（6.4-30）。值得指出的是，按式（6.4-29）和式（6.4-30），视参数 c_s 和 τ_s 都将与球体的埋深 h_0 和测点坐标 x 无关。模型实验资料表明，c_s 随 h_0 和 x 的变化确实很小，并且在误差范围内近似等于极化球体的真参数 c_2。但是，τ_s 随 h_0 和 x 有明显变化。其原因是前述电位和视复电阻率的表示式均为近似式，在用镜像法处理地面影响时，未考虑地下球和镜像球之间的相互影响。

在零频率的极限情况下，式（6.4-23）表示的球体等效电阻率（复电阻率）简化为极限等效电阻率 ρ_2^*，同时 $\tilde{j}_0\to j_0$。总场电位表达式（6.4-24）相应简化为

$$U=\left(1+2\frac{\rho_2^*-\rho_1}{2\rho_2^*+\rho_1}\cdot\frac{r_0^3}{R^3}\right)\rho_1 j_0 R\cos\theta \tag{6.4-31}$$

式（6.4-31）和式（6.4-22）相减，得二次场电位

$$U_2=U-U_1=2\left(\frac{\rho_2^*-\rho_1}{2\rho_2^*+\rho_1}-\frac{\rho_2-\rho_1}{2\rho_2+\rho_1}\right)r_0^3\rho_1 j_0\cdot\frac{\cos\theta}{R^2} \tag{6.4-32}$$

根据等效电阻率和真电阻率之间的关系式，在当前有

$$\rho_2^*=\frac{\rho_2}{1-\eta_2} \tag{6.4-33}$$

式中 η_2 为球体的极限极化率。

将式(6.4-33)代入式(6.4-32)并经过简化后得

$$U_2=\frac{6\rho_1^2\rho_2\eta_2 j_0 r_0^3}{[2\rho_2+\rho_1(1-\eta_2)]\cdot(2\rho_2+\rho_1)}\frac{\cos\theta}{R^2}=\frac{6\rho_2\eta_2 j_0 r_0^3}{\left(2\frac{\rho_2}{\rho_1}+1-\eta_2\right)\left(2\frac{\rho_2}{\rho_1}+1\right)}\frac{\cos\theta}{R^2} \tag{6.4-34}$$

或仿照面极化球体的情况写成

$$U_2=\frac{\rho_1\cdot P_V}{2\pi}\cdot\frac{\cos\theta}{R^2} \tag{6.4-35}$$

式中

$$P_V=\frac{12\pi\frac{\rho_2}{\rho_1}\eta_2 j_0 r_0^3}{\left(2\frac{\rho_2}{\rho_1}+1-\eta_2\right)\left(2\frac{\rho_2}{\rho_1}+1\right)} \tag{6.4-36}$$

上两式表明，体极化球体激电二次场在球外的分布也与一个位于球心的电流偶极子的电场相同。其强弱由等效电流偶极子的电流偶极矩 P_V 表示。从式(6.4-36)可看出：

(1) P_V 与 j_0 成正比，即二次场随外电场电流密度增大而增强。这与面极化的情况相同。

(2) P_V 与 r_0^3 成正比，即体极化球体的体积越大，二次场就越强。这充分体现了体极化的特点，显然不同于面极化的情况。

(3) P_V 近似与 η_2 成正比，即球体极化率值越大(体极化效应越强)，二次场就越强。

(4) P_V 随$\frac{\rho_2}{\rho_1}$的变化较复杂：在良导电$\left(\frac{\rho_2}{\rho_1}\to 0\right)$和高阻$\left(\frac{\rho_2}{\rho_1}\to\infty\right)$体极化体上，$P_V$(因而二次场)都趋于零；而在某个中等大小的相对电阻率值$\left(对球体是\frac{\rho_2}{\rho_1}=\frac{1}{2}\sqrt{1-\eta_2}\right)$，$P_V$(因而二次场)最强。这是体极化不同于面极化的又一个显著特点。它可借助于等效电阻率法，由一次场随相对电阻率变化的"饱和效应"来解释。

二、在典型地电断面上常用装置的激电异常

激电法可以沿用电阻率法的各种电极装置，其中用得比较广泛的有中间梯度(中梯)、联合剖面(联剖)、近场源二极(二极)、对称四极测深(测深)和偶极一偶极(偶极)等装置。下面将根据用计算和模拟方法获得的结果，分别讨论上述装置的激电异常特点。对主要用于时间域激电法的前几种装置，将以极限视极化率的异常为例进行讨论；而对主要用于频率域激电法的偶极装置，则将着重讨论频率域参数，特别是视复电阻率频谱参数的异常。

(一) 中间梯度装置的激电异常

1. 球形极化体的中梯激电异常

像电阻率法那样，激电法理论中也是将均匀外电场中的异常视为中梯装置的异常。均匀外电场中存在体极化球体时的视极化率公式已在式(6.4-28)中给出。将该式中的 m_s 和 m_2 改写为 η_s 和 η_2，并考虑到对地面非主剖面上的测点(x,y,h_0)，$R=\sqrt{x^2+y^2+h_0^2}$。可得围岩不极化时，体极化球体的视极化率表示式

$$\eta_s=M_V\frac{y^2+h_0^2-2x^2}{(x^2+y^2+h_0^2)^{5/2}} \tag{6.4-37}$$

式中
$$M_V \approx \frac{6\mu_2\eta_2 r_0^3}{(1-\eta_2+2\mu_2)(1+2\mu_2)} \tag{6.4-38}$$
其中忽略了式(6.4－28)分母内与测点坐标有关的数值较小的项，而且选用了简化符号 $\mu_2=\rho_2/\rho_1$。

对比面极化和体极化球体上总场电位的表示式式(6.4－8)和式(6.4－31)，并考虑到 $\rho_2^*=\rho_2+\rho_2\cdot\dfrac{\eta_2}{1-\eta_2}$和 $k=\rho_1\cdot\lambda$，可写出面极化球体上 η_s 的表示式
$$\eta_s = M_s\frac{y^2+h_0^2-2x^2}{(x^2+y^2+h_0^2)^{5/2}} \tag{6.4-39}$$
式中
$$M_s \approx \frac{6\lambda r_0^2}{\left(1+2\dfrac{\lambda}{r_0}+2\mu_2\right)(1+2\mu_2)} \tag{6.4-40}$$

可见，体极化和面极化球体中梯激电异常的空间分布，都近似与位于球心的电偶极子的电场分布相同。图 6－4－2 示出了根据式(6.4－37)算出的 η_s 曲线。下面讨论其特点。

(1) 主剖面上的异常。示于图 6－4－2(a)的主剖面上体极化球体的 η_s 剖面曲线，和高阻球体上的中梯 ρ_s 异常曲线形状相同：在球心正上方有异常极大值，两侧异常对称地减小，并在出现负的极小值后逐渐回升到零。由图 6－4－2(a)下部示出的球外二次场的电流分布(虚线)，可解释上述异常特征。

在式(6.4－37)中取 $y=0$ 可得主剖面上 η_s 的表示式
$$\eta_s = M_V\frac{h_0^2-2x^2}{(x^2+h_0^2)^{5/2}} \tag{6.4-41}$$
由此式不难导出球心埋深 h_0 与主剖面上异常零值点间距 Δx、半极值点间弦长 q 及过拐点切线的弦切距 m 等的关系有

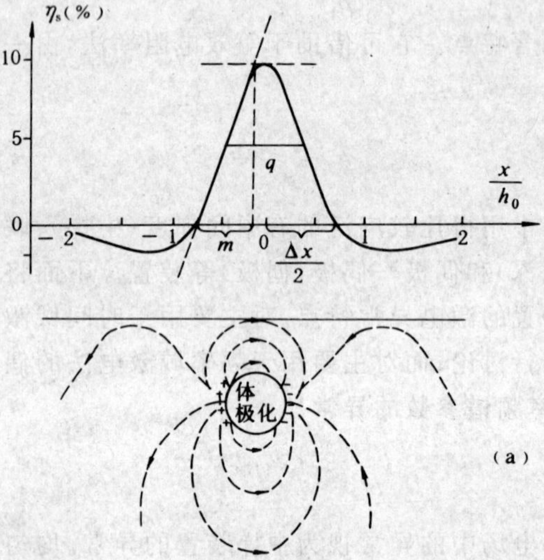

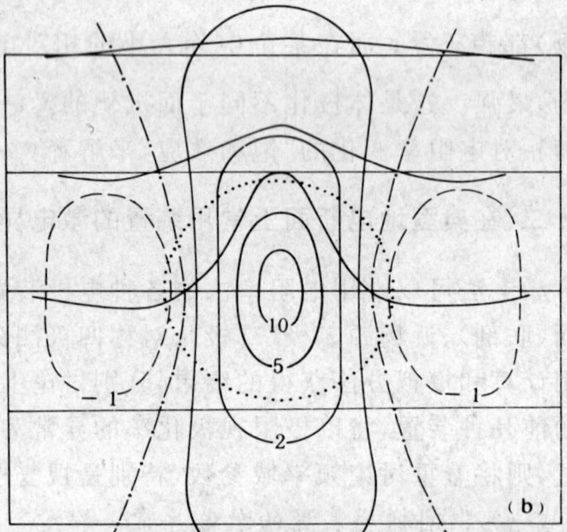

图 6－4－2 球形极化体上的中梯激电异常

(a) 主剖面曲线；(b) 剖面平面图和平面等值线图

$M_V=1$； $h_0=2$； $\eta_1=0$

1—剖面曲线；2—等值线；3—球体在地面的投影

$$h_0 \approx 0.7\Delta x, \qquad h_0 \approx 1.3q, \qquad h_0 \approx 2.0m \tag{6.4-42}$$

在式(6.4-41)中取 $x=0$，便得视极化率的异常极大值 $\eta_s^{max}=\dfrac{M_V}{h_0^3}$。可见，异常幅度与球心埋深的三次方成反比，随着 h_0 增大，η_s 异常将急剧减小。此外，对体极化球体，异常还与 M_V 成正比，由式(6.4-38)式可知：

① 异常幅度与 r_0^3(即球体体积)成正比；

② 异常幅度与 η_2(即球体的体极化能力)成正比；

③ 异常幅度与相对电阻率 μ_2 的关系较复杂，在 $\mu_2 \to \infty$ 或 $\mu_2 \to 0$ 时，$M_V \to 0$；而当 $\mu_2=\dfrac{1}{2}\sqrt{1-\eta_2}$ 时，M_V 有极大值。即良导电($\mu_2 \to 0$)或高阻($\mu_2 \to \infty$)体极化球的 η_s 异常都很小；而在某一中等相对电阻率值时，异常幅度最大。前已述及，这是“饱和效应”的反映。

对于面极化球体，η_s 异常幅度与式(6.4-40)表示的 M_s 成正比，也可做类似分析，在此从略。

以上 η_s 异常幅度随球体几何参数和电参数的变化规律和前面讨论球体二次场电位的变化规律是完全一致的。

(2) 异常的平面分布。图 6-4-2(b)所示球体的 η_s 异常平面等值线具有拉长的图形，其走向垂直于外电场方向。当改变供电(即测线)方向时，等值线将随之改变延伸方向。但是由于球体的对称性，等值线的形状并不改变。

η_s 异常平面等值线呈伸长图形容易使人产生错觉：似乎引起激电异常的极化体也有相应的延伸形状。但是，η_s 剖面平面图可反映出极化体走向不长的特征，当测线离开主剖面时，η_s 异常曲线的幅度明显降低，而宽度明显增大。

2. 椭球状极化体上的中梯激电异常

椭球体可代表具有一定走向延伸的极化体，对于这样的极化体，实际工作中可采用两种中梯装置：一种是经常使用的**纵向中梯**装置，其供电电极(A、B)和测量电极(M、N)的布极方向皆垂直于极化体的走向；另一种是 AB 与 MN 平行于极化体走向布极的**横向中梯**装置，其测线仍垂直于极化体走向，但 M 极与 N 极分别在两条测线的对应点上。

(1) 直立椭球体。图 6-4-3 给出了理论计算的低阻直立椭球体的纵向中梯(b)和横向中梯(a)的 η_s 剖面平面图。其中，**纵向中梯**的异常形态与球体的相似：极化体正上方有正的异常极大值，两侧异常对称地减小，并有不大的负极小值；仍然是主剖面上异常幅度最大，异常宽度最小；当测线离开主剖面后，异常幅度下降，宽度变大，且在椭球体投影范围内，这种变化较小，而当测线越出椭球体后，异常下降较显著。由此，可根据地面实测的 η_s 剖面平面图大致估计极化体的走向长度。

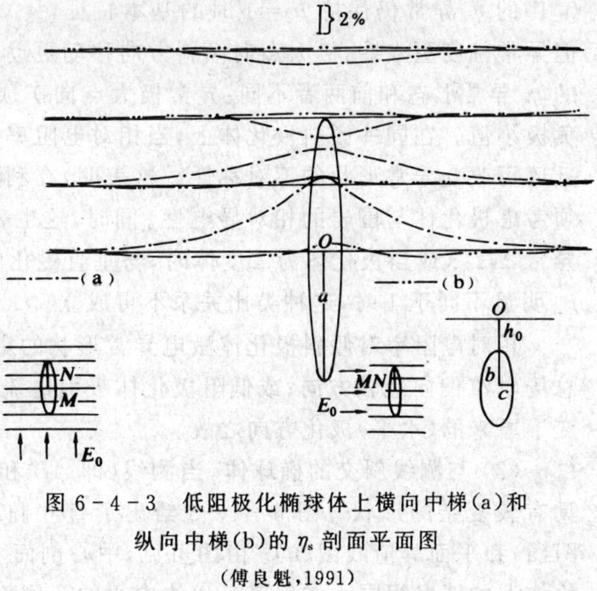

图 6-4-3　低阻极化椭球体上横向中梯(a)和纵向中梯(b)的 η_s 剖面平面图

(傅良魁，1991)

横向中梯的异常形态不同于纵向中梯，在椭球体上方 η_s 剖面曲线取得正极大值，两侧曲线对称地平缓下降到零，而不出现负值。当测线越出椭球体时，在椭球体走向延伸线上方，有负极小值。实际工作中，根据横向中梯 η_s 剖面平面图的上述特征可大致确定极化体的走向长度，较利用纵向中梯准确些。

从图 6-4-3 还可以看到，对于低阻（$\mu_2<1$）极化体，横向中梯比纵向中梯的异常幅度大得多。但计算结果表明，当极化体较围岩的导电性差时（$\mu_2>1$），情况相反，纵向中梯比横向中梯的 η_s 异常幅度大。

上述规律可以解释为：对于低阻极化体，外电场平行走向时（横向装置）极化体吸引电流的作用较外电场垂直走向时（纵向装置）大，故前一种情况中流过极化体的电流较多，极化作用较强，且地面总场电位差较小，因而 η_s 异常较明显。若极化体为高阻体，外电场平行走向时（横向装置），与电流相垂直的极化体截面较小，故电流受高阻极化体排斥时，较易于绕体外流去，流过极化体的电流较少，极化作用较弱，加之极化面积较小，因而异常较小；而外电流场垂直走向时（纵向装置），情况相反，故异常较大。

两种装置对高阻和低阻极化体的不同反映可以用以判断极化体与围岩的相对导电性。横向中梯装置在良导电极化体上反映了较强的激电异常，可用于在高阻矿化背景上寻找有一定走向的低阻矿体。

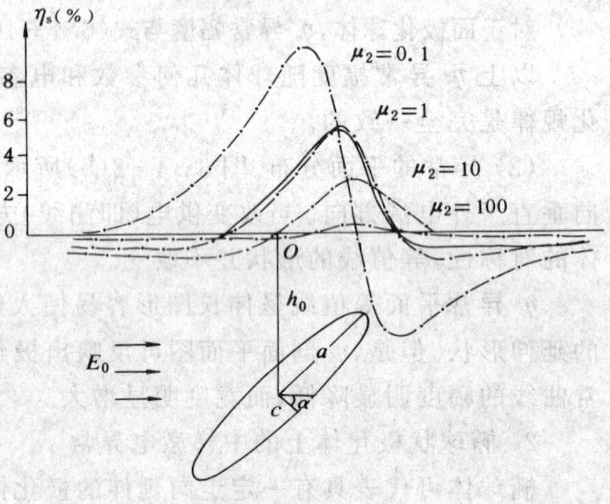

图 6-4-4　不同 μ_2 值的倾斜椭球状极化体上纵向中梯的 η_s 剖面曲线

$a=13$；$b=13$；$c=2.6$；$h_0=13.5$；倾角 $\alpha=45°$；椭球体 $\eta_2=40\%$

（傅良魁，1991）

（2）倾斜椭球体。图 6-4-4 给出了一组具有不同相对电阻率 μ_2 值的倾斜椭球体上的纵向中梯 η_s 剖面曲线。其中，$\mu_2=1$ 的激电异常与水平磁化的水平磁异常 $\Delta H_X^{=}$ 形状近于相同：极化体上有不对称的正异常，异常极大点从极化体上顶向倾斜方向稍有位移；沿倾斜方向异常曲线下降较缓，负极小值不明显；而反倾斜方向上曲线下降较陡，且有明显的负极小值。良导电极化体（$\mu_2=0.1$）的 η_s 异常仍保持 $\mu_2=1$ 时的基本特征，但异常幅度更大些，极大点向倾斜方向移动更远及曲线的不对称性更强。高阻极化体（$\mu_2=10$）的 η_s 异常形态和前两者不同：异常极大点向矿顶方向移动，同时，在倾斜方向上出现较明显的负极小值。在同一倾斜极化体上，当相对电阻率 μ_2 改变时，不仅引起激电异常幅度的变化，而且还可改变异常形状的不对称性。这表明，在利用激电异常的不对称性判断极化体产状时，必须考虑极化体与围岩的相对导电性。同时，这也表明，当 $\mu_2\approx1$ 时，η_s 异常与水平磁化的水平磁异常 $\Delta H_X^{=}$（或当极化体为二度体时，与垂直磁化的垂直磁异常 $\Delta Z^{\perp}$）形状相近，可以类比；而当 μ_2 明显不同于 1 时，这种类比关系不再成立。

相对电阻率对倾斜极化体激电异常形状的影响，是因为高阻极化体排斥电流，使极化体内总场电流偏向短轴方向；或低阻极化体吸引电流，使极化体内总场电流偏向长轴方向，因而改变了原来的（水平）极化方向之故。

（3）与测线斜交的椭球体。当测线（即 AB 和 MN 布极方向）与极化体的走向斜交时，异常具有较复杂的形状。图 6-4-5 给出了直立椭球体走向与测线成 45°夹角时，η_s 的剖面平面图（a）和平面等值线图（b）。由图可见，中心剖面上 η_s 曲线的基本形态，仍与纵向中梯在直立极化体上的情况相同。在偏离极化体中心的旁侧剖面上，η_s 曲线不对称，与倾斜极化体上的纵向

中梯 η_s 曲线相似，异常极大点从极化体上方移向通过极化体中心的基线，而在相反方向上出现较明显的负极小值。各剖面上 η_s 极大点的连线与极化体走向不一致，偏向基线方向。这在 η_s 等值线平面图(b)上表现得更清楚。而且可以看到，极化体导电性越好(μ_2 越小)，η_s 异常走向偏离极化体走向越远；而在高阻极化体上(如 $\mu_2=10$)偏离很小，异常走向基本上和极化体走向一致。

（二）联合剖面装置的激电异常

1. 球形极化体的联剖激电异常

图 6-4-6 给出理论计算的球形极化体上联剖装置的视极化率剖面曲线。可以看出，这些曲线与高阻球体上视电阻率联剖曲线的形状相似，其共同特点是用 $AMN\infty$ 和 ∞MNB 测得的视极化率曲线(η_s^A 和 η_s^B)相互对称，并在球心上方有高的反交点。在电极距 AO 相对于球心深度 h_0 不大时，异常幅度较小，形状比较简单，在反交点两侧 η_s^A 和 η_s^B 各有一个极大值和极小值。随着极距增大$\left(\frac{AO}{h_0}\geqslant 2\right)$，异常幅度上升，同时形状变得较复杂，在反交点两侧，η_s^A 和 η_s^B 各有一个主极大值，其后又出现一个次极小值和次极大值。后者是由于供电电极通过球体上方时引起的。当电极距进一步增大时，η_s^A 和 η_s^B 的次极小值进一步降低，同时，主极大值点向球心上方的反交点靠近，两条曲线的分异性变差。而当电极距很大时，η_s^A 和 η_s^B 重合，变成中梯装置的 η_s 曲线。

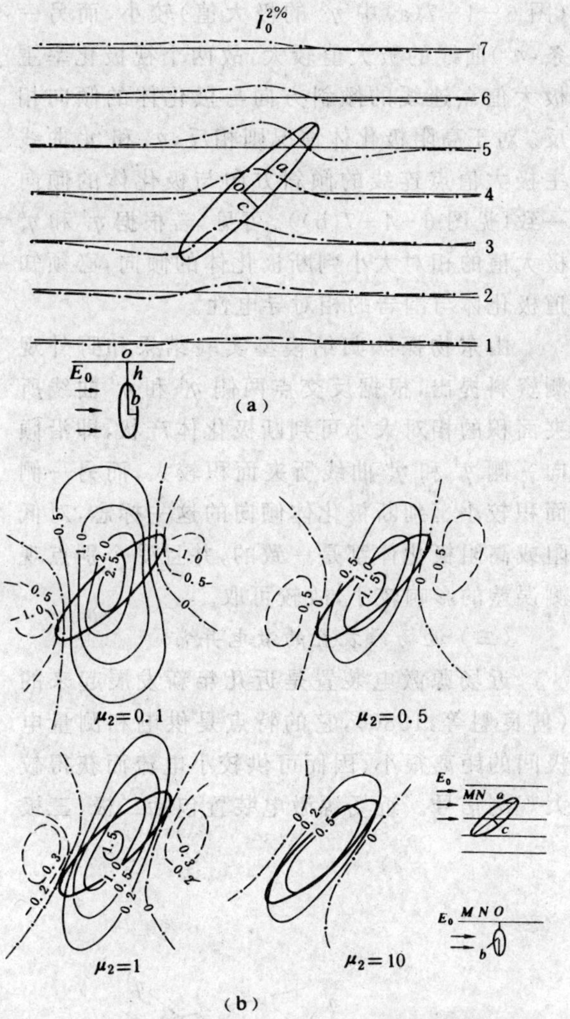

图 6-4-5 椭球体长轴与测线成 45°斜交时，纵向中梯装置的 η_s 剖面平面图(a)和等值线平面图(b)

$a=10$；$b=3$；$c=1$；$h_0=5$；$\eta_2=22\%$

（傅良魁，1991）

球体上激电联剖异常的上述变化规律，可用高阻球体上视电阻率联剖曲线的变化规律作解释。正如前面所看到的那样，高极化体上的激电异常在形式上和高阻体上的 ρ_s 异常相似。这可从“等效电阻率法”原理得到解释。按照这一原理，激电效应等效于各极化体的电阻率从真电阻率 ρ_i 增大到等效电阻率 $\rho_i^*=\rho_i/(1-\eta_i)$，故某极化体引起的二次场异常等效于该地质体电阻率增高引起的一次场异常。

2. 板状极化体的联剖激电异常

实验表明，在陡立板状极化体上，激电联剖曲线的基本形态和球体上的一致，这里不再重复，仅给出一组倾斜板状体上的激电联剖模型实验曲线(见图 6-4-7)。它们表明，在倾斜板状极化体上，联合剖面的两条曲线(η_s^A 和 η_s^B)互不对称，反映极化体存在的反交点从板状体上顶往倾斜方向移动。对于低阻极化体，供电电极在板状体倾向一侧的视极化率极大值

(图 6-4-7(a)中 η_s^A 的极大值)较小，而另一条(η_s^B)曲线的极大值较大，故两个视极化率主极大值点连线的倾斜方向与极化体的倾向相反。对于高阻极化体情况则相反，η_s^A 和 η_s^B 曲线主极大值点连线的倾斜方向与极化体的倾向一致(见图 6-4-7(b))。可见，若根据 η_s^A 和 η_s^B 极大值的相对大小判断极化体的倾向，必须知道极化体与围岩的相对导电性。

山东物探队归纳模型实验结果和野外观测资料提出，根据反交点两侧 η_s^A 和 η_s^B 曲线所夹面积的相对大小可判断极化体产状，即沿倾向一侧 η_s^A 和 η_s^B 曲线所夹面积较大，而另一侧面积较小。判断极化体倾向的这一标志，对低阻或高阻极化体都是一致的，并且受个别点观测误差的影响较小，故较可取。

(三) 近场源装置的激电异常

近场源激电装置是近几年新发展起来的(傅良魁等，1986)，它的特点是供电和测量电极间的距离很小，因而可供较小电流而获得较大观测信号。近场源激电装置包括二极、三极

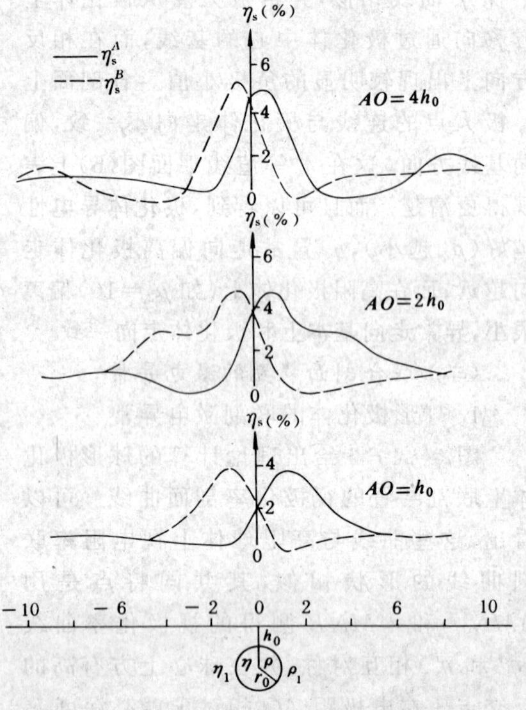

图 6-4-6　球形极化体上联剖装置的 η_s 剖面曲线

$h_0/r_0=2$；$\mu_2=1$；$\eta_1=1\%$；$\eta_2=50\%$

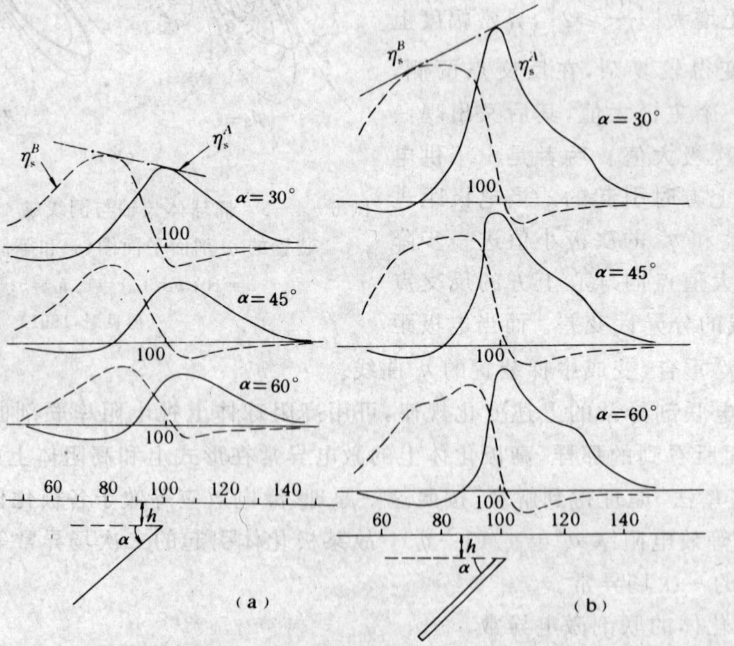

图 6-4-7　倾斜板状极化体上的激电联合剖面模型实验曲线(傅良魁等，1986)

(电极距：$AO=BO=29$cm；$MN=2$cm)

(a) 良导性紫铜板($57\times40\times0.2cm^3$)；(b) 含石墨粉 20%的高阻浸染型水泥板($60\times40\times3cm^3$)

(傅良魁，1991)

和四极等装置类型。本节将着重介绍二极装置(即电位装置 AM, $B\to\infty$, $N\to\infty$)的激电异常性态。

1. 出露半球体上的近场源二极法激电异常

图 6-4-8 给出一个出露半球状极化体上,不同电极距时近场源二极法的激电异常剖面曲线(记录点选在装置 AM 的中点)。由图可见,当半球体相对电阻率 $\mu_2=\rho_2/\rho_1=1$ 时,选用较小的相对电极距 AM/r_0 会在半球形域内获得明显的极大型 η_s 异常;当 AM/r_0 很小时,η_s 极大值趋近于半球体的真极化率 η_2(因为此时半球体可近似视为均匀无限介质);在半球体两侧界面上出现幅值较小的次级极小。无论 AM/r_0 为何值,η_s 异常均对称于半球心。随着 AM/r_0 从小变大,η_s 异常幅值逐渐减小,范围略变窄;当 $AM/r_0=0.8$ 时,η_s 出现双峰异常;AM/r_0 继续增大,η_s 异常消失,甚至变为极小型异常;再增大 AM/r_0, η_s 异常又减小直至消失。实际上,当 $AM/r_0\geqslant5$ 时,η_s 异常已接近于零。对于高阻($\mu_2>1$)和低阻($\mu_2<1$)极化体,η_s 异常随极距的变化规律与 $\mu_2=1$ 的情况类似。

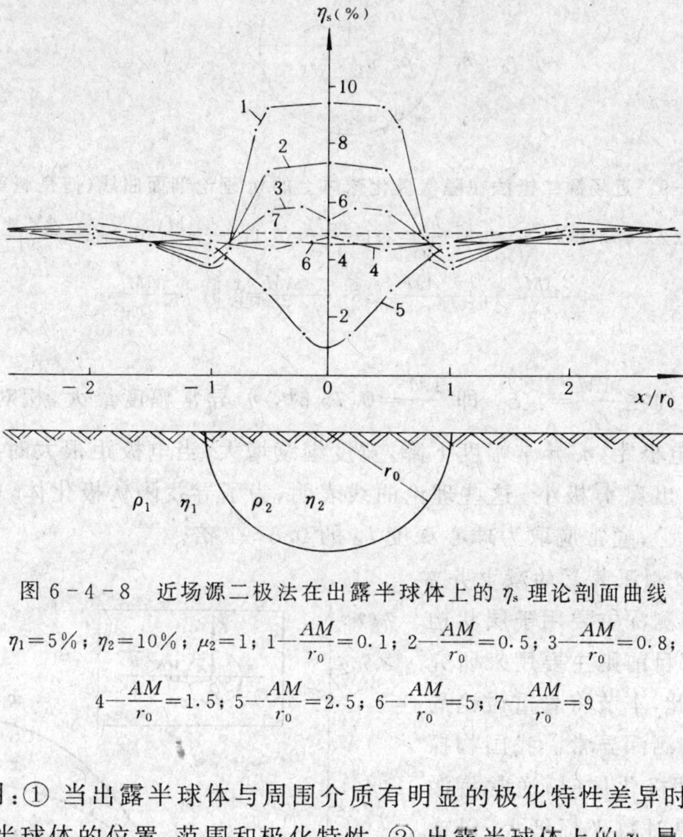

图 6-4-8 近场源二极法在出露半球体上的 η_s 理论剖面曲线

$\eta_1=5\%$; $\eta_2=10\%$; $\mu_2=1$; 1—$\frac{AM}{r_0}=0.1$; 2—$\frac{AM}{r_0}=0.5$; 3—$\frac{AM}{r_0}=0.8$;

4—$\frac{AM}{r_0}=1.5$; 5—$\frac{AM}{r_0}=2.5$; 6—$\frac{AM}{r_0}=5$; 7—$\frac{AM}{r_0}=9$

上述情况表明:① 当出露半球体与周围介质有明显的极化特性差异时,η_s 便可产生明显异常,据此可判别半球体的位置、范围和极化特性。② 出露半球体上的 η_s 异常的形态和量值与相对电极距 AM/r_0 密切相关,为此,可根据不同地质任务可选用不同大小的极距。当以近地表地质填图为目标时,以小极距为好;若以找隐伏矿体为目标,将出露半球体当作干扰时,采用大极距较为合适($AM/r_0\geqslant5$)。

2. 隐伏球体上的近场源二极法激电异常

图 6-4-9 是在一个隐伏球状极化体上,不同电极距时近场源二极法的激电异常剖面曲线。与出露半球体上的情况不同,当电极距不太大时,球体上方有极大型 η_s 异常,但在两侧没有次级极小。此外,在电极距很小时,球体上的 η_s 异常接近于零;随着电极距增大,η_s 异常幅度

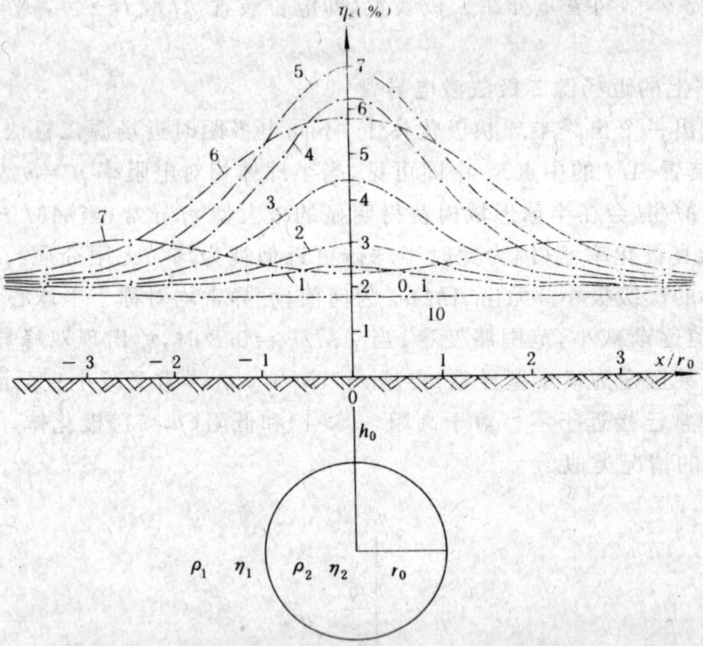

图 6-4-9　近场源二极法在隐伏极化球体上的 η_s 理论剖面曲线(傅良魁等,1986)

$\eta_1=2\%$；$\eta_2=50\%$；$\mu_2=0.5$；$\frac{h_0}{r_0}=2$；1—$\frac{AM}{r_0}=0.1$；2—$\frac{AM}{r_0}=0.2$；3—$\frac{AM}{r_0}=0.5$；

4—$\frac{AM}{r_0}=1$；5—$\frac{AM}{r_0}=1.5$；6—$\frac{AM}{r_0}=2.5$；7—$\frac{AM}{r_0}=6$

增大,范围变宽,大约在$\frac{AM}{r_0}=1.5$,即$\frac{AM}{h_0}=0.75$时,η_s异常幅度最大,相对异常极值$\frac{\eta_S^{极大}-\eta_1}{\eta_2-\eta_1}\approx10\%$;继续增大电极距,$\eta_s$异常幅度下降,宽度继续增大;当电极距很大时,$\eta_s$异常变成双峰,而在球体中心上方出现$\eta_s$极小。这些理论曲线表明,为了寻找隐伏极化体,电极距AM不能太小(自然也不能太大),通常应取为球心深度h_0的0.5～1倍。

(四) 对称四极测深装置的激电异常

如果说电阻率测深主要用于层状构造,那么,激电测深目前则主要用来研究局部不均匀体。因此,本节将着重讨论局部极化体上的激电测深异常。我国物探工作者在研究局部极化体时,通常将激电测深曲线绘在单对数坐标纸上,以横轴为供电电极距$AB/2$,采用对数坐标;纵轴为视激电参数(η_s),用线性比例尺。

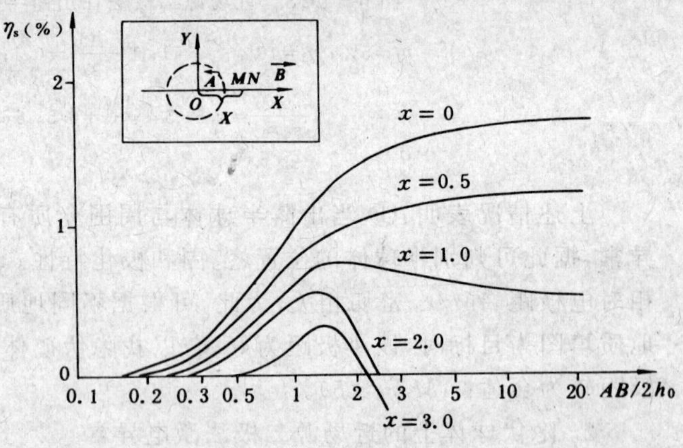

图 6-4-10　体极化球主剖面上不同位置(x)测深点的 η_s 测深理论曲线

$r_0=1$；$h_0=2$；$\rho_1=\rho_2$；$\eta_1=0$；$\eta_2=20\%$

1. 球形极化体上的激电测深曲线

图6-4-10是理论计算的球形极化体主剖面上不同测点的η_s测深曲线。当测深点位于球心正上方($x=0$)时,η_s测深曲线为二层(G型);在小电极距

($AB/2h_0 \leqslant 0.2$)，视极化率 η_s 接近围岩极化率 $\eta_1=0$，球体的作用可以忽略；随着极距增大，球体的作用变大，η_s 逐渐增高；而当电极距很大时($AB/2h_0 \geqslant 10$)，η_s 趋于一个渐近值。显然，该渐近值便为中梯装置在同一球体上该点的 η_s 极大值。

当测深点偏离球心正上方时($x=0.5$)，η_s 异常值变小；当测深点偏离到球体在地面投影边缘或投影外时($x \geqslant 1$)，η_s 测深曲线出现极大值(变成K型)，并在电极距 $AB/2 \to \infty$ 时，η_s 趋于较极大值小的渐近值。不难理解，各测深点上 η_s 测深曲线在 $AB/2 \to \infty$ 时的(右支)渐近值，等于中梯装置在该点的 η_s 值。故当 $x > h_0/\sqrt{2}$ 时，渐近值为负值。η_s 测深曲线出现极大值，是由于供电电极移动到球体上方附近对球体的极化作用较强并改变极化方向的结果。这给我们一个启示，即当在野外某个极化体上布置激电测深工作以研究该极化体时，应尽量不使供电电极在测深过程中越过相邻极化体，以避免或减小后者对测深曲线的畸变影响。为此，通常应使激电测深的布极方向沿极化体走向布置。

2. 低阻板状极化体上的激电测深曲线

低阻板状极化体上激电测深曲线的基本特征与球形极化体的相同，这可由图6-4-11看出。当测深点位于极化体的地面投影范围之内时(图中410点和403点)，η_s 测深曲线均为G型；当测深点位于极化体地面投影范围以外时，有两种情况：① 若测深装置相对于极化体是对称的〔图6-4-11中396点垂直模型走向布极(实线)〕，则 η_s 测深曲线仍为G型，但 η_s 异常幅度有所降低；② 若测深装置相对极化体不对称，尤其是当布极线 AB 通过极化体上方时〔图6-4-11中396点平行模型走向布极(虚线)〕，则 η_s 测深曲线出现极大值，呈K型。

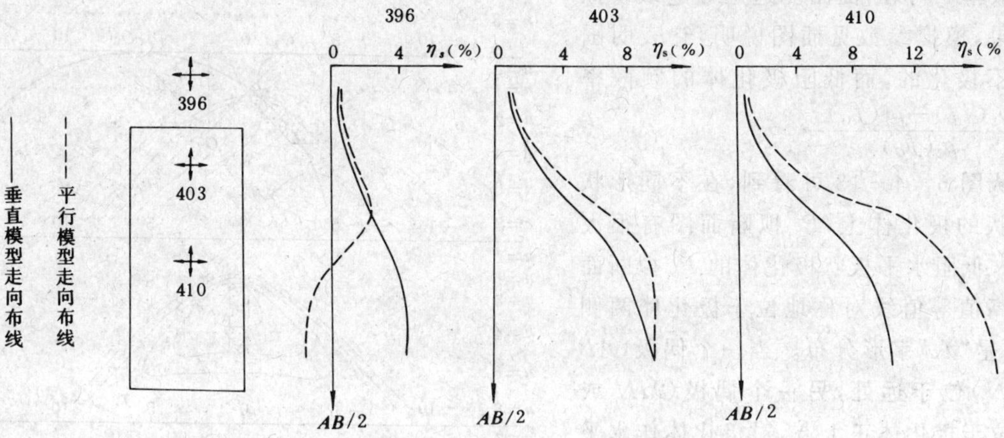

图6-4-11 水平铜板模型上的激电测深曲线类型图

3. 高阻板状极化体上的激电测深曲线

具有相当大水平延伸的高阻板状极化体，当布极方向沿其走向时，在它上方的激电测深曲线也呈K型(见图6-4-12)。这是和前述等轴状极化体及低阻板状极化体上的曲线完全不同的。但是，如果高阻板状极化体的产状较陡(倾角 $\alpha > 45°$)，并垂直于其走向布极，则其上方的 η_s 测深曲线仍为G型。在大极距时，平行和垂直走向布极的测深装置 η_s 值的上述差别，本质上与高阻极化体上横向中梯与纵向中梯 η_s 值的差别是一致的。

(五) 偶极装置的激电异常

偶极装置在我国主要用于频率域激电法，所以本节着重介绍频率域视激电参数的异常性态。我国常用的频率域视激电参数为视频散率 P_s；20世纪80年代初期，研制和引进了相位激电仪，开始在频率域激电法中研究新的参数——视相位 φ_s；近几年又研制和引进了频谱激电系统，使视复电阻率频谱 $\rho_s(i\omega)$ 成了新的研究对象。下面分别介绍这些参数的异常性态。

除在小比例尺普查找矿阶段使用单个或两个极距作偶极剖面观测外，通常偶极—偶极装置都采用多个极距的测量，即供电和测量偶极长度保持相同（$AB=MN=a$），逐个改变偶极间隔系数（一般 $n=1,2,3,\cdots,6$）进行观测。所以，偶极—偶极装置兼有剖面法和测深法的双重性质，它的观测结果，除可绘制成剖面曲线外，更多地是表示为拟断面图。

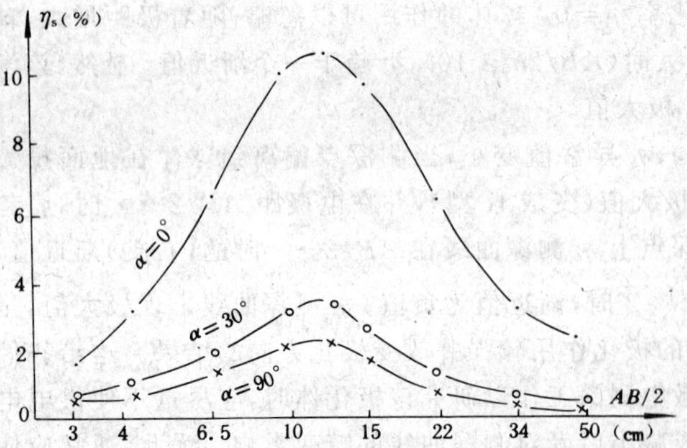

图 6-4-12　高阻板状极化体上的激电测深模型实验曲线

（模型尺寸：20×12×2cm³；埋深：6cm；布极线平行模型走向；α 为模型的倾角）

1．板状和水平圆柱极化体的激电异常的正交特性

图 6-4-13 给出了低阻水平、倾斜、垂直板状体和水平圆柱体上偶极装置的视频散率 P_s 拟断面图。这是导电纸模拟的结果，模拟参数见插图说明，它表明围岩是不极化的，而低阻极化体的频散率 $P_2=\dfrac{\rho_2(f_D)-\rho_2(f_G)}{\rho_2(f_G)}\rightarrow\infty$。

从图 6-4-13 可看到，在不同形状和产状的极化体上，P_s 拟断面图有很大差别。低阻水平板状极化体的 P_s 拟断面图之高值等值线对称地位于极化体两侧下方，呈“八”字形分布。当一个偶极（AB 或 MN）位于远处，另一个偶极（MN 或 AB）位于极化体正上方，对极化体作水平极化（即沿延伸方向极化）时，得到最大的激电异常。低阻倾斜板状极化体的 P_s 拟断面图具有不对称形状，主异常的倾斜方向与极化体的倾向相反，极化体位于主异常等值线簇的上端附近。P_s 异常极大点位于极化体下盘。对此可作如下解释：该点对应的供电和测量偶极（中心分别在 O_1 和 O_2）的电流线均沿长轴通过极化体，而对于低阻极化体这正是最佳极化耦合位置，激电异常最大。低阻直立板状极化体拟断面图的 P_s 高值等值线对称地位于极化体中

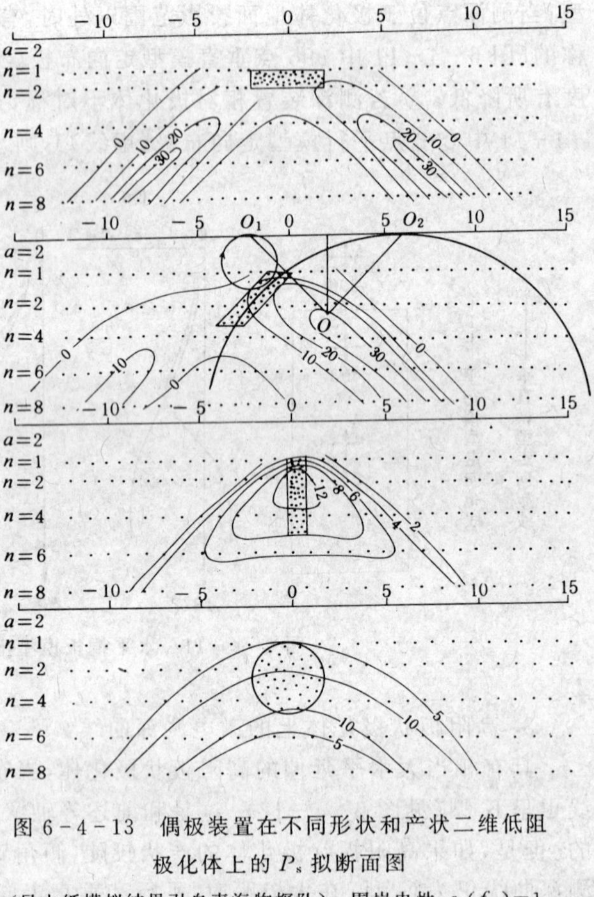

图 6-4-13　偶极装置在不同形状和产状二维低阻极化体上的 P_s 拟断面图

（导电纸模拟结果引自青海物探队）　围岩电性：$\rho_1(f_D)=1$，$\rho_1(f_G)=1$，即 $P_1=0$；极化体电性：$\rho_2(f_D)=0$，$\rho_2(f_G)=0.1$，即 $P_2\rightarrow\infty$。极化体的断面形状已绘在相应的拟断面图上

心附近，并近于呈三角形。对于各个电极距($n=1,2,\cdots,8$)，均为装置中心位于极化体正上方(供电和测量偶极对称地位于极化体两侧)时，取得异常极大值。因为此时地下一次场电流线均近于沿长轴(即铅垂方向)或与长轴成较小交角通过极化体，成为最佳极化耦合状态。水平圆柱状极化体的 P_s 拟断面图呈“背斜”形式，其“轴部”(异常中心)大致在极化体中心附近。

对高阻极化体的模拟结果表明，高阻直立板状极化体和低阻水平板状极化体的 P_s 拟断面图异常形态相同；而高阻水平板和低阻直立板的异常形态相似；高阻倾斜板的异常形态则和反向倾斜的低阻板的异常形态差不多；至于高阻圆柱状极化体，其异常形状基本上和低阻圆柱状极化体的异常形状相同。以上导电性不同、产状呈正交极化体的激电拟断面图异常形状的相似性，可归纳为所谓“拟断面图异常的正交特性”，即高阻板状极化体和与之正交的低阻板状极化体的激电拟断面图异常形态相同；对于等轴状截面的水平圆柱体则是“自正交”，即高阻和低阻极化体的激电异常形态彼此相同。

2. 球状极化体上的激电异常

图 6-4-14 给出了一个体极化球体上，频率 $f=1\text{Hz}$ 时，不同偶极间隔系数(n)的偶极装置视相位 φ_s 剖面曲线和拟断面图。它是对半空间条件用高级近似算法获得的。可以看出，φ_s 剖面曲线在偶极间隔小时($n=2$)，于球心正上方有 φ_s(负值)的单峰主极值，两侧出现异性次极值。虽然对视激电相位 φ_s 来说，极化体正上方的主极值为负值，但我们仍按常规激电法的习惯称其为“正异常”；同样，还将其两侧的反相异常称为“负异常”。随着偶极间隔增大($n=4$)，异常幅度变大，范围变宽；但当偶极间隔很大时($n=8$)，球上出现双峰，且主极值幅度略有减小。

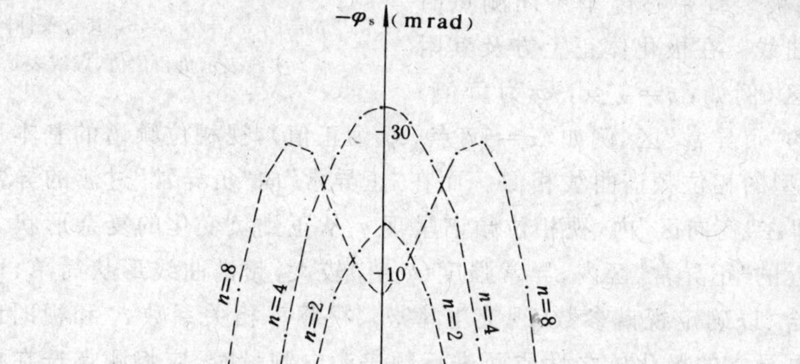

图 6-4-14 体极化球体上偶极装置的视相位 φ 剖面曲线和拟断面图

球体参数：$r_0=5$，$h_0=6$，$\rho_{20}=10\Omega\cdot\text{m}$，$m_2=0.6$，$c_2=0.25$，$\tau_2=1\text{s}$；

围岩参数：$\rho_{10}=10\Omega\cdot\text{m}$；$m_1=0.04$，$c_1=0.25$，$\tau=0.1\text{s}$

偶极长度 $a=2$；频率 $f=1\text{Hz}$。拟断面图中实线—“正异常”等值线；

虚线---“负异常”等值线；点划线—·—“零异常”等值线；点线…球体断面

φ_s拟断面图上“正异常”区的等值线基本上成“背斜”形状，异常中心与球体位置吻合甚好；两侧的“负异常”区等值线大体成“八”字形。由于围岩极化，存在大约－4mrad 的背景。为突出异常特征，在图中 $\varphi_s=-4$mrad 的等值线用点划线绘出，表示“零异常”线；并将绝对值大于和小于 4mrad 的等值线分别绘成实线和虚线，以分别表示“正异常”和“负异常”。可以看出，球体 φ_s拟断面图的异常特征，基本上和图 6－4－13 中也呈圆形截面的水平圆柱状极化体的 P_s 拟断面图的异常特征相同。

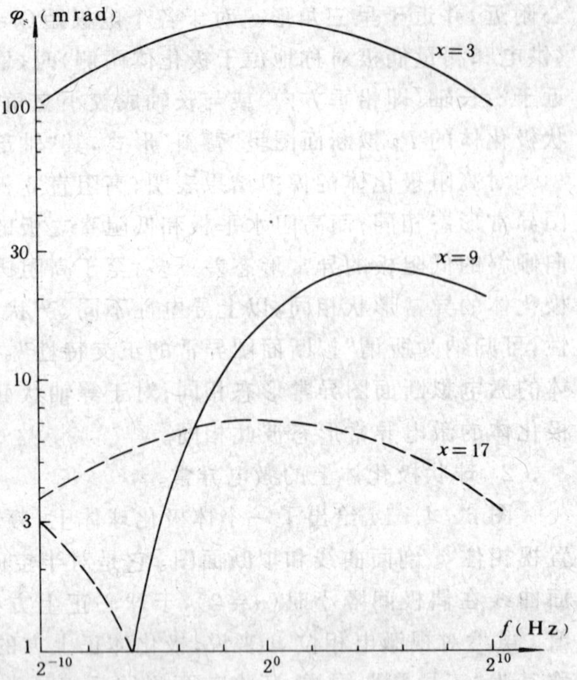

图 6－4－15 体极化球体上方，不同测点的视相位频谱曲线

$h_0=8$，$m_1=0$，$n=5$，其余条件同图 6－4－14

实线表示负相位值，虚线表示正相位值

最后看看偶极装置在球体上的视复电阻率频谱异常。复电阻率的实分量、虚分量、振幅和相位四者的频谱是等效和可以相互换算的，下面着重讨论最具特征的视相位频谱。

(1) 不同测点的视相位频谱。图 6－4－15 给出了不极化大地中一个中等埋深的体极化球体上，偶极装置中心位于不同测点时的视相位频谱曲线。在极化体正上方及其附近的“正异常”区（例如，$x=3$ 点，φ_s为负值）和极化体两侧的“负异常”区（例如，$x=17$ 点，φ_s为正值），视相位频谱的基本形态相同，都与一个柯尔－柯尔模型的相位频谱曲线相像。而在“正异常”向“负异常”过渡的异常零值点附近（例如，$x=9$ 点），即在“变向区”内，视相位频谱呈现 φ_s从正到负变化的复杂形状。可见，在极化体正上方及其附近的“正异常”区内，异常强度（φ_s值）较大，频谱曲线形状简单，可用一个柯尔－柯尔模型与之拟合，以确定视谱参数：视充电率 m_s、视频率相关系数 c_s 和视时间常数 τ_s。所以，为研究引起激电异常的极化体之性质而进行频谱激电测量时，应将测点选在极化体中心（也就是常规激电法异常中心）附近。下面我们将着重讨论那里的视相位频谱特性。

(2) 不同相对电阻率的视相位频谱。图 6－4－16 示出了在一个中等埋深的体极化球体正上方，球体和围岩的相对电阻率 $\mu_{20}=\rho_{20}/\rho_{10}$为不同数值时的视相位频谱曲线。所有曲线的形状都与柯尔－柯尔模型的典型频谱相像，并且它们的左支和右支渐近线都彼此平行，这说明视频率相关系数 c_s 变化不大。各相位频谱曲线极值点的连线（虚线）颇具特征地显示了相对电阻率 μ_0 对谱激电异常的影响：随着 μ_{20}由小变大，以视相位极值为标志的异常强度先是由弱变强，大约在 $\mu_{20}=1$ 附近达到最大后又由强变弱。这是前面已提到的“饱和效应”的反映。同时，相位极值频率随 μ_{20}变大而单调地增高，这意味着视时间常数 τ_s 随 μ_{20}增大而减小。不过，从图上可看出，时间参数随 μ_{20}的变化比强度参数的变化小。为了更清楚地看到这种变化，图 6－4－17 示出了对视相位频谱按一个柯尔－柯尔模型反演计算出的视充电率 m_s 和视时间常数 τ_s 随相对电阻率 μ_{20}的变化曲线；视频率相关系数 c_s 无例外地都十分接近体极化球体的真频率相关系数 c_2 值，故图中没有绘出它的变化曲线。图中同时绘出了对具有不同真谱参数（m_2 和 c_2）值的球体的计算结果，它们的基本性态是一致的，并且和前面由视相位频谱曲线（图 6－4－16）

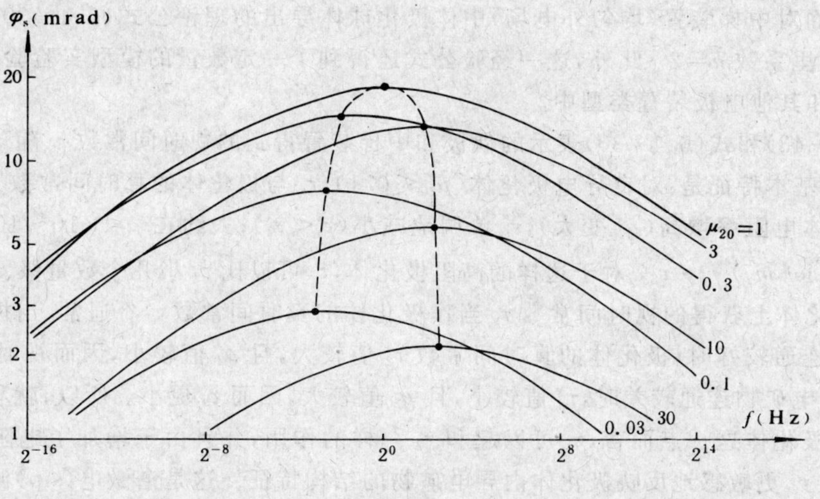

图 6-4-16 体极化球体正上方，不同相对电阻率 μ_{20} 的视相位频谱曲线

（四级近似计算结果）。曲线的数字表示 μ_{20} 值，其余条件同图 6-4-15

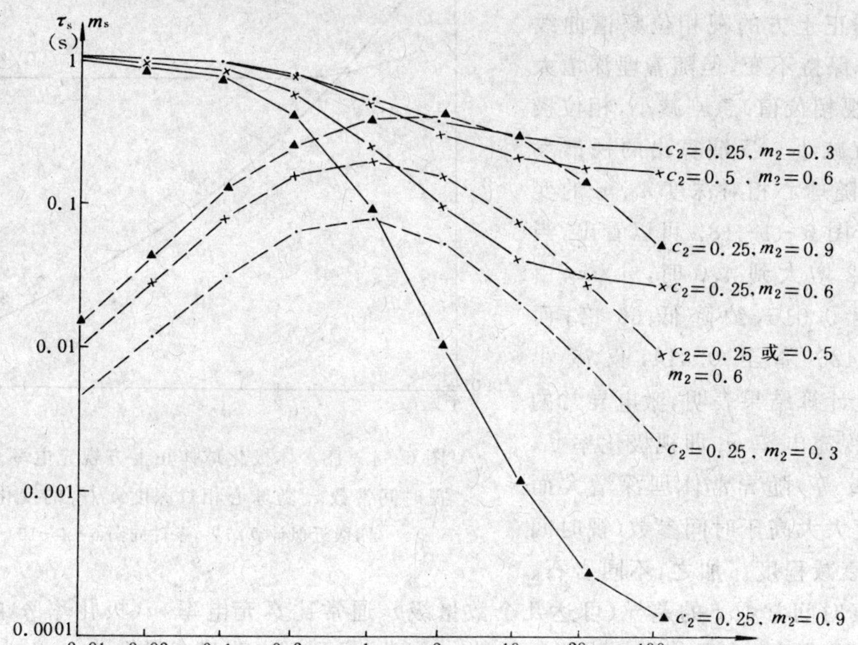

图 6-4-17 在具有不同真谱参数的球体正上方，视充电率 m_s（虚线）和视时间常数 τ_s（实线）随相对电阻率 μ_{20} 的变化曲线

除图上标注者外，其余条件同图 6-4-15

得出的印象相同。值得指出的是，对不同 c_2 值的球体，$m_s-\mu_{20}$ 关系曲线完全一样（这是容易理解的）；但 $\tau_s-\mu_{20}$ 关系曲线互不相同。

归纳大量计算资料得出视时间常数 τ_s 和球体真时间常数 τ_2 之间有如下经验关系式

$$\tau_s=\left(1-m_2\cdot\frac{k\cdot\mu_{20}}{1+k\cdot\mu_{20}}\right)^{1/c_2}\cdot\tau_2 \tag{6.4-43}$$

式中对于中等埋深的球体，$k\approx1$；埋深较大时，k 稍大于 1；而埋深较小时，k 稍小于 1。这一经验公式和前面对中梯装置(均匀外电场)中体极化球体导出的理论公式(6.4-30)形式完全相同,只是在那里系数 $k=2$。此外,这一经验公式还得到了一定数量的模型实验验证,甚至可推广到面极化和其他电极装置类型中。

式(6.4-43)和式(6.4-30)表示的偶极和中梯装置得到的视时间常数 τ_s 随球体相对电阻率 μ_{20} 变化的基本特征是:对良导电极化体($\mu_{20}\leqslant 0.1$),τ_s 与极化体的真时间常数 τ_2 近于相等;但随着极化体电阻率增高(μ_{20} 变大),τ_s 单调地减小($\tau_s<\tau_2$);大约在 $\mu_{20}>10\sim100$ 以后,τ_s 趋于其下限值 $(1-m_2)^{1/c_2}\cdot\tau_2$,对于这样的高阻极化体,$\tau_s$ 可以比 τ_2 小几个数量级。因此,一般不能将隐伏极化体上获得的视时间常数 τ_s 当作极化体的真时间常数 τ_2。通常,当极化体内的电子导电矿物连通较好时,极化体的真时间常数 τ_2 值较大,且 ρ_{20} 值较小,因而视时间常数 τ_s 仍较大;而当导电矿物连通较差时,τ_2 值较小,且 ρ_{20} 值较大,因而 τ_s 更小。所以,就利用时间常数按结构区分极化体这一点而言,τ_s 可以起和 τ_2 一样的作用,并且由于增加了电阻率因素的影响,τ_s 可能比 τ_2 更敏感地反映极化体内导电矿物的结构特征。这是谱激电(sip)测量的一大特点和优点。

(3) 不同埋深时的视相位频谱。不同埋深球体正上方的视相位频谱曲线的形状基本保持不变,但随着埋深增大异常强度(视相位值)急剧减小,相位极值频率略有减小。反演算出的视谱参数 m_s 和 τ_s 随球心相对深度 h_0/r_0 的变化曲线示于图 6-4-18。可以看出,当 h_0/r_0 从 1.2 增大到 4.0 时,m_s/m_2 由 0.987 降至 0.015,约降低 66 倍;而 τ_s/τ_2 由 0.426 降至 0.314,仅减小 26%。以上计算结果表明,激电异常的强度参数(视充电率 m_s 即视极化率 η_s,和视相位 φ_s 等)随异常体埋深增大而衰减的程度大大高于时间参数(视时间常数 τ_s)的衰减程度。加之,不同岩石、矿石之间真时间常数 τ 的差异(可达几个数量级),通常比真充电率 m(极化率 η)的差异大很多。因此,可以预料,有可能利用视时间常数 τ_s 异常,找到激电强度参数(m_s、η_s 和 φ_s 等)没有明显反映的深部矿体。这是谱激电(sip)测量的又一优点。

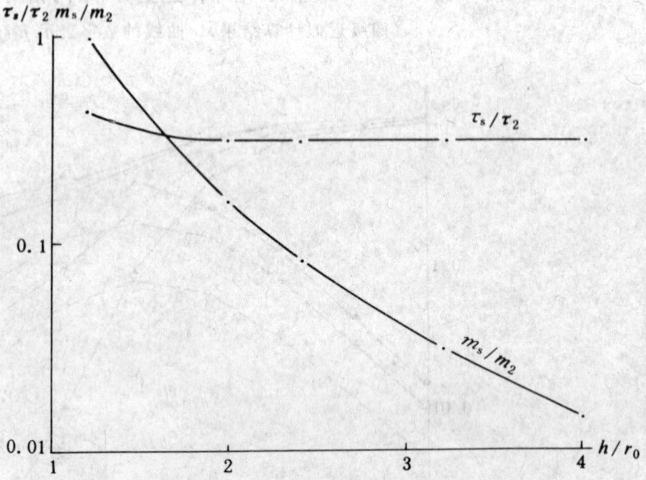

图 6-4-18 体极化球体正上方视充电率 m_s 和视时间常数 τ_s 随球心相对深度 h_0/r_0 的变化曲线

(四级近似计算结果,条件同图 6-4-16)

以上讨论的都是围岩不极化的情况,实际上,围岩总在一定程度上是可极化的,它会使实测的视频谱及由其反演算出的视谱参数(特别是 τ_s)产生畸变,致使区分极化体和找深部矿成为不可能。为克服此干扰,需进行极化围岩背景效应的校正。

在结束本节之前应该指出,尽管我们先后分别讨论了 η_s、P_s、φ_s 和 m_s 的异常,但这些表征激电效应强度的视参数,如同相应的真参数一样,它们彼此间成正变关系,即它们的异常空间分布形态是相同的。所以,前面对其中某一种视参数异常性态的讨论,对其他的视参数也适用。此外,本节在介绍偶极装置时,较多地讨论了频谱激电异常。实际上,谱激电法不仅可采用偶极装置,而且也可采用其他装置;同时,谱激电法不仅可在频率域中进行(频谱激电法),而且也可在时间域中进行(时间谱激电法)。对于后者,我国学者也进行了更多的理论研究和实际应用。

本书仅侧重以偶极装置频谱激电法异常为例，介绍有关谱激电法的一些基本知识。事实上，时域激电法在我国比频域激电法应用得更为普遍些。

还应指出，本节在讨论对称四极激电测深装置的异常时，主要讨论金属矿模型。然而，在用激电测深法找寻地下水和石油、天然气时，还应了解水平极化层（二层和三层以及多层）激电测深法的 η_s 异常。由于篇幅所限，读者有兴趣时可参阅有关文献，这里不再介绍。

§6.5 电磁感应法

电磁感应法是电法勘查的重要分支方法。该方法主要利用了岩（矿）石的导电性、导磁性和介电性的差异，应用电磁感应原理，观测和研究人工或天然形成的电磁场的分布规律（频率特性和时间特性），进而解决有关的各类地质问题。在各类地质勘查中，电磁感应法具有广泛应用和发展前景。

一、电磁感应法的正演计算

与研究传导类电法一样，首先讨论电磁感应法正常场，在此基础上，讨论典型地质体上的电磁异常特征。电磁感应法的正演计算通常由波动方程和边界条件组成的定解问题出发，计算导电导磁体的异常场，可以得到完整而严密的异常场规律，但通常能求得严格解析解的只有少数几何形状的地质对象，如球体、水平圆柱体、良导的无限水平或垂直板状体等。对于复杂形状的导电体，尚不能得到异常场的解析解。而用数值计算方法仅能得到近似解答；因此，物理模拟方法仍是电磁法理论研究的重要手段。

（一）电磁感应法的一次场

目前应用较多的电磁法人工场源主要有回线场和偶极场两种。前者是将谐变电流（或脉冲电流）通入铺设于地面的矩形回线中，回线边长一般为几百米或一两千米，这种馈电方式产生的电磁场称作大定源场。若将谐变（或脉冲）电流通入直径 1m 或 nm 的线圈内，在距线圈一定距离外产生的电磁场等效于磁偶极子产生的场，称为偶极子场。

1. 不接地大回线场

如图 6-5-1(a)所示，向铺设于地面的矩形回线中供入交变或脉冲电流 I_1，地面观测点 P 处的磁场 H_1 相当于四段导线中电流于 P 点产生的磁场矢量和，其方向垂直于地面。

$$H_1=\frac{I_1}{4\pi}\left(\frac{r_1}{S_1}+\frac{r_2}{S_2}+\frac{r_3}{S_3}+\frac{r_4}{S_4}\right) \tag{6.5-1}$$

式中 S_1、S_2、S_3 和 S_4 是以 r_1、r_2、r_3 和 r_4 为对角线之矩形所包围的面积。

由式(6.5-1)可求出回线内、外地表各点的一次场，如图 6-5-1(b)所示。

大回线场的特点是，地面各点的磁场方向均垂直地面，回线中部磁场较均匀。对边长为 a 的正方形回线，如以与中心点磁场大小相差不超过 40%为准，则在回线中部 $0.6a$ 及上下 $0.18a$ 的范围内可近似看成垂直的均匀磁场。在该场作用下地中产生水平方向的涡旋电流。

2. 磁偶极子场

磁偶极子的一次磁场与均匀各向同性介质中电偶极子的电场之分布形态完全相同。如图 6-5-2 所示，任意观测点 P 处，发射线圈的一次磁场可表示为：

$$H_{1r}=\frac{2m}{4\pi r^3}\cos\theta \tag{6.5-2}$$

和

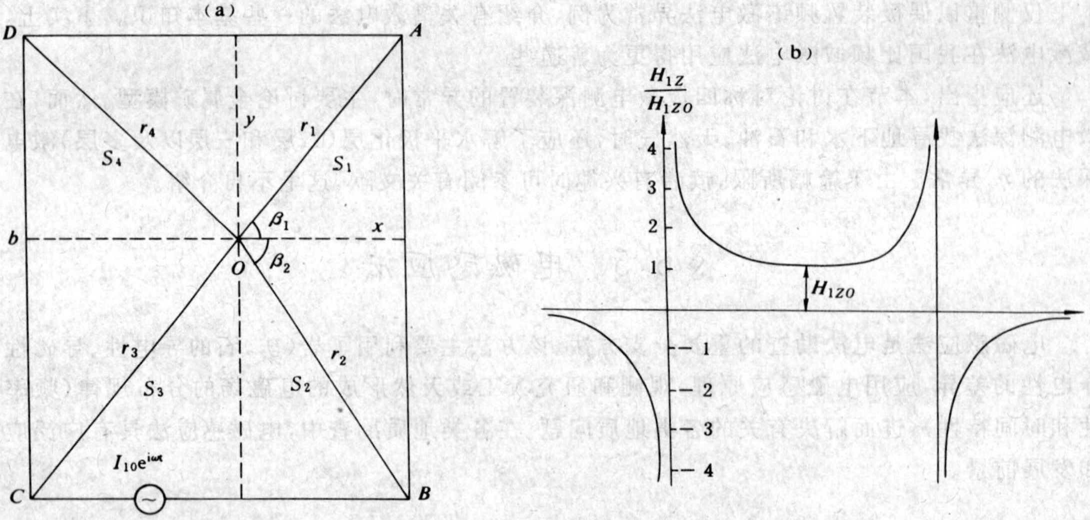

图 6-5-1 不接地回线的一次场

(a) 不接地回线；(b) 方形回线一次场的分布

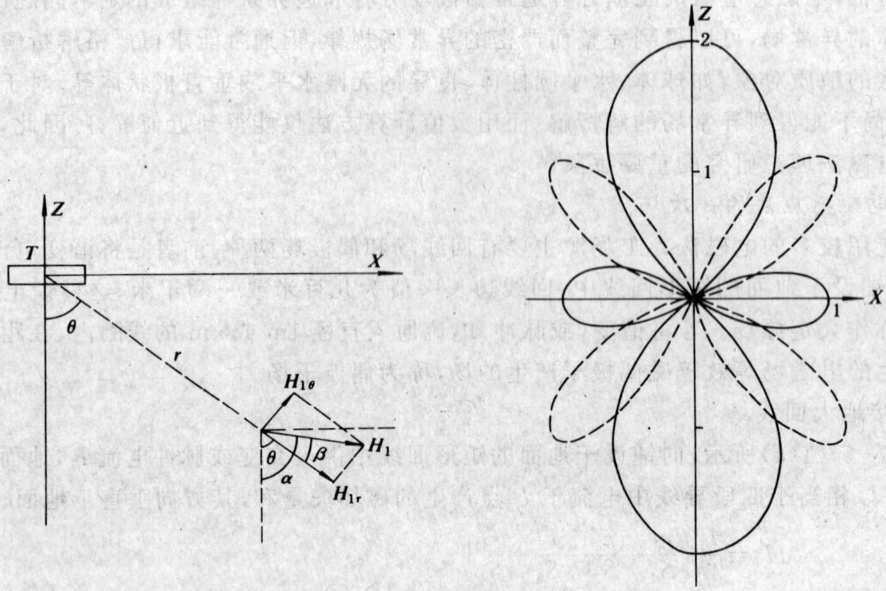

图 6-5-2 偶极场源的一次磁场

$$H_{1\theta}=\frac{m}{4\pi r^3}\sin\theta \tag{6.5-3}$$

$$H_1=\sqrt{H_{1r}^2+H_{1\theta}^2}=\frac{m}{4\pi r^3}\sqrt{3\cos^2\theta+1} \tag{6.5-4}$$

式中 m 为发射线圈磁矩，其值等于线圈面积 S、线圈匝数 n 和线圈中电流强度 I_1 的乘积，即 $m=SnI_1$；r 为线圈中心到观测点的距离，且 r 远大于线圈直径；θ 为线圈轴与 r 的夹角。

由上式看出，如果 $\theta=\frac{\pi}{2}$，观测点位于高斯第二位置时，一次磁场 $H_1=\frac{m}{4\pi r^3}$。当 $\theta=0$ 时，观测点位于高斯第一位置，那里的 $H_1=\frac{2m}{4\pi r^3}$，其值恰好为第二位置时磁场的两倍。和电偶极子的情况相同，在 $\theta=54°44'$ 时，一次场和发射线圈磁矩方向垂直，即只有水平分量，垂直分量为零。当 $\theta<54°44'$ 时，一次磁场的垂直分量为正；$\theta>54°44'$ 时，垂直分量为负。故 $\theta=54°44'$ 称为一次磁场垂直分量的变向角。

综上所述，磁偶极子的一次场分布不均匀，一次场的方向随 θ 角而改变，场值随观测点到磁偶极子中心距离的立方成反比衰减，故其探测深度较浅。实际工作中应适当选择磁偶极子的方向和位置，以使地下导体处于最强的一次场激发位置，从而获得更大的二次场异常。

（二）电磁感应法的电磁异常

1. 谐变均匀场中球体、板体的电磁异常

(1) 球体的电磁异常。如图 6-5-3 所示，以垂直谐变均匀一次磁场 $\boldsymbol{B}_1=\boldsymbol{B}_{10}e^{-i\omega t}$ 激发地下导电导磁球体。若球体半径为 r_0，球心埋深为 h_0，电导率为 σ，磁导率为 μ，围岩的电导率为 σ_1，磁导率为 μ_1，球体的电磁响应可通过解波动方程式求得。

在球坐标系中，由于 Z 轴的对称性，一次磁场的矢量位 $\boldsymbol{A}_1$ 只有 φ 分量，因此

$$B_{1\theta}=-\frac{1}{r}\left[\frac{\partial}{\partial r}(rA_{1\varphi})\right]$$

由图 6-5-3 知，$B_{1\theta}=-B_1\sin\theta$，因此

$$-\frac{1}{r}\left[\frac{\partial}{\partial r}(rA_{1\varphi})\right]=-B_1\sin\theta$$

应用无穷远处矢量磁位为零的极限条件，积分上式得一次场的矢量位

$$A_{1\varphi}=\frac{1}{2}B_1r\sin\theta=\frac{1}{2}B_1rP_1^1(\cos\theta) \quad (6.5-5)$$

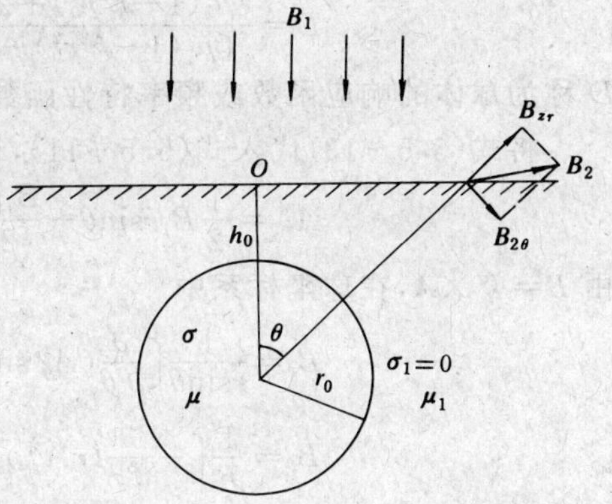

图 6-5-3 谐变均匀场中的导电导磁球体

式中 $P_1^1(\cos\alpha)$ 为一阶一次勒让德函数。

在忽略位移电流时，二次磁场的矢量位满足波动方程，可写出：

$$\nabla^2\boldsymbol{A}_2=-i\omega\sigma\boldsymbol{A}_2$$

由于感应电流对 Z 坐标轴有对称性，A_2 只有 φ 分量，且仅是 r 和 θ 的函数，于是上式变为标量方程：

$$\nabla^2A_{2\varphi}-\frac{A_{2\varphi}}{r^2\sin^2\theta}+k^2A_{2\varphi}=0 \quad (6.5-6)$$

式中 $k=\sqrt{i\omega\sigma\mu}$。利用分离变量法，设二次磁场矢量位

$$A_{2\varphi}(r,\theta)=R(r)Q(\theta)$$

代入式(6.5-6)，求解该微分方程，可得其解：

当 $k\neq0$ 时，

$$R(r)=F_n^{-\frac{1}{2}}J_{n+1/2}(kr)+G_nr^{\frac{1}{2}}H_{n+1/2}(kr) \quad (6.5-7)$$

当 $k=0$ 时，

$$R(r)=C_nr^n+D_nr^{-(n+1)} \quad (6.5-8)$$

$$Q(\theta)=P_n^1(\cos\theta) \quad (6.5-9)$$

式中 $J_{n+1/2}(kr)$ 和 $H_{n+1/2}(kr)$ 为半阶第一和第二类贝赛尔函数，$P_n^1(\cos\theta)$ 为一阶伴随勒让德函数。

将式(6.5-5)和式(6.5-7)～式(6.5-9)组合在一起，选定其中有限值的项，便得球内、外总合磁场矢量位的通解。设围岩导电性很差，即 $k_1=0$，则球内：

$$A_\varphi^{内}=F_1r^{-\frac{1}{2}}J_{\frac{3}{2}}(kr)P_1^1(\cos\theta) \quad (6.5-10)$$

球外：

$$A_\varphi^{外}=\frac{1}{2}B_1rP_1^1(\cos\theta)+D_1r^{-2}P_1^1(\cos\theta) \tag{6.5-11}$$

利用球面上的边界条件，求得待定系数 F_1 和 D_1：

$$F_1=-\frac{B_1r_0^{\frac{3}{2}}}{2}\cdot\frac{\mu kr_0}{[\mu-\mu_1(1-k^2r_0^2)]\sqrt{\frac{2}{\pi kr_0}}\sin(kr_0)+(\mu_1-\mu)kr_0\sqrt{\frac{2}{\pi kr_0}}\cos(kr_0)} \tag{6.5-12}$$

$$D_1=-\frac{B_1r_0^3[\mu(1-k^2r_0^2)+2\mu]\sin(kr_0)-(\mu_1+2\mu)kr_0\cos(kr_0)}{2[\mu_1(1-k^2r_0^2)-\mu]\sin(kr_0)-(\mu_1-\mu)kr_0\cos(kr_0)}$$

$$=-\frac{B_1r_0^3}{2}D=-\frac{B_1r_0^3}{2}(X-iY) \tag{6.5-13}$$

式中

$$D=\frac{[\mu_1(1-k^2r_0^2)+2\mu]\sin(kr_0)-(\mu_1+2\mu)kr_0\cos(kr_0)}{[\mu_1(1-k^2r_0^2)-\mu]\sin(kr_0)-(\mu_1-\mu)kr_0\cos(kr_0)} \tag{6.5-14}$$

D 称为球体的响应函数或频率特性函数，X 和 Y 分别是 D 函数的实部和虚部。

将式(6.5-13)代入式(6.5-11)，得球外磁矢量位

$$A_\varphi^{外}=\frac{1}{2}B_1r\sin\theta-\frac{B_1r_0^3}{2}\cdot\frac{D}{r^2}\sin\theta \tag{6.5-15}$$

由 $\boldsymbol{B}=\nabla\times\boldsymbol{A}$，在球坐标系中

$$B_r=\frac{1}{r\sin\theta}\left[\frac{\partial}{\partial\theta}(A_\varphi^{外}\sin\theta)\right]$$

$$B_\theta=\frac{1}{r}\left[-\frac{\partial}{\partial r}(rA_\varphi^{外})\right]$$

将式(6.5-15)代入上式，求得球外总磁场

$$B_r=B_1\left(1-\frac{r_0^3}{r^3}D\right)\cos\theta$$

$$B_\theta=-B_1\left(1+\frac{r_0^3}{2r^3}D\right)\sin\theta$$

二次磁场表达式为：

$$B_{2r}=-\frac{B_1r_0^3}{r^3}D\cos\theta \tag{6.5-16}$$

$$B_{2\theta}=-\frac{B_1r_0^3}{2r^3}D\sin\theta \tag{6.5-17}$$

此异常表达式为一偶极子场，相当于在球心有一磁矩 $m=-2\pi H_1r_0^3D$ 的异常偶极子。负号表示磁矩方向和一次场方向相反。D 为 kr_0 的函数，

$$k^2r_0^2=i\omega\sigma\mu r_0^2=i\alpha$$

α 称做综合参数。

由式(6.5-16)、式(6.5-17)可以看出，球体异常场 B 是与频率有关的 D 函数和反映空间位置的几何因子的乘积，下面分别对这两部分的规律进行讨论。

① 频率特性。当 $\sigma_1=0$ 时，$\mu_1=\mu_0$ 时，按式(6.5-14)计算出 D 函数的实部和虚部曲线如图 6-5-4 所示。这里对几种极限情况下球体的频率特性予以分析。

无磁性导电球体，即 $\mu=\mu_0$ 情况，式(6.5-14)可写成：

$$D=1-\frac{3}{k^2r_0^2}+\frac{3}{kr_0}\mathrm{ctg}(kr_0) \tag{6.5-18}$$

此式为导电不导磁球体的响应函数。将该式实、虚部列于表 6-5-1，响应函数曲线如图 6-5-4 中 $\mu/\mu_0=1$ 者。

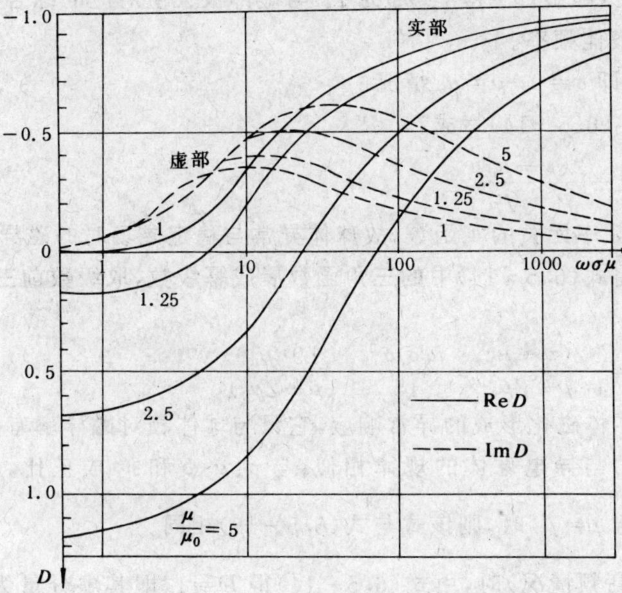

图 6-5-4　导电导磁球体的响应函数曲线

表 6-5-1　D 函数值表

$\omega\sigma\mu_0 r_0^2$	(X)实部	Y(虚部)	|D|	$\omega\sigma\mu_0 r_0^2$	X(实部)	Y(虚部)	|D|
0.5	0.001 583	0.033 25	0.033 29	50	0.700 0	0.240 0	0.740 0
0.7	0.003 096	0.046 50	0.046 55	70	0.746 4	0.210 7	0.775 6
1	0.006 286	0.066 04	0.066 34	100	0.787 9	0.182 1	0.808 6
2	0.024 41	0.128 5	0.130 8	200	0.850 0	0.135 0	0.860 7
3	0.052 39	0.184 3	0.191 6	300	0.877 5	0.112 5	0.884 7
4	0.087 48	0.231 7	0.247 7	500	0.905 1	0.088 87	0.909 5
5	0.126 8	0.270 1	0.298 4	700	0.919 8	0.075 89	0.922 9
7	0.208 6	0.321 5	0.383 3	1 000	0.932 9	0.064 08	0.935 1
10	0.318 2	0.352 2	0.474 7	2 000	0.952 6	0.045 93	0.953 7
20	0.524 0	0.326 1	0.617 2	3 000	0.961 3	0.037 73	0.962 0
30	0.613 0	0.287 7	0.677 1	5 000	0.970 0	0.029 40	0.970 4
40	0.664 7	0.260 4	0.713 9	10 000	0.978 8	0.020 91	0.979 0

在频率很低的情况下(即 $|k^2r_0^2|\to 0$ 时)，将式(6.5-18)中的 $\mathrm{ctg}(kr_0)$ 项展成幂级数，略去其高次项得：

$$D=-i\frac{\omega\sigma\mu_0 r_0^2}{15} \tag{6.5-19}$$

该式表明在低频条件下，球体异常只有虚分量，其值与 ω、σ、r_0^2 成正比。

计算结果还表明：当球体综合参数 $\alpha=12$ 时，$\text{Im}D$ 达极大值，且 $\text{Im}D=\text{Re}D$。当综合参数 $|k^2r_0^2|\to\infty$ 时，$D=1$ 时，即虚部为零，实部为 1。与虚部极大值对应的综合参数称为最佳参数，它所对应的频率称为最佳频率。

磁性不导电球体，即 $\sigma=0$，$\mu\neq\mu_0$ 情况。

当 $|k^2r_0^2|\to 0$ 时，式(6.5-14)写成：

$$D=-\frac{2(\mu-\mu_0)}{\mu+2\mu_0} \tag{6.5-20}$$

表明此时 D 函数为与频率无关的实函数，故球体异常与稳定磁场时的磁异常相同。

磁性导电球体。将式(6.5-14)中的三角函数展成幂级数，取级数前三项，当 $|k^2r_0^2|\to 0$(即低频情况)时，

$$D=-\frac{2(\mu-\mu_0)}{\mu+2\mu_0}-\frac{i\omega\sigma\mu r_0^2}{15}\cdot\frac{9\mu\mu_0}{(\mu+2\mu_0)^2} \tag{6.5-21}$$

式中前一项(实部)为矿体磁化形成的异常响应，它只与球体相对磁导率有关，而与电导率及频率无关，后一项(虚部)与导电球体的规律相似：与 σ、μ、ω 和 r_0^2 成正比，只是比例系数增大 $\frac{9\mu\mu_0}{(\mu+2\mu_0)^2}$ 倍。显然，当 $\mu=\mu_0$ 时，则该式与式(6.5-19)相同。

当 $|k^2r_0^2|\to\infty$(即高频情况)时，由式(6.5-14)得 $D=1$，即其虚分量为零，实分量为 1，其值与频率及球体电、磁性皆无关。

由图 6-5-4 可见，实部曲线在低频时，主要呈现磁性作用，其电性作用很弱；随频率增高电性作用增强，抵消磁性作用的结果使实部异常逐渐减弱，到临界频率时，两种作用全部抵消，故实部异常为零；频率高于临界频率之后，全部为电性作用，最后趋于饱和值。虚部曲线的变化由电性涡流所引起，因而不同 μ 值的响应曲线形态相似，随 μ 值增大，最佳参数值增高，虚部异常值增大。

综上所述，在交变电磁场中，不同导电性和导磁性的地质体，其频率异常响应十分不同。可以利用这一特征将地质体按导电性、导磁性以及体积参数进行区分，这正是频率域电磁法的一个重要特点。

② 空间分布规律。将式(6.5-16)、式(6.5-17)改写成直角坐标的垂直和水平分量，并以磁场强度表示，则

$$\left.\begin{aligned} H_{2z}&=H_1Dr_0^3\,\frac{2h_0^2-x^2}{2r^5} \\ H_{2x}&=H_1Dr_0^3\,\frac{3h_0x}{2r^5} \end{aligned}\right\} \tag{6.5-22}$$

式中 H_1 为一次磁场强度，r 为观测点到球心的距离(即 $r=\sqrt{h_0^2+x^2}$)

图 6-5-5 是按上式计算的球体磁场剖面曲线。由于 D 函数有实部和虚部，故磁场的垂直及水平分量也各有实部和虚部。因虚部和实部的几何分子完全相同，故曲线形态完全一样。异常的幅值取决于 D 函数值，与频率有关。

(2) 板状体的电磁异常。对于有限板状体，即使是在均匀场激发的条件下，求解波动方程仍是十分困难的。但在某些特定条件下，可以采用近似计算法，求得板状体的异常分布。本节根据模拟实验结果讨论板状体的电磁异常。

由前一节的讨论得知，均匀场中球体的异常形态不随频率变化，只是异常的幅值随频率不

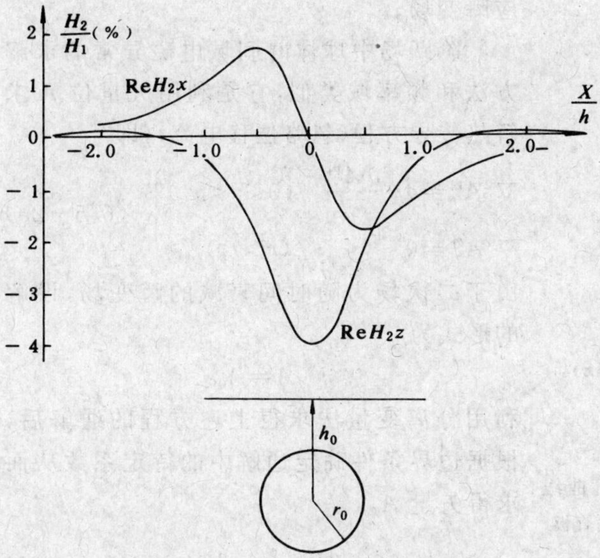

图 6-5-5 球体电磁异常的剖面曲线
($a=10$, $h_0=1$, $r_0=0.5$)

同而改变。而板状体的情况和球体不同，其异常形态随频率变化。

图 6-5-6 是倾角 45°的倾斜铜板上的模型实验结果。在低频段，实部和虚部异常形态相似，且随频率增高，幅值有所增加。当超过最佳频率后，虚部异常幅值随频率增高而减小，并且异常的范围和极值点向板顶收缩；实部异常形态变化不大，但异常幅值随频率增高而增大，最后趋于饱和值。以上现象是在高频条件下，板体内部涡流的趋肤作用，使高频感应电流主要集中在板体边缘。因此，不同观测点的频率特性曲线也会发生很大变化，通常以最大异常点的频率特性曲线为研究对象。图 6-5-7 给出了不同倾角板状导体的异常场频率特性曲线。可见，不同倾角板体的频率响应大体相似，只是在大于最佳频率的高频段稍有差别。

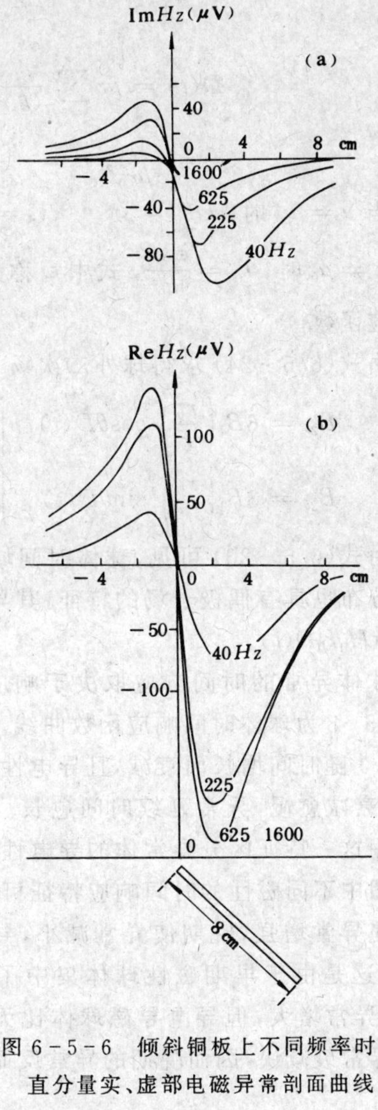

图 6-5-6 倾斜铜板上不同频率时垂直分量实、虚部电磁异常剖面曲线

2. 阶跃均匀场中球体的时间域电磁异常

在不接地回线法中，如果供电电流用脉冲电流代替谐变电流，并且观测和研究脉冲间歇期间的瞬变电磁场，则称为时间域电磁法。该方法的最大特点是，由于导电性越好，感抗便越大，故二次场保持时间越长。因此，在断电后的较晚时间仍能观测到良导体的二次场，即衰减的瞬变场。相反，不太导电的覆盖层、围岩以及局部不均匀体的瞬变场，在较早时间内衰减殆尽。这样，在较早时间段，瞬变场中包含有良导体、覆盖层、围岩以及局部不均匀体的异常，但在晚期就只剩下良导体异常，从而能够发现它。在频率域电磁法中，上述所有的场都叠加在一起，有时很难发现良导矿体。

若以矩形电流脉冲产生的一次磁场 $\boldsymbol{B}_1$ 沿 Z 轴激发图 6-5-3 中的导电、导磁球体，在围岩无磁性($\mu_1=\mu_0$)、不导电($\sigma=0$)的情况下，一次磁场为

$$\boldsymbol{B}_1=\begin{cases}\boldsymbol{B} & (t<0)\\ 0 & t\geqslant 0\end{cases}$$

在此变化磁场作用下，导体中产生感应电流及相应的二次磁场。该二次磁场随时间衰变，故称感

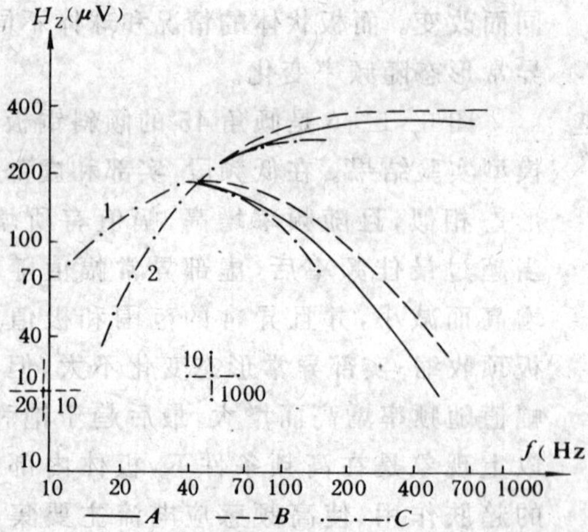

图 6-5-7　不同倾角板状导体的异常场频率特性曲线

1. 虚分量；2. 实分量；A. 水平板；B. 45°倾斜板；C. 垂直板

应瞬变场。

阶跃场中球体时间域电磁异常的求解方法和频率域类似，它是利用矢量位 $\boldsymbol{A}$ 求解热传导方程（忽略位移电流），即

$$\left.\begin{aligned}\nabla^2 \boldsymbol{A}^{内} &= \sigma\mu \frac{\partial \boldsymbol{A}^{内}}{\partial t} \quad (0<r<r_0) \\ \nabla^2 \boldsymbol{A}^{外} &= 0 \quad (r>r_0)\end{aligned}\right\} \quad (6.5-23)$$

由于二次场为随时间衰减的瞬变场，设解的形式为

$$A = A_0 e^{-q_s t}$$

利用分离变量法求得上述方程的通解后，根据边界条件确定通解中的待定系数从而求得矢量 A_φ

$$A_\varphi^{外} = 3B_1 \frac{r_0^3}{r^2} \sin\theta D(t) \quad (6.5-24)$$

式中

$$D(t) = \mu r \sum_{s=1}^{\infty} \frac{e^{-(k_s r_0)2\alpha t}}{(k_s r_0)^2 + (\mu_r + 2)(\mu_r - 1)} \quad (6.5-25)$$

并有

$$\alpha = \frac{1}{\sigma\mu r_0^2},\ \mu_r = \frac{\mu}{\mu_0},\ k_s = \sqrt{q_s\sigma\mu}。$$

当 $\mu = \mu_0$ 时，$k_s r_0 = s\pi \quad (s = 1,2,3,\cdots)$

$\mu \neq \mu_0$ 时，$k_s = \frac{\varepsilon_s s\pi}{r_0}$，式中 ε_s 称为偏离系数；$D(t)$ 为球体的时间响应函数，$\alpha t = \frac{t}{\sigma\mu r_0}$ 称为响应函数。

由式(6.5-24)求得球外二次场

$$\left.\begin{aligned}B_{2r} &= 6B_1\left(\frac{r_0}{r}\right)^3 \cos\theta D(t) \\ B_{2\theta} &= 3B_1\left(\frac{r_0}{r}\right)^3 \sin\theta D(t)\end{aligned}\right\} \quad (6.5-26)$$

由式(6.5-26)可见，球体时间域电磁异常的空间分布也具有偶极子场的特征，其异常磁矩为 $m = 12\pi H_1 r_0^3 D(t)$。

球体异常的时间响应取决于响应函数 $D(t)$，图 6-5-8 为球体时间响应函数曲线。由图可见，函数 $D(t)$ 随时间增长而衰减，且导电性愈好，球半径愈大，衰减愈慢，异常延续时间愈长。实践当中，可以利用这一特征区分异常体的导电性和规模大小。对比图中不同磁性的时间响应特征可以看出，早期磁性使异常增强，晚期使异常减小，导致异常衰减加快，这是由于早期磁性球体集中了较多的磁力线，使异常增大，但导电导磁球体比无磁性导电球体的异常衰减快，因而晚期的异常反而更弱了。

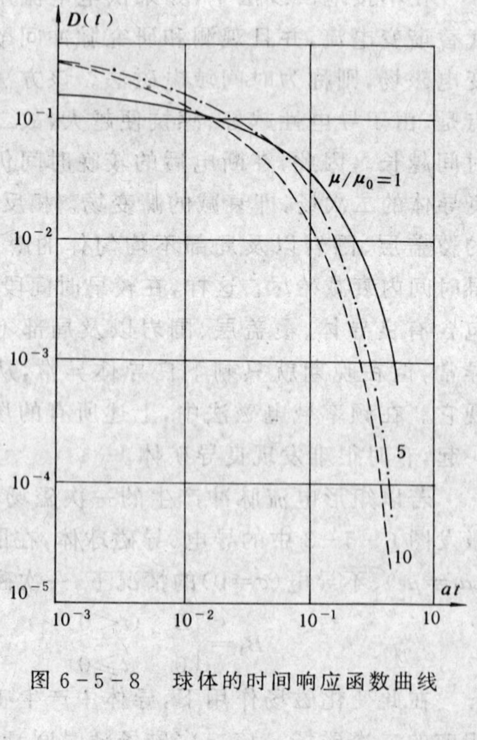

图 6-5-8　球体的时间响应函数曲线

3. 偶极场中的电磁异常

鉴于偶极场源的不均匀性，为使解题过程简化，对于偶极场中球体的情况，首先导出单磁极发射源产生的一次磁场 $\boldsymbol{H}_1^m$ 和球体感应生成的二次磁场 $\boldsymbol{H}_2^m$，然后利用求微商的办法计算磁偶极发射源在球体中感应生成的二次磁场 $\boldsymbol{H}_2^D$。

(1) 谐变偶极场中导电导磁球体的电磁异常。在球坐标系中，将强度为 $Pe^{i\omega t}$ 的单磁极置于 $(r_1,0,0)$ 位置，见图 6-5-9，则球外任意点 M 处的一次磁场为：

$$H_{1r}^m=-\frac{Pe^{i\omega t}}{4\pi}\cdot\frac{1}{rr_1}\sum_{n=0}^{\infty}\mathrm{n}\left(\frac{r}{r_1}\right)^n P_n(\cos\theta)$$

$$H_{1\theta}^m=\frac{Pe^{i\omega t}}{4\pi}\cdot\frac{1}{rr_1}\sum_{n=0}^{\infty}\left(\frac{r}{r_1}\right)^n P_n^1(\cos\theta)$$

$$H_{1\varphi}^m=0$$

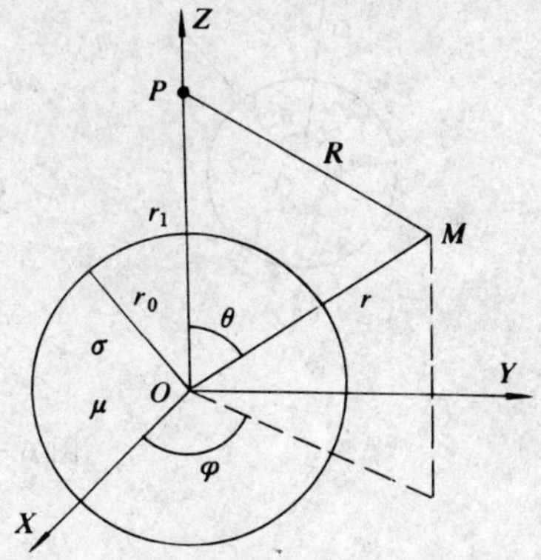

图 6-5-9 球坐标系中的球体

利用矢量位求解波动方程，求出单磁极发射源在球外产生的二次磁场为：

$$H_{2r}^m=\frac{Pe^{i\omega t}}{4\pi}\sum_{n=1}^{\infty}\frac{r_1r_0^{2n+1}}{(rr_1)^{n+1}}\cdot D_n nP_n(\cos\theta) \tag{6.5-27}$$

$$H_{2\theta}^m=\frac{Pe^{i\omega t}}{4\pi}\sum_{n=1}^{\infty}\frac{r_1r_0^{2n+1}}{(rr_1)^{n+2}}D_n\frac{n}{n+1}P_n^1(\cos\theta) \tag{6.5-28}$$

$$H_{2\varphi}^m=0$$

其中

$$\begin{aligned}D_n &= X_n+iY_n\\ &=\frac{\left[\frac{\mu_0}{2}-(n+1)\mu\right]I_{n+\frac{1}{2}}(kr_0)+\mu_0kr_0I_{n+\frac{1}{2}}^1(kr_0)}{\left[\frac{\mu_0}{2}+n\mu\right]I_{n+\frac{1}{2}}(kr_0)+\mu_0kr_0I_{n+\frac{1}{2}}^1(kr_0)}\end{aligned} \tag{6.5-29}$$

D_n 为偶极场中球体的响应函数，并有 $k=\sqrt{i\sigma\mu\omega}$。

由单极磁场出发，通过求磁矩方向微分的方法，可求得偶极源场，设偶极矩 $\boldsymbol{m}=P\mathrm{d}\boldsymbol{l}$，此外 P 表示单极强度，$\mathrm{d}\boldsymbol{l}$ 表示从 P^- 指向 P^+ 的距离，则

$$\boldsymbol{H}^D=\mathrm{d}l\frac{\partial\boldsymbol{H}^m}{\partial l}=\frac{m}{P}\cdot\frac{\partial\boldsymbol{H}^m}{\partial l} \tag{6.5-30}$$

此处求导方向沿磁矩方向，由负极到正极。

设在 $P(r_1,0,0)$ 点有一磁偶极源 $\boldsymbol{m}$，可将其在球坐标系中分解为沿 r_1 方向的径向分量 $m_r\boldsymbol{i}_r$，在 POM 平面内的切向分量 $m_\theta\boldsymbol{i}_\theta$ 以及垂直于 POM 平面的另一切向分量 $(m_\theta)_\perp\boldsymbol{i}_\varphi$，如图 6-5-10($a$) 所示。对于前一切向分量，原点 O 与 $\boldsymbol{i}_\theta$ 构成的平面 OP^-PP^+M(方位角为 φ_1) 与 POM 平面(方位角为 φ) 重合，$\varphi_1-\varphi=0$，如图 6-5-10(b)。对于后一切线分量原点与 $\boldsymbol{i}_\varphi$ 构成的平面 OP^-P^+(方位角 φ_1) 与 POM 平面(方位角为 φ) 正交，$\varphi_1-\varphi=\pi/2$，如图 6-5-10(c)。

下面分别导出下面情况下的二次磁场。

① 径向偶极源中的球体异常。对图 6-5-10(a) 中，位于 $P(r_1,0,0)$ 处的径向偶极源 $m_r\boldsymbol{i}_r$ 而言，式(6.5-30) 写为：

$$\boldsymbol{H}_2^D=\frac{m_r}{P}\cdot\frac{\partial\boldsymbol{H}_2^m}{\partial r}=\frac{m_r}{P}\left(\frac{\partial H_{2r}^m}{\partial r}\boldsymbol{i}_r+\frac{\partial H_{2\theta}^m}{\partial r}\boldsymbol{i}_\theta\right)$$

将式(6.5-27)、式(6.5-28) 代入上式，得磁偶极源中导电导磁球体外部的二次磁场

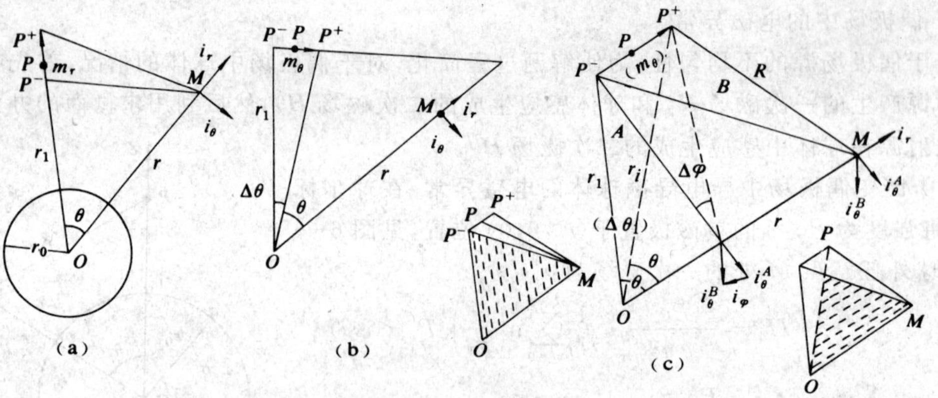

图 6-5-10 偶极场源与球体间的坐标关系

$$H_{2r}^{D外}=\frac{m_r e^{i\omega t}}{4\pi r_0^3}\sum_{n=1}^{\infty}(X_n+iY_n)\frac{(r_0^2)^{n+2}}{(rr_1)^{n+2}}n(n+1)P_n(\cos\theta) \tag{6.5-31}$$

$$H_{2\theta}^{D外}=\frac{m_r e^{i\omega t}}{4\pi r_0^3}\sum_{n=1}^{\infty}(X_n+iY_n)\frac{(r_0^2)^{n+2}}{(rr_1)^{n+2}}nP_n^1(\cos\theta) \tag{6.5-32}$$

$$H_{2\varphi}^{D外}=0$$

② 切向偶极源中的球体异常。

当 $\varphi_1-\varphi=0$ 时，发射磁矩为 $m_\theta \boldsymbol{i}_\theta$，偶极间距为：

$$\mathrm{d}l=r_1\mathrm{d}\theta_1=r_1\mathrm{d}\theta$$

于是

$$H_2^D=-\frac{m_\theta}{Pr_1}\cdot\frac{\partial \boldsymbol{H}_2^m}{\partial\theta}=-\frac{m_\theta}{Pr_1}\left(\frac{\partial H_{2r}^m}{\partial\theta}\boldsymbol{i}_r+\frac{\partial H_{2\theta}^m}{\partial\theta}\boldsymbol{i}_\theta\right)$$

将式(6.5-27)、式(6.5-28)代入上式，得

$$H_{2r}^{D外}=\frac{m_\theta e^{i\omega t}}{4\pi r_0^3}\sum_{n=1}^{\infty}(X_n+iY_n)\frac{(r_0^2)^{n+2}}{(rr_1)^{n+2}}nP_n^1(\cos\theta) \tag{6.5-33}$$

$$H_{2\theta}^{D外}=-\frac{m_\theta e^{i\omega t}}{4\pi r_0^3}\sum_{n=1}^{\infty}(X_n+iY_n)\frac{(r_0^2)^{n+2}}{(rr_1)^{n+2}}\left[n^2P_n(\cos\theta)-\frac{n}{n+1}\mathrm{ctg}\theta P_n^1(\cos\theta)\right] \tag{6.5-34}$$

$$H_{2\varphi}^{D外}=0$$

当 $\varphi_1-\varphi=\pi/2$ 时，发射磁矩为 $(m_\theta)_\perp \boldsymbol{i}_\varphi$，此时

$$\mathrm{d}l=r_1(\Delta\theta_1)_\perp=r_1\sin\theta\mathrm{d}\varphi,\ 所以$$

$$H_2^D=\frac{(m_\theta)_\perp}{Pr_1}\cdot\frac{\partial \boldsymbol{H}_2^m}{\partial\varphi}=-\frac{(m_\theta)_\perp}{Pr_1}(\csc\theta H_{2\theta}^m)\boldsymbol{i}_\varphi$$

将式(6.5-27)代入上式得

$$H_{2r}^{D外}=H_{2\theta}^{D外}=0$$

$$H_{2\varphi}^{D外}=-\frac{(m_\theta)_\perp e^{i\omega t}}{4\pi r_0^3}\sum_{n=1}^{\infty}(X_n+iY_n)\frac{(r_0^2)^{n+2}}{(rr_1)^{n+2}}\left(\frac{n}{n+1}\csc\theta P_n^1(\cos\theta)\right) \tag{6.5-35}$$

(2) 谐变偶极场中导电球体异常场分析。由上述偶极场中球体异常的严格解中可以看出，球体异常都是由和式组成，和式的每一项均相当于球心的一个复磁矩，这些复磁矩中的响应函数 D 在 $\mu=\mu_0$ 时、按式(6.5-29)计算的虚、实部曲线示于图 6-5-11 中。由图可见，各个复磁矩的实、虚部响应函数曲线形态皆与均匀场中的 D 函数相似。n 愈大，其虚部极值所对应的综

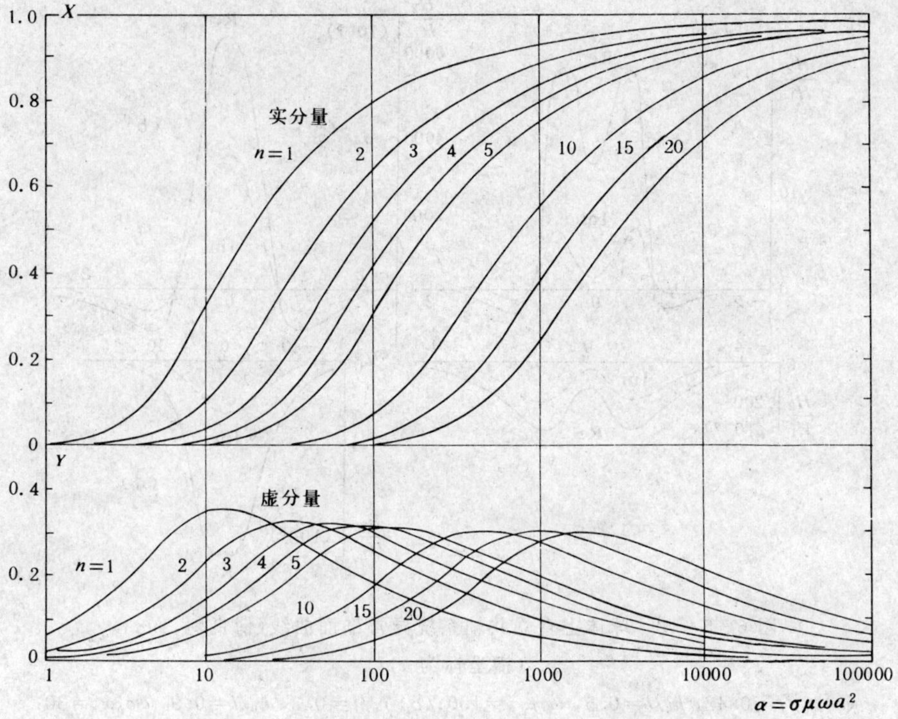

图 6-5-11　磁偶极子场中导电球体的响应函数曲线

合参数值 $\alpha=\sigma\mu\omega r_0^2$ 愈大，实部的饱和 α 值亦越大。且当球体参数 α 愈大，高次复磁矩的影响才显示出来。

从异常的和式中看出，当$\frac{r_0}{r}$和$\frac{r_0}{r_1}$的值愈趋于 1，即球体距发射或接收线圈越近时，高次复磁矩的作用愈强；而当比值$\frac{r_0}{r}$和$\frac{r_0}{r_1}$越小，即球体埋深（或距发射和接收线圈距离）较大时，高次复磁距的作用明显减弱。当$\frac{r_0}{r}$和$\frac{r_0}{r_1}$很小，可以忽略高次项，只取 $n=1$ 的第一项，这时球体的异常场和均匀场中球体的异常类似，相当于位于球心的偶极子异常。

图 6-5-12 是按上述导出公式计算的直立共轴系统在导电球体上方主剖面异常曲线。图中球心深度 h_0、半径 r_0、点距等均以收一发距 l 为单位归一。由图可见，不同埋深、不同参数的球体异常曲线变化很大：即有正的双峰异常，也有负的双峰异常。即有正的单峰异常也有负单峰异常。这是由于收发距和埋深不同时，激发场的强弱和方向均有变化，致使高次复磁矩大小改变，从而导致异常形态各异。

不难理解，当偶极装置的发射和接收线圈的相对位置不同时，其异常性态也不相同。

(3) 偶极场中板体电磁异常的定性分析。依据电磁感应原理，在交变电磁场激发下的板状导体内会产生涡流，此涡流的大小和方向取决于通过板体的激发磁场磁通量，并在周围形成二次磁场。搞清板内涡流分布，就可了解二次磁场的分布情况。鉴于偶极子场具有方向性，它作用于导体的磁场是不均匀的，在磁力线密集部位感应涡流密度大，并由涡流中心向外电流密度逐渐减小。板体产生的二次场可以近似地认为是用位于涡流中心的等效磁偶极子所产生，该中心称为等效发射中心。模型实验结果表明，板状体二次场的变化特征均和偶极场相似，称为"似

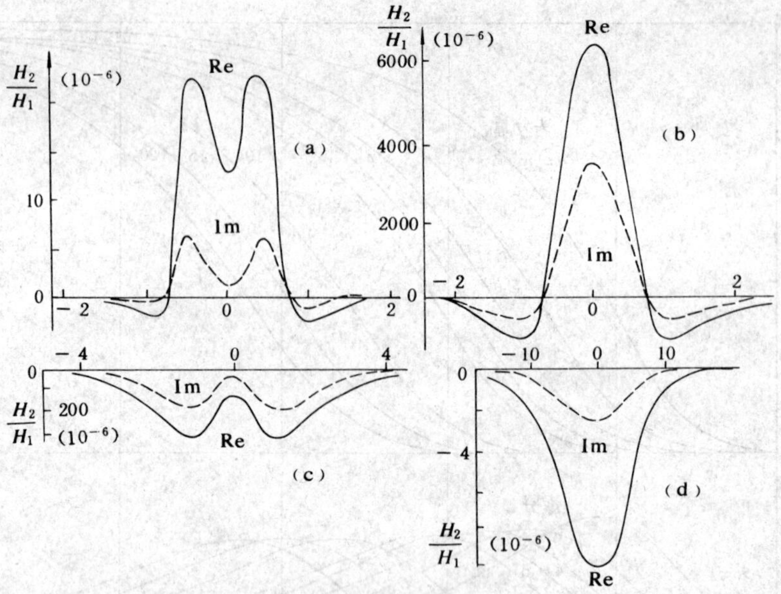

图 6-5-12　球体上直立共轴系统异常剖面曲线(傅良魁,1983)

(横坐标为 x/l)

(a) $r_0/l=0.42$, $h_0/l=0.5$, $\omega\sigma\mu r_0^2=100$;(b) $r_0/l=0.3$, $h_0/l=0.9$, $\omega\sigma\mu r_0^2=30$;

(c) $r_0/l=0.7$, $h_0/l=2.1$, $\omega\sigma\mu r_0^2=30$;(d) $r_0/l=1.75$, $h_0/l=7.0$, $\omega\sigma\mu r_0^2=100$

偶极场”,等效磁偶极子又称为似异常偶极子,下面以偶极场中水平板状导体的异常为例进行讨论(图 6-5-13)。

电磁偶极剖面法的供电和接收装置多半采用小型多匝线框。有时也可采用电极 A、B 接地装置。这些方法的基本特点是,装置轻便,使用灵活,工作效率高;可选择与地质体有较强耦合关系的发射方式,从而提高探测能力;但勘探深度较浅。

将发、收线框间的空间相互位置关系称为工作装置或观测系统。当发射和接收线框保持一定距离(收—发距)同时移动逐点观测时,称为动源式工作装置。其中又分成:① 发、收线框在同一条测线上者称为同线装置;② 发、收线框分别在两条测线同号点上者称为旁线装置。发射线框在测线外某一点上固定不动,而接收线框在测线上逐点移动的装置,称为定源式工作装置。其中用直立线框作场源的,称为垂直线框装置,用水平线框作场源的,称为水平线框装置。

为了便于表明发、收线框的方向,作如下规定:X 指测线方向,Y 指垂直于测线的水平方向,Z 指铅垂方向。如旁线 XZ 装置,前一个字母表示发射磁矩指向 X 方向,后一个字母 Z 表示接收线框法线指向 Z 方向,即接收磁场的垂直分量。

在实际工作中,发射磁矩可指向 X、Y、Z 三个方向,接收线框也可接收 X、Y、Z 三个分量。故同线和旁线装置分别有九种组合方式。但是,根据互换原理有些装置是等效的,如同线 XZ 与同线 ZX 装置,两者在相同两点上互换发、收线框时,其观测值相同。故在发、收两线框面呈正交的六种装置中,因双双互换,实为三种装置。综上所述,旁线和同线装置均有六种。同线装置还有正向与反向装置之分。野外常用的装置主要有:同线 ZZ(水平共面)、旁线 XZ 及定源垂直、水平线框装置。在航空电磁法中常用旁线 XX(直立共面)、同线 XX(直立共轴)和同线 ZX(正交)系统(傅良魁,1991)。

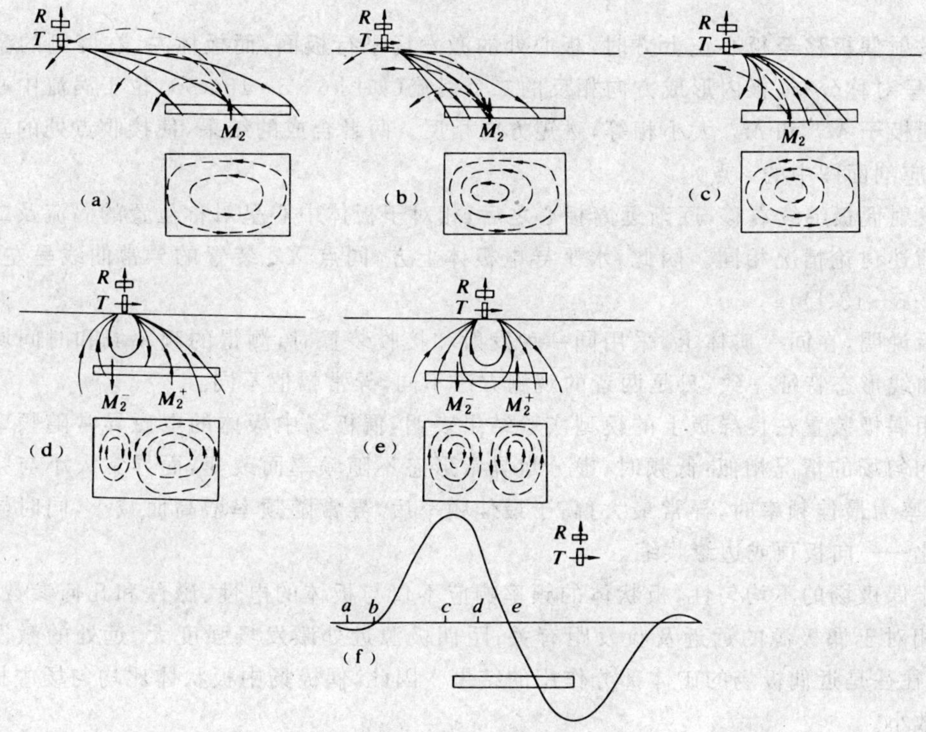

图 6-5-13　同点 XZ 装置在水平板状导体上的异常分析图

假设所采用的装置为同点 XZ 装置(发射线圈磁矩沿 X 方向，接收线圈磁矩沿 Z 方向，二者位于同一测点)，当装置自左向右通过导体上方时，板内涡流及各测点处二次场分布如下：

当发射偶极远离板体时，板体附近的激发场可近似看成是自上而下激发板体的均匀场，形成以板心为中心的涡流(图 6-5-13(a))。由于板体距发射源远，一次场与板体交角小，板体处的激发场很弱，形成的涡流也很弱，因而异常偶极子的磁矩 m_2 也很小。根据电磁感应原理，异常磁矩垂直于板面，并和激发场反向，它在接收点处产生的磁场方向朝下，为较弱的负值(对应剖面图上的 a 点)。

当发射偶极向板体移近时，激发场逐渐增强，且与板体交角增大。因偶极场随距离三次方衰减，板体距发射源较近处(板体左侧)比远处(板体右侧)的激发场强，故板内形成不对称的涡流(图 6-5-13(b))，似异常偶极子的磁矩 m_2 增大，但其位置自板心朝发射源方向偏移。二次场在接收点处近于水平，故垂直分量接近于零(对应剖面图上的 b 点)。

当发射偶极位于板体左端上方时，板内激发场的方向基本上仍是铅直向下，但发射偶极正下方附近的一次场近似平行板面，使这里的有效激发场很弱，因此，板内涡流中心又向板体中心右移如图 6-5-13(c)。似异常偶极子在接收点产生的二次磁场方向向上，为较强的正值(对应剖面图的 c 点)。

当发射偶极进一步右移，但尚未到达板心投影点时，发射偶极正下方的激发场方向平行于板面，不激励板体。而在该点左、右两则，激发场通过板体的方向不同：右侧激发场的方向自上而下，左侧则为自下而上，两侧形成方向相反的涡流(如图 6-5-13(d))。因右侧板体面积大，左侧面积小，致使右侧涡流比左侧强，可分别等效于两个涡流中心的似异常偶极子 M_2^+ 和 M_2^-，两者磁矩方向相反。这时，接收点处的二次场是两个似异常偶极子的合成，因为 M_2^+ 大于 M_2^-，故二次场仍为朝上的正值(对应剖面图中的 d 点)。

当发射偶极移至板心正上方时，板心处的激发场平行板面，而板体左、右两侧的激发场方向相反，呈对称分布。板内形成方向相反的二个涡流(如图 6-5-13(e))，位于涡流中心的两个似异常偶极子 M_2^+ 和 M_2^- 大小相等，磁矩方向相反。两者合成的结果，使接收点处的垂直分量为零(对应剖面图中的 e 点)。

当发射偶极继续右移，逐渐远离板心之后，相对于板体中心呈对称位置的涡流及二次场分布皆与前述讨论情况相同。因此，水平导电板体上方，同点 XZ 装置的异常曲线呈左、右对称(见图 6-5-13(f))。

最后说明，在同一矿体上，采用同一种发射和接收装置时，测得的频率域和时间域电磁异常剖面曲线形态特征一致，只是两者的观测方法不同，异常幅值不同。

采用偶极装置在良导板上的模型实验结果表明，偶极场中板体的电磁异常随频率的变化特征和均匀场的情况相似：低频时，虚分量异常形态不随频率而改变，而异常大小与频率成正比；当频率为最佳频率时，异常最大；高于最佳频率后，异常随频率增高而减小，同时异常形态发生变化——向板顶或边缘收缩。

由于偶极场的不均匀性，板状体的频率响应不仅与板体的电性、磁性和几何参数有关，而且还和相对于偶极源的远近及收发距有关；距偶极源近处激发场强度大，远处的激发场弱得多，异常往往是近偶极场的矿体部分作用的结果。因此，偶极场中板状体比均匀场中板状体的综合参数小。

模型实验表明，偶极场中板状导体的频率特性曲线和均匀场情况下的相应曲线形态近似，即与水平圆柱体的频率响应大致相同。将板体最大异常处的频率响应曲线和柱体的曲线对比，可求得偶极场中板状导体的综合参数为 $\alpha=0.5\sigma\mu\omega tl$，其中 t 为板体厚度，l 为板体有效作用宽度或收发距。由于偶极场的不均匀性，l 的取值与下列因素有关：

$$\text{当 } L\geqslant h \text{ 时}\begin{cases} L<l' & \text{则} \quad l=L; \\ L\geqslant l' & \text{则} \quad l=l'; \end{cases}$$

$$\text{当 } L<h \text{ 时}\begin{cases} \theta>30^\circ\begin{cases} l'\geqslant 2h & \text{则} \quad l=2h; \\ l'<2h & \text{则} \quad l=l'; \end{cases} \\ \theta\leqslant 30^\circ\begin{cases} l'\geqslant 2h+L & \text{则} \quad l=2h+L; \\ l'<2h+L & \text{则} \quad l=l'; \end{cases} \end{cases}$$

其中 L 为收发距；h 为板体顶部深度；l' 为板体向下延深；θ 为板体倾角。

对于直立半无限平面或大面积覆盖层，其综合参数 $\alpha=0.5\sigma\mu\omega tL$。

二、电磁感应法的分类

电磁法的场源种类多、观测参数多，当所用装置不同时，能形成几十种方法。依据所用场源性质、工作方式及其解决地质问题的不同，可将电磁法按表 6-5-2 分类。

本节对目前国内外几种常用电磁法做一些简单介绍，从中深入理解电磁感应法的原理和方法特点。

三、频率域电磁法

(一) 频率域电磁剖面法

1. 大定源回线法

大定源回线法是在均匀场或似均匀场中研究水平或缓倾斜产状良导电矿体的一种详查方

表 6-5-2 电磁法分类表

<table>
<tr><th colspan="5">变种方法</th><th>工作方式</th></tr>
<tr><td rowspan="10">频率域电磁法</td><td rowspan="7">频率域电磁剖面法</td><td rowspan="2">被动源法</td><td colspan="2">音频天然电场法</td><td rowspan="2">地面
航空</td></tr>
<tr><td colspan="2">甚低频法</td></tr>
<tr><td rowspan="5">主动源法</td><td rowspan="2">大定源回线法</td><td>实、虚分量法</td><td rowspan="5">地面
航空
井中</td></tr>
<tr><td>振幅比-相位差法</td></tr>
<tr><td rowspan="3">电磁偶极剖面法</td><td>虚分量-振幅法</td></tr>
<tr><td>水平线圈法</td></tr>
<tr><td>倾角法</td></tr>
<tr><td rowspan="3">频率域电磁测深法</td><td>被动源法</td><td colspan="2">大地电磁法</td><td rowspan="3">地面</td></tr>
<tr><td rowspan="2">主动源法</td><td colspan="2">频率测深法</td></tr>
<tr><td colspan="2">可控源声频大地电磁测深法</td></tr>
<tr><td rowspan="2">时间域电磁法</td><td colspan="4">瞬变电磁剖面法</td><td>地面
航空
井中</td></tr>
<tr><td colspan="4">瞬变电磁测深法</td><td>地面</td></tr>
</table>

法。为使一次场分布均匀，所用回线电缆较长，包围面积很大。目前多用边长几百米到一两千米的长方形或方形回线。因装置较笨重，多在详查阶段使用。测网常选 $100\times20m^2$ 或 $50\times20m^2$。工作时可在回线内、外进行多频观测。这种方法勘探深度较大，有时可达几百米。根据观测参数的不同，大回线法又分成实、虚分量法和振幅比-相位差法。

(1) 实、虚分量法。这种方法是在回线内(或回线外)按一定测网，沿测线逐点用接收线圈接收各点的磁场，并将其转变成电信号进行测量。按接收线圈空间方位放置的不同，可分别观测交变磁场的垂直分量 H_Z 或沿剖面和垂直剖面方向的水平分量 H_X 和 H_Y。既可观测这些分量的实部或虚部，也可观测其振幅或相位(当观测振幅或相位时，称为振幅比-相位法)。这种方法通常采用三种或更多种频率工作，工作频率在几十至几千赫范围内。当观测虚分量或相位时，必须用一长参考线从发射机或供电回线取得一个与一次磁场同相位的参考信号送至观测点，导致这种方法的野外工作往往比较笨重。为减轻装置和提高效率，可只观测振幅。

观测虚分量是对电磁场纯异常进行绝对测量，因而有可能通过提高发射电磁场强度或增加接收系统的灵敏来提高勘探深度。但它要求发射和接收系统的增益都稳定，对仪器的要求较高。这种方法观测的结果异常幅值较大，异常形态简单，便于进行解释。由于回线内激发场为均匀垂直一次场，故对直立和陡倾良导体的激发效果不佳；这种情况下，可利用回线外的场。

实、虚分量法的定性解释的方法和传导类方法相似。该方法还可利用不同频率观测的异常剖面图定性判断异常源的导电性，如虚部异常随频率增高而减小时，异常源导电性较好；反之，若随频率增高异常加大，则异常源导电性较差。对于干扰较小的异常曲线，经过去除干扰和区域背景场后，可进一步作定量解释，确定异常体的埋深，产状、估算异常体的导电性。

(2) 振幅比-相位差法。这种方法是在回线内(或回线外)沿剖面观测相邻两点磁场振幅的比值及两点磁场间的相位差。亦称双框法或土拉姆(Turam)，在国外应用十分广泛。

工作时，保持两接收线圈水平，即观测磁场垂直分量的振幅比及相位差。

设第 n 个测点的磁场垂直分量为：

$$H_n = H_{n0}e^{i\varphi_n}$$

式中磁场 H_n 为复量；H_{n0}表示磁场振幅，φ_n为相位，相邻两点磁场垂直分量的比为

$$\frac{H_{n+1}}{H_n} = \frac{H_{(n+1)0}e^{i\varphi_{n+1}}}{H_{n0}e^{i\varphi_n}} = \frac{H_{(n+1)0}}{H_{n0}}e^{i(\varphi_{n+1}-\varphi_n)}$$

可见，相邻两点磁场的比值可用两点磁场的振幅比及相位差表示。双框法正是沿剖面逐点测量振幅比$\frac{H_{20}}{H_{10}}$，$\frac{H_{30}}{H_{20}}$，…及相位差 $\varphi_2-\varphi_1$，$\varphi_3-\varphi_2$，…的。

当地下无导体存在时，各测点的振幅比值皆等于1，相位差为零。若地下有良导体时则振幅比值不等于1，相位差亦不为零，经换算表明：振幅比-相位差法实质上是一种实、虚分量法，只是两者的观测手段不同，实、虚分量的频率特性也全部适用于本方法。相应的换算还表明：振幅比曲线与异常场振幅沿测线的梯度曲线相似（当两线圈间距相当小时，二者近于一致）；相位差剖面曲线与虚分量沿测线的梯度曲线相似。

由于双框法是属于相对测量，当发射电流改变时，并不改变比值，故对发射电流和接收机增益的稳定性要求可放宽。此外，这种方法省去了长的参考线，野外工作方便，观测效率高。

2. 电磁偶极剖面法

电磁偶极剖面法的特点是：① 装置轻便、类型多样、使用灵活、工作效率较高；② 即可用于地面工作也适宜于航空测量；③ 可选择与地质体呈较强耦合关系的发射方式，提高方法的探测能力；④ 以偶极源为发射源，其勘探深度较浅，故该方法主要用于普查阶段，有时也用来进行详查。

(1) 虚分量-振幅法。观测总合场虚分量和振幅的方法称为虚分量-振幅法。这里我们指以磁偶极子为场源，观测与一次磁场成正交方向的虚分量和同向方向磁场振幅的方法。

在实、虚分量法中，曾经提到，观测虚分量时，需从发射源引一参考信号电缆，使野外施工极不方便。虚分量-振幅法在观测点处放一参考线圈，用以接收最强方向的磁场作为参考信号，供接收机测量接收线圈（与参考线圈成正交）所接收磁场的虚分量，从而取代了参考信号电缆。已经证明：当收发距不大时（通常在几十到几百米），即使地质体异常较大，用上述参考线圈观测虚分量所引起的误差仅为5%。因此，又称这种方法为无参考线虚分量-振幅法。

虚分量-振幅法是对虚分量作绝对测量的方法，具有下列特点：① 属于纯异常观测，避开了强大的一次磁场背景，有利于提高观测精度和发现异常，且纯地形不引起假异常。② 采用多频虚分量观测，使该方法有较好的评价异常能力。其缺点是失掉了实分量信息，而后者比虚分量强很多。为弥补这一缺点，在每个测点上同时观测振幅。就虚分量测量的特点而言，这里的（偶极源）虚分量-振幅法和前面（大回线源）实，虚分量法是相同的。

(2) 水平线圈法。水平线圈法是水平共面（ZZ）装置的电磁剖面法，国外称为Slingram 法，是常用的一种电磁法变种。它采用两个轻便的水平线圈，一个是发射线圈，另一个是接收线圈，工作时，收发距保持固定（25～100m 之间），沿剖面进行同线测量。该方法从发射线圈处获取参考信号，经参考信号电缆送至接收机，与接收线圈接收的信号对比，测得以一次场归一的实、虚分量百分数，即$\frac{\mathrm{Re}H}{H_1}$及$\frac{\mathrm{Im}H}{H_1}$。通常是在200～800Hz 范围内选用两或三个频率进行工作。

水平线圈法的异常形态比较简单，如图 6-5-14 所示，在直立薄板的正上方，出现有极小值，异常曲线与一次磁场（水平直线）的两个交点间距恰好等于收发距大小。不过当地形起伏、

地表有覆盖层或是有相邻矿体存在时，改变收发距大小均可引起异常形态的变化，实际工作中应综合考虑各种因素影响，合理选择收发距。

水平线圈法的读数为百分数，属于相对测量法。因此对发射电流和接收机灵敏度稳定性的要求不高。这种方法勘探深度一般较小，约为 30～50m。

(3) 倾角法。倾角法是测量椭圆极化长轴与一次磁场空间夹角的一种电磁剖面法。它装置轻便、工作效率高，常用于普查工作。电磁偶极剖面法的各种工作装置大多可用于倾角测量，较常用的有定源垂直线框倾角法(VEM)、旁线倾角法(BEM)和对消倾角法(CEM)等。

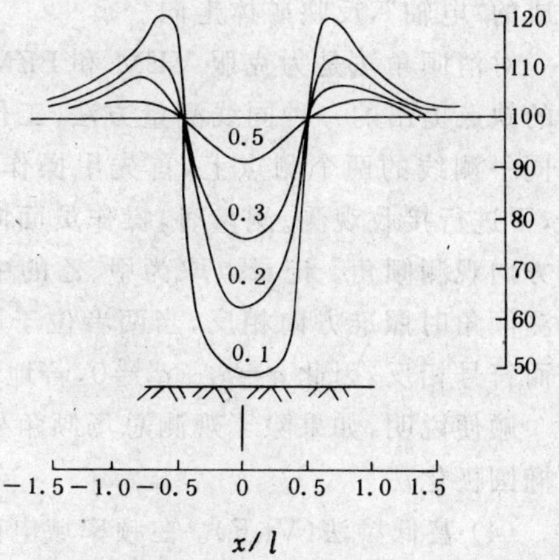

图 6-5-14　不同深度(l/L)直立薄板上的水平线圈法模型实验结果

定源垂直线框倾角法如图 6-5-15(a)所示，将发射线框垂直安放在矿顶于地表的投影点上，测线垂直于矿体走向布置，距发射点几十米至 100m 远，接收机沿测线逐点观测。在每个测点观测时，要求发射线框面与接收线圈面相互照准。但由于地形起伏或树林丛生往往不能通视，以致无法照准，为此可在发射线框处根据观测点所在位置预先计算好发射线框架水平度盘应取的方位角，然后依顺序转动框架的水平度盘。接收线框照准的方法是将接收线圈竖直安放并沿垂直轴转动，找到接收机读数最大时的线圈方位，然后照准该方向进行倾角测量。

由于收一发线圈处于照准状态，测点上的一次场只有水平分量，矿体在一次场激励下产生的二次场有似偶极场的性质，如图 6-5-15(b)所示的倾角曲线，在矿体顶部投影点上出现倾角曲线的零值点。为追索矿体，可将发射线框移至新测得的倾角曲线零点上，测线继续前移，追索出新的零值点…。将不同测线上的倾角零值点连接起来，可得到一条“电轴”线，就是良导矿体的走向。

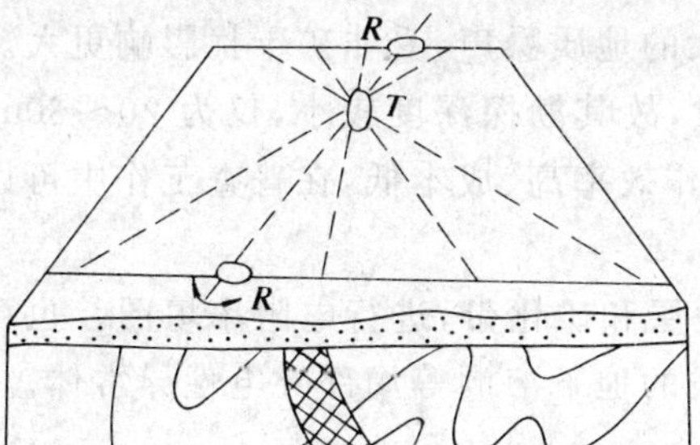

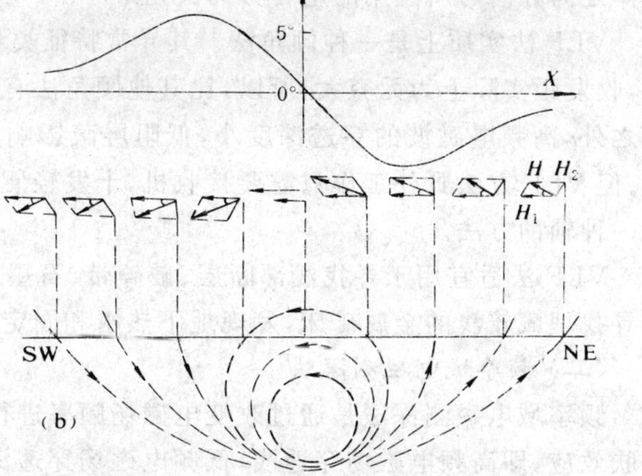

图 6-5-15　VEM 法工作方法及异常曲线分析

旁侧倾角法又称平行移动倾角法，工作时发射和接收线圈分别在相邻测线的同号测点上，测量倾角时要求收发线圈相互照准，常用电磁偶极剖面法的旁线 XY 或 ZY 装置。其异常曲线和 VEM 法的倾角曲线相近，只是在距板体较远的两侧还各有一零值点，同样，依据主零值点连成的“电轴”,反映矿体走向。

对消倾角法是为克服VEM和BEM方法中通视条件差所造成的工作不便以及地形影响大的缺点提出的一种同线测量方法。工作时,甲、乙两操作员用事先选定的收发距,将线圈安置在同一测线的两个测点上,首先甲操作员发射,乙进行接收,观测倾角;然后再由乙操作员发射,甲进行接收观测。测量时,操作员面向着使对方保持在自己左手边的方位,并照准垂直测线的方向观测倾角。记录点取为甲、乙的中点,倾角值为两次读数之和 $\alpha=\alpha_1+\alpha_2$。由于两操作员观测倾角时照准方向相反,当两者位于同一斜坡地形的不同高度时,若地下无矿,所测倾角相等而符号相反,因此 $\alpha=\alpha_1+\alpha_2=0$,若地下有矿体存在,将观测到倾角 $\alpha=\alpha_1+\alpha_2\neq0$ 的矿异常。

顺便说明,如果除了观测总场倾角外,还观测总场椭圆极化的长、短轴或二者的比值,则称为椭圆极化法。

(4) 甚低频法(VLF)。在频率域电磁剖面法中,甚低频法是一种被动源电磁法。它以频率为(15～25)kHz的甚低频军用电台作场源,通过观测总场椭圆极化倾角 α 和偏心率 ε(有时也测量总场的虚、实分量或 H_X、H_Z)来了解地下地质体的分布情况。上述甚低频军用电台是为潜艇通讯或导航而用,甚低频电磁波能穿透一定厚度的海水而且传播距离很远。

应当指出,在无线电广播领域内,(15～25)kHz的频率称为甚低频,但在电磁感应法的范畴里,上述频率段实际上为高频了。目前,我国可用的甚低频电台有:日本爱知县NDT台,频率为17.4kHz,功率500kW;澳大利亚西北角的NWC台,频率为15.5kHz和22.3kHz,功率为1 000kW。

甚低频电台发射的电磁波,在远离电台的地区,它的磁场分量是水平的,并且垂直于波的前进方向。当地下存在走向与电磁波前进方向一致的良导电矿体时,一次磁场将垂直于矿体走向,矿体内形成感应涡流产生二次磁场。一般情况下,工作地区离发射源甚远,而范围不大时,一次场可近似看成是水平方向的均匀磁场。对于延深较大的良导体形成的二次场具有线电流性质。

由于VLF法用的是被动场源,为了获得较大的二次场,必须适当选择VLF电台,尽量使矿体走向方向与所选用的电台方向夹角最小。

VLF法实质上是一种倾角法。其异常特征类似于VEM法。不过,由于VLF法场源频率高,收发距实际上为无穷大,所以,比其他倾角法有更大的地质噪声,受非矿干扰影响更大。除此之外,高频电磁波的穿透深度小,低阻屏蔽影响严重,故其勘探深度较小,仅为20～30m左右。但VLF方法野外工作只需要接收机,十发轻便,工作效率高、成本低,在普查工作中可以作为一种辅助方法。

VLF法适宜用于寻找浅部断层、破碎带、石墨化地层和矿化带,进行电阻率填图。也可用于寻找埋藏较浅的金属矿床,发现地下热水和圈定较浅的地下溶洞等局部导电性异常体。

(二) 频率域电磁测深法

频率域电磁测深法是通过改变电磁场频率进行测深的一类电法勘探。它利用电磁感应的趋肤效应,即高频电磁场穿透浅,低频电磁场穿透深,在场源和接收点间距不变的条件下,改变电磁场的频率来达到测深的目的。当探测深度在100～200m以内时,频率可采用几十到几万赫,为探测更大的深度时,可将频率降低到 10^{-1}～10^{-3}Hz。

频率电磁测深可用天然电磁场,也可用人工电磁场,利用前者的方法称为大地电磁测深法,后者称为人工频率测深法,简称频率测深。两种方法皆在地面上测量电场和磁场分量,计算出不同频率的视电阻率值,再对资料进行推断解释。故本方法实质上是通过观测不同频率的交变电磁场求视电阻率的视电阻率测深法。

频率电磁测深法主要用于解决各种构造地质问题，而探测地质构造常与石油天然气的勘探、煤田勘探、寻找含水层、探测地热资源以及工程地质和矿产勘探等实际问题密切相关。

1. 大地电磁测深法（MT 法）

（1）天然电磁场特点。在很大地区范围内观测到的地球天然交变电磁场称为大地电磁场。它是以地球的电场和磁场分量的变化形式表现出来的。电场部分是与称为大地电流的地球区域电流的存在有关，而磁场部分是与地磁变化或大地电流的变化特点有关。

关于大地电磁场的起源问题目前研究得还不够充分。但是，多数人认为它是一种宇宙现象。根据这一认识，一次场源是由太阳微粒辐射（太阳风）作用下形成的地球磁层和电离层的变化。太阳风的微粒辐射流具有相当高的导电能力，所以地球的正常偶极磁场不能穿过它而受到畸变（见图 6-5-16）。在导电的电离层中形成很强且变化迅速的电流。这些电流主要集中在靠近地极 70 纬度带附近，即大地电磁场的场源位于 100km 左右的高空处，在地球表面上的有限区域内可视为似平面波。这种平面电磁波在铅直方向上穿透地层过程中，在导电地层内激发出涡旋电流，其传播深度主要依赖于振动频率或者场的变化周期。对大地电磁场频谱的多年观测结果表明，其中含有多种不同频率的振动成分。场强变化与频率的关系如图 6-5-17 所示。频率为 1Hz 的变化具有最小的振幅，向高、低频段振幅均明显增加。在电法勘探中利用称为地磁脉动（P 波）的短周期脉动。它具有周期为零点几秒到几百秒的似周期振动特性，在白天以波群形式几小时之内连续出现，见图 6-5-18(a)。故称该波为连续脉动波——P_c 波，且主要是在早晨和下午期间出现。晚间，脉动具有衰减的正弦波性质，其周围为几十到几百秒，见图 6-5-18(b)，称这种振动为不规则脉动波——P_i 波。P_c-3 和 P_i-2 亚振动类型的振幅最大，且出现的概率也最大。短周期振动的强度除上述昼夜变化外，还与季节和太阳活动状态有关。磁大地电流场的最大振幅，一般出现在夏季。在中纬度地区，大地电流振幅一般不超过几 mV/km，而磁场振幅为 $1^{-3}\sim10^{-1}$A/m。

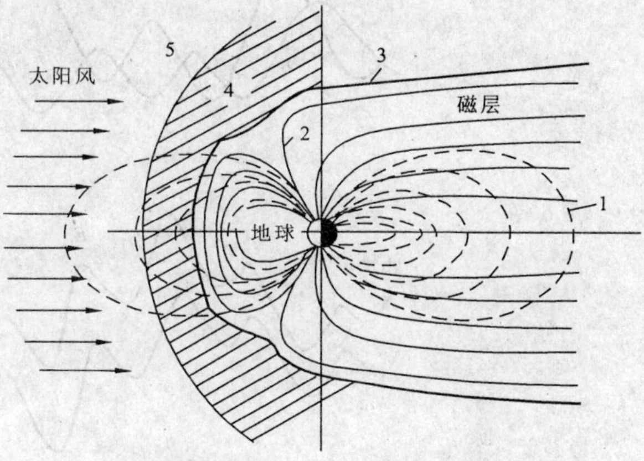

图 6-5-16　地球磁层结构

1. 地球偶极磁场磁力线；2. 地磁场磁力线；3. 磁层界限；4. 过渡带；5. 太阳风带

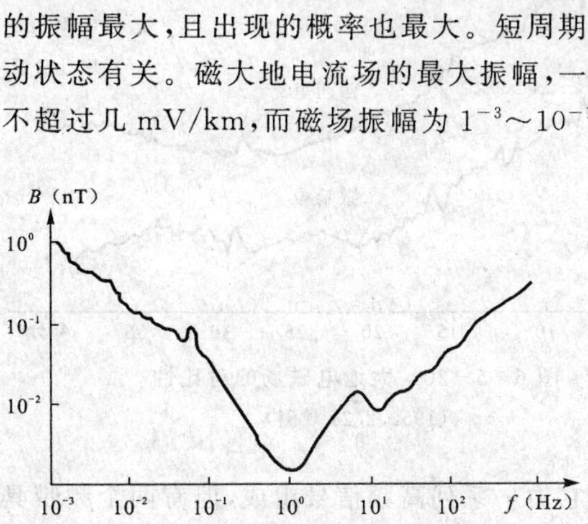

图 6-5-17　天然电磁场振幅与频率的关系

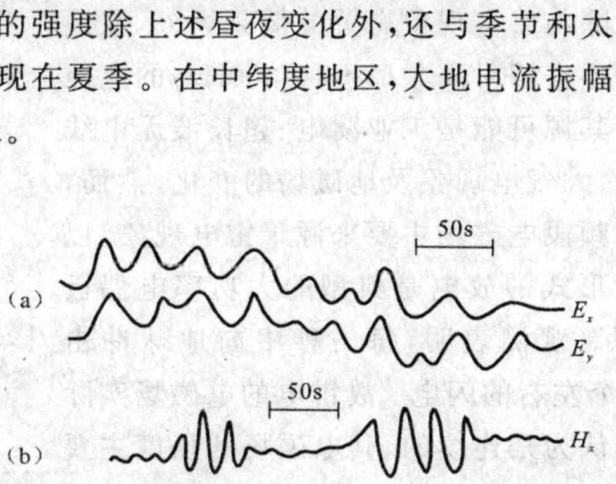

图 6-5-18　大地电磁场 E_x、E_y、H_x 的短周期变化记录

(a) P_c—3（周期为 10～45 s）；(b) P_i—2（周期为 40～150 s）

大地电磁场的矢量 $\boldsymbol{E}$ 和 $\boldsymbol{H}$ 不仅振幅随时间发生变化，而且方向也随时间变化，故在有限时间里（与变化周期比较）矢量端点描述出复杂图形（矢端曲线）。场的矢端曲线具有等距图形和多交叉点形式，见图 6－5－19(a)。一般这种情形可在陆台地区和巨大的等轴状盆地上观测到。在一些地区，如拗陷边缘区，矢端曲线具有伸长形状，且其长度超过横向宽度十倍，这种极化称为似线性极化，见图 6－5－19(b)。在这种情形下，E_x、E_y 变化或 H_x、H_y 变化几乎是相关的。矢端曲线的伸长线称为极化轴。

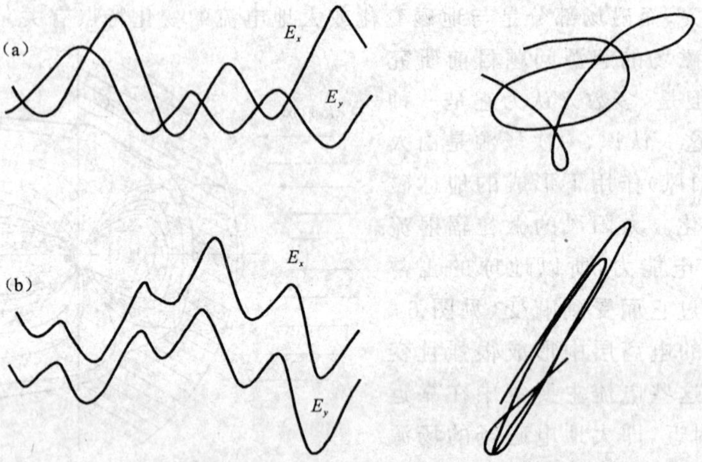

图 6－5－19　电场 E_x 和 E_y 的振动记录及相应的矢端曲线

(a) 非线性极化；(b) 似线性极化

大地电磁场矢端曲线的复杂性证明了场源的复杂性。根据多年的观测结果可以假设两种类型的场源：一是场源位置对地球表面的观察者是固定的，变化的仅是其电流的大小和方向；二是场源电流大小可能不变，但相对观察位置是变化的。无论是属于哪一种，对于观察者而言，电磁场源的方向和大小均随时间发生变化。所以，在大地电磁场法中可假设无穷多个信号源。

在某一瞬间，大地电磁场在几百平方公里或更大的范围内，振幅、频率均保持一定，且能够同时相互对比。图 6－5－20 可作为说明这一特性的例子。西西里岛和撒哈拉两地相隔约 2 000km，但对比性表明了它们有同源特点。

图 6－5－20　大地电磁场的对比性

(1952.2.24 观测)

除与宇宙现象有关的低频场外，在地球上还有相对高频（3～10 000Hz）的电磁场。其源可能是工业漏电、超长波无电线电台、大气电现象及地磁场的变化。然而，这一频段电磁场主要来源于雷电现象。以闪电形式的放电是典型的大功率电偶极子源。观测表明，每一秒中向地球冲击 100 个左右的闪电。故雷电的电磁场实际上可认为是连续的，其电磁场的强度主要依赖于放电中心的位置及电磁场传播条件的变化。

距雷电放电足够远处的信号称为大气圈信号。它由一系列高频信号组成，但有两个频带具有最大值，即 500～1 000Hz 及6 000～8 000Hz。继续远离场源时，由于高频信号被介质吸收，低频信号逐渐占优势。根据许多观测结果表明，交变电场的最大场强在 8～300Hz 频带内。由于其源很多，且强度也各不相同，所以在观测点上可认为是复杂的脉冲噪声性质的场。噪声分量的平均场强随时间缓慢地变化，在1h内变化10%～15%，而在24h之内可超过150%。

(2) 水平层状介质的正演理论。设平面电磁波垂直入射空气-大地分界面，水平层状介质的层厚度和电阻率分别为 h_n 和 ρ_n，界面深度为 d_n，每一层波数为 k_n，n 为层序（图6-5-21）。对于任意层可写出如下的基本方程

$$\left.\begin{aligned}&\nabla^2\boldsymbol{A}=k^2\boldsymbol{A}\\&\boldsymbol{H}=\nabla\times\boldsymbol{A}\\&\boldsymbol{E}=i\omega\mu\left(\boldsymbol{A}-\frac{1}{k^2}\nabla\nabla\cdot\boldsymbol{A}\right)\end{aligned}\right\}\tag{6.5-36}$$

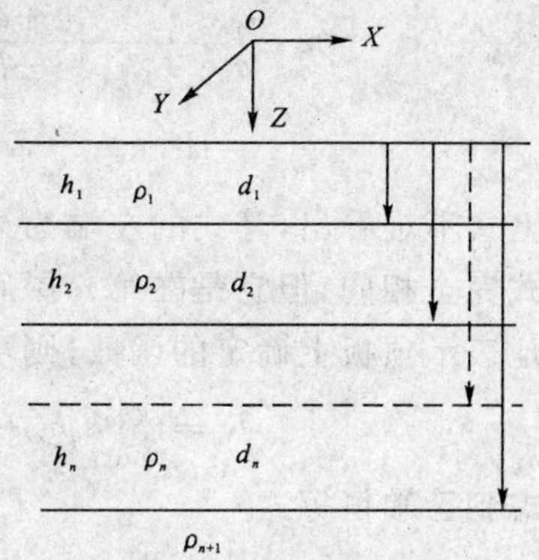

图6-5-21　水平层状介质与坐标

根据均匀场特点，场的振幅以及矢量位分量的振幅在极化平面（平行于 XOY 面）上没有变化，即 $\frac{\partial\boldsymbol{A}}{\partial x}=\frac{\partial\boldsymbol{A}}{\partial y}=0$，故由式(6.5-36)

$$\left.\begin{aligned}&\nabla^2\boldsymbol{A}=\frac{\partial^2\boldsymbol{A}}{\partial z^2},\qquad \nabla\cdot\boldsymbol{A}=\frac{\partial A_z}{\partial z}\\&H_x=-\frac{\partial A_y}{\partial z},\qquad H_y=\frac{\partial A_x}{\partial z}\\&E_x=i\omega\mu A_x,\qquad E_y=i\omega\mu A_y\end{aligned}\right\}\tag{6.5-37}$$

亥姆霍兹方程的分量方程及其解为

$$\frac{\partial^2 A_p}{\partial z^2}=k^2A_p,A_p=a_p\mathrm{e}^{-kz}+b_p\mathrm{e}^{kz}\tag{6.5-38}$$

式中脚标 p 代表 x,y,z。

将式(6.5-38)代入式(6.5-37)，得

$$H_x=k(a_y\mathrm{e}^{-kz}-b_y\mathrm{e}^{kz})$$

$$H_y=-k(a_x\mathrm{e}^{-kz}-b_x\mathrm{e}^{kz})$$

$$E_x=i\omega\mu(a_x\mathrm{e}^{-kz}+b_x\mathrm{e}^{kz})$$

$$E_y=i\omega\mu(a_y\mathrm{e}^{-kz}+b_y\mathrm{e}^{kz})$$

利用上式可分别写出第 n 和 $n+1$ 层的阻抗

$$Z_n=\frac{E_{xn}}{H_{yn}}=-\frac{i\omega\mu}{k_n}\cdot\frac{a_{xn}\mathrm{e}^{-k_nz}+b_{xn}\mathrm{e}^{k_nz}}{a_{xn}\mathrm{e}^{-k_nz}-b_{xn}\mathrm{e}^{k_nz}}\tag{6.5-39}$$

$$Z_{n+1}=\frac{E_{x\,n+1}}{H_{y\,n+1}}=-\frac{i\omega\mu}{k_{n+1}}\cdot\frac{a_{xn+1}\mathrm{e}^{-k_{n+1}z}+b_{xn+1}\mathrm{e}^{k_{n+1}z}}{a_{xn+1}\mathrm{e}^{-k_{n+1}z}-b_{xn+1}\mathrm{e}^{k_{n+1}z}}\tag{6.5-40}$$

在 $z=d_n$ 的界面上，由于切线分量 E_x 和 H_y 连续，故阻抗连续，此时有

$$Z_n=Z_{n+1}\qquad(\text{当 } z=d_n \text{ 时})$$

省略脚标 x，并设介质无磁性（$\mu_n=\mu_{n+1}=\mu_0$），则由式(6.5-39)和式(6.5-40)得

$$\frac{a_n\mathrm{e}^{-k_nd_n}+b_n\mathrm{e}^{k_nd_n}}{a_n\mathrm{e}^{-k_nd_n}-b_n\mathrm{e}^{k_nd_n}}=\frac{k_n}{k_{n+1}}\cdot\frac{a_{n+1}\mathrm{e}^{-k_{n+1}d_n}+b_{n+1}\mathrm{e}^{k_{n+1}d_n}}{a_{n+1}\mathrm{e}^{-k_{n+1}d_n}-b_{n+1}\mathrm{e}^{k_{n+1}d_n}}\tag{6.5-41}$$

为了确定未知函数 a 和 b 与层状介质参数间的关系，利用如下恒等式

$$\frac{a_n\mathrm{e}^{-k_n(d_n-h_n)}+b_n\mathrm{e}^{k_n(d_n-h_n)}}{a_n\mathrm{e}^{-k_n(d_n-h_n)}-b_n\mathrm{e}^{k_n(d_n-h_n)}}=\mathrm{th}\left[k_nh_n+\mathrm{arth}\left(\frac{a_n\mathrm{e}^{-k_nd_n}+b_n\mathrm{e}^{k_nd_n}}{a_n\mathrm{e}^{-k_nd_n}-b_n\mathrm{e}^{k_nd_n}}\right)\right]\tag{6.5-42}$$

求证这一恒等式是很容易的，即对等式左端分子、分母分别乘2，并加减 $a_n\mathrm{e}^{-k_n(d_n-h_n)}$ 和

$b_n e^{-k_n(d_n+h_n)}$项，整理并利用双曲三角函数公式写出等式右端。利用式(6.5-41)，将式(6.5-42)右端圆括号部分替换，则得

$$\frac{a_n e^{-k_n(d_n-h_n)}+b_n e^{k_n(d_n-h_n)}}{a_n e^{-k_n(d_n-h_n)}-b_n e^{k_n(d_n-h_n)}}$$

$$=\mathrm{th}\left[k_n h_n+\mathrm{arth}\left(\frac{k_n}{k_{n+1}}\cdot\frac{a_{n+1}e^{-k_{n+1}d_n}+b_{n+1}e^{k_{n+1}d_n}}{a_{n+1}e^{-k_{n+1}d_n}-b_{n+1}e^{k_{n+1}d_n}}\right)\right]$$

从上式不难看出，等式的左端为第 n 层顶板的函数。同时可以发现，它与等式右端反正切函数形式完全相同，但它是在第 n 层底界面确定的函数或第 $n+1$ 层顶界面的函数。以 R_n 和 R_{n+1} 相应地表示顶板上确定的函数，则可写出以下递推关系式

$$R_n=\mathrm{th}\left(k_n h_n+\mathrm{arth}\frac{k_n}{k_{n+1}}R_{n+1}\right) \tag{6.5-43}$$

考虑到已知恒等式

$$\mathrm{th}(x+\mathrm{arth}y)=\mathrm{cth}(x+\mathrm{arcth}y)$$

可将式(6.5-43)写为

$$R_n=\mathrm{cth}\left(k_n h_n+\mathrm{arcth}\frac{k_n}{k_{n+1}}R_{n+1}\right) \tag{6.5-44}$$

在第一层顶板($n=1,d_1-h_1=0$)，即地面上，由式(6.5-42)和式(6.5-43)得

$$R_1=\frac{a_1+b_1}{a_1-b_1}=\mathrm{th}\left(k_1 h_1+\mathrm{arth}\frac{k_1}{k_3}R_2\right) \tag{6.5-45}$$

式中

$$R_2=\mathrm{th}\left(k_2 h_2+\mathrm{arth}\frac{k_2}{k_3}R_3\right)$$

由式(6.5-39)得

$$Z_1=\frac{-i\omega\mu_0}{k_1}\frac{a_1+b_1}{a_1-b_1}=-\frac{i\omega\mu_0}{k_1}R_1 \tag{6.5-46}$$

在电阻率为 ρ_1 及波数为 k_1 的各向同性均匀介质地表上，因为 $h_1\to\infty$，故由式(6.5-45)有

$$R_1^0=\mathrm{th}(\infty)\to 1$$

故

$$Z_1^0=-i\frac{\omega\mu_0}{k_1} \tag{6.5-47}$$

比较式(6.5-46)和式(6.5-47)，得

$$R_1=\frac{Z_1}{Z_1^0} \tag{6.5-48}$$

或

$$Z_1=Z_1^0 R_1 \tag{6.5-49}$$

由此可见，在水平层状介质表面所确定的阻抗 Z_1 与层状介质参数 $h_1,\rho_1,h_2,\rho_2,\cdots$ 和频率 ω 以递推函数 R_1 发生联系。将此函数表示为 $R_1(\omega)$。在相对高频率情况下，函数 $R_1(\omega)$ 主要与地层上部有关，而在低频情况下与更深层位有关。所以，将函数 $R_1(\omega)$ 称为水平层状介质的频率特性函数，或者根据式(6.5-48)称为归一阻抗。与直流电测深中的实函数 $R_1(\lambda)$ 比较，$R_1(\omega)$ 为复函数。其复数性质是与 E 和 H 之间的相位移有关的。

考虑到 $k_n/k_{n+1}=\sqrt{\rho_{n+1}/\rho_n}$，式(6.5-43)可改写为如下形式

$$R_n(\omega)=\mathrm{th}\left[k_n h_n+\mathrm{arth}\sqrt{\frac{\rho_{n+1}}{\rho_n}}R_{n+1}(\omega)\right] \tag{6.5-50}$$

或者，对上式取反正切，整理后可得：

$$R_{n+1}(\omega)=\sqrt{\frac{\rho_n}{\rho_{n+1}}}\mathrm{th}[-k_n h_n+\mathrm{arth}R_n(\omega)] \tag{6.5-51}$$

利用式(6.5-50)由底层向地表递推计算，而利用式(6.5-51)由地表向底层递推计算。

由式(6.5－47)可给出确定介质电阻率的公式。在均匀半空间地表上

$$Z_1^0=\frac{-i\omega\mu_0}{\sqrt{-i\omega\mu_0/\rho_1}}=\sqrt{-i}\sqrt{\omega\mu_0\rho_1}=|Z_1^0|\mathrm{e}^{-i\frac{\pi}{4}} \tag{6.5-52}$$

式中$|Z_1^0|=\sqrt{\omega\mu_0\rho_1}$。由此可见

$$\rho_1=\frac{1}{\omega\mu_0}|Z_1^0|^2 \tag{6.5-53}$$

当介质为水平层状时，按式(6.5－53)计算的结果应为视电阻率，且以ρ_ω表示。大地电磁法所测得的视电阻率。可见，视电阻率的模或振幅具有以下形式

$$\rho_\omega=\frac{1}{\omega\mu_0}|Z_1^0|^2 \tag{6.5-54}$$

按这种方法确定的视电阻率称为**卡尼尔视电阻率**，是为了纪念大地电磁法的奠基者、法国地球物理学者卡尼尔而得名。

为了理论计算方便，将式(6.5－54)除以式(6.5－53)，则

$$\frac{\rho_\omega}{\rho_1}=\left|\frac{Z_1}{Z_1^0}\right|^2=|R_1(\omega)|^2 \tag{6.5-55}$$

或在一般情况下，由式(6.5－48)有

$$\frac{\rho_\omega}{\rho_1}=R_1^2(\omega)=\frac{|\rho_\omega|}{\rho_1}\mathrm{e}^{i\varphi_\mathrm{T}} \tag{6.5-56}$$

式中$\varphi_T=2\arg R_1(\omega)$，称为视电阻率相位。因为

$$k_1h_1=\frac{2\pi\ \sqrt{2}}{\lambda_1/h_1}\mathrm{e}^{-i\frac{\pi}{4}},k_2h_2=k_1h_1\frac{k_2h_2}{k_1h_1}=\frac{2\pi\ \sqrt{2}}{\lambda_1/h_1}\frac{\nu_2}{\sqrt{\mu_2}}\mathrm{e}^{-i\frac{\pi}{4}},$$

$$\frac{k_2}{k_1}=\sqrt{\frac{1}{\mu_2}}$$

故可将多层介质视电阻率公式式(6.5－56)重写为

$$\frac{\rho_\omega}{\rho_1}=R_1^2(\omega)=\mathrm{th}^2\left[\frac{2\pi\ \sqrt{2}}{\lambda_1/h_1}\mathrm{e}^{-i\frac{\pi}{4}}+\mathrm{arth}\ \sqrt{\mu_2}\,\mathrm{th}\left[\frac{2\pi\ \sqrt{2}}{\lambda_1/h_1}\frac{\nu_2}{\sqrt{\mu_2}}\mathrm{e}^{-i\frac{\pi}{4}}\right.\right.$$

$$\left.\left.+\cdots+\mathrm{arth}\sqrt{\frac{\mu_n}{\mu_{n-1}}}\right]\right] \tag{6.5-57}$$

上式适合于$\rho_n/\rho_{n-1}<1$情况；若$\rho_n/\rho_{n-1}>1$，则以 cth 函数替换 th 函数。

当E_x的单位取 mV/km，H_y的单位取为 nT 时，均匀介质的电阻率为：

$$\rho=\frac{0.2}{f}\left|\frac{E_x}{H_y}\right|^2 \tag{6.5-58}$$

式中ρ和f的单位分别为$\Omega\cdot$m 和 Hz。

如果介质的电性分布不均匀，按式(6.5－58)计算的值为视电阻率ρ_ω。

鉴于E_x和H_y皆为复变量，即$E_x=E_{x0}\mathrm{e}^{i\,\varphi E_x}$，$H_y=H_{y0}\mathrm{e}^{i\,\varphi H_y}$故

$$\rho_\omega=\frac{0.2}{f}\left(\frac{E_x}{H_y}\right)^2=\rho_{\omega0}\mathrm{e}^{i\,\varphi_\omega}$$

式中

$$\rho_{\omega0}=\frac{0.2}{f}\left|\frac{E_{x0}}{H_{y0}}\right|^2,\ \varphi_\omega=\varphi_{E_x}-\varphi_{H_y} \tag{6.5-59}$$

对于二层介质情况，求解平面波的波动方程，利用电磁场的边界条件可解得地表电场及磁

场。按式(6.5－59)求比值，则可获得水平二层断面的视电阻率振幅和相位随波长 λ_1 变化的理论曲线，理论曲线组成的量板如图 6－5－22 所示。已知波长 $\lambda_1=\sqrt{\frac{10^7\rho_1}{f}}$，当 ρ_1 一定时，λ_1 与 $\sqrt{f}$ 成反比关系。由图 6－5－22 可见，大地电磁测深的理论曲线和直流电测深曲线形态相似：高频(即 λ_1 小)相当于小极距情况，具有较小的探测深度，ρ_ω 趋于 ρ_1；而低频(λ_1 大)相当于大极距情况，对应于较大的探测深度，ρ_ω 趋于 ρ_2。

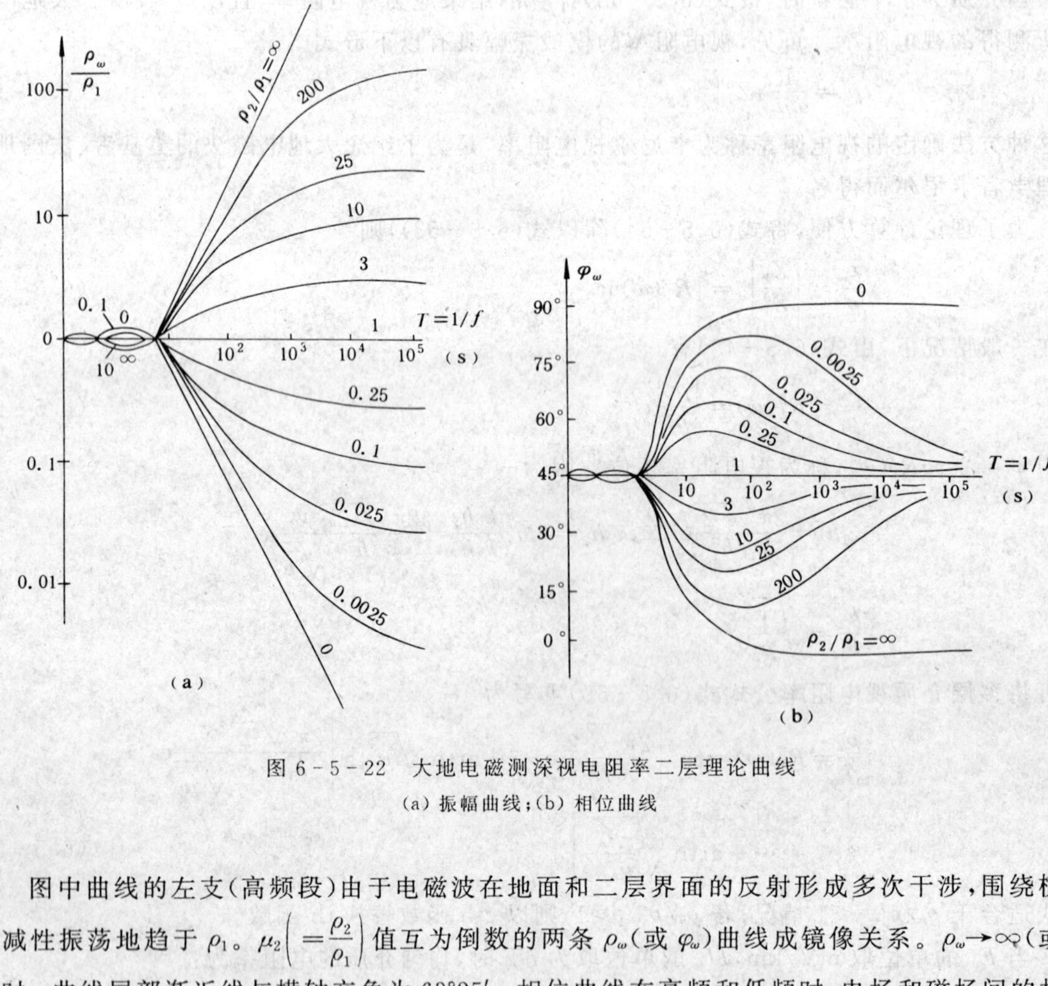

图 6－5－22　大地电磁测深视电阻率二层理论曲线

(a) 振幅曲线；(b) 相位曲线

图中曲线的左支(高频段)由于电磁波在地面和二层界面的反射形成多次干涉，围绕横轴衰减性振荡地趋于 ρ_1。$\mu_2\left(=\frac{\rho_2}{\rho_1}\right)$ 值互为倒数的两条 ρ_ω(或 φ_ω)曲线成镜像关系。$\rho_\omega\to\infty$(或→0)时，曲线尾部渐近线与横轴交角为 63°25′。相位曲线在高频和低频时，电场和磁场间的相位差都和均匀介质中一样趋于 45°。而中间频率段，当 $\mu_2>1$ 时，相位减小，当 $\mu_2<1$ 时，相位增加。如基底为 $\rho_2\to\infty$(或 $\rho_2\to0$)时，低频尾部相位值趋于零度(或 90°)。

对于三层断面，经理论计算可得到视电阻率振幅及相位量板。根据断面电性参数的不同，也可构成四种类型的理论量板。图 6－5－23 为 $H-\frac{1}{9}-\infty$ 的三层量板理论曲线。图中每条曲线上标出的数字为 $v_2=\frac{h_2}{h_1}$。与直流电阻率测深量板相比，图中曲线的分异性更明显，尾部反映高阻基底的渐近线称为“S”线，呈 63°25′上升。

大地电磁测深具有如下优点：省去了供电设备，有丰富的频谱，勘探深度大，能穿透高阻层，等值作用范围小。此外，由于大地电磁法所利用的电磁场是近于垂直地面入射的平面电磁波，入地后的电磁波亦垂直地面传播，由它产生的电流线呈水平状。因此对电场分布起作用的是纵向电阻率 ρ_t，而与横向电阻率 ρ_n 关系不大，即与岩层非各向同性作用关系不大，故大地电磁测深法涉及的各层电阻率实际上乃为每一层的纵向电阻率。

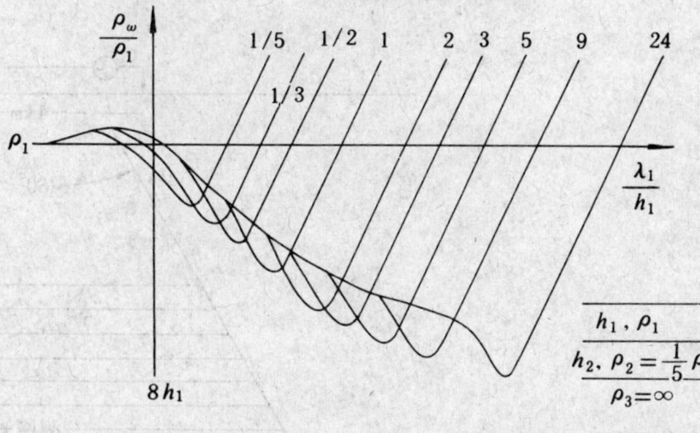

图 6-5-23 大地电磁测深—水平三层振幅曲线量板

$H—\frac{1}{9}—\infty$

2. 可控源声频大地电磁法(CSAMT)

可控源声频大地电磁法是在声频大地电磁法的基础上发展起来的一种人工场源频率测深法。

大地电磁测深法(MT)和声频大地电磁法(AMT)都是利用天然电磁场源。前者测量0.000 1～100Hz 频率范围内的电场和磁场分量，后者是利用声频范围(10～20 000Hz)的电磁信号。声频大地电磁法的场源主要是由全球范围的雷电活动产生。鉴于天然场源信号微弱和场源的易变性，往往给实际观测工作带来许多困难，甚至体现不出利用天然场作场源的优越性。

Goldstein(Goldstein，1971)针对上述问题提出了可控源声频大地电磁法。该方法以人工场源发射所需频段范围的电磁场来代替天然场，在距场源较远的地区观测电场的水平分量 E_x 和磁场水平分量 H_y，并沿用大地电磁法中的式(6.5-58)计算视电阻率 ρ_ω。

研究结果表明：当观测点到场源的距离足够远(一般要求大于三倍或五倍趋肤深度)时，观测点附近的电磁场可看成垂直入射的平面波，即为远区场，可按式(6.5-58)计算视电阻率 ρ_ω，并用大地电磁测深的方法进行资料解释。如果观测点到场源距离小于三到五倍趋肤深度，那里的场不具有平面波特征，即为近区场。在近场区按式(6.5-58)计算的结果夸大了实际的电阻率值，产生很大误差。加拿大凤凰公司按照如下近场公式

$$\rho_s = K(r)\cdot r\cdot\left|\frac{E_x}{H_y}\right|$$

计算近场区的视电阻率(式中 r 为收发距，$K(r)$是与 r 有关的函数)。从远区到近区的过渡区，场的性态比较复杂，他们提出用"过渡三角形"的方法对过渡场进行校正。经过校正后的资料，可用大地电磁法的资料解释方法进行解释。

图 6-5-24 是 CSAMT 方法的工作示意图。其场源是两端接地的双极电流源，两接地电极间长度可以从几百米到几千米。在远离发射双极的数条测线上，逐点进行电场和磁场水平分量的"扫频"测量，计算不同频率的视电阻率，从而获得一片测区的电磁测深结果。

和其他电磁测深方法相比，CSAMT 在工作方法上兼有剖面和测深的双重效果，其工作效率高，横向分辨率较强，往往用于研究地质构造，进行煤田、地热及水文工程地质勘测和地下立体填图。

3. 频率测深法

频率测深法系指采用人工场源的电磁测深。其场源既可用接地的水平电偶极源，也可用不接地的垂直磁偶极源。在距发射源足够远的地方观测电磁场的某些参数，如 E_x、E_y、H_x、H_y 或 H_z 的振幅和相位，计算出交流视电阻率 ρ_ω，例如，对于赤道偶极装置的水平电偶极源，可得

$$|\rho_\omega^{E_x}| = K^{E_x}\left|\frac{\Delta V}{I}\right| \quad 其中\ K^{E_x} = \frac{\pi r^3}{AB\cdot MN};$$

$$|\rho_\omega^{H_z}| = K^{H_z}\left|\frac{\Delta V^{H_z}}{I}\right| \quad 其中\ K^{H_z} = \frac{2\pi r^4}{2ABn\cdot S}$$

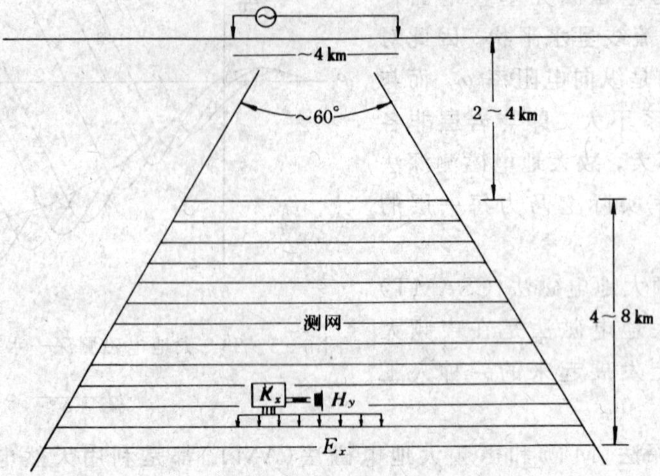

图 6-5-24　可控源声频大地电磁法工作示意图

$$|\rho_\omega|=\frac{1}{\mu_0\omega}\left|\frac{E_x}{H_y}\right|^2 \tag{6.5-60}$$

式中 r 为发射和接收偶极（或线圈）中心间距；AB 和 MN 分别为供电和测量电极间距；n 和 S 为接收线圈匝数和面积。人工场源所用的工作频率自 $0.1n$～100kHz。在这频段内，岩石中皆以传导电流为主，位移电流可以忽略。

前已述及，不论是电偶极源，还是磁偶极源，它所产生的电磁波均自场源向四面八方传播。其传播路径分为天波、地面波和地层波，见图 6-5-25。由于频率测深用的是长波和超长波，向上传播不会被电离层反射回地面，故不考虑天波。在空气中沿地表传播的为地面波 S_0，在岩石中传播的称为地层波 S_1。因地层波比地面波的波长和波速都小，由于某一时刻地面波和地层波波程差，就在地面附近形成一个近水平的波阵面，从而造成一个几乎垂直向下传播的水平极化平面波 S^*。

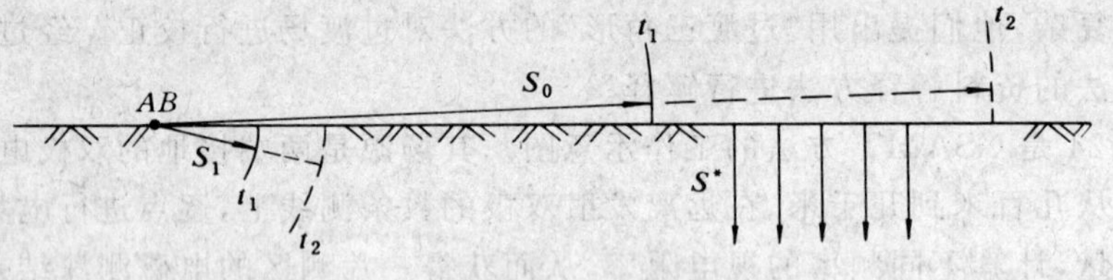

图 6-5-25　地面偶极源电磁波的传播

当观测点到发射源的距离 r 远远大于电磁波在岩石中波长 λ_1 的 $\frac{1}{2\pi}$ 倍时，$|k_1r|\gg1$（k_1 为地中岩石的波数，那里的地层波几乎全部衰减殆尽，只有 S^* 波垂直入射。因而情况类似于大地电磁测深的情况，在这个区域称为波区，又称远区。

当 $r\ll\frac{\lambda_1}{2\pi}$ 时，$|k_1r|\ll1$，那里地层波占主导地位，这个区域为 S 区，又称近区，这里电磁波近似为球面波传播。

在由波区向 S 区过渡时，由于地层波逐渐增强，电磁波的入射角逐渐变为倾斜，甚至变为水平，这个区域被称为中区或过渡区。

如果所使用的最低频率仍可满足波区的条件，即 $r \gg \frac{\lambda_G}{2\pi}$（此处 λ_G 是各岩层中波长集合的最大者）时，则频率测深曲线与大地电磁测深曲线一样，称为波区曲线。这部分曲线与地电断面有最简单的关系，是理论中最基本的部分。

实际工作中，因电源功率有限，收发距 r 不能太大，于是低频段将进入 S 区。这时，随所用的装置、极距、观测场量的不同，所得视电阻率理论曲线（振幅和相位）左支各不相同。如图 6-5-26 所示，当频率很低时，场具有直流的特点，磁分量消失，故测量磁场的曲线 3 之右支渐近线趋于零；而测量电分量的曲线 1 和 2，其右支则趋于相应装置和极距的直流电测深 ρ_s 值，达不到尾部渐近线 S 线。

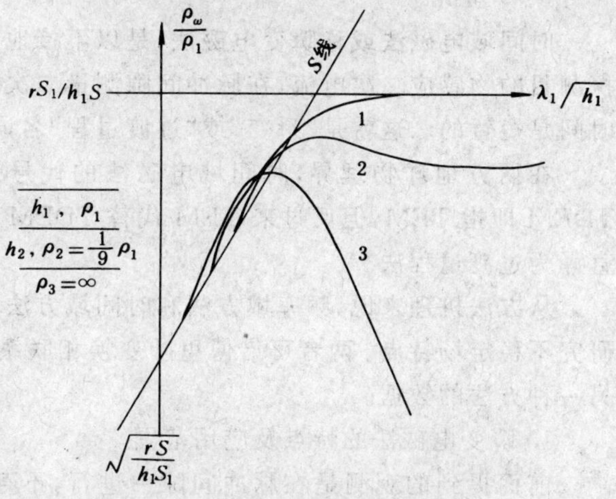

图 6-5-26　S 区的频率测深曲线

1. 轴向偶极 $\rho_\omega^{E_x}$ 曲线；2. 赤道偶极 $\rho_\omega^{E_x}$ 曲线；3. $\rho_\omega^{E_z}$ 曲线

由于上述情况，对每种装置形式，都应针对不同的二层或三层地电断面，计算用 E_x、E_y、H_x、H_y、H_z、$\frac{E_x}{H_y}$、$\frac{E_y}{H_x}$ 等为参量的 7 种 ρ_ω 量板，每张量板上以 r/h_1 为参变量计算多条曲线，这将大大增加了量板的数目和解释的复杂性，但也提供了更多的信息，有利于排除解释的多解性。

图 6-5-27 为电偶极源的 $\rho_\omega^{E_x}$ 振幅理论曲线。图中曲线的中段和前段与波区曲线类似，而尾段则与 S 区曲线相一致，并趋于某一水平渐近线，其值与频率无关，仅与总纵向电导和 r 有关。

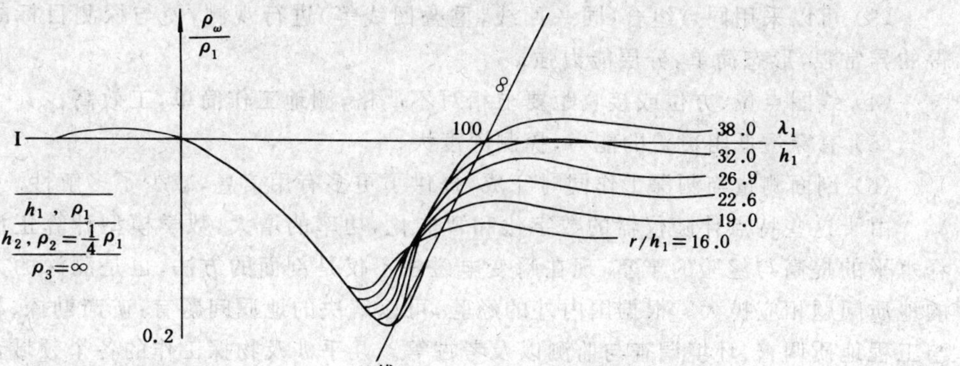

图 6-5-27　赤道偶极频率测深 H 型三层断面 $\rho_\omega^{E_x}$ 振幅理论曲线

$\left(\frac{\rho_2}{\rho_1}=\frac{1}{4}, \frac{h_2}{h_1}=4, \rho_3\to\infty\text{，曲线参数为}\frac{r}{h_1}\right)$

随 r 值减小，曲线极值点偏离波区曲线向前移动，$\frac{r}{h_1}$ 愈小，偏离愈大。说明 r 愈小，满足波区的条件的频率范围缩小，提前进入 S 区。$\frac{r}{h_1}\to\infty$ 时，就成为波区曲线了。

理论计算表明：磁偶源比电偶源的场衰减得快，故在大深度探测中多使用电偶极源，但因磁偶源不需要电极接地，工作较方便，它主要用来解决浅层问题，如浅部构造，水文及工程地质问题。

四、时间域电磁法

（一）概论

时间域电磁法或称瞬变电磁法，是以不接地回线或接地线源通以脉冲电流为场源，以激励探测目的物感应二次电流，在脉冲间隙测量二次场随时间变化的响应。二次场从产生到结束的时间是短暂的。这就是“瞬变”或“过渡过程”名词的由来。

在西方地球物理界，时间域电磁法的代号是 TDEM，瞬变电磁法的代号是 TEM，有时 TDEM 即指 TEM，但反过来 TEM 代替 TDEM 的极少。原苏联与 TEM 相关的方法，在我国直译为过渡过程法。

从方法机理来说，频率域方法和时间域方法没有本质的不同。前者研究谐变场特点，后者研究不稳定场特点。两者可借傅里叶变换相联系。在某些条件下，一种方法的数据可以转换为另一种方法的数据。

1. 瞬变电磁法的特点及应用范围

前面提到的观测是在脉冲间隙中进行，不存在一次场源的干扰，这称之为时间上的可分性，脉冲是多频率的合成，不同的延时观测的主要频率不同，相应时间的场在地层中的传播速度不同，调查的深度也就不同，这称之为空间的可分性。瞬变电磁法的特点就基于这两个可分性。

由上述两种可分性必导致以下具体特点：

(1) 把频率域法的精确度问题转换成灵敏度问题，加大功率灵敏度可以增大信噪比，加大勘探深度；

(2) 在高阻围岩地区不会产生地形起伏影响的假异常；在低阻围岩区，由于是多道观测，早期道的地形影响也较易分辨；

(3) 可以采用同点组合（同一回线，重叠回线等）进行观测，使与探测目标的耦合最紧，取得的异常强，形态简单，分层能力强；

(4) 线圈点位、方位或接收距要求相对不严格，测地工作简单，工效高；

(5) 有穿透低阻覆盖的能力，探测深度大；

(6) 剖面测量与测深工作同时完成，提供了更多有用信息，减少了多解性。

由于这些特点伴随仪器的数字化和智能化，功率的增大，数学模型计算正反演的应用，解释水平的提高与经验的丰富，现在瞬变电磁法不仅是剖面的方法，也是测深的方法，可以解决的地质问题相应扩大。根据国内外的经验，可以解决的地质问题有：矿产勘探、构造探测、水文与工程地质调查、环境调查与监测以及考古等。几乎涉及物探工作的各个领域，特别需要指出的是，近年在找水、市政工程、土壤盐碱化和污染调查以及浅层石油构造填图等方面都有良好的应用报道。

2. 工作装置

按 TEM 应用领域可以把工作的装置分为四类。

(1) 剖面测量装置：常用的剖面测量工作装置如图 6－5－28 所示。它是被用来勘查金属矿产及地质填图的装置，分为同点、偶极和大定回线源三种。同点装置中的重叠回线是发送回线（Tx）与接收回线（Rx）相重合敷设的装置；由于 TEM 方法的供电和测量在时间上是相分开的，因此 Tx 与 Rx 可以是共用一个回线，称之为共圈回线。同点装置是频率域方法无法实现的装置，它与地质探测对象有最佳的耦合，是勘查金属矿产常用的装置。偶极装置与频率域水平线圈法相类似，Tx 与 Rx 要求保持固定的发、收距 r，沿测线逐点移动观测 dB/dt 值。大定回线

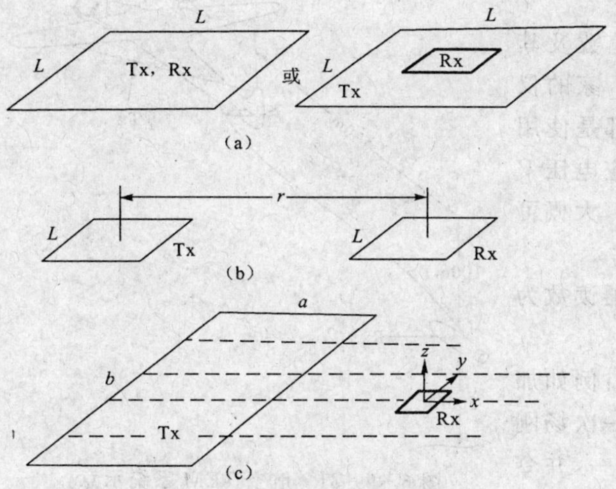

图 6-5-28 TEM 剖面测量装置

(a) 同点装置；(b) 偶极装置；(c) 大定回线源装置

装置的 Tx 采用边长达数百米的矩形回线，Rx 采用小型线圈(探头)沿垂直于 Tx 长边的测线逐点观测磁场的三个分量的 dB/dt 值。后两种装置是频率域电磁法中常用的装置，只要两域方法所使用的装置相同，其异常剖面曲线形态是相同的。

(2) 测深装置：常用的测深工作装置如图 6-5-29 所示。中心回线装置是使用小型多匝 Rx(或探头)放置于边长为 L 的发送回线中心观测的装置，常用于探测 1km 以内浅层的测深工作。其他几种主要用于深部构造的测深，偶极距 r 选择大约等于目标层的深度。用 Rx 观测得到的 dB/dt 值一般都换算成视电阻率 $\rho_\tau(t)$ 参数，使用 $\rho_\tau - t$ 曲线进行反演推断。

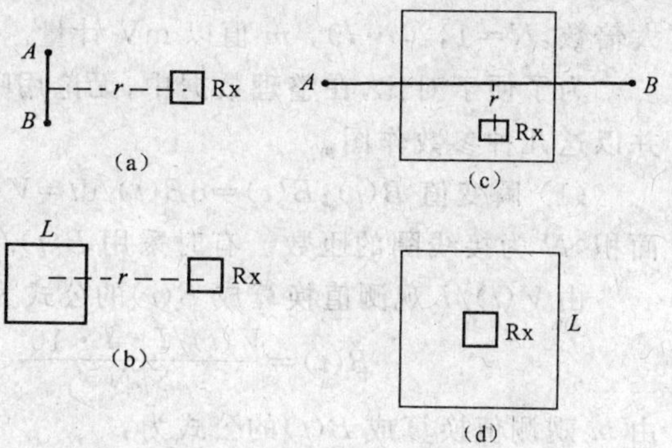

图 6-5-29 TEM 测深工作装置

(a) 电偶源；(b) 磁偶源；(c) 线源；(d) 中心回线

(3) 井中装置：井中 TEM 方法的地质目的在于探测分布于钻孔附近的深部导电矿体，并获得矿体形态、产状及位置等信息，其工作装置如图 6-5-30 所示。发送回线通常以两种基本方式布置于地面，接收线圈(探头)沿钻孔逐点移动观测磁场井轴分量的 dB/dt 值。在勘查区有彼此相靠近的多个钻孔的条件下，一般只敷设一个大发送回线，从不同钻孔中观测到的异常变化规律可获得地下隐伏导体的位置等方面的信息。在仅有单个钻孔的情况下，需要在地面敷设五次发送回线，根据 Tx 位于不同方位上所观测到的异常变化规律再去反演有关参数。

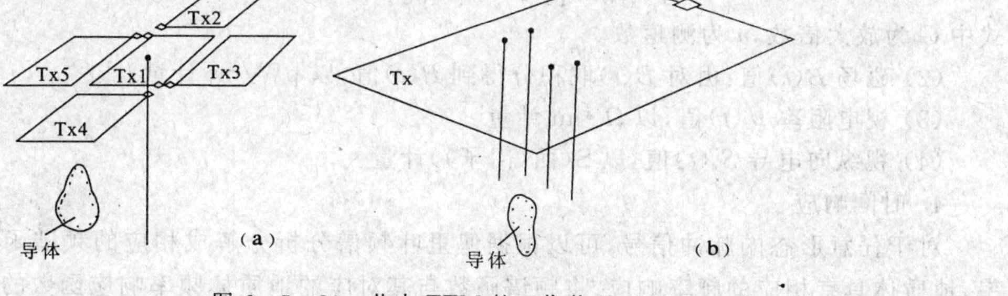

图 6-5-30 井中 TEM 的工作装置

(a) 多个 Tx；(b) 单个 Tx

(4) 航空装置：如图 6-5-31 所示，航空 TEM 系统的发送线圈安装于机身，接收线圈及前置放大器安装在吊舱之中，吊舱用电缆拖拽在飞机的后下部，飞行高度一般为 150m。航空 TEM 方法主要应用于大面积范围内快速普查良导电矿体及地质填图。

3. 观测参数

瞬变电磁仪器系统的一次场波形、测道数及其时窗范围、观测参数及其计算单位等，各个厂家的仪器之间有所差别。尽管各种仪器绝大多数都是使用接收线圈观测发送电流脉冲间歇期间的感应电压 $V(t)$ 值，就观测读数的物理量及计量单位而言，大概可以分为三类：

(1) 用发送脉冲电流归一化的参数：仪器读数为 $V(t)/I$ 值，以 μV/A 作计量单位。

(2) 以一次场感应电压 V_1 归一的参数：例如加拿大 Crone 公司的 PEM 系统，观测值是用一次场刚刚将要切断时刻的感应电压 V_1 值来加以归一，并令 $V_1=1\,000$，计量单位无量纲，称之为 Crone 单位。

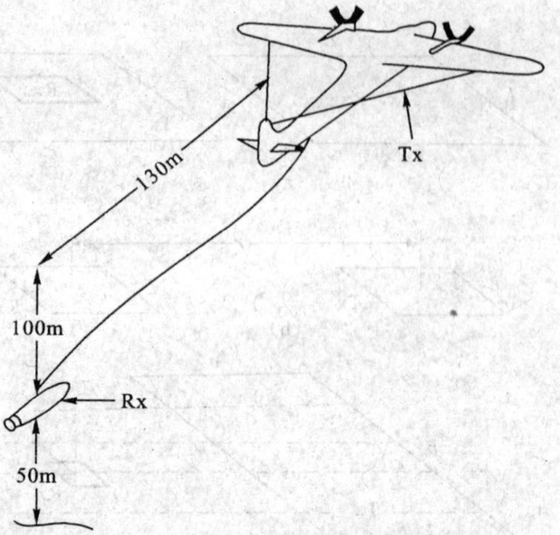

图 6-5-31　航空 TEM 系统示意

(3) 归一到某个放大倍数的参数：例如加拿大的 EM-37 系统，野外观测值为：

$$m=V(t)\cdot G\cdot 2^N$$

式中 $V(t)$ 为接收线圈中的感应电压值；G 为前置放大器的放大倍数；2^N 为仪器公用通道的放大倍数，$N=1,2,\cdots,9$。m 值以 mV 计量。

为了便于对比，在整理数据中，无论用哪种仪器，一般都要求换算成为下列几种导出参数，并以这几种参数作图。

(1) 瞬变值 $\dot{B}(t)$：$\dot{B}(t)=\mathrm{d}B(t)/\mathrm{d}t=V(t)/S_R N$，以 nV/m² 计量，这里 S_R 表示接收线圈的面积，N 为接线圈的匝数。有时采用 $\dot{B}(t)/I$，以 nV/m²A 计量。

由 $V(t)/I$ 观测值换算成 $\dot{B}(t)$ 的公式为：

$$\dot{B}(t)=\frac{V(t)/I\cdot I\cdot 10^3}{S_R N}$$

由 m 观测值换算成 $\dot{B}(t)$ 的公式为：

$$\dot{B}(t)=\frac{m\cdot 10^6}{S_R N}$$

由 Crone 单位观测值 R_c 换算成 $\dot{B}(t)$ 的公式为：

$$\dot{B}(t)=\frac{R_c\cdot 6\times 10^6}{G\cdot 10\cdot 10^{(n-1)/7}\cdot 400}$$

式中 G 为放大倍数，n 为测道数。

(2) 磁场 $B(t)$ 值：由对 $\dot{B}(t)$ 取积分得到 $B(t)$ 值，以 pW/m² 计量。

(3) 视电阻率 $\rho_\tau(t)$ 值，以 Ω·m 计量。

(4) 视纵向电导 $S_\tau(t)$ 值，以 S(西(门子))计量。

4. 时间响应

对于任意形态的脉冲信号，可以根据傅里叶频谱分析分解成相应的频谱函数。对各个频率，地质体具有相应的频率响应。将频谱函数与其对应的地质体频率响应函数的乘积经过傅里叶反变换，就可获得地质体对该脉冲信号磁场的时间响应。

设发射脉冲的一次磁场是以 T 为周期的函数 $H_1(t)$，其频谱函数为

$$S(\omega)=\frac{1}{T}\int_{-\frac{T}{2}}^{\frac{T}{2}}H_1(t)\mathrm{e}^{i\omega t}\mathrm{d}t$$

由位场变化知识得知，地质体二次磁场的时间函数 $H_2(t)$ 为

$$H_2(t)=H_1(t)\cdot h(t)=F^{-1}[S(\omega)\cdot D(\omega)]$$

式中 $S(\omega)=F[H_1(t)]$，$D(\omega)=F[h(t)]$，F 与 F^{-1} 分别表示傅里叶变换及其反变换，$h(t)$ 是地质体的脉冲滤波函数，而 $D(\omega)$ 是地质体的频率响应函数。考虑到频谱函数的离散性，可将二次磁场的时间函数 $H_2(t)$ 写成

$$H_2(t)=\sum_{n=1}^{\infty}H_{10}S_n[X_n\cos(n\omega_0t)-Y_n\sin(n\omega_0t)]$$

式中 H_{10} 为 $H_1(t)$ 的振幅值，S_n 是 n 次谐波的频谱系数，X_n 和 Y_n 是对应于 n 次谐波时地质体频率响应的实部和虚部，$\omega_0=2\pi f_0$。

图 6-5-32 是导电球体的时间响应。由该图中(a)可见：若球体电导率 $\sigma=1\text{S/m}$，当 $t=12\text{ms}$ 时，异常已衰减殆尽。当电导率增大时，异常衰减变缓，延时增长。$\sigma=80\text{S/m}$ 的情况下，$t=28\text{ms}$ 时，异常仍未衰减完，但它在初始时间的异常幅值却减小了。利用这一时间特性，可在晚期观测中将不良导干扰体(如围岩、覆盖层等)的异常去除。

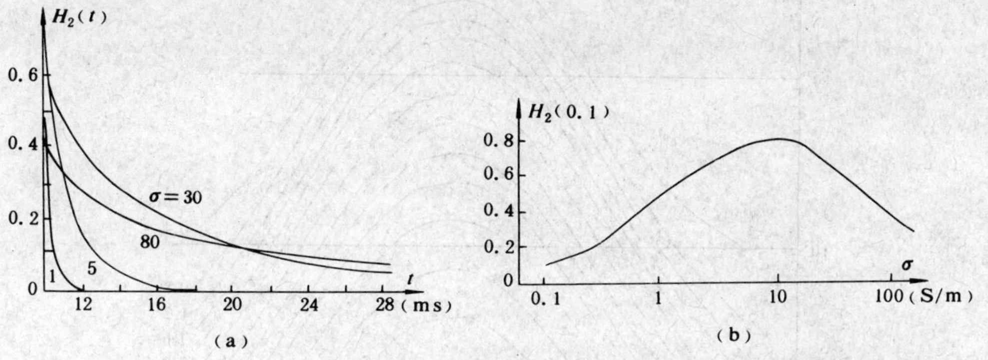

图 6-5-32 导电球体时间域电磁响应

(a) 衰减曲线；(b) 导电窗；场源：不接地大回线；脉冲：正负交替矩形波

($\tau=10\text{ms}$；间歇 20ms；基频 $f_0=16.67\text{Hz}$；球半径 $r_0=50\text{m}$)

为便于理解上述结果，可以从由频率域合成时间域的角度进行分析。当球体电导率很小时，球体产生的振幅和相位异常均很小，因而合成的时间域异常也很小。当球体电导率增大时，球体产生的振幅和相位异常场增大，故合成的时间域异常也增大。当球体电导率继续增大后，虽然高频成分的振幅增大了，但其相位移趋于 180°，因而对应高频成分的早期时间异常值反而减小。但由于低频成分的综合参数处于最佳状态，于是与低频成分相对应的晚期时间异常幅值反而增大了。这在瞬变曲线上表现为衰减很慢。当电导率趋于无穷大时，所有谐波相位移趋于 180°，故 $H_2(t)$ 值趋于零。

如果取样时间选定，改变球体电导率时，二次异常磁场的幅值变化如图 6-5-32(b)。由图可见，与某一取样时刻对应有一最佳电导率值，图中曲线和频率域的虚部响应规律相似，称为导电性响应"窗口"。在图 6-5-32 的条件下，球体的最佳导电窗口 $\sigma=10\text{S/m}$。

脉冲瞬变法系观测纯二次场，故增加发射功率或提高接收灵敏度都可增大勘探深度。由于不观测一次场，该方法受地形影响较小。此外，该方法对线圈点位、方法和收发距的要求均可放宽，因而测地工作简单。顺便说明，由于脉冲瞬变电磁法是在宽频带进行观测，故对测量仪器要求较高，在音频干扰大的地区(如有线广播等)工作时比较困难。

（二）瞬变电磁剖面法

在金属矿、地质填图及水文勘查等的瞬变电磁方法野外工作中，广泛采用剖面测量方法。与其他电法勘探方法一样，主要有三个特定目的：① 发现目标地质体引起的异常；② 与地质及其物化探资料相结合，较充分地确定异常的性质；③ 获取地质目标体的倾向，走向长度、埋深及倾角等方面的资料。由于剖面测量中采用了多道观测，实际上也完成了测深测量，可以得到多种剖面曲线及测深图，得到丰富的信息。下面以同点装置为例，分析物理模拟的结果。

所谓同点装置是指发送回线与接收回线的中心点重合同一点（记录点）的装置，如图 6-5-28 所示。

1. 典型规则导体的剖面曲线特征

(1) 球体及水平圆柱体上的异常特征。导电水平圆柱体上不同测道的剖面曲线如图 6-5-33 所示，异常为对称于柱顶的单峰，异常随测道衰减的速度决定于时间常数 τ 值，$\tau=\mu\sigma\alpha^2/5.82$。

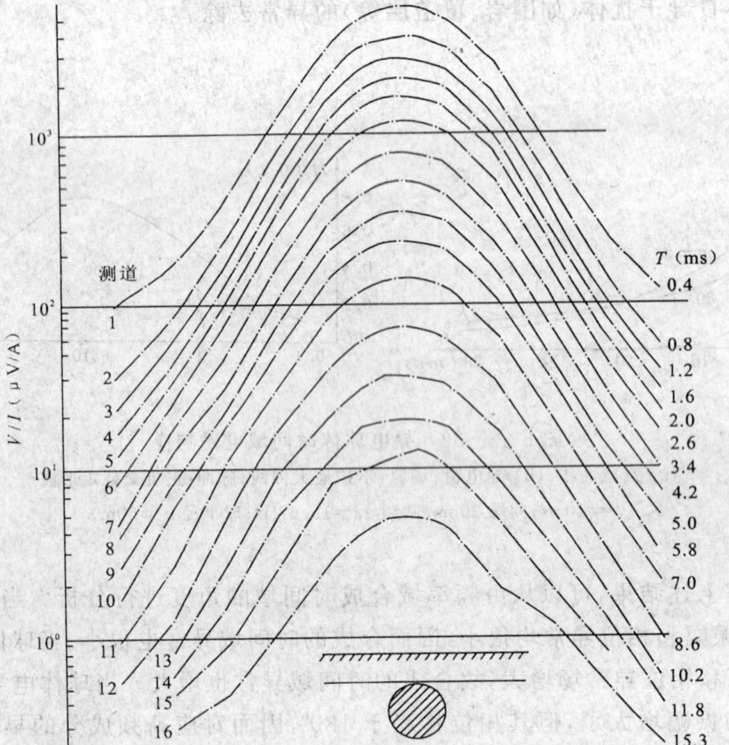

图 6-5-33　水平圆柱体上物理模拟剖面曲线（据牛之琏，1992）
（铜柱：直径 8cm；长 41.7cm；h=5cm；重叠回线边长 10cm；点号间距=4cm）

球体上也是出现对称于球顶的单峰异常，球体的时间常数 $\tau=\mu\sigma\alpha^2/\pi^2$，$\tau_{柱}=1.8\tau_{球}$，故在半径 α 相同的条件下，球体异常随时间衰减的速度要比水平圆柱体快得多，异常范围也比较小。在直立柱体上，也具有与此类似的规律。

(2) 薄板状导体上的异常特征。导电薄板上的异常形态及幅度与导体的倾角有关，如图 6-5-34 所示。当 $\alpha=90°$时，由于回线与导体间的耦合较差，异常响应较小，异常形态为对称于

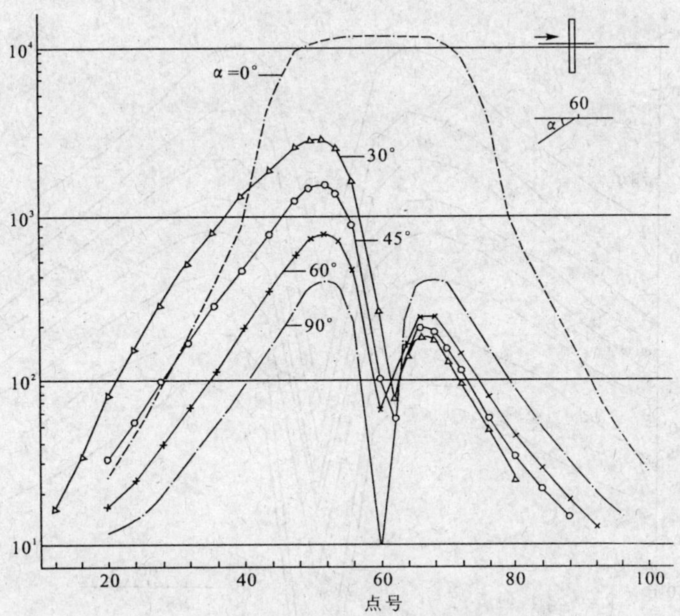

图 6-5-34　不同倾角板状体的异常比较(据牛之琏,1992)

(导体模型:铝板 70×40×0.1cm³;h=5cm;矿顶位于 60 号点;重叠回线边长=10cm,t=1.2ms)

导体顶部的双峰;矿顶出现接近于背景值(噪声)的极小值;不同测道的曲线(见图 6-5-35),除了异常幅度及范围有所差别外,具有与上述相同的特征。

当 $0°<\alpha<90°$时,随 α 的减小,回线与导体间耦合增强,异常响应随之增强,但双峰不对称,在导体倾向一侧的峰值大于另一侧;极小值随 α 的减小而稍有增大,其位置也向反倾斜侧有所移动。两峰值之比主要受 α 的影响,据物理模拟资料统计,α 与主峰和次峰值之比 α_1/α_2 的关系为:

$$\alpha=90°-22°\ln(\alpha_1/\alpha_2)$$

如图 6-5-36 所示,在倾斜板的情况下,不同测道异常剖面曲线形态有所差别,随测道从晚期到早期,极小值随之增大,并往反倾斜侧稍有移动,双峰变得愈来愈不明显,异常形态的这种变化反映了导体内涡流分布随延迟时间的变化。

当 $\alpha=0°$时,回线与导体处于最佳耦合状态,异常幅值比直立导体的异常大几十倍,异常主要呈单峰平顶状,在近导体边缘的外侧,出现不明显的次极值或挠曲。

2. 实例

图 6-5-37 是辽宁张家沟硫铁矿上脉冲瞬变法的工作结果。该矿体位于前震旦纪变质岩中,围岩为白云质大理岩、白云母花岗岩等高阻岩石。矿体为磁黄铁矿,其电阻率为 0.05Ω·m。如图所示,矿体上方有明显异常。根据衰减曲线求得 T_s=7.7ms,和理论曲线对比,求得 α=12.3s^{-1},α 为矿体的综合参数。利用大回线观测的垂直与水平分量,用矢量解释法求得的等效发射中心在矿体顶部附近。

(三)瞬变电磁测深法

瞬变电磁测深法,即时间域瞬变场电磁测深法,是近年来发展很快的电法勘探的分支方法。由于在阶跃脉冲作用下,良导地层中产生的瞬变涡流电磁场持续时间较长,所以在沉积岩地层内寻找和确定良导地层空间状态时本法可给出较好的地质效果。因此,瞬变测深法主要用于石油天然气、煤系地层以及地热勘探中的地质问题。在寻找良导金属矿方面也得到了较为广

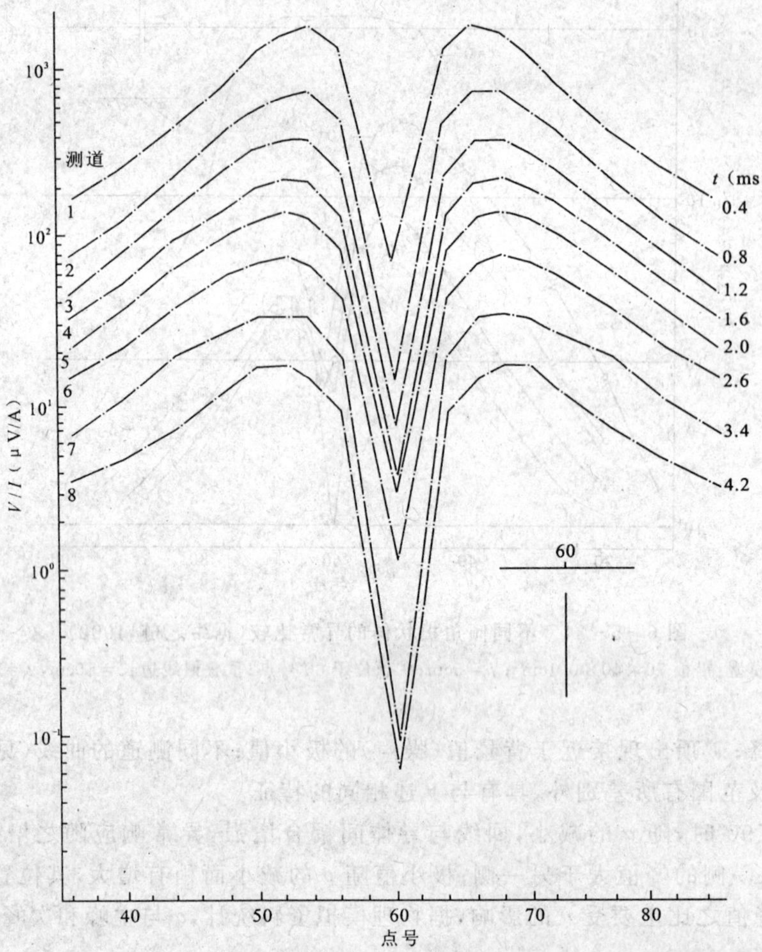

图 6-5-35 直立板上不同测道的异常剖面曲线(据牛之琏,1992)

(铝板规模:70×40×0.1cm³;h=5cm;重叠回线边长=10cm;α=90°;板顶位于 60 号点;点号间距=4cm)

泛的应用。

1. 水平层状大地的正演理论及计算方法

根据频率域电磁场的解推导对应的瞬变场表达式,可采用各种不同的数学处理方法。目前,应用较广泛的方法是基于傅里叶反变换的谱方法。利用此法可将频率域电磁场分量表达式或视电阻率表达式直接转换为时间域表达式。下面将水平二层断面波区视电阻率表达式转换为时间域表达式。

$$\frac{\rho_t}{\rho_1}=\frac{1}{2\pi}\int_{-\infty}^{\infty}R_1^2\frac{\mathrm{e}^{-i\omega t}}{-i\omega}\mathrm{d}\omega \qquad (6.5-61)$$

利用关系式

$$\mathrm{cth}(\alpha+\mathrm{arcth}b)=\frac{1+\dfrac{b-1}{b+1}\mathrm{e}^{-2\alpha}}{1-\dfrac{b-1}{b+1}\mathrm{e}^{-2\alpha}}$$

$$R_1=\frac{1+Q\mathrm{e}^{-2k_1h_1}}{1-Q\mathrm{e}^{-2k_1h_1}}$$

式中

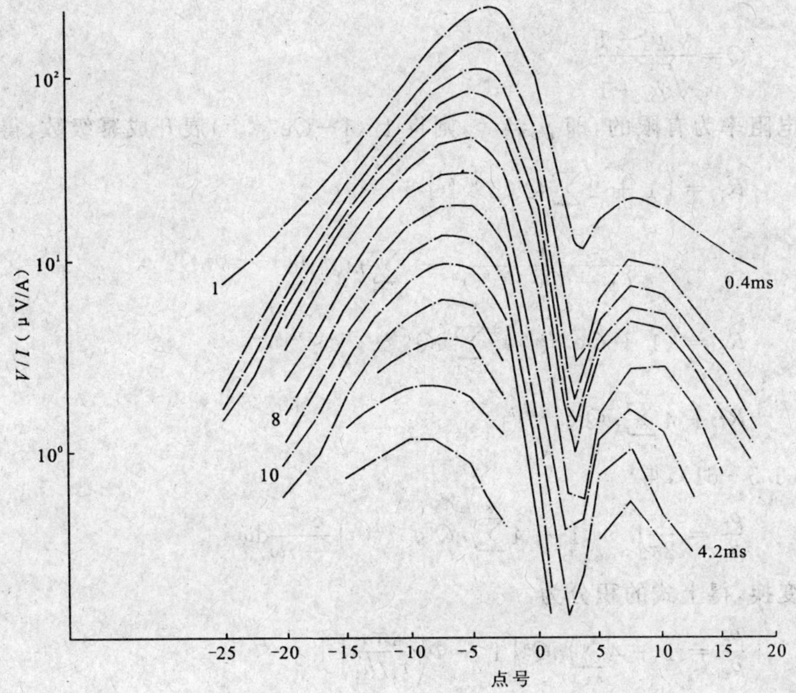

图 6-5-36　倾斜板上不同测道的异常剖面曲线(据牛之琏,1992)

(铜板模型:80×20×0.6cm³; h=5.5cm; α=45°;顶板部在 0 号点;重叠回线边长=5cm)

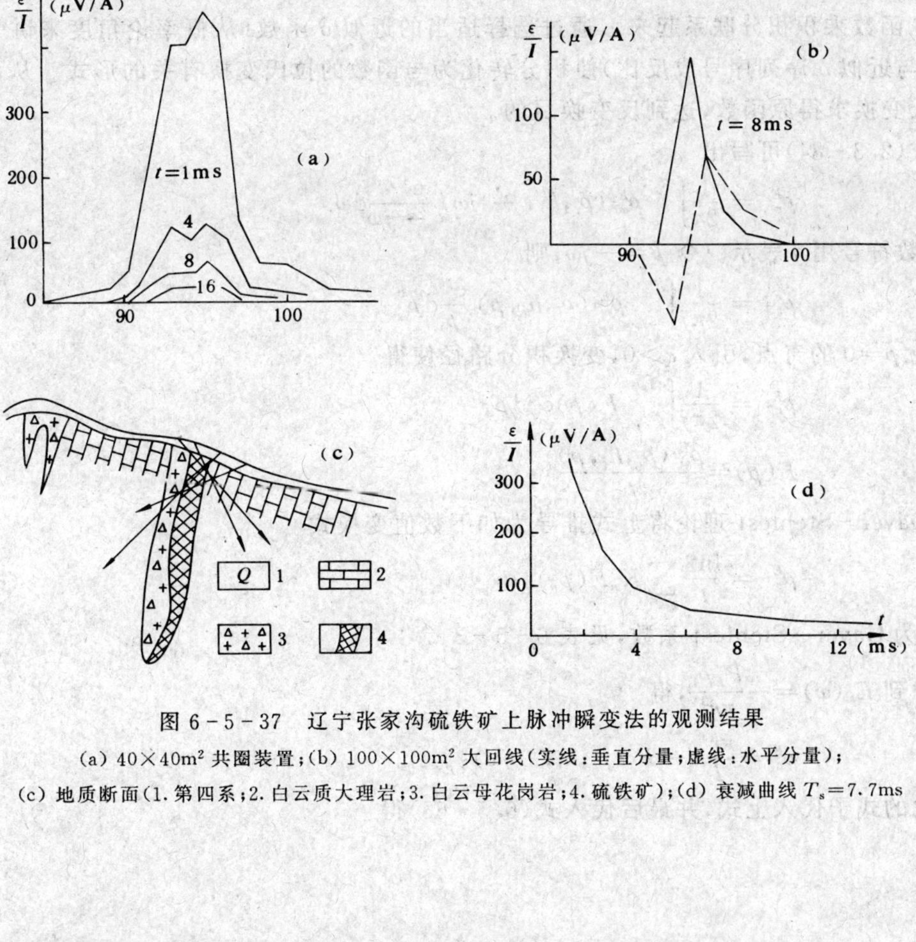

图 6-5-37　辽宁张家沟硫铁矿上脉冲瞬变法的观测结果

(a) 40×40m² 共圈装置;(b) 100×100m² 大回线(实线:垂直分量;虚线:水平分量);

(c) 地质断面(1. 第四系;2. 白云质大理岩;3. 白云母花岗岩;4. 硫铁矿);(d) 衰减曲线 T_s=7.7ms

$$Q=\frac{\sqrt{\mu_2}-1}{\sqrt{\mu_2}+1}$$

设第二层电阻率为有限的，即 $\mu_2\neq\infty$，则将 $1/(1-Qe^{-2k_1h_1})$ 展开成幂级数，得

$$R_1=\left(1+2\sum_{n=1}^{\infty}Q^n e^{-2nk_1h_1}\right)$$

因为
$$\frac{1}{(1-Qe^{-2k_1h_1})^2}=\sum_{n=1}^{\infty}nQ^{n-1}e^{-2(n-1)k_1h_1}$$

故
$$R_1^2=(1+Qe^{-2k_1h_1})^2\sum_{n=1}^{\infty}nQ^{n-1}e^{-2(n-1)k_1h_1}$$

或者
$$R_1^2+4\sum_{n=1}^{\infty}nQ^n e^{-2nk_1h_1}$$

将上式代入式(6.5-61)，得

$$\frac{\rho_\tau}{\rho_1}=\frac{1}{2\pi}\int_{-\infty}^{\infty}\left(1+4\sum_{n=1}^{\infty}nQ^n e^{-2nk_1h_1}\right)\frac{e^{-i\omega t}}{-i\omega}d\omega$$

利用傅里叶反变换，得上式的积分为

$$\frac{\rho_\tau}{\rho_1}=1+4\sum_{n=1}^{\infty}nQ^n\left[1-\Phi\left(\frac{4\pi n}{\tau_1/h_1}\right)\right] \tag{6.5-62}$$

从以上讨论中可以看出，只要将空间频率特性函数 R_1 展开成幂级数，则对其积分是容易的。但是多层条件下这一级数展开很复杂，一般不采用这种途径。

目前，水平多层瞬变测深的正演计算多数采用余弦变换或逆拉普拉斯变换。Gaver-Stehfest 提出的逆拉氏变换理论是从概率论入手解决的。利用 δ 函数的积分性质，使函数本身及其与 δ 函数乘积积分联系起来。通过选择适当的近似 δ 函数(从概率论角度来讲是均值一定，方差与近似 δ 序列序号成反比)使积分转化为与函数的拉氏变换有关的形式。从而利用已知的拉氏变换求得原函数，达到反变换目的。

由式(2.3-84)可写出

$$\rho_\tau^{E_x}=\frac{1}{2\pi}\int_{-\infty}^{\infty}\rho_\omega^{E_x}(\rho_i,h_i,-j\omega)\frac{e^{-j\omega t}}{-j\omega}d\omega$$

这里，虚数符号用 j 表示。令 $p=-j\omega$，则

$$\rho_\tau^{E_x}=\frac{1}{2\pi j}\int_{-j\infty}^{j\infty}\rho_\omega^{E_x}(\rho_i,h_i,p)\frac{e^{pt}}{p}dp$$

为了避免 $p=0$ 的奇点，引入 $c>0$，变换积分路径使得

$$\rho_\tau^{E_x}=\frac{1}{2\pi j}\int_{c-j\infty}^{c+j\infty}F(p)e^{pt}dp$$

式中
$$F(p)=\frac{\rho_\omega^{E_x}(\rho_i,h_i,p)}{p}$$

从 Gaver-Stehfest 理论将上式推导为如下数值变换式

$$\rho_\tau^{E_x}=\frac{\ln 2}{t}\sum_{n=1}^{N}K_nF(p_n) \tag{6.5-63}$$

式中 K_n 为 Gaver-Stehfest 系数，见表 6-5-3。

考虑到 $E_x(\omega)=-\frac{P_E\rho_1}{\pi r^3}$，得

$$\rho_\tau^{E_x}=\frac{\pi r^3}{I}\{-E_x(\rho_i,h_i,-j\omega)\}_{p=-j\omega}$$

将离散化的式子代入上式，并最后代入式(6.5-63)得

表 6-5-3 Gaver-Stehfest 系数($n=12$)

n	K_n	n	K_n
1	−0.166 666 666 666 666E−01	7	−0.389 170 553 333 333E+07
2	0.160 166 666 666 666E+02	8	0.705 328 633 333 333E+07
3	−0.124 700 000 000 000E+04	9	−0.800 533 650 000 000E+07
4	0.275 543 333 333 333E+05	10	0.555 283 050 000 000E+07
5	−0.263 280 833 333 333E+06	11	−0.215 550 720 000 000E+07
6	0.132 413 870 000 000E+07	12	0.359 251 200 000 000E+06

$$\rho_\tau^{E_x}=\frac{\ln 2\mu_0 r^2}{2t}\sum_{m=-53}^{58}\left[H_{0m}\sum_{n=1}^{N}K_nF_0(\lambda_m,p_n)+H_{1m}\sum_{n=1}^{N}K_nF_1(\lambda_m,p_n)\right] \tag{6.5-64}$$

式中

$$F_0(\lambda_m,p_n)=\frac{\lambda_m}{\lambda_m+u_1/R_1}\qquad (R_1=R_1|_{p=-j\omega})$$

$$F_1(\lambda_m,p_n)=\frac{1}{r}\left[\frac{u_1\rho_1}{R_1^*}-\frac{1}{\lambda_m+u_1/R_1}\right]\qquad (R_1=R_1|_{p=-j\omega},R_1^*=R_1^*|_{p=-j\omega})$$

$$u_i=\sqrt{\lambda_m^2+p_n\mu_0/\rho_i},\quad k_1^2=p_n\mu_0/\rho_1$$

$$R_1(\lambda,\omega)=\mathrm{cth}\left[u_1h_1+\mathrm{arcth}\,\frac{u_1}{u_2}\mathrm{cth}\left(u_2h_2+\cdots+\mathrm{arcth}\,\frac{u_{N-1}}{u_N}\right)\right]$$

$$R_1^*(\lambda,\omega)=\mathrm{cth}\left[u_1h_1+\mathrm{arcth}\,\frac{u_1\rho_1}{u_2\rho_2}\mathrm{cth}\left(u_2h_2+\cdots+\mathrm{arcth}\,\frac{u_{N-1}\rho_{N-1}}{u_N\rho_N}\right)\right]$$

同理，由垂直磁场定义的视电阻率为

$$\rho_\tau^{H_z}=\frac{\ln 2\mu_0 r^3}{3t}\sum_{m=-25}^{68}H_{1m}\sum_{n=1}^{N}K_nF_2(\lambda_m,p_n) \tag{6.5-65}$$

式中

$$F_2(\lambda_m,p_n)=\frac{\lambda_m^2}{\lambda_m+u_1/R_1}\qquad (R_1=R_1|_{p=-j\omega})$$

2. 视电阻率曲线特征

图 6-5-38 上绘出的是由式(6.5-62)计算的 ρ_τ/ρ_1 二层波区(早期)瞬变场视电阻率曲线。由图可见，当 τ_1/h_1 比值增大时视电阻率值由 1 变化到 μ_2。确切地说，由式(6.5-62)当 $\tau_1/h_1\to 0$ 时，$\Phi\left(\frac{4\pi n}{\tau_1/h_1}\right)\approx 1$，$\rho_\tau/\rho_1\approx 1$；而当 $\tau_1/h_1\to\infty$ 时，$\Phi\left(\frac{4\pi n}{\tau_1/h_1}\right)\approx 0$，故

$$\frac{\rho_\tau}{\rho_1}=1+4\sum_{n=1}^{\infty}nQ^n$$

$$=1+\frac{4Q}{(1-Q)^2}=\left(\frac{1+Q}{1-Q}\right)^2=\frac{\rho_2}{\rho_1}$$

不同于频率测深的二层曲线，在这里，瞬变测深二层曲线(或多层曲线)左支具有单调下降趋近于 $\rho_\tau/\rho_1=1$ 的特点。从二层断面的最简单例子可看出，ρ_ω、ρ_T 和 ρ_τ 曲线彼此间具有许多共同点，因

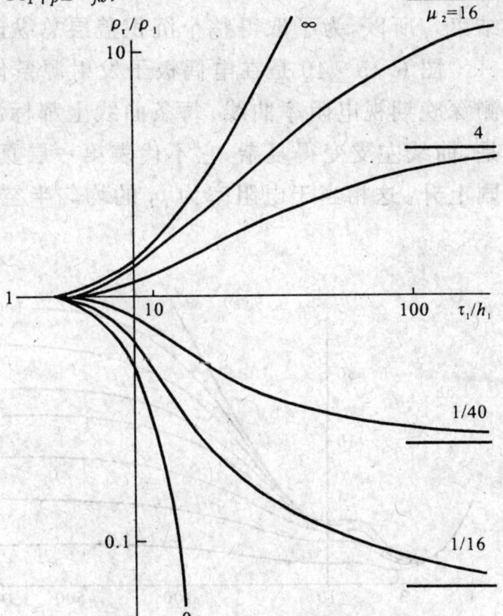

图 6-5-38 波区二层瞬变场视电阻率曲线

为趋肤效应原理是这些不同电磁方法的基础。为了进一步证实这一点，举一个利用式(6.5-65)数值计算的远区瞬变测深磁场视电阻率曲线(见图 6-5-39)。地电参数是 $\mu_2=1/4$、$\mu_3\to\infty$，$v_2=4$(即 $H-\frac{1}{4}-\infty$，$v_2=4$)。为了比较，同时绘出了同一地电断面的频率测深远区视电阻率曲线。由图可见，两种方法曲线的变化规律大体相同。瞬变测深曲线比频率测深曲线更圆滑，左支单调趋向于 ρ_1 渐近线。与频率测深情况一样，当 τ_1/h_1 较小时，即在瞬变电磁场的早期段，与收一发距无关，所有曲线重合在一起。因此，可将这一段称为瞬变测深曲线的波区段。

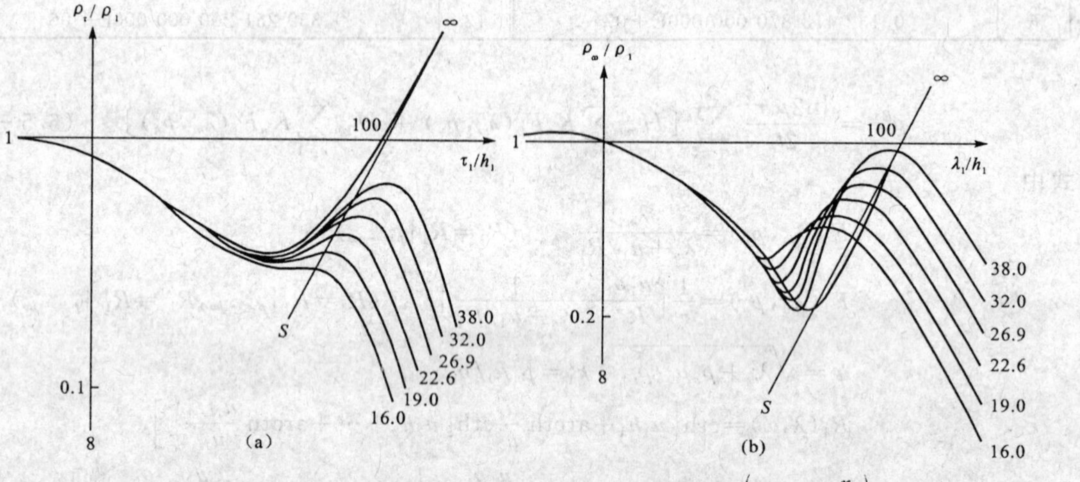

图 6-5-39 $AB-S$ 或 $S-MN$ 装置远区电磁测深曲线$\left(\text{参数为}\frac{r}{h_1}\right)$

(a) 瞬变测深曲线；(b) 频率测深曲线

前已指出，在许多情况下，由于技术原因不能做到使收一发距足够大以至于用波区曲线来反映整个沉积盖层。由图 6-5-39 看出，瞬变测深曲线经过极小值刚开始上升时波区段已经结束。所以，为了取得整个沉积盖层总纵向电导率不得不求助于瞬变场的晚期曲线。

图 6-5-40 是在电偶极子发射源条件下 E_X 分量(赤道偶极装置)和 H_X 分量定义的瞬变测深晚期视电阻率曲线。每条曲线上都标出 μ_2 参数值。右支渐近线均趋向于第二层电阻率。但是，曲线左支变得复杂，它不代表第一层真电阻率，且随着时间的减小，所有曲线汇合在一起急剧上升。这相当于电阻率为 ρ_1 的均匀半空间的视电阻率曲线。如果基底实际上为绝缘介质，则

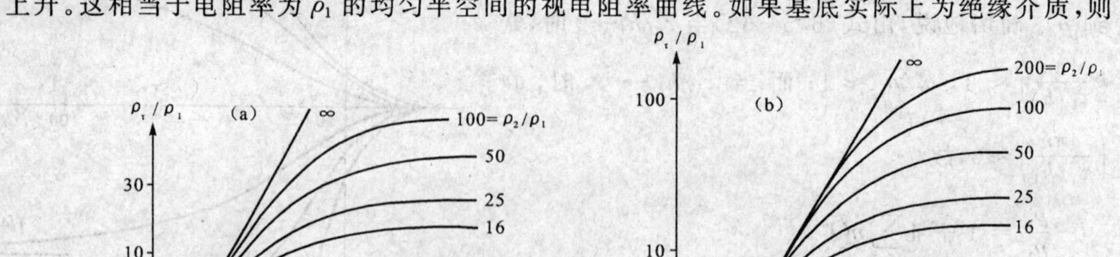

图 6-5-40 电偶极发射源在二层地电断面的近区(晚期)瞬变测深视电阻率曲线，$r/h_1=1/4$

(a) 电场曲线；(b) 磁场曲线

$\tau_1/h_1>20\sim30$ 的晚期视电阻率趋近于一条与横轴成 63°26′角的渐近线，即 S 线。其方程为

$$S=189.3\sqrt{2\pi\{t_S\}_s}$$

式中 t_S 为 S 线截取 $\rho_\tau/\rho_1=1$ 线的横坐标。应当指出，S 线在基底具有 $\mu_2>40$ 的有限电阻率情况下也能观测到。在这一时间范围内，上层中产生的瞬变感应电流在垂向断面上已均匀分布，而基底中的感应电流对磁场的贡献可忽略不计。

图 6-5-41 是用来说明近区电偶极源磁场瞬变测深曲线左支视电阻率与收—发距的关系。随着收—发距的关系。随着收—发距的减小左支视电阻率值逼近于第一层电阻率。电偶极源发射磁场(或磁偶极源发射电场)定义的瞬变测深晚期视电阻率三层曲线示于图 6-5-42 上。其左支曲线与二层曲线重合，右支逼近于第三层的真电阻率。在三层曲线上中间层的影响是，H 型曲线具有明显的极小值；K 型曲线具有明显的极大值；A 型曲线为上升曲线；Q 型曲线为下降曲线。必须指出，A 型和 Q 型曲线分别与 G 型和 D 型曲线十分相似，尤其中间层厚度较小时更为接近。

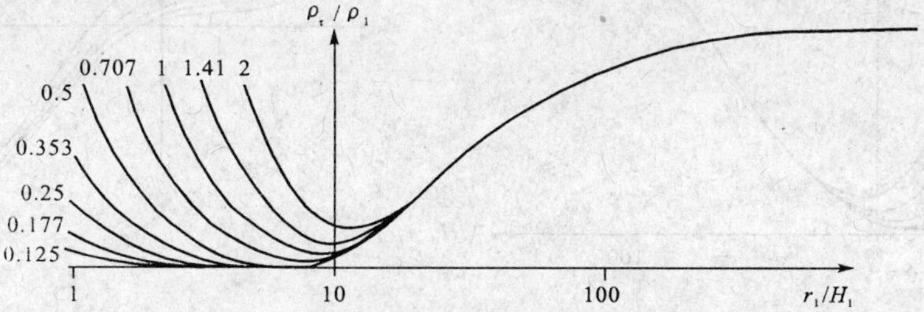

图 6-5-41　磁场定义的瞬变测深晚期视电阻率曲线(参数为 r/h_1)与收—发距的关系($\mu_2=8$)

下面以 H 型曲线为例说明晚期瞬变测深曲线的垂向分层能力。图 6-5-43 为 $\rho_1=75\Omega\cdot m$，$\rho_3\to\infty$，$h_1=2500m$，$h_2=20m$，ρ_2 取不同值时的 ρ_τ 理论计算曲线。由图可见，当 $\rho_2=0.5\Omega\cdot m$ 的良导薄层存在时，与 $\rho_1=\rho_2$ 和 ρ_3 组成的 G 型曲线有显著不同。这表明瞬变测深能反映这一良导地层的存在。当 $\rho_2=10\Omega\cdot m$ 时，与 G 型曲线的吻合误差已接近 10%。

应当说明，近区瞬变测深方法在石油天然气勘探中的基本任务是圈定被矿化水饱和的含油气层发育带，发现这些带一般可找出石油天然气。研究表明，由岩盐—碳酸盐形成的西伯利亚地台整体看为高阻地层，其平均纵向电阻率为 50～100Ω·m。与此同时，在寒武系地层中广泛分布矿化度超过 300～400g/L 的含水层。这些含水层的电阻率很低，可达 0.5～0.2Ω·m。这是在西伯利亚地台区利用瞬变测深方法寻找石油天然气的地球物理依据。

应该指出，前述所有的电磁感应法(无论频率域或时间域)，原则上都既可用于地面，又可用于井中或航空测量。它们的方法原理都是一样的，只是观测技术不同。

五、航空电磁法

航空电磁法是在地面电磁法的原理基础上发展起来的。航空电磁系统的种类很多。硬架系统是发、收线圈分别安装在同一"刚性"硬架上。图 6-5-44(a)是将发、收线圈安装在一个大吊舱内，线圈距约 9m，直升飞机飞行高度约 50m，吊舱高度约 25m。发、收线圈除用直立同轴以外，接收线圈还可用水平线圈("鲸尾"接收)和垂直线圈("鱼尾"接收)。后两种均为正交系统，因此属于零耦合。图 6-5-44(b)、图 6-5-44(c)分别是在直升机首尾和固定翼尖上"刚性"固

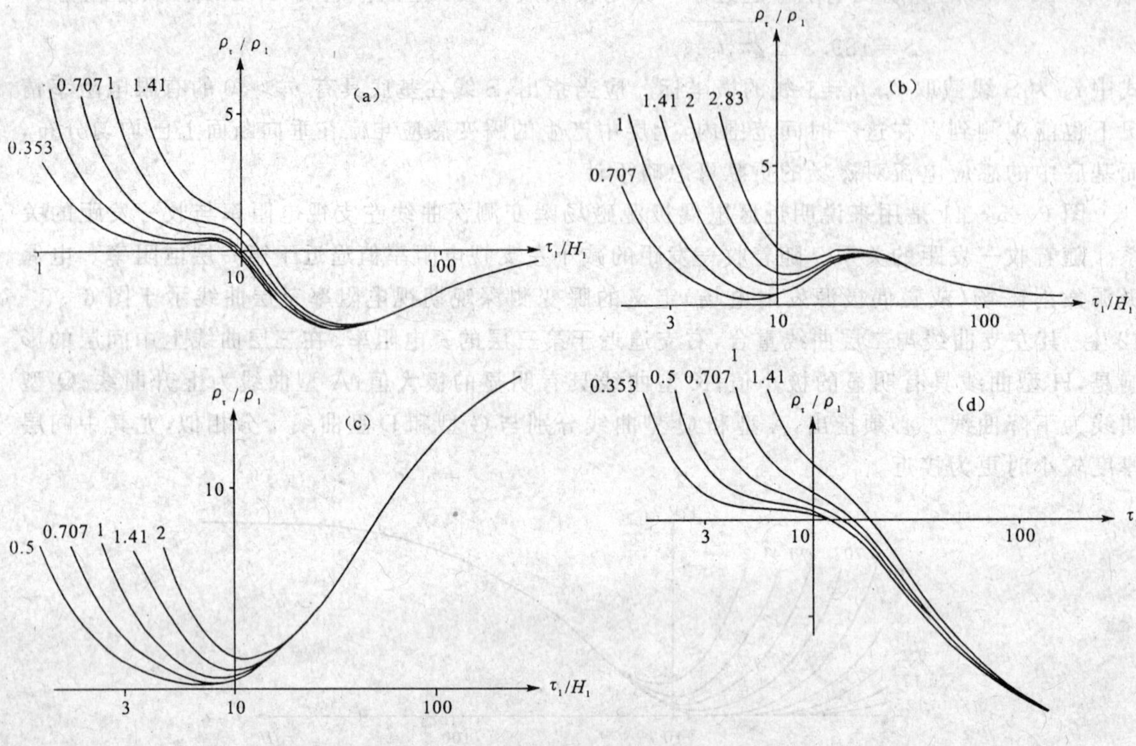

图 6-5-42 瞬变测深三层曲线(参数为$\frac{r}{h_i}$)

(a) $H.\frac{1}{8}-1(\nu_2=\frac{1}{2})$;(b) $K.8-1(\nu_2=2)$;(c) $A.8-64(\nu_2=1)$;(d) $Q.\frac{1}{4}\sim\frac{1}{16}(\nu_2=\frac{1}{2})$

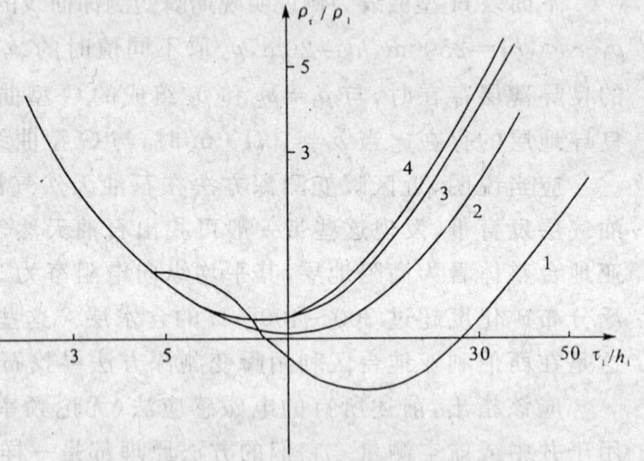

图 6-5-43 瞬变测深晚期电阻率曲线

对良导层的反映能力

1. $\rho_2=0.5\Omega\cdot m$; 2. $\rho_2=2\Omega\cdot m$; 3. $\rho_2=11\Omega\cdot m$;

4. $\rho_2=\rho_1=75\Omega\cdot m$

定发、收线圈的系统。后一种是我国研制的HDY-2型补偿式航电仪,属于直立共面耦合方式。该系统的收发距约20m。

硬架系统的共同特点是,由于收发距很小,故接收线圈处一次磁场很强。在这样强的背景场上观测很微弱的二次磁场是较困难的。一般,二次磁场H_2为一次磁场H_1的百万分之一百(100×10^{-6})。因此,硬架系统航电仪均采用补偿法,在高空(>600m)事先补偿掉一次磁场,然后进行低空(50~70m)测量飞行。为使一次磁场始终完全补偿好,要求被补偿的一次磁场应很稳定,否则将产生较大干扰。保持接收点处一次磁场的稳定,是频率域硬架系统的技术关键。为获得最佳结果,须有高度的刚性,使线圈间距和角度的改变不会引起发、收间产生大于几个10^{-6}的耦合变化。实际上这不易做到,故常在平稳气流条件下使用硬架系统。另外,飞机上金属表皮的轻微颤动会引起附加噪声,这是由表皮中涡流的随机变化引起的。飞机中发动机及其他电气设备的杂散电流也会产生较

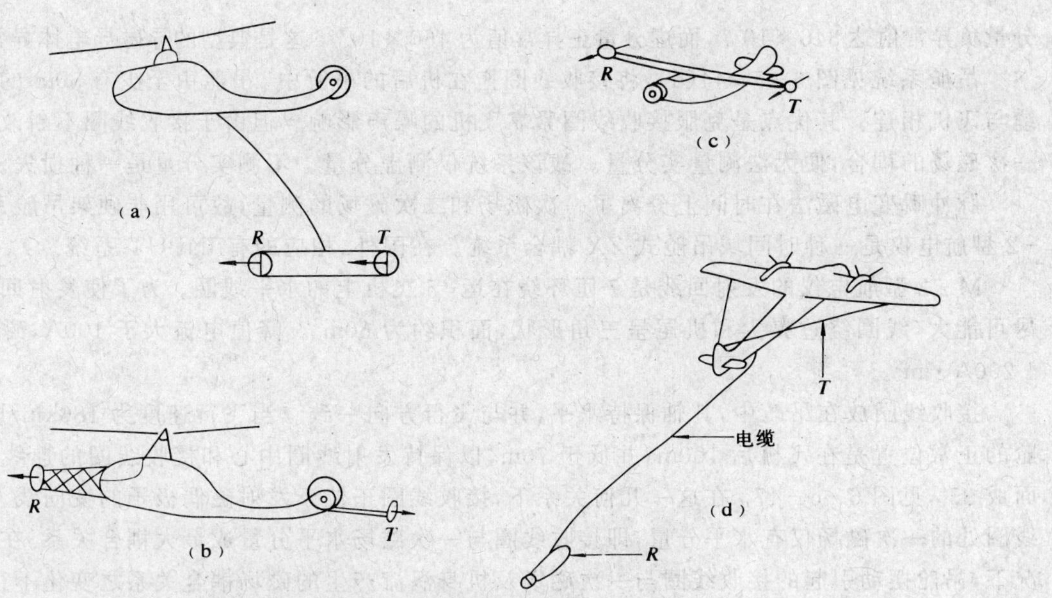

图 6-5-44　几种航空电磁系统示意图

强的附加噪声。因此,本系统的噪声水平一般为 10×10^{-6}。

对于硬架系统,目前采用多种工作频率,以便适应不同地电条件和任务的需要。低频(500Hz)可反映低于 100Ω·m 的岩性,中频(2 000Hz)可反映中等电阻率(<500Ω·m)的岩性,高频(8 000Hz)可反映高电阻率的岩性(<2 000Ω·m)。

图 6-5-45 给出在一含铜黄铁矿上 HDY-2 型航电系统的观测实例。主要的铜矿带位于花岗闪长岩下盘、砂岩顶部,走向长约 600m,倾角 40°～60°。矿体电导率为 2.7S/m。在矿体的相应部位上,飞行高度为 64m。实分量与虚分量均有明显的同符号异常,表明为导电性异常。实分量异常为 188×10^{-6},虚分量异常为 66×10^{-6},二者比值为 3,表明为良导体。

图 6-5-46 给出导电导磁矿体异常的典型曲线。矿床为一矽卡岩型磁铁矿。矿体位于灰岩与斑岩接触的矽卡岩带中,呈不规则的透镜状、似层状。走向约 800m,含磁铁矿达 50%。实

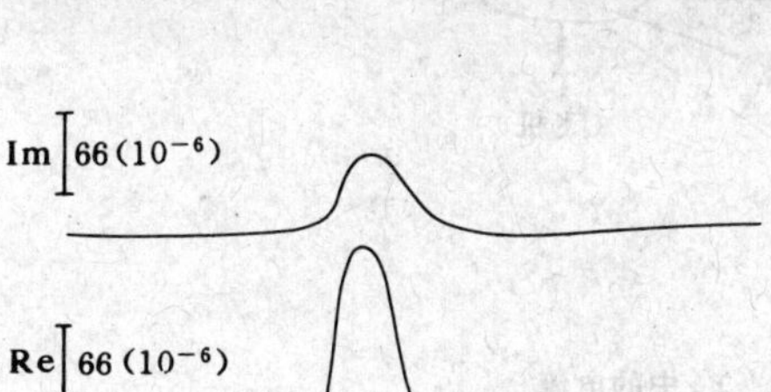

图 6-5-45　在一含铜黄铁矿上 HDY-2 型系统观测实例

1. 含铜黄铁矿；2. 石灰岩；3. 砂岩；4. 花岗闪长岩

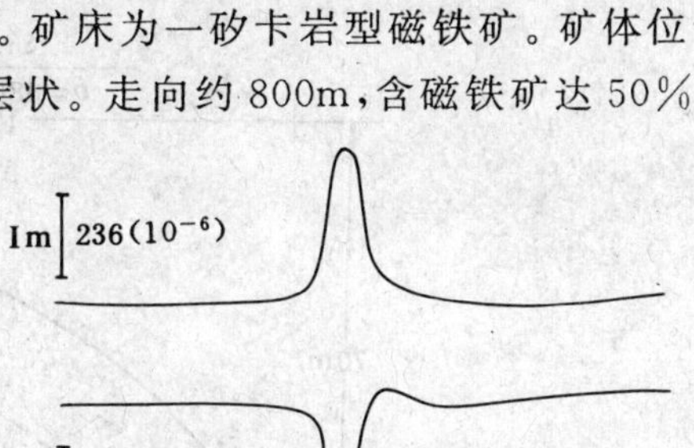

图 6-5-46　在一磁铁矿上 HDY-2 型系统观测实例

1. 磁铁矿；2. 灰岩；3. 矽卡岩；4. 斑岩

分量负异常值达346×10^{-6}，而虚分量正异常值为460×10^{-6}。这是典型的导磁导电体异常特征。

吊舱系统见图 6-5-44(d)，将接收线圈拖在机后的吊舱中。吊舱由至少有 50m 的拖曳电缆与飞机相连。其优点是克服接收线圈紧靠飞机的噪声影响。但由于接收线圈不断改变其与一次磁场的耦合，便无法测量实分量。故该系统仅测虚分量。不测实分量是一种损失。

脉冲瞬变电磁法在时间上分离了一次磁场和二次磁场的测量，故可用非硬架吊舱系统。M-2 型航电仪是一种时间域吊舱式 *ZX* 耦合系统。在国外，相应的有 INPUT 系统。

M-2 型航电仪的发射回线是 7 匝环绕在运-5 飞机上的水平线圈。为了使发射回线面积尽可能大，线圈绕过翼尖和机尾呈三角形状，面积约为 $60m^2$。峰值电流大于 100A，磁矩大于 4 200A・m^2。

接收线圈放在吊舱中，其轴保持水平，并与飞行方向一致。当飞行速度为 180km/h 时，吊舱的正常位置是在飞机后 100m，并低于 70m，以保持发射线圈中心和接收线圈的连线与水平面成 35°，见图 6-5-47。在这一几何关系下，接收线圈正位于发射磁偶极子的变向线上，接收线圈处的一次磁场仅有水平分量，即接收线圈与一次磁场水平分量成最大耦合关系。在这种情况下，吊舱摆动引起的接收线圈与一次磁场及机身涡流产生的磁场耦合关系之变化不很显著。

然而，为了提高仪器灵敏度，需设法去掉机身感应场的干扰。吊舱摆动使接收线圈处的一次磁场和机身涡流场同步变化。故可利用变化的一次磁场来控制稳幅电路的增益，使由于吊舱摆动而产生的机身涡流场得到稳定。由此可见，稳幅电路输出一个稳定的机身涡流的衰减信号，并被后续电路中一固定的补偿信号补偿掉。在高空补偿飞行中使输出信号为零。

M-2 型航电仪发射脉冲是宽度为 1ms 的半正弦波，其极性是交替变换的，见图 6-5-47(a)。不同极性电流脉冲的间隔为 2.6ms，周期为 7.2ms，故基频为 138.8Hz，只有奇次谐波。根据电磁感应原理，一次磁场在接收线圈中引起的感应电压为半余弦波。当地下没有导电物体存在时，不产生二次场，断电后的感应电压值为零，见图 6-5-47(b)。当地下有导电物体存在时，断电后可观测到随时间衰减的瞬变电压曲线，见图 6-5-47(c)。将此衰变电压分割为六段取样：0.2～0.4ms，0.4～0.6ms，0.6～1.0ms，1.0～1.4ms，1.4～2.0ms 及 2.0～2.6ms。

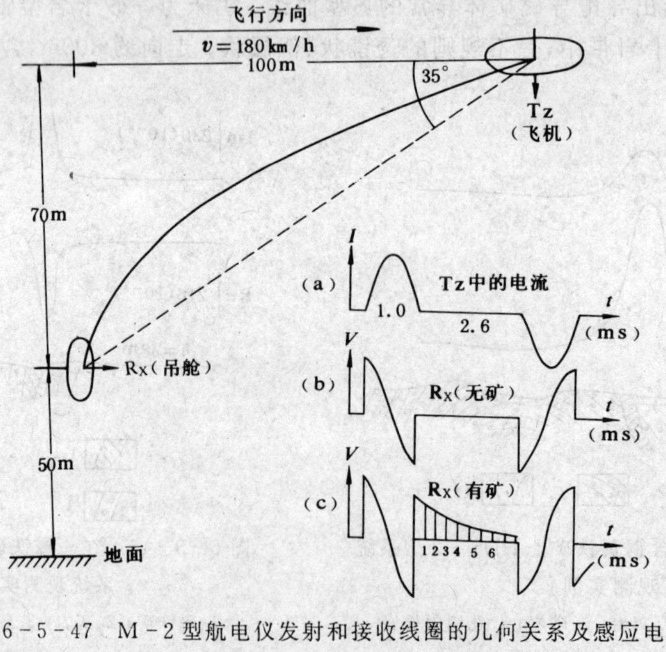

图 6-5-47　M-2 型航电仪发射和接收线圈的几何关系及感应电压

在实际工作中，不能将航空电磁法局限于直接找矿，否则，将束缚了航空电磁法的应用范围。应当充分利用地壳中各种岩石间电阻率差异很大的这一客观事实，充分发挥它在构造和岩性地质填图中的作用。航空电磁法的“非矿”异常是较多的，它往往是构造和岩石电学性质的反映。这些资料可为地质填图提供有价值的物性依据。

目前，在航空电磁系统测量中有较好反映的地质体有：石墨化岩石、粘土、蛇纹岩块、近地表的风化层、含水破碎带及断层剪切带等，它们均以低电阻为特征。然而，像低品位矿床的斑岩铜矿和称为“体积岩石”的砂砾层、石灰岩等均显示高电阻。

思考题与习题

1. 举例说明何谓地电断面、电极装置。

2. 简要分析视电阻率与电阻率的异同点（从定义、各自影响因素等方面分析）。

3. 写出常用的视电阻率的测试公式及其微分形式，说明式中各参数的含意。

4. 何谓电法勘探的正问题？试述求解正问题的方法及其特点。

5. 传导类电法的场源形式有几种？试分述正常场的特点。

6. 何谓电阻率法？简要说明其常用装置类型、特点。

7. 举例分析说明在典型地电断面上中梯、联合剖面、偶极装置上 ρ_s 异常特点。

8. 如何理解电阻率异常的饱和效应？

9. 分析偶极剖面法 ρ_s 异常拟断面图的正交特性。

10. 试比较起伏地形上电剖面法 ρ_s 异常特点，并进行物理解释。

11. 何谓电测深曲线？二、三层断面电测深曲线类型及其性质如何？

12. 试述电阻率转换函数在正演计算层状大地电测深曲线中的作用。

13. 举例说明有限形体上电测深曲线形态与哪些因素有关。

14. 试比较五极纵轴测深法与对称四极测深法的异同点。

15. 简述充电法的原理、应用条件、应用范围和观测方式。

16. 何谓自然电场？与充电法相比，自然电场法有何特点？

17. 对比面极化和体极化总场的边界条件？举例说明用等效电阻率法计算 η_s 的过程。

18. 分析体极化球体激电二次场强弱与哪些因素有关。

19. 用等效电阻率法证明：在大地极化率均匀的情况下，起伏地形和地下导电性不均匀时，不会形成 η_s 假异常。

20. 何谓纵向中梯和横向中梯？根据高阻和低阻脉状极化体上的横向中梯及纵向中梯的 η_s 异常特征，分别绘出在高阻和低阻脉状体上作环形测量的 η_s 极形图，并与 ρ_s 极形图对比。η_s、ρ_s 极形图的作用是什么？

21. 在倾斜的高阻和低阻椭球状极化体上，纵向中梯的 η_s 异常具有不同的不对称特征；若该椭球体沿走向的轴是水平的，定性分析横向中梯在高阻和低阻倾斜椭球体上的 η_s 异常形态。

22. 倾斜板状极化体上，激电联合剖面曲线形态特征如何？定性分析之。

23. 简述近场源二极法在隐伏极化球体上的 η_s 曲线特点。

24. 绘图说明低阻球形极化体上对称四极激电测深曲线形态与哪些因素有关？

25. 试对体极化板体上偶极装置激电异常拟断面图正交特性进行物理解释。

26. 写出柯尔-柯尔模型的表达式并说明式中各量的名称及单位。

27. 为什么视时间常数 τ_s 可能区分极化体结构，τ_s 有何特点？

28. 简要说明表征激电效应强度的视参数。

29. 举例说明电磁感应法的分类及其建场方式。

30. 举例说明主动源或被动源电磁法的原理和特点。

31. 分析偶极场中导电球体、板体电磁异常剖面曲线特点。

32. 说明频率测深工作原理，与直流电测深相比其主要特点是什么？

33. 说明大地电磁测深方法的优点，其 ρ_ω 表达式中各量的名称。

34. 试比较频率域和时间域电磁法在原理和方法技术上的异同点。

35. 试述航空电磁法的种类及其原理。

主要参考文献

[1] 陈仲候、王兴泰、杜世汉编，工程与环境物探教程。北京：地质出版社，1993

[2]丁绪荣主编，普通物探教程——电法及放射性。北京：地质出版社，1984

[3] 傅良魁主编，应用地球物理教程——电法　放射性　地热。北京：地质出版社，1991

[4] 傅良魁，多层电测深实际曲线的解释方法，北京地质学院学报。北京：科技论文集（二），1959

[5] 傅良魁主编，电法勘探教程。北京：地质出版社，1983

[6] 傅良魁、李金铭、史元盛，近场源激发极化法。北京：地质出版社，1986

[7] 牛之琏编著，时间域电磁法原理。长沙：中南工业大学出版社，1992

[8] 张桂青编著，试用教材，应用地球物理，第四篇，电法勘探。武汉：中国地质大学应用地球物理系，1987

[9] 柯马洛夫 B. A.，激发极化法电法勘探。北京：地质出版社，1983

[10] [日]日丹诺夫 M. C. 著，潘玉玲，王守坦译，电法勘探。武汉：中国地质大学出版社，1990

[11] Ghosh D. P., The application of linear filter theory to the direct interpretation of geoelectric resistivity sounding measurement: *Geophysical Prospecting*, 1971, 19(2)

[12] Koefoed. O, Geosounding Priciples 1 Resistivity Sounding Measurement: ELSEVIER SCIENTIFIC PUBLISHING COMPANY, 1979

[13] Goldstein M. A., Magnetotelluric experiments employing an artificial dipole source: Ph. D. thesis, University of Toronto, 1971

第七章　地震勘查的基本原理

§7.1　地震勘查方法简介

地震勘查是利用地层和岩石的弹性差异来探测地下地质构造，寻找有用矿产资源的一种极重要的地球物理勘测方法。在勘查精度、分辨地质体的能力以及勘探范围（浅、中、深）等方面都有其突出的优越性。因此它被广泛地应用于石油、煤田、地热等能源探测；用于建筑物、公路、铁路、机场、桥梁地基的检测以及地质灾害和环境工程的研究；用于探测地球内部构造的深地壳测深；也用于沉积型金属矿的勘测。

地震可分为天然地震（earthquake）和人工地震（seismic）。前者是一种能量释放的自然灾害。其发生不受人类控制，称为被动地震。天然地震资料可用于地壳构造研究和地热资料调查。后者是采用人工的办法（用炸药或其他能源）激发弹性波，沿测线不同位置用地震勘测仪器检测大地的震动，将这种携带了地层信息的振动进行加工处理和解释，可以推断地下介质结构、岩性，从而达到勘查的目的。这种地震是人为制造的，可控制的，称为主动地震。地震勘查属于人工地震。

地震波传播所遵循的规律和几何光学极其相似。波在传播过程中，当遇到弹性分界面时，将产生反射、折射和透射，接收其中不同的波，就构成了不同的地震勘查方法。

反射波法是在靠近震源的不同位置上，观测地震波从震源到不同弹性分界面上反射回地面的地震波动，如图 7－1－1 所示。研究由不同反射界面反回来的反射波场，可以解决地下岩层的产状、结构、构造，甚至于岩性等问题。一般单次激发可以得到浅到十几米，深到 6 000 多米以内的反射波。所以在大多数地区能够测定整个沉积剖面的地质构造，特别是圈定与石油和天然气储层有关的背斜、断层、礁块等构造。在理想的条件下探测构造的精度可达几米。

折射波法是在距震源较远的位置上，观测来自地下经岩层分界面上滑行后返回地面的折射波。如图 7－1－2 所示。当地震射线以临界角 i 入射时形成的这种折射波不是光学中的折射波，而是与炮弹或飞机以超音速飞行时，在空气中所引起的弹道声波相似。由于折射波产生的条件比反射波要苛刻，因此它不能获得像反射波场那样多的信息。但折射波场中包含了岩层界面速度的信息，因此它比反射波容易给出岩性解释。

透射波法是研究穿透不同弹性分界面的地震波。激发点和接收点分别位于弹性分界面或地质体的两侧，通常是在有钻井或坑道时使用。根据透射波的传播时间信息，可以测定钻井附近地质体的形态以及波在介质中的传播速度。在勘探中是一种辅助方法。垂直地震剖面法（VSP）的问世，使得这种方法的地位得以增强。

以上三种方法中，反射波法用得最广。但几种方法各有特色，在解决实际地质问题时要根据不同情况选择不同的方法或相互配合使用。

地震勘查还由于所研究地质体的埋藏深度不同可分为浅层地震勘查、中深层地震勘查和深部地震勘查。浅层地震勘查主要解决水文地质、工程、环境及灾害地质问题。它的勘查深度

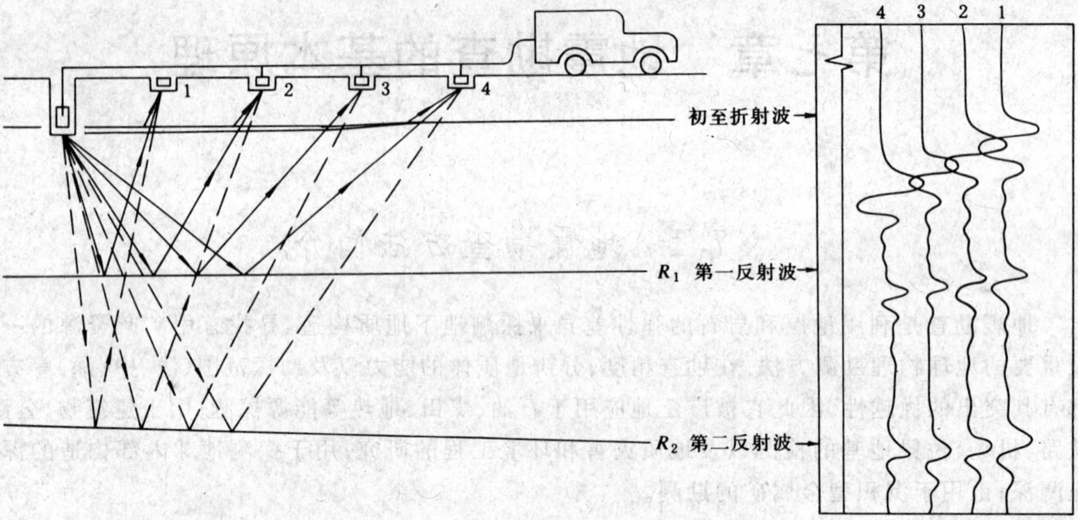

图 7-1-1 地震反射波法示意图

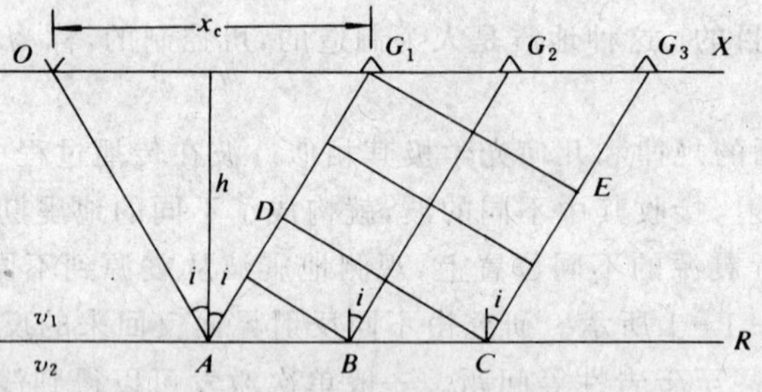

图 7-1-2 折射波法示意图

（O 为激发点，G 为接收点）

一般在十几米至几百米。由于浅层地震波的频谱主要是高频成分，因此浅层地震勘查又称为高频地震勘查。目前，应用最广泛的是中深层地震勘查，主要用来解决寻找油气藏和煤田等有关的地质问题，其勘查深度为几百米至几千米。鉴于这种深度范围内的地震波频谱通常为中频成分（30～200Hz），故又称中频地震勘查。深部地震勘查主要用来研究与深部地壳构造有关的地质问题，其勘查深度可达几十千米。深部地震波频率较低（20Hz 以下），又称为低频地震勘查。

地震波在地层中传播遵循一定的规律。地震波作为地下地质体的响应，主要以运动学（包括波的传播时间、速度等）和动力学（包括波的振幅、频率和相位等波形特征）特点表现出来。欲通过地震波来了解地下地质体的情况，就必须了解地震波传播的规律；研究在各种地质条件下地震波的运动学和动力学特征，这正是本章的主要内容。

§7.2 地震波的动力学

一、地震地质模型

地震勘查研究的对象是实际地质介质，这种介质无论就构成它的岩石成分的性质，还是从它空间分布的结构而论都十分复杂。人们不可能直接从这些复杂的情况出发来研究地震波的传播规律。作为对自然科学问题的一种研究方法，一般总是从某些物理假设出发，将问题简化、理想化，使研究由简到繁，由易到难，由理想到实际逐步地深化。因此，如何把复杂的实际地质体，在一定条件下理想化为某些地震地质模型，是我们首先要研究的问题。

地震勘查工作一般是在沉积岩地区进行。沉积岩相对具有沉积稳定，横向变化缓慢，成层性好的特点。但它亦受长期地壳运动影响，使地层出现褶皱、断裂、剥蚀及风化等复杂的地质现象，使问题复杂化。因此我们必须根据地质介质的性质、结构、形状等特征，在不同的条件下建立一些地震地质模型，使问题得以简化。

(一)理想弹性介质和粘弹性介质模型

固体介质按其受力后的形变特征可分为弹性体和塑性体。根据弹性力学理论，固体在受外力作用后其内部质点会发生相互位置的变化，使固体发生体积和形状的变化。外力去掉后，由于内力的作用使固体完全恢复到原来的状态，这种物体称为完全弹性体或理想弹性体。若外力去掉后，物体不能恢复原来状态，而保持受力时的状态，这种物体称为塑性体。

自然界大部分物体，在外力作用下，既可表现为弹性，又可显示为塑性。物体的形变与物体本身的性质和受力状态有关。而重要的条件是外力大小和外力作用时间的长短。当外力很小且作用时间很短时，大多数固体表现为理想弹性体。否则显示为塑性体，甚至发生破碎。

地震勘查除震源附近岩石由于受爆炸力作用而破碎外，在远离震源处，岩石受到的作用力非常小且作用时间非常短。因此，除震源附近以外的绝大部分波的传播区，岩石都可以近似看作理想弹性体来研究。这种理想化的地震地质模型是极端重要的，有了这种前提，弹性力学的许多基本理论可以直接地引用到地震勘查中来。

但是，实际介质较理想介质复杂，人们发现实际地震勘查工作中获得的地震记录与经典弹性理论所预言的脉冲地震记录之间有很大的差异。说明波在实际介质中传播时，岩石对地震波有吸收作用，使波的能量和频谱发生了变化。质点振动的传递要消耗能量，而不是理想情况下的能量无损耗。因此，固体也具有粘性流体的性质，这种固体称为粘弹性体。实际的岩石固体接近于粘弹性体。从理想弹性介质模型到粘弹性介质模型是使理想化了的模型向实际情况靠近的一种模型。

(二)各向同性和各向异性介质模型

按固体的性质，通常将固体分为各向同性和各向异性两类。凡弹性性质与空间方向无关的固体称为各向同性体。弹性性质随空间方向而变的称为各向异性体。岩石弹性性质的方向性取决于组成岩石的矿物质点的空间方向性及矿物质点的排列结构和岩石成分。矿物质点的方向性由矿物晶体的结构决定，但是从晶体的尺度来说，它远远小于地震波长，因此，晶体引起的各向异性完全可以忽略。岩石是矿物的集合体，对沉积比较稳定的沉积岩，横向上变化也极缓慢，因此较少表现出向各向异性性质，常把它们看成各向同性介质模型。在这种介质中，反映介质性质的弹性系数是常量，不随空间方向变化。

地球上的许多岩石具有片理，地震波传播速度具一定的各向异性。在有细微层理的地层中，波动传播速度在水平方向和垂直方向也有较大的差异，因构造变动而产生裂隙的地层更具有方位各向异性特征，因此各向异性介质模型具有实际意义。在这种介质中，弹性系数不是常数，而是空间坐标的函数。

（三）均匀介质、层状介质和连续介质模型

固体的弹性性质不仅与空间方向有关，而且与空间分布有关。按速度（由介质弹性性质决定）的空间分布规律，可将固体介质分为均匀介质和非均匀介质两大类。速度值不随空间坐标而变化的介质为均匀介质，否则为非均匀介质。在非均匀介质中，速度值相同的点可以构成一个区域，整个介质可以分成若干区域，每个区域内介质可以看成是均匀的。速度不同的区域分界处，即为地震勘查的界面。这些界面可以是平面，也可以是曲面。如果非均匀介质的性质表现为成层性，那么这种介质称为层状介质，其中每一层的速度是不变的。两个界面之间的间隔称为层的厚度。由于沉积岩地区岩层有很好的成层性，各层可由不同的弹性性质的岩石组成，如灰岩、砂岩等。把实际介质理想化为层状介质模型具有很大的实际意义。

层状介质模型（包括水平界面、倾斜界面和弯曲界面）是地震勘查中最常用的模型，但它仍是对实际介质的一种近似。不少地区，特别是沉积旋回比较发育的地区，往往有许多薄层，每个薄层具有一种速度，这些层特别薄，于是可以认为波的传播速度是沿地层沉积方向连续变化的，即波的速度是空间坐标的连续函数。我们将这种波速是空间坐标连续函数的介质称为连续介质。显然，连续介质是层状介质的一种极限情况，当层状介质的层无限增加，层的厚度无限减小，层状介质就过渡成了连续介质了。

沉积岩地区的大量实际测井资料统计表明，速度 v 随垂直深度 Z 连续变化的规律可用下式表示

$$v = v_0(1 + \beta Z)^{\frac{1}{n}} \tag{7.2-1}$$

式中 v_0 为 $Z = 0$ 时的初始速度；β 表示速度在 Z 方向的变化率；n 为等于 1 或大于 1 的整数。当 $n = 1$ 时，速度随深度呈线性变化，这种介质为线性连续介质。当 $n > 1$ 时，称为非线性连续介质。实际中最常用的是线性连续介质模型。

如果地下有几套岩性不同的地层，每一套地层为连续介质，则称这种介质为层状连续介质。

（四）单相介质与双相介质模型

对实际介质按各种模型简化时，都只考虑岩相的单一性，即把组成地层的岩石都视为单一的固体相，例如砂岩相、页岩相……等等。我们把建立各种模型时只考虑单一相态的介质称为单相介质。实际上许多岩石并不是单一相态，常由构成岩体的骨架（称为基质）和骨架孔隙中的流体充填物组成。例如某些含油砂岩是由呈球状的岩石颗粒构成岩石基质和石油或天然气充填的孔隙组成，这种岩石实际上是由两种相态组成，我们称这种岩石为双相介质。地震波经过岩石骨架和孔隙流体的速度是不相同的。当地震勘查的精度需要提高到研究不同孔隙充填物对波传播的影响时，应建立双相介质模型。这对岩性勘探和直接找油气的研究具有重要意义。

地震波在双相介质中的传播速度可由威利（Wylie）等人提出的时间平均方程来计算。

$$\frac{1}{v} = \frac{(1-\varphi)}{v_m} + \frac{\varphi}{v_L} \tag{7.2-2}$$

式中 v 为岩石中波的传播速度；v_m 为岩石骨架中波的传播速度；v_L 为孔隙充填物的速度；φ 为孔隙度。

二、地震波的种类及特点

(一)地震波的形成及特点

地震波是弹性形变的传播，是一种机械波。这种波形成的物理过程可用爆炸形成波动的过程来说明。当炸药爆炸时，产生大量高温高压气体，并迅速膨胀形成冲击波，以上万个大气压的巨大压力作用于周围岩石。这是一个瞬间作用力。在这个脉冲力作用下，靠近震源的岩石因所受压力远远超过其抗压强度而被破坏，形成一个球形破坏圈。圈内岩石质点具有很大的永久位移，常形成以震源为中心的空穴。爆炸产生的部分能量在压碎岩石和发热的过程中消耗掉。随着离震源中心的距离 r 的增大，爆炸能量传递给越来越多的岩石单元，因而能量密度随着波的传播距离增加而迅速减小，以致岩石所受压力小于其抗压强度，但仍超过岩石弹性限度，从而形成塑性形变，这个区叫塑性形变带(见图 7-2-1)。

在塑性形变带外，随着传播距离 r 的增大，波的能量密度明显衰减，使岩石所受压力降低到弹性限度之内，作用力小、作用时间又短促，岩石就具有完全弹性体的性质。在塑性形变带之外的区域就是弹性形变区。这个区域中质点振动的传播就形成了我们研究的弹性波，这就是地震波的实质。

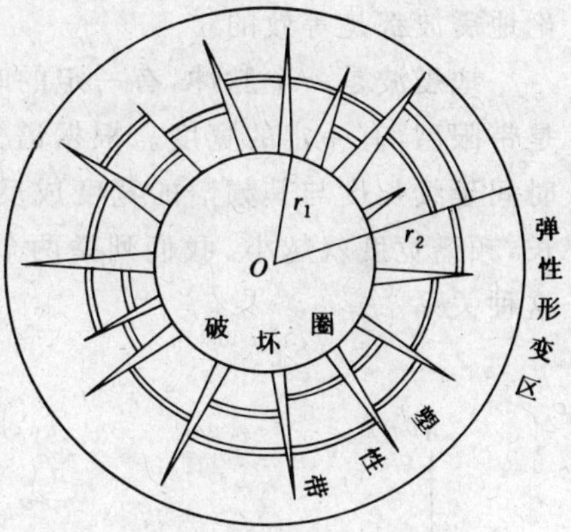

图 7-2-1 爆炸对岩石的影响

记录到的地震波是一个短脉冲振动，称为地震子波。地震子波有确定的起始时间和有限的能量，是在短时间内衰减的一个信号。

地震波是一个非周期振动，这个非周期的短脉冲，实际上是由无数个不同频率、不同振幅的谐和振动组成的。根据傅氏变换理论，任何非周期函数 $F(t)$ 如果满足狄里赫利条件，可用傅里叶积分写成下列形式：

$$F(t)=\int_{-\infty}^{\infty}\theta(f)e^{i2\pi ft}df \tag{7.2-3}$$

$$\theta(f)=\int_{-\infty}^{\infty}F(t)e^{-i2\pi ft}dt \tag{7.2-4}$$

式中 t 是时间；f 是频率；$\theta(f)$ 为复变函数，它可由振幅和相位函数表示为

$$\theta(f)=A(f)e^{i\varphi(f)} \tag{7.2-5}$$

由此，式(7.2-3)可写为

$$F(t)=\int_{-\infty}^{\infty}A(f)e^{i[2\pi ft+\varphi(f)]}df \tag{7.2-6}$$

式(7.2-3)和式(7.2-6)表明，非周期振动 $F(t)$ 是由无数个谐和振动 $e^{i2\pi ft}$ 叠加而成。式中 $A(f)$ 称为振幅谱，它表明每个谐和振动幅值的大小，即每个分量对 $F(t)$ 贡献的大小。$\varphi(f)$ 为相位谱，表明组成 $F(t)$ 时各谐和振动 $e^{i2\pi ft}$ 之间在时间上的相互关系。图 7-2-2 表示由不同频率、不同振幅、不同起始相位的谐和振动合成一个非周期振动的示意图。谐和振动的振幅、频率和初相位决定了 $F(t)$ 的形状。有相同的振幅谱不一定是相同的脉冲，只有振幅谱和相位谱都相同才能形成相同的脉冲。因此，谐和振动分量的振幅、频率和初相位构成了非周期振动波形的三要素，改变任何一个要素都会改变波形的形状。这些量的物理意义是十分重要的，我们以后研究波动的动力学特征时，就要研究影响这些要素的因素及其变化规律。

由式(7.2-4)可知，若已知脉冲函数 $F(t)$，就可求得复变谱 $\theta(f)$，复变谱 $\theta(f)$ 的模就是

振幅谱 $A(f)$，即

$$A(f) = |\theta(f)| = \sqrt{a^2(f) + b^2(f)} \tag{7.2-7}$$

式中 $a(f)$ 为 $\theta(f)$ 的实部，$b(f)$ 为其虚部。图 7-2-3 为振幅谱示意图。复变谱的幅角就是相位谱 $\varphi(f)$，即

$$\varphi(f) = \mathrm{tg}^{-1}\frac{b(f)}{a(f)} \tag{7.2-8}$$

图 7-2-4 为相位谱示意图。

式(7.2-3)和式(7.2-4)为傅氏变换对，它们之间有单值对应关系，即任何一个地震波形都单值对应于它的频谱，反之任何一个频谱都唯一地确定着一个地震波形。这就是说地震波既可以用随时间变化的波形(时间域)来描写，也可以用其频谱特征(频率域)来表述。在任何一个域内讨论地震波都是等效的。

地震波是一个脉冲，有一定的时间延续长度。它的频谱是带限型，有一定的宽度。根据谱分析理论可以证明，波的时间延续长度与其频谱的宽度成反比。即波的延续时间越长，频谱宽度就越小。我们列举两个极端情况的例子来说明这种关系。

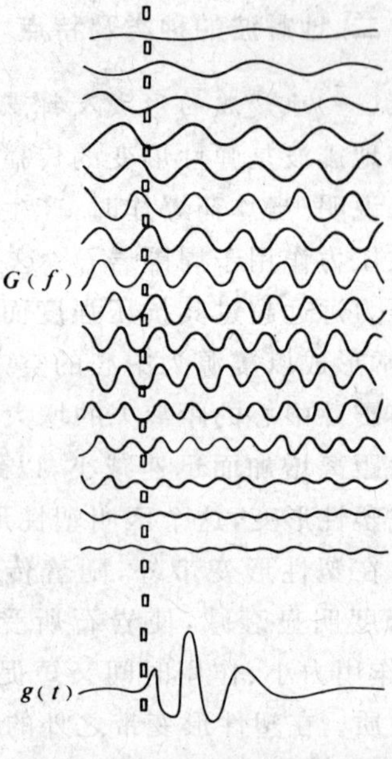

图 7-2-2　谐和振动合成非周期振动示意图

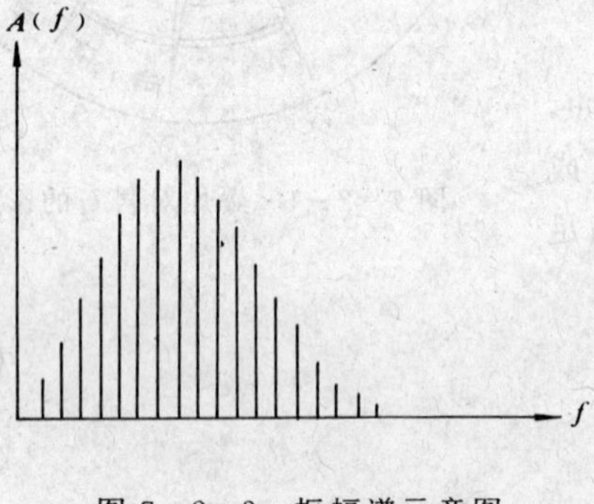

图 7-2-3　振幅谱示意图

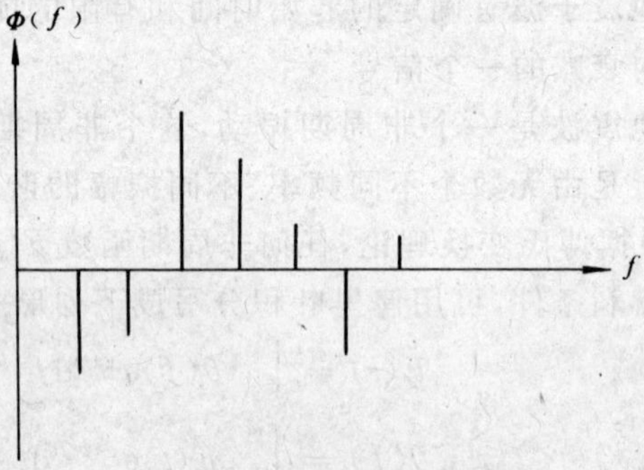

图 7-2-4　相位谱示意图

图 7-2-5(a)为单一频率正弦波，很容易理解，它的谱是一条高度等于某值的线谱(图 7-2-5(b))。图 7-2-6(a)是一个单位脉冲，是延续度很短的 $\delta(t)$ 函数，它的谱是一条平行于坐标轴的水平线(图 7-2-6(b))。这表明它具有无限宽的频带宽度，也就是所谓白噪谱。

至此，我们对地震脉冲有了较深入的了解。然而，我们的任务不仅是研究静态的地震波，更主要的是要研究波在介质中传播时波形特征的各种变化，以达到研究地质介质的目的。这正是本节后续研究的内容。

(二)地震波的基本类型

1. 纵波和横波

已知在均匀无限介质中存在纵波和横波，这两种波存在于整个介质体中，称为体波。如第二章所述在均匀各向同性的理想弹性介质中，可以用拉梅方程来描述它们

$$\rho\frac{\partial^2 \boldsymbol{u}}{\partial t^2} = (\lambda + \mu)\mathrm{grad}\theta + \mu\nabla^2\boldsymbol{u} + \rho\boldsymbol{F} \tag{7.2-9}$$

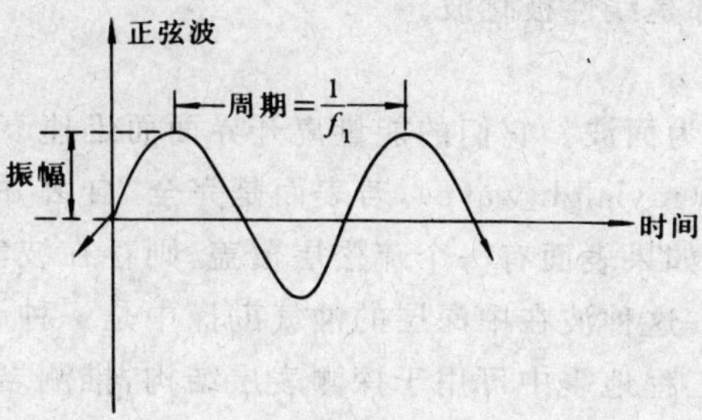

(a) 单一频率的正弦波

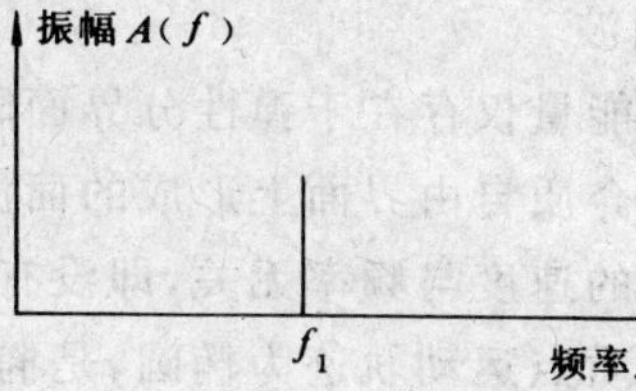

(b) 单一频率的线谱

图 7-2-5　单一频率正弦波及其频谱

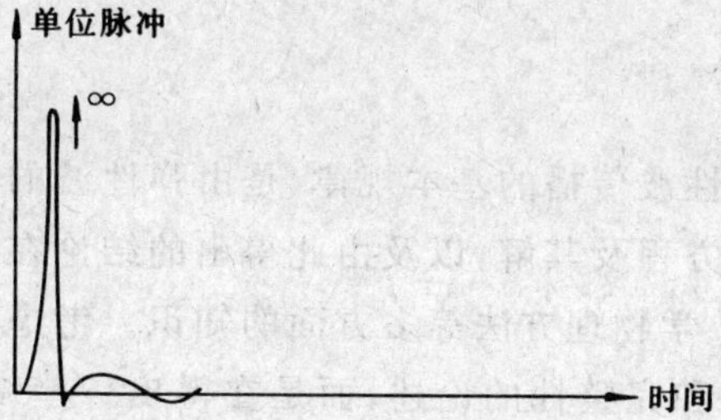

(a) 单位脉冲波

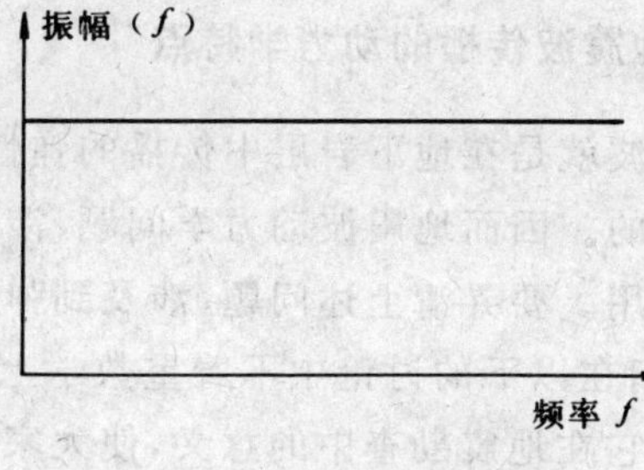

(b) 单位脉冲的白噪音谱

图 7-2-6　单位脉冲波及其频谱

式中 $\boldsymbol{u}$ 表示位移向量；$\boldsymbol{F}$ 为力向量(外力)；θ 为体变系数，$\theta = \mathrm{div}\boldsymbol{u}$；$\rho$ 为介质密度，是常量；∇^2 称为拉普拉斯算子，$\nabla^2 = \frac{\partial^2}{\partial x^2} + \frac{\partial^2}{\partial y^2} + \frac{\partial^2}{\partial z^2}$；$\lambda, \mu$ 为介质的弹性常数，称为拉梅系数。

式(7.2-9)是用向量表示的运动微分方程。对该式分别取散度和旋度可得

$$\frac{\partial^2\theta}{\partial t^2} - \frac{\lambda + 2\mu}{\rho}\nabla^2\theta = \mathrm{div}\boldsymbol{F} \tag{7.2-10}$$

$$\frac{\partial^2 \boldsymbol{\omega}}{\partial t^2} - \frac{\mu}{\rho}\nabla^2 \boldsymbol{\omega} = \mathrm{rot}\boldsymbol{F} \tag{7.2-11}$$

式中 $\boldsymbol{\omega} = \mathrm{rot}\boldsymbol{u}$。等式右端 $\mathrm{div}\boldsymbol{F}$ 和 $\mathrm{rot}\boldsymbol{F}$ 表示了两种不同性质的外力。$\mathrm{div}\boldsymbol{F}$ 表示胀缩力，$\mathrm{rot}\boldsymbol{F}$ 表示一种旋转力。式(7.2-10)描述了在胀缩外力 $\mathrm{div}\boldsymbol{F}$ 作用下，介质仅产生与体积变化有关的扰动，这种扰动称为纵波；式(7.2-11)描述了在旋转外力 $\mathrm{rot}\boldsymbol{F}$ 作用下，介质产生由 $\mathrm{rot}\boldsymbol{u}$ 决定的形变扰动，这种扰动称为横波。可见，在不同外力作用下，介质中存在着两种独立的扰动——纵波和横波。它们以不同的速度 v_P 和 v_S 传播。

$$v_P = \sqrt{\frac{\lambda + 2\mu}{\rho}} \tag{7.2-12}$$

$$v_S = \sqrt{\frac{\mu}{\rho}} \tag{7.2-13}$$

纵波和横波又称 P 波(primus)和 S 波(secondus)，表示纵波第一个到达，横波第二个到

达。亦称压缩波(pressure wave)和剪切波(shear wave),它们的第一个字母正好也是P和S。这两种波的质点振动轨迹都是直线,因此它们都是线性极化波。

2. 面波

波动能量仅存在于弹性分界面附近的波称为面波。它们的能量离开界面而迅速衰减。其中在弹性介质自由界面上形成的面波叫瑞雷波(raylaigh wave),若表面是完全"自由"的空气,则瑞雷波的速度与频率无关,即没有波散现象。如果表面有一个疏松层覆盖,则存在波散现象。瑞雷波的质点运动轨迹为椭圆,是椭圆极化波。这种波在中深层的油气勘探中是一种干扰波;在天然地震中常用来研究地壳结构;在浅部的工程地震中可用于探测表层结构,推测岩土的力学性质。若介质表面覆盖了一个弹性低速层,在这个界面上可形成乐夫面波(love wave)。这是一种线性极化波,在横波勘探中它是一种干扰波。此外,在两种均匀弹性介质之间的界面上,也可以形成瑞雷型面波,称为斯通利波(stoneley wave)。这种波对勘探地震学的影响尚缺乏深入研究。

三、地震波传播的动力学特点

地震波就是在地下岩层中传播的弹性波,而弹性波传播的基本规律,是由弹性波的波动方程来描述的。因而地震波动力学问题,涉及到波动方程及其解,以及由此得出的结论在地震勘查中的应用。要弄清上述问题,涉及到弹性力学、数学物理方法等多方面的知识。考虑到实际情况,我们在以下的讨论中不着重数学上的严密性和完整性的论述,而是在得出一些结论后,着重注意它在地震勘查中的意义,使大家对地震波动力学有一个初步的了解。

(一)波动方程

1. 均匀理想弹性介质中的波动方程

根据固体弹性理论,均匀的理想弹性介质中运动方程式为

$$\rho\frac{\partial^2 \boldsymbol{u}}{\partial t^2}=(\lambda+\mu)\mathrm{gard}\theta+\mu\nabla^2\boldsymbol{u}+\rho\boldsymbol{F}$$

据第二章所述,此方程可以用分量的形式表示为

$$\left.\begin{aligned}\rho\frac{\partial^2 u}{\partial t^2}&=(\lambda+\mu)\frac{\partial\theta}{\partial x}+\mu\nabla^2 u+\rho X\\\rho\frac{\partial^2 v}{\partial t^2}&=(\lambda+\mu)\frac{\partial\theta}{\partial y}+\mu\nabla^2 v+\rho Y\\\rho\frac{\partial^2 w}{\partial t^2}&=(\lambda+\mu)\frac{\partial\theta}{\partial z}+\mu\nabla^2 w+\rho Z\end{aligned}\right\}\tag{7.2-14}$$

从场论的观点来看位移向量 $\boldsymbol{u}$ 和力向量 $\boldsymbol{F}$,都是向量场。

如同电场中的电位,重力场中的重力位一样,上述两个向量也可以分别以位移位和力位来表示。根据亥姆霍兹(HelmHoltz)定理,任何一个向量场,如果在定义域内有散度或旋度,则该向量场可以用一个标量位的梯度场和一个向量位的旋度场之和来表示。于是有

$$\left.\begin{aligned}\boldsymbol{u}&=u_{\mathrm{P}}+u_{\mathrm{S}}=\mathrm{grad}\varphi+\mathrm{rot}\psi\\\boldsymbol{F}&=F_{\mathrm{P}}+F_{\mathrm{S}}=\mathrm{grad}\Phi+\mathrm{rot}\Psi\end{aligned}\right\}\tag{7.2-15}$$

式中 φ 和 ψ 分别表示位移场 $\boldsymbol{u}$ 的标量位和矢量位;Φ 和 Ψ 分别表示力场 F 的标量位和向量位。将上两式分别代入式(7.2-10)和式(7.2-11),并考虑到 $\theta=\mathrm{div}\boldsymbol{u}$, $\mathrm{div}\boldsymbol{u}=\frac{\partial u}{\partial x}+\frac{\partial v}{\partial y}+\frac{\partial w}{\partial z}$,则可得出用位函数表示的波动方程

$$\frac{\partial^2\varphi}{\partial t^2} - v_P^2 \nabla^2 \varphi = \Phi \tag{7.2-16}$$

$$\frac{\partial^2\Psi}{\partial t^2} - v_S^2 \nabla^2 \Psi = \Psi \tag{7.2-17}$$

式中 $v_P^2 = \dfrac{\lambda + 2\mu}{\rho}$，$v_S^2 = \dfrac{\lambda}{\rho}$，$v_P$、$v_S$ 分别为纵、横波的传播速度。式(7.2-16)为用位函数表示的纵波波动方程，它描述了在胀缩外力的作用下的波动传播规律。式(7.2-17)是用位函数表示的、在旋转外力作用下描述横波的波动方程。这里的外力在地震勘探中就是震源的激发力。如果不考虑外力作用，让力位函数 $\Phi = 0$，$\Psi = 0$，只考虑介质特性对波的影响问题，这就是弹性力学中的波传播问题。此时上述波动方程变为齐次方程

$$\frac{\partial^2\varphi}{\partial t^2} - v_P^2 \nabla^2 \varphi = 0 \tag{7.2-18}$$

$$\frac{\partial^2\Psi}{\partial t^2} - v_S^2 \nabla^2 \Psi = 0 \tag{7.2-19}$$

式(7.2-18)和式(7.2-19)就是常用的波动方程形式。

2. 实际介质中的波动方程

我们在前面所讨论的是理想弹性介质，波在其中传播时，没有能量的转换损耗，介质中应力应变关系严格地遵循胡克定律(这种理想物体叫做胡克固体)。但是波在实际介质中传播时，是有能量的损耗，这就是所谓弹性波的吸收。波在传播过程中，实际介质的不同部位之间会出现某种摩擦力，称为内摩擦力或粘滞力。这种力导致机械能向其他能量的转换，最终转化为热能消耗掉。

在不同固体介质中，内摩擦力所遵循的规律是不同的。为了表示这些规律，人们提出了种种近似的模拟和假设，其中用得较多的是佛克特(Voigt)假设。佛克特认为，对某些固体介质来说，应变分量包括两部分：一部分为弹性应变，应力和应变的关系满足胡克定律；另一部分是粘滞应变，应力与应变的时间变化成比例，其比例系数描述着介质的粘滞特征。满足这种假设的固体称为佛克特固体，这种介质中应力与应变的关系可以写成

$$\left.\begin{aligned}
\sigma_{XX} &= \lambda\theta + 2\mu e_{XX} + \lambda' \frac{\partial \theta}{\partial t} + 2\mu' \frac{\partial e_{XX}}{\partial t} \\
\sigma_{YY} &= \lambda\theta + 2\mu e_{YY} + \lambda' \frac{\partial \theta}{\partial t} + 2\mu' \frac{\partial e_{YY}}{\partial t} \\
\sigma_{ZZ} &= \lambda\theta + 2\mu e_{ZZ} + \lambda' \frac{\partial \theta}{\partial t} + 2\mu' \frac{\partial e_{ZZ}}{\partial t} \\
\sigma_{XY} &= 2\mu e_{XY} + 2\mu' \frac{\partial e_{XY}}{\partial t} \\
\sigma_{YZ} &= 2\mu e_{YZ} + 2\mu' \frac{\partial e_{YZ}}{\partial t} \\
\sigma_{ZX} &= 2\mu e_{ZX} + 2\mu' \frac{\partial e_{ZX}}{\partial t}
\end{aligned}\right\} \tag{7.2-20}$$

式中 σ_{ij} 为应力分量，e_{ij} 为应变分量，μ' 和 λ' 是描述介质粘滞特性的两个参量。式(7.2-20)的方程组称为佛克特定律。如果进一步假设

$$\mu' = \eta,\ \lambda' = -\frac{2}{3}\eta \tag{7.2-21}$$

则上式变为

$$
\left.\begin{aligned}
\sigma_{XX} &= \lambda\theta + 2\mu e_{XX} + \eta(2\frac{\partial e_{XX}}{\partial t} - \frac{2}{3}\frac{\partial \theta}{\partial t}) \\
\sigma_{YY} &= \lambda\theta + 2\mu e_{YY} + \eta(2\frac{\partial e_{YY}}{\partial t} - \frac{2}{3}\frac{\partial \theta}{\partial t}) \\
\sigma_{ZZ} &= \lambda\theta + 2\mu e_{ZZ} + \eta(2\frac{\partial e_{ZZ}}{\partial t} - \frac{2}{3}\frac{\partial \theta}{\partial t}) \\
\sigma_{XY} &= \sigma_{YX} = 2\mu e_{XY} + 2\eta\frac{\partial e_{XY}}{\partial t} \\
\sigma_{YZ} &= \sigma_{ZY} = 2\mu e_{YZ} + 2\eta\frac{\partial e_{YZ}}{\partial t} \\
\sigma_{ZX} &= \sigma_{XZ} = 2\mu e_{ZX} + 2\eta\frac{\partial e_{ZX}}{\partial t}
\end{aligned}\right\} \tag{7.2-22}
$$

式中 η 称为介质的粘滞系数。

将上述应力应变关系代入基本运动方程，可以得到在实际吸收介质中位移矢量满足的波动方程

$$\rho\frac{\partial^2 \boldsymbol{u}}{\partial t^2} = (\lambda+\mu)\nabla\theta + \mu\nabla^2\boldsymbol{u} + \eta\nabla^2(\frac{\partial \boldsymbol{u}}{\partial t}) + \frac{1}{3}\eta\nabla(\frac{\partial \theta}{\partial t}) \tag{7.2-23}$$

此式与理想弹性介质中的波动方程相比，多出了一阶时间偏导数项，这样的项就描述着介质对波的吸收。

对式(7.2-23)分别取散度和旋度，则可得

$$\rho\frac{\partial^2 \theta}{\partial t^2} = (\lambda + 2\mu + \eta'\frac{\partial}{\partial t})\nabla^2\theta \tag{7.2-24}$$

$$\rho\frac{\partial^2}{\partial t^2}(\nabla\times\boldsymbol{u}) = (\mu + \eta\frac{\partial}{\partial t})\nabla^2(\nabla\times\boldsymbol{u}) \tag{7.2-25}$$

式中 $\eta' = \frac{4}{3}\eta$，$\mathrm{rot}\boldsymbol{u} = (\nabla\times\boldsymbol{u})$。

这就是吸收介质中弹性纵波和弹性横波所满足的波动方程。可见，在具有吸收性质的粘弹性介质中，依然存在两种独立的扰动，即纵波和横波。但方程中多了与时间变化有关的项。该项的影响可概括为振幅的衰减(即吸收)和速度的波散。在地震勘查工作的频率范围内，波散影响不大，可以不予考虑。主要影响是吸收衰减，我们将在后面予以研究。

(二)无限介质中波传播的动力学特点

所谓动力学特点，是指波的振幅(能量)、波形、频谱等与波的形状有关的一些特点。在本节中，首先由解波动方程得出质点位移的表达式，并分析影响位移的因素；然后讨论其他动力学特点；最后给出波场的定量计算公式。

1. 质点位移表达式

遵循由浅入深，由简到繁的原则，先讨论均匀、理想弹性介质模型。在整个无边无界的空间，充满理想弹性介质。已知在介质空间存在有纵波和横波，我们以使用最多的纵波为例加以讨论。

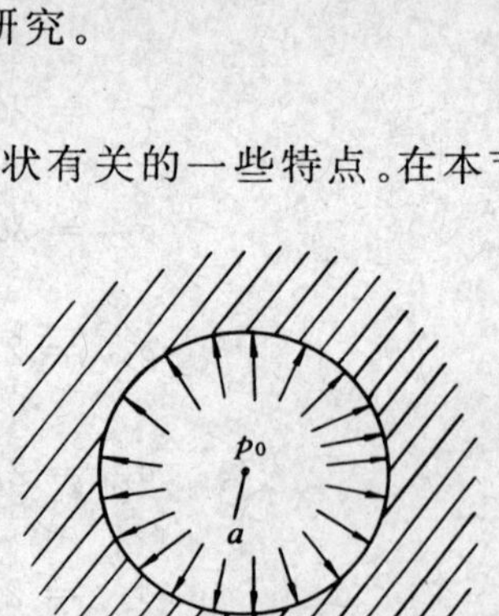

图 7-2-7 球腔震源示意图

p_0 为单位压力

用图 7-2-7 所示的球腔震源模拟爆炸震源，半径为 a 的球腔具有球对称性，均匀作用于壁腔上的力是正压力 $p(t)$，球腔半径 a 之外为弹性形变区。爆炸产生的作用力延续时间很短，设延续时间为 Δt，那么，起始条件可写为(即腔壁正应力)

$$\sigma_{rr}(a,t)=\begin{cases}0 & (t<0)\\ -p(t) & (0\leqslant t\leqslant \Delta t)\\ 0 & (t>\Delta t)\end{cases} \tag{7.2-26}$$

此处 r 的方向为球腔半径 a 的方向，$p(t)$ 前面的负号表示压力和应力方向相反。我们在此研究震源作用力结束之后的波的传播问题，亦即外力为零，则只需解齐次波动方程。

用位函数表示的波动方程是

$$\frac{\partial^2\varphi}{\partial t^2}-v_{\mathrm{P}}^2\nabla^2\varphi=0$$

由于震源具有球对称性，为求解该方程，用球坐标形式表示更为简便。因为位函数 $\varphi=\varphi(r)$，只与 r 有关，与方向无关，三维波动方程变成了简单的一维问题。如果用 r,α,β 表示球坐标系，坐标原点和球腔中心重合，将球坐标系的拉普拉斯算子代入波动方程可得

$$\frac{\partial^2\varphi}{\partial t^2}-v_{\mathrm{P}}^2\{\frac{1}{r^2}\frac{\partial}{\partial r}(r^2\frac{\partial\varphi}{\partial r})+\frac{1}{r^2\sin\alpha}\frac{\partial}{\partial\alpha}(\sin\alpha\frac{\partial\varphi}{\partial\alpha})+\frac{1}{r^2\sin^2\alpha}\frac{\partial^2\varphi}{\partial\beta^2}\}=0 \tag{7.2-27}$$

考虑到 φ 与方向无关，即

$$\frac{\partial\varphi}{\partial\alpha}=\frac{\partial\varphi}{\partial\beta}=0;\quad \frac{\partial^2\varphi}{\partial\beta^2}=0$$

方程式(7.2-27)可简化为

$$\frac{\partial^2\varphi}{\partial t^2}-v_{\mathrm{P}}^2\left[\frac{1}{r^2}\frac{\partial}{\partial r}\left(r^2\frac{\partial\varphi}{\partial r}\right)\right]=0$$

即

$$\frac{\partial^2\varphi}{\partial t^2}-v_{\mathrm{P}}^2\left(\frac{2}{r}\frac{\partial\varphi}{\partial r}+\frac{\partial^2\varphi}{\partial r^2}\right)=0 \tag{7.2-28}$$

两边乘 r，将其变为弦振动方程

$$\frac{\partial^2(r\varphi)}{\partial t^2}-v_{\mathrm{P}}^2\frac{\partial^2(r\varphi)}{\partial r^2}=0 \tag{7.2-29}$$

本方程的达朗贝尔解为

$$r\varphi=c_1(t-\frac{r-a}{v_{\mathrm{P}}})+c_2(t+\frac{r-a}{v_{\mathrm{P}}}) \tag{7.2-30}$$

c_1 和 c_2 为两个任意函数，若函数自变量为某一个常数，即

$$t-\frac{r-a}{v_{\mathrm{P}}}=常数,t+\frac{r-a}{v_{\mathrm{P}}}=常数$$

这就描述了波动的某种状态。$t-\frac{r-a}{v_{\mathrm{P}}}=$ 常数表明，随着时间增加，在较大的距离 r 上有相同的扰动。这是离开震源向外传播的波动。$t+\frac{r-a}{v_{\mathrm{P}}}=$ 常数表明，随着时间 t 的增加，在某个较小的距离上有相同扰动，且总会出现 $t<0$ 存在扰动的情况。它是一种向源传播的波动。由于与起始条件不合，是物理不可实现的，因此取 $c_2=0$，于是方程的解变为

$$\varphi=\frac{1}{r}c_1(t-\frac{r-a}{v_{\mathrm{P}}}) \tag{7.2-31}$$

这个解原则上可以描述波的某些特点，但因 c_1 未知，尚不能给出波动的具体状态。需要将 c_1 与球腔激发力 $p(t)$ 联系起来。

为简便，令 $\quad \tau=t-\frac{r-a}{v_{\mathrm{P}}}$

则 $\quad \varphi=\frac{1}{r}c_1(\tau)$

根据矢量分析可知，位函数 φ 与位移 $\boldsymbol{u}_r$ 的关系为

$$\boldsymbol{u}_r = \mathrm{grad}\varphi$$

于是有

$$\boldsymbol{u}_r = \mathrm{grad}\varphi = \frac{\partial \varphi}{\partial r} = \left[-\frac{1}{r_2}c_1(\tau) - \frac{1}{rv_{\mathrm{P}}}c_1'(\tau)\right]\frac{\boldsymbol{r}}{r} \tag{7.2-32}$$

要解决波的激发问题，需解决非齐次波动方程，在此省略一些较繁杂的数学推导过程，只说明解决这个问题的思想，重点分析解的物理意义。

已知正应力为

$$\sigma_{rr} = -p(t) = \lambda\theta + 2\mu e_{rr} \tag{7.2-33}$$

其中体变系数为 $\theta = \mathrm{div}\,\boldsymbol{u}_r$

线应变为 $e_{rr} = \dfrac{\partial u_r}{\partial r}$

将 e_{rr} 和 θ（球坐标系的表达式）代入式（7.2-33），可得出 $c_1(\tau)$ 的二阶微分方程。解方程即可求得 $c_1(\tau)$，因而也能得到 $c_1'(\tau)$。将 $c_1(\tau)$ 和 $c_1'(\tau)$ 代入式（7.2-32），就可获得纵波质点位移的表达式

$$\boldsymbol{u}_r(r,t) = \begin{cases} 0 & (\tau \leqslant 0) \\ \dfrac{a^3 p_0}{4\mu r^2}\left\{1 - \mathrm{e}^{-\xi\tau}\left[\left(\dfrac{2r}{av_{\mathrm{P}}} + 1\right)\dfrac{\xi}{w}\sin w\tau - \cos w\tau\right]\right\}\dfrac{\boldsymbol{r}}{r} & (\tau > 0) \end{cases} \tag{7.2-34}$$

式中 $\tau = t - \dfrac{r-a}{v_{\mathrm{P}}}$；$\xi = \dfrac{2v_{\mathrm{S}}^2}{av_{\mathrm{P}}}$；$w = \xi\left(\dfrac{v_{\mathrm{P}}^2}{v_{\mathrm{S}}^2} - 1\right)^{\frac{1}{2}}$；$p_0$ 为单位压力。

若考虑一般介质 $\lambda = \mu$，即 $v_{\mathrm{P}}/v_{\mathrm{S}} = \sqrt{3}$，则 $\xi/w = \dfrac{1}{\sqrt{2}}$，那么位移表达式为

$$\begin{aligned}\boldsymbol{u}_r(r,t) = \frac{ap_0}{4\mu}\Big[&\left(\frac{a}{r}\right)^2 - \frac{1}{\sqrt{2}}\left(\frac{a}{r}\right)^2\mathrm{e}^{-\xi\tau}(\sin w\tau + \sqrt{2}\cos w\tau) \\ &- \left(\frac{a}{r}\right)\frac{\sqrt{2}}{v_{\mathrm{P}}}\mathrm{e}^{-\xi\tau}\sin w\tau\Big]\frac{\boldsymbol{r}}{r}\end{aligned} \tag{7.2-35}$$

从上式可见，纵波质点位移由三项构成，且都与 $\left(\dfrac{a}{r}\right)$ 有关，当远离震源，满足 $r \gg a$ 时，第一、第二项可忽略，于是式（7.2-35）可变成一个简单的形式

$$\boldsymbol{u}_r = -\left(\frac{a^2 p_0}{2\sqrt{2}\,\mu r v_{\mathrm{P}}}\mathrm{e}^{-\xi\tau}\sin w\tau\right)\frac{\boldsymbol{r}}{r} \tag{7.2-36}$$

分析上式可以得出如下结论：

（1）单位正压力作用于球腔壁时，弹性介质中产生的纵波质点位移规律是按指数衰减的正弦振动，是一种强阻尼振荡，衰减快慢取决于系数 ξ 的大小。

（2）振动的强弱决定于振幅系数 $\dfrac{a^2 p_0}{2\sqrt{2}\,\mu r v_{\mathrm{P}}}$，此系数中仅 r 为变量，说明振动的强弱随波传播距离 r 的增大而反比地减小。

（3）纵波质点位移方向与波的传播方向 $\boldsymbol{r}$ 是一致的。

对于横波我们也可以做类似的讨论。

2．波的球面扩散

我们从另外的角度来讨论质点振动能量的传播问题。根据物理学中波动理论可知，波在介质中传播的能量，等于动能 $E_{动}$ 和势能 $E_{势}$ 之和，若介质体积为 V，密度为 ρ，对于谐和振动来说，波的能量可表示为

$$E = E_{动} + E_{势}$$

$$E \propto \rho A^2 f^2 V \tag{7.2-37}$$

式中 A 为振幅，f 为频率。

式(7.2-37)说明能量与振幅平方、频率平方和密度成正比。介质中单位体积中的能量 ε（亦称能量密度）也与振幅平方成正比

$$\varepsilon = \frac{E}{V} \propto \rho A^2 f^2 \tag{7.2-38}$$

定义波的强度 I（即能流密度）为单位时间通过波传播垂直方向上单位面积的能量，则波的强度为

$$I = \frac{\varepsilon \cdot v_P \mathrm{d}S\mathrm{d}t}{\mathrm{d}t \cdot \mathrm{d}S} = \varepsilon v_P \propto A^2 \tag{7.2-39}$$

可见波的强度与振幅 A^2 成正比，因此在实际地震工作中，可以用振幅来衡量波的强度。

我们来研究球面波的能量密度。图 7-2-8 表示一个从中心 O 发出的球面波，两个球面的半径分别为 r_1 和 r_2，部分球面面积为 S_1 和 S_2，由于单位时间内流过面积 S_1 和 S_2 的能量相等

$$I_1 S_1 = I_2 S_2 \tag{7.2-40}$$

因此

$$\frac{I_1}{I_2} = \frac{S_2}{S_1} \tag{7.2-41}$$

根据立体角 $\mathrm{d}\Omega$ 的定义，并考虑 S_1 和 S_2 具有相同的立体角，得

$$\mathrm{d}\Omega = \frac{S_1}{r_1^2} = \frac{S_2}{r_2^2} \tag{7.2-42}$$

$$\frac{S_2}{S_1} = \frac{r_2^2}{r_1^2}$$

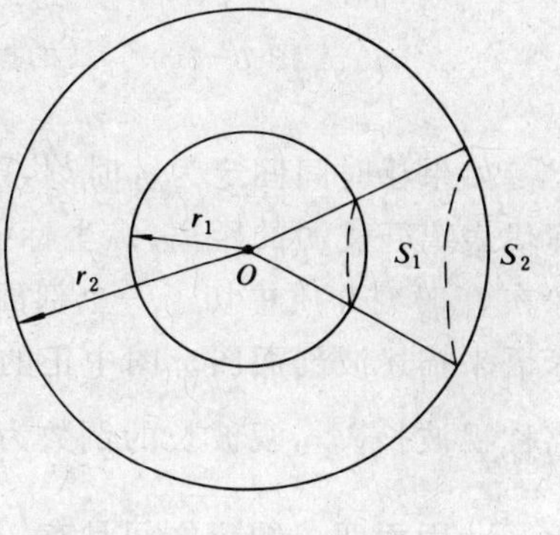

图 7-2-8　球面波能量密度示意图

代入式(7.2-41)得

$$\frac{I_1}{I_2} = \frac{r_2^2}{r_1^2} \tag{7.2-43}$$

因为波的强度 I 正比于振幅 A，因此

$$\frac{A_1}{A_2} \propto \frac{r_2}{r_1} \tag{7.2-44}$$

这说明波的振幅与传播距离成反比，距离越大，振幅越小。波前面越大，单位面积上的能量越小，这就是所谓球面扩散。这是一种几何原因造成的能量减小，与介质性质无关。

3. 振动图和波剖面——质点振动状态的描述

根据波动方程的达朗贝尔解，质点位移 u_P 取决于 $c_1(t - \frac{r-a}{v_P})$，质点位移的波形取决于 $c_1(t - \frac{r-a}{v_P})$ 和 $c_1'(t - \frac{r-a}{v_P})$，即

$$u_P = \left[-\frac{1}{r^2}c_1(\tau) - \frac{1}{rv_P}c_1'(\tau)\right]\frac{\boldsymbol{r}}{r}$$

近震源时，第一项作用大，远源区第二项作用大，由于 c_1 既是时间 t 又是空间 r 的函数，因此可以从不同角度来描述波动。

若在某一确定的距离 r_1 上观测该处质点位移随时间的变化，并令横坐标表示时间 t，纵坐标表示质点位移 u，这种 u-t 坐标系表示的质点位移图形称为振动图（亦称波形图），如图 7-

2－9)所示。可以用一系列术语来描述振动图。振动图的极值称为波的振幅(亦是相位)，相邻极值之间的距离为视周期 T^*，视周期的倒数称为视频率，质点振动的起始时间 t_1 和终了时间 t_2 之间的时间长度称为振动的延续长度。

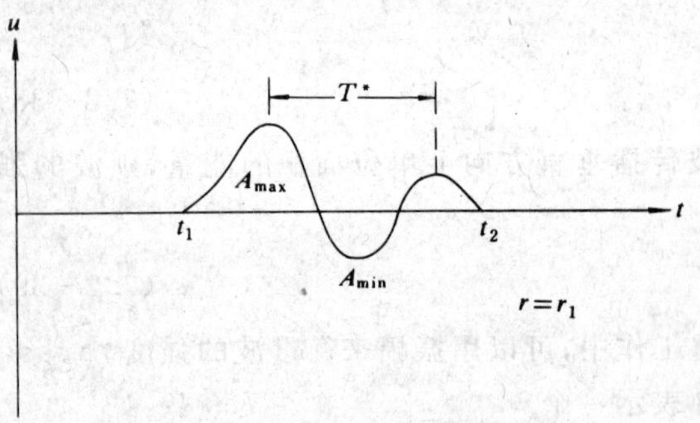

图 7－2－9　波的振动图

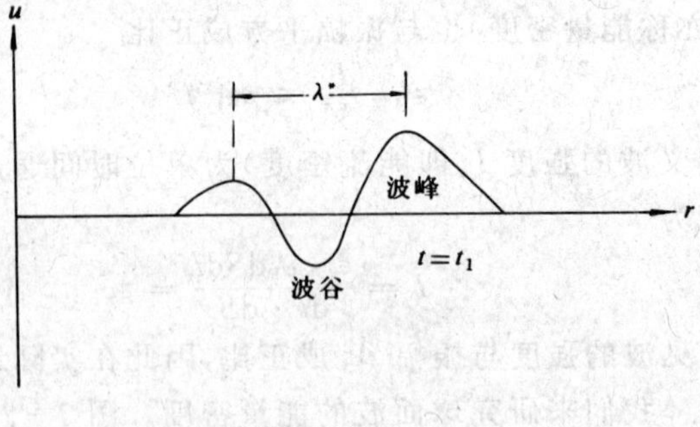

图 7－2－10　波剖面图

如果让时间固定为 t_1 时刻，可以研究在介质中同一时刻不同位置质点的位移状态。令横坐标代表离开震源的距离，纵坐标仍表示质点位移，这种 $u-r$ 坐标系的图形，称为波剖面图。好像在 t_1 时刻介质中切了一个剖面来观察质点的位移一样。如图 7－2－10 所示，亦可以用一些术语来描述波剖面图。图中正的极值称为波峰，负的极值称为波谷，两相邻波峰(谷)之间的距离称视波长 λ^*，视波长的倒数为波数 $k=\frac{1}{\lambda^*}$，即单位波长内波的数目。很容易得出 $\lambda^*=vT^*=\frac{v}{f^*}$，因而两个图形之间是有一定联系的。

观察波剖面可以看出，波在介质中传播，将介质划分为三个区，如图 7－2－11 所示。处于球层中间区内，质点以各自的状态振动，称为扰动区，其横切面就是波剖面。扰动区的最前端，刚开始振动与尚未开始振动的质点间的分界即是波前面。扰动区的最后端，将要停止振动的质点与已经停止振动的质点之分界称为波尾面。

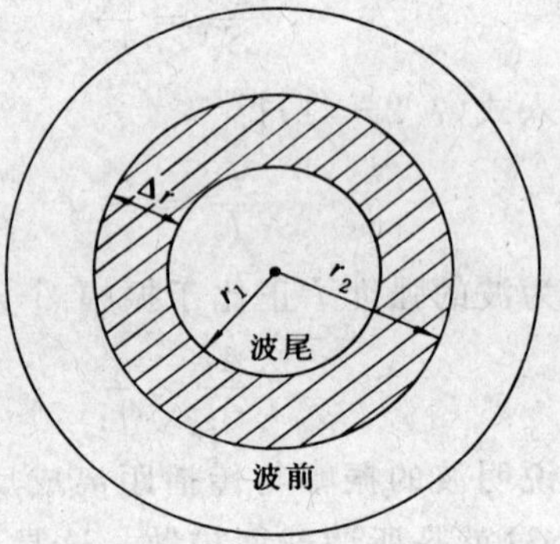

图 7－2－11　振动的空间分布图

在同一时刻，介质中不同质点位移都处于不同的振动相位，其中必有处于相同相位状态的，将相同相位质点连起来，就构成了等相位面。在均匀介质中，球腔对称源作用下，等相位面是同心球面，波前和波尾也是等相位面。当球面波传播距离非常大时，球面变得非常大，此时球面的一部分可以看作平面，球面波也就蜕化为平面波了。平面波是不存在球面扩散的。当然，平面波是一种数学的抽象，也是一种简化。

4. 地震波的频谱分析

我们已在时间域研究了波的传播特点(波形、振幅等)，我们也可以在频率域来分析波的动力学特征，即波的频谱，不同的波，有不同的频谱特征，地震波随着传播距离的增加，频谱会发生变化，波在不同介质中传播，其频谱特征(主频和频宽)也不相同。大量的实际观测和分析得知，反射波的能量主要分布在 30～70Hz 频带内，面波则主要在 10～20Hz 的低频带内，风吹草动的微震干扰的频谱在高频端，如图 7－2－12 所示。浅层反射波频谱较高，频带较宽，而中深层反射波频率较低，如图 7-2-13 所示。纵波频率较高，频带较宽，横波频率较低，如图 7-2-14 所示。当然波的频谱还与激发震源和激发方式有关。

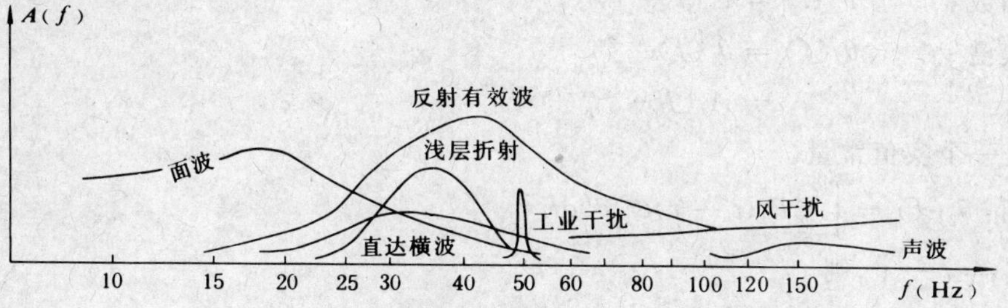

图 7-2-12　与地震勘查中的一些波的频谱

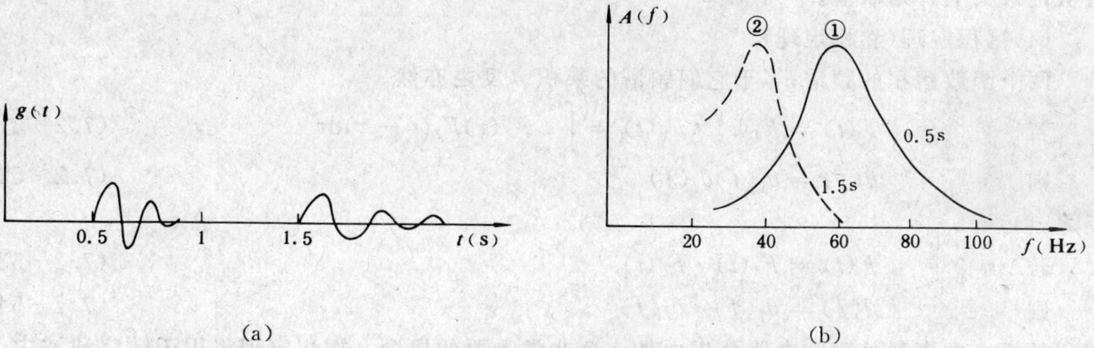

图 7-2-13　深层和浅层的反射波的频谱

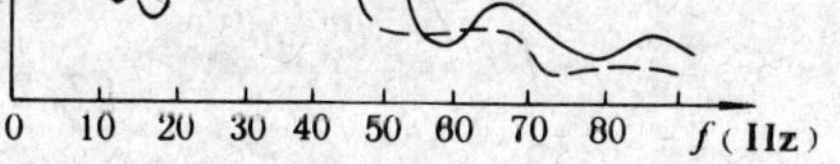

图 7-2-14　纵波和横波的频谱

研究波的频谱，可以指导野外采集方法和采集仪器的设计和使用，可以分辨、识别不同的波。而谱分析的工具就是傅里叶(傅氏)变换。下面我们将地震中常用到的傅氏变换的一些重要性质做一个简单介绍。

(1)单值对应性(唯一性定理)

每一个时间原函数 $F(t)$，对应一个频谱函数 $\theta(f)$。每一个频谱 $\theta(f)$，也单值对应一个时间函数 $F(t)$。因此，在时间域或频率域研究地震波是等价的。

(2)线性叠加性

若函数　$F(t)=F_1(t)+F_2(t)+F_3(t)+\cdots$　(7.2-45)

则其谱　$\theta(f)=\theta_1(f)+\theta_2(f)+\theta_3(f)+\cdots$　(7.2-46)

式(7.2-45)、式(7.2-46)称为叠加定理。

若函数　$F(t)=a_1F_1(t)+a_2F_2(t)+\cdots$　(7.2-47)

式中 $a_1,a_2,\cdots$ 为常数。

则其谱　　$\theta(f)=a_1\theta_1(f)+a_2\theta_2(f)+\cdots$　　(7.2-48)

此式称为相似性定理。

(3)时延定理

若函数　　$F_2(t)=F_1(t-\tau)$　　(7.2-49)

则其谱

$$\theta_2(f)=\theta_1(f)e^{-i2\pi\tau}$$
$$=A_1(f)e^{-i2\pi\tau+i\varphi_1(f)} \tag{7.2-50}$$

式中 τ 是一个实值常量。

证明：$\theta_2(f)=\int_{-\infty}^{\infty}F_1(t-\tau)e^{-i2\pi ft}dt$

令 $t_1=t-\tau$，则

$$\theta_2(f)=\int_{-\infty}^{\infty}F_1(t_1)e^{-i2\pi f(t_1+\tau)}dt_1=e^{-i2\pi f\tau}\theta_1(f)$$

这个定理说明，信号(振动)延迟了时间 τ 之后，其谱为原谱乘因子 $e^{-i2\pi\tau}$。它们的振幅谱是相同的，仅相位相差一个常数 $2\pi f\tau$。因此由地震记录计算振幅谱时，可以任意选取时间起点，而不必从记录头上开始取值。

(4)褶积定理(卷积定理)

两个函数褶积的频谱，等于它们频谱的乘积。反之亦然。

若　　$F(t)=F_1(t)*F_2(t)=\int_{-\infty}^{\infty}F_1(\tau)F_2(t-\tau)d\tau$　　(7.2-51)

则　　$\theta(f)=\theta_1(f)\theta_2(f)$　　(7.2-52)

反之

若　　$F(t)=F_1(t)\cdot F_2(t)$　　(7.2-53)

则　　$\theta(f)=\theta_1(f)*\theta_2(f)$　　(7.2-54)

褶积的概念在资料处理和电路分析中是一个非常重要的概念。褶积定理将用于数字滤波中。

(5)瑞雷定理(亦称能量定理、巴什瓦定理)

若 $F(t)$ 之谱为 $\theta(f)$，则

$$\int_{-\infty}^{\infty}F^2(t)dt=\int_{-\infty}^{\infty}A^2(f)df \tag{7.2-55}$$

这个定理说明，信号总能量为各分量能量之和。求信号之能量，可用 $F^2(t)$ 在其存在区域求积而得，也可用其振幅谱面积平方来计算。

(6)时间展缩定理(时标变换定理)

若函数　　$F_2(t)=F_1(at)$　　(7.2-56)

则其谱　　$\theta_2(f)=\frac{1}{|a|}\theta_1(\frac{f}{a})$　　(7.2-57)

式中 a 为实常数。

这个定理说明，信号延续时间压缩(扩展) a 倍，其频谱宽度加宽(压缩) a 倍。也就是说时间信号的延续度和其谱的宽度成反比。在地震资料处理中提高地震分辨率的反褶积方法就正是利用了增加频率成分，以加宽频带来缩短振动的延续度。

(7)微分和积分定理

设函数 $F(t)$ 有 n 阶导数，且 $F(t)$ 的谱为 $\theta(f)$，则

$$F_1(t)=\frac{d^n}{dt^n}F(t) \text{ 的谱 } \theta_1(f)=(i\omega)^n\theta(f) \tag{7.2-58}$$

$$F_2(t) = \underbrace{\iint\cdots\int}_{n\text{次}} F(t)\,\underbrace{\mathrm{d}t\cdots\mathrm{d}t}_{n\text{个}}\text{的谱}\ \theta_2(f) = \frac{1}{(i\omega)^n}\theta(f) \tag{7.2-59}$$

这个定理表明，每把 $F(t)$ 对 t 求一次导数，它的频谱就乘以一个 $i\omega$；每对 t 求一次积分，它的频谱就除以一个 $i\omega$。有了这个定理是很方便的，若要对函数求导或积分，可以不直接计算而先算那个导数或积分的谱，然后再回到时间域，就得到了所求结果。

以上讨论了频谱的有关概念。至于地震波频谱的计算方法，常采用的是快速傅氏变换(简记 FFT)法。这种程序在一些有关书籍和有关计算站都可以找到，在此不再叙述。

5．地震波的极化

各种波动在弹性介质中传播时，它们的偏振状态亦是各异的。纵波质点位移的偏振方向与波的传播方向一致，而横波则在垂直于波的传播方向偏振，这种现象称为波的极化。由于纵波和横波都在一条直线内偏振，因此它们都是线性极化波，但极化方向不同。有些波的质点位移是在一个平面内运动，我们称这种波为平面极化波，包括椭圆极化和更复杂的形状，瑞雷面波就是一种椭圆极化波。根据波的极化方向以及它们与波传播方向的关系，我们可以识别不同的波。同时根据波的极化方向，可以在最大灵敏度方向来接收波动，例如用垂直检波器接收纵波，水平检波器接收横波，就是利用了这个道理。

6．地震波的吸收

地震波在非理想弹性介质中传播时，介质中质点的振动能量要转化为其他形式的能量而被消耗，形成能量的衰减，使波的振幅按指数规律衰减。这种非理想介质对振动能量的影响，称为介质对弹性波的吸收作用。吸收使波的高频成分减少，因而使波的延续度增加。这正是地震勘探要面对的一个问题。

吸收使波的振幅随传播距离的增加而减小。在不同的岩层中，吸收作用是不相同的，通常用吸收系数来描述吸收作用。定义单位距离内振幅的相对变化为吸收系数，以 α 表示

$$\alpha = -\frac{\mathrm{d}A/A}{\mathrm{d}x} \tag{7.2-60}$$

式中 A 为振幅；$\mathrm{d}A$ 为振幅的变化；$\mathrm{d}x$ 是单位距离。若起始振幅为 A_0，通过 x 距离之后的振幅为 A，则上式可表示为

$$-\alpha\int_0^x \mathrm{d}x = \int_{A_0}^{A}\frac{\mathrm{d}A}{A}$$

$$-\alpha x = \ln A/A_0$$

所以

$$A = A_0 \mathrm{e}^{-\alpha x} \tag{7.2-61}$$

这就说明吸收作用使振幅按指数规律衰减，衰减程度取决于 α 的大小。不同岩层，α 大小不同。所以 α 和速度 v 一样，是表征地层性质的一个参数。而且 $\alpha = \alpha(f)$，它是频率的函数，高频吸收大，振幅衰减快，所以波在传播距离较远时，高频损失多，相对低频较丰富，频谱成分减少，地震分辨率降低，这也就是所谓大地滤波作用。

能量的损耗也可以用无量纲的品质因素 Q 来描述。定义 Q 为一个周期内损耗能量与总能量之比的倒数。

$$\frac{1}{Q} = \frac{\Delta E/E}{2\pi} = \frac{\Delta E}{2\pi E} \tag{7.2-62}$$

$$\frac{2\pi}{Q} = \frac{\Delta E}{E}$$

根据吸收系数的讨论，在一个波长(λ)距离内能量的相对损耗为

$$\frac{\Delta E}{E}=\frac{A_0^2-(A_0\mathrm{e}^{-\alpha\lambda})^2}{A_0^2}=1-\mathrm{e}^{-2\alpha\lambda}$$

$$\frac{1}{Q}=\frac{1-\mathrm{e}^{-2\alpha\lambda}}{2\pi}$$

上式右端分子经展开后近似取为 $2\alpha\lambda$，所以

$$\frac{1}{Q}=\frac{\alpha\lambda}{\pi}=\frac{\alpha v}{\pi f} \tag{7.2-63}$$

式中 v 为波的传播速度；f 为频率。

于是 $$\alpha=\frac{\pi f}{vQ} \tag{7.2-64}$$

式(7.2-64)说明 Q 与 α 成反比，Q 越大，能量的衰减越小，低 Q 值则地层的吸收强。

7. 地震波场的计算

地震波在理想无限介质中传播时，如何计算波到达空间任一点的波场值也是地震波动力学的重要问题。在研究位移时，我们考虑了由震源求某点的位移，但是震源函数是难以确切知道的，因此，我们研究由空间某点的位移求另一点位移位的方法，即由某时刻的扰动求另一时刻扰动的方法。在这一节里，我们将介绍惠更斯-菲涅尔原理，计算位的克希霍夫公式和泊松公式。

(1) 惠更斯-菲涅尔原理。惠更斯(Huygens)最早(1690 年)提出了由某时刻波前求另一时刻波前的原理，其基本点是：波前上的所有点，都可看作广义绕射源，此源发出二次子波，下一时刻的波前即为这些二次子波前的包络。这就确定了波前的几何位置(图 7-2-15)，但还不知道位移位 φ 的大小。

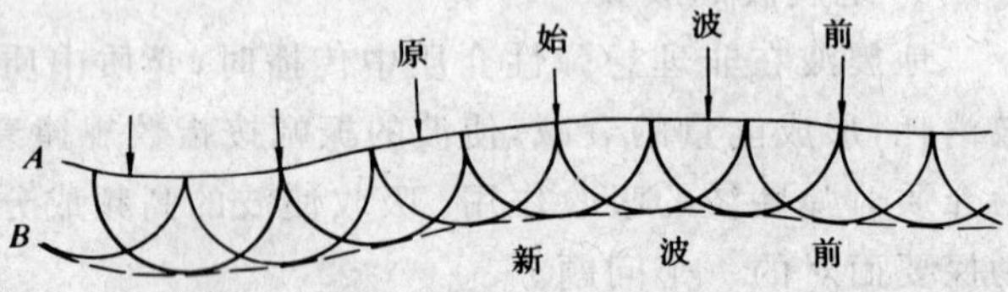

图 7-2-15　惠更斯原理示意图

菲涅尔将波的干涉理论引入，补充了惠更斯原理的不足。他认为波动仅出现在二次子波相互干涉而增强的地方(相长干涉)，而相消干涉处为静止状态。某波前面上各点形成的二次扰动在观测点处的叠加，就是震源在观测点引起的总扰动。

例如，图 7-2-16 中 Q 为由震源 M_0 发出的波前面，r_0 为半径，$\mathrm{d}Q$ 为 Q 面上的面积元，M_0 引起的在 M 点的扰动，可由 Q 面上各面积元在 M 点引起的扰动的叠加求得。

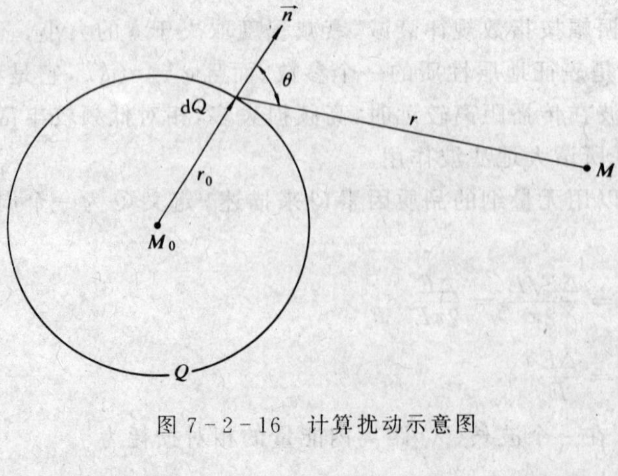

图 7-2-16　计算扰动示意图

设 M_0 发出的球面谐和波为

$$Ae^{i\omega(t-\frac{r_0}{v})} \tag{7.2-65}$$

球面上的扰动为

$$\frac{Ae^{i\omega(t-\frac{r_0}{v})}}{r_0} \tag{7.2-66}$$

设 $k=\dfrac{\omega}{v}$，上式变为

$$\frac{1}{r_0}Ae^{i\omega t}\cdot e^{-ikr_0} \tag{7.2-67}$$

若只考虑振动强度，可略去表示波形的时间因子 $e^{i\omega t}$，则 dQ 在 M 点的扰动 du 为

$$du=k(\theta)\frac{1}{r_0}Ae^{-ikr_0}\cdot\frac{1}{r}e^{-ikr}dQ \tag{7.2-68}$$

球面对 M 点的扰动为

$$\iint_Q k(\theta)\frac{1}{r}\frac{1}{r_0}Ae^{-ikr_0}\cdot e^{-ikr}dQ=\frac{A}{r_0}e^{-ikr_0}\iint_Q\frac{1}{r}e^{-ikr}k(\theta)dQ \tag{7.2-69}$$

式中 r 为 dQ 到 M 点的距离，$k(\theta)$ 为方向因子，与二次扰动的传播方向有关。物理学教科书中已证明

$$k(\theta)=\frac{i}{2\lambda}(1+\cos\theta) \tag{7.2-70}$$

式中 λ 为波长，θ 为 dQ 法线与 r 的夹角。$\theta=0$ 时，$k(\theta)$ 最大；θ 增大，$k(\theta)$ 迅速减小。

方向因子(亦称倾斜因子)是菲涅尔和克希霍夫对球面波扰动的计算中加上的一个因子。因为由 Q 面上二次源扰动在 M 点的积分与直接由 M_0 计算 M 处的扰动不相符。为克服这个矛盾，克希霍夫直接从波动方程导出了计算公式，并提出了方向因子的概念。他认为在每个二次新球面波表达式中都必须乘上一个方向因子 $\frac{i}{2\lambda}(1+\cos\theta)$，方向因子解决了计算中的问题，也可解释能量的传播方向问题。在波的前进方向($\theta=0$)，则 $k(\theta)$ 为最大，能量为最大。向后的方向($\theta=180°$)，$k(\theta)=0$。这说明波只向前传播，不向后退。

(2)克希霍夫(Kirchoff)公式。惠更斯-菲涅尔提出了解决问题的方法，但没给出具体计算公式。1883 年克希霍夫提出了计算扰动的数学公式，该公式是波动方程的克希霍夫解，也是惠更斯-菲涅尔原理的数学表达式。他提出，如果围绕震源的一个闭合面上的位移位 $\varphi(x,y,z,t)$ 及其导数已知且连续，则区域外任一点 $M(x_1,y_1,z_1,t)$ 由震源引起的位移位可由下式来计算

$$\varphi(x_1,y_1,z_1,t)=-\frac{1}{4\pi}\int_Q\{[\varphi]\frac{\partial}{\partial r}(\frac{1}{r})-\frac{1}{r}[\frac{\partial\varphi}{\partial n}]-\frac{1}{vr}\frac{\partial r}{\partial n}[\frac{\partial\varphi}{\partial t}]\}dQ \tag{7.2-71}$$

式中[ ]不是方括号，它表示不是在 t 时刻而是 t_1 时刻($t_1=t-\frac{r}{v}$)的值，故 $[\varphi]$ 称为推迟位(推迟到达的位)，r 表示 Q 面上各点到 M 点的距离，n 为 Q 的外法线方向(见图 7-2-17)。

式(7.2-71)说明，空间任一点之位，可由前一时间之位及其导数求得，由震源和观测点之间的曲面上之位及其导数求得。这个公式不仅有理论意义，而且在现代地震资料处理中仍在使用。公式证明较繁，在此从略。

(3)泊松(Poisson)公式。泊松公式是克希霍夫公式的特殊情况。即假设封闭曲面是半径 $r=vt$ 的球面，观测点 M 处于球心，由球面的 φ 求球心 M 点的 φ。

由于半径 r 和外法线方向一致(见图 7-2-18)，所以

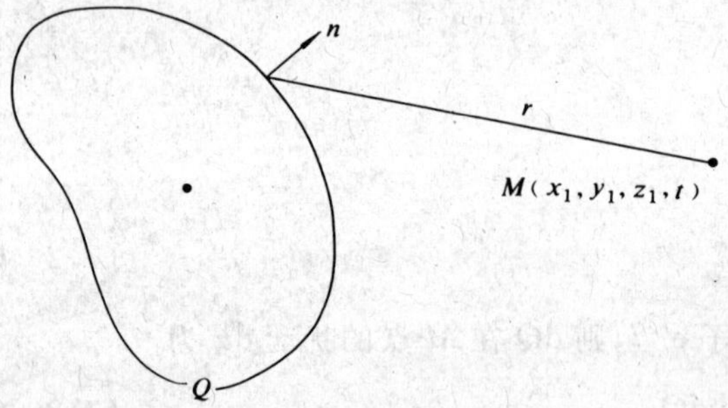

图 7-2-17　克希霍夫积分示意图

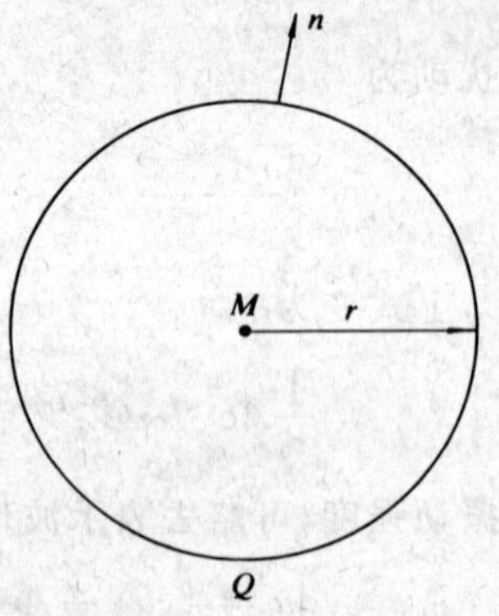

图 7-2-18　泊松公式示意图

$$\frac{\partial}{\partial r}=\frac{\partial}{\partial n},\ \mathrm{d}Q=r^2\mathrm{d}\Omega$$

则式(7.2-71)可写为

$$\varphi=\frac{1}{4\pi}\iint_{4\pi}\left\{\left[\frac{\partial(r\varphi)}{\partial r}\right]+\frac{r}{v}\left[\frac{\partial\varphi}{\partial t}\right]\right\}\mathrm{d}\Omega \tag{7.2-72}$$

又 $r=vt$，且 r 与立体角 $\mathrm{d}\Omega$ 无关，故

$$\varphi=\frac{\partial}{\partial r}r\frac{1}{4\pi}\iint[\varphi]\mathrm{d}\Omega+t\frac{1}{4\pi}\iint_{4\pi}\left[\frac{\partial\varphi}{\partial t}\right]\mathrm{d}\Omega \tag{7.2-73}$$

令
$$\bar{\varphi}=\frac{1}{4\pi}\iint_{4\pi}[\varphi]\mathrm{d}\Omega;\ \frac{\partial\bar{\varphi}}{\partial t}=\frac{1}{4\pi}\iint_{4\pi}\left[\frac{\partial\varphi}{\partial t}\right]\mathrm{d}\Omega$$

则式(7.2-73)可简化为

$$\varphi=\frac{\partial}{\partial r}(r\bar{\varphi})+t\frac{\partial\bar{\varphi}}{\partial t} \tag{7.2-74}$$

这就是泊松公式，式中 $\bar{\varphi}$ 及 $\frac{\partial\bar{\varphi}}{\partial t}$ 表示球面上 φ 及其时间导数的平均值。公式说明只要知道球面上位的平均值及其时间导数的平均值，就可求得球心的波场值 φ。

同样，此公式也可由直接解波动方程得出。

四、地震波的反射、透射和折射

前面讨论的是地震波在无限介质中传播时的动力学特点。当波遇到弹性分界面时，其动力学特点会进一步变化，波的能量将重新分配。这是一个考虑边界条件的波动问题，具有十分重要的意义，因为地震勘查所利用的波动通常与分界面上的反射、透射和折射波动有关。

(一)平面波的反射和透射

同光线一样，地震波遇到弹性分界面时会产生波的反射、透射。为了简便，我们从平面波出发进行讨论。平面波是数学的抽象，但在远离震源区，这种假设也不失其一般性。

1. 斯奈尔(Snell)定律

斯奈尔定律是描述波在弹性分界面上发生反射、透射后波的传播方向的定律。假设界面 R 将空间分为 w_1 和 w_2 两部分，如图 7-2-19 所示，上下介质的速度分别为 v_{P_1}，v_{S_1} 和 v_{P_2}，v_{S_2}。弹性力学中已证明，波在分界面上将产生分裂，形成4个二次波。这4个波的传播方向与介质速度有关，设纵波 P_1 以 α 角度入射到界面上，则将有反射纵波 P_{11}、反射横波 P_1S_2、透射纵波 P_{12}、透射横波 P_1S_2，它们满足

$$\frac{\sin\alpha}{v_{P_1}}=\frac{\sin\alpha_1}{v_{P_1}}=\frac{\sin\beta_1}{v_{S_1}}=\frac{\sin\alpha_2}{v_{P_2}}=\frac{\sin\beta_2}{v_{S_2}}=p \tag{7.2-75}$$

这就是斯奈尔定律。亦即物理学中的反射-折射定律。式中 α_1 为纵波反射角；β_1 为横波反射角；α_2 为纵波透射角；β_2 为横波透射角；p 是一个常数，称为射线参数，其值与入射角大小有关。

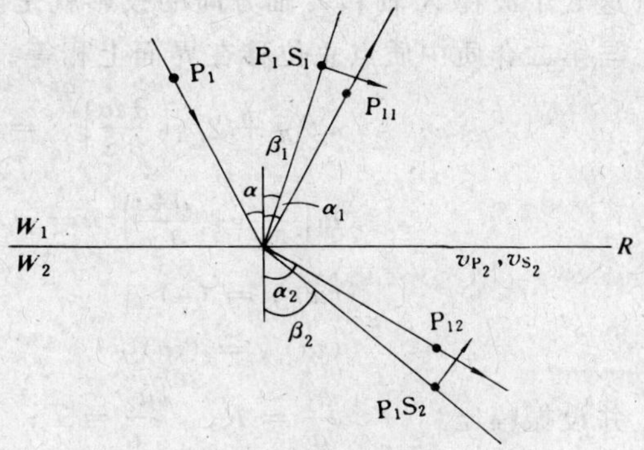

图 7-2-19　平面波的反射和透射

地震勘查中是这样定义的，与入射波波型相同的二次波（入射为纵波，反射、透射也为纵波）称为同类波；与入射波波型不同的波称为转换波。

2. 佐普里兹(Zoppritz)方程

佐普里兹方程是地震波在弹性分界面上能量分配的关系式。我们用平面谐和波来研究。用一个平界面 R 将介质空间分为两部分，它们各有不同的弹性常数。将坐标原点置于界面上，Z 轴垂直向下，XOY 面与分界面重合，如图 7-2-20 所示。入射平面波的波前与 Y 轴平行。因此，波在 Y 方向无变化，把三维问题简化为二维问题进行研究。

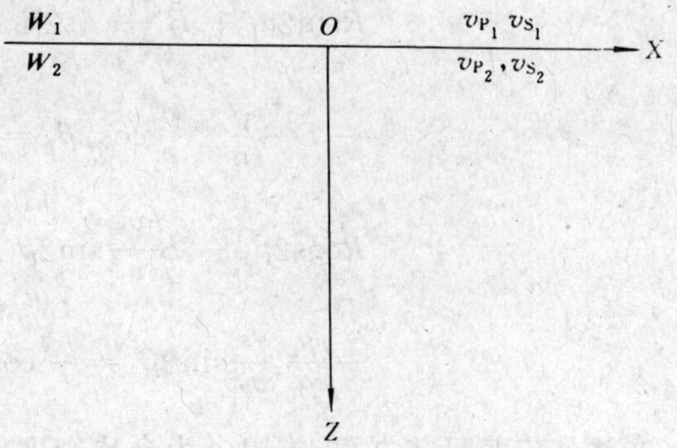

图 7-2-20　弹性分界面示意图

在有分界面的介质中，反映扰动弹性连系的边界条件有两组，即应力连续和位移连续。不考虑 Y 方向变化，边界条件由4个方程表述

$$\begin{aligned}(\sigma_{ZZ})_{1R}&=(\sigma_{ZZ})_{2R}\qquad (u)_{1R}=(u)_{2R}\\(\sigma_{ZZ})_{1R}&=(\sigma_{ZZ})_{2R}\qquad (w)_{1R}=(w)_{2R}\end{aligned} \tag{7.2-76}$$

式中 σ_{ij} 为应力，u、w 为位移在 X 和 Z 方向的分量。波的振幅由这四个方程给出，若知道入射波和4个二次波的位移，也就可求得各波的能量分配了。

设平面谐和纵波以 α 角投射到分界面上，则将产生反射纵波、反射横波、透射纵波和透射横波4个二次波。考虑到纵波质点位移方向与波传播方向一致，横波质点位移方向与波传播方向垂直，注意到 Z 轴垂直向下，则可以写出5个波的位移表达式

$$\left.\begin{aligned}&\text{入射波}\quad u_{P_1}=a\mathrm{e}^{i\omega\left(t-\frac{x\sin\alpha+z\cos\alpha}{v_{P_1}}\right)}\\&\text{反射纵波}\quad u_{P_{11}}=a_1\mathrm{e}^{i\omega\left(t-\frac{x\sin\alpha_1-z\cos\alpha_1}{v_{P_1}}\right)}\\&\text{反射横波}\quad u_{P_1S_1}=b_1\mathrm{e}^{i\omega\left(t-\frac{x\sin\beta_1-z\cos\beta_1}{v_{S_1}}\right)}\\&\text{透射纵波}\quad u_{P_{12}}=a_2\mathrm{e}^{i\omega\left(t-\frac{x\sin\alpha_2+z\cos\alpha_2}{v_{P_2}}\right)}\\&\text{透射横波}\quad u_{P_1S_1}=b_2\mathrm{e}^{i\omega\left(t-\frac{x\sin\beta_2+z\cos\beta_2}{v_{S_2}}\right)}\end{aligned}\right\} \tag{7.2-77}$$

这 5 个波在 X 轴和 Z 轴方向的投影就是位移分量 u 和 w，位移连续指第一介质中质点总位移与第二介质中质点总位移在界面上相等。将位移及其空间导数代入边界条件

$$\left.\begin{aligned}&\lambda_1\theta_{1R}+2\mu_1\left(\frac{\partial w}{\partial z}\right)_{1R}=\lambda_2\theta_{2R}+2\mu_2\left(\frac{\partial w}{\partial z}\right)_{2R}\\&\mu_1\left(\frac{\partial u}{\partial z}+\frac{\partial w}{\partial x}\right)_{1R}=\mu_2\left(\frac{\partial u}{\partial z}+\frac{\partial w}{\partial x}\right)_{2R}\\&(u)_{1R}=(u)_{2R}\\&(w)_{1R}=(w)_{2R}\end{aligned}\right\}\tag{7.2-78}$$

并设振幅比 $\frac{a_1}{a}=R$； $\frac{a_2}{a}=T$； $\frac{b_1}{a}=B$； $\frac{b_2}{a}=D$

就可以得出能量分配方程组

$$\left.\begin{aligned}&R\sin\alpha_1+B\cos\beta_1-T\sin\alpha_2-D\cos\beta_2=-\sin\alpha_1\\&R\cos\alpha_1-B\sin\beta_1+T\cos\alpha_2+D\sin\beta_2=\cos\alpha_1\\&R\sin2\alpha_1+B\frac{v_{P_1}}{v_{S_1}}\cos2\beta_1+T\frac{\rho_2}{\rho_1}\frac{v_{S_2}^2}{v_{S_1}}\frac{v_{P_1}}{v_{P_2}}\sin2\alpha_2\\&-D\frac{v_{P_1}v_{S_2}}{v_{S_1}^2}\frac{\rho_2}{\rho_1}\cos2\beta_2=\sin2\alpha_1\\&R\cos2\beta_1-B\frac{v_{S_1}}{v_{P_1}}\sin2\beta_1-T\frac{\rho_2}{\rho_1}\frac{v_{P_2}}{v_{P_1}}\cos2\beta_2\\&-\frac{\rho_2}{\rho_1}\frac{v_{S_2}}{v_{P_1}}\sin2\beta_2=-\cos2\beta_1\end{aligned}\right\}\tag{7.2-79}$$

这就是佐普里兹方程，式中 ρ 为介质密度；R 和 B 为纵波反射系数和横波反射系数，它们是用入射波振幅归一化的反射波振幅；T 和 D 是纵波透射系数和横波透射系数，是用入射波振幅归一化的透射波振幅。R、B、T 和 D 都是无量纲的量。

求解(7.2-79)方程组，就能得到各反射系数和透射系数的表达式；式中除包含已知的速度和密度外，还包含入射角、反射角和透射角。根据斯奈尔定律，这些角度都是入射角的函数，因此，反射系数和透射系数都是入射角 α 的函数。方程组的函数形式是相当繁杂而不好分析的，很难直接看出振幅与各个量的关系。一般是用作曲线的方法来研究各量的变化，总结出一些规律；只有在垂直入射的特殊情况下，能得出确定性关系。下面我们分别讨论。

3. 振幅方程(Zoppritz 方程)的讨论

(1) 垂直入射的情况。所谓垂直入射，就是 $\alpha=0$。此时 $\alpha_1=\beta_1=\alpha_2=\beta_2=0$，方程式(7.2-79)就变得很简单，其解也很简明。将 $\alpha=0$ 等代入式(7.2-79)得

$$\begin{cases}B-D=0\\R+T=1\\B\dfrac{v_{P_1}}{v_{S_1}}-D\dfrac{v_{P_1}v_{S_2}}{v_{S_1}^2}\dfrac{\rho_2}{\rho_1}=0\\R-T\dfrac{\rho_2}{\rho_1}\dfrac{v_{P_2}}{v_{P_1}}=-1\end{cases}\tag{7.2-80}$$

由此可得
$$T=\frac{2\rho_1v_{P_1}}{\rho_1v_{P_1}+\rho_2v_{P_2}}\tag{7.2-81}$$

$$R = 1 - T = \frac{\rho_2 v_{P_2} - \rho_1 v_{P_1}}{\rho_1 v_{P_1} + \rho_2 v_{P_2}} \tag{7.2-82}$$

$$B = D = 0$$

式中 ρv 称为波阻抗。

由此得出结论：

①垂直入射时，不存在转换波（$B = D = 0$），只有同类的反射波和透射波。

②只有上下介质波阻抗不相等时才有反射波，波阻抗差得越大，反射波能量越强。

③ $\rho_2 v_{P_2} > \rho_1 v_{P_1}$ 时，$R > 0$，这时入射波和反射波具有相同的相位。当 $\rho_2 v_{P_2} < \rho_1 v_{P_1}$ 时，$R < 0$，说明入射波和反射波相位相反，这种现象称为“半波损失”，因为波经反射后，好像丢了半个波长。

④透射系数总是正的，透射波与入射波同相位。

⑤如果把从介质 1 入射到界面的反射系数用 R 表示，透射系数用 T 表示。把从介质 2 垂直入射时的反射系数用 R' 表示，透射系数用 T' 表示，显然有

$$\left.\begin{aligned} R' &= \frac{\rho_1 v_{P_1} - \rho_2 v_{P_2}}{\rho_1 v_{P_1} + \rho_2 v_{P_2}} = -R \\ T' &= \frac{2\rho_2 v_{P_2}}{\rho_1 v_{P_1} + \rho_2 v_{P_2}} \\ TT' &= \frac{4\rho_1 v_{P_1}\rho_2 v_{P_2}}{(\rho_1 v_{P_1} + \rho_2 v_{P_2})^2} \\ &= (1 - R)(1 + R) = 1 - R^2 \end{aligned}\right\} \tag{7.2-83}$$

这些结论对研究地震波的振幅是相当重要的。

在地震勘查工作中，界面深度远远大于炮检距时，反射波的传播可以近似看成垂直入射情况，因此垂直入射的特殊情况，具有相当大的实际意义。

(2) 倾斜入射的情况。当地震波以非零的任意角度入射至界面时，情况比较复杂。这时有转换波产生，各二次波的能量分配关系完全由佐普里兹方程决定。它受多种参数控制，不能直观地看出它们之间的关系。通常采用作图法来研究能量的变化情况。国内外许多学者在这方面已做了大量的计算和研究，绘制了许多的图件。这些图件大致分为两类：一类是研究反射系数、透射系数与入射角 α 之间的关系，另一类是描述它们和介质参数，如密度比和速度比之间的关系。我们选择少量典型曲线进行分析，以便从中得出一些对地震勘探有益的结论。

图 7-2-21 为反射系数、透射系数与入射角的关系曲线。其中图 7-2-21(a)为 $v_{P_2}/v_{P_1} = 0.5$，$\rho_2/\rho_1 = 0.8$ 的情况下计算的，波由波阻抗大的介质向波阻抗小的介质投射，可以看出：

①能量主要分配在透射波上，透射系数大，且随 α 角度增加变化不大，较平稳。

②反射系数 R 随入射角增大而减小，$\alpha < 20°$ 时，R 变化较小。这是地震纵波反射工作的有利地段（近炮点）。

③ $\alpha = 0$ 时，无转换波；当 α 增大时，转换波能量逐渐增大，当入射角在 40°～50°时，转换波能量可以大于纵波。因此接收转换波应在远离炮点的距离上。

图 7-2-21(b)是波从疏介质向密介质入射，$v_{P_2}/v_{P_1} = 2$，$\frac{\rho_2}{\rho_1} = 0.5$ 的情况。此时无波阻抗差。由曲线可以看出：

①在 α 很小，或者说法线入射时，无纵波反射，随 α 角增加到某个角度时，反射能量有突

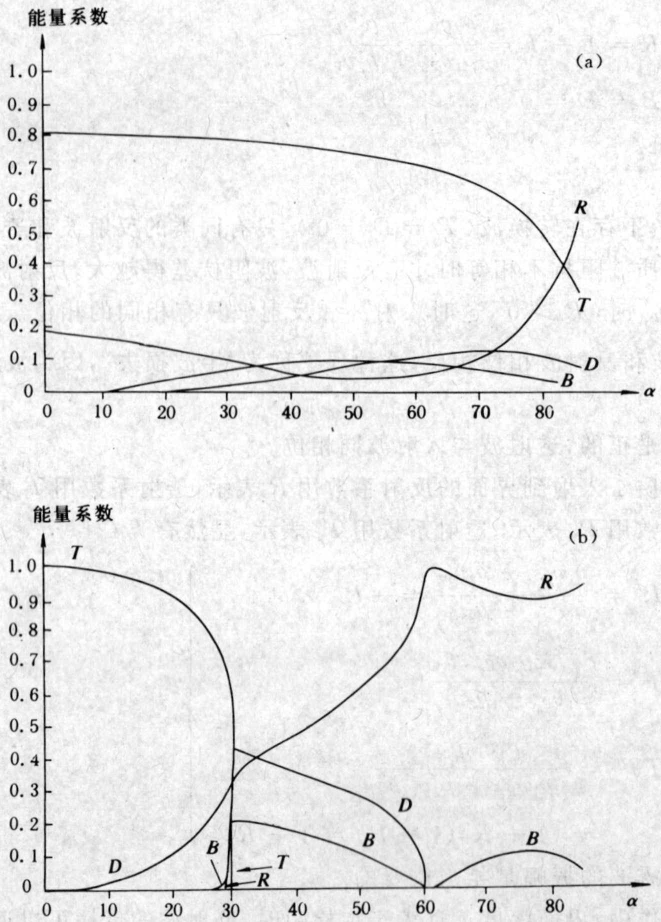

图 7-2-21　反射系数、透射系数与入射角的关系

变,而且透射波能量迅速下降到零。这种能量的突变表明将发生能量的再分配,出现一种新的波动。这种新波叫做折射波,后面我们将要讨论。

②在 α 很小时,没有转换反射波。α 在某个大角度时,转换波能量也有突变。

③能量突变的角度,称为临界角。临界角附近,反射能量也很强,这叫广角反射,广角反射也是可利用的。

图 7-2-22 为速度比和密度比的关系曲线。其中图 7-2-22(a)为 v_{P_2}/v_{P_1} 变化时,反射系数与入射角的关系。v_{P_2}/v_{P_1} 为参数,它等于 0.25,0.5,0.75,…,3.0,4.0 等。由曲线可以看出,当 $v_{P_2}/v_{P_1}<1$ 时,曲线变化缓慢;v_{P_2}/v_{P_1} 越接近于 1,R 越小,曲线越平缓,说明反射越弱。当 $v_{P_2}/v_{P_1}>1$ 时,曲线变化剧烈,在临界角附近有能量的突变。

图 7-2-22(b)为 ρ_2/ρ_1 变化时,反射系数随入射角的变化曲线。ρ_2/ρ_1 取值从 0.33,直到 3.0。由图可以看出,各曲线变化规律相似,差别不大,说明密度变化对反射波的影响不大。

(二)球面波的反射、透射以及折射波的形成

前面我们用平面波理论来研究了分界面上波的反射和透射,这就意味着波总是以某个恒定的角度投射于界面上。这与实际情况是有差别的。爆炸产生的是球面波,球面波向界面投射时,沿界面每一个点入射角都是变化的,这将发生什么事呢?

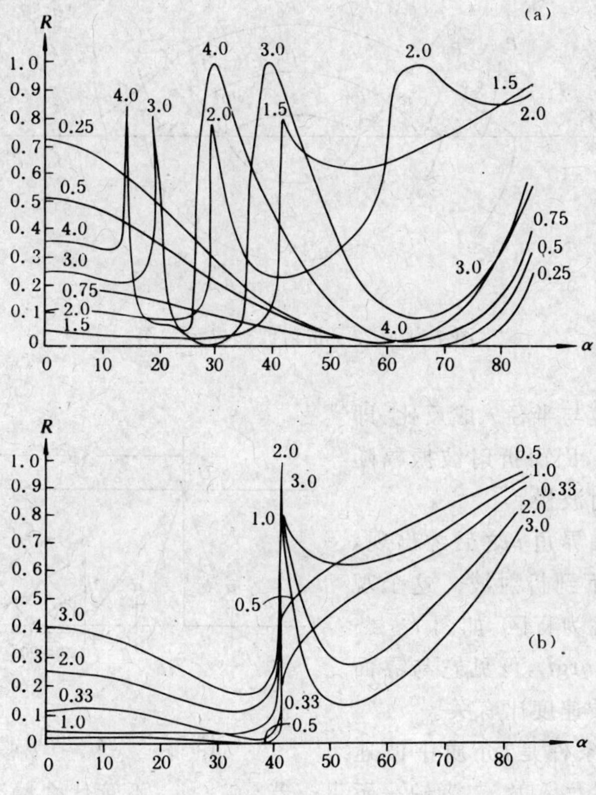

图 7-2-22　反射系数同 $\rho_2/\rho_1, v_{P_2}/v_{P_1}$ 的关系

我们考虑下层介质波速大于上覆介质波速，即 $v_{P_2} > v_{P_1}$ 的情况。球面波以 α 角入射到界面上，将产生波的反射和透射，入射角 α 可从 0°变化到 90°，但在界面每个点上，反射、入射和透射波的波前是连接在一起的，波的传播方向由斯奈尔定律确定。

$$\frac{\sin\alpha}{v_{P_1}} = \frac{\sin\alpha_2}{v_{P_2}}$$

入射角 α 逐渐变化，总可以达到某个 $\alpha = i_{PP}$ 角度，使透射角 α_2 达到 90°，此时 $\sin\alpha_2 = 1$，则

$$\sin\alpha = \frac{v_{P_1}}{v_{P_2}},\ \alpha = i_{PP} = \arcsin\frac{v_{P_1}}{v_{P_2}}$$

i_{PP} 称为临界角。这就是说，当入射角达到临界角时，透射角达到 90°，透射波将沿界面滑行，透射波的波前面将垂直于界面。透射波以下层介质速度 v_{P_2} 传播。入射角超过 i_{PP} 时，入射波、反射波和透射波的波前不再连在一起，而产生脱离，透射波超前。此时下面介质质点振动与上面介质质点振动脱节，这不符合连续介质的边界条件，应该有一个新的扰动，将它们联系起来，这个新的波动就是折射波。如图 7-2-23 所示，折射波的波前与透射波波前相接，与反射波波前相切。

滑行波波前超前问题，有多种证明方法。有兴趣的读者可参阅其他地震勘探教材，在此不再赘述。

折射波类似于船在水中行走时，船两侧出现的率领波。它以不变的角度 (i_{PP}) 返回地面。因此在二维空间内，折射波射线是一组平行的直线，其波前面在三维空间是一个圆锥台，因此

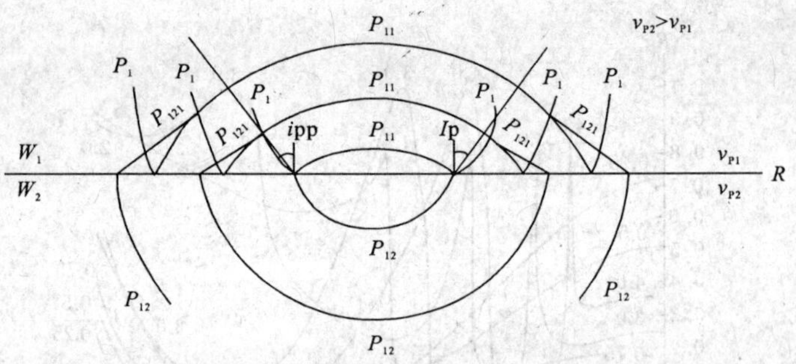

图 7-2-23　折射波形成示意图

单位面积上的能量密度与半径 r 成反比，即振幅 A 与 $\sqrt{r}$ 成反比，因而折射波振幅随传播距离的衰减较反射波慢。

由于折射波要在临界角 i 之后才出现，因此在震源附近观测不到折射波。这个观测不到折射波的区间称为盲区。如图 7-2-24 所示，盲区 $OM = 2h\text{tg}i$，可见它与界面埋藏深度 h 和上下介质速度比有关。

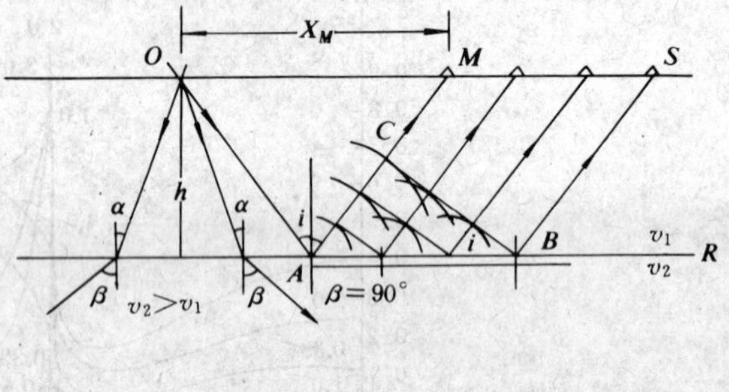

图 7-2-24　折射波射线示意图

总结折射波形成条件是：介质中波速 $v_2 > v_1$；球面波以临界角入射，二者缺一不可。若 $v_1 > v_2$，不管什么情况都不能形成折射波。这个结论读者可以自己证明。

同样，若横波满足 $v_{S_2} > v_{S_1}$ 时，波以 i_{SS} 角度入射，在界面上也会形成折射横波。

五、瑞雷面波

与分界面有关，其能量仅存在于界面附近的波动，称为面波。其中与自由表面有关的一种面波，是英国人瑞雷于 1887 年在理论上发现，后经天然地震观测证实的一种面波，这种面波称为瑞雷(Rayleigh)面波，简记为 R 波。

瑞雷面波在天然地震中有重要意义。这是一种破坏力极强的波动，也是研究地球内部结构的重要信息。在一般地震勘探中，它是一种强烈的干扰波。目前在浅层的工程勘测中，面波已发展成了一个独立的面波勘探法(亦称弹性波频率测深法)。因此，研究面波理论是很必要的。

(一)瑞雷方程

面波是地表条件下，纵波和横波叠加而成的一种波动，含有纵波和横波的成分。沿地表传播，随深度迅速衰减。我们用平面谐和波来研究，假设波沿 X 方向传播，坐标系 Z 轴垂直向下。

设位移位

$$\left.\begin{aligned} \varphi &= a\mathrm{e}^{-kz+i\,\omega(t-\frac{x}{v_R})} \\ \psi &= b\mathrm{e}^{-\varepsilon z+j\,\omega(t-\frac{x}{v_R})} \end{aligned}\right\} \tag{7.2-84}$$

式中 k、ε 为衰减系数，均大于零；v_R 为面波波速；a 和 b 是振幅。

自由界面的边界条件是应力为零，即

$$\sigma_{ZZ} = 0 \qquad \sigma_{ZX} = 0$$

$$\left.\begin{aligned}\lambda\theta + 2\mu\left(\frac{\partial w}{\partial z}\right)_{z=0} &= 0\\ \mu\left(\frac{\partial u}{\partial z} + \frac{\partial w}{\partial x}\right)_{z=0} &= 0\end{aligned}\right\} \tag{7.2-85}$$

已知位移矢量 $u = u_P + u_S = \mathrm{grad}\varphi + \mathrm{rot}\psi$，由式(7.2-84)可求得位移分量 u 及 w，代入式(7.2-85)，可得出 a 和 b 为未知数的二元一次联立方程

$$\left.\begin{aligned}&2(v_S^2 - v_R^2)a - 2v_S^2 j\sqrt{1 - \frac{v_R^2}{v_S^2}}\ b = 0\\ &2j\sqrt{1 - \left(\frac{v_R}{v_P}\right)^2}\ a + \left(2 - \frac{v_R^2}{v_S^2}\right)b = 0\end{aligned}\right\} \tag{7.2-86}$$

上式有非零解，则面波存在(即 a、b 有值)。那么系数行列式应为零

$$\begin{vmatrix} 2(v_S^2 - v_R^2) & -2v_S^2 j\sqrt{1 - \frac{v_R^2}{v_S^2}} \\ 2j\sqrt{1 - \left(\frac{v_R}{v_P}\right)^2} & 2 - \frac{v_R^2}{v_S^2}\end{vmatrix} = 0 \tag{7.2-87}$$

由此我们可以得到著名的瑞雷方程

$$f(v_R) \equiv \left(\frac{v_R}{v_S}\right)^6 - 8\left(\frac{v_R}{v_S}\right)^4 + \left[24 - 16\left(\frac{v_S}{v_P}\right)^2\right]\left(\frac{v_R}{v_S}\right)^2 - 16\left[1 - \left(\frac{v_S}{v_P}\right)^2\right] = 0 \tag{7.2-88}$$

面波速度 v_R 满足上式，则面波存在。由常识知道，v_R 必须大于零才有意义，因此要求 v_R 大于零的解，由方程可看出

$$v_R = 0 \text{ 时} \qquad f(0) < 0$$

$$v_R = v_S \text{ 时} \qquad f(v_S) = 1$$

这说明 v_R 在 $0 \sim v_S$ 之间，至少有一个正实根使 a 和 b 有非零解，这就证明了面波总是存在的。

面波速度 v_R 到底有多大呢？它与介质的泊松比 σ 有关。若介质是泊松固体，即 $\sigma = 0.25$，$\lambda = \mu$，$v_S^2 = \frac{1}{3}v_P^2$，代入式(7.2-88)，可得三个根

$$\left(\frac{v_R}{v_S}\right)^2 = 4; \qquad \left(\frac{v_R}{v_S}\right)^2 = 2 \pm \frac{2}{\sqrt{3}}$$

其中只有 $\left(\frac{v_R}{v_S}\right)^2 = 2 - \frac{2}{\sqrt{3}}$ 能使 k、ε 为正数，所以

$$v_R^2 = \left(2 - \frac{2}{\sqrt{3}}\right)v_S^2$$

$$v_R \doteq 0.92v_S \tag{7.2-89}$$

对绝对刚体 $\mu = 0$，$\sigma = 0.5$ 时，可得

$$v_R \doteq 0.95v_S \tag{7.2-90}$$

常用的一般近似式为

$$v_R = \frac{0.87 + 1.2\sigma}{1 + \sigma}v_S \tag{7.2-91}$$

当 σ 最大时 $v_R \doteq v_S$，这正是浅部工程勘测中用得最多的关系式。

(二)面波的特点

1. 质点运动轨迹

质点在 X 和 Z 方向的位移为 u 和 w，由

$$u = \text{grad}\varphi + \text{rot}\psi$$

可得到 $$u = \frac{\partial \varphi}{\partial x} + \frac{\partial \psi}{\partial z}, w = \frac{\partial \varphi}{\partial z} - \frac{\partial \psi}{\partial x}$$

由式(7.2－86)可以得出 φ 和 ψ 的振幅比

$$\frac{b}{a} = -2j\frac{\sqrt{1-\left(\frac{v_R}{v_P}\right)^2}}{2-\left(\frac{v_R}{v_S}\right)^2} = -2jc \tag{7.2-92}$$

式中 $$c = \frac{\sqrt{1-\left(\frac{v_R}{v_P}\right)^2}}{2-\left(\frac{v_R}{v_S}\right)^2}$$

将 a, b 代入上面的位移表达式，由于考虑振幅，只取实数部分，可得出

$$\left.\begin{aligned} u &= A\left(e^{-k_1\frac{z}{\lambda_R}} - \frac{c\varepsilon_1}{\pi}e^{-\varepsilon_1\frac{z}{\lambda_R}}\right)\sin\omega\left(t - \frac{x}{v_R}\right) \\ w &= A\left(2ce^{-\varepsilon_1\frac{z}{\lambda_R}} - \frac{k_1}{2\pi}e^{-k_1\frac{z}{\lambda_R}}\right)\cos\omega\left(t - \frac{x}{v_R}\right) \end{aligned}\right\} \tag{7.2-93}$$

式中 $A = \frac{2\pi a}{\lambda_R}$；$k_1 = k\lambda_R$；$\varepsilon_1 = \varepsilon\lambda_R$；$\lambda_R$ 是面波波长，两个位移分量相位差 $\frac{\pi}{2}$，其合成运动轨迹为椭圆。对 $\lambda = \mu$ 的泊松固体，在地面的位移($z = 0$)为

$$\left.\begin{aligned} u &= 0.42A\sin\omega\left(t - \frac{x}{v_R}\right) \\ w &= 0.62A\cos\omega\left(t - \frac{x}{v_R}\right) \end{aligned}\right\} \tag{7.2-94}$$

地面两个位移分量的振幅比 $w/u \doteq 1.5$，说明椭圆长轴在 Z 方向，逆时针旋转。质点运动轨迹随深度而变化，如图 7－2－25 所示。质点在地面的运动也可用波剖面表示如图 7－2－26。

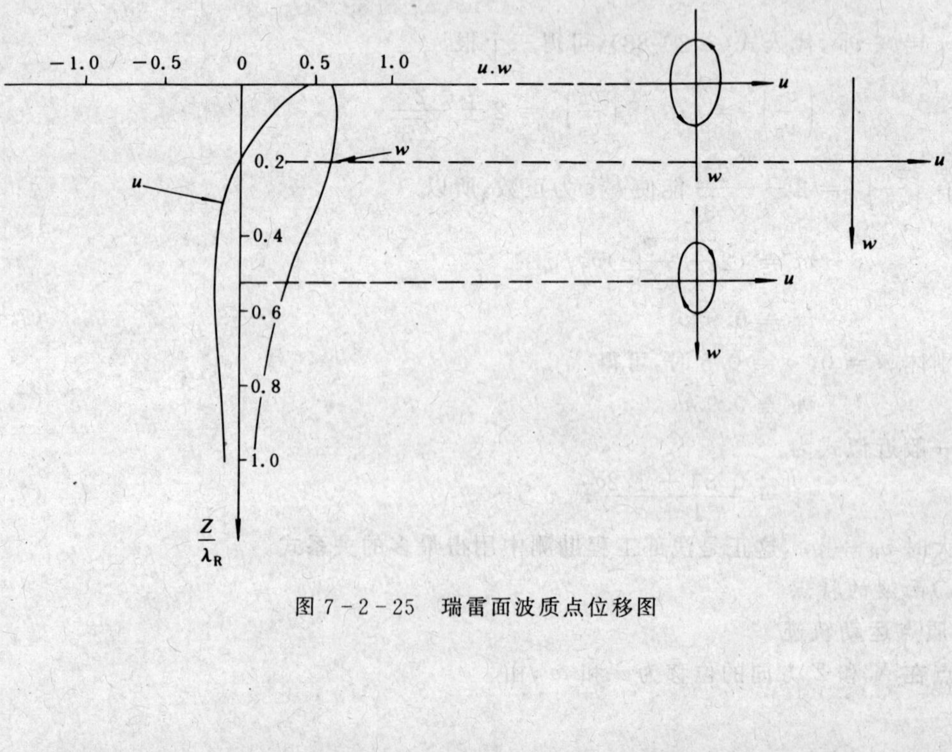

图 7－2－25　瑞雷面波质点位移图

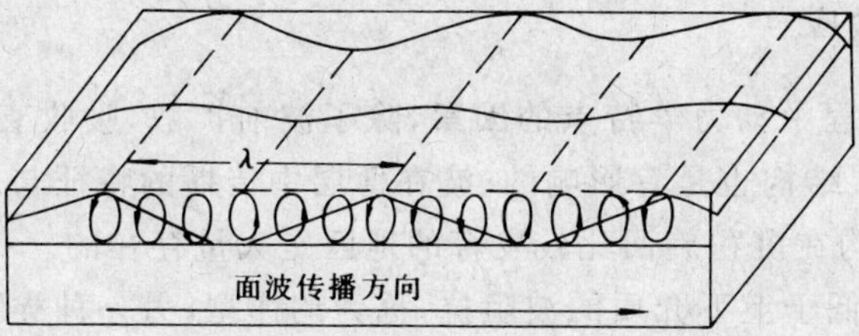

图 7-2-26　瑞雷面波的传播图

2. 面波的衰减

由图 7-2-25 可以看出，面波的能量基本上在一个波长的深度范围内，亦即它的穿透深度约 1 个波长。$\lambda_R = vT = v_R/f$，可见，不同频率的面波，穿透深度是不同的。高频穿透浅，低频穿透深，这也正是面波法叫做弹性波频率测深法的原因。

面波存在于一个波长深度内，它的波前是一个圆柱面，扰动区是一个空心圆柱，如图 7-2-27 所示，其体积为

$$W \doteq 2\pi r \lambda_R \Delta r$$

能量密度　$$\varepsilon = \frac{E}{V} \propto \rho^2 A^2 f^2$$

所以　$$A \propto \frac{1}{\sqrt{r}}$$

这说明面波能量强，衰减较体波慢。因此在纵波勘探中瑞雷面波是一种强的干扰波。

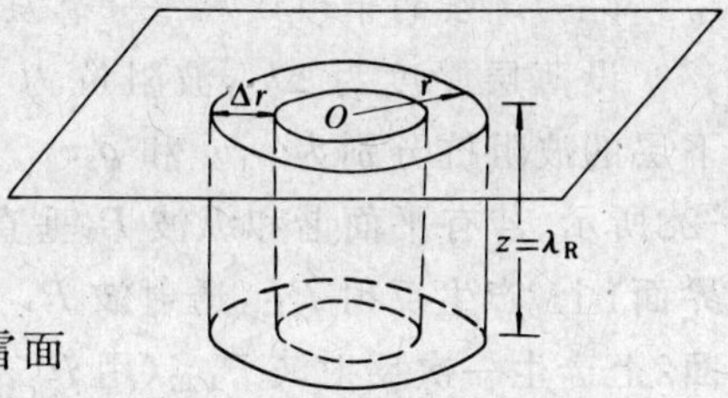

图 7-2-27　面波波前示意图

3. 面波波散

在均匀介质中面波无波散特性，但在实际的非均匀介质中面波具有波散特性。不同频率的谐波传播速度不同，会造成脉冲波形随传播距离而变化。单色波的速度为相速度，用 v 表示，叠加波的能量团（波形之包络）传播速度为群速度，用 u 表示，物理学中已证明它们的关系为

$$u = v + k\frac{dv}{dk} \text{ 或 } u = v - \lambda\frac{dv}{d\lambda} \quad (7.2-95)$$

式中 $k = \frac{\omega}{v}$，称为波数，与波长有关。在无波散时 $u = v$。

$\frac{dv}{d\lambda} > 0$，称为正常波散，即 λ 大，v 大。

$\frac{dv}{d\lambda} < 0$，称为异常波散，即 λ 大，v 小。

面波的波散方程在地震学的教材中有详细的论证，我们不加证明引录如下

$$\mathrm{tg}\left[kH\sqrt{\left(\frac{v_R}{v_1}\right)^2 - 1}\right] = -\frac{\rho_2}{\rho_1}\frac{\sqrt{(v_R/v_1)^2 - 1}}{\sqrt{1 - (v_R/v_2)^2}} \quad (7.2-96)$$

式中 $k = \frac{\omega}{v_R}$；H 为第一层之厚度；v_1、v_2 分别为两层介质的纵波速度。

在天然地震中，可由观测资料获得群速度和相速度，从而可以做出频散曲线，由此确定地下构造。在浅层面波勘探中，可以实测出频散曲线，并由此求出不同深度的面波平均速度，再根据各地区经验的波长-深度转换系数，就可以进行剖面的分层解释。

六、地震波的薄层效应

影响地震波传播过程中动力学特点的因素，除了波前扩散，吸收衰减，反射、透射等之外，地层的结构，特别是薄层结构也是有影响的。波在薄层中传播的特征与厚层中的传播特征有很大差异。而这种薄层结构在沉积旋回比较发育的地区是大量存在的。一般有两种类型，一种是薄层的波阻抗高于或者低于上下介质的波阻抗，称为韵律型；另一种类型是薄层波阻抗介于上下介质波阻抗之间，称为过渡型。

地震勘查中的薄层是一个相对概念，相对波长而言。定义层厚 Δh 满足下式的为薄层

$$\Delta h < \frac{\lambda}{4} \tag{7.2-97}$$

于是

$$2\Delta h < \frac{\lambda}{2},\ \frac{2\Delta h}{v} < \frac{\lambda}{2v}, \tau < \frac{T}{2} \tag{7.2-98}$$

式中 λ 是波长，v 是波速，τ 为薄层中的双程旅行时，T 为周期。

由式(7.2-98)说明，层中双程旅行时小于波的半个周期的层为薄层。因此从时间上来说，薄层是不能分出顶底反射之层。

(一)薄层的干涉效应——薄层的频率特性

设薄层厚度为 Δh，波阻抗为 $\rho_2 v_2$，上下层的波阻抗分别为 $\rho_1 v_1$ 和 $\rho_3 v_3$，如图7-2-28所示。若有平面谐和纵波 P_1 垂直投射于界面1上，产生反射 P_{11}，透射波 P_{12}，并在界面2上产生一次反射波 P_{1221}(用 P_2^1 表示)，多次反射 P_{122221}(用 P_2^2 表示)，…(为了清楚，图中将垂直射线画成了斜线)。由于薄层中波的双程时间 $\tau < \frac{T}{2}$，这些多次波和一次反射波会发生叠加，亦即薄层的一次反射到达地面后，其振动尚未停止，多次波就到达地面，因而地面所得到的是这些波相互叠加的总振动。这种波的相互叠加干涉称为薄层的干涉效应。下面我们来讨论一下干涉效应究竟是什么？

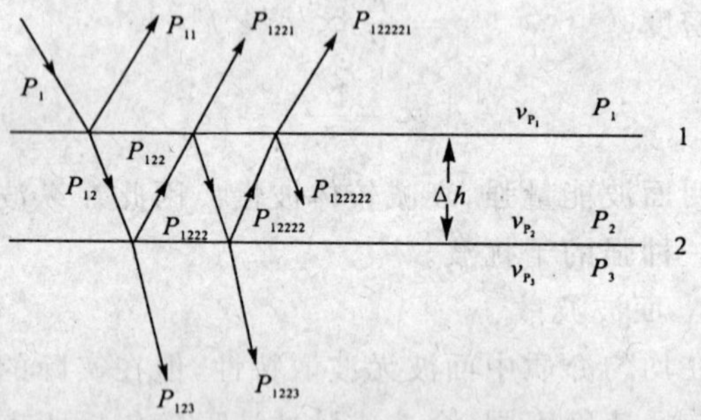

图 7-2-28　薄层模型

若入射波　$P_1 = a\mathrm{e}^{i\omega t}$

1界面反射　$P_{11} = a_{P_{11}}\mathrm{e}^{i\omega t} = aR_1\mathrm{e}^{i\omega t}$

2界面反射　$P_2^1 = aTR_2T'\mathrm{e}^{i\omega(t-\tau)} = a(1-R_1^2)R_2\mathrm{e}^{i\omega(t-\tau)}$

$$P_2^2 = a(1-R_1^2)R_2^2(-R_1)\mathrm{e}^{i\omega(t-2\tau)}$$

$$P_2^3 = a(1-R_1^2)R_2^3(-R_1)^2\mathrm{e}^{i\omega(t-3\tau)}$$

$$\vdots$$

$$\vdots$$

式中 R_1，R_2 为界面1和2的反射系数，T 为透射系数。

干涉叠加后的总反射波为 P

$$P = P_{11} + P_2^1 + P_2^2 + \cdots$$

$$= aR_1\mathrm{e}^{i\omega t} + \sum_{k=1}^{\infty} a(1-R_1^2)R_2(-R_1R_2)^{k-1}\mathrm{e}^{i\omega(t-k\tau)}$$

$$= aR_1 e^{i\omega\tau}\left[\frac{1+\dfrac{R_2}{R_1}e^{-i\omega\tau}}{1+R_1R_2e^{-i\omega\tau}}\right] \tag{7.2-99}$$

薄层引起的干涉效应为总的叠加反射波与一次反射波之比

$$A(\omega)=\frac{P}{P_{11}}=\frac{1+\dfrac{R_2}{R_1}e^{-i\omega\tau}}{1+R_1R_2e^{-i\omega\tau}}$$

$$=\frac{1+\dfrac{R_2}{R_1}(\cos\omega\tau - i\sin\omega\tau)}{1+R_1R_2(\cos\omega\tau - i\sin\omega\tau)} \tag{7.2-100}$$

反应能量变化的是波的振幅特性，即

$$|A(\omega)|=\sqrt{\frac{(1+\dfrac{R_2}{R_1}\cos\omega\tau)^2+(\dfrac{R_2}{R_1}\sin\omega\tau)^2}{(1+R_1R_2\cos\omega\tau)^2+(R_1R_2\sin\omega\tau)^2}} \tag{7.2-101}$$

经化简，并令 $b \doteq -R_1R_2$, $\delta = R_2/R_1 - R_1R_2$, $b-\delta=-\dfrac{R_2}{R_1}$，则上式变为

$$|A(\omega)|=\sqrt{\frac{1-2(b-\delta)\cos\omega\tau+(b-\delta)^2}{1-2b\cos\omega\tau+b^2}} \tag{7.2-102}$$

由此可见，薄层的反射振幅与频率有关，这是多次反射相互干涉迭加，使波形发生变化所引起的频率效应。所以薄层是一个滤波器。我们用作图法来分析薄层的频率特性。

当 R_1R_2 很小（实际情况常是如此）时，$R_1^2R_2^2$ 更小，因而式(7.2-102)可简化为

$$|A(\omega)|=\sqrt{1-2(b-\delta)\cos\omega\tau+(b-\delta)^2} \tag{7.2-103}$$

以 δ 为参数，$f\tau$ 为变量，根据上式可做出第一个周期内的振幅-频率曲线，图 7-2-29(a)为韵律型（$\delta<0$）薄层的频率特性，图 7-2-29(b)为过渡型薄层（$\delta>0$）的频率特性。由图可以看出，韵律型薄层对高低频均有压制作用，渐变型薄层对中频有压制作用。可见薄层相当于一个滤波器，具有频率选择作用。这种滤波作用取决于薄层的速度及与上下层的速度接触关系。

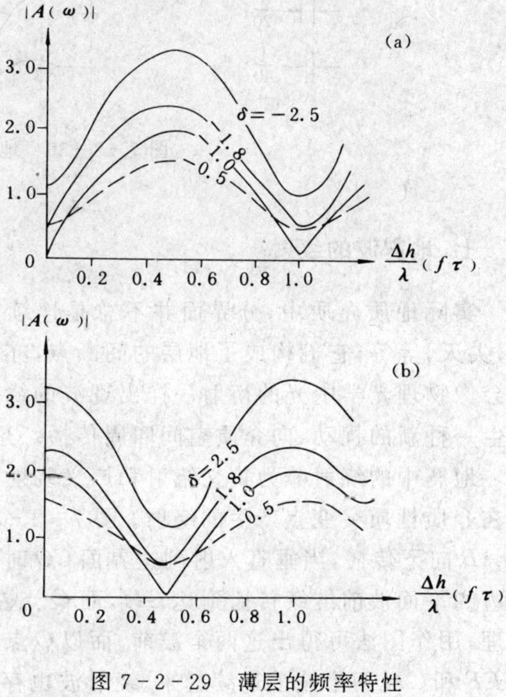

图 7-2-29 薄层的频率特性

（二）薄层的调谐效应

薄层的干涉效应除引起薄层的频率特性外，还具有振幅的调谐效应。这种效应可以成为分辨薄层的有效工具。

我们来研究厚度变化的尖灭地层顶底板反射波的干涉情况。图 7-2-30 为不同层厚时顶底板的反射波形图。图左侧注上了地层相对波长的厚度。当层厚等于一个波长时（$\dfrac{\Delta h}{\lambda}=1$），顶底板反射是可以分开的两个波；厚度（$\dfrac{\Delta h}{\lambda}$）小于 $\dfrac{1}{2}\lambda$ 以后，两个反射波互相干涉，从

波形上就难以分出两个波了。这时可从振幅上来研究，当 $\Delta h = \frac{\lambda}{4}$ 时，相对应的叠加振幅出现了极大值。这种现象称为薄层的调谐效应，这时地层的厚度称为调谐厚度。当地层厚度再减小时，叠加波形已不再变化，波形趋于稳定。

调谐效应在地震勘探中，是分辨薄层的有效手段。它可使对薄层厚度的分辨由 $\frac{1}{2}\lambda$ 提高到 $\frac{1}{4}\lambda$。

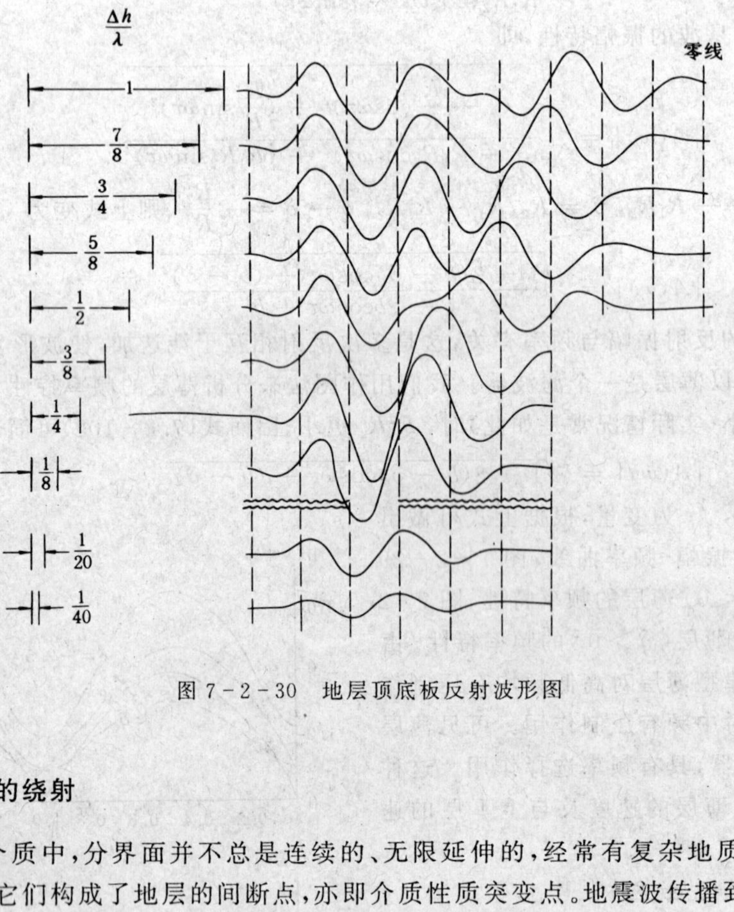

图 7-2-30　地层顶底板反射波形图

七、地震波的绕射

实际地质介质中，分界面并不总是连续的、无限延伸的，经常有复杂地质结构出现，如断层，尖灭，等等，它们构成了地层的间断点，亦即介质性质突变点。地震波传播到这些间断点时，就会像物理光学中光的衍射一样出现波的绕射。这些间断点成为一个新的震源，由这个新震源产生一种新的扰动，向介质空间四周传播。这种扰动就是地震绕射波。这种现象称为绕射。

地震中的绕射分为狭义绕射和广义绕射，未加特别说明的一般指狭义绕射。所谓狭义绕射指在介质性质突变点产生的绕射。图 7-2-31 是一个用以说明点绕射的物理模型。假设平面波 AB 向下传播，当垂直入射到达界面 CO 时，在 t_0 时刻的波前面为 COD，在 $t_0 + \Delta t$ 时刻，O 点右边的平面波前继续传播到达 GH，而 O 点左边的波前在 CO 发生反射，到达 EF。根据惠更斯原理，用作图法可得出这两个波前。而以 O 点为新震源产生的绕射波前为 FPG，在 $t_0 + \Delta t$ 时刻把 EF 和 GH 两个波前连续起来。绕射波也存在于 FM 范围内，在这个区域它与反射波叠加，断点 O 的右侧虽然无弹性界面，但我们仍能观测到波动，这个波动就是绕射波。

广义绕射是物理地震学的观点。波传到空间任何一点都可以看作一个新的绕射源（而不必是介质性质突变点）。例如研究弹性界面的反射，可以把界面上每个点都看作新绕射源，地面上

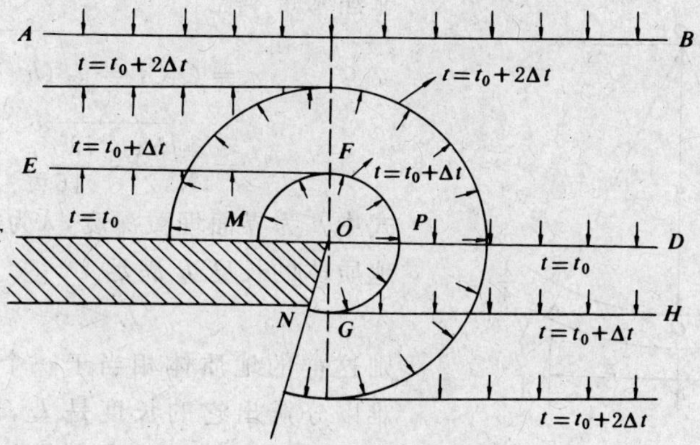

图 7-2-31　断点绕射示意图

观测到的反射波，是由这些新绕射源产生的绕射波在观测点的叠加。物理地震学还认为，界面上一个点是没有能量的，界面上每个面积元可以看作新的波源，地面某点所得的反射波，是各面积元绕射在观测点的叠加，而不是来自一个反射点。图 7-2-32 说明了广义绕射的含义。

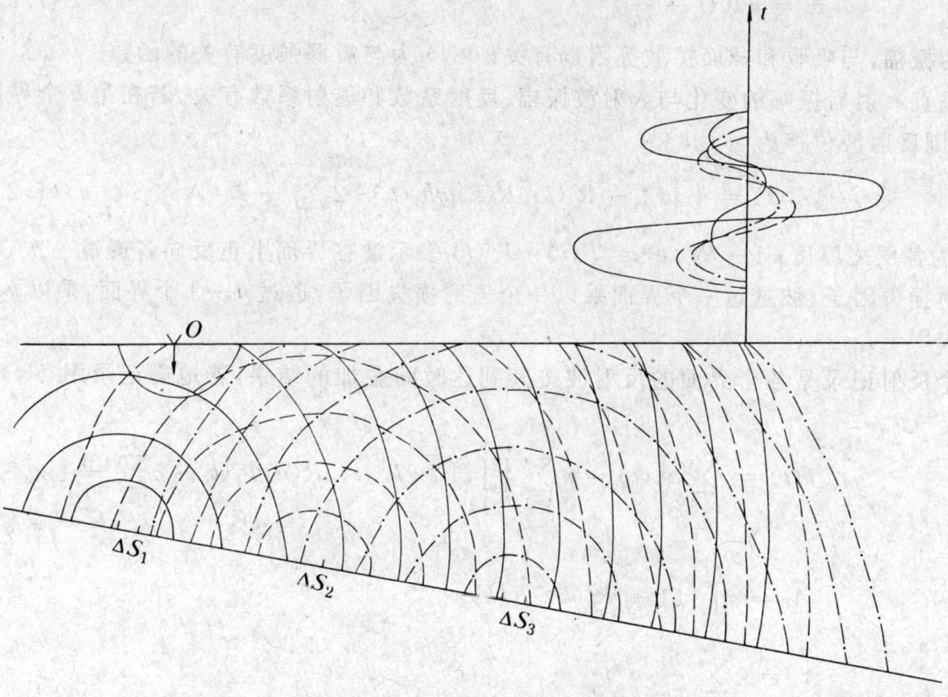

图 7-2-32　广义绕射示意图

广义绕射认为，地面某点观测到的能量，是地下界面上每个绕射源对它的贡献，而每个绕射源对它的贡献大小并不一样，能量主要来自于菲涅尔带所限定的区域。如图 7-2-33 所示，

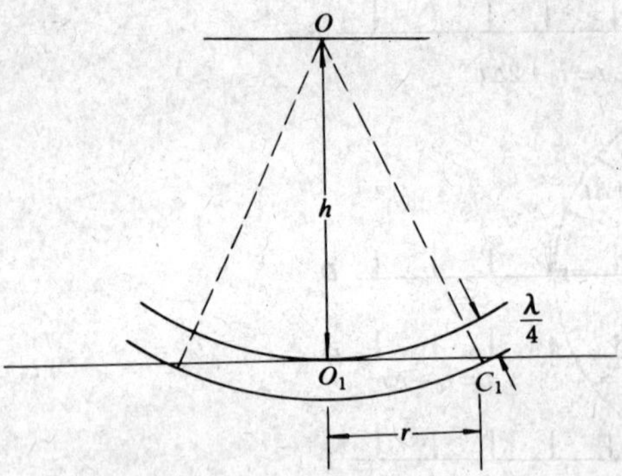

图 7-2-33 菲涅尔带示意图

菲涅尔带半径

$$r = O_1C_1 = \sqrt{(h + \frac{1}{4}\lambda)^2 - h^2}$$

$$= \sqrt{\frac{h\lambda}{2} + \frac{\lambda^2}{16}} \quad (7.2-104)$$

式中 h 为界面埋藏深度，λ 为波长。菲涅尔带说明，若地质体的长度 L 满足

$$L < r \quad (7.2-105)$$

则这样的地质体相当于一个点绕射源，地震勘探是难以分辨出它的长度是 L，还是一个点。式(7.2-105)表示了地震勘探的横向分辨率(亦称水平分辨率)。地质体的尺寸大于菲涅尔带半径 r，地震勘探可以分辨出该地质体，小于 r 则不能分辨。由式(7.2-104)可以看出，横向分辨率与地质体的埋藏深度有关，埋藏深度越大，分辨率越低。

八、一个反射记录道的形成

假设地下半空间有几个弹性分界面，每个界面的反射系数为 $R(i)$，透射系数为 $T(i)$，$i = 1,2,\cdots,n$。考虑纵波垂直入射，质点位移的垂直分量 w 为

$$w = a\Phi_1(t - \frac{z}{v_P}) \quad (7.2-106)$$

式中 a 为振幅，与吸收和球面扩散等因素有关；$\Phi(t)$ 为与震源强度有关的函数。

波垂直入射后振幅的变化与入射波振幅、反射系数和透射系数有关。若在第 k 个界面上发生反射，则反射波位移为

$$W_k(t) = \prod_{i=1}^{k-1}[1 - R^2(i)]R(k)a\Phi_1(t - 2\sum_{i=1}^{k}\frac{h_i}{v_{P_i}}) \quad (7.2-107)$$

式中 h_i 为各层之厚度；$1 - R^2(i) = T(i)\cdot T'(i)$ 表示波在界面上正反向各透过一次，称为界面的透射损失因子。波透过一个界面乘以一个透射损失因子，透过 $k-1$ 个界面，乘以 $k-1$ 个透射损失因子。

一个反射记录是各个界面的反射波按其到达时间叠加的结果，若地震记录用 $f(t)$ 表示，则

$$f(t) = \sum_{k=1}^{n}w_k(t) = a\sum_{k=1}^{n}\prod_{i=1}^{k-1}[1 - R^2(i)]R(k)\Phi_1(t - 2\sum_{i=1}^{k}\frac{h_i}{v_{P_i}}) \quad (7.2-108)$$

令

$$A_k = a\prod_{i=1}^{k-1}[1 - R^2(k)]R(k)$$

$$\tau_k = 2\sum_{i=1}^{k}\frac{h_i}{v_{P_i}}$$

则上式可写为

$$f(t) = \sum_{k=1}^{n}A_k\Phi_1(t - \tau_k) \quad (7.2-109)$$

当岩层较厚，波在岩层中的双程旅行时间大于波的延续度 Δt，则记录上各层反射波彼此可以分开，如图 7-2-34。当岩层较薄，例如我们在上一节所叙述的薄层，则各界面反射波彼此叠加，形成复波。如图 7-2-35 所示。地层中反射系数大的反射面，振幅强，可以形成记录中

的优势波；反射系数小，层又薄的地层，可能形成记录的背景，而不能显示出反射波的特征。因此地震记录与地层剖面并不是简单的一一对应关系，也不是所有的地层都能在地震记录上反映出来。

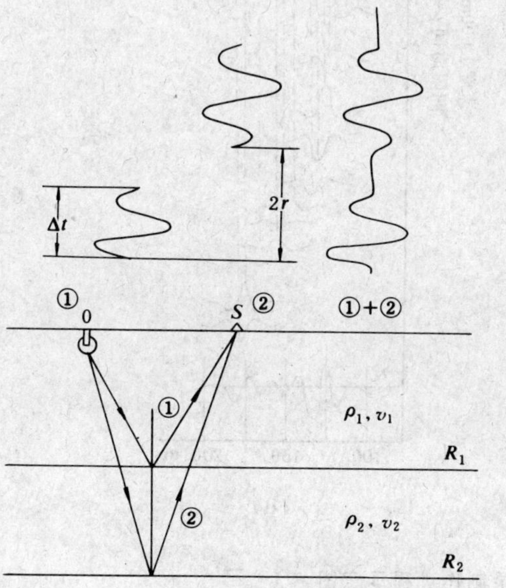

图 7-2-34　岩层较厚，两个反射波可以分开

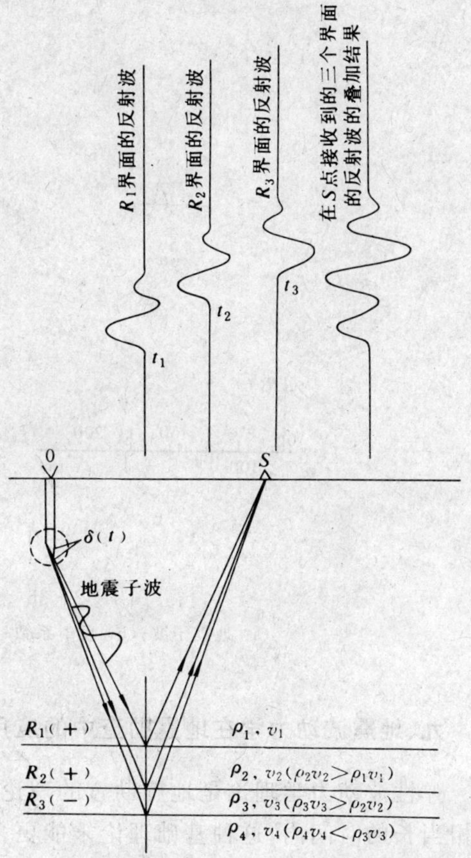

图 7-2-35　岩层较薄时，反射波彼此叠加在一起

形成地震记录的思想，可以用于计算理论地震记录（人工合成地震记录）。实际看到的地震记录上的波形是地震子波从地下许多反射面发生反射时形成的、许多振幅有大小（取决于反射系数的大小）、极性有正负（取决于反射系数的正负）、到达时间有先后（取决于界面埋深及覆盖层的速度）的地震子波叠加的结果。如果地震子波波形用 $b(t)$ 表示，反射系数也表示成反射旅行时 t 的函数 $R(t)$，那么形成记录的物理过程在数学上就可以用褶积来表示，即记录

$$f(t) = b(t) * R(t) = \sum_{n=1}^{N} R_n b_{t-n} \tag{7.2-110}$$

这就是所谓地震道褶积模型。这种褶积模型是简化了的反射记录道线性模型，它省略了介质吸收、透射损失等诸多因素，但它仍是一个很有实用价值的模型。

合成记录的制作过程可以用图 7-2-36 表示。不考虑多次波及透射系数时，制作较为简单。图 7-2-36(a)是所选地震子波；(b)为反射系数序列；(c)为根据测井资料所获得的速度，将地层简化为 13 个薄层（12 个分界面）及每个界面的反射子波。各子波形状相同，但振幅和相位由各反射系数决定。各个子波的反射时间由界面埋藏深度（图中已换算为时间）和速度决定。图 7-2-36(d)为各层反射子波叠加后的合成记录。

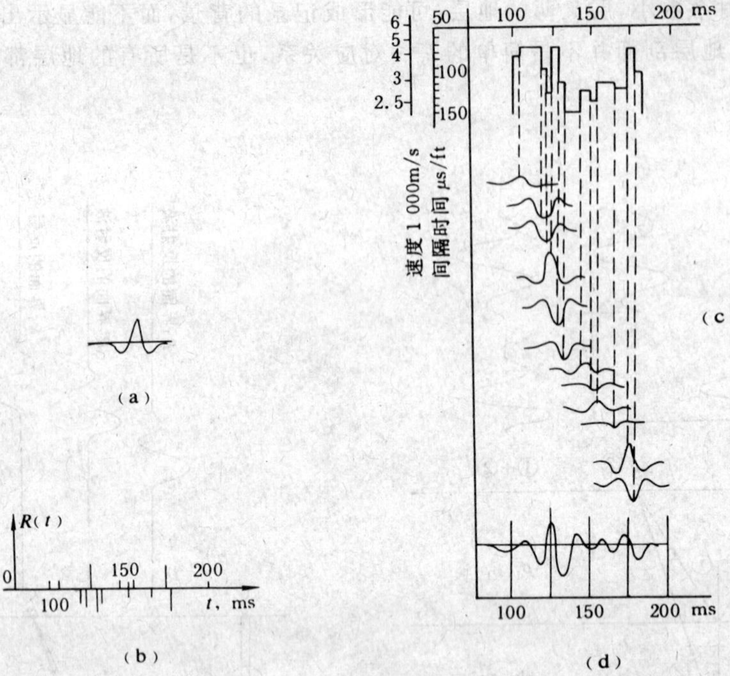

图 7-2-36　合成记录制作过程示意图

(a) 地震子波；(b) 反射系数；(c) 速度与反射时间的关系；(d) 合成记录

九、地震波动力学在地震勘查中的应用概述

弹性波动力学理论是地震勘查的理论基础，是地震波动力学的理论依据。由于种种限制，在相当长的时间内，这种基础理论未能更多、更直接地用于地震资料的处理和解释。地震勘查也主要是利用地震波的传播速度和旅行时来研究地质构造，是一种间接勘探。直到 20 世纪 70 年代，由于生产发展的迫切需要以及地震勘探方法技术的重大改进，特别是采用了数字地震仪和数字计算机，才使地震波动力学理论能够直接用于资料的处理和解释，也才发展了直接找油气的亮点技术、AVO 技术…等的岩性勘探方法技术。

利用地震波动力学解决地震勘查问题，大致可分为如下几类情况：

第一类是利用波的动力学特点，例如地震波的振幅、频谱、吸收系数、极化特点等参数，进行地震资料的地质解释、岩性解释。

波的这些动力学参数的意义，我们在前面已经阐述。这些动力学特点与地层的构造、岩性、含油气情况有着必然的联系。利用这种关系，能为我们提供确定地层岩性的线索。但是影响地震波动力学特点的因素很多，从波的产生、传播到记录的过程中，有三类影响因素：第一是激发条件的影响；第二是波传播过程中受到的包括地层因素的影响；第三是接收因素的影响。利用地震波动力学特点的基本方法是在记录下来的地震波中，消除第一、第三类因素及第二类中的某些因素，尽量突出、保留某些地质因素的影响。这些都涉及到地震资料的一些特殊处理方法技术。

在长期生产实践中，地震资料的解释主要是用波的振幅、频率，波形等进行波的对比、识别。这种方法基本上是一种定性的、间接的方法。新近发展起来的一些方法，例如利用振幅异常的亮点技术、AVO技术则可直接用来确定地层岩性和含油气情况。由于地层中含油气，导致界面的反射系数异常，从而引起反射波振幅异常，即出现亮点。当然利用亮点技术直接找油气，不仅利用了振幅异常，同时也利用了反射波极性反转、速度降低、吸收系数增大等综合标志。所谓AVO技术，就是利用地震记录资料，分析反射波振幅随炮检距(亦即入射角)的变化规律，估算地层的弹性参数泊松比，进一步推断地层的岩性和含油气情况。当然，AVO技术涉及一系列的处理和解释方法。但它的基本依据是简化的佐普里兹方程。

这些利用波的动力学特点的方法技术，在后续课程的有关章节将有专门的讨论，在此不再详述。

第二类是利用地震波的动力学理论，解决地震勘探的正演问题，即模型计算。模型计算在地球物理学中应用很广。简单地说，就是假设已知地下地质构造，计算出在这种地质条件下，地震波是如何传播的？获得的记录是什么样子？也就是求得地质结构的"地震响应"。

模型计算既涉及波的传播速度、时间等运动学内容，也涉及能量等动力学内容。计算方法很多，利用波动方程来进行计算的方法就有伪谱法，有限差分法，有限元法，等等。

模型计算的应用是很广泛的，主要用于方法研究和资料解释。在人机联作自动解释中，常利用设计的模型，计算出相应的剖面，与实际剖面比较，根据两者的差异，修改模型，再行计算。如此反复，直至得出最后的解释结果。

第三类是直接利用波动方程来进行资料处理和反演。波动方程偏移是直接利用波动方程，对观测的地震资料进行计算处理，以求出地下各点的波场值，从而获得正确的地下地质构造形态，并保留了地震波的波形、能量等动力学特点，有利于进行岩性研究。波动方程偏移是资料处理中非常重要的内容，目前常用的方法有有限差分法、克希霍夫积分法和频率波数域法。此外，在地层参数反演中，利用波动方程的反演方法也很多。例如速度反演中的伯恩近似波动方程法、波阻抗反演的波动方程法等。这些内容将在有关课程中详细介绍。

第四类是利用地震资料进行地层的综合研究，即地震地层学研究。它利用地震波的各种特征，从整个地震剖面的反射结构着眼，利用声阻抗技术和复数地震道技术提供的资料，研究地质发展史、地层岩石性质、岩相变化和岩石孔隙流体性质等，以达到寻找地层圈闭油气藏的目的。这些内容既与地震资料解释有关，也与地震波动力学特点如振幅、频率、相位、波形稳定性等的利用有关。它是地质与物探相结合的一个边缘学科。

总之，地震波动力学应用是很广泛的，这些内容在地震资料的处理、解释和反演中将有更详细的介绍。我们在此的概述，仅起一个引子和铺垫的作用，目的是让读者了解学习地震波动力学的意义。

§7.3 地震波的运动学

地震波的运动学是研究地震波波前的空间位置与其传播时间的关系。它与几何光学相似，也是用波前、射线等几何图形来描述波的运动过程和规律，因此又称几何地震学。地震勘探的基本任务之一是确定地下的地质构造，解决这个问题主要是利用波的运动学特性。地震波的运动学对于波前而言可用惠更斯原理来确定，对于射线而言可由费马原理来确定。借助这些原理，如果已知介质某个范围内地震波的传播速度 $v(x,y,z)$，就能够研究地震波波前在这个范围的分布。

本节主要讨论单个界面、多个界面及连续介质情况下反射波的运动学、折射波和绕射波运动学以及垂直地震剖面法中各种波的时距关系。

一、地震波运动学的基本原理和概念

(一)费马原理和射线概念

费马原理又称最小时间原理。费马原理可表述为:波在各种介质中的传播路径,满足时间为最短的条件。也可表述为波沿垂直于波前面的路径传播时间为最短。这个路径正是波场的"力线"方向,这个力线我们称为射线。因此费马原理也可以表述为波沿射线传播时间为最短。

在均匀介质中波沿直线传播,最小时间和最短距离是一致的,在非均匀介质中,两者不一定一致,但波是沿最小时间路径(而不一定是最短路程)传播的。

费马原理的证明要用到变分原理,我们在此不作深入详述。在均匀介质中的费马原理,可以用泊松公式证明。

(二)时间场

设有一个地震波在介质内传播,如果在介质中任意点 $M(x,y,z)$ 进行观测,则可以确定波前到达这一点的时间 t。波前传播的时间 t 是观测点坐标的函数,即

$$t=t(x,y,z) \tag{7.3-1}$$

在波的传播范围内,根据上述函数关系,只要知道介质内任意一点的坐标 (x,y,z),就可以确定波前到达这一点的时间 t。因而也就确定了波至时间的空间分布。亦即确定了一个标量场 $t(x,y,z)$。地震勘探中将这个波至时间的空间分布称为时间场。将确定这个场的函数 $t(x,y,z)$ 称为时间场函数。

反之,如果给出一定的时间值 t_i,则在空间可找出具有相同 t_i 值的点所组成的波面,这个面称为等时面。等时面方程是

$$t(x,y,z)=t_i \tag{7.3-2}$$

如果依次给出不同的时间值 $t_1,t_2,\cdots$,就可以确定一系列的等时面 $Q_1,Q_2,\cdots$ 的空间位置。这一系列的等时面称为已知时间场内的等时面族。等时面族的形态和分布情况反映了波在介质中传播的特点。

除了可以用时间场的等时面族外,还可以用时间场的射线族来表示波在介质中的传播情况。在场论中我们已经知道,场可以用等值面或力线来表示。在时间场中,等时面就是等值面,射线就是力线。又因为力线方向处处与场的梯度方向重合,所以射线与等时面有正交关系。显然,不同时刻的等时面与相应时刻的波前面是重合的。

应该指出,等时面可以彼此相交或自己相交。当波前面有复杂形状时(例如凹界面反射),就能观测到这种情况。在均匀介质中等时面是彼此平行的,射线为直线;在非均匀介质中等时面彼此不平行,射线为曲线。同样,在复杂情况下射线也能互相交叉。图 7-3-1 显示了不同情况下的等时面和射线。

根据惠更斯原理,我们可以找出波前在一种已知介质(即 $v(x,y,z)$ 为已知)中传播所遵循的时间场微分方程式。

设波前面某时刻 t_1 位于 Q_1,经 Δt 之后,波前在 Q_2 位置,两个波前的法线距离为 Δn,

$$\Delta \boldsymbol{n}=\boldsymbol{v}(x,y,z)\Delta t \tag{7.3-3}$$

取极限,得

$$\frac{\mathrm{d}t}{\mathrm{d}\boldsymbol{n}}=\frac{1}{\boldsymbol{v}(x,y,z)}=\tau(x,y,z) \tag{7.3-4}$$

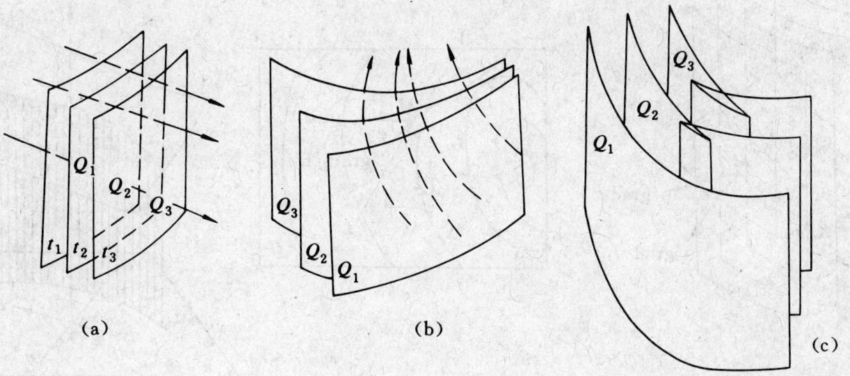

图 7-3-1　等时面和射线

(a) 在均匀介质中；(b) 在非均匀介质中；(c) 复杂的等时面

$\frac{dt}{dn}$ 是时间场的梯度，又可写成

$$\text{grad}t = \frac{\partial t}{\partial x}\boldsymbol{i} + \frac{\partial t}{\partial y}\boldsymbol{j} + \frac{\partial t}{\partial z}\boldsymbol{k} = \frac{1}{\boldsymbol{v}\ (x,y,z)} \tag{7.3-5}$$

实际上，我们知道的是速度的绝对值，其方向是未知的，所以将向量式换为标量式

$$(\text{grad}t)^2 = \frac{1}{v^2(x,y,z)} \tag{7.3-6}$$

即

$$\left(\frac{\partial t}{\partial x}\right)^2 + \left(\frac{\partial t}{\partial y}\right)^2 + \left(\frac{\partial t}{\partial z}\right)^2 = \frac{1}{v^2(x,y,z)} \tag{7.3-7}$$

式 (7.3-7) 就是时间场微分方程式，是几何地震学的基本方程式。在一定条件下可由波动方程导出。

如果给定起始条件和某个观测面的边界条件，当速度分布已知时，可求解式 (7.3-7)，从而确定波的运动学特点。

(三)时距图

所谓时距图就是波的传播时间与激发点坐标和观测点坐标之间的关系图。若观测在任意曲面上进行，激发点也位于观测面内某个固定位置，此时它们之间的关系图为时距曲面或面时距图。面时距图可用两种方式表示：一种是用时间场中的等时线表示。如图 7-3-2(a)，图中 G 为时间场中的观测平面，时间场由时间 $t_1, t_2, \cdots$ 等对应的等时面 $Q_1, Q_2, \cdots$ 等确定，G 面与等时面 $Q_1, Q_2, \cdots$ 等的交线 $K_1, K_2, \cdots$ 是波到达观测面的时间 $t_1, t_2, \cdots$ 等的等时线，面时距图就可以用如图 7-3-2 (b)所示的等时线系表示。另一种表示是 x, y, t 坐标系中的时距曲面（如图7-3-2(c)所示）。

若观测是沿一条线进行的，则测线上各观测点坐标与波至时间的关系图称为时距曲线。地震勘探中通常是沿直线观测，若震源位于观测直线上，称为纵时距曲线；若震源不在观测直线上，则称为非纵时距曲线。如果观测线是曲线，其时距曲线就是弯曲测线的柱面与时距曲面的交线（如图 7-3-3 所示）。

(四)视速度定理

地震波在介质中沿射线传播时是以真速度 v 传播的，这就是说，如果在射线方向来观测波的传播，观测到的速度应该是波在介质中传播的真速度。如果在非射线方向的任意方向来观

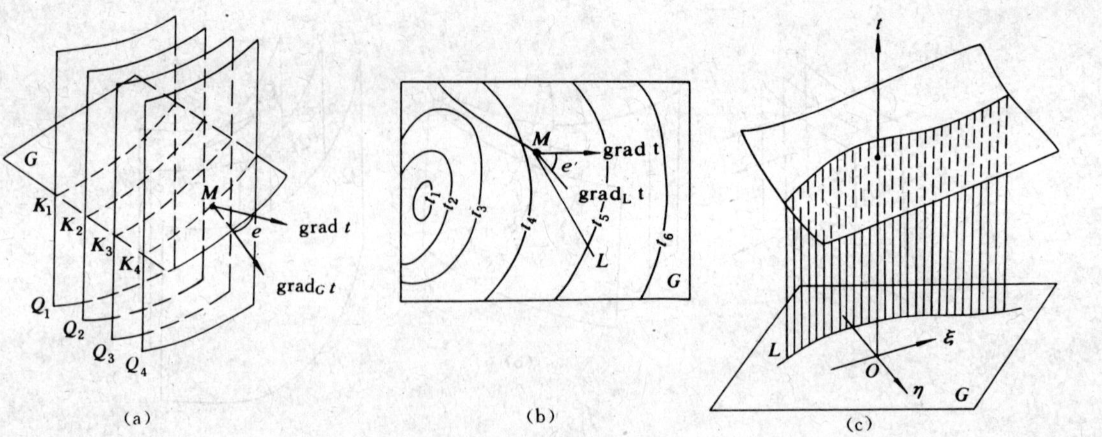

图 7-3-2　面时距图

(a) 面时距图与时间场的关系；(b) 等时图；(c) 用曲面形式表示的面时距图

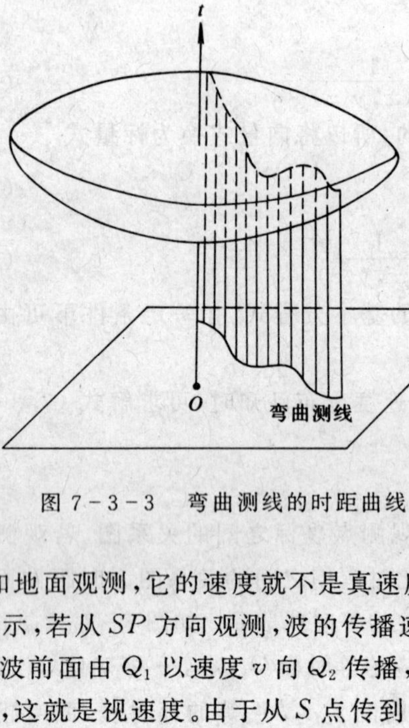

图 7-3-3　弯曲测线的时距曲线

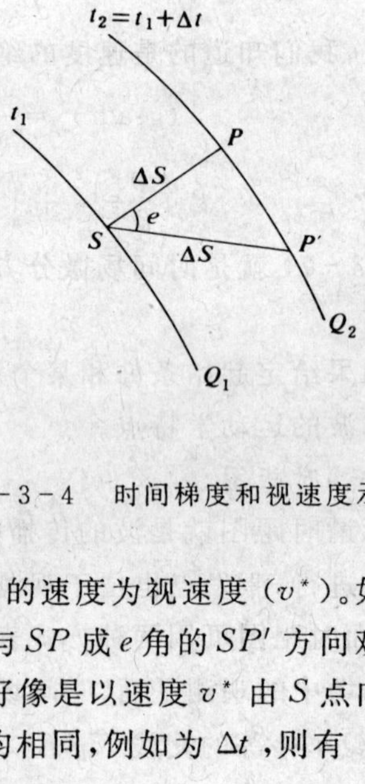

图 7-3-4　时间梯度和视速度示意图

测，例如地面观测，它的速度就不是真速度，我们称非射线方向的速度为视速度（v^*）。如图 7-3-4 所示，若从 SP 方向观测，波的传播速度是真速度 v；若从与 SP 成 e 角的 SP' 方向观测，虽然此时波前面由 Q_1 以速度 v 向 Q_2 传播，但从观测者看来，波好像是以速度 v^* 由 S 点向 P' 点传播的，这就是视速度。由于从 S 点传到 P 点和 P' 点的时间均相同，例如为 Δt，则有

$$\Delta t = \frac{\Delta S}{v} = \frac{\Delta S'}{v^*}$$

由于

$$\Delta S = \Delta S' \cos e$$

所以

$$v^* = \frac{v}{\cos e} \tag{7.3-8}$$

此式表示了视速度与真速度之间的关系，称为视速度定理。注意：e 是观测方向与射线方向的夹角。

视速度定理说明，当角度 $e=0$ 时，$v^*=v$，此时视速度等于真速度；当 $e \neq 0$ 时，由于 $\cos e$ 总小于1，因此视速度总是大于真速度；当 $e=\dfrac{\pi}{2}$ 的极限情况时，$\cos e=0$，$v^* \to \infty$。这说明如果沿波前面观测波的传播，此时波前面上的扰动都同时到达，好像有一个波动以无穷大的视速

度传播一样。

视速度 $v^* = \dfrac{\Delta S'}{\Delta t}$，当 $\Delta S'$ 趋于零的极限情况，可以用微分形式表示某点的视速度

$$\lim_{\Delta S' \to 0} \frac{\Delta t}{\Delta S'} = \frac{\mathrm{d}t}{\mathrm{d}S'} = \frac{1}{v^*}$$

所以

$$v^* = \frac{\mathrm{d}S'}{\mathrm{d}t} \tag{7.3-9}$$

二、反射地震波的运动学

反射波运动学是研究在地面观测时，地下各种介质结构产生的反射波的时距关系。此时已知条件是地下各反射界面的产状和埋藏深度，以及介质的速度参数。要求得的是时距关系，这是正演问题。通常用虚震源法(镜像法)来研究这类正演问题。

(一)单一反射界面时反射波的时距关系

1.反射波时距曲面方程的建立

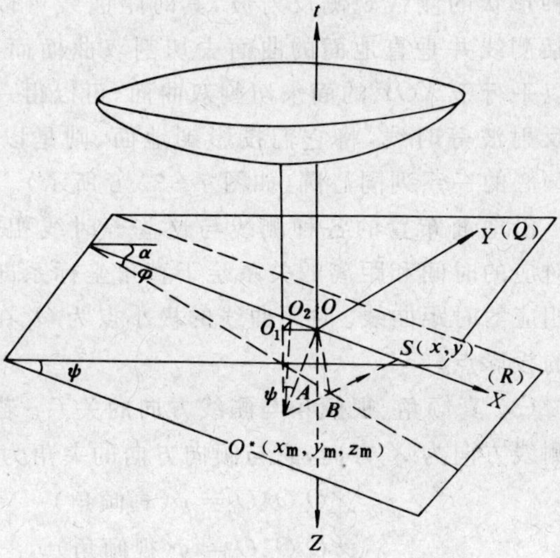

图 7-3-5 反射波时距曲面示意图

在图 7-3-5 中设倾斜反射面 R 与地面 Q 的夹角为 ψ，界面盖层速度为 v。激发点 O 位于坐标原点，Z 轴垂直向下，XOY 面与地面重合。在地面 $S(x,y)$ 点观测，在 S 点接收到的反射波路径为 OBS。为简便地求出这个路径，引入虚震源概念。由 O 点向界面作垂线(OA)，并向下延长一倍到 $O^*(x_m, y_m, z_m)$ 点，由图 7-3-5 可以看出

$$\triangle OAB \cong \triangle O^*AB$$

因而 $OB = O^*B$，可以证明 O^*S 为直线。所以从 O 到 B 再到 S 的路径与从 O^* 到 B 再到 S 的路径长度是相等的，即

$$OB + BS = O^*B + BS = O^*S$$

这样，就将折线变为了直线。而且任何从 O 点发出的波，在界面 R 反射后返回地面，就相当于从 O^* 点发出的波直接到达地面，它们的路径长度是相等的。因此 O^* 点称为虚震源。在地面任意点 $S(x,y,0)$ 观测到反射波的时间是 x, y 的函数，即

$$t = t(x,y),\ z = 0$$

$$t = \frac{O^*S}{v} = \frac{1}{v}\sqrt{(x - x_m)^2 + (y - y_m)^2 + z_m^2} \tag{7.3-10}$$

式(7.3-10)就是反射波的时距曲面方程。它的特点如下：

(1) 时距曲面为一个旋转双曲面。由式(7.3-10)可以得出

$$v^2t^2 = (x - x_m)^2 + (y - y_m)^2 + z_m^2$$

$$\frac{t^2}{\frac{z_m^2}{v^2}} - \frac{(x - x_m)^2}{z_m^2} - \frac{(y - y_m)^2}{z_m^2} = 1$$

这是中心点在 (x_m, y_m) 点上的双曲面，中心点即 O^* 在地面的投影点 O_1 上。此双曲面的最小时间值为 t_m

$$t_m = \frac{z_m}{v} \tag{7.3-11}$$

令 $OA = h$，称为法线深度，则由图 7-3-5 可得

$$t_m = \frac{z_m}{v} = \frac{2h\cos\psi}{v} \tag{7.3-12}$$

所以双曲面极小点在 (x_m, y_m, t_m) 处，曲面对称于过 O_1 的垂线。

(2) 时距曲线与时距曲面的关系。在地面沿各种形状的测线观测反射波，其时距曲线可以由包括测线并垂直地面的曲面去切割双曲面而得。若以平行于 XOY 的面来切割双曲面，可以得一系列反射波等时线，将它们投影到地面，则是以 O_1 为圆心的一系列同心圆（如图 7-3-6 所示）。

沿地面布置的各种测线与这些等时线相交，将对应的时间和距离的关系绘于直角坐标系即可得相应的时距曲线。时距曲线的极小点为 O_1 在测线的投影点。

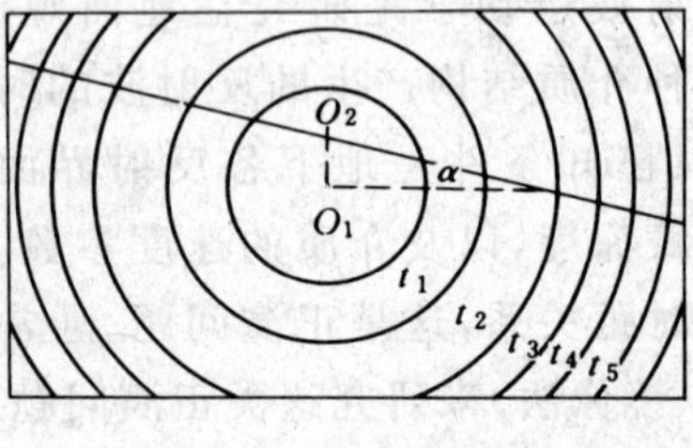

图 7-3-6 反射波时距曲面的等时线

(3) 真倾角、视倾角与测线方向的关系。若地面测线方向为 X 方向，它与倾向方向的夹角为 α。由图 7-3-5 可以看出

$$\angle O_1O^*O = \psi(\text{真倾角})$$

$$\angle O_2O^*O = \varphi(\text{视倾角})$$

$$O_1O = 2h\sin\psi \tag{7.3-13}$$

$$O_2O = x_m = -2h\sin\varphi \tag{7.3-14}$$

$$\cos\alpha = \frac{OO_2}{OO_1} = \frac{\sin\varphi}{\sin\psi}$$

所以

$$\sin\varphi = \cos\alpha \sin\psi \tag{7.3-15}$$

由此可见，若测线沿倾向方向布置，即 $\alpha = 0$，此时的视倾角就等于真倾角。若测线沿走向布置，即 $\alpha = 90°$，此时的视倾角为零。所以我们有

$$0 \leqslant \varphi \leqslant \psi \tag{7.3-16}$$

(4) 法线深度和真深度的关系。由 O 点垂直向下作直线与界面相交所得的深度为界面的真深度（亦称铅直深度）。由 O 点向界面作垂线所得的深度是法线深度。两者一般是不相等的。设真深度为 H，法线深度为 h，则不难得出

$$H = \frac{h}{\cos\psi} \tag{7.3-17}$$

当 $\psi = 0$，即地层水平时，$H = h$，法线深度和真深度相等。

2. 纵测线的反射波时距曲线

设测线方向为 X 方向，激发点 O 在测线上。时距曲线方程可由时距曲面方程式(7.3-10)得出。此时 $y = 0$，则

$$t = \frac{1}{v}\sqrt{(x - x_m)^2 + y_m^2 + z_m^2} \tag{7.3-18}$$

因为

$$x_m^2 + y_m^2 + z_m^2 = 4h^2,\ x_m = -2h\sin\varphi$$

所以

$$t = \frac{1}{v}\sqrt{x^2 + 4hx\sin\varphi + 4h^2} \tag{7.3-19}$$

这就是纵测线反射波时距曲线方程。此方程也可以由虚震源直接导出。由图 7-3-7 可以看

出，作出虚震源，由三角形 O_2O^*S，可求得 O^*S，因而就可直接写出反射波时距曲线方程

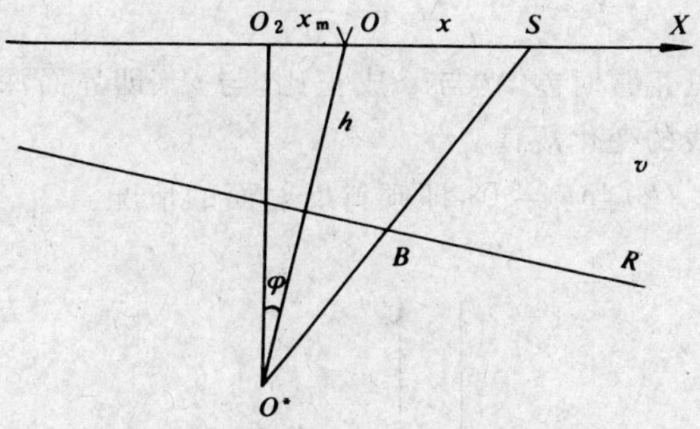

图 7-3-7 反射波时距关系示意图

$$t = \frac{1}{v}\sqrt{(x - x_m)^2 + (2h\cos\varphi)^2}$$

$$= \frac{1}{v}\sqrt{x^2 + 4hx\sin\varphi + 4h^2}$$

方程式(7.3-19)是在 X 方向与地层倾斜方向一致时，即 $x_m = -2h\sin\varphi$ 时得出，若 X 方向相反，则

$$t = \frac{1}{v}\sqrt{x^2 - 4hx\sin\varphi + 4h^2} \quad (7.3-20)$$

时距曲线有什么特点呢？我们分两种情况来讨论。

(1)当 $\varphi = 0$，即水平界面的情况。由式(7.3-19)很容易得出时距曲线方程为

$$t = \frac{1}{v}\sqrt{x^2 + 4h^2} \quad (7.3-21)$$

分析上式可以得知时距曲线的特点：

①时距曲线是一条标准的双曲线。对称于过原点的 t 轴(见图 7-3-8)。

②当 $x = 0$ 时，即在 O 点激发，O 点接收的时间，称为自激自收时间(t_0)

$$t_0 = \frac{2h}{v} \quad (7.3-22)$$

这也是双曲线的极小时间 t_m，此时 $t_0 = t_m$，极小点在爆炸点的正上方($x = 0$ 处)。

③时距曲线的变化情况，可用视速度来说明。

$$v^* = \frac{dx}{dt} = v\sqrt{1 + \left(\frac{2h}{x}\right)^2}$$

视速度是时距曲线斜率的倒数。$x = 0$ 时，v^* 趋于无穷大，曲线平缓，随 x 增大，曲线变陡。随着界面埋藏深度增加(h 增大)曲线变缓。

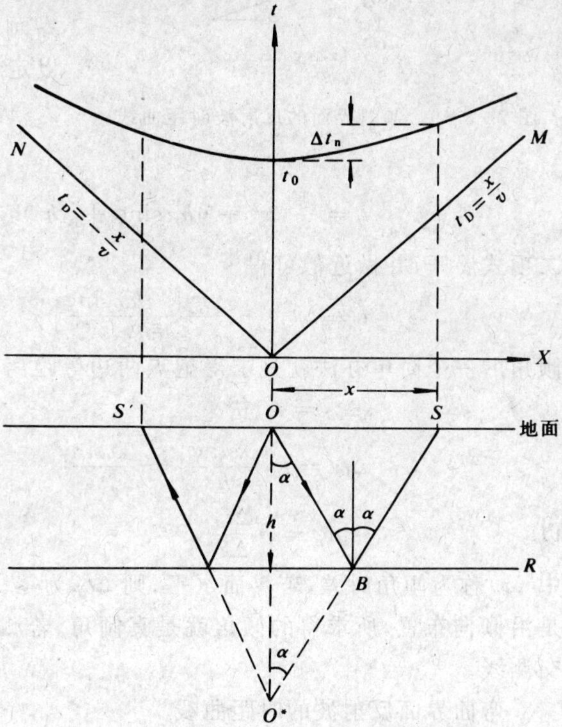

图 7-3-8 一个水平界面的反射波时距曲线图

④反射波时距曲线的渐近线 $t = \pm\frac{x}{v}$，这是直达波的时距曲线方程。图中过原点的两条对称的直线，就是由激发点直接到达地面各观测点的直达波时距曲线。

⑤各观测点有不同的炮检距(炮点到接收点的距离)，因而有不同的旅行时，它们相对于 t_0 时的差称为正常时差 Δt

$$\Delta t_n = t_i - t_0 = \frac{1}{v}\sqrt{x_i^2 + 4h^2} - \frac{2h}{v}$$

经二项式展开，并做近似可得

$$\Delta t_n \doteq \frac{x^2}{2v^2 t_0} \tag{7.3-23}$$

可见正常时差 Δt 与 x 成正比，与 t_0（即界面深度）成反比。正常时差也可用以说明反射波时距曲线的变化规律。

（2）当 $\varphi \neq 0$，即倾斜反射面的情况。

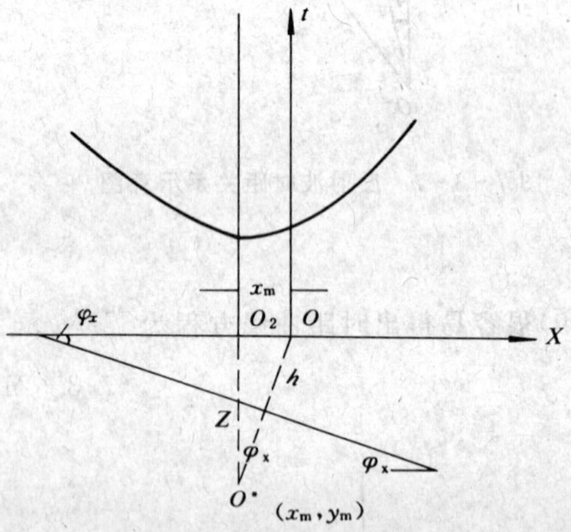

图 7-3-9　倾斜界面的反射波时距曲线

①时距曲线仍为双曲线（图 7-3-9）。由时距方程式（7.3-19）可以得出双曲线的表达式：

$$\frac{t^2}{\left(\frac{2h\cos\varphi}{v}\right)^2} - \frac{(x+2h\sin\varphi)^2}{(2h\cos\varphi)^2} = 1$$

②双曲线极小点在 (x_m, t_m) 处。$x = x_m$ 时反射波旅行时最小

$$\begin{cases} x_m = -2h\sin\varphi & (7.3-24) \\ t_m = \dfrac{2h\cos\varphi}{v} & (7.3-25) \end{cases}$$

因为 $t_0 = \frac{2h}{v}$，所以 $t_0 > t_m$ 时距曲线的极小点总往界面上倾方向偏移。根据时距曲线的这个特点，可以定性地判断界面的倾斜方向。而且界面倾角越大，极小点偏离炮点越远。

③为了求得界面的倾角，我们对时距方程

$$t = \frac{1}{v}(x^2 + 4hx\sin\varphi + 4h^2)^{\frac{1}{2}} = \frac{2h}{v}\left(1 + \frac{x^2 + 4h\sin\varphi}{2h}\right)^{\frac{1}{2}}$$

做二项式展开，并做近似可得

$$t \doteq t_0\left(1 + \frac{x^2 + 4hx\sin\varphi}{8h^2}\right) \tag{7.3-26}$$

求倾角的一个简单办法就是求得炮点两边等距离的两个点的时间差 $(t_1 - t_2)$。

令　　$\Delta t_d = t_1 - t_2$

$$\Delta t_d = t_0\left(\frac{x\sin\varphi}{h}\right) = \frac{2x\sin\varphi}{v} \tag{7.3-27}$$

所以

$$\sin\varphi = v\frac{\Delta t_d}{\Delta x} \tag{7.3-28}$$

式中 Δt_d 称为倾角时差，若界面水平，则 Δt_d 为零。Δx 为两个对称观测点的距离（即 $2x$）。若测线是沿倾向布置，所求得的倾角就是真倾角。若测线是任意方向，那么求真倾角就需要有两条相交测线。

3.弯曲界面反射波的时距曲线

实际地层界面往往是起伏不平的。对地震勘查而言，平界面和弯曲界面也是一个相对概念。反射界面在大范围内的起伏，相对于地震勘查在局部地段进行观测来说，仍可把界面看成是一个平面。所以我们将观测地段内界面的曲率半径 ρ 小于界面埋藏深度 H 的那种界面认为是弯曲界面。

当界面曲率半径不很小时，为了研究方便，可将界面看成由两个或几个平界面组成的，分别用平界面时距曲线特点来近似描绘，用虚震源概念定性做出时距曲线加以分析。

当反射界面是弯曲界面时，反射波时距曲线形状比较复杂，也难以用统一的时距曲线方程描述。前苏联学者普茨列夫从理论上计算了一些曲界面的反射波时距曲线，图7-3-10是几种弯

曲界面的反射波时距曲线。一般来说凹界面的时距曲线比凸界面复杂。当凹界面的曲率半径小于界面埋藏深度时,时距曲线会出现环圈状(图7-3-10(b)),反射射线互相交叉,结果破坏了反射点位置与对应观测点位置的正常次序,反射点从左向右移动时,射线在测线上的出射点从右向左移动。于是在观测这种现象的测线段内,时距曲线出现环圈,对应的反射波叫做回转波。

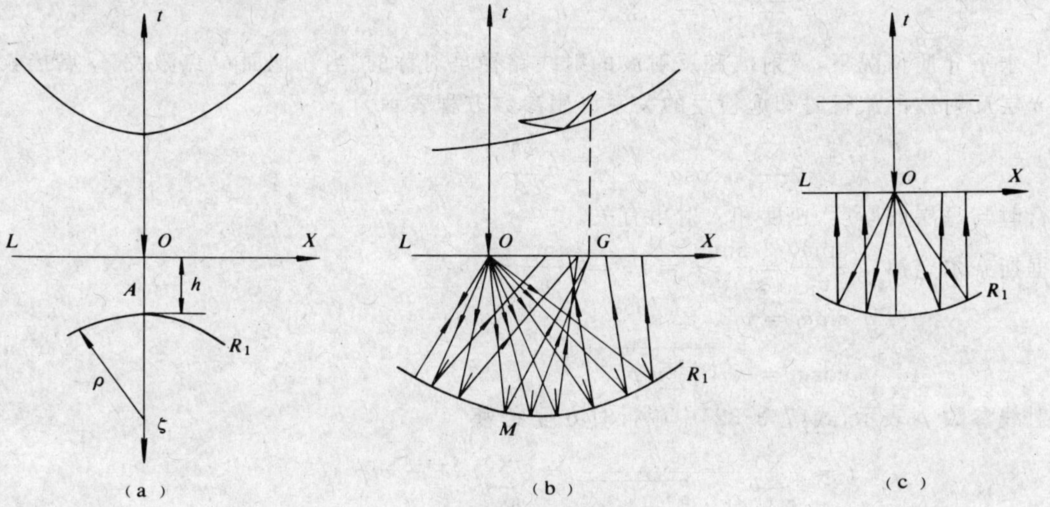

图7-3-10 弯曲界面反射波时距曲线

(a) 凸界面;(b) 凹界面;(c) 抛物线形界面

若凹界面是抛物线形,震源位于焦点上,反射波时距曲线呈直线状(图7-3-10(c))。如果震源位于圆形反射面的圆心,反射波时距曲线变成一个点。了解这些极端情况,将有助于定性估计弯曲界面反射波时距曲线形状可能的变化状况。

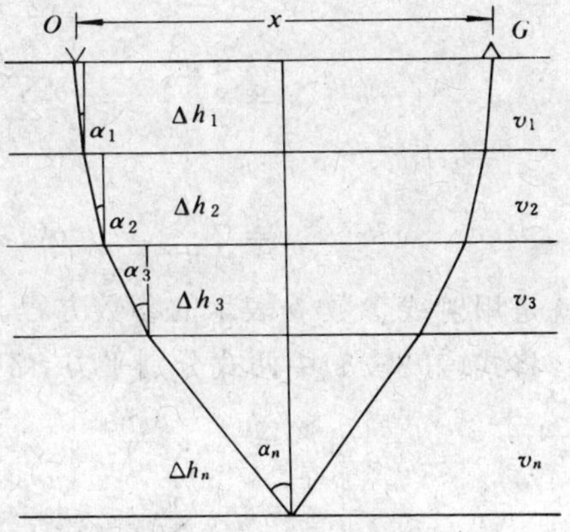

图7-3-11 水平多层介质模型

(二)水平多层介质的反射波时距曲线

实际地质介质,特别是沉积岩层,是由许多不同性质的地层组成的。所以我们还要研究多层介质的反射波运动学。多层介质模型很多,我们研究一种较简单、较常见的水平层状介质模型。

图7-3-11是一个水平多层介质模型。图中 α_i 为波在每一层的入射角,Δh_i 和 v_i 为每一层的厚度和速度。波在层状介质中传播遵循斯奈尔定律,由于各层速度不同,射线表现为折线,波的射线速度为

$$v_L = \frac{\dfrac{\Delta h_1}{\cos\alpha_1} + \dfrac{\Delta h_2}{\cos\alpha_2} + \cdots + \dfrac{\Delta h_n}{\cos\alpha_n}}{\dfrac{\frac{\Delta h_1}{\cos\alpha_1}}{v_1} + \dfrac{\frac{\Delta h_2}{\cos\alpha_2}}{v_2} + \cdots + \dfrac{\frac{\Delta h_n}{\cos\alpha_n}}{v_n}} \tag{7.3-29}$$

当波沿界面的法线方向入射时,$\alpha_1 = \alpha_2 = \cdots = \alpha_n = 0$,上式变为

$$\bar{v}=\frac{\Delta h_1+\Delta h_2+\cdots+\Delta h_n}{\dfrac{\Delta h_1}{v_1}+\dfrac{\Delta h_2}{v_2}+\cdots+\dfrac{\Delta h_n}{v_n}} \tag{7.3-30}$$

式(7.3-30)表示波垂直界面传播的总路程与传播的总时间之比，定义为平均速度。而在各分层中垂直层面传播的距离和传播时间之比定义为层速度

$$v_i=\frac{\Delta h_i}{\Delta t_i}\quad i=1,2,\cdots,n \tag{7.3-31}$$

水平介质情况下，入射波和反射波的射线路径是对称的。当在地面 O 点激发，G 点接收时，第 n 层反射波的旅行时和炮检距的关系可用参数方程表示为

$$t=2\sum_{i=1}^{n}\frac{\Delta h_i}{v_i\cos\alpha_i},\quad x=2\sum_{i=1}^{n}x_i \tag{7.3-32}$$

旅行时与每层的厚度、速度和入射角有关。

根据斯奈尔定律 $\dfrac{\sin\alpha_1}{v_1}=\dfrac{\sin\alpha_2}{v_2}=\cdots=\dfrac{\sin\alpha_n}{v_n}=p$

$$\sin\alpha_i=v_ip$$

$$\cos\alpha_i=\sqrt{1-v_i^2p^2}$$

用射线参数 p 表示，式(7.3-32)中旅行时方程变为

$$t=2\sum_{i=1}^{n}\frac{\Delta h_i}{v_i\sqrt{1-v_i^2p^2}}=2\sum t_i(1-v_i^2p^2)^{-\frac{1}{2}}$$

式中 t_i 为波在各层中的单程垂直传播时间。将上式用二项式展开，并略去高次项(即 α_i 较小时)得

$$\left.\begin{aligned} t&\doteq 2\sum t_i(1+\frac{1}{2}v_i^2p^2)=t_0+\sum_{i=1}^{n}t_iv_i^2p^2\\ x&=2\sum_{i=1}^{n}x_i=2\sum_{i=1}^{n}\Delta h_i\mathrm{tg}\alpha_i=2\sum_{i=1}^{n}\frac{\Delta h_iv_ip}{\sqrt{1-v_i^2p^2}}\\ &\doteq 2\sum_{i=1}^{n}\Delta h_ipv_i(1+\frac{1}{2}v_i^2p^2)\end{aligned}\right\} \tag{7.3-33}$$

而(上式中 x 的表达式)

这就是用射线参数 p 表示的参数方程。消去参数 p 可以得出 $t(x)$ 方程。

将式(7.3-33)中两式分别平方，略去 pv_i 的高次项，消去参数 p，经化简后得

$$t^2=t_0^2+\frac{x^2}{v_\sigma^2} \tag{7.3-34}$$

式中

$$v_\sigma=\left[\frac{\sum\limits_{i=1}^{n}t_iv_i^2}{\sum\limits_{i=1}^{n}t_i}\right]^{\frac{1}{2}} \tag{7.3-35}$$

称为均方根速度。它是以各层的层速度加权再取均方根值。它考虑了地层不均匀的折射效应。均方根速度一般大于平均速度。

将方程式(7.3-34)与一个水平界面的反射波时距方程式(7.3-21)比较可以看出，两式形式完全一样，仅速度不同。这就意味着在多层介质情况下，当入射角 α 较小，亦即炮检距较小时，可用一个均匀层来代替反射面以上的多层介质。此代替层的速度为均方根速度 v_σ，v_σ 与各层速度都有关系。这个均匀代替层的假设在炮检距与界面埋深之比 $\dfrac{x}{H}$ 小于0.5时，引起的误差很小。当比值增大时，误差将增大。

水平层状介质的反射波时距曲线是一支高次曲线，当我们用均方根速度或平均速度近似后，在炮点附近是一条对称于炮点的双曲线，其特点与单个界面时的反射波时距曲线一样。

引入均方根速度和平均速度的概念，使得对多层介质问题的讨论得以简化。若要研究多层介质中某个反射面的时距曲线，则可将该反射面以上的非均匀盖层用一个速度为均方根速度 v_σ 或平均速度 $\bar{v}$ 的层来代替，这样前面讨论的一个分界面情况下的时距曲线理论都可以引用。也可以用虚震源概念，定性地作出它们的时距曲线来。多层介质的反射波时距曲线是一族双曲线，随着 t_0 的增加（即 H 的增加），代替层速度增加，时距曲线变平缓，如图 7-3-12 和图 7-3-13 所示。

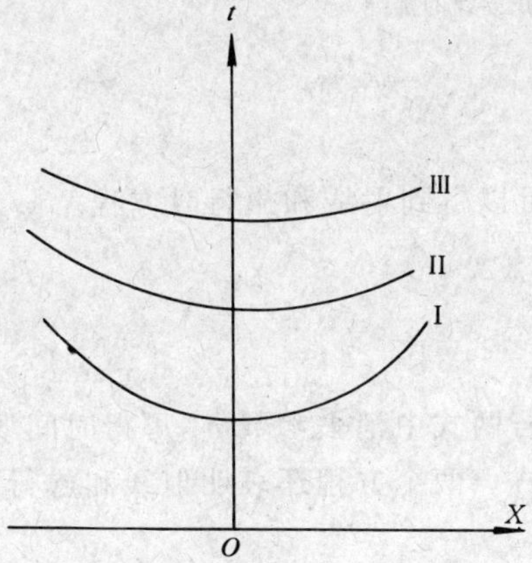

图 7-3-12　水平多层介质的反射波时距曲线族

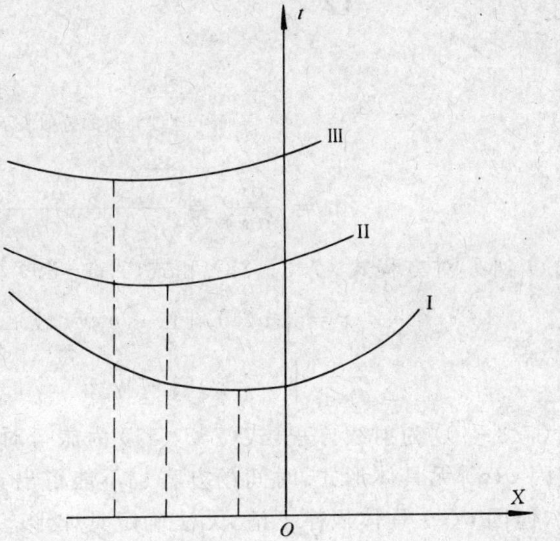

图 7-3-13　倾斜多层介质的反射波时距曲线族

(三)连续介质中波的时间场和时距关系

所谓连续介质就是速度是深度的连续函数 $v = v(z)$ 的介质，这是层状介质的一种极限情况。沉积旋回明显的地区，沉积地层往往由许多薄层组成。层间波速变化不大，可以看成空间坐标的连续函数。当层状介质中层的厚度趋于无限小时就得到了连续介质模型。

1. 连续介质中波的射线和等时线方程

研究连续介质可由层状介质过渡。在地面 O 点发出的任一射线，它在各层的入射角为 α_0，α_1，… 等。当层很薄时，射线由折线变为曲线，入射角变成了深度的函数 $\alpha(z)$。如图 7-3-14 所示。

研究无限小射线元 ds，由图 7-3-14 可以得出

$$dx = \mathrm{tg}\alpha(z)dz,\ ds = dz/\cos\alpha(z) \tag{7.3-36}$$

将射线参数

$$\frac{\sin\alpha(z)}{v(z)} = p \tag{7.3-37}$$

的关系代入，得

$$dx = \frac{pv(z)}{\sqrt{1 - p^2v^2(z)}}dz,\ ds = \frac{dz}{\sqrt{1 - p^2v^2(z)}} \tag{7.3-38}$$

若波沿射线元的旅行时为 dt

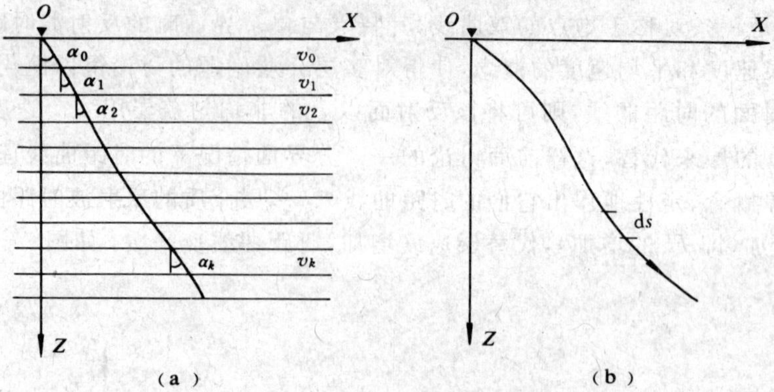

图 7-3-14　连续介质中的射线

(a) 连续介质的近似表示；(b) 射线方程的推导

$$dt = \frac{ds}{v(z)} = \frac{dz}{v(z)(1 - p^2v^2(z))^{\frac{1}{2}}} \tag{7.3-39}$$

从 O 到 Z 对方程式（7.3-38）和式（7.3-39）积分，可以得到射线和旅行时方程

$$x = \int_0^z v(z)p[1 - p^2v^2(z)]^{-\frac{1}{2}}dz \tag{7.3-40}$$

$$t = \int_0^z v^{-1}(z)[1 - p^2v^2(z)]^{-\frac{1}{2}}dz \tag{7.3-41}$$

式（7.3-40）为射线方程，式（7.3-41）为旅行时方程。若两式中消去参数 p，可得时间场方程。但因 $v(z)$ 无具体形式，时间场方程也不能得出具体形式。两个方程还表明射线和旅行都是曲线，但因 $v(z)$ 具体规律不清，无法确定具体形态。

2. 速度随深度线性变化时波的射线和等时线

速度随深度变化的关系可以用下式表示

$$v(z) = v_0(1 + \beta z)^n$$

最通常的情况是 $n = 1$，所以常用的关系为

$$v(z) = v_0(1 + \beta z) \tag{7.3-42}$$

式中 v_0 是 $z = 0$ 处（地面附近）的波速，β 表示速度随深度变化的系数。

为便于积分计算，改变积分变量

由于　$\sin\alpha(z) = v(z)p = pv_0(1 + \beta z) = \sin\alpha_0(1 + \beta z)$

对上式微分　$\cos\alpha \, d\alpha = pv_0\beta dz = \sin\alpha_0 \beta dz$

所以　$$dz = \frac{\cos\alpha}{\beta\sin\alpha_0}d\alpha \tag{7.3-43}$$

代入射线方程　$$x = \int_0^z \mathrm{tg}\alpha \, dz$$

$$= \int_{\alpha_0}^{\alpha} \mathrm{tg}\alpha \frac{\cos\alpha}{\beta\sin\alpha_0}d\alpha = \frac{1}{\beta\sin\alpha_0}\int_{\alpha_0}^{\alpha}\sin\alpha \, d\alpha$$

$$= \frac{1}{\beta\sin\alpha_0}(\cos\alpha_0 - \sqrt{1 - (1 + \beta z)^2\sin^2\alpha_0})$$

整理上式可得

$$\left(x - \frac{1}{\beta\mathrm{tg}\alpha_0}\right)^2 + \left[z - \left(-\frac{1}{\beta}\right)\right]^2 = \frac{1}{\beta^2\sin^2\alpha_0} \tag{7.3-44}$$

令 $$x_1=\frac{1}{\beta\text{tg}\alpha_0},\ z_1=-\frac{1}{\beta},\ r_1=\frac{1}{\beta\sin\alpha_0}$$

则上式可写为

$$(x-x_1)^2+(z-z_1)^2=r_1^2 \tag{7.3-45}$$

这是一个圆的方程，说明从震源 O 发出的射线是圆弧，圆心在 (x_1,z_1)。当参数 p 改变时，圆心在 $z=-\frac{1}{\beta}$ 的直线上移动，如图 7-3-15 所示。

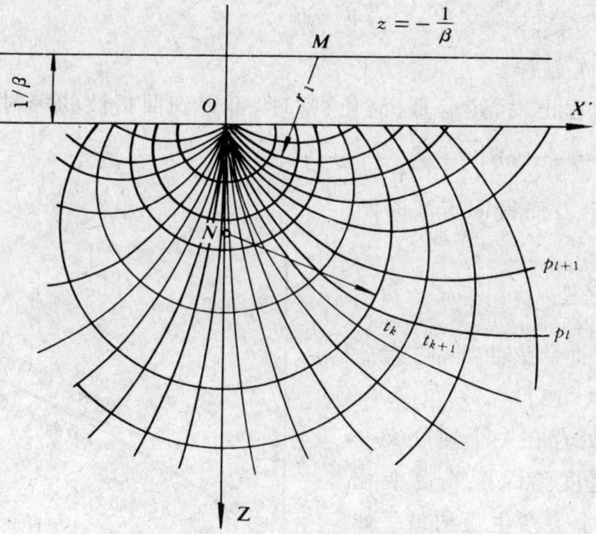

图 7-3-15 射线图解

对旅行时有

$$t=\int_0^z\frac{\mathrm{d}z}{v(z)\cos\alpha}=\int_{\alpha_0}^{\alpha}\frac{\mathrm{d}\alpha}{\beta\sin\alpha_0 v_0(1+\beta z)}$$

$$=\frac{1}{\beta v_0}\int_{\alpha_0}^{\alpha}\frac{\mathrm{d}\alpha}{\sin\alpha}=\frac{1}{\beta v_0}\ln(\text{tg}\frac{\alpha}{2})\Big|_{\alpha_0}^{\alpha}$$

考虑半角关系，上式变为

$$t=\frac{1}{\beta v_0}\ln\frac{(1+\cos\alpha_0)(1+\beta z)}{1+\sqrt{1-\sin^2\alpha_0(1+\beta z)}} \tag{7.3-46}$$

为求得等时线方程需与射线方程联立，消去参数 p 或 α_0。

将式(7.3-46)变为指数关系

$$e^{v_0\beta t}=\frac{(1+\cos\alpha_0)(1+\beta z)}{1+\sqrt{1-\sin^2\alpha_0(1+\beta z)}} \tag{7.3-47}$$

由上式解出 $\cos\alpha_0$，并代入射线方程，经整理可得

$$x^2+[z-\frac{1}{\beta}(\text{ch}\beta v_0 t-1)]^2=\frac{1}{\beta^2\text{sh}^2 v_0\beta t}$$

令 $z_2=\frac{1}{\beta}(\text{ch}\beta v_0 t-1)$， $r_2=\frac{1}{\beta\text{sh}v_0\beta t}$，则上式可写为

$$x^2+(z-z_2)^2=r_2^2 \tag{7.3-48}$$

式(7.3-48)是时间场方程，t 等于某个值 t_i 时即为等时线，可见等时线也是一个圆，圆心在 x_2

$=0$ 的 Z 轴上 (O,Z_2) 处，半径 $r_2=\dfrac{1}{\beta \mathrm{sh} v_0 \beta t}$，随着时间 t 的增大，圆族的圆心向正 Z 的方向移动。等时线和射线是正交的，常将两者绘于同一个图上，称为射线图解（图 7－3－15）。

3. 介质速度为 $v(z)=v_0(1+\beta z)$ 情况下，直达波和反射波的时距曲线

由于连续介质中射线是圆弧，射线不投射于界面也会返回地面。每条射线穿透达最大深度 z_m 后，即返折回地面，人们称这种波为回折波，也就是直达波。射线的最大穿透深度 z_m 与入射角有关

$$z_m=\frac{1}{\beta \sin\alpha_0}-\frac{1}{\beta} \tag{7.3-49}$$

入射角 α_0 越小，射线穿透越深。

由射线和旅行时方程出发，经运算、简化、整理，可得到回折波的等时线方程

$$t=\frac{1}{v_0\beta}\operatorname{arcch}\left[\frac{\beta^2(x^2+z^2)}{2(1+\beta z)}+1\right] \tag{7.3-50}$$

由于在地面观测，让 $z=0$ 而得回折波时距方程

$$t=\frac{1}{v_0\beta}\operatorname{arcch}\left(\frac{\beta^2x^2}{2}+1\right) \tag{7.3-51}$$

这是一条曲线，为反双曲余弦曲线，它有一定的存在区间（图 7－3－16）。

如果地下 $z=H$ 处存在一个速度突变界面，其上覆地层为速度随深度线性变化的连续介质，则在界面上会产生反射波。如图 7－3－16 所示，回折波中总会有一条射线在未达到最大穿透深度 z_m 时遇到界面，并在此界面上产生反射。显然，只有那些 $z_m>H$ 的回折射线才能产生反射。因此 $z_m=H$ 的那条回折射线在地面的出射点 A，就限定了回折波和反射波的接收区间，这就是说，只有在 OA 范围内才能接收到回折波和反射波。

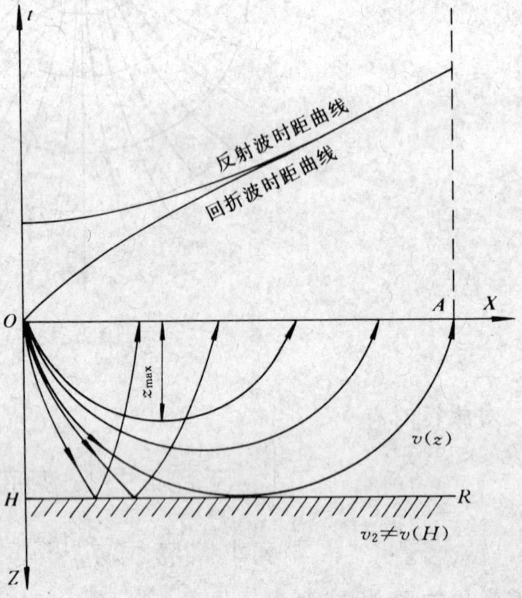

图 7－3－16　回折波和反射波时距曲线

反射波时距曲线可由回折波等时线方程式(7.3－50)得出。令式中的 $z=H$ 就得到波入射到界面深度为 H 的射线旅行时，由于反射界面水平，射线路径对称，因此将式(7.3－50)中的 x 用 $\dfrac{x}{2}$，t 用 $\dfrac{t}{2}$ 代替即得反射波的时距曲线方程

$$t=\frac{2}{v_0\beta}\operatorname{arcch}\left[\frac{\beta^2\left(\frac{x^2}{4}+H^2\right)}{2(1+\beta H)}+1\right] \tag{7.3-52}$$

这个方程表示的不是一条真正的双曲线，可以证明，当 x 较小时可近似于一条对称于炮点的双曲线。而且在

$$x_1=\pm\frac{2}{\beta}\sqrt{(1+\beta H)^2+1} \tag{7.3-53}$$

处反射波时距曲线和回折波时距曲线相切。

(四)转换反射波的时距曲线

反射波的波型与入射波不同称为转换反射波。如果入射波是P波,反射波是S波,则此反射波就称为转换反射波,以PS表示。同样,入射为S波,反射为P波也是转换波。在这种情况下波的入射角不等于反射角。但它们仍遵循斯奈尔定理。

设水平反射界面深度为 h,入射波为P波,波的传播速度为 v_P,反射波为S波,速度为 v_S(图7-3-17),转换反射波的参数时距曲线方程为

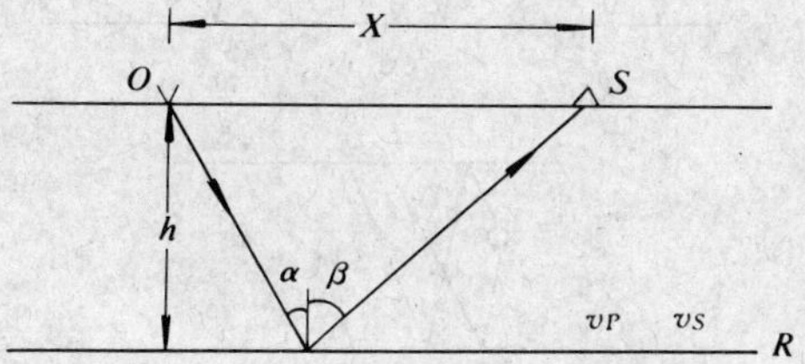

图7-3-17 水平层转换反射波

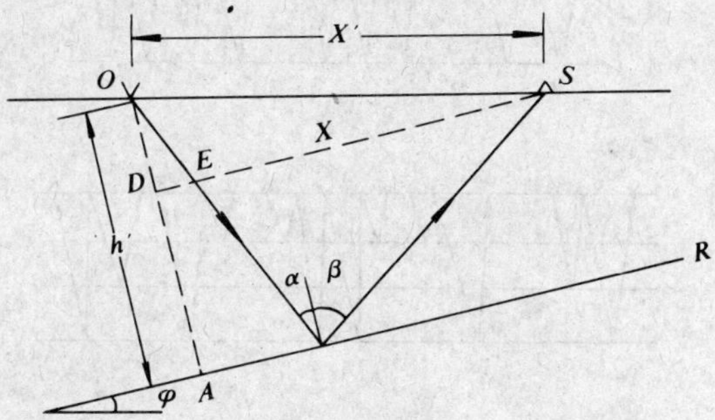

图7-3-18 倾斜面转换反射波

$$\begin{cases} t = \dfrac{h}{v_P\cos\alpha} + \dfrac{h}{v_S\cos\beta} \\ x = h\text{tg}\alpha + h\text{tg}\beta \end{cases} \tag{7.3-54}$$

如果用入射角 α 和速度比 n 来表示,则可得

$$\begin{cases} t = \dfrac{h}{v_P\cos\alpha} + \dfrac{h}{v_S\sqrt{1-n^2\sin^2\alpha}} \\ x = h\text{tg}\alpha + \dfrac{nh\sin\alpha}{\sqrt{1-n^2\sin^2\alpha}} \end{cases} \tag{7.3-55}$$

式中 $n = \dfrac{v_S}{v_P}$, $\sin\beta = n\sin\alpha$。

若界面不水平,可以用做辅助线的方法导出时距曲线方程。过接收点 S 作反射面 R 的平行线 SD(见图7-3-18),反射波旅行时 t' 为水平界面的旅行时加上 OE 段路程的旅行时

$$t' = t + \frac{OE}{v_P}$$

$$OE = \frac{OD}{\cos\alpha} = \frac{x'\sin\varphi}{\cos\alpha}$$

距离

$$x'\cos\varphi = x + DE$$

$$DE = x'\sin\varphi\,\text{tg}\alpha$$

所以

$$\begin{cases} x' = \dfrac{x}{\cos\varphi - \sin\varphi\,\text{tg}\alpha} \\ t' = t + \dfrac{x'\sin\varphi}{v_P\cos\alpha} \end{cases} \tag{7.3-56}$$

这就是倾斜反射面的转换反射波的时距曲线方程。我们也可以用参数 p 表示距离和时间,然后消去参数 p 并略去高次项而得出一个复杂的 x、t 表达式。一般情况下是一支二次曲线。

（五）多次反射波的时距曲线

当地下存在强的波阻抗界面时，会产生多次反射波。这种波使地震记录复杂化，并且可能造成地质解释上的错误。多次波的种类很多，图 7-3-19 中表示出了部分多次反射波的射线路径。其中简单多次波或称为全程二次反射波能量最强，影响最大，我们以它为代表来研究一下多次反射波时距曲线的特点。

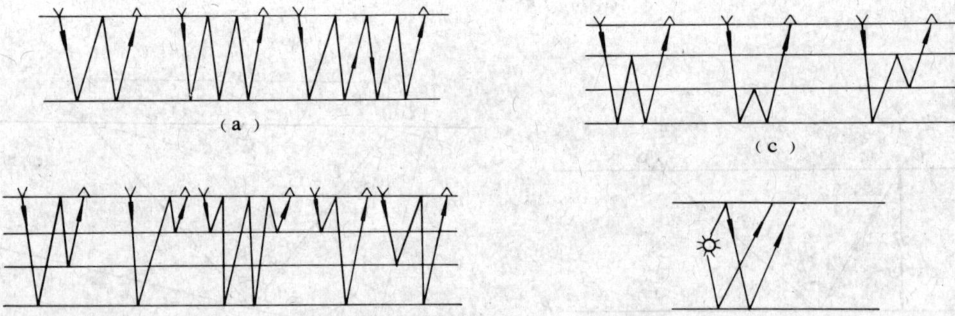

图 7-3-19　多次反射波类型图

设地下有一个强的波阻抗面 R，其法线深度为 h，倾角为 φ，上覆介质速度为 v。在地面 O 点激发，G 点观测到 R 面与地面间产生的全程多次波。如图 7-3-20 所示，射线路径为 $OABCG$，利用虚震源概念可将波的路径 $OA+AB$ 化为 O^*B，$OA+AB+BC$ 路径化为 O_1^*C，全程路径 $OABCG$ 就化为 O_2^*G。这就是说 R 界面上产生的多次波与假想界面 R'（等效界面）上产生的一次反射波相当。若假想界面 R' 倾角为 ϕ，法线深度为 h'，由图 7-3-20 的几何关系可以得出

$$\phi = 2\varphi$$

$$h' = 2h\cos\varphi = \frac{\sin 2\varphi}{\sin\varphi}h$$

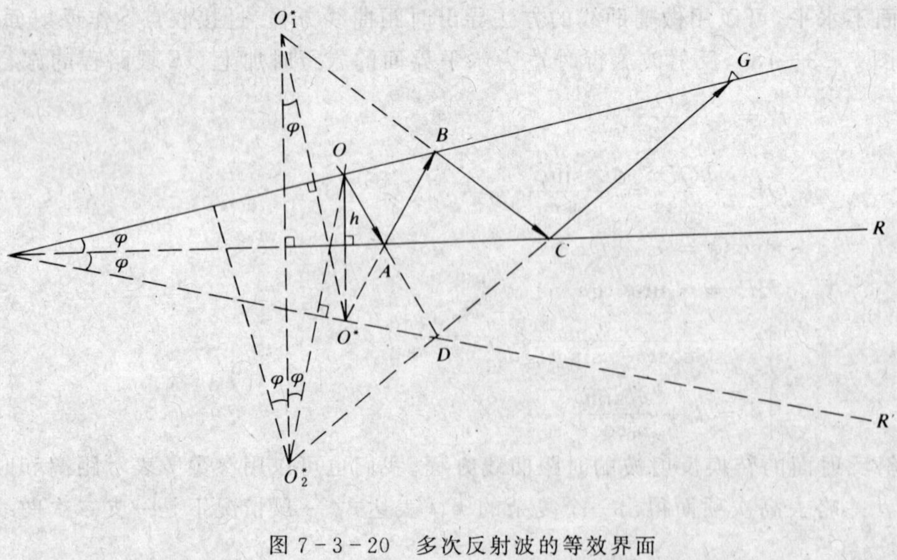

图 7-3-20　多次反射波的等效界面

根据单一倾斜界面时距曲线公式，很容易写出全程二次反射波的时距曲线方程

$$t = \frac{1}{v}\sqrt{x^2 + 4h'x\sin\varphi' + 4h'^2}$$

将 φ' 和 h' 代入上式即得二次反射波的时距方程

$$t = \frac{1}{v}\sqrt{x^2 + 4h\frac{\sin^2 2\varphi}{\sin\varphi}x + 4\frac{\sin^2 2\varphi}{\sin^2\varphi}h^2} \tag{7.3-57}$$

推广到 n 次全程多次反射，可得

$$t = \frac{1}{v}\sqrt{x^2 + 4h\frac{\sin^2 n\varphi}{\sin\varphi}x + 4\frac{\sin^2 n\varphi}{\sin^2\varphi}h^2} \tag{7.3-58}$$

全程多次反射波的时距曲线仍然是双曲线，就二次全程多次波和一次反射相比有如下一些特点。

(1) t_0 标志：多次波 $t'_0 = \frac{2h'}{v} = \frac{2\sin 2\varphi}{\cos\varphi}h$

一次波 $t_0 = \frac{2h}{v}$

当 φ 角小时 $t'_0 \doteq 2t_0$

(2) 倾角标志：$\varphi' = 2\varphi$

(3) 时距曲线极小点偏离炮点距离大。

一次波 $x_m = 2h\sin\varphi$

多次波 $x'_m = 2h'\sin\varphi' = 2\frac{\sin^2 2\varphi}{\sin\varphi}h$

$$x'_m = \left(\frac{\sin 2\varphi}{\sin\varphi}\right)^2 x_m \doteq 4x_m$$

除此之外，有一个特别重要的特点，多次波时距曲线比相同 t_0 的一次波时距曲线陡，也就是正常时差大。这是因为相同 t_0 的一次波传播速度比多次波传播速度大。利用这个特点可以压制多次波。

三、折射波的运动学

折射波运动学是研究波以临界角入射于折射界面时所产生的折射波在各种介质结构情况下的时距关系。

形成折射波的条件较反射波苛刻，必须下层介质速度大于上层介质速度。在水平层状介质时，若其中某层为高速层（厚度大于地震波长），根据斯奈尔定律，其下面的折射层将不能产生折射波而被屏蔽，人们称此高速层为屏蔽层。当然若高速层很薄或下面是角度不整合地层时，则可能不产生屏蔽现象。

折射波传播特点与反射波有较大差别，折射波法不如反射波法勘探精细，但它的勘探范围大，浅到几米，深达几十千米。而且能得到折射层速度，更有利于地质解释。

下面我们分别讨论各种介质结构情况下的折射波时距曲线。

（一）单界面时的折射波时距曲线

1. 水平折射层

设地下有一个水平折射界面，深度为 h，上下层的速度分别为 v_1 和 v_2，且 $v_2 > v_1$。波以临界角 i 入射于界面，在地面 G_4 点观测，如图 7-3-21 所示。其波的旅行时

$$t = \frac{OM}{v_1} + \frac{MP'}{v_2} + \frac{P'G_4}{v_1}$$

$$= \frac{2h}{v_1 \cos i} + \frac{x - 2h\mathrm{tg}i}{v_2}$$

$$= \frac{x}{v_2} + \frac{2h\cos i}{v_1} \qquad (7.3-59)$$

这就是折射波时距方程。

令 $t_{01} = \frac{2h\cos i}{v_1}$

则上式可写为

$$t = \frac{x}{v_2} + t_{01} \qquad (7.3-60)$$

由式(7.3-60)可以得出折射波时距曲线的特点如下：

(1) 时距曲线为直线，斜率为 $\frac{1}{v^2}$，截距为 $t_{01} = \frac{2h\cos i}{v_1}$，$t_{01}$ 又称为交叉时，是延长时距曲线与时间轴 t 的交点。

(2) 时距曲线斜率 $\frac{\mathrm{d}t}{\mathrm{d}x} = \frac{1}{v^2} = \frac{1}{v^*}$，折射层速度决定了时距曲线的陡度，$v^* = v_2$ 为常数。

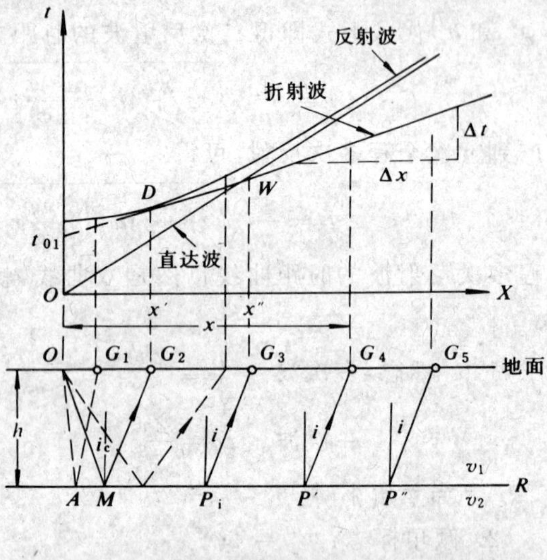

图 7-3-21 水平折射层时折射波的时距曲线

(3) 折射波存在盲区，折射波始点坐标

$$\begin{cases} x_M = 2h\mathrm{tg}i \\ t_M = \dfrac{2h}{v_1 \cos i} \end{cases} \qquad (7.3-61)$$

盲区大小和界面埋深和速度比有关，由始点坐标可求出盖层速度 v_1

$$v_1 = \sqrt{\frac{x_M}{t_M} v_2} \qquad (7.3-62)$$

(4) 折射波到达的同时有反射波和直达波到达接收点。由于反射波和折射波在始点处视速度相等(为同一条射线)，因此它们在这个点上相切。直达波时距曲线是直线其斜率取决于上层介质速度，这两条直线斜率不相等，因此必然相交。折射波时距曲线与反射波、直达波时距曲线之间的相互关系示于图 7-3-21。

2. 倾斜折射层

如图 7-3-22 所示，折射界面倾角为 ψ，在地面 O_1、O_2 分别激发，O_1O_2 间观测。O_1 点界面的法线深度为 z_u，O_2 点界面法线深度为 z_d。我们先研究 O_1 点激发，O_2 点接收(下倾方向接收)的情况。折射波旅行时为 $t_{下}$

$$t_{下} = \frac{O_1A + BO_2}{v_1} + \frac{AB}{v_2} = \frac{z_u + z_d}{v_1 \cos i} + \frac{x\cos\psi - (z_u + z_d)\mathrm{tg}i}{v_2}$$

因为 $\qquad z_d = z_u + x\sin\psi \qquad \sin i = \frac{v_1}{v_2}$

经化简、整理，上式可写为

$$t_{下} = \frac{2z_u \cos i}{v_1} + \frac{x\sin(i+\psi)}{v_1} \qquad (7.3-63)$$

同理可得出 O_2 放炮，O_1 接收的时距曲线方程

$$t_{上} = \frac{2z_d \cos i}{v_1} + \frac{x\sin(i-\psi)}{v_1} \qquad (7.3-64)$$

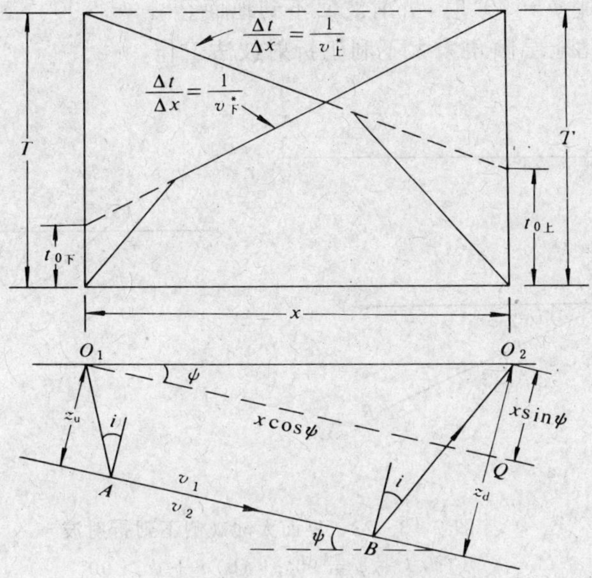

图 7-3-22　倾斜层的折射波时距曲线

方程式(7.3-63)和式(7.3-64)就是倾斜界面时的折射波时距曲线方程。由此可得出时距曲线的特点:

(1)时距曲线是两条不对称的直线,时距曲线斜率 $\frac{dt}{dx}=\frac{\sin(i\pm\psi)}{v_1}=\frac{1}{v^*}$,可见上倾方向接收和下倾方向接收的视速度是不同的

$$v_上^*=\frac{v_1}{\sin(i-\psi)},\ v_下^*=\frac{v_1}{\sin(i+\psi)} \tag{7.3-65}$$

$v_上^*>v_下^*$,上倾方向时距曲线缓,下倾方向陡。根据这个特点可以定性判断地层的倾向。

(2)由两个方向的视速度可获得折射层的速度 v_2,当倾角 ψ 较小时,可以由两个方向的视速度平均值求得折射层速度。

$$\frac{1}{v_2}=\frac{1}{2}\left(\frac{1}{v_上^*}+\frac{1}{v_下^*}\right) \tag{7.3-66}$$

(3)上下倾方向的盲区不同,由图 7-3-22 可以得出始点坐标

$$\begin{cases} x_下=\dfrac{2z_u\sin i}{\cos(i+\psi)} \\ t_下=\dfrac{2z_u\cos\varphi}{v_1\cos(i+\psi)} \end{cases} \tag{7.3-67}$$

$$\begin{cases} x_上=\dfrac{2z_d\sin i}{\cos(i-\psi)} \\ t_上=\dfrac{2z_d\cos\psi}{v_1\cos(i-\psi)} \end{cases} \tag{7.3-68}$$

(4)上下倾方向接收的两条相交的时距曲线称为相遇时距曲线。由于在 O_1 激发,O_2 接收和 O_2 激发,O_1 接收时波的旅行路径是一样的,因此旅行时相等,这叫互换时间相等,通常用 T 来表示。

在倾斜界面情况下，并不是任何时候都能观测到折射波。如图 7－3－23 所示，$i+\psi\geqslant 90^\circ$ 不能得到折射波。$i+\psi=90^\circ$ 时，折射波回不到地面。$i+\psi>90^\circ$，上倾方向不能形成，下倾方向回不到地面。因此地层倾角太大不利于折射波法工作。

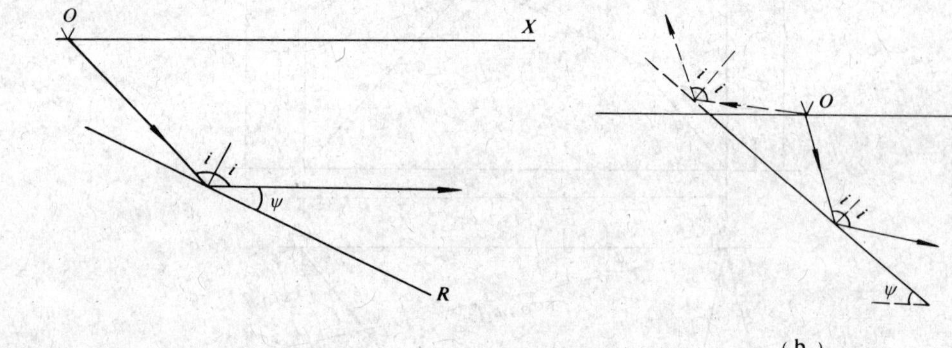

（a）　　（b）

图 7－3－23　界面太陡观测不到折射波

(a) $i+\psi=90^\circ$；（b）$i+\psi>90^\circ$

3. 弯曲折射界面

界面起伏不平时，其倾角 ψ 不是一个常量。由式(7.3－65)的视速度公式可知，因 ψ 不是常量，因而 v^* 是变化的，时距曲线就不再是直线。ψ 角增大，$v^*_{下}$ 减小，时距曲线斜率增大，曲线变陡，反之亦然。所以曲界面折射波时距曲线是曲线，并与界面的弯曲形状大致成镜像对称关系，如图 7－3－24 所示。应该特别指出的是，对凸界面来说，它可能产生穿透现象，即波不是沿界面滑行，而是透过界面，再回到地面。此时的时距曲线也是向上弯曲的(图 7－3－24(c))。为了识别穿透现象，采用不同位置激发，而在激发点的同一侧的同一地段接收，得到两支所谓的追逐时距曲线。显然，对折射波来说两条时距曲线应该是平行的(图 7－3－24(b))；对穿透波来说，由于出射角是变化的，追逐时距曲线不平行(图 7－3－24(c))。

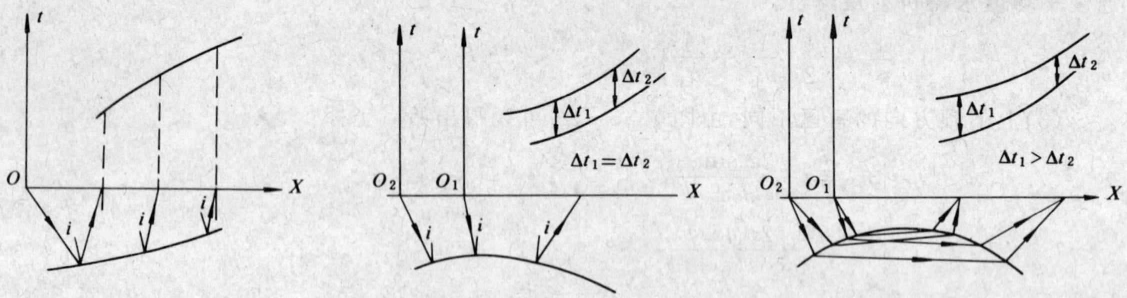

（a）　　（b）　　（c）

图 7－3－24　曲界面的折射波时距曲线

（二）水平多层介质的折射波时距曲线

多个水平层模型如图 7－3－25 所示。图中给出了三个水平层，各层的速度为 v_1、v_2 和 v_3，并且 $v_1<v_2<v_3$，第一、第二层的层厚分别为 h_1 和 h_2，我们考虑第二个折射面 R_2 产生的折射

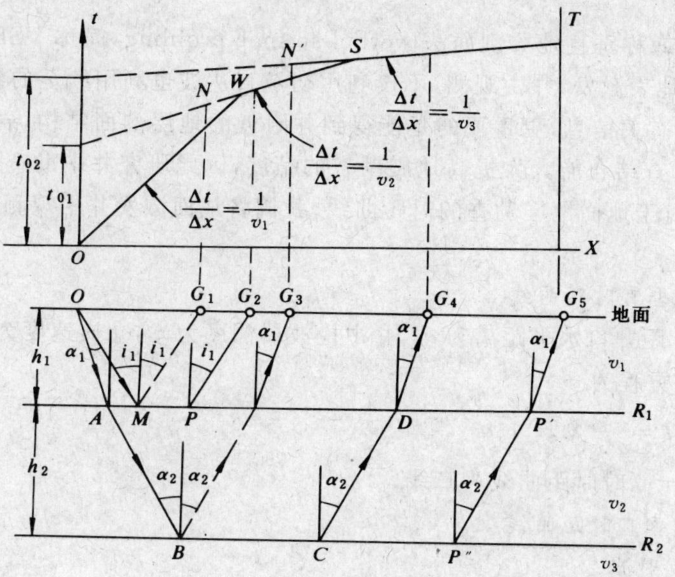

图 7-3-25　水平多层介质的折射波时距曲线

波的旅行时

$$t = \frac{OA + DG_4}{v_1} + \frac{AB + CD}{v_2} + \frac{BC}{v_3}$$

$$= \frac{2h_1}{v_1\cos\alpha_1} + \frac{2h_2}{v_2\cos\alpha_2} + \frac{x - 2h_1\mathrm{tg}\alpha_1 - 2h_2\mathrm{tg}\alpha_2}{v_3}$$

考虑到

$$\frac{\sin\alpha_1}{v_1} = \frac{\sin\alpha_2}{v_2} = \frac{1}{v_3}$$

经合并、整理，上式可写为

$$t = \frac{x}{v_3} + \frac{2h_1\cos\alpha_1}{v_1} + \frac{2h_2\cos\alpha_2}{v_2} \tag{7.3-69}$$

推广到 n 层界面

$$t = \frac{x}{v_n} + \sum_{i=1}^{n-1}\frac{2h_i\cos\alpha_i}{v_i} \tag{7.3-70}$$

令　$$t_{oi} = \sum_{i=1}^{n-1}\frac{2h_i\cos\alpha_i}{v_i}$$

则上式为　$$t = \frac{x}{v_n} + t_{oi} \tag{7.3-71}$$

这就是水平多层介质时的折射波时距曲线方程。由式(7.3-71)可以得出，多层水平介质的折射波时距曲线是直线，其斜率为折射层速度的倒数，即 $v^* = v_n$，各层折射波的时距曲线斜率不相同，因此是一系列相交的直线，如图 7-3-25 所示。各波有其初至区(波最先到达的区域)，深层折射波可以先于浅层折射波到达地面。这是与反射波很不相同的地方。

多个倾斜层的折射波时距关系比较复杂，但一般可将盖层用均方根速度简化为均匀介质，然后按单个倾斜界面的情况来处理。

四、垂直时距曲线方程

井中地震勘查或称垂直地震剖面法(verticl seismic profiling,简称 VSP)是新发展起来的技术。它一般是在地表激发,井中观测,不仅利用初至直达波也利用续至的各种波。因此,VSP 不仅能获得速度的有关信息,更重要的是能得到井附近的地层剖面结构,岩性以及波场特征。VSP 和地面地震勘查结合能大大提高地震勘查的精度,因此研究井中勘查各种波的运动学特点有重要意义。相对于地面地震勘查的时距曲线,我们将地面激发井中观测的时距曲线称为垂直时距曲线。

(一)直达波的垂直时距曲线

地面激发点 O 距井口水平距离为 d,井中检波器深度为 z,介质速度为 v(图 7-3-26),则直达波时距曲线方程为

$$t = \frac{1}{v}\sqrt{z^2 + d^2} \tag{7.3-72}$$

此为双曲线,当 $d = 0$ 时时距曲线为直线。

(二)反射波的垂直时距曲线

1. 上行一次反射波

上行反射波系指向上反射的波,接收点在反射面的上方,如图 7-3-26 所示。设反射界面 R 的倾角为 ψ,法线深度为 h。利用虚震源概念可得上行一次反射波的垂直时距曲线方程

$$t = \frac{OA + AG}{v} = \frac{O^*G}{v}$$

$$= \frac{1}{v}\sqrt{(2h\cos\psi - z)^2 + (2h\sin\psi + d)^2} \tag{7.3-73}$$

当地层水平时

$$t = \frac{1}{v}\sqrt{(2h - z)^2 + d^2} \tag{7.3-74}$$

2. 下行二次反射波

下行二次反射波是指在界面上反射后又经地面向下反射的波,接收点在波的下方。如图 7-3-27,利用虚震源可得波的旅行时为

$$t = \frac{O_1^*G}{v} = \frac{\sqrt{\overline{O_1^*N}^2 + \overline{NG}^2}}{v}$$

$$t = \frac{1}{v}\sqrt{(d + 2h\sin\psi)^2 + (2h\cos\psi + z)^2} \tag{7.3-75}$$

同样,$\psi = 0$,即为水平界面的下行二次反射波的垂直时距曲线。

3. 上行二次反射波

由已知的一次上行反射波的时距方程可直接得出上行二次反射波的时距方程。将式(7.3-73)中的深度和倾角用等效面的深度 h' 和倾角 ψ' 代之,则

$$t = \frac{1}{v}\sqrt{(2h'\cos\psi' - z)^2 + (2h\sin\psi' + d)^2}$$

因为

$$h' = \frac{h\sin2\psi}{\sin\psi}, \qquad \psi' = 2\psi$$

所以

$$t = \frac{1}{v}\sqrt{(4h\cos\varphi\cos2\psi - z)^2 + (4h\cos\varphi\sin2\psi + d)^2} \tag{7.3-76}$$

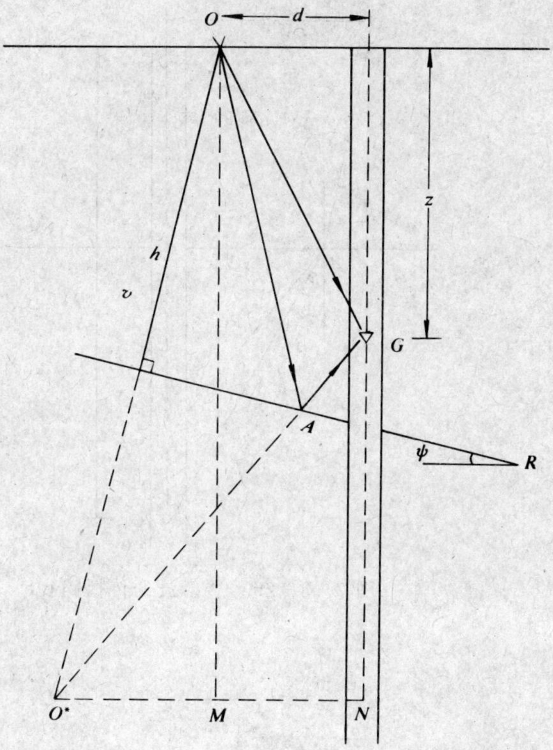

图 7-3-26　井中直达波和上行一次反射波射线路径

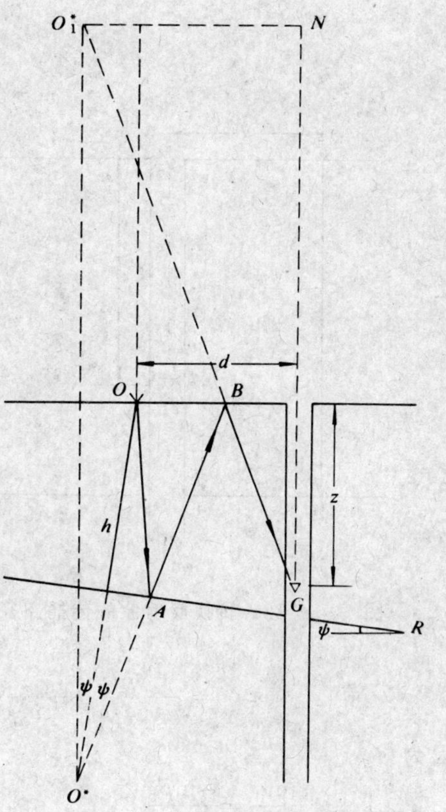

图 7-3-27　下行二次反射波路径

此式也可以直接用虚震源概念得出。

4. 转换反射波

如图 7-3-28 所示，入射为 P 波，反射为 S 波，若它们的速度分别为 v_P 和 v_S，则转换反射波的垂直时距曲线方程为

$$t = \frac{OA}{v_P} + \frac{AG}{v_S} = \frac{h}{v_P\cos\alpha} + \frac{h-z}{v_S\cos\beta} \tag{7.3-77}$$

若以入射角 α 和速度比 n 表示，则

$$t = \frac{h}{v_P\cos\alpha} + \frac{h-z}{v_S(1-n^2\sin^2\alpha)^{\frac{1}{2}}} \tag{7.3-78}$$

(三)透射波的垂直时距曲线

1. 同类透射波 P_{12}

透射波的传播路径如图 7-3-29 所示，旅行时

$$t = \frac{h}{v_1\cos\alpha_1} + \frac{z-h}{v_2\cos\alpha_2} \tag{7.3-79}$$

或

$$t = \frac{h}{v_1\cos\alpha_1} + \frac{(z-h)n^2}{v_1\sqrt{n^2-\sin^2\alpha_1}} \tag{7.3-80}$$

2. 透射转换波 P_1S_2

由图 7-3-29 可以得出

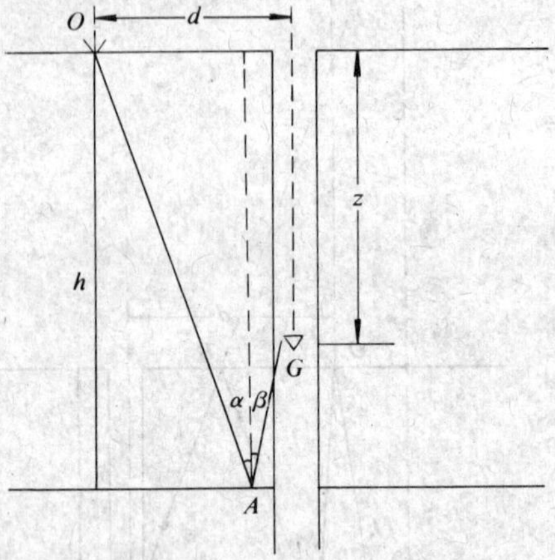

图 7-3-28　转换反射波的传播路径

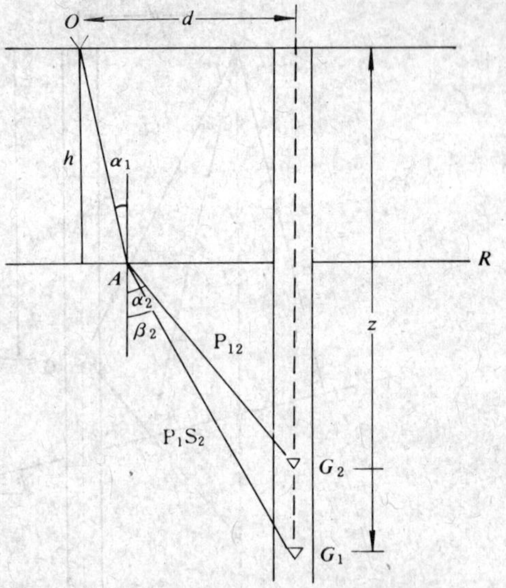

图 7-3-29　透射波的传播路径

$$t=\frac{h}{v_{P_1}\cos\alpha_1}+\frac{z-h}{v_{S_2}\cos\beta_2} \tag{7.3-81}$$

因为

$$\frac{\sin\alpha_1}{v_{P_1}}=\frac{\sin\beta_2}{v_{S_2}}$$

$$\sin\beta_2=\frac{v_{S_2}}{v_{P_1}}\sin\alpha_1$$

所以 $t=\frac{h}{v_{P_1}\cos\alpha_1}+\frac{v_{P_1}(z-h)}{v_{S_2}(v_{P_1}^2-v_{S_2}^2\sin^2\alpha_1)^{\frac{1}{2}}}$

(7.3-82)

(四)折射波的垂直时距曲线

如果地下界面是折射界面,波以临界角入射,则井中检波器可接收到折射波。波的射线路径如图 7-3-30 所示。时距方程为

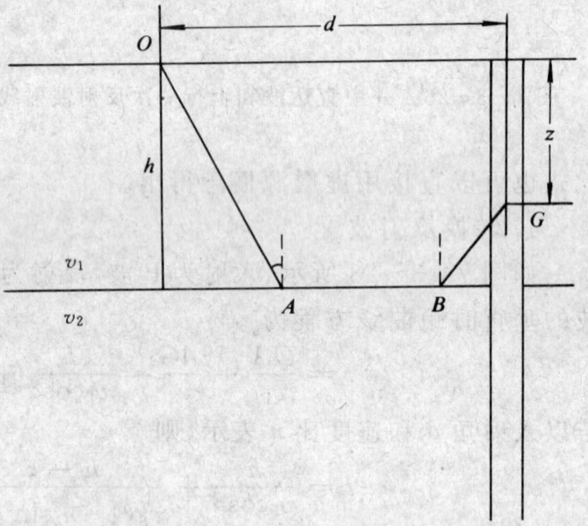

图 7-3-30　折射波的射线路径

$$\begin{aligned}t&=\frac{OA}{v_1}+\frac{AB}{v_2}+\frac{BG}{v_1}\\&=\frac{h}{v_1\cos i}+\frac{d-h\mathrm{tg}i-(h-z)\mathrm{tg}i}{v_2}\\&\quad+\frac{h-z}{v_1\cos i}=\frac{d}{v_2}+\frac{2h-z}{v_1}\cos i\end{aligned} \tag{7.3-83}$$

这是一条直线,这也是与前述所有波的垂直时距曲线不同的地方。

利用以上各种波的垂直时距方程,可以计算出各种波的理论垂直时距曲线。如图 7-3-31 所示,图的左边画出了波的射线路径,右边是各种波的垂直时距曲线。除折射波时距曲线是直线外,其余波的时距曲线都是曲线。当入射角小于临界角时直达波、反射波和透射波在界面上有公共点。第一层的直达波为下行波,其时距曲线为双曲线,视速度为正,上行反射波时距曲

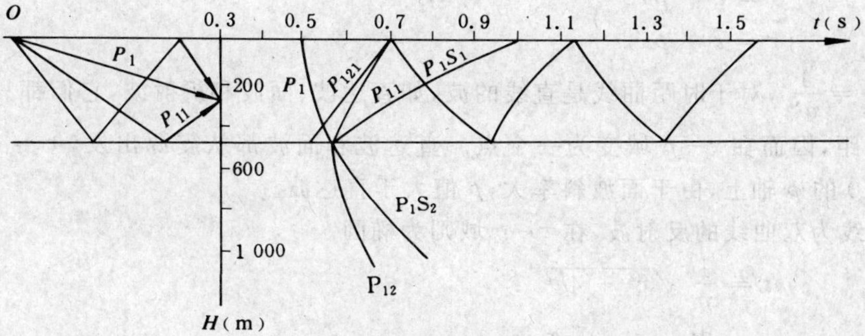

图 7-3-31　各种波的理论垂直时距曲线

线也是双曲线，视速度为负。多次反射波的时距曲线由有正负视速度的多段双曲线组成。

五、绕射波的时距曲线

当波遇到介质性质突变点时，可产生绕射波，我们以断棱点为例，来讨论绕射波的时距曲线。如图 7-3-32 所示，若绕射点 D 坐标为 (d,H)，测线通过 D 点的正上方。在 O_1 点激发，波到达 D 点后产生绕射，在地面 S 点接收到绕射波的旅行时为

$$t=\frac{O_1D+DS}{v}=\frac{\sqrt{d^2+H^2}}{v}+\frac{\sqrt{(x-d)^2+H^2}}{v}\tag{7.3-84}$$

这就是绕射波时距方程，式中 d 为绕射点到激发点的水平距离，H 为绕射点的深度。

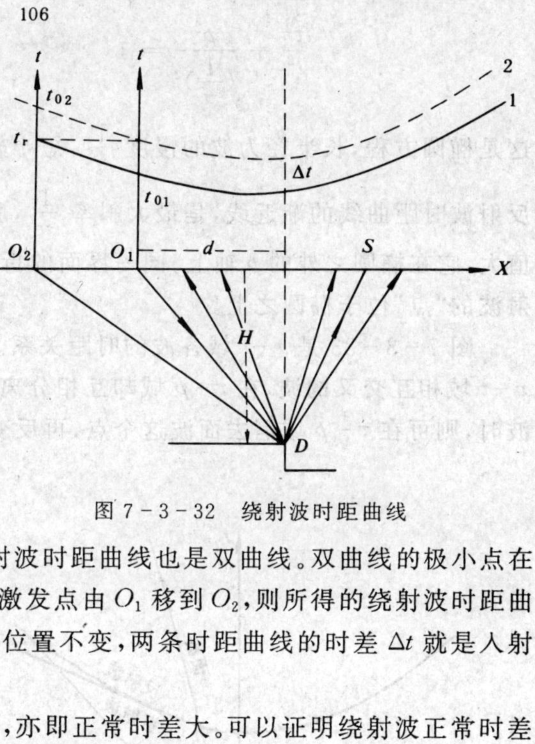

图 7-3-32　绕射波时距曲线

只要将式(7.3-84)稍加变换就可以看出绕射波时距曲线也是双曲线。双曲线的极小点在 $x=d$ 处，而且它不随炮点移动而变更位置。若将激发点由 O_1 移到 O_2，则所得的绕射波时距曲线与 O_1 激发的绕射波时距曲线彼此平行，极小点位置不变，两条时距曲线的时差 Δt 就是入射路径 O_1D 和 O_2D 的旅行时差。

绕射波时距曲线比同深度反射波时距曲线陡，亦即正常时差大。可以证明绕射波正常时差比反射波正常时差大一倍。读者也可以用视速度定理自己得出结论。

六、$\tau-p$ 域各种波的运动学特点

前面我们讨论了各种波在各种介质结构中的时距关系，都是在时空域，亦即 $x-t$ 域进行的。新近又开拓了一个 $\tau-p$ 域来研究波的特点，所谓 $\tau-p$ 域就是用时距曲线各点的斜率 p 及其在时间轴上的截距 τ 来描述波的特点。这样做的好处是能使在 $x-t$ 域彼此相交干涉，构成复杂时距关系的各种波，在 $\tau-p$ 域能彼此分离，形成简单明了的关系。这给资料处理和解释带来很大方便。

由 $x-t$ 域到 $\tau-p$ 域，从数学上来说相当于做了一次坐标变换。其关系如下

$$\left.\begin{aligned} t &= \tau + px \\ \tau &= t - px \end{aligned}\right\} \tag{7.3-85}$$

斜率 $p = \dfrac{\mathrm{d}t}{\mathrm{d}x} = \dfrac{1}{v^*}$，对于时距曲线是直线的波，如直达波、面波和折射波，它们都只有一个固定的斜率和截距，因而在 τ—p 域变为一个点。直达波和面波都从震源出发，$\tau = 0$，因此这个“点”在 $\tau = 0$ 的 p 轴上，由于面波斜率大，p 值大于直达波。

时距曲线为双曲线的反射波，在 $\tau - p$ 域则为椭圆。

因为 $$t = \frac{1}{v}\sqrt{x^2 + 4h^2}$$

$$p = \frac{\mathrm{d}t}{\mathrm{d}x} = \frac{x}{v(x^2 + 4h^2)^{\frac{1}{2}}}$$

所以 $$x = \frac{2hvp}{(1 - v^2p^2)^{\frac{1}{2}}}$$

将 t, p 和 x 代入式(7.3-85)并化简可得

$$\tau^2 = t_0^2(1 - v^2p^2)$$

$$\frac{\tau^2}{t_0^2} + \frac{p^2}{\left(\frac{1}{v}\right)^2} = 1 \tag{7.3-86}$$

这是椭圆方程，长半径为波的慢度 $\dfrac{1}{v}$，短半轴为波的垂直反射旅行时 t_0。直达波时距曲线是反射波时距曲线的渐近线，是最大斜率 $\dfrac{1}{v}$，所以直达波和反射波在 p 轴上 $\dfrac{1}{v}$ 处共点。面波 p 值大，它在椭圆之外的 p 轴上。同一界面的折射波和反射波时距曲线，它们在始点相切，因而折射波的“点”位于椭圆之上。

图 7-3-33 是 $x-t$ 域各波的时距关系。图 7-3-34 是这些波在 $\tau-p$ 域的分布。可见在 $x-t$ 域相互交叉的波，在 $\tau-p$ 域却互相分离了。这样，当需要消去与反射无关的干扰，例如面波时，则可在 $\tau-p$ 域消去面波这个点，再反变换回到 $x-t$ 域，就可达到消除面波的目的。

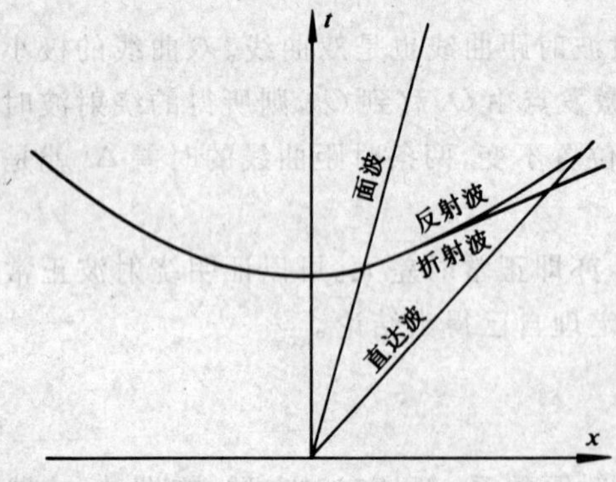

图 7-3-33 $x-t$ 域中各波的时距曲线

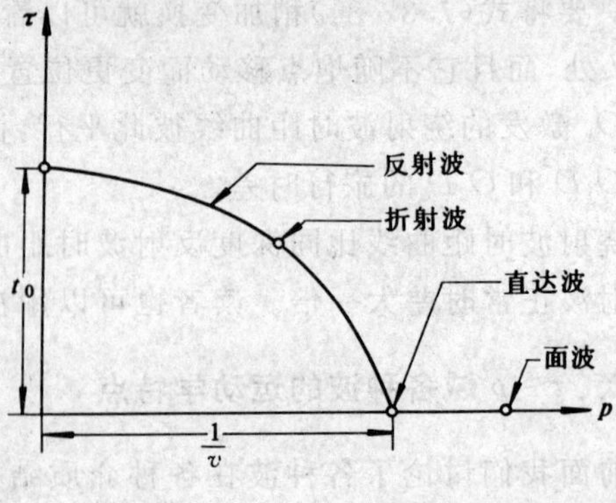

图 7-3-34 $\tau-p$ 域中各种波的分布

§7.4 地震波的传播速度

从地震波的运动学来说，时间场的分布规律是由速度的空间分布规律决定的，因而速度在地震勘探中是一个重要参数，它把地震波传播的时间和空间联系起来。此外，正如第一章中讨论过的，不同时代，不同岩性的地层可以由不同速度层的物理模型相对应，因而速度又作为一个重要参数把地质模型和物理模型联系起来。因此有必要在这一节内对地震波的速度再做一些讨论。

一、几种速度的概念

地震波的传播速度是一个十分重要的参数，但又很难精确测定它的数值。严格说来，即使在同一种岩层中的各个部位或者不同方向，波的传播速度都是不同的，它应该是坐标的函数，记为 $v=v(x,y,z)$ 。但是在实际工作中是不可能真正精确地确定这种函数关系的，只能根据当时生产工作的需要和地震勘查方法技术所能达到的水平，对极其复杂的实际情况作种种简化，建立各种简化模型，并引进各种速度概念。必须明确，每种速度概念都有它的意义、引入原因、计算或测定方法以及使用范围。并且地震勘查中的各种速度概念是随着地震勘查本身方法技术的发展而出现、变化和淘汰的。

(一)层速度 v_n

层速度或间隔速度，是波在不同岩性地层中传播的速度。它是岩石的物理性质之一。其值的大小取决于岩石的弹性系数。通常所指的层速度是某一地层中的平均速度。若地层厚度为 Δh，波传播的时间为 Δt，则层速度 v_n 为

$$v_n=\frac{\Delta h}{\Delta t} \tag{7.4-1}$$

层速度是岩性参数，常用于地震资料的地质和岩性解释。

(二)平均速度 $\bar{v}$ (或 v_{av})

我们在第三节中讨论了平均速度，定义平均速度为波垂直穿过地层的总厚度与总的传播时间之比，即

$$\bar{v}=\frac{\sum_{i=1}^{n} h_i}{\sum_{i=1}^{n}\frac{h_i}{v_i}}=\frac{\sum_{i=1}^{n} v_i t_i}{\sum_{i=1}^{n} t_i}$$

式中 h_i 和 v_i 分别为每层的厚度和速度。

现在我们从另一个角度来讨论平均速度的含义。假设有如图 7-4-1 所示的水平层状介质，在 O 点激发，S 点接收，假定波按最短路程传播，即波从 O 点入射到第 n 层的 P 点时，OP 是直线，反射线 PS 也是直线。波的路径 $OP+PS$ 等于由虚震源 O^* 到 S 点的路线 O^*S。设波的入射角为 α。如果定义平均速度为：在水平层状介质中，波沿直线传播所走过的总路程和所需时间之比，则有

$$\bar{v}=\frac{O^*S}{t_s}=\frac{2(L_1+L_2+\cdots+L_n)}{2(t_{L_1}+t_{L_2}+\cdots+t_{L_n})} \tag{7.4-2}$$

L_i 为波在每层中走过的路程长度；t_{L_i} 为每层中波的传播时间，从图 7-4-1 可得出

$$\bar{v}=\frac{\dfrac{h_1}{\cos\alpha}+\dfrac{h_2}{\cos\alpha}+\cdots+\dfrac{h_n}{\cos\alpha}}{\dfrac{\dfrac{h_1}{\cos\alpha}}{v_1}+\dfrac{\dfrac{h_2}{\cos\alpha}}{v_2}+\cdots+\dfrac{\dfrac{h_n}{\cos\alpha}}{v_n}}$$

因各层入射角 α 不变,因而可得

$$\bar{v}=\frac{\sum\limits_{i=1}^{n}h_i}{\sum\limits_{i=1}^{n}\dfrac{h_i}{v_i}} \qquad (7.4-3)$$

按照波走直线定义出的平均速度公式与前面按波垂直层面传播定义的平均速度公式是一样的。所以也可以说平均速度是在非均匀介质中波沿直射线传播的速度。需要指出,波传播遵循的是沿最小时间路程传播。在非均匀层状介质中最小时间路径是射线,而此时的射线是折线。可见引入平均速度时所做的波沿最短的直线距离传播的假设,就是对实际介质结构的一种简化。实际工作中,炮点附近的射线是最近似于直线的,所以平均速度常用来做时-深转换。

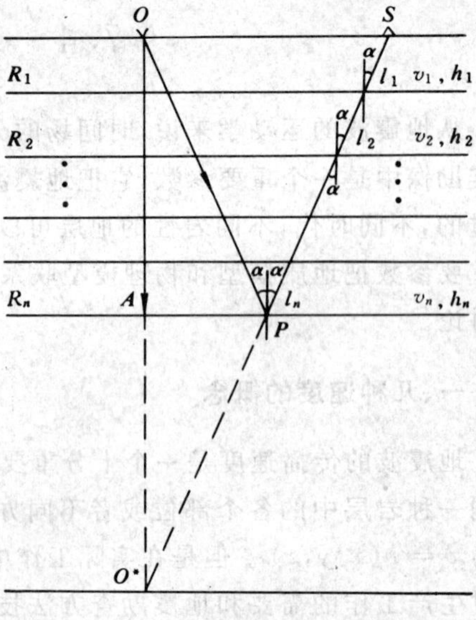

图 7-4-1 水平层状介质的平均速度

(三)均方根速度 v_σ

在讨论单界面均匀介质反射波时距曲线时,已得出时距曲线是一条双曲线,方程为

$$t=\frac{1}{v}\sqrt{4h^2+x^2}$$

或

$$t^2=t_0^2+\frac{x^2}{v^2}$$

这就是说,如果时距曲线方程可以写成上式,就表示波是以常速传播,而且速度就等于 x^2 项分母的平方根。下面按这个思路引入均方根速度概念。

如果反射面覆盖的不是均匀介质而是水平层状介质,其时距曲线的表达式是什么?

我们在第三节已经得出水平层状介质的参数时距方程式(7.3-33),若不做限制和简化就不能得出简单的 $t=t(x)$ 的显函数形式。而只能是参数方程形式。

可以证明当 $x<2h$ 时,可以得到 $t^2=t_0^2+\sum\limits_{i=1}^{\infty}\beta_i x^{2i}$ 形式的高次曲线,当略去 x^4 以上项,就可以得到较简单的形式

$$t^2=t_0^2+\frac{x^2}{v_\sigma}$$

这与均匀介质情况下的双曲线方程一样。与速度相当的量就是均方根速度 v_σ。因此可以这样定义均方根速度:把水平层状介质情况下的反射波时距曲线近似地当作双曲线求出的波速,就是水平层状介质的均方根速度。

均方根速度可以说是把各层的速度值平方,按时间取其加权平均值,而后再取平方根值。其中速度值较高的层所占比重较大,表明这种近似在一定程度上考虑了射线的偏折。这正是与平均速度不同之处。因此在炮检距 x 不为零时,使用均方根速度是合理的。

(四)等效速度 v_φ

在多次覆盖方法中,可以导出倾斜界面时共中心点时距曲线方程为

$$t = \frac{1}{v}\sqrt{4h_0^2 + x^2\cos^2\varphi} \tag{7.4-4}$$

式中 h_0 为共中心点下的法线深度，φ 为倾角，上式也可写为

$$t^2 = t_0^2 + \frac{x^2}{\dfrac{v^2}{\cos^2\varphi}} \tag{7.4-5}$$

令

$$v_\varphi = \frac{v}{\cos\varphi} \tag{7.4-6}$$

则可得

$$t^2 = t_0^2 + \frac{x^2}{v_\varphi^2} \tag{7.4-7}$$

这就与均匀介质水平界面的反射波时距曲线的方程形式一样。式中 v_φ 称为倾斜均匀介质情况下的等效速度。它等效于速度，本身并没有明确的物理意义。

(五)叠加速度 v_a

在一般情况下，不管水平界面、倾斜界面的均匀介质，还是盖层为层状介质或是连续介质，都可将共中心点反射波时距曲线看作双曲线，可用一个共同的式子来表示

$$t^2 = t_0^2 + \frac{x^2}{v_a^2} \tag{7.4-8}$$

式中 v_a 为叠加速度，它是一个一般化的概念，对不同的介质结构有其具体的意义。对倾斜界面的均匀介质，v_a 就是等效速度 v_φ，对水平层状介质，v_a 就是均匀根速度 v_σ。

叠加速度的含义也可以从另外一个角度来理解。在实际的地震资料处理工作中，我们是通过计算速度谱来求取叠加速度的(具体方法将在资料处理中介绍)。即对一组共反射点道集上的某个同相轴，利用双曲线公式，选用一系列速度值计算各道的正常时差，对道集内各道进行动校正，当取某个速度值能把同相轴校正成水平直线而达到最好叠加效果时，则这个速度就是这条同相轴对应的反射波的叠加速度。也就是说，叠加速度是由计算方法而得名。

(六)射线平均速度 v_L

在上面引入的种种速度概念有一个共同的特点，都是把不均匀介质简化为具有某种假想速度的均匀介质。波在这种假想均匀介质中沿不同方向的传播速度都是一样的，显然这是一种粗略的近似。

实际上，地震波在非均匀介质中传播时，沿不同的射线路径有不同的传播速度，我们称其为射线速度。严格地说，沿射线的每个点上速度也不一样，但我们很难计算出每个点的速度。因此采用了一种既较真实严格，又能计算的射线平均速度的概念，即把波沿某条射线传播所走的总路程长度除以所需时间叫做沿这条射线的射线平均速度 v_L。v_L 在各条射线是不一样的，它是射线出射角 α_0 的函数，亦即射线参数 p 的函数。根据定义可得

$$v_L = \frac{\displaystyle\sum_{i=1}^{n}\frac{h_i}{\sqrt{1 - v_i^2 p^2}}}{\displaystyle\sum_{i=1}^{n}\frac{h_i}{v_i\sqrt{1 - v_i^2 p^2}}} \tag{7.4-9}$$

射线平均速度比平均速度和均方根速度都更精确地描述了波在介质中的传播情况。它可以作为分析各种速度精确度的一个比较标准。此外，在资料处理中讨论偏移叠加速度时，也要用到射线平均速度的概念。

二、几种速度之间的关系

经过理论分析和计算，速度之间的关系可总结出几点：

(1) 在水平层状介质情况下，炮检距为零的射线平均速度就是平均速度。平均速度能较好地描述炮检距为零时波的传播情况。所以，设计井深、进行时-深转换时要用平均速度。

(2) 均方根速度是构成等效均匀层的最佳射线平均速度，即在诸多的射线平均速度中，等于均方根速度的那一个正是按最佳估计理论得出的最佳等效值。均方根速度考虑了波通过界面时的射线偏折。在中等炮检距时比较正确。

(3) 均方根速度总是大于平均速度。

(4) 炮检距趋于无穷大时的射线平均速度趋于水平层状介质中最高速度层的速度。

根据层状介质模型计算，得出平均速度、均方根速度和射线平均速度之间的关系如图 7-4-2 所示。

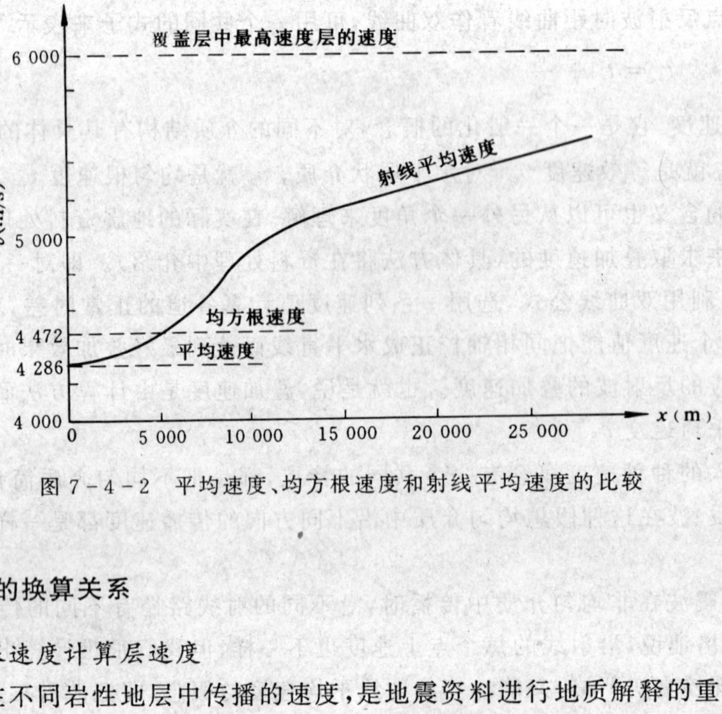

图 7-4-2 平均速度、均方根速度和射线平均速度的比较

三、几种速度的换算关系

(一)由均方根速度计算层速度

层速度是波在不同岩性地层中传播的速度，是地震资料进行地质解释的重要参数，它可以通过测井获得。在无测井资料时，可由地震资料本身来获得，通常是由均方根速度换算出层速度。使用的就是所谓 Dix 公式。

设有 n 层水平层状介质，各层速度为 v_i，厚度为 h_i，各层中的垂直传播时间为

$$t_i = \frac{h_i}{v_i} \qquad i = 1,2,\cdots,n \tag{7.4-10}$$

第 1 层至第 n 层的均方根速度 $v_{\sigma,n}$ 为

$$v_{\sigma,n}^2 = \frac{\sum_{i=1}^{n} v_i^2 t_i}{\sum_{i=1}^{n} t_i} = \frac{2\sum_{i=1}^{n} v_i^2 t_i}{t_{0,n}} \tag{7.4-11}$$

$t_{0,n}$ 为第 1 层至第 n 层的双线反射时间。对第 $n-1$ 层以上的均方根速度 $v_{\sigma,n-1}$ 为

$$v_{\sigma,n-1}^{2}=\frac{2\sum_{i=1}^{n-1}v_i^2t_i}{t_{0,n-1}} \tag{7.4-12}$$

由式(7.4-11)减去式(7.4-12)，可得

$$v_{\sigma,n}^{2}t_{o,n}-v_{\sigma,n-1}^{2}t_{0,n-1}=2\sum_{i=1}^{n-1}v_it_i=2v_n^2t_n \tag{7.4-13}$$

又

$$t_{0,n}-t_{0,n-1}=2\sum_{i=1}^{n}t_i-2\sum_{i=1}^{n-1}t_i=2t_n$$

所以

$$t_n=\frac{t_{0,n}-t_{0,n-1}}{2} \tag{7.4-14}$$

由式(7.4-13)和式(7.4-14)可得

$$v_n^2=\frac{v_{\sigma,n}^{2}t_{0,n}-v_{\sigma,n-1}^{2}t_{0,n-1}}{t_{0,n}-t_{0,n-1}} \tag{7.4-15}$$

这就是计算层速度的 Dix 公式。当已知第 n 层及第 $n-1$ 层的均方根速度及两层的 t_0 时间(由速度谱资料很容易获得)，就可以用此式计算第 n 层的层速度。

(二)由均方根速度换算平均速度

由式(7.4-15)层速度与均方根速度的关系，可以得出第 n 层底面以上的平均速度

$$\bar{v}(n)=\frac{\sum_{i=1}^{n}v_i(t_{0,i}-t_{0,i-1})}{t_{0,n}} \tag{7.4-16}$$

式中 v_i 就是层速度，将式(7.4-15)代入式(7.4-16)，即可得到均方根速度和平均速度的关系

$$\bar{v}(n)=\frac{\sum_{i=1}^{n}\sqrt{(v_{\sigma,i}^{2}t_{0,i}-v_{\sigma,i-1}^{2}t_{0,i-1})(t_{0,i}-t_{0,i-1})}}{t_{0,n}} \tag{7.4-17}$$

思考题与习题

1. 单相介质和双相介质的含义是什么？波在这两种介质中是否按同样的速度传播，为什么？

2. 解释下列名词：

(1)波前和波后；(2)波剖面；(3)波形图；(4)波的球面扩散；(5)透射损失；(6)品质因素；(7)反射系数；(8)透射系数。

3. 为什么地震波沿射线方向传播的能量最集中？

4. 震源激发的地震纵波与横波在无限理想弹性介质中传播特点有何异同？

5. 试证明层状介质中地震波沿折线传播(不是沿直线传播)。

6. 从反射波和折射波形成的机制，分析反射波和折射波形成的条件是什么？

7. 试述面波传播的特点及其波散现象。

8. 地震波在薄层介质中传播的动力学特点如何？

9. 如果法向入射波的振幅为 A_0，试写出下述模型中第三个反射界面上反射波返回至地面的振幅值 A。模型中 R 表示反射系数；h 表示地层厚度；α 表示吸收系数(见图)。

10. 为什么说大地对地震波有滤波作用？

11. 双相介质中如何计算地震波的传播速度？

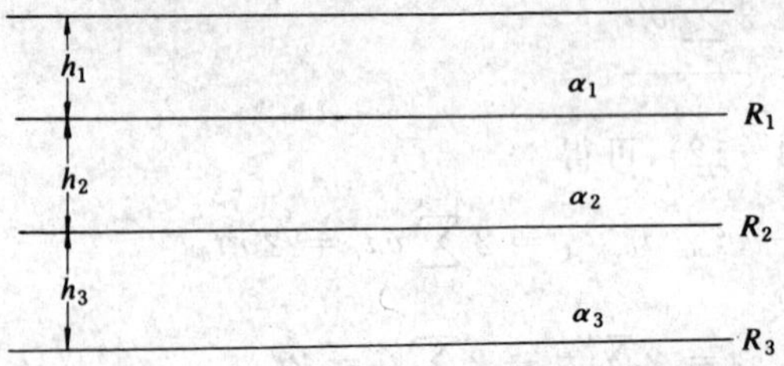

（第 9 题图）

12．如果在 O 点激发，地面 $G_1 \cdots G_n$ 观测，试分析下述模型（下图）中可能观测到哪些波动？为什么？

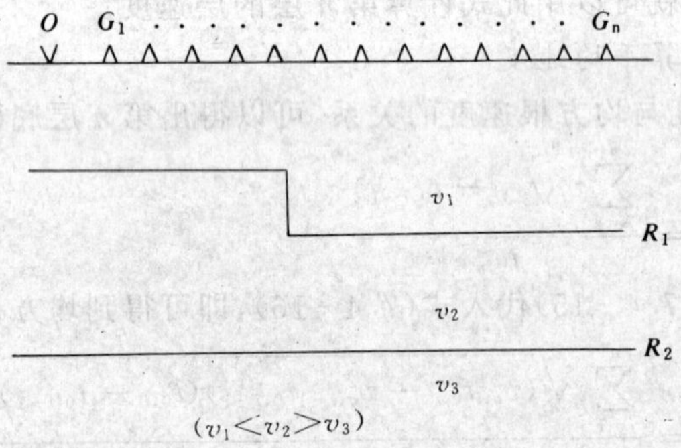

（第 12 题图）

13．如图所示，在 O 点放炮，在离 O 点 200m 处布置一个排列，有 14 道，道间距为 10m，放一炮后得到的地震记录的一部分如图所示，在该记录上看到的是一个直达波的一组振动图。

请分析这张记录，回答下列问题：

(1)读出图上直达波的到达时间，画出直达波的时距曲线，并根据时距曲线的斜率求出直达波的速度。

(2)根据这张记录，试画出下列各时刻的波剖面。$t_i = 0.11; 0.13; 0.16; 0.17; 0.20\,\text{s}$。作图时用一张 $15 \times 25\text{cm}^2$ 的方格纸，距离 x 的比例尺：1mm＝2m。振幅的比例尺与地震记录上振幅的比例尺相同。

(3)从哪个时刻的波剖面上可以读出这个波的视波长数值来，视波长等于多少？根据视波长和视周期的公式，从地震记录上得到有关数值，再用公式计算出视波长值，把计算出的值与从波剖面上读出的值比较一下。

(4)这个波的波剖面长度是多少？振动图的延续时间是多少？

(5)把 $t = 0.16\,\text{s}$ 时刻的那个完整的波剖面图形与地震记录上的振动图比较一下，能否看出它们之间有什么关系？为什么会有这种关系？

14．选择题。

(1)在 $v(z) = v_0(1 + \beta z)$ 连续介质中，反射界面深度为 H，如果要观测到该界面的反射

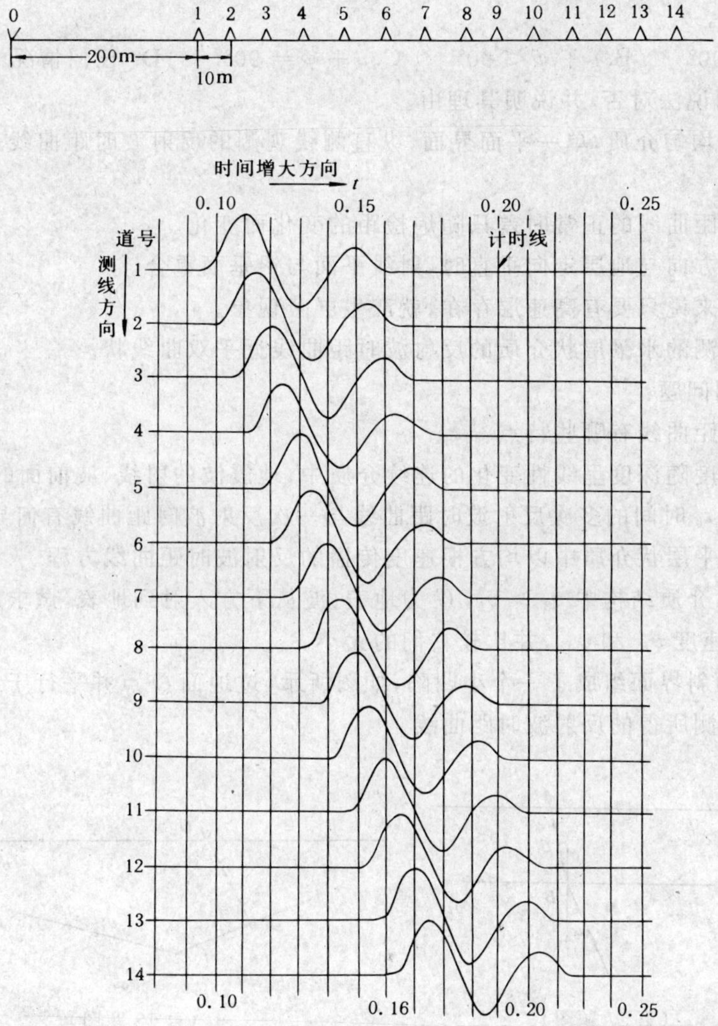

（第 13 题图）

波，那么入射波的最大穿透深度 $z_{\max}$ 应为（　　）。

A. $z_{\max} < H$　　B. $z_{\max} = \dfrac{1}{\beta \sin\alpha_0}$　　C. $z_{\max} = \left(1 - \dfrac{1}{\sin\alpha_0}\right)$　　D. $z_{\max} \geqslant H$

(2)当地面和地下反射界面为平面时，共炮点反射波时距曲线极小点处的视速度为（　　）。

A. 界面速度　　B. 波传播的真速度　　C. 无穷大　　D. 零

(3)相同激发点，同一倾斜反射界面的反射波时距曲线（沿界面倾向方向观测）的极小点与反射波时距曲面极小点（　　）。

A. 在界面下倾方向重合　　　　　B. 在激发点处重合

C. 在界面上倾方向不重合　　　　D. 在界面上倾方向重合

(4)激发点位于断点在地面的投影点处时，所观测的相同深度界面上的反射波时距曲线与绕射波时距曲线的斜率（　　）。

A. 仅在激发点处相同　B. 处处相同　C. 没有一处相同　D. 在远观测点处相同

(5)如果地震波以临界角 i 入射到倾角为 φ 的折射界面时，在地面上观测到该界面的折射波，需满足(　　)。

A. $i+\varphi>90°$　B. $i+\varphi<90°$　C. $i+\varphi=90°$　D. 任何情况

15. 判断下列说法对否，并说明其理由。

(1)上覆为非均匀介质，单一平面界面，纵直测线观测的反射波时距曲线是一条光滑的双曲线。

(2)反射波时距曲线的正常时差只随炮检距的变化而变化。

(3)只有测线方向与地层走向垂直时，射线平面与铅垂面重合。

(4)对折射波来说只要有高速层存在，就产生屏蔽现象。

(5)近炮点观测的水平层状介质的反射波时距曲线近乎双曲线状。

16. 回答下列问题：

(1)反射波时距曲线有哪些特点？

(2)试说明速度随深度呈线性变化的连续介质中，地震波的射线、波前面的传播特点。

(3)具有相同 t_0 时间的多次反射波时距曲线与一次反射波时距曲线有何异同之处？

(4)试推导水平层状介质中以均方根速度传播的反射波时距曲线方程。

17. 在图所示介质结构中 $v_2>v_1$，G 为地表，波从下方入射到地表，试求从水平方向观测 A 点和 B 点的视速度 v_B^* 和 v_A^*，并比较它们的大小。

18. 由两个倾斜界面组成了一个小凹陷，如图所示，过地面 O 点并平行于地层走向布置测线，试定性画出观测所得的反射波时距曲线。

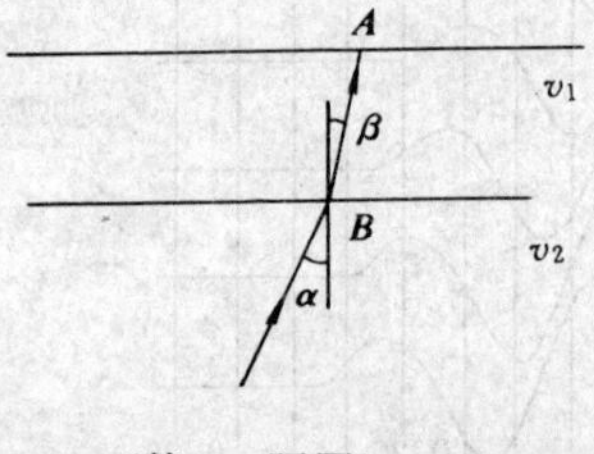

(第 17 题图)

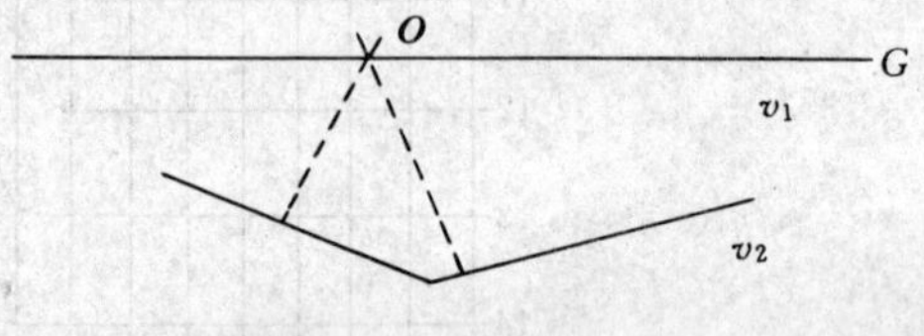

(第 18 题图)

19. 试定性画出如图所示的层状介质的反射波时距曲线。图中 R_1、R_2 和 R_3 是三个反射界面，R_1 为水平界面，R_2 和 R_3 为倾斜界面且倾角相等，地面 O 为激发点。

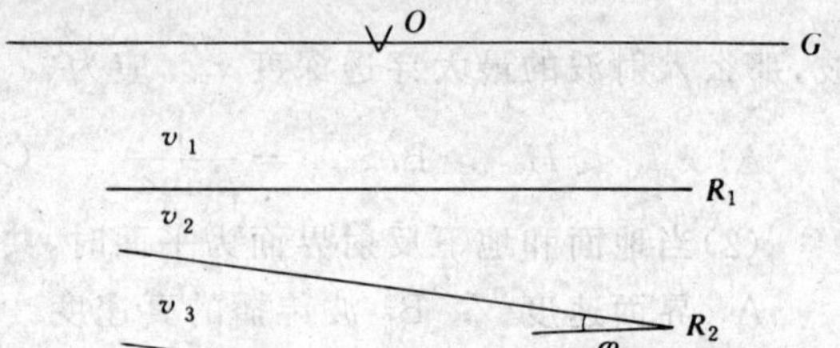

(第 19 题图)

20. 计算正常时差和倾角时差。

(1)水平界面、均匀覆盖介质，$v=2\ 500\text{m/s}$，$h=1\ 250\text{m}$，计算 $x=0\text{m}$，100m，200m，…$1\ 000\text{m}$ 的反射波旅行时 t

$$t=\frac{1}{v}\sqrt{x^2+4h^2}$$

并计算各 x 的正常时差 $\Delta t_n=t-t_0$，再用近似公式 $\Delta t_n\doteq\dfrac{x^2}{2v^2t_0}$ 计算。比较两组 Δt_n，并画出时距曲线图。

(2)倾斜界面，倾角 $\varphi=10°$，激发点 O 处界面的法线深度 $h_0=1\ 250\text{m}$，均匀覆盖介质速度 $v=2\ 500\text{m/s}$，计算 x 为0m，±100m，±200m，…±1 000m 的反射波旅行时 t

$$t = \frac{1}{v}\sqrt{x^2 + 4h_0 x\sin\varphi + 4h_0^2}$$

画出反射波时距曲线。用倾角时差公式 $\Delta t_a = \dfrac{2x\sin\varphi}{v}$ 计算倾角时差。

21. 有一组四层水平介质，各层的速度和厚度如图所示，试计算 R_3 界面以上盖层的平均速度 $\bar{v}$，均方根速度 v_σ 以及入射角 $\alpha_0 = 0°, 2°, 5°, 10°, 15°, 20°$ 时的射线平均速度。

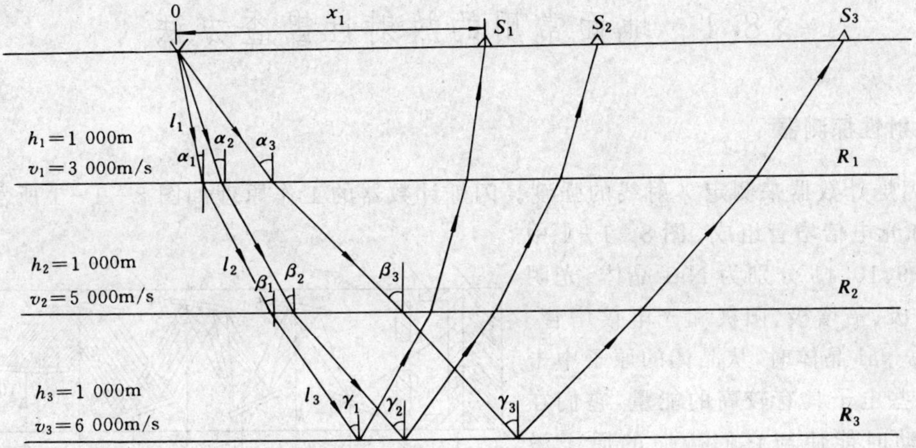

（第 21 题图）

主要参考文献

[1] 北京大学等合编，地震勘探数字技术(第三册)。北京：科学出版社，1974

[2] 郭志强，固体中的波。北京：地震出版社，1982

[3] 何樵登主编，地震勘探原理和方法。北京：地质出版社，1986

[4] 何樵登、熊维纲主编，应用地球物理教程——地震勘探。北京：地质出版社，1991

[5] 梁昆淼，数学物理方法(第二版)。北京：人民出版社，1978

[6] 陆基孟主编，地震勘探原理。东营：石油大学出版社，1993

[7] 钱绍瑚编，地震勘探。武汉：中国地质大学出版社，1993

[8] 程祖依编，弹性动力学基础。武汉：中国地质大学出版社，1989

[9] 姚姚、詹正彬、钱绍瑚编，地质勘探新技术与新方法。武汉：中国地质大学出版社，1991

[10] 特尔福德等编，吴荣祥译，应用地球物理学。北京：地质出版社，1982

[11] 瑞克 N. H，粘弹性介质中的地震波。北京：地质出版社，1981

第八章 地面放射性勘查和地温勘查

§8.1 地面常用的放射性勘查方法

一、放射性探测器

常用闪烁计数器来测定γ射线的强度。闪烁计数器的工作原理如图 8-1-1 所示，它由 NaI 晶体和光电倍增管组成。图 8-1-1 中 1、2、3、4～9、10、11 分别为 NaI 晶体、光阴极、聚焦电极、倍增极、阳极和光电倍增管。γ射线射入 NaI 晶体时，从晶体的原子中击出电子，这些电子具有较高的能量，它们在晶体中运动时能使与它们碰撞的原子激发。当激发状态的原子由激发状态返回到稳定状态时放出光子，从而发生闪烁光。这些光子射到光阴极 2 上，光阴极放射出光电子。在电场的作用下，光电子向阳极 10 运动。经聚焦电极 3 将光阴极的光电子聚焦射到倍增极 4 上。倍增极 4～9 具有相同极性的电压而其电压值则是递增的。从前一个倍增极射出来的电子，立即被加速射到后一个倍增极上，并从后一个倍增极上击出更多的电子。这样，经过 n 级倍增后，最后在阳极上收集到数目极大的电子，并从阳极输出电压脉冲。

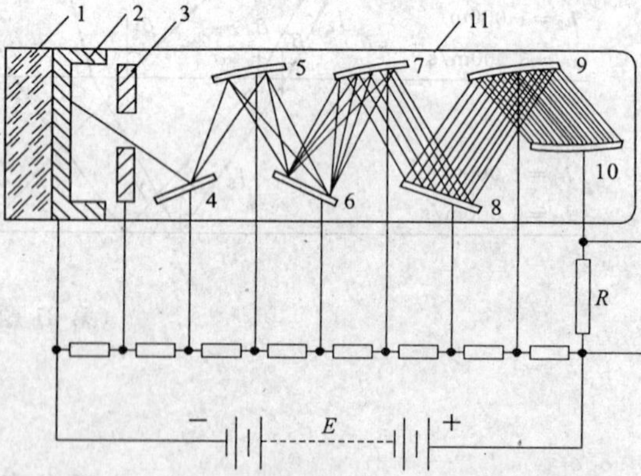

图 8-1-1 闪烁计数器原理

1—NaI 晶体；2—光阴极；3—聚焦电极；4～9—倍增极；10—阳极；11—光电倍增管

一般光电倍增管的倍增级数为 9～14 级，放大倍数为 10^5～10^6 左右，由 NaI 晶体和光电倍增管组成的闪烁计数器具有计数率高（为 20%～30%）、惯性小（约为 10^{-7}～10^{-9}s）等优点，因此，放射性探测中广泛应用闪烁计数器。

二、γ测量法

γ测量法应用范围广泛，可进行航空γ测量、γ测井、汽车γ测量以及地面γ测量法，本节仅讨论地面γ测量法。地面γ测量法也称步行γ测量法。地面γ测量利用便携式γ测量仪测量岩石、浮土以及矿石的γ射线强度，以解决有关地质问题。γ测量具有仪器轻便、方法简便、工作灵活、效率高、成本低等优点，尤其在露头良好、覆盖不厚的地区效果较佳。γ测量可分为γ总量测量和γ能谱测量。以下分别介绍这两种测量方法。

1. γ总量测量

γ射线通过与物质发生康普顿-吴有训散射、光电效应等作用，使穿过 1m 厚的岩石时将被吸收，即γ测量的探测范围为：以探测器为中点(球心)、以 1m 为半径的地面以下的半球范围内；如果是起伏地面地形、山地等，范围则以探测器为球心，半径为 1m 球体的非空气部分。但是，铀、钍、钾、镭、氡等的次生晕能在较大范围内发育，因此γ测量仍可给出不少深部的信息。

γ总量测量探测的是铀、钍、钾等贡献的总γ辐射。进行总量测量时，γ射线深测仪器测到总量(总的γ射线强度)为

$$I = I_{环境} + I_{自} \tag{8.1-1}$$

式中 $I_{环境}$ 为测点附近岩石、土壤等的γ射线强度；$I_{自}$ 为γ射线探测仪的自然底数，它包括仪器本身的放射性等的影响和宇宙射线的影响。

测定γ探测仪自然底数的方法有水面法、水中法以及铅屏法等，其中水电法最简易有效。将γ探测器用塑料布密封好，置水下 50cm 处(水域直径 3m 以上，水深 2m 左右)，γ探测仪的读数即为仪器的自然底数 $I_{自}$。

值得注意的是，自然底数与底数是有差别的，一般把岩石中正常含量的放射性元素产生的仪器读数叫做底数或称背景值，而且，考虑到放射性统计起伏(涨落)的影响，通常把高于岩石正常底数加上 3 倍均方差的值作为异常的下限，也有把高于测区底数 2～3 倍的值作为异常。

根据比例尺的不同，常把地面γ测量分为概查、普查和详查三类(如表 8-1-1 所示)。

表 8-1-1　不同比例尺的地面γ测量的测网

工作任务	比例尺	线距(m)	点距(m)	记录点距(m)	备　注
概查	1∶50 000	500	250	50～100	连续测量
普查	1∶25 000 1∶10 000	250 100	50～125 20～50	25～50 10～20	定点测量
详查	1∶5 000 1∶2 000 1∶1 000	50 20 10	10～20 5～10 2～5	5～10 2～5 1～2	定点测量 定点测量 定点测量

γ测量的数据可以整理成剖面图、平面剖面图和等值线图等。利用这些资料时应注意γ测量的一些不利影响因素，例如微地形的影响；气候、季节的影响；浮土厚度不同的影响；放射性沉降物的影响等等。

地面γ测量是普查铀、钍矿床的有效方法，还可用于地质填图，寻找与放射性元素有共生关系的其他矿产、探测地下水以及解决其他的一些地质问题。

2. γ能谱测量

γ能谱测量可能测定 U、Th、K 的含量，取得更多的信息来解决不同的地质问题。

不同放射性元素射出的γ射线能量是不同的。^{238}U 的射体^{214}Bi，^{214}Pb 是该系的主要子辐射体，其能量为 0.352MeV、0.609MeV、1.12MeV、1.76MeV、2.20MeV 等；^{232}Th 的子体^{208}TI 放出的γ射线能量为 2.62MeV，^{232}Th 是主要的γ谱线还有 0.239MeV、0.583MeV、0.908MeV、0.960MeV 等；^{40}K 放出的γ射线能量单一，为 1.46MeV。

从以上说明的 U、Th、K 三系的谱线来看，它们的谱系是有差异的，选定 3 个(道)相互有差异的谱段进行记录，可以得到 3 组读数 N_1，N_2，N_3，它们与 Th、U、K 含量的关系可用以下方程组表示：

$$\begin{cases} N_1 = a_1\text{U} + b_1\text{Th} + c_1\text{K} \\ N_2 = a_2\text{U} + b_2\text{Th} + c_2\text{K} \\ N_3 = a_3\text{U} + b_3\text{Th} + c_3\text{K} \end{cases} \tag{8.1-2}$$

式中 $a_1, b_1, c_1, \cdots, b_3, c_3$ 分别为不同谱段(道)的有关系数;N_1, N_2, N_3 为对应谱段(道)中的计数(不包括底数)。Th、U、K 代表钍、铀、钾的含量。解方程组便可得到 Th、U、K 的含量值。

为了获得较好的效果,通常选用的谱段为:第一道(钾道):1.3～1.6MeV;第二道(铀道):1.6～2.0MeV;第三道(钍道):2.0～2.9MeV;总道＞30KeV。有三道和总道,便可得到总计数 $\sum$,U、Th、K 的含量以及它们的比值 U/Th、U/K、Th/K 等多个参数,信息量大,不仅主要用于确定 Th、U、K 的含量,而且还可比较有效地发现微弱的镭分散晕;还可以根据 Th、U、K 含量的实变或渐变,以确定不明显的岩性界线和相变;还可根据 Th、U、K 含量与区域具体条件的关系,寻找稀有元素矿床,圈定铀矿化、钍矿化、稀有元素矿化的成矿远景区等等。

三、射气测量

三个天然放射性系列中各自有一个气态的放射性同位素,统称为射气。其中铀射气叫做氡($^{222}_{86}\text{Rn}$),它是镭($^{226}_{88}\text{Ra}$)的 α 衰变产物,因而在铀矿中有氡的存在和积累。射气测量就是用射气仪测量土壤中氡气浓度的一种瞬时测量的放射性方法。

地下铀矿中的部分氡由于它的扩散作用和流通作用,可以从地下达到地表,但在氡的流动过程中其射气浓度按指数规律衰减,使氡射气离开矿体后其浓度降低很快,形成以矿体为中心,浓度向四周依次减小的射气场。一般情况下,只要铀矿体埋深在 5～6m,有时甚至 10m 左右,矿体上方地表土壤中的氡射气浓度都会比远处有显著的增高。因此,用射气仪可探测地表土壤中射气浓度,来寻找位于地下 10m 以内的铀矿床。

另外,钍射气(Th)和锕射气(Ac)虽然也能形成各自的射气场,但 Th 和 Ac 的半衰期短,所形成的射气场仅限于矿体很小的范围内,对射气测量的应用没有实际意义。因此,射气测量指的是氡气的测量。

射气测量一般在 γ 测量的基础上进行,或在浮土过厚、γ 测量效果不佳的地方应用,其原因是:射气测量仪不如 γ 测量仪器轻便,工作效率较低,干扰因素亦多,资料解释较复杂。

射气测量可按一定比例尺进行,测线应垂直构造或有关地质体走向,研究对象较窄时,应加密测点。

四、α 径迹测量

α 径迹测量是一种累积法测氡技术。习惯上把瞬时法测氡技术叫射气测量;累积法测氡的各技术的常见名称有 α 径迹测量、α 卡法、Po－210 法等等。

径迹测量工作时,把径迹探测器置于一定容积的杯底,然后倒置埋在土壤的浅坑中,当其受到 α 粒子轰击后,会产生辐射损伤,形成潜迹并保留下来,埋置一定时间后取出径迹探测器,在实验室化学蚀刻,潜迹扩大成径迹,可用光学显微镜观察。测量径迹的密度,便可了解测点的 α 辐射情况。显然,埋置时间固定后,单位面积里出现的径迹多,则异常值大,借此可了解深部的地质情况。

径迹测量的地质效果较射气测量为佳。径迹测量具有累积收集信息多,灵敏度和精度高,探测深度大,潜迹以氡的贡献为主等优点,并且因观测时间长(20 天左右),许多干扰被适当消除。

α 径迹测量主要用于初步踏勘后的有利地段寻找铀矿，也用于扩大铀矿区，由于 α 径迹找矿是一种长期累积测量方法，因此，只要 150m 以上深度的地下赋存铀矿，来源于矿本的 α 粒子就有可能被探测器记录下来。在矿体不深于 150m 时，这种方法还能直接用于勘探阶段以代替很大一部分钻探工作。另外，α 径迹测量法探测构造裂隙水也是有效的。这是因为构造断裂带岩石破碎、裂隙发育，为地下水提供运动通道和储存场所，同时也为放射性元素提供良好的迁移和富集条件，一般在这类构造裂隙带上的覆盖层中容易形成氡气圈。因此，可由所测的 α 径迹异常确定构造裂隙位置，达到间接寻找地下水的目的。

五、Po－210 法

Po－210 法，也写作 ^{210}Po 法或钋法，它也是一种累积法测氡技术。^{210}Po 法是在野外采取土样或岩样，用电化学处理的方法把样品中的放射性核素 ^{210}Po 置换到铜、铍、镍等金属片上，再用 α 辐射仪测量置换在金属片上的 ^{210}Po 放出来的 α 射线，确定 ^{210}Po 的异常，用来发现深部的铀矿，寻找构造破碎带，或解决不同地质问题。

在天然放射性铀镭条件中，铀 ^{238}U 经多次 α 衰变和 β 衰变变为 ^{222}Rn，^{222}Rn 经多次 α 衰变和 β 衰变变为 ^{210}Pb，^{210}Pb 经 β 衰变变为 ^{210}Bi，^{210}Bi 经 β 衰变变为 ^{210}Po，因此，测定 ^{210}Po 即可了解 ^{210}Pb 的情况，并可较好地反映 ^{222}Rn 的分布规律。

Po－210 法的野外取样工作按一定测网进行，取样深度约为 30～40cm。取回的土样，用 40 目的筛子取体积约为 4cm^3 或 4g 的样品，连同 0.5g 抗坏血酸和面积 2cm^2 铜片（为化学纯铜或紫铜，厚约 0.1mm）放进 100ml 烧杯中，并加入含有 2%～3%的柠檬酸的 2.5mol 盐酸溶液 15ml（若作用剧烈，可外加浓盐酸，使溶液保持 2.5N），将烧杯置于振荡盘上，在 40℃ 恒温条件下振荡 3 小时，使电化学置换反应顺利进行，即分离和浓集 Po，其过程（原理）是，将样品溶液中的 Po 自发电镀在铜片（或银、镍）片上，形成均匀的薄膜。处理后的铜片应洗净晾干，用低本底的 α 辐射仪测量铜片的 α 辐射，由于计数率很低，通常需要观测 10～30min 或更长时间，才能使数据有一定的精度。

^{210}Po 法具有灵敏度较高，效果较好，异常重现性较好，不受钍、钾干扰，气候影响小，野外只有取样工作，效率较高，样品可保存数年备用等优点。但是，^{210}Po 或 ^{210}Pb 是氡以后数代子体，它们的地球化学性质并不相同，^{210}Po 异常位置与 ^{222}Rn 异常有一定距离。尤其要注意的是：当工作地区是城镇、厂矿或农田时，浮土大多经过近期人工搬运，此时 ^{210}Po 法所测结果不一定能反映原来的地质情况。

六、α 卡法

α 卡法也是一种累积法测氡技术。α 卡法是将某种材料制成卡片，埋于土壤中，使其聚集氡的子体，一定时间后取出卡片，用 α 辐射仪测量卡片上的 α 辐射，借此测定氡的情况，用来寻找铀矿及解决隐伏构造等地质问题。由于测量的是卡片上收集的放射性核素辐射出的 α 射线，所以把卡片称为 α 卡，其方法称为 α 卡法。如果将卡片做成杯状，则称 α 杯法。

α 卡法收集氡的子体，有两个主要原因：

(1)任何固体表面都有从周围气体中吸附分子、原子和离子的能力。这是因为固体表面的分子或原子没有被其他相似的原子或分子所包围，而存在未饱和的价键力的缘故。因此，将固体卡埋在地下，其表面就会吸附氡气子体，形成所谓放射性薄层。

(2)放射性衰变产物的原子多带正电，在有氡的空间里，其衰变子体也多带正电，并容易在空气中的尘埃上形成放射性气溶胶。在这种空间引入带负电的电极，则因电场力的作用，正离子极易聚集其上，形成放射性薄层。

α 卡法的野外工作方法与 α 径迹测量相似。α 卡法只需埋置杯子，无需另置卡片，工作简单方便。α 卡法的埋置时间可长可短，埋置时间短，主要收集的是 ^{222}Rn 的第一代子体 ^{218}Po 等。而埋置时间长，收集到的核素不仅是 ^{218}Po，还有 ^{214}Po 等。α 卡和 α 环从坑里取出后应立即进行 α 测量，不能耽搁，这是因为 ^{218}Po、^{214}Po 等的半衰期较短的缘故。若不尽快测量，α 卡上收集到的 ^{218}Po 等将很快衰变掉。

七、其他放射性测量方法

(一)活性炭测量

活性炭测量的原理是：静态条件下，干燥的活性炭对氡有极强的吸附能力，并在一定情况下保持正比关系。因此，把装有活性炭的取样器埋在土壤里，活性炭中丰富的孔隙便能强烈地吸附土壤中的氡。一定时间后取出活性炭，测定其放射性，便可以了解该测点氡的情况，据此发现异常并解决有关地质问题。活性炭也是一种累积法测氡技术，能区分 ^{222}Rn 和 ^{220}Rn，适用于覆盖较厚、气候干旱、贮气条件差的荒漠地区，探测深部铀矿或解决其他有关地质任务。

(二)$\gamma-\gamma$ 法

$\gamma-\gamma$ 法是一种人工放射性方法，其方法原理是：当 γ 射线通过介质时会与原子核产生康普顿-吴有训散射、光电效应等过程，γ 射线通过物质后的 γ 射线强度为

$$J_\gamma = J_{\gamma_0} e^{-\mu L}$$

式中 L 为 γ 射线所通过物质的厚度；J_{γ_0} 与 J_γ 分别为 γ 射线通过物质前、后的 γ 射线强度；μ 为 γ 射线通过物质时的吸收系数。其中，μ 主要与光电效应和康吴散射的吸收系数有关，尤其是康普顿-吴有训散射的吸收系数 σ(其原因是地面 $\gamma-\gamma$ 测量使用的是中等能量 γ 源 ^{137}Cs 或 ^{60}Co)，而 σ 主要与岩石和土壤的密度有关，借此可利用地面 $\gamma-\gamma$ 测值来确定岩石和土壤的密度。

(三)X 荧光法

X 射线的能量小，波长较长，产生的原因是核外反应。当原子中的电子从较外层跃迁到内层时，多余能量就形成 X 射线。X 荧光法就是依据此原理产生 X 射线(荧光)，即利用外界的辐射激发待测样品，使其原子发出特征 X 射线，测量这些特征 X 射线的能量便可确定样品元素的种类，根据特征 X 射线的强度则可以测定该元素的含量。

常用激发源是：电子激发(用高速电子轰击)待测样品，使其放出特征 X 射线；带电粒子激发 X 荧光(即用质子激发原子放出特征 X 射线)；电磁辐射激发 X 荧光(即 X 光管、加速器产生电磁辐射，激发待测样品产生特征 X 射线)。

X 荧光法常用来研究样品表面组成的局部变化、测定矿物的特征等，例如 Zn、Au 等的 X 射线。该方法工作效率高，可用作矿点检查、追索矿体，对岩心、探槽及坑道进行编录等。在矿产开采、环境科学、考古科学等方面均有广泛应用。

(四)活化法

活化分析是指用中子等粒子与样品中所含核素发生核反应，使后者成为放射性核素(即将样品活化)，然后测量此放射性核素的衰变特性(半衰期、射线能量、射线的强度等)，用以确定待测样品所含核素的种类及含量的分析技术。

活化分析可分为中子活化分析、带电粒子活化分析以及光子活化分析等。

§8.2 地温勘查

地热学是地球物理学的一个重要分支，它是从20世纪中期发展起来的一门新的学科。地热学是研究地球全部热现象、热机制、热状态和热历史的一门科学。热与地球起源和形成密切相关。随着地热基础理论研究的不断深入及其实际应用范围的日益扩大，地热学又逐步发展为理论地热学和应用地热学（即地温勘探法）两个组成部分。这两个部分之间有着密切的联系，前者是后者的基础，而后者的发展又不断以大量的实际资料丰富前者，地温勘查法将地热基础理论与方法应用于研究和解决地学问题的一种地球物理勘查方法。地温勘查法以地热场为基础，着重讨论地壳浅层热场（温度场）分布状态以及地温勘查方法的原理。

一、异常热源的地温场分布

分析各种异常热源的地温分布有助于应用地温资料进行地热资源调查，油气构造与地下地质构造分析，硫化矿床及放射性矿床勘探等。

（一）侵入岩体产生的地温异常

一般来说火成岩地区由于侵入岩浆体的存在会使浅部在区域背景热流 q_{reg} 之上附加一个热流异常 q_{a}，即

$$q = q_{\text{reg}} + q_{\text{a}}$$

在这种情况下由浅部温度推算深部时必须分别计算区域热流在深部产生的温度与侵入岩体产生的温度，并由此求出总的推算温度。

研究侵入岩体的热效应可采取下述方法，由某一瞬间岩浆体的已知温度与形状可推知侵入瞬间的母岩温度。假定两种岩石的热扩散率相同，则问题就变为半无限介质中的热传导问题。

1. 无限层状热源

假定初始温度为 θ_i，厚为 $2z_a$ 的层处于初始温度为 θ_d 的无限介质中（图 8-2-1）。等温线平行地层，因此可以化为一维热传导方程。若假定层的中心面为 $z=0$ 的平面，则问题就变为求解初始温度 $\theta_0=\theta_i-\theta_d$，$-z_a\leqslant z\leqslant z_a$ 的层状介质处于温度为零的介质中温度分布，即：

$$\frac{\partial^2\theta}{\partial z^2}=\frac{1}{a}\frac{\partial\theta}{\partial t} \qquad (8.2-1)$$

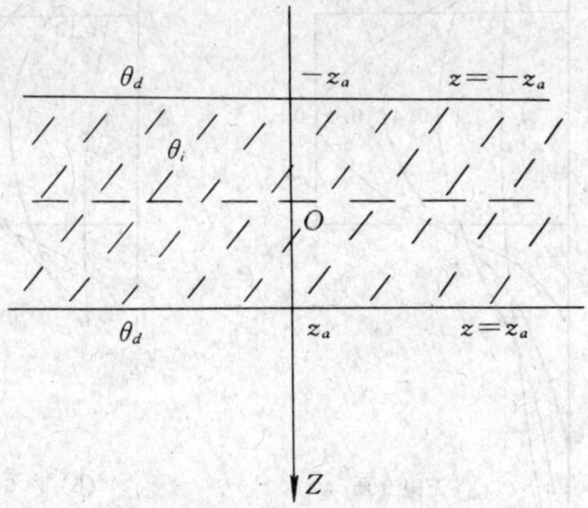

图 8-2-1 无限层状热源

初始条件 $t=0$ 时

$$\theta(z)=0 \qquad -\infty<z<-z_a$$

$$\theta(z)=\theta_0 \qquad -z_a\leqslant z\leqslant z_a$$

$$\theta(z)=0 \qquad z_a<z<\infty$$

其解为

$$\theta=\frac{\theta_0}{2\sqrt{\pi at}}\int_{-z_a}^{z_a}\mathrm{e}^{-\frac{(z-z')^2}{4at}}\mathrm{d}z'$$

令 $\beta = \dfrac{z' - z}{2\sqrt{at}}$，则有

$$\theta = \frac{\theta_0}{\sqrt{\pi}} \int_{\frac{z_a+z}{2\sqrt{at}}}^{\frac{z_a-z}{2\sqrt{at}}} e^{-\beta^2} d\beta$$

由此可得

$$\theta = \frac{\theta_0}{2}\left[\operatorname{erf}\frac{z_a - z}{2\sqrt{at}} - \operatorname{erf}\frac{z_a + z}{2\sqrt{at}}\right] \tag{8.2-2}$$

式中 $\operatorname{erf}(z) = \dfrac{2}{\sqrt{\pi}}\int_0^z e^{-x^2} dx$。

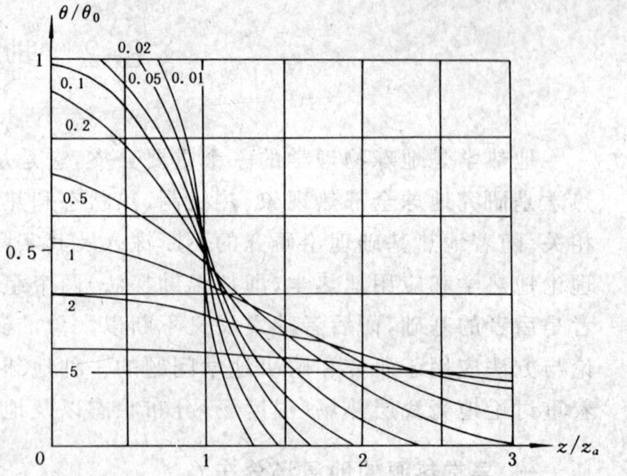

图 8-2-2　层状热源引起的温度异常

图 8-2-2 表示不同参数 at/z_a^2 下 θ/θ_0 与 z/z_a 之间的关系图，当 $a = 0.01\text{cm}^2/\text{s}$ 并固定 z_a，温度（以盘的初始温度归一）可用距离 z 与半厚度比值来表示。例如 $z_a = 1\text{km}$，$\theta_0 = 1\ 000$℃，在经过 32 000 年后（曲线标号为 1）从表面的 500℃ 变到离表面 2km 处的 100℃，但是在 160 000 年以后（曲线标号为 5）在离表面相当距离之内都接近 200℃，一般说来要经过大约 250 000～300 000 年才能达到稳定状态。

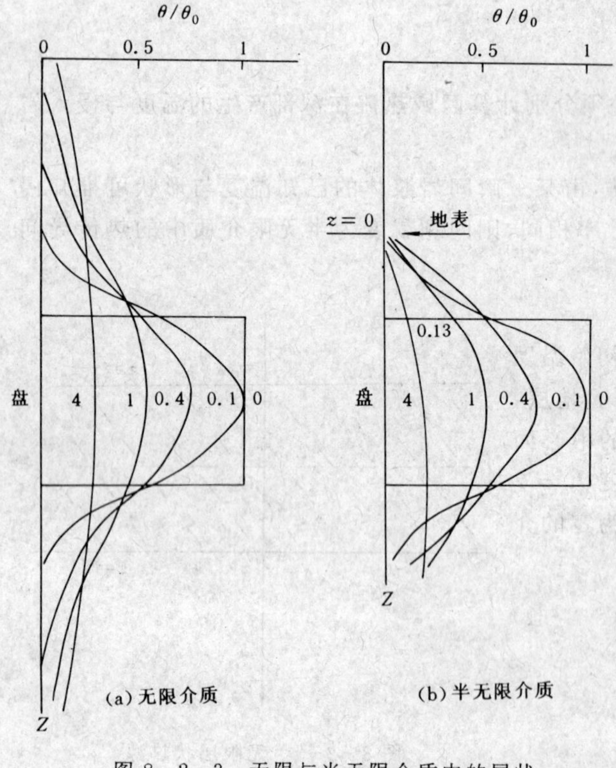

图 8-2-3　无限与半无限介质中的层状热源引起的温度异常

在半无限介质中，采用镜像法可假设在上半空间存在一个对称的层，其温度为 $-\theta_0$。假定地表 $z = 0$，无限盘由平面 $z = z_a$ 与 $z = z_b$ 围成，而镜像则由平面 $z = -z_a$ 与 $z = -z_b$ 围成。设 $F(z, z_a, z_b) = \operatorname{erf}\dfrac{z - z_a}{2\sqrt{at}} - \operatorname{erf}\dfrac{z - z_b}{2\sqrt{at}}$，则解为

$$\theta = \frac{\theta_0}{2}[F(z, z_a, z_b) + F(z, -z_a, -z_b)] \tag{8.2-3}$$

图 8-2-3 表明半无限介质中的盘要比无限介质中的盘冷却得快，水平盘如果无限大，区域热流值均匀上升，地表（$z = 0$）的温梯则为

$$\left(\frac{\partial \theta}{\partial z}\right)_{z=0} = \frac{\theta_0}{\sqrt{\pi a t}}\left[\exp\left(-\frac{z_a}{4at}\right) - \exp\left(-\frac{z_b}{4at}\right)\right] \tag{8.2-4}$$

2. 岩株

岩株可以用 $z_a < z < z_b, x_c < x < x_d, y_h < y < y_l$ 的平行六面体来表示，其镜像为 $-z_a < z < -z_b, x_c < x < x_d, y_h < y < y_l$，其解为

$$\theta = \frac{\theta_0}{8}[F(z, z_a, z_b) + F(z, -z_a, -z_b)]F(x, x_c, x_d)F(y, y_h, y_l) \tag{8.2-5}$$

3. 任意形体岩浆体

岩浆侵入体可以认为是具有一定大小的瞬时源，因此任何规则形体的热源都可看成是由瞬时点热源叠合而成。

我们知道瞬时点源处在均匀无限介质中产生的温度场为

$$\theta=\frac{Q}{2(\pi at)^{3/2}}\exp\left[-\frac{(x-x')^2+(y-y')^2+(z-z')^2}{4at}\right]$$

其中 Q 为 $t=0$ 时瞬时点源的温度，x',y',z' 为点源的坐标，x,y,z 为观察点坐标，那么平行 Y 轴，长度为 y_1 到 y_2 的一段瞬时线源产生的温度场为

$$\theta=\frac{Q}{8(\pi at)^{3/2}}\exp\left[-\frac{(x-x')^2+(z-z')^2}{4at}\right]\int_{y_2}^{y_1}\exp\left[-\frac{(y-y')^2}{4at}\right]\mathrm{d}y'$$

令 $\beta=\dfrac{y'-y}{2\sqrt{at}}$，代入上式得

$$\theta=\frac{Q}{8\pi at}\exp\left[-\frac{(x-x')^2+(z-z')^2}{4at}\right]\cdot\left(\operatorname{erf}\frac{y-y_1}{2\sqrt{at}}-\operatorname{erf}\frac{y-y_2}{2\sqrt{at}}\right)$$

在这种情况下也可以设

$$F(y,y_1,y_2)=\operatorname{erf}\frac{y-y_1}{2\sqrt{at}}-\operatorname{erf}\frac{y-y_2}{2\sqrt{at}}$$

则有

$$\theta=\frac{Q}{8\pi at}\exp\left[-\frac{(x-x')^2+(z-z')^2}{4at}\right]F(y,y_1,y_2)$$

求解半无限介质时，需要考虑其镜像，则有

$$\theta=\frac{Q}{8\pi at}\left\{\exp\left[-\frac{(x-x')^2+(z-z')^2}{4at}\right]-\exp\left[-\frac{(x-x')^2+(z+z')^2}{4at}\right]\right\}\cdot F(y,y_1,y_2)\qquad(8.2-6)$$

对上式沿 X 与 Z 轴一段长或整个轴积分，可得有限物体（包括其镜像）的影响，例如在 x_1 与 x_2，y_1 与 y_2，z_1 与 z_2 之间存在一个长方体，则有：

$$\theta=\frac{Q}{8}F(x,x_1,x_2)\cdot F(y,y_1,y_2)\left[F(z,z_1,z_2)+F(z,-z_1,-z_2)\right]\qquad(8.2-7)$$

本方法缺点是需要知道 Q 值，而 Q 值一般不易假定，然而上式还是经常用来计算比值 θ/Q 。

（二）高温热流体

如果一个地区存在高温热流体时，那么该地区的热流值就比较高。高温流体可能是由于侵入岩体的烘烤，但多数来自于沿深大断裂上升的热液（图 8-2-4）。在这种系统中水及其运动受水压控制，所有水受区域热流的加热以及来自侵入岩体的辐射热。

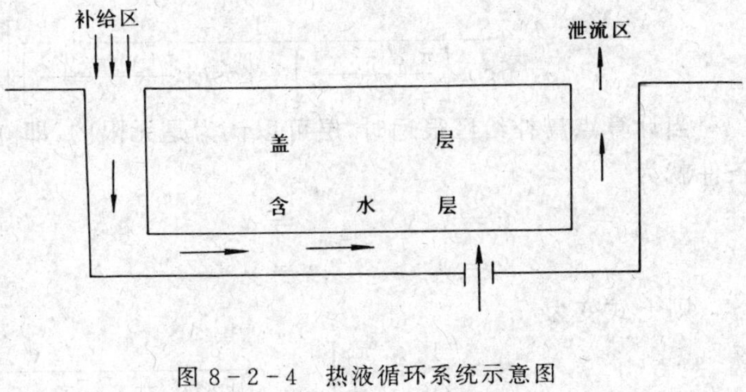

图 8-2-4 热液循环系统示意图

当地层表面大小要比流体的上表面大时，流体所有的辐射热都被地层吸收并向上部地层转移，若认为流体为一次热源的话，

基岩可看成是次生源，于是流体系统的不渗透盖层的温度实际上反映了流体系统上表面的温度。在地热解释中，可以由地下温度测量来推断该温度。

各地区含水地层表面温度在不同时间，不同地点是不一样的，它随着流体内部的动力现象以及冷却过程而变化。从前面分析可知，厚为 2km 的水平无限盘处于无限介质中时其达到稳定状态下约要 25 万～30 万年，在半无限介质中时间还要缩短。当地层存在对流时，对流体传热要比热传导快，因而达到平衡时间短。于是有充分理由认为地层中的流体运动已达到平衡。

1. 半无限含水层

假定含水层是半无限的，四周由平面包围，其上表面与垂直表面（补给带）温度为零，下表面温度可变（图 8-2-5），可当作二维问题处理。

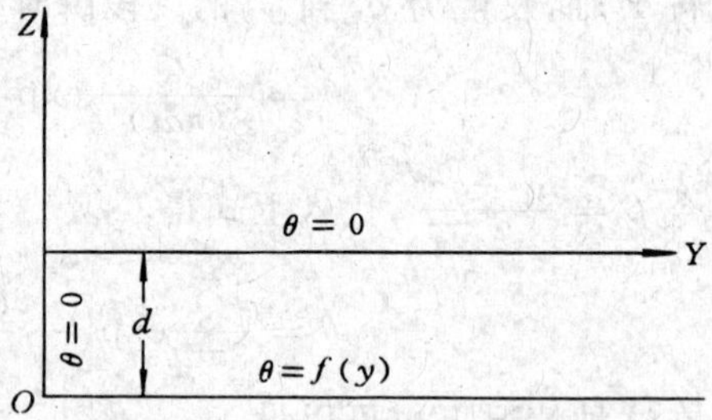

图 8-2-5 半无限含水层系统

$$\frac{\partial^2\theta}{\partial z^2}+\frac{\partial^2\theta}{\partial y^2}=0$$

在 $0<z<d$ 与 $0<y<\infty$ 下积分并应用下列边界条件

$$\theta=f(y)\quad 在\ z=d\quad y>0$$

$$\theta=0\quad z=0\quad y>0$$

$$\theta=0\quad 0<z<d\quad y=0$$

解这问题可认为由任意满足微分方程的表达式 $\sinh\xi(d-z)\sin\xi y$ 出发。如果 $F(\xi)$ 是任意的与 z、y 无关的函数，那么表达式

$$\int_0^\infty \sin\xi y\sinh\xi(d-z)F(\xi)\mathrm{d}\xi$$

也满足边界条件。因此当 $z=0$ 时

$$\int_0^\infty \sin\xi y\sinh\xi dF(\xi)\mathrm{d}\xi=f(y)$$

即 $f(y)$ 是 $\sinh\xi dF(\xi)$ 的傅里叶变换，由反变换得

$$\sinh\xi dF(\xi)=\frac{2}{\pi}\int_0^\infty f(y')\sin\xi y'\mathrm{d}y'$$

于是问题的解就变为

$$\theta=\frac{2}{\pi}\int_0^\infty \sin\xi y\frac{\sinh\xi(d-z)}{\sinh\xi d}\mathrm{d}\xi\int_0^\infty f(y')\sin\xi y'\mathrm{d}y'$$

根据条件 $|f(y)|<\alpha\exp(c|y|)$（其中 α 与 c 是正常数），把积分号颠倒，再先对 ξ 积分得

$$\theta=\frac{1}{2d}\sin\frac{\pi z}{d}\int_0^\infty f(y')\cdot\left[\frac{1}{\cos\left[\frac{\pi(d-z)}{d}\right]+\cosh\left[\frac{\pi(y-y')}{d}\right]}-\frac{1}{\cos\left[\frac{\pi(d-z)}{d}\right]+\cosh\left[\frac{\pi(y-y')}{d}\right]}\right]\mathrm{d}y' \tag{8.2-8}$$

当计算点离补给区很远时，层可以认为是无限的，即 $0<z<d$，$-\infty<y<\infty$，则边界条件就为

$$\theta=f(y)\qquad z=d$$

$$\theta=0\qquad z=0$$

则上式变为

$$\theta=\frac{1}{2d}\sin\frac{\pi z}{d}\int_{-\infty}^\infty\frac{f(y')}{\cos\left[\frac{\pi(d-z)}{d}\right]+\cosh\left[\frac{\pi(y-y')}{d}\right]}\mathrm{d}y' \tag{8.2-9}$$

当 $f(y)$ 表达式比较复杂时，上式积分很困难，须用近似方法计算。每固定一个深度 z 对不同 $f(y)$ 进行一系列试验可得一组曲线，并与测量结果进行拟合，最后可获得合适的 $f(y)$ 分布，这样就获得地下深处局部地热现象的重要资料。

2. 双重阶梯常温热储

双重阶梯热储模型见图 8-2-6，边界条件有

在 AB 上，$\theta=\theta_0$

$CDEFGH \quad \theta=\theta_s$

$$AC 与 BH \quad \theta=\theta_0+\frac{\theta_s-\theta_0}{H_i}z$$

$$0<z<H_i$$

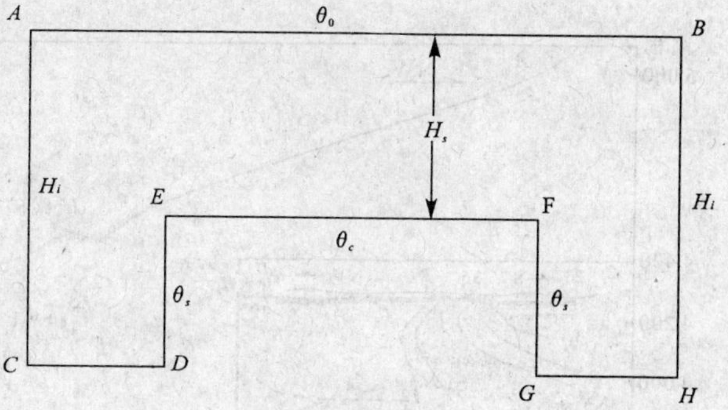

图 8-2-6 双重阶梯常温热储边界示意图

利用数值模拟进行计算，当 $\theta_0=15℃$，$\theta_s=250℃$ 时，双重阶梯热储上地温及其温梯结果见图 8-2-7。

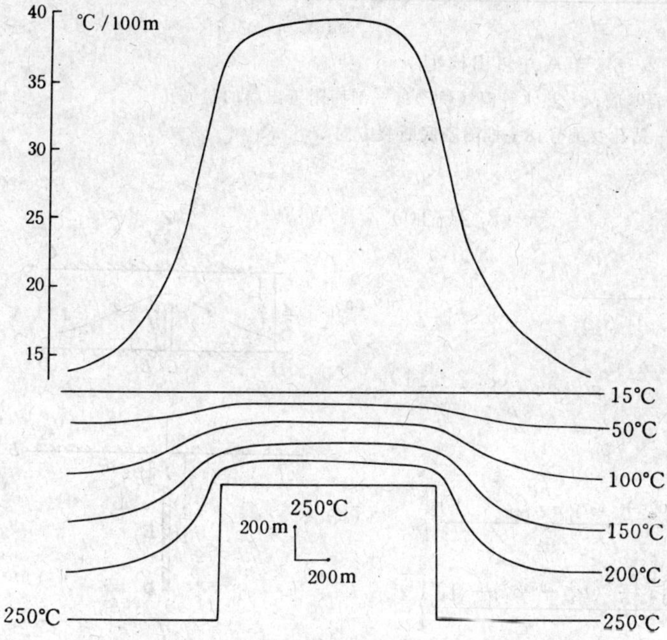

图 8-2-7 双重阶梯常温热储上地温梯度值

二、三种类型热田地温场模型计算

热田勘探进行到一定程度时，积累的地质、地球物理、地球化学、钻孔资料逐渐增多，有时可能对热田地质模型作出假设，在此基础上也就可以建立相应的地温场模型。地温场模型的计算一方面可以验证地质模型假设的合理性，为进一步勘探提供依据；另一方面计算所得的地温场分布又可为热田的评价提供有价值的资料。现以西藏羊八井、福建漳州、天津王兰庄热田为例，提出了三种不同类型热田地温场模型的计算方法。

1. 羊八井高温热田模型

西藏羊八井热田位于喜马拉雅地热带念青唐古拉山山前地堑中，地下岩浆热源为深循环地下水提供热量使其成为高温流体，高温流体沿深大断裂运移到浅部形成羊八井热田。有关羊八井热田地质模型的内容，地矿部水文地质工程地质研究所有详细论述，他们根据地质、钻探与物探资料编制了横贯盆地的温度剖面图（图 8-2-8）。温度剖面上的等温线成蘑菇状，这是高温热田特有的。该热储模型可以看成是岩浆脉上侵形成的。对上述脉状岩浆可以保角变换转换成平板模型，其数学模型可见图 8-2-9。该模型的解析解为

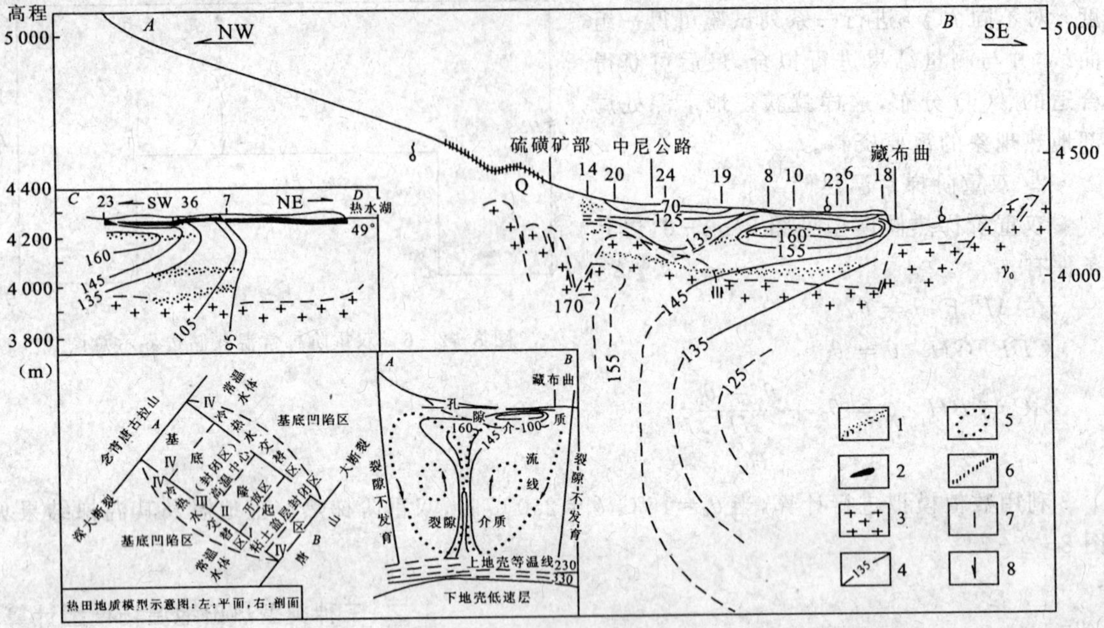

图 8-2-8　羊八井热田模型

1—硅质沉积；2—粘土盖层；3—花岗岩基底；4—热水等温线(℃)；5—剖面附近出露的冒气孔；6—地面流体；7—钻孔及编号；8—推测基底断裂方向

$$\theta = \frac{\theta_f}{\pi/2} \cdot v \qquad (8.2-10)$$

而 u、v 坐标与 x、y 之间关系为

$$\begin{aligned} x &= \ln \sqrt{(\alpha_1 + \alpha_2)^2 + (\beta_1 + \beta_2)^2} \\ y &= \mathrm{arctg}(\beta_1 + \beta_2)/(\alpha_1 + \alpha_2) \\ \alpha_1 &= \cos\alpha \cdot \mathrm{sh}u \cdot \cos v \\ \beta_1 &= \cos\alpha \cdot \mathrm{ch}u \cdot \sin v \end{aligned} \qquad (8.2-11)$$

$$\alpha_2 = \pm \left\{ \frac{[(\alpha_1^2 + 1 - \beta_1^2)^2 + (2\alpha_1\beta_1)^2]^{\frac{1}{2}} + (\alpha_1^2 - \beta_1^2 + 1)}{2} \right\}^{\frac{1}{2}}$$

$$\beta_2 = \pm \left\{ \frac{[(\alpha_1^2 - \beta_1^2 + 1)^2 + (2\alpha_1\beta_1)^2]^{\frac{1}{2}} - (\alpha_1^2 - \beta_1^2 + 1)}{2} \right\}^{\frac{1}{2}}$$

α_2 的正负号同 α_1，β_2 的正负号同 β_1。

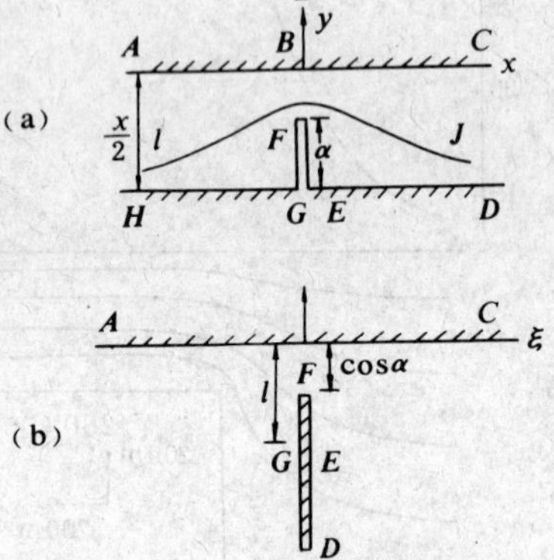

图 8-2-9　岩浆脉数学模型

根据上述模型计算的对流层底板归一化温度与赫-肖槽实验结果对比图示于图 8-2-10。在靠近板中心处吻合很好，离板远时差异变大，但这时温度已低，对结果影响不大。如果考虑对流中心温度为 200℃，那么对流层深度约为 5km 左右。这就是说深部岩浆上侵并不需要直接与上部热储有质量交换，其烘烤热量对其上面几 km 的地方本来就存在着自由对流有影响，这就足以产生羊八井热田浅部的地温异常。

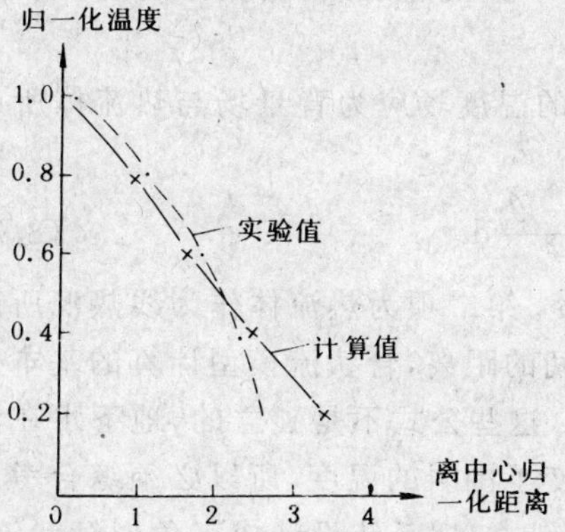

图 8-2-10　模型计算与赫-肖槽实验的底板温度对照图

2. 漳州中温热田模型

漳州热田位于新华夏系巨型构造体系的第二隆起带的南缘与南岭纬向构造带东延部分的复合部位。区内构造复杂，断裂发育。地下水经深循环加热后，可以沿高角度断裂通道在近地表形成浅部热储。由于没有岩浆热源，这类热田的温度要比高温热田低，其特点是在平面上高温中心等值线成似等轴状。热田中心的温度断面图上等值线急剧突起（图 8-2-11），表明热田中心处应为近似直立的管状通道泄放区。因此这类热田适用于管状流模型描述。

管状流模型是计算深循环对流水热系统的一种模型。该模型认为管状流处在均匀的不渗透

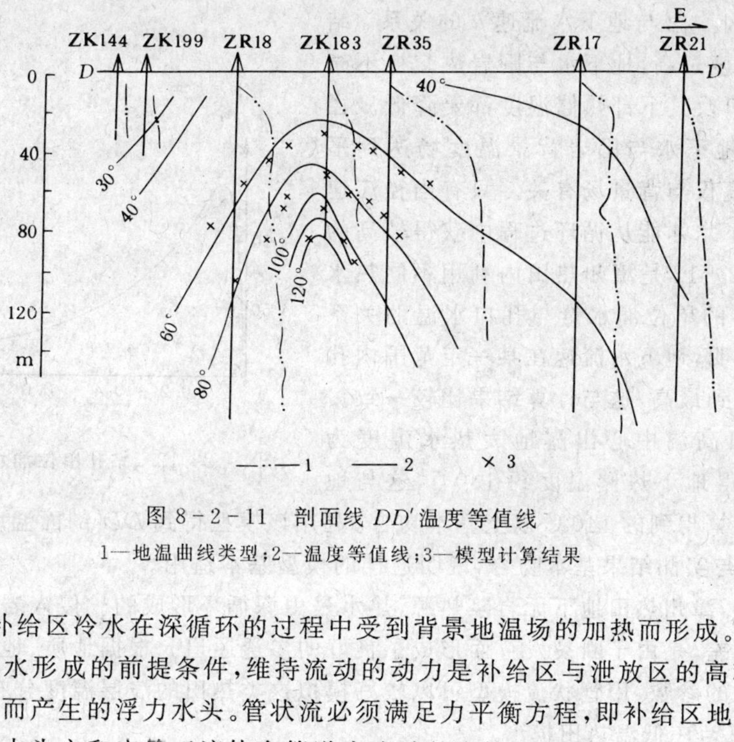

图 8-2-11　剖面线 DD' 温度等值线

1—地温曲线类型；2—温度等值线；3—模型计算结果

围岩中，热水是由补给区冷水在深循环的过程中受到背景地温场的加热而形成。地下水在管状通道中的流动是热水形成的前提条件，维持流动的动力是补给区与泄放区的高程差以及补给冷水在循环中受热而产生的浮力水头。管状流必须满足力平衡方程，即补给区地形的高程水头与受热产生的浮力水头之和应等于流体在管道中流动的摩擦损耗。

$$\rho_f g h - \rho_f g \int_1 (\theta_f - \theta_0)\alpha_f \cdot \cos\phi \mathrm{d}l = f\,\frac{\rho_f \cdot u^2 \cdot L}{2d} \tag{8.2-12}$$

式中 ρ_f 是流体在地表温度 θ_0 时的密度，g 是重力加速度，α_f 是水的热膨胀系数，θ_f 是流体的温度，l 是热水流动的轨迹，ϕ 为水流方向与铅垂线的夹角，u 是地下水渗流速度，L 是管道总长，d 是管道直径，f 是摩擦系数。

管状通道中的流体在流动过程中与围岩发生热交换所产生的温度变化应服从对流模型热方程，即流体带走的热量应等于流体与管壁围岩的对流换热量。

$$\frac{\mathrm{d}\rho_f c_{pf}}{4} \cdot u \cdot \frac{\mathrm{d}\theta_f}{\mathrm{d}l} = h_c(\theta_w - \theta_f) \tag{8.2-13}$$

式中 c_{pf} 为流体的热容，θ_w 为管壁处围岩的温度，h_c 为牛顿换热系数。当流体的运动状态不同时，h_c 值也不同。

由于管状流存在改变了地温场分布，因此围岩中的温度场应为背景场与热流体所产生的温度场共同作用的结果，所以围岩中的温度为

$$\theta(x,y,z) = \theta_0 + Gz + \frac{h_c d}{4K_c}\int_l \frac{\theta_f - \theta_w}{r}\mathrm{d}l \tag{8.2-14}$$

式中第一项 $\theta_0 + Gz$ 为背景地温场，G 为背景温度梯度。第二项为热流体作为线热源所产生的温度分布，K_c 为围岩热导率，r 为线热源到待求点之间的距离，管状流模型计算的基本公式为式(8.2-12)、式(8.2-13)和式(8.2-14)。必须指出，这些公式不是独立的，地下水在流动过程中会受到围岩的加热，同样管状流存在的本身也改变了围岩的温度，所以必须综合考虑。

庞忠和①对盆地进行了分析。假设补给通道为倾斜式，把系统设计成三角形管状流模型。管状通道直径可根据地下热水泄放带宽度确定，地热田背景温度梯度为 70～90℃/km，大地电磁结果说明 1.5～2km 左右存在一个低阻透镜体。依据上述情况设计了背景温度梯度 70～90℃/km 条件下，管状流循环深度为 2km 的模型。根据上述模型，计算了出口温度 $\theta_f|_{z=0}$，地下热储温度 $\theta_f|_{z=2\mathrm{km}}$ 与地下水流速 u 的关系。结果表明径流速度过高，地下水与围岩热交换不充分，地表出水口及其下部热储温度都要降低。径流速度过慢，地下水与围岩背景温度场达到平衡，地下水温度仅与背景场有关。只有当径流速度适中时，地下水才能从循环过程中获得较高的温度。图 8-2-12 是漳州热田内利用不同热水钻孔统计所得的单位涌水量与孔口水温的关系曲线。曲线表明，地下水流速在某一定范围内孔口水温才能达到最高，这与计算结果比较一致。

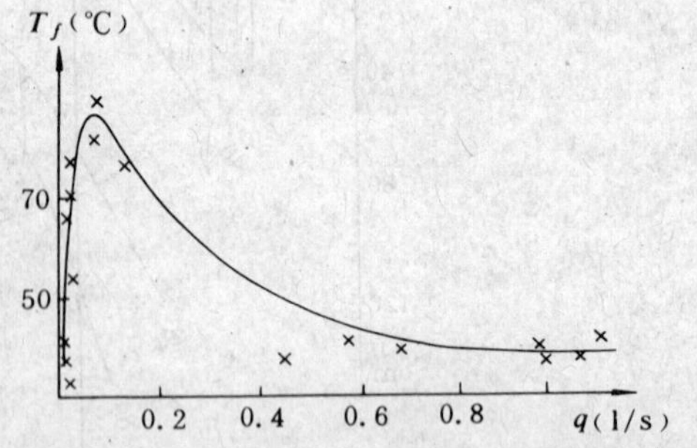

图 8-2-12　钻孔单位涌水量与水温关系图

如果热田高温中心出露地表热水温度为 90℃，则可求得地下热储温度约 130℃，这与地球化学温标计算得到的 140℃ 以上基本吻合。利用该模型得到 DD' 剖面温度计算值(图 8-2-11 中的×号)与实测结果基本吻合，说明这样的模型基本适用。

综上所述，漳州热田地下无岩浆热源，热水是由深循环形成的。侵入岩或变质岩构成的基岩整体渗透性差，是由于断裂发育而形成了良好的渗透通道。根据地质、地球物理与地球化学资料选择合适的参数，用管状流模型可以较好模拟这类热田的浅层温度分布。

3. 天津王兰庄低温热田模型

天津王兰庄热田在沧县隆起中部 NNE 向白塘口西断裂西侧，双窑凸起北部。下古生界基底埋深约 1 300m，基底上覆盖巨厚的新生界半松散(第三系)、松散(第四系)的沉积物。热田分布受 NNE 向白塘口断裂、天津北断裂及近 EW 向海河断裂、增福台断裂控制，呈 NNE 向条带状分布。在双窑凸起上地温梯度大于 40℃/km，最高达 70℃/km。

地温异常在平面上沿 NNE 向隐伏断裂构造展布，表明热田是由地下热水在基岩顶面富集而成(图 8-2-13)，地温分布是由深埋藏的充热水高角度断裂以及受裂隙热水补给的基岩顶面含水层这两个异常热源决定的。

① 庞忠和，漳州盆地地热系统(博士论文)，1987 年

断裂补给基岩顶部热储的模型可以这样认为，即热水在基岩顶面含水层流动过程中与围岩进行热交换并逐渐被围岩冷却，热水冷却时放出热量使含水层顶板之上地层的地温梯度增高。假使热水含水层与上覆岩层没有地下水垂直运动或者水力联系十分微弱，则离断裂距离为 x 处含水层顶板温度：

$$\theta = (\theta_0 + G\Delta z)(1 - e^{-nx}) + \theta_{max}e^{-nx} \tag{8.2-15}$$

$$n = \frac{K}{M\Delta z \rho c u}$$

式中 K 和 Δz 为上覆岩层的热导率和厚度，M 为含水层厚度，ρ、c 分别为地下水的密度、比热，u 为地下水流速，θ_0、G 分别为区域背景地表温度、传导热流产生的温度梯度，θ_{max} 为断层顶部热水温度。因此我们假设地下介质的热导率是均匀的。研究区采用矩形网格，顶部边界为恒温边界 $\theta = \theta_0$，左边界与右边界都选得远离断裂通道足够远，于是这两个边界温度为背景场 $\theta = \theta_0 + Gz$，于是有下述微分方程成立：

$$\frac{\partial^2\theta}{\partial x^2} + \frac{\partial^2\theta}{\partial z^2} = 0 \tag{8.2-16}$$

$$\theta|_{z=0} = \theta_0$$

$$\theta|_{x=0} = \theta_0 + Gz$$

$$\theta|_{x=15\text{km}} = \theta_0 + Gz$$

$$\theta|_{z=1\text{km}} = f(x)$$

可以利用有限元或有限差分法解上述方程。在本例中应用有限差分法计算得到王兰庄剖面的地温分布，把模拟计算的 40℃ 温度线用点线表示（图 8-2-13），与地下温度剖面吻合得相当好，说明上述模型适合于该问题求解。

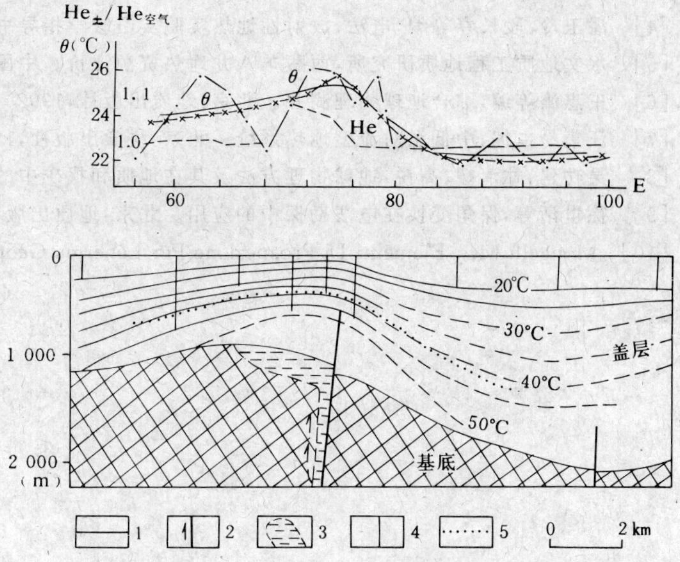

图 8-2-13　$A—A'$ 剖面基底构造与热异常关系

1— 等温线；2— 热水上升断裂；3— 热水富集带；4— 钻孔；5— 计算地温曲线；— 实测米温曲线；---- 五点滤波曲线；······ 理论计算米温曲线

综上所述，对不同热田类型，采用合适的数学模型，根据地质、地球物理与地球化学资料取合理参数进行正演计算，然后把正演结果与实测结果对比，有助于热田模型的深化，这将对热田的进一步详查与开发将起很好的指导作用。

思考题与习题

1. 简述闪烁探测器的测量原理。
2. γ 总量测量探测的是＿＿＿＿＿＿＿＿＿＿。
3. γ 能谱测量的是＿＿＿＿＿＿＿＿＿＿。
4. 射气测量法测量的是＿＿＿＿＿＿＿＿＿＿。
5. α 测量法测量的是＿＿＿＿＿＿，该法与射气测量法有何区别？
6. 累积法测氡技术包括哪几种方法？它们在测量方式上有何区别？

7. 为什么半无限介质中盘状热源要比无限介质中热源盘冷却得快？

8. 羊八井高温热田模型的特点是什么？

9. 管状流模型在平面等值线与横切管状中心的温度断面上有什么特征？

10. 试说明管状流力平衡方程的各项含义？

主要参考文献

[1] 傅良魁主编，应用地球物理教程——电法、放射性地热。北京：地质出版社，1990

[2] 贾苓希等，地下热水调查的物探化探方法。北京：地质出版社，1992

[3] 贾苓希、徐建华，浅层土壤测温法。物探与化探，No. 5，1985

[4] 潘玉玲、段长春等编，电法、放射性地热实验实习教学指导书。北京：地质出版社，1993

[5] 水文地质工程地质研究所，西藏羊八井地热资源评价。中国科学院 0056，1984

[6] 王惠濂等编，综合地球物理测井。北京：地质出版社，1992

[7] 汪集旸主编，中低温对流型地热系统。北京：科学出版社，1993

[8] 吴功建、林清媛、高锐，地球物理方法及其在地质和找矿中的应用。北京：地质出版社，1988

[9] 徐世浙等，保角变换在电法勘探中的应用。北京：地质出版社，1977

[10] Mongelli M.，Elementi Di Prospezione Per Lénergia Geotermica，*Ariatica Editrice*，Bari，1981

第九章　地球物理测井

地球物理测井是井中地球物理学的俗称，是地球物理学的一个分支，它以不同岩矿石的物性差异为基础，如电性差异，电化学差异，核物理性质差异，声波差异，等等，通过相应的地球物理方法沿着井连续地测量反映岩石、矿石某种物理性质的物理参数，并利用这些物理参数来研究油气田、煤田、水文工程等方面的地下地质问题和钻井技术问题。

测井作为勘探与开发的一种重要手段已有近70年的历史。近70年来，随着电子技术、计算技术的发展，地球物理测井飞速发展。发展初期的地球物理测井具有方法少(仅有视电阻率、自然电位等几种测井方法)、仪器落后(测量技术和设备不完善)、影响因素多、仅能定性解释等特点。而如今的地球物理测井从测量手段到方法技术、解释技术等方面都较成熟，具有方法系列化、仪器综合化、记录数字化、操作程控化、解释自动化等特点。

地球物理测井按物性为基础来分类有：电磁性——视电阻率、感应、微电极、侧向、微侧向、微球聚焦、电流、接地电阻、磁化率、电磁波测井等；电化学性——自然电位、人工电位(激发极化)、电极电位等；弹性——声速、声幅、声波电视、声波全波列、地震测井等；核性——自然伽马、伽马-伽马、密度、中子-伽马、中子-中子、中子-活化、碳氧比测井等；其他——井径、井温、井斜、地层倾角、气测、重力测井等。目前国内外先进的测井方法有：超声成像、多极子阵列声波成像、微电阻率扫描成像、核磁共振成像、地球化学测井等方法。

§9.1　侧向测井

在利用视电阻率测井时井孔的影响很大，由于井液的电阻率一般比地层的电阻率小得多，导致供电电极电流相当大部分沿着井身流动，而流入地层的电流却大大减少，加之在薄层的情况下的邻层、围岩影响等，使测到的视电阻率不能很好地反映岩层的电阻率。为了克服视电阻率测井的这一不足，人们提出了侧向测井(又称为聚焦测井)。

一、三侧向测井的基本原理

三侧向测井电极系由三个直径相同的金属圆筒组成。A_0为主电极，A_1、A_2为屏蔽电极，三个电极之间用绝缘层隔开，电极系的记录点在主电极中点。目前我国常使用的深探测三侧向测井电极系的尺寸为：整个电极系长度为$L=3.6$m，屏蔽电极长度为1.7m，主电极长度为$L_0=0.15$m，绝缘层的厚度为0.025m，仪器直径为0.089m(图9-1-1(a))。

在测量过程中保持：①主电极与屏蔽电极的电流极性相同；②主电极与屏蔽电极的电位相等；③主电极的电流强度I_0恒定。如果主电极A_0与屏蔽电极A_1、A_2之间电位不相等，则它们之间的电位差立即送到自动调节装置中，该装置自动调节屏蔽电流I_e，直到A_0与A_1、A_2之间电位相等为止(图9-1-1(b))。

由于主电极与屏蔽电极的电流极性相同，主电极与屏蔽电极的电位相等，使主电极的电流几乎垂直井轴进入地层(图9-1-1(c))，因此：① 大大地减小了井液及上下围岩的影响；② 由

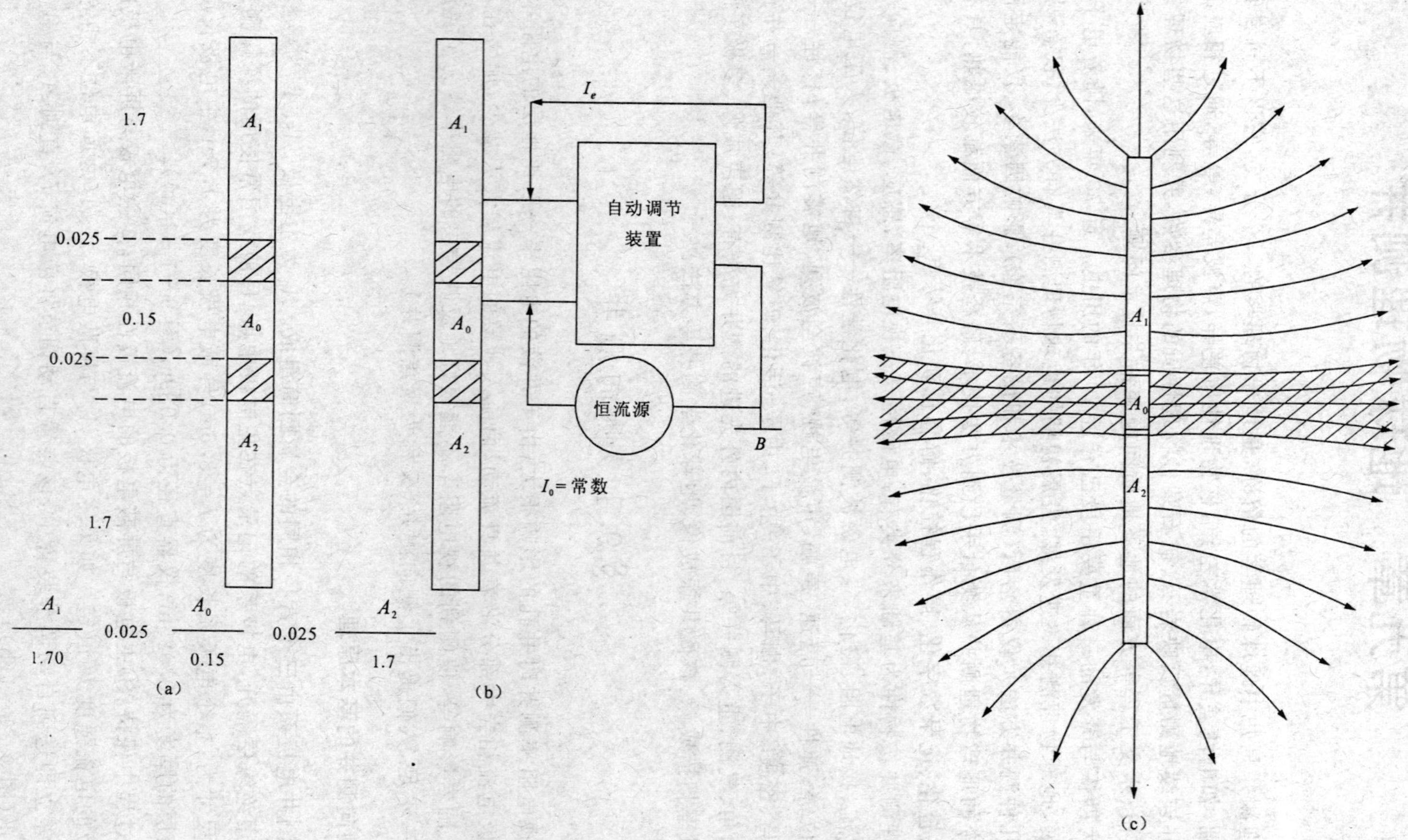

图 9-1-1　三侧向测井原理(图中数字单位为 m)

于主电极长度 $L_0=0.15\text{m}$，具有很大的分层能力；③ 三侧向测井的探测深度大，探测深度取决于主电流片的厚度。

电流片厚度经理论计算为 $t=L_0(1+4r^2/L^2)^{1/2}$。由该式可以看出，为了使电流片厚度不随距离 r 的增大而快速增大，使电极系有较大的探测深度，要求电极系长度 L 较大（三侧向测井探测深度大的含义是：随距离 r 加大，电流片厚度变大缓慢）。通常认为三侧向测井的探测深度为 $1.5L$ 左右。

经理论计算得到三侧向测井的视电阻率的计算公式为：

$$\rho_s=K\frac{U_0}{I_0} \tag{9.1-1}$$

式中 K 是电极系系数，$K=2.72876I_0/\lg(2L/d_s)$；L 为电极系长度，$L=2l$；d_s 为电极系直径。

由欧姆定律得知：$R=U/I$，故将上式改写为：

$$\rho_s=KR_0 \tag{9.1-2}$$

式中 $R_0=U_0/I_0$，称为主电极接地电阻（含义为主电极 A_0 的电流从主电极表面流向无限远整个圆盘状路程中所遇到的电阻），即三侧向测井的电阻率与主电极接地电阻率成正比。

d_s 越接近井径 d_0，泥浆的影响越小，一般 $d_s=0.5=0.75d_0$。

二、三侧向测井曲线及其应用

（一）三侧向测井曲线

利用三侧向 ρ_s 曲线的急剧上升点划分高电阻率地层的界面（如图 9-1-2）。另外值得注意的是：在一般的情况下，三侧向 ρ_s 曲线的极大值出现在岩层中部，但是，当高电阻率岩层的厚度超过电极系长度时，在岩层中部的 ρ_s 值有所减小，而在岩层内靠近顶底界面处出现两个极大值，这是由于高电阻率岩层对屏蔽电极的屏蔽作用造成的。

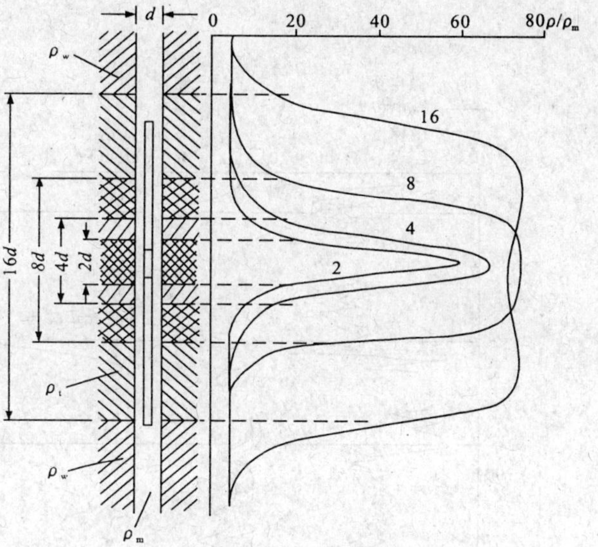

图 9-1-2 不同厚度高电阻率岩层的三侧向 ρ_s 曲线

$\rho_t/\rho_m=100$ $\rho_w/\rho_m=10$ $d_s/d=0.43$ $L/d=15$ 曲线号码：H/d

（二）深浅三侧向测井曲线判断油水层

1. 深浅三侧向测井的区别

图 9-1-3 为深、浅三侧向电极系。深、浅三侧向测井的测量原理一样，记录点都在 A_0 中点，N 都在无限远处；深、浅三侧向测井的不同之处在于：①深的 A_1、A_2 比较长，屏蔽作用大于浅的；②深的 B 极在无限远处，浅的 B 极在附近。由于这两点不同，导致深、浅三侧向差别为：深三侧向的主电极电流流入岩层集中，而浅三侧向的主电极电流流入岩层分散；深三侧向的主电极电流片厚度随径向距离加大而变厚变慢，而浅三侧向的主电极电流片厚度随径向距离加大而变厚变快。总之，深、浅三侧向测井的主要区别在于径向探测深度的深与浅。

2. 判断油水层

深三侧向测井的探测深度大，测量得到的视电阻率值反映原状地层的电阻率，而浅三侧向测井的探测深度小，测量得到的视电阻率值反映侵入带的电阻率。一般在含油气地层上出现深三侧向视电阻率值高于浅三侧向视电阻率值的正幅度差，而在含水地层上出现深三侧向视电阻率值低于浅三侧向视电阻率值的负幅度差(图 9-1-4)。

(三)确定岩层的电阻率

主电极接地电阻的含义是，主电极电流从主电极表面流向无限远处整个圆盘状路程所遇到的电阻，按照此含义，计算主电极接地电阻 R_0，代入式(9.1-2)，并整理得到：

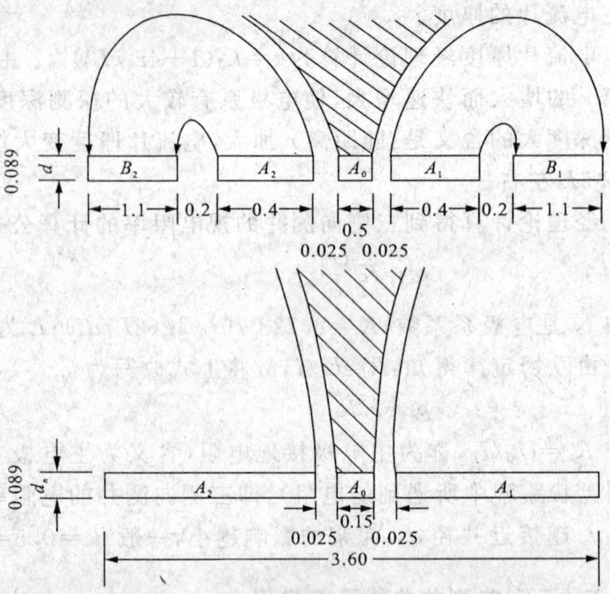

图 9-1-3 深、浅三侧向电极系(图中尺寸为 m)

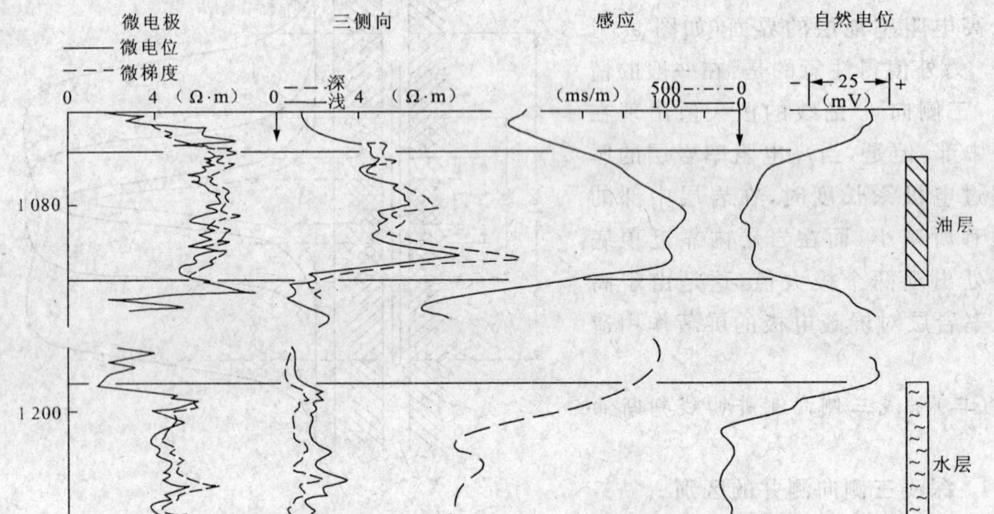

图 9-1-4 深、浅三侧向测井曲线判断油水层

$$\rho_s = \rho_m J_m + \rho_i J_i + \rho_t J_t \tag{9.1-3}$$

式中 J_m，J_i，J_t 仅与电极系的尺寸、井径及侵入带直径等几何因素有关，分别称为井眼、侵入带、地层的几何因子，它们满足 $J_m + J_i + J_t = 1$。

当没有侵入带的地层时，公式(9.1-3)中，$d_i=d$，$J_i=0$，$A=B$，公式变为：

$$\rho_s=\rho_m J_m+\rho_t J_t \tag{9.1-4}$$

公式二边同时除以 ρ_m 得：

$$\frac{\rho_s}{\rho_m}=J_m+\frac{\rho_t}{\rho_m}J_t \tag{9.1-5}$$

利用上式可以计算出井液校正图版(图 9-1-5)。使用此图版容易求得岩层电阻率，其步骤如下：

(1)在厚岩层的中部，读三侧向测井测出的 ρ_s，并根据井液电阻率 ρ_m，计算 ρ_s/ρ_m；

(2)根据 ρ_s/ρ_m 及井径 d_0，在图版上查出比值 ρ_t/ρ_m；

(3)将比值 ρ_t/ρ_m 乘以 ρ_m，便求出岩层的电阻率 ρ_t。

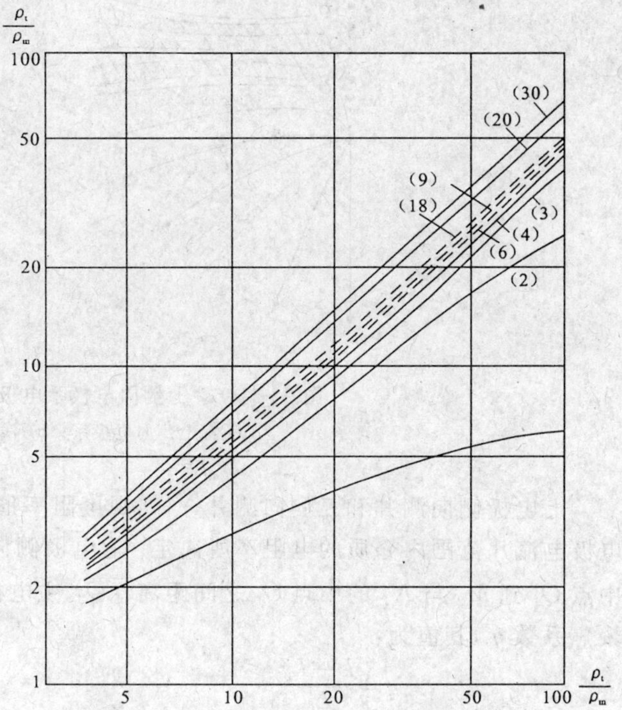

图 9-1-5　三侧向图板

量板参数：$L=10d$；$d_s=0.75d$；$d_m=0.439d$；$R_s/R_m=1.5$；$\rho_t/\rho_i=1.6$；$D/d=3$；曲线模数为(h/d)；$D=1/\ln(2L/d_s)$

三、七电极侧向测井

七电极侧向测井，在原理上与三电极侧向测井是一致的。只是电极系结构上有些不同。七电极侧向测井的电极系是由七个金属电极组成，其中 A_0 为主电极，A_1、A_2 为屏蔽电极(又称为聚集电极)，M_1、N_1 和 M_2、N_2 称为测量电极。M_1 和 M_2、N_1 和 N_2 及 A_1 和 A_2 都分别连接在一起(图 9-1-6)。

测量时，主电极供以恒定的电流 I_0，A_1、A_2 的电流极性与主电极电流极性相同。同时，自动调节装置通过屏蔽电流 I_e 的调节，使测量电极 M_1 和 N_1 之间及 M_2 和 N_2 之间的电位差等于零。由于 M_1 和 N_1 及 M_2 和 N_2 的电位相等，则主电极电流 I_0 不能经过 M、N 电极沿井轴方向通过，屏蔽电极 A_1 和 A_2 的电流也不能经过 M、N 电极沿井轴方向通过，使主电极电流 I_0 呈层状并垂直井轴流入岩层。通过下式便可计算出视电阻率：

$$\rho_s=K\frac{U}{I_0} \tag{9.1-6}$$

式中 K 是七电极侧向测井的电极系系数，它由电极间的距离确定：

$$K=4\pi\frac{\overline{A_0M_1}\cdot\overline{A_0N_1}(\overline{A_0M_1}+\overline{A_0N_1})}{\overline{A_0A_2^2}+\overline{A_0M_1}\cdot\overline{A_0N_1}} \tag{9.1-7}$$

K 值也可以通过实验的方法测定。

上述七电极侧向测井电极系又称为深七侧向电极系，它的 B 极在无限远。如果将 B 电极分别安装在靠近 A_1 和 A_2 的地方，A_1 和 A_2 的屏蔽电流会很快的返回 B 电极。因此主电极流出的电流进入地层后也会很快地发散，使电极系的探测深度减小，这种电极系称为浅七侧向电极系。

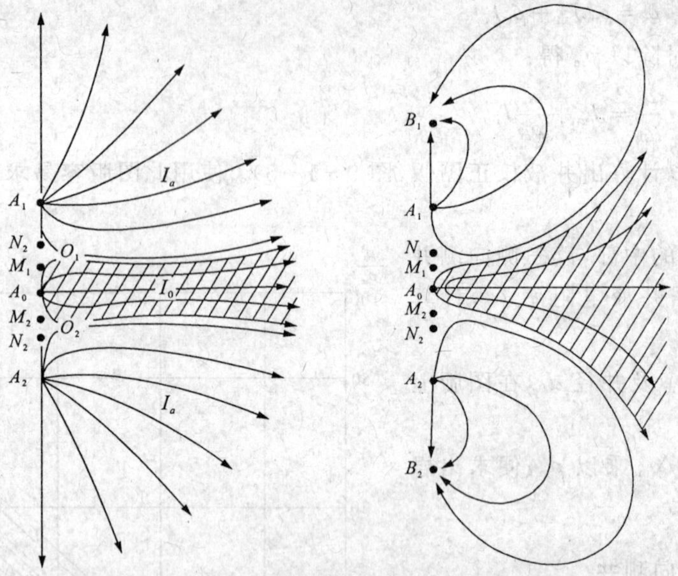

图 9-1-6　七侧向电极系电极排列及电流线分布

(a) 深七侧向电极系；(b) 浅七侧向电极系

七电极侧向测井和三侧向测井一样，视电阻率值也是由主电极的接地电阻所决定，即由主电极电流片范围内介质的电阻率所决定。七电极侧向测井电极系的电流片厚度为 M_1 与 N_1 的中点 O_1 到 M_2 与 N_2 的中点 O_2 之间距离 $\overline{O_1O_2}$。主电极电流片径向深入的程度取决于电极系的聚焦系数 q，其值为：

$$q=\frac{L-L_0}{L_0} \tag{9.1-8}$$

式中 $L=\overline{A_1A_2}$，称为电极系长度；$L_0=\overline{O_1O_2}$，称为电极距。聚焦系数越大，电流片越能深入岩层较深的地方，即电极系的聚焦作用越强，电极系的探测深度越大。通常取 $q=1.5$。

四、其他聚焦测井方法

(一)双侧向测井

双侧向测井实质上是深浅七侧向组合在一起，图 9-1-7 为双侧向测井电极系。左边是深七侧向，作深七侧向时，屏蔽电极 A_1A_1' 和 A_2A_2' 作为双屏蔽，大大地改变了屏蔽效果；右边是浅七侧向，作浅七侧向时，屏蔽电极 A_2 和 A_2' 作为电流回路电极(即前面所说的 B 电极)，使主电极流分散，探测深度变浅。测井时调节屏蔽电流，使电极 M_1 和 M_2 之间及 M_1' 和 M_2' 之间的电位差等于零。保证主电极电流 I_0 恒定，测量 $M_1(M_2)$ 与地面 N 电极之间的电位差，计算视电阻率，公式类同深浅七侧向的视电阻率计算公式。

(二)微侧向测井

图 9-1-8 为微侧向测井电极系，它由一个点状的主电极 A_0 和以主电极为圆心的三个同心环状电极组成。最外面的一个圆环电极称为屏蔽电极 A_1，位于 A_0 和 A_1 之间的是测量电极 M_1、M_2。微侧向测井的电极系镶在一块绝缘极板上。

测量时，主电极供以恒定的电流 I_0，A_1、A_0 的电流极性相同，通过屏蔽电流 I_e 的调节，使

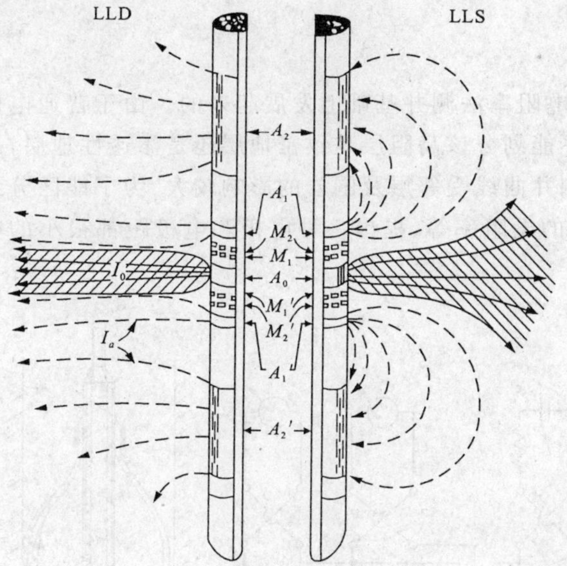

图 9-1-7　双侧向测井电极系图

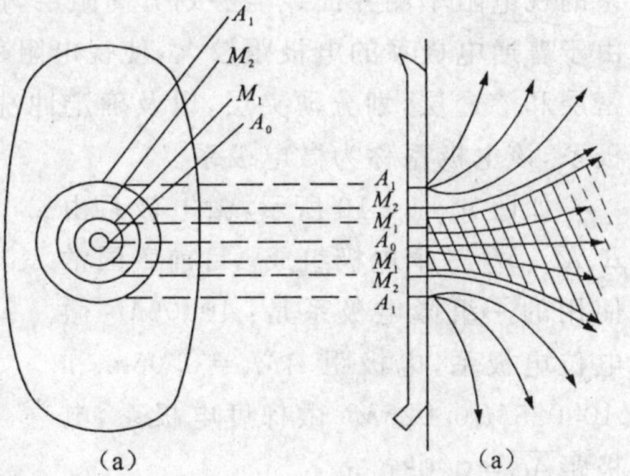

图 9-1-8　微侧向测井极板

(a) 电极分布　(b) 电流线图

测量电极 M_1 和 M_2 之间的电位差等于零。使主电极电流 I_0 呈层状并垂直井轴流入岩层。测量 $M_1(M_2)$ 与地面 N 电极之间的电位差,计算视电阻率公式为:

$$\rho_{M_{11}}=K\frac{\Delta U}{I_0} \tag{9.1-9}$$

式中 K 称为微侧向电极系系数,由实验测量得到。微侧向测井的探测深度大于微电极系的探测深度,在渗透性地层处受泥饼的影响小于微电极系,因此微侧向测井值能较好地反映冲洗带电阻率(ρ_{xo})的数值。但是当泥饼的厚度较大时,微侧向测井值就不能较好地反映冲洗带电阻率的数值,此时一般采用邻近侧向测井或微球形聚焦测井来解决。

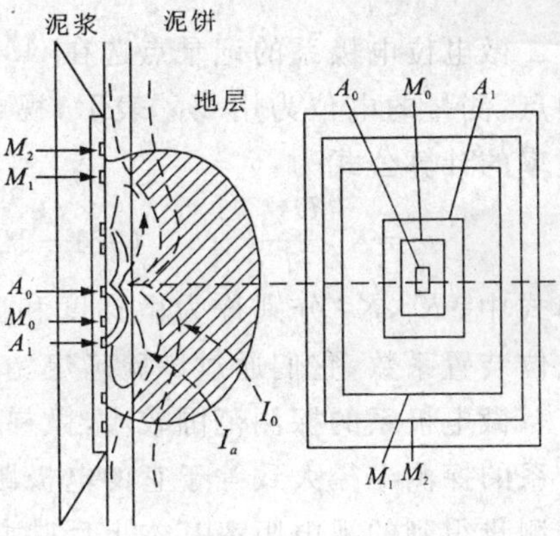

图 9-1-9　微球形聚焦测井电极系结构与电流分布图

(三)微球形聚焦测井

微球形聚焦测井是冲洗带测井系列中较好的方法。它的探测深度近于微侧向测井,但受泥饼的影响小于微侧向测井。图 7-2-9 为微球形聚焦测井电极系。A_0 呈矩形,其他电极是矩形环状,这些电极全部都镶在一块绝缘极板上。

A_0 电极同时发出主电流 I_0 和屏蔽电流 I_a,I_a 返回到极板上的 A_1 极,而 I_0 返回到较远的 B 极。通过调节电流 I_0 和 I_a 的大小,使测量电极 M_1M_2 的电位相等,测量 M_0 与 M_1M_2 中点 O 之间的电位差 $U_{M_{00}}$,视电阻率的计算公式为:

$$\rho_{msfl}=K\frac{U_{M_{00}}}{I_0} \tag{9.1-10}$$

式中 K 为电极系系数,通过实验确定。在此种电极系中,由于 I_0 的回路电极 B 相距较远,主电流 I_0 在穿过泥饼后才向四周均匀散开,使与主电流线相垂直的等位面近似呈球形,所以称此种电极系为微球形聚焦测井。在选择合适电极尺寸,使测量结果受泥饼影响较小的情况下,微球形聚焦测井能够较好地测出冲洗带电阻率 ρ_{xo}。

五、微电极系测井

微电极系电阻率法测井是在普通电极系电阻率法测井基础上发展起来的。由于普通电极系的视电阻率测井曲线能够划分高阻层，但不能划分该高阻层是致密地层还是渗透性地层；又由于普通电极系的电极距较大，使视电阻率测井曲线受邻层及围岩的影响较大。为了能区分致密层和渗透层，划分薄夹层，以及确定冲洗带的电阻率等，提出一种电极和电极距都很小的电极系，该电极系称为微电极系。

如图 9-1-10 所示，微电极系由 A、M_1、M_2 三个电极组成。目前我国常使用的一组微电极系是：$A0.05M_2$ 微电位电极系，电极距 $AM_2=0.05\text{m}$ 和 $A0.025M_1 0.025M_2$ 微梯度电极系，电极距 $\overline{AO}=0.0375\text{m}$。

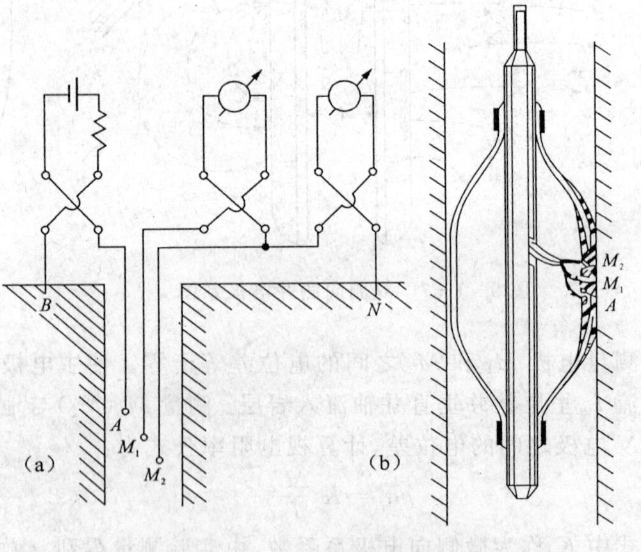

图 9-1-10 微电极系测井原理

(a) 测量原理线路 (b) 微电极系测量装置

微梯度电极系的记录点选在 M_1M_2 中点，测量的电位差用 $\Delta U_{M_1M_2}$ 表示，视电阻率的计算公式为：

$$\rho_s=K_1\frac{\Delta U_{M_1M_2}}{I} \qquad (9.1-11)$$

微电位电极系的记录点选在 AM_2 中点，测量的电位为用 U_{M_2} 表示，视电阻率的计算公式为：

$$\rho_s=K_2\frac{U_{M_2}}{I} \qquad (9.1-12)$$

两式中，K_1，K_2 分别称为微梯度和微电位装置系数，它们通过试验确定。

微电极系的探测范围较小，微梯度电极系的探测半径大致等于它的电极距长度；微电位电极系的探测半径大致等于它的电极距的 2 倍。对于非渗透性地层，微梯度电极系和微电位电极系测量得到的视电阻率基本上反映井壁岩层的电阻率；对于渗透性地层，由于微电位电极系的探测范围大于微梯度电极系的探测范围，微电位电极系视电阻率主要反映冲洗带的电阻率，而微梯度电极系视电阻率主要反映泥饼的电阻率，所以在渗透性地层处出现微电位视电阻率高于微梯度视电阻率的幅度差，这种微电位高于微梯度的幅度差称为“正幅度差”，反之称为“负幅度差”。根据“正幅度差”可以判断渗透性地层，这是根据测井曲线判断渗透性地层的最有效的手段之一。

图 9-1-11 所示为砂泥岩剖面微电极系测井曲线实例。利用微电位高于微梯度的正幅度差判断渗透性地层(砂岩地层)；微电位和微梯度出现低值(该值接近泥岩的电阻率)，且无幅度差处解释为泥岩；而微电位和微梯度出现高值，且无幅度差处解释为致密岩层(石灰岩)。另外如果泥岩井段明显井孔扩大，由于极板不能紧贴井壁，微电极系测井曲线的读数主要反映泥浆电阻率；常常可以利用此现象来确定泥浆电阻率。

对于碳酸盐岩剖面，同样可以利用微电位高于微梯度的正幅度差来判断渗透性好的井段；对于石膏和硬石膏等膏盐地层，微电位和微梯度出现高值，且无幅度；盐岩由于易溶于泥浆，使井径扩大,微电位和微梯度出现低值。

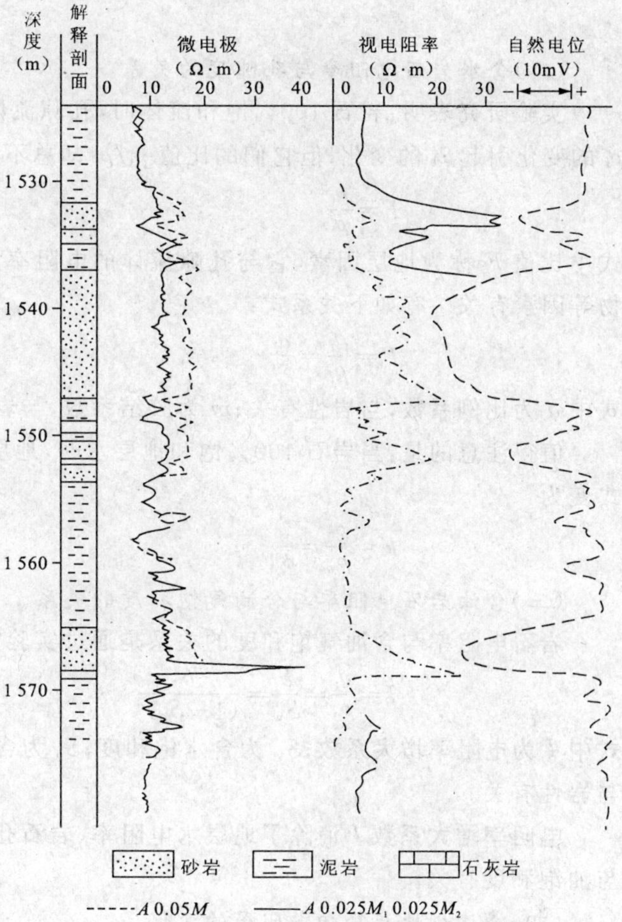

图 9-1-11 砂泥岩剖面微电极测井曲线实例

——A0.05M ——A0.025$M_1$0.025M_2

六、岩石的电阻率及其影响因素

(一)岩石矿物的电阻率

电阻率是表征物质导电能力好坏的一个物理量,常以ρ表示。岩石矿石可以归结为由岩石骨架(矿物颗粒)、胶结物、孔隙(流体)三部分组成。岩石、矿石物导电性主要取决于它们的成分和结构。例如:岩石骨架(矿物颗粒)成分为电子导体时导电性好,如黄铁矿、黄铜矿等,而为造岩矿物时导电性差,如长石、石英等。对骨架(矿物颗粒)的结构来说,颗粒之间紧靠时导电性好,颗粒之间分离时导电性差。岩石孔隙(流体)的成分为油、气时导电性差,为淡水、盐水时导电性好。对孔隙结构来说,孔隙连通时导电性好,孔隙分离(不连通)时导电性差。同样对胶结物来说,导电性与胶结物的成分、结构以及胶结程度等有关。

表 9-1-1 列出了常见矿物和岩石的电阻率。由表可见,大多数金属矿物(如金属硫化物)、无烟煤及石墨的电阻率都非常低,而绝大多数造岩矿物的电阻率高。在各类岩石中,通常沉积岩的电阻率比岩浆岩或变质岩的要低。

表 9-1-1 常见矿物和岩石的电阻率

名称	电阻率(Ω·m)	名称	电阻率(Ω·m)
石墨 无烟煤 铜蓝 斑铜矿	$10^{-6}\sim10^{-3}$	角闪石 石膏 方解石 石英 长石 云母	$>10^{6}$
黄铜矿 辉铜矿 黄铁矿	$10^{-3}\sim10^{0}$	粘土 板岩 泥质板岩 泥质页岩 砂岩 砾岩 白云岩 石灰岩	$10^{0}\sim2\times10^{2}$ $10^{1}\sim10^{2}$ $10^{1}\sim8\times10^{2}$ $10^{1}\sim10^{3}$ $10^{1}\sim5\times10^{3}$ $2\times10^{2}\sim8\times10^{3}$ $5\times10^{2}\sim8\times10^{3}$ $6\times10^{2}\sim8\times10^{3}$
赤铁矿 菱铁矿 铬铁矿 褐煤	$10^{0}\sim10^{3}$	辉绿岩 片麻岩 花岗岩	$6\times10^{2}\sim10^{5}$
褐铁矿 赤铁矿 闪锌矿 烟煤	$10^{2}\sim10^{6}$		

（二）含水岩石电阻率与孔隙度的关系

实验研究表明：岩石100%饱和流体时，孔隙流体的电阻率为ρ_f，岩石的电阻率为ρ_t，虽然ρ_f的变化引起ρ_t的变化，但它们的比值ρ_t/ρ_f却总不变（保持一常数F），即

$$F=\frac{\rho_t}{\rho_f} \tag{9.1-13}$$

式中比值F称为地层因素，它与孔隙流体的电阻率无关，与岩性、孔隙度以及孔隙结构、胶结物等因素有关。有如下关系式：

$$F=\frac{\rho_t}{\rho_f}=\frac{a}{\phi^m} \tag{9.1-14}$$

式中a为比例系数，与岩性有关；m为胶结系数，与岩石结构及胶结程度有关；ϕ为孔隙度。

值得注意的是：当岩石100%饱和地层水时，地层水的电阻率为ρ_w，岩石的电阻率为ρ_0，上式变为：

$$F=\frac{\rho_0}{\rho_w}=\frac{a}{\phi^m} \tag{9.1-15}$$

（三）含油岩石电阻率与含油气饱和度的关系

岩石电阻率与含油气饱和度的关系是通过实验室资料整理计算出来的。其实验公式如下：

$$I=\frac{\rho_t}{\rho_0}=\frac{b}{S_w^n}=\frac{b}{(1-S_o)^n} \tag{9.1-16}$$

式中I为电阻率增大系数；S_w为含水饱和度；S_o为含油饱和度；系数n称为饱和度指数，n和b与岩性有关。

电阻率增大系数I消除了地层水电阻率、岩石孔隙度等因素的影响。当岩性一定时，它只与油饱和度有关。

（四）渗透性地层径向电阻率的变化

钻孔中的泥浆（设为水基泥浆）是由泥和水混合而成的，泥浆由泥浆滤液和固体颗粒组成。通常泥浆柱的静压力大于地层压力，此压力差驱使泥浆滤液向渗透性地层渗透。在渗透过程中，泥浆中的固体颗粒，逐渐在井壁沉积下来形成泥饼。在泥浆向渗透性地层渗透过程中，井壁附近的岩石受到泥浆的强烈冲洗，原来孔隙中的自由流体几乎都被排挤走了，只剩下一部分束缚水。孔隙中充满的是泥浆滤液和残余地层水的混合物（水层），或者夹有少量的残余油气（油层）。井壁附近受到泥浆的强烈冲洗的地带，称为冲洗带。冲洗带以后泥浆滤液逐渐减小，而原来地层的流体逐渐增大，直到没有泥浆侵入的原状地层，此带称为过渡带。冲洗带和过渡带组成侵入带。通常侵入带的深度从几十厘米到几米。无泥浆侵入的地层称为原状地层（图9-1-12）。

当地层的流体电阻率较低时（水层），泥浆侵入后，侵入带电阻率升高，此过程称为高侵剖面；而当地层的流体电阻率较高时（油层），泥浆侵入后，侵入带电阻率将降低，此过程称为低侵剖面。

值得注意是侵入带的存在对计算ρ_t来说是不利因素，但该特点有如下应用：

（1）判断油水层：　$\rho_t-\rho_i>0$　油气层

　　　　　　　　　$\rho_t-\rho_i<0$　水层

（2）判断渗透层：　$\rho_i-\rho_{mc}>0$　渗透层

式中ρ_t、ρ_i、ρ_{mc}分别为原状地层、过渡带、泥饼电阻率。

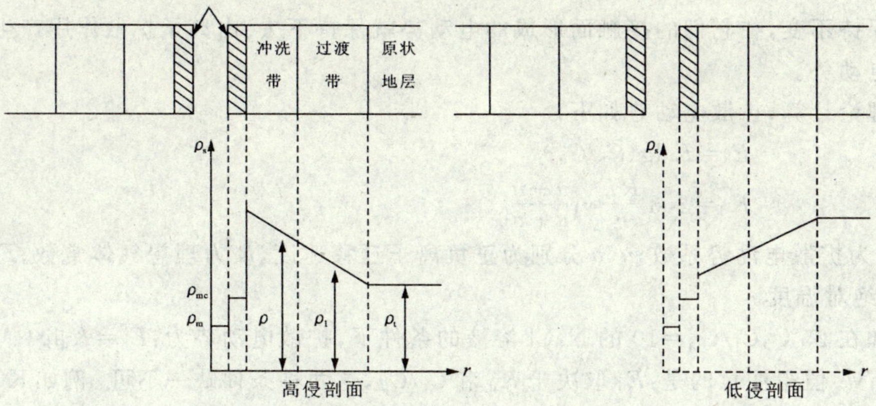

图 9-1-12　渗透性地层径向电阻率的变化

§9.2　自然电位测井

在钻孔中存在天然电场时，使用图 9-2-1 所示的电路，提升 M 电极测量，可得到一条电位变化曲线，这种测量称为自然电位测井。那么井中的自然电位是如何产生的？它与岩层的物理性质有何关系？有何用途？这正是本章要进行讨论的。

一、井内自然电位形成的原因

(一)扩散作用以及扩散电动势

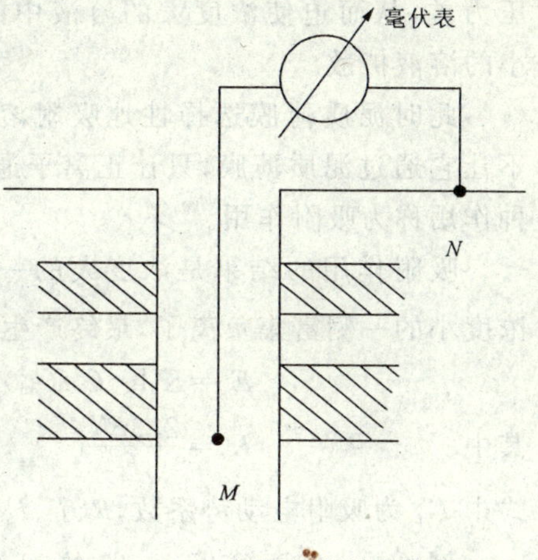

图 9-2-1　自然电位测井装置

如图 9-2-2 所示，用一个渗透性的半透膜把容器分为两部分，两边分别为浓度是 C_t 和 C_m($C_t>C_m$)的 NaCl 溶液。当我们用如图所示的装置进行测量时，发现 $\Delta V_{MN}\neq 0$，即回路中有电流流过，这种现象是如何产生的？

在浓度大溶液中的离子往浓度小的溶液扩散的过程中，由于负离子 Cl^- 的迁移速度大于正离子 Na^+ 的迁移速度(Cl^- 的迁移速度为 65×10^5cm/s，Na^+ 的迁移速度为 43×10^5cm/s)，使 Cl^- 先通过半透膜进入浓度小的溶液中，而 Na^+ 仍然留在浓度大的溶液中，其结果是在 C_t 溶液中有多余的正离子，在 C_m 溶液中有多余的负离子，即在接触面两侧聚集了异型电荷。这种差别一旦建立，Cl^-，Na^+ 的扩散速度会发生变化。①浓度小的一侧富集的负离子的排斥作用阻止负离子的继续扩散，使 Cl^- 的扩散速度减小；②浓度大的一侧富集的正离子受浓度小的一侧的负离子的吸引，使正离子继续扩散，使 Na^+ 的扩散速度增大。

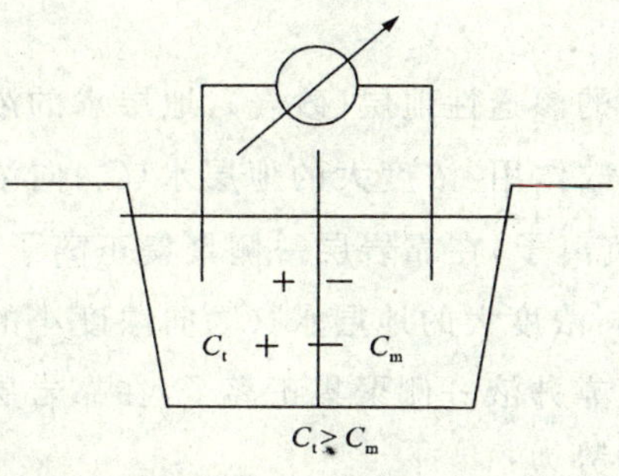

图 9-2-2　扩散作用及扩散电动势

两种离子的扩散速度相等时，便达到动态平衡，扩散结束。在动态平衡的情况下，电荷聚集停止，形成了一稳定的电动势。显然，只要两种溶液的浓度差保持不变，在它们的接触面形成的电动势就保持下去。由离子扩散作用产生的电动势称为扩散电动势。

经理论计算，扩散电动势如下：

$$E_d = K_d \lg(C_t/C_m) \quad (9.2-1)$$

其中

$$K_d = 2.3\frac{RT}{F}\cdot\frac{u-v}{u+v}$$

式中 K_d 为扩散电动势系数；u,v 分别为正负离子迁移速度，R 为理想气体常数；F 为法拉第常数；T 为绝对温度。

例如在 25℃，$C_t/C_m=10$ 的 NaCl 溶液的条件下，扩散电动势为：$E_d=K_d\lg(C_t/C_m)=K_d=-11.6\text{mV}$。值得注意的是：$E_d$ 取决于 K_d 和 C_t/C_m，这两种条件缺一不可。例如 KCl，由于 $u_K \approx u_{Cl}$（K 和 Cl 的迁移速度几乎相等），即使 C_t/C_m 再大，K_d 很小；反过来，如果 $u\neq v$，但 $C_t/C_m\approx 1$，则 K_d 也为 0。

（二）吸附作用以及吸附电动势

如图 9-2-3，用一个泥质薄膜把容器分为两部分，两边分别为浓度是 C_t 和 C_m（$C_t>C_m$）的 NaCl 溶液。当我们用如图所示的装置进行测量时，发现 $\Delta V_{MN}\neq 0$，即回路中有电流流过，这种现象又是如何产生的？

由于 $C_t>C_m$，即在 C_t 与 C_m 之间存在浓度差或压力差，从而迫使浓度大的溶液中的离子要往浓度小的溶液扩散。

此时泥质薄膜选择性地吸附溶液中的负离子，不让它通过泥质薄膜，只让正离子通过泥质薄膜，这种作用称为吸附作用。

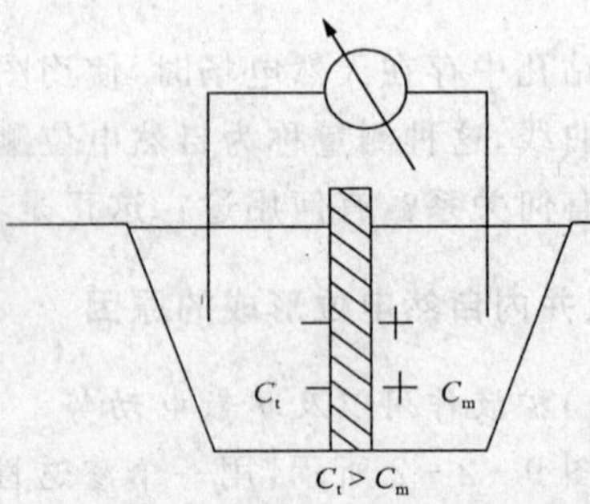

图 9-2-3　吸附作用及吸附电动势

吸附作用的结果是浓度大的一侧富集正离子，浓度小的一侧富集负离子，最终产生稳定的电动势，该电动势称为吸附电动势。经理论计算：

$$E_a = K_a \lg(C_t/C_m) \quad (9.2-2)$$

其中

$$K_a = \frac{2.3RT}{F}$$

式中 K_a 为吸附电动势系数，R、T、F、C_t、C_m 的含义同前。

例如在 25℃，$C_t/C_m=10$ 的 NaCl 溶液条件下，吸附电动势为：$E_a=K_a\lg(C_t/C_m)=K_a=59.1\text{mV}$。

（三）井内扩散吸附电动势

如图 9-2-4 所示，钻孔垂直穿过一上下围岩为泥岩的渗透性地层（砂岩），地层水的浓度 C_t 大于井液的浓度 C_m，则此时①地层与井孔部分产生扩散作用：浓度大的地层水（C_t）向浓度小的井液（C_m）扩散。扩散的结果为：在靠井液一侧聚集负离子，在靠岩层一侧聚集正离子，形成扩散电动势。②地层、泥岩以及井孔部分产生吸附作用：浓度大的地层水（C_t）向浓度小的井液（C_m）通过泥岩层扩散（吸附作用）。吸附作用的结果为：靠井液一侧聚集正离子，在靠岩层一侧聚集负离子，形成吸附电动势。所形成的扩散吸附电动势为：

$$E_{da} = (-E_d + E_a) = -K_{da}\lg(C_t/C_m) \quad (9.2-3)$$

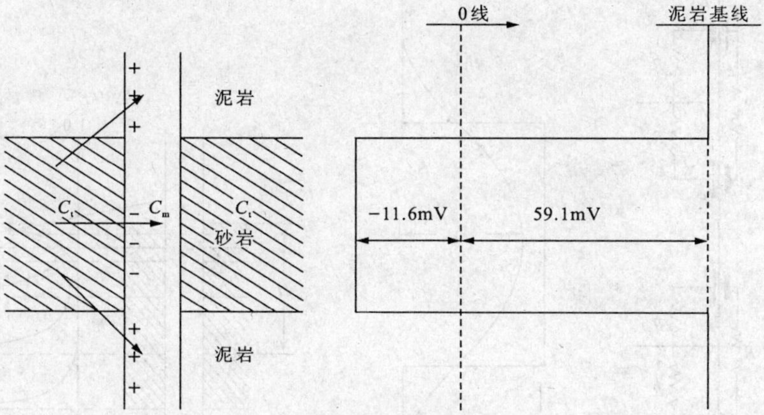

图 9-2-4 井中扩散吸附电动势

其中 $$K_{da}=\frac{2.3RT}{F}\frac{v-u}{v+u}+1$$

式中 K_{da}为扩散吸附电动势系数。

例如在 25℃ 条件下，$C_t/C_m=10$ 的 NaCl 溶液，则扩散吸附电动势为：$K_{da}=70.7\text{mV}$，$E_{da}=-70.7\text{mV}$。

二、自然电位测井曲线以及影响因素

(一)自然电位曲线与静自然电位曲线

如前所述，在砂岩-泥岩地层上产生扩散吸附电动势 E_{da}，在研究砂岩的自然电位异常时，通常将此总电动势称为静自然电位(SSP)，并以 E_{SSP}表示。静自然电位相当于自然回路中没有电流(断路)时扩散电动势与吸附电动势之和(图 9-2-5)。

由于砂岩、泥岩和井液都具有导电性，扩散吸附电动势要通过泥浆，地层、泥岩放电，产生电流，该电流称为自然电流，用 I 表示。根据欧姆定律：

$$E_{SSP}=E_{da}=I(R_w+R_t+R_m)$$

$$I=E_{da}/(R_w+R_t+R_m)$$

而自然电位 V_{SP}为：

$$V_{SP}=IR_m=E_{SSP}-I(R_w+R_t)$$

即自然电位的含义是：自然电流 I 在泥浆柱上产生的电位降，即 IR_m。由此可见：①V_{SP}的幅度一般小于 E_{SSP}的幅度；②当地层电阻率 ρ_t 增大时，R_t 增大，V_{SP}幅度减小。

(二)岩层厚度的影响

设 $C_t=C_w>C_m$，$\rho_t=\rho_m=\rho_w$，井轴垂直地层层面，则在这种情况下产生的电动势为无电性差异的地层偶电层和围岩偶电层组成。根据电场理论，可以计算 M 极相对 N 极的电位差 ΔV。图 9-2-6 是 ΔV 的计算结果。图中 d_0 是井径，H 是地层厚度，$\Delta V/E$ 是自然电位与 E_{da}之比。分析这些曲线，可得出如下结论：

(1)在 $C_t>C_m$ 的情况下，以泥岩的自然电位为基准，砂岩的自然电位为负异常；

(2)自然电位测井曲线以岩层中部对称；

(3)随 H 加大，ΔV 增大，但当 $H>5d_0$ 时，ΔV 不再增大，在岩层中部出现 $\Delta V/E=1$，岩层

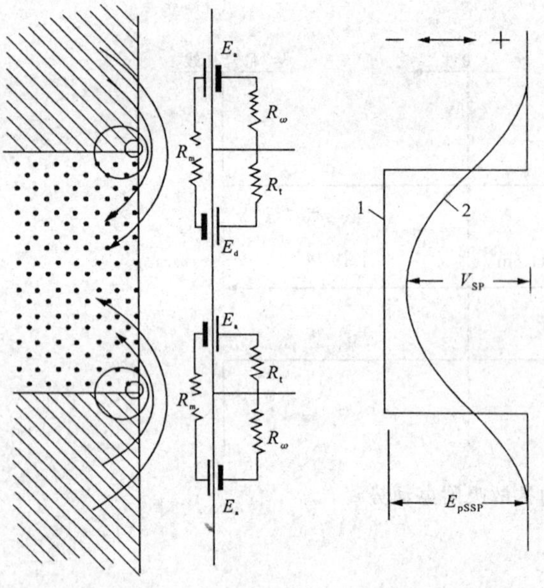

图 9-2-5　静自然电位与自然电位曲线

1—静自然电位；2—自然电位曲线

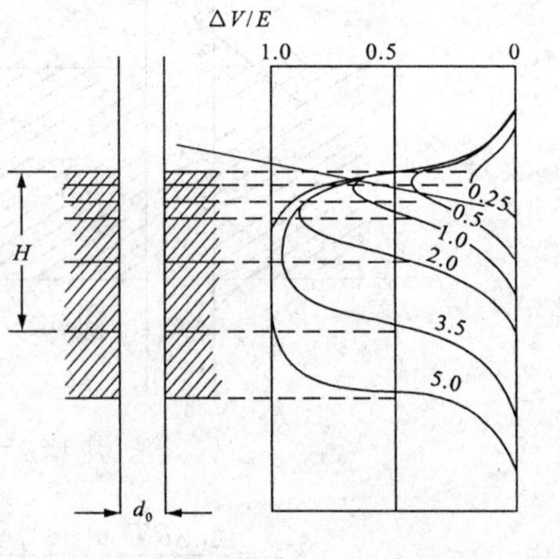

图 9-2-6　自然电位测井曲线

曲线标码：H/d_0

界面对应于自然电位曲线的半幅值点；

(4)随 H 减小，ΔV 减小，曲线上的界面点往异常的峰顶方向移动。

(三)岩性的影响

当砂岩中含有泥质时，由于泥质颗粒对负离子有吸附作用，此时产生的扩散吸附所形成的电荷分布如图 9-2-7(a)所示；此时 E'_a 是砂岩中泥质颗粒产生的吸附电动势，E_a，E_d 的含义同前，其等效电路如图 9-2-7(b)。在回路中 E'_a 与 E_a，E_d 反向，使总的电动势减小，即由于E'_a 的存在使自然电位异常幅度减小。

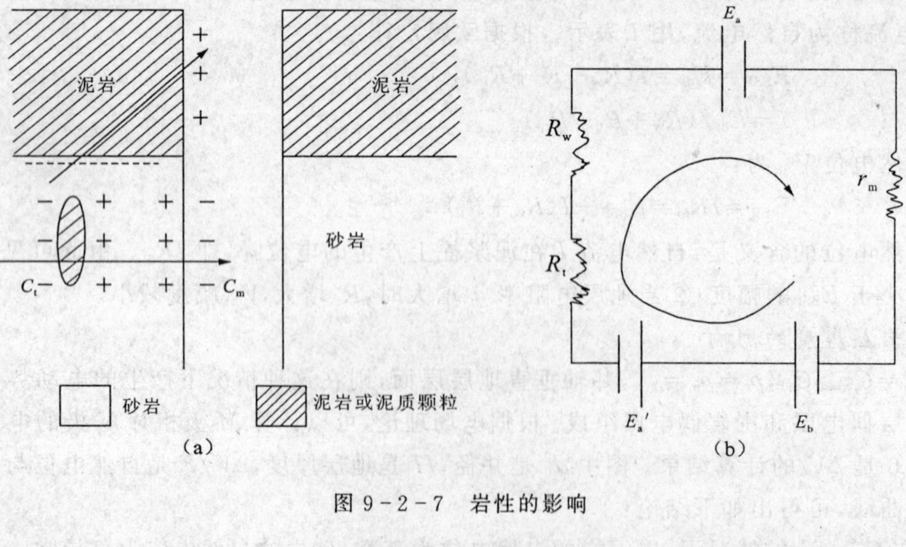

图 9-2-7　岩性的影响

同样，当泥岩中含有砂粒时，砂粒的扩散作用产生扩散电动势 E'_d，同样 E'_d 导致总的电动势减小，即由于 E'_d 的存在使自然电位异常幅度减小。

总之，无论砂岩中含有泥质颗粒，还是泥岩中含有砂粒，都会使砂岩地层上的自然电位异常幅值减小。

(四)其他因素对自然电位测井曲线的影响

1. E_{SP}与C_t/C_m的关系

根据公式(9.2-3)得知，当$C_t/C_m>1$时，$E_{da}<0$，即E_{SP}为负异常；当$C_t/C_m=1$时，$E_{da}=0$，即E_{SP}为无异常；当$C_t/C_m<1$时，$E_{da}>0$，即E_{SP}为正异常。因此不要误认为在渗透性地层上自然电位一定产生的是负异常。

2. E_{SP}与温度的关系

公式(9.2-3)中，扩散吸附系数K_{da}对自然电位异常的幅值有着直接的影响，是一个重要的参数。当溶液的类型一定后，K_{da}的值主要取决于温度。对于NaCl溶液，18℃的情况下已知$K_{da}^{18}=69.6\text{mV}$，而任意温度下的$K'_{da}$可以通过$K_{da}^{18}$换算得到，其换算公式为：

$$K'_{da}=\frac{273+t}{291}K_{da}^{18} \tag{9.2-4}$$

三、自然电位测井曲线的应用

(一)划分岩性和渗透层

自然电位主要是离子在岩石中的扩散吸附作用产生的，而扩散吸附作用与岩石的成分、结构等因素有关，因此可以利用自然电位曲线研究岩性。在砂泥质剖面中，以泥岩的自然电位测井曲线值为基线，随砂岩地层的岩性由细变粗，岩石的颗粒由小变大，分选性由差到好，渗透性由差到好，自然电位测井曲线的幅值由小变大，即可以利用自然电位曲线划分泥岩、细砂岩、中砂岩、粗砂岩。

(二)确定泥质含量V_{sh}

砂岩的自然电位异常幅值与泥质含量之间有着密切的关系。通常，随砂岩中泥质含量的增加，自然电位异常幅值减小。即泥质含量V_{sh}与自然电位E_{SP}幅值之间存在线性关系：

$$E_{SP}=a+bV_{sh} \tag{9.2-5}$$

式中a，b为待定系数。

在纯泥岩地层上，泥质含量为100%，即$V_{sh}=100\%=1$，所以，$E_{SPsh}=a+b$；而在砂岩地层上，泥质含量为0，即$V_{sh}=0$，所以$E_{SPsd}=a$。因此：

$$E_{SP}=E_{SPsd}+V_{sh}(E_{SPsh}-E_{SPsd})$$

$$I_{SP}=\frac{E_{SP}-E_{SPsd}}{E_{SPsh}-E_{SPsd}} \tag{9.2-6}$$

式中E_{SPsd}，E_{SPsh}分别为纯砂岩、纯泥岩的自然电位值；E_{SP}为待研究地层上实测的自然电位值；V_{sh}为泥质含量。但在实际中，泥质含量与自然电位异常之间并非此种线性关系，要进行非线性校正，其校正的经验公式为

$$V_{sh}=\frac{2^{I_{sp}C}-1}{2^C-1} \tag{9.2-7}$$

式中V_{sh}为经过校正后得到的泥质含量；C为校正系数，对第三系地层$C=3.7$；对老地层$C=2.0$。

(三)确定地层水电阻率

在公式(9.2-3)中，在溶液浓度不很大时，可以认为溶液电阻率与浓度成反比，便有地层水等效电阻率$\rho_{we}\approx 1/C_t$，泥浆滤液等效电阻率$\rho_{mfe}\approx 1/C_m$，将它们代入公式(9.2-3)，得

$$V_{SSP}=E_{da}=-K_{da}\lg(\rho_{me}/\rho_{wfe}) \qquad (9.2-8)$$

经整理：

$$\rho_{we}=\rho_{mfe}10^{V_{SSP}/K_{da}} \qquad (9.2-9)$$

利用 ρ_{we} 可查图版或利用公式换算得到地层水电阻率 ρ_w，公式(9.2－9)就是利用自然电位测井曲线确定地层水电阻率的依据。

§9.3 感应测井

前面所讲电阻率测井、侧向测井等方法都需要井内有导电的液体，即只能用于导电性较好的泥浆井中，然而在油田勘探的过程中，有时钻孔无泥浆(干孔)，有时需使用油基泥浆(油和泥混合而成的泥浆)，在这样条件下，前面的方法就不能使用了。

为了解决干孔和油基泥浆井中测量取得地层电阻率，而提出感应测井。感应测井不仅能用于油基泥浆井中，并且可用于水基泥浆，以及无泥浆的干井中。

一、感应测井基本原理

感应测井是利用电磁感应原理研究地层电阻率的一种测井方法，属于电阻率测井方法之一。图 9－3－1 为感应测井的原理图。图中 T 为发射线圈，R 为接收线圈。感应测井的物理过程如下：

发射线圈 T 通过 20kHz/s 的交变电流，交变电流将产生交变磁场，称为一次场；一次场在介质中的变化，即介质中磁通量 φ_1 的变化在介质产生感应电动势 $\varepsilon_{介}$：$\varepsilon_{介}=\partial\varphi_1/\partial t$，另外，一次场在接收线圈 R 中的变化，即 R 中产生磁通量 φ_1' 的变化产生的直接耦合电动势 $\varepsilon_{直}$：$\varepsilon_{直}=-\partial\varphi_1/\partial t$；一次场变化产生的感应电动势 $\varepsilon_{介}$ 在导电介质中产生电流，该电流称为涡流，涡流与介质的导电性有关。涡流可写为：$i=\varepsilon_{介}/R$(R 为电阻与介质的导电率有关)；由于一次场是变化的，所以涡流也是变化的，变化的涡流产生磁场，即二次场；设二次场在接收线圈中的磁通量的变化为 $\Delta\varphi_2$，则二次场产生感应电动势为：$\varepsilon_R=-\partial\varphi_2/\partial t$。

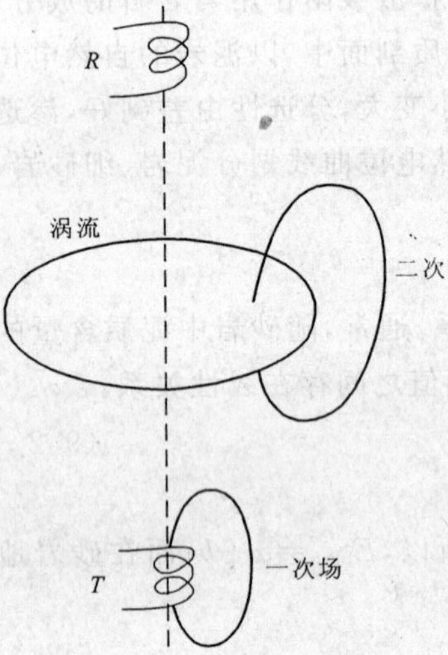

图 9－3－1　感应测井原理图

总之，T 发射交变电流，在接收线圈产生两种感应电动势，其一是一次场在接收线圈 R 中的变化，即 R 中产生磁通量 φ_1' 的变化产生的直接耦合电动势 $\varepsilon_{直}=-\partial\varphi_1'/\partial t$；其二是二次场在接收线圈中的磁通量的变化 $\Delta\varphi_2$，产生的感应电动势 $\varepsilon_R=-\partial\varphi_2/\partial t$。前者称为直接耦合电动势，由一次场产生，与磁化率 K 有关，石油测井不测 K，$\varepsilon_{直}$ 为无用信号；后者由二次场产生，与导电率 σ 有关，正是要测的，ε_R 为有用信号。一次场与二次场之间相差 $\pi/2$，利用相敏检波可以把它们分开。

双线圈系感应测井的线圈距为：$L=\overline{TR}$，其记录点在发射线圈 T 与接收线圈 R 的中点。

二、感应测井的基本理论

如图 9－3－2 所示，假设导电率为 σ，半径为 r 的单元环，计算该单元环产生涡流及磁场而产生的感应电动势为 $d\varepsilon_R$，经理论计算得到：

$$d\varepsilon_R = -\frac{\partial \varphi_2}{\partial t} = Kg\sigma dS \qquad (9.3-1)$$

$$K = -\frac{w^2 \mu^2 S_T S_R i}{4\pi L}$$

$$g = \frac{L}{2}\frac{r^3}{R_1^3 R_2^3}$$

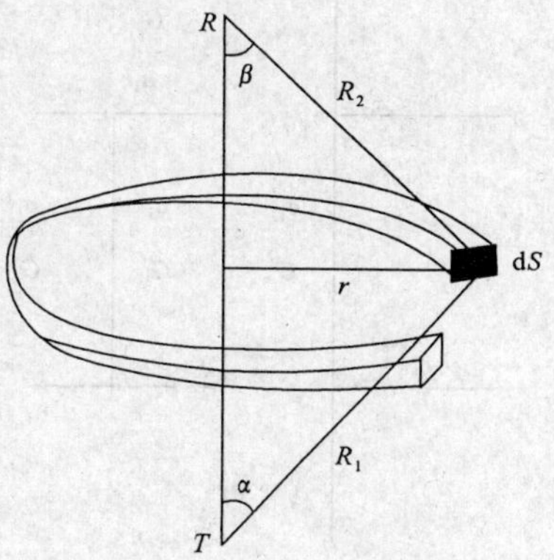

图 9-3-2 单元环理论计算示意图

式中 K 是线圈系数；g 是单元环几何因子；σ、μ 分别为导电率和导磁率；$w=2\pi f$ 称为圆频率，f 为频率；S_T、S_R 分别为发射、接收线圈的总面积，$S_T=n_T S$，n_T 为发射线圈的匝数，$S_R=n_R S$，n_R 为接收线圈的匝数，S 为单个线圈环的面积；i 为供电电流，$i=I_0\sin wt$；$L=TR$ 为线圈距；R_1 为 T 到单元环截面点的距离，R_2 为 R 到单元环截面点的距离。g 取决于单元环与线圈的相对位置和距离。它的物理意义是：截面积为 dS 的单元环对总信号的贡献。

对全空间来说，可以证明全空间的几何因子为 1，即：

$$\iint_{-\infty}^{\infty} g dS = \iint_{-\infty}^{\infty} \frac{L}{2}\frac{r^3}{[r^2+(L/2+Z)^3]^3[r^2+(L/2-Z)^2]^3} dz dr = 1 \qquad (9.3-2)$$

在均匀无限介质中，公式(9.3-1)可变为：

$$\varepsilon_R = \iint_{-\infty}^{\infty} Kg\sigma dS = K\sigma \iint_{-\infty}^{\infty} g dS = K\sigma \qquad (9.3-3)$$

所以岩石的电导率为 $\sigma = \varepsilon_R / K$ 。而在非均匀无限介质中，假设介质的分布如图 9-3-3，则有：

$$\begin{aligned}\varepsilon_R &= \iint_{-\infty}^{\infty} Kg\sigma dS = K[\sigma_s \iint_{S_s} g dS + \sigma_i \iint_{S_i} g dS + \sigma_m \iint_{S_m} g dS + \sigma_t \iint_{S_t} g dS] \\ &= K(\sigma_s G_s + \sigma_i G_i + \sigma_m G_m + \sigma_t G_t)\end{aligned} \qquad (9.3-4)$$

式中 G_s、G_i、G_m、G_t 分别为围岩、侵入带、泥浆、地层的几何因子，满足：$G_s+G_i+G_m+G_t=1$；σ_s、σ_i、σ_m、σ_t 分别为围岩、侵入带、泥浆、地层的电导率(图 9-3-3)。

在非均匀无限介质中测到的导电率定义为视电导率：

$$\sigma_a = \varepsilon_R / K = \sigma_s G_s + \sigma_i G_i + \sigma_m G_m + \sigma_t G_t \qquad (9.3-5)$$

由上式可以看出，空间各部分介质对总感应电动势的贡献大小，取决于各部分介质的电导率和它的几何因子。因此必须对线圈的几何因子的空间分布有所了解，即了解线圈系的探测特性(图 9-3-4)。

三、双线圈的探测特性

(一)纵向探测特性

1. 纵向微分几何因子

纵向微分几何因子的含义是：深度为 z，厚度为 dz 的水平无限薄层的几何因子；其物理意义为：深度为 z，厚度为 dz 水平无限薄层对总信号的相对贡献；其曲线如图 9-3-5 所示。经理论计算得：

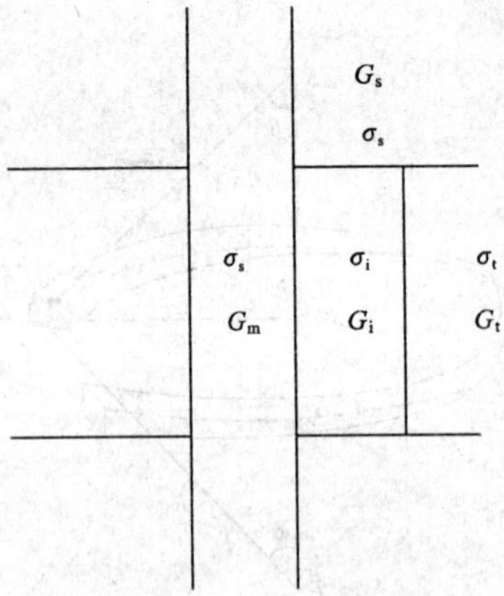

图 9-3-3　介质的分布

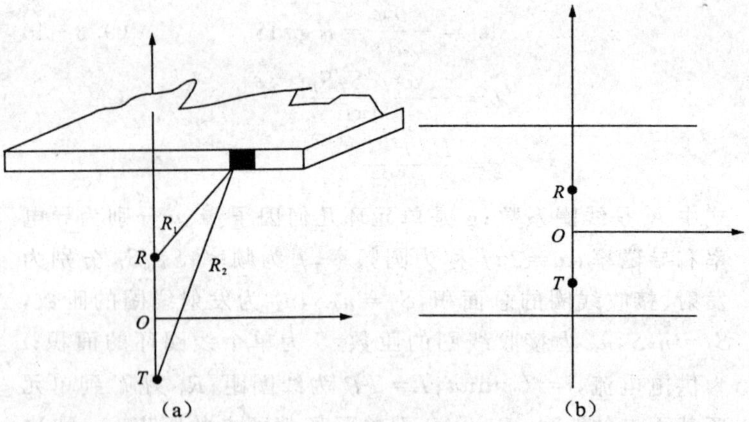

图 9-3-4　双线圈系纵向探测特性

$$g_z = \int_0^\infty \frac{L}{2} \frac{r^3}{R_1^3 R_2^3} \mathrm{d}r = \begin{cases} \dfrac{1}{2L} & |z| \leqslant L/2 \\ \dfrac{L}{8z^2} & |z| > L/2 \end{cases} \tag{9.3-6}$$

2．纵向积分几何因子

纵向积分几何因子的含义：厚度为 h 的岩层的几何因子；物理意义为：厚度为 h 的岩层对总信号的相对贡献；经理论计算得：

$$G_z = \int_{-h/2}^{h/2} g_z \mathrm{d}z = \begin{cases} \dfrac{h}{2L} & h \leqslant L \\ 1 - \dfrac{L}{2h} & h > L \end{cases} \tag{9.3-7}$$

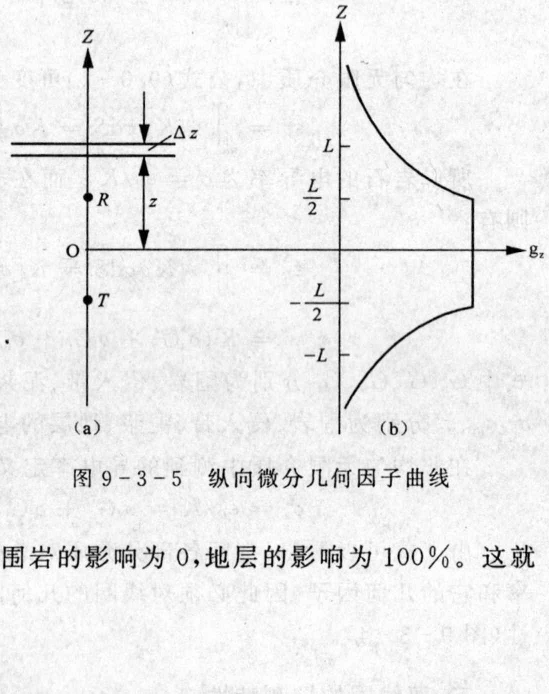

图 9-3-5　纵向微分几何因子曲线

值得注意的是，由以上公式可分析得知：当 $h = L$ 时，$G_z = 0.5$，这说明正对厚度为线圈距 L 的地层来说，提供总信号的一半，另外一半来自地层以外的介质（存在的影响）；当 $h > L$ 时，$G_z = 1 - L/2h > 0.5$，随 h 增大，G_z 增大，即围岩的影响减小，地层的影响增大。h 很大时，$G_z = 1$，即围岩的影响为 0，地层的影响为 100%。这就证明了整个空间的几何因子之和为 1。

（二）双线圈系径向探测特性

双线圈系径向探测特性如图 9-3-6 所示。

1．径向微分几何因子

径向微分几何因子的含义是：半径为 r，厚度为 1 的无限圆筒的几何因子；其物理意义为：半径为 r，厚度为 1 的无限圆筒对总信号的相对贡献；径向微分几何因子曲线如图 9-3-7 所示。计算公式为：

$$g_r = \int_{-\infty}^{\infty} g \mathrm{d}r \tag{9.3-8}$$

2．径向积分几何因子

径向积分几何因子含义是：半径为 r 的无限圆柱体的几何因子；其物理意义为：半径为 r 的

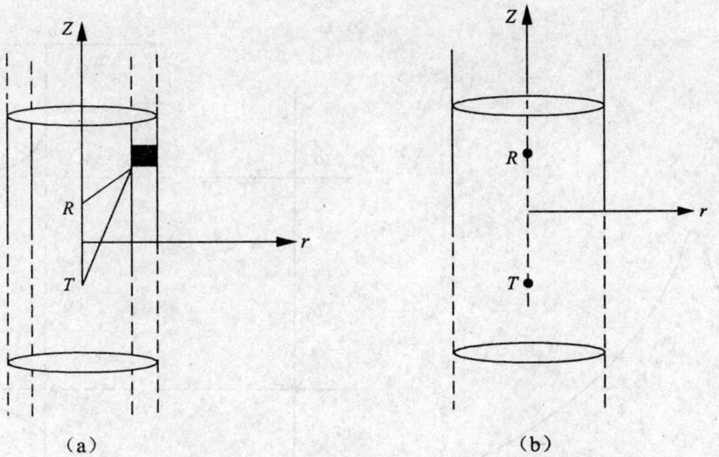

图 9-3-6 双线圈系径向探测特性

无限圆柱体对总信号的相对贡献；径向积分几何因子计算公式为：

$$G_r = \int_0^r g_r \mathrm{d}r \tag{9.3-9}$$

值得注意的是：① $r = 0.45L$，g_r 达极大值。即距井轴 $0.45L$ 处的无限长圆筒对感应测井读数影响增大，它说明增大线圈距 L 可以增大探测深度；② $r < 0.5L$ 范围内，g_r，G_r 仍然很大，通过理论计算得 $G_r = 0.225$，说明 $r = 0.5\mathrm{m}$ 以内的介质对测量结果贡献为 22.5%，即说明井孔、侵入带的影响较大，这是双线圈系的一大不足；③ 当 $r > 2L$ 后，g_r 较小，G_r 较大。这说明远离井孔的介质对测量结果影响小。

四、感应测井理论曲线分析

感应测井理论曲线如图 9-3-8 所示。

假设线圈距为 1m（L=1m），岩层水平无限，$\sigma_2 > \sigma_1$，记录点在 TR 的中点。便有：

$$\sigma_a = \sigma_1 G_1 + \sigma_2 G_2 = \sigma_1(1 - G_2) + \sigma_1 G_2$$

当线圈系的记录点位于岩层中部时：

$$G_z = \int_{-h/2}^{-L/2} g_z \mathrm{d}z + \int_{-L/2}^{L/2} g_z \mathrm{d}z + \int_{L/2}^{h/2} g_z \mathrm{d}z = \int_{-h/2}^{-L/2} \frac{L}{8z^2}\mathrm{d}z + \int_{-L/2}^{L/2} \frac{1}{2L}\mathrm{d}z + \int_{L/2}^{h/2} \frac{L}{8z^2}\mathrm{d}z$$
$$= 1 - L/2h = 1 - 1/2h$$

当 h 很大时，$G_z \approx 1$，所以 $\sigma_a = \sigma_1(1 - \sigma_2) + \sigma_2 G_2 = \sigma_1(1 - 1) + \sigma_2 = \sigma_2$。

当线圈系的记录点位于岩层界面时：

$$G_z = \int_0^{L/2} g_z \mathrm{d}z + \int_{L/2}^{h/2} g_z \mathrm{d}z = \int_0^{L/2} \frac{1}{2L}\mathrm{d}z + \int_{L/2}^{h/2} \frac{L}{8z^2}\mathrm{d}z$$
$$= 1/4 - L/8h + L/4 = 1/2 - 1/8h$$

当 h 很大时，$G_z \approx 1/2$，所以 $\sigma_a = \sigma_1(1 - G_2) + \sigma_2 G_2 = \sigma_1(1 - 1/2) + \sigma_2 \times 1/2 = (\sigma_1 + \sigma_2)/2$，所以用半幅值点分层。

当线圈系的记录点位于岩层下（或以上）时：

$$G_z = \int_{d_1}^{d_1+h} g_z \mathrm{d}z = \int_{d_1}^{d_1+h} L/8z^2 \mathrm{d}z = 1/8d_1 - 1/8(d_1 + h)$$

当 h 很大时，$G_z \approx 0$，所以 $\sigma_a = \sigma_1$。

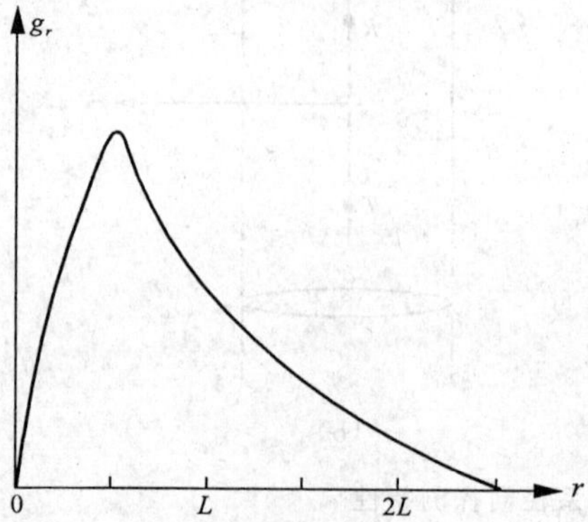

图 9-3-7　径向微分几何因子曲线

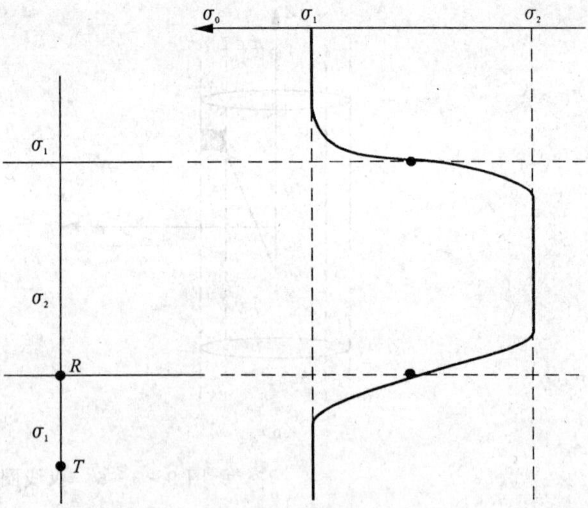

图 9-3-8　感应测井理论曲线

值得注意的是对薄层来说，在岩层中部：$G_z = 1 - 1/2h < 1$，因此 $\sigma_a > \sigma_2$；而在岩层界面：$G_z = 1/2 - 1/8h < 1/2$，因此不能用半幅值点分层，一般用 2/3 幅值点分层。

五、多线圈系

(一)双线圈系存在的问题

从纵向探测特性曲线可知：当 $h = L = 1\text{m}$ 时，$G_z = 0.5$，这说明地层对总信号的贡献仅为 50%，因此地层的上下围岩的影响较大；另外从径向探测特性曲线可以看出，当 $r < 0.5\text{m}$ 时，g_r 和 G_r 都较大，即钻孔和侵入带的影响仍然较大；同时经研究表明，对双线圈系来说，信噪比较大，有用信号的电动势与无用信号的电动势之比为 0.079～0.000 79，即无用信号占总信号的比例远高于有用信号。因此实际中一般不用双线圈系，多采用 0.8m 6 线圈系。

(二)0.8m 6 线圈系

6 线圈系的种类较多，以下仅以 0.8m 6 线圈系为例，说明其组成、特点等。图 9-3-9 所示是 0.8m 6 线圈系原理。

1. 0.8m 6 线圈系的组成

T_0R_0 称为主发射线圈和主接收线圈，$\overline{T_0R_0} = 0.8\text{m}$，所以称为 0.8m 6 线圈系，$T_1R_1$ 称为辅助发射线圈和辅助接收线圈，$\overline{T_1R_1} = 0.4\text{m}$，$T_2R_2$ 称为聚焦发射线圈和聚焦接收线圈，$\overline{T_2R_2} = 2.0\text{m}$。注意：线圈上的数字代表线圈匝数，负号表示反绕（或称反接）。

2. 各线圈系的作用

(1) T_0R_0 为主发射线圈和主接收线圈，其作用同前。

(2) T_1R_1 为辅助发射线圈和辅助接收线圈，主要起径向聚焦作用。

①T_0 与 T_1 两线圈的绕向相反。两线圈的电流反向，产生类似于两块磁铁，使 T_0 与 T_1 两线圈产生的磁场的磁力线相互排斥，即使磁力线径向流入地层（即径向聚焦），磁场产生的涡流，主要发生在地层，这说明辅助线圈的存在，减小了泥浆、侵入带的影响，增大了地层的相对贡献。

②R_0 与 R_1 两线圈的绕向相反。主要接收来自地层的信号，而泥浆、侵入带的信号未接收到。

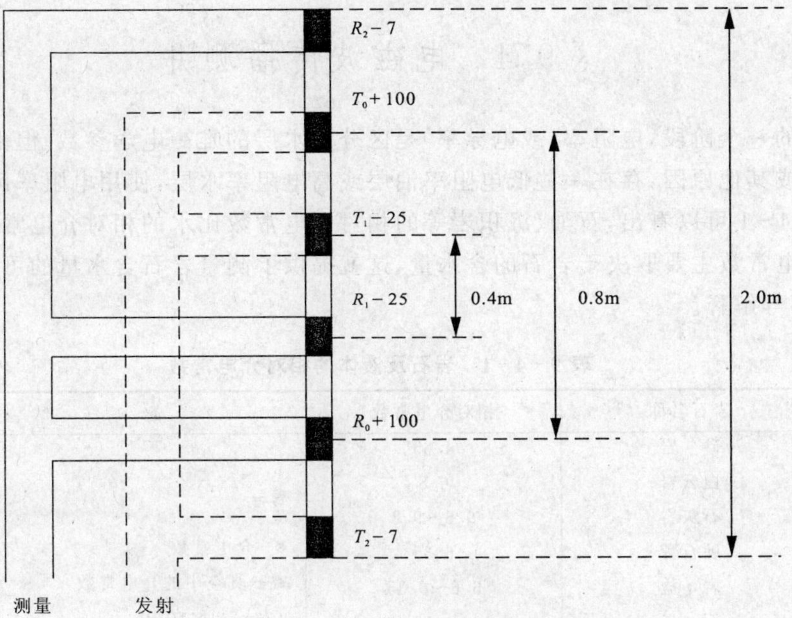

图 9－3－9　0.8m 6 线圈系原理

(3)T_2R_2 为聚焦发射线圈和聚焦接收线圈，主要消除围岩的影响，提高分辨能力。

(三)0.8m 6 线圈系的特点

(1)线圈系的总直接耦和电动势为 0，即消除无用信号。

(2)要求线圈系对其中点对称(即 T_1R_1，T_0R_0，T_2R_2 的中点)。

①发射线圈与接收线圈个数相等。

②发射线圈与接收线圈的匝数成正比。

$$n_{Ti}/n_{Ri}=\text{常数(通常为 1)} \qquad i=0,1,2$$

③线圈的深度分布对称，如果以线圈系中点为坐标的原点，则有

$$Z_{Ti}=-Z_{Ri} \qquad i=0,1,2$$

(3)消除井径的影响。径向积分几何因子 $G_r(d/2)=0$，见图 9－3－10 径向几何因子曲线。

(4)消除上下围岩的影响。纵向微分几何因子 g_z 曲线的幅值高而窄，主要反映岩石部分，消除上下围岩影响。见图 9－3－11 纵向几何因子曲线。

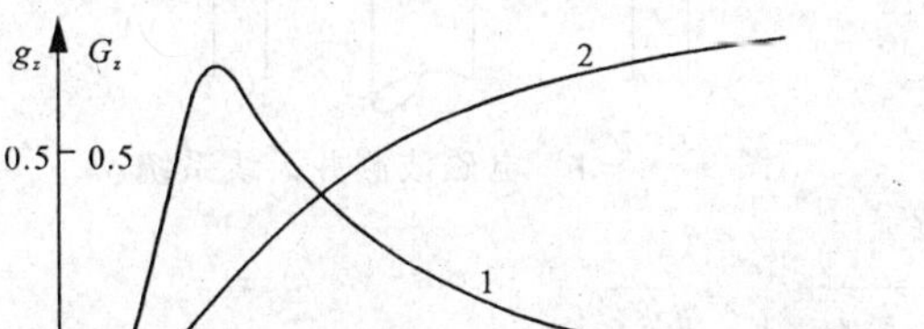

图 9－3－10　0.8m 6 线圈系径向微分和积分几何因子曲线

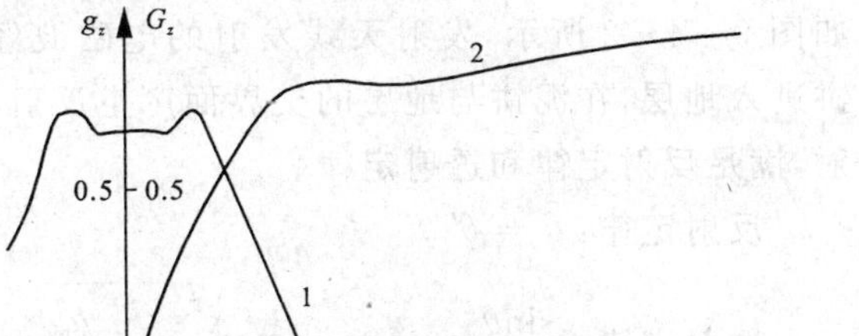

图 9－3－11　0.8m 6 线圈系纵向微分和积分几何因子曲线

§9.4 电磁波传播测井

在很长的一个阶段，电阻率(或电导率)是区分油水层的唯一电学参数。但由于石油工业中的二次开采或其他原因，存在一些低电阻率油层或高电阻率水层，使用电阻率区分油水层会失败。由表 9-4-1 可以看出，石油、沉积岩等的相对介电常数比水的相对介电常数要小得很多，即岩石的介电常数主要取决于岩石的含水量，这就提供了测量岩石含水量的可能性，从而进行区分油、水层等解释。

表 9-4-1 岩石及液体的相对介电常数

岩石名称	相对介电常数	备　注
砂　岩	4.65	
白云岩	6.8	$\varepsilon_r=\frac{\varepsilon}{\varepsilon_0}$
石灰岩	9.5～9.2	
硬石膏	6.35	ε—介电常数
岩　盐	5.6～6.35	ε_0—真空中的介电常数
石　膏	4.16	$(36\pi)^{-1}\times10^{-19}$
石　油	2.0～2.4	ε_r—相对介电常数
淡水(25℃)	78.3	

一、电磁波传播测井的测量原理

(一)测井天线系统

如图 9-4-1，电磁波传播测井的天线系统由发射天线 T_1、T_2 和接收天线 R_1、R_2 组成。四个天线都装在开槽的黄铜极板上，组成空腔谐振的裂缝天线。其工作过程是，两个发射天线交替发射，T_1 发射时 R_1R_2 接收，T_2 发射时 R_2R_1 接收，记录点选在 R_1、R_2 中点，天线发射的频率一般为 1.1GHz 左右。

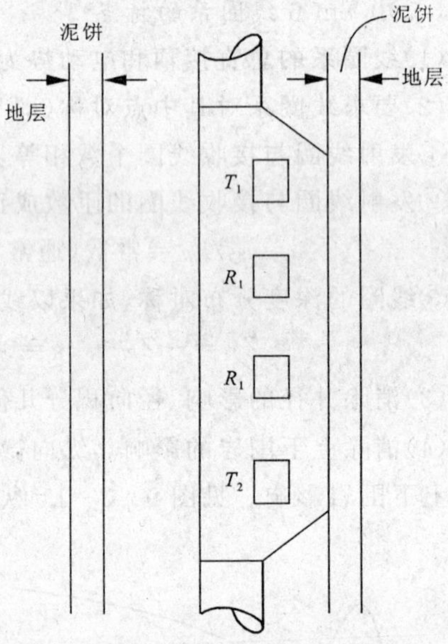

图 9-4-1 电磁波测井天线系统

(二)电磁波在界面上的传播

为了讨论方便，我们仅看单发双收天线系统。如图 9-4-2 所示，发射天线发射的电磁波经泥饼进入地层，在泥饼与地层的交界面产生反射、透射，满足反射定律和透射定律。

反射定律：$\theta=\theta'$

透射定律：$$\frac{\sin\theta}{\sin\theta''}=\frac{v_{mc}}{v_t}=\frac{1/\sqrt{\varepsilon_{mc}\cdot\mu_{mc}}}{1/\sqrt{\varepsilon_t\cdot\mu_t}}=\sqrt{\frac{\varepsilon_t\mu_t}{\varepsilon_{mc}\mu_{mc}}}\approx\sqrt{\frac{\varepsilon_t}{\varepsilon_{mc}}} \qquad (9.4-1)$$

式中 v_{mc}、v_t 分别为泥饼和地层的波速；ε_{mc}、ε_t 分别为泥饼和地层的介电常数；μ_{mc}、μ_t 分别为泥饼和地层的导磁率(对非金属岩石来说，导磁率近似为常数 $\mu_{mc}\approx\mu_t=4\pi\times10^{-7}$H/m)。

当电磁波的入射角为临界角 α 时，将产生滑行波和折射波。

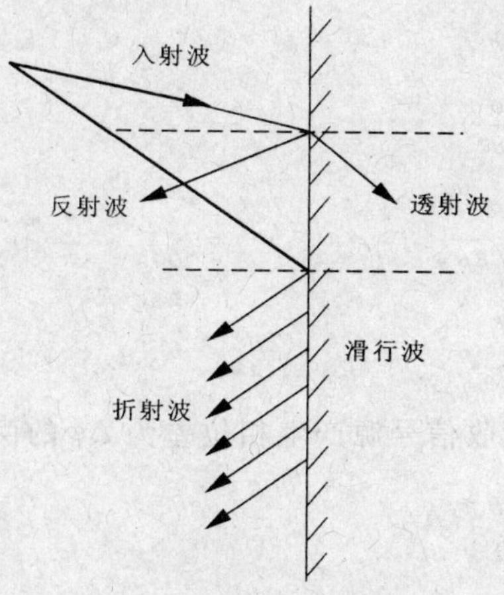

图 9－4－2　电磁波在界面上的传播

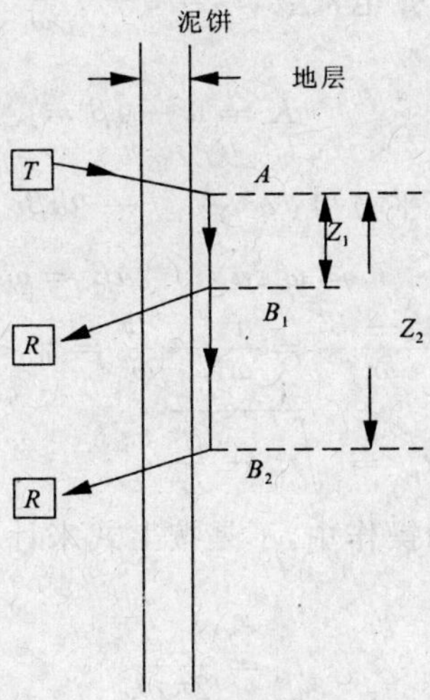

图 9－4－3　电磁波传播示意图

（三）电磁波传播时间

图 9－4－3 是电磁波传播示意图。电磁波的传播可用如下波动方程来描述：

$$\nabla^2\vec{E}+K^2\vec{E}=0 \tag{9.4-2}$$

式中 E 为场强，K 为波矢量。该波动方程最简单的解是：

$$E=E_0\mathrm{e}^{i(\omega t-Kz)}=E_0\mathrm{e}^{-\beta z+i(\omega t-az)} \tag{9.4-3}$$

式中 a 为相位系数，β 为衰减系数。据此 R_1、R_2 处接收到的场强可写为：

$$R_1\text{ 处}:E(R_1)=C_1E_0\mathrm{e}^{-\beta z_1+i(\omega t_1-az_1)}=E_0\mathrm{e}^{-\beta z_1-A_1+i(\omega t_1-az_1-\varphi_1)}$$

$$R_2\text{ 处}:E(R_2)=C_2E_0\mathrm{e}^{-\beta z_2+i(\omega t_2-az_2)}=E_0\mathrm{e}^{-\beta z_2-A_2+i(\omega t_2-az_2-\varphi_2)} \tag{9.4-4}$$

式中 $C_1=\mathrm{e}^{-i\varphi_1-A_1}$、$C_2=\mathrm{e}^{-i\varphi_2-A_2}$ 分别代表电磁波经过 B_1R_1 和 B_2R_2 上的相位移动和衰减；φ_1、φ_2 分别为 B_1R_1、B_2R_2 上的相位移动系数；A_1、A_2 分别为 B_1R_1、B_2R_2 上的衰减系数。由上式可知，波到达 R_1、R_2 处场强的相位分别为 $\omega t_1-az_1-\varphi_1$、$\omega t_2-az_2-\varphi_2$，而测井直接测量波到达二接收天线 R_1、R_2 同一相位时的时差，即

$$\omega t_1-az_1-\varphi_1=\omega t_2-az_2-\varphi_2 \tag{9.4-5}$$

由于 $\overline{B_1R_2}\approx\overline{B_2R_2}$，所以 $\varphi_1\approx\varphi_2$，故有：

$$t_2-t_1=\frac{a}{\omega}(z_2-z_1)=\frac{a}{\omega}L,L=z_2-z_1 \tag{9.4-6}$$

定义电磁波的传播时差为：

$$t_{\mathrm{pl}}=\frac{t_2-t_1}{L}=\frac{a}{\omega}=\frac{1}{v_{\text{有}}}(\mathrm{ns/m}) \tag{9.4-7}$$

式中 $v_{\text{有}}$ 为有电磁损耗的电磁波速度；t_{pl} 为有电磁损耗时的传播时间。电磁损耗的定义是：由于介质的电导率 $\sigma\neq0$，使波在介质中传播时相位发生变化，振幅衰减，这种现象称为电磁损耗。如果设无电磁损耗的传播时为 t_{p0}，则 t_{pl} 与 t_{p0} 之间的关系为：

$$t_{\mathrm{p0}}=\sqrt{t_{\mathrm{pl}}^2-\frac{\beta^2}{\omega^2}} \tag{9.4-8}$$

波矢量：

$$K=a-i\beta=\sqrt{\omega^2\varepsilon'\mu} \tag{9.4-9}$$

ε' 为复介电常数，$\varepsilon' = \varepsilon - i\dfrac{\sigma}{\omega}$ (9.4－10)

因此 $$K = a - i\beta = \sqrt{\omega^2\varepsilon\mu(1 - i\dfrac{\sigma}{\omega\varepsilon})} \quad (9.4-11)$$

两边开平方得：$a^2 - \beta^2 - 2a\beta i = \omega^2\varepsilon\mu(1 - i\dfrac{\sigma}{\omega\varepsilon})$ (9.4－12)

即 $a^2 - \beta^2 = \omega^2\varepsilon\mu \qquad 2a\beta = \omega\mu\sigma$

$$\varepsilon\mu = \frac{a^2 - \beta^2}{\omega^2} = \frac{a^2}{\omega^2} - \frac{\beta}{\omega^2} = t_{\mathrm{pl}}^2 - \frac{\beta}{\omega^2} \quad (t_{\mathrm{p0}} = \sqrt{\varepsilon\mu})$$

因此：$t_{\mathrm{p0}} = \sqrt{t_{\mathrm{pl}}^2 - \dfrac{\beta^2}{\omega^2}}$ (9.4－13)

在实际操作中，不是按上式来计算 t_{pl}，而是按验收信号源产生相位差为 $\Delta\varphi$ 的两信号来刻度仪器：

$$t_{\mathrm{pl}} = \frac{\Delta\varphi}{2\pi fL} \quad (9.4-14)$$

式中 $\Delta\varphi = \dfrac{\Delta\varphi_1 + \Delta\varphi_2}{2}$，$\Delta\varphi_1$、$\Delta\varphi_2$ 分别为 T_1 发射时 R_1R_2 之间的相位差和 T_2 发射时 R_2R_1 之间的相位差（图 9－4－4）。

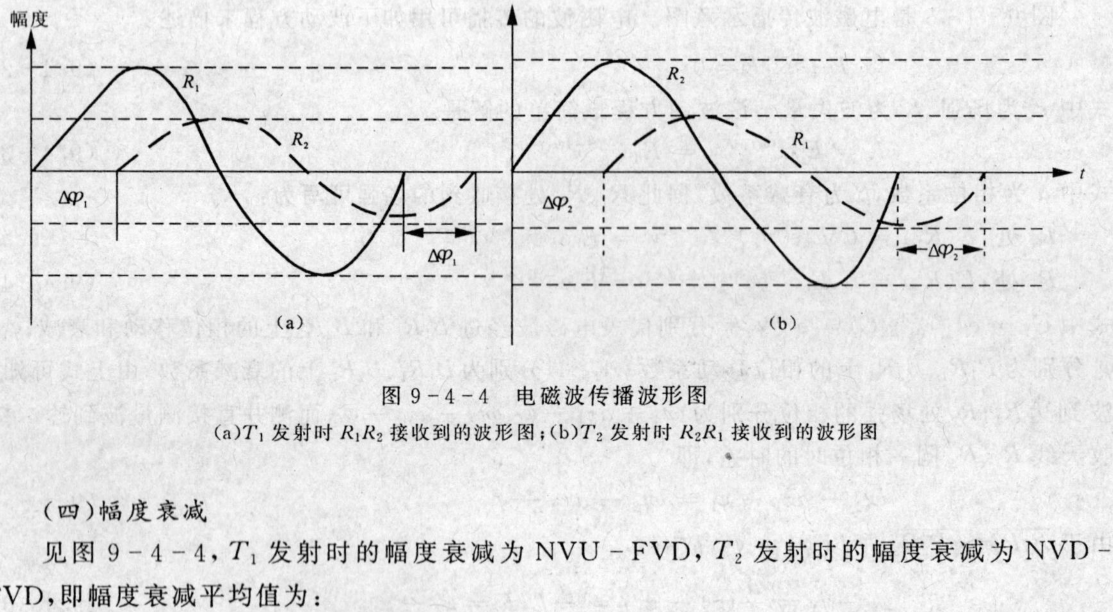

图 9－4－4 电磁波传播波形图

(a)T_1 发射时 R_1R_2 接收到的波形图；(b)T_2 发射时 R_2R_1 接收到的波形图

（四）幅度衰减

见图 9－4－4，T_1 发射时的幅度衰减为 NVU－FVD，T_2 发射时的幅度衰减为 NVD－FVD，即幅度衰减平均值为：

$$\frac{\mathrm{NVU-FVU+NVD-FVD}}{2} = \frac{\mathrm{NVU+NVD}}{2} - \frac{\mathrm{FVU+FVD}}{2}$$

令 $L_{\mathrm{N}} = \dfrac{\mathrm{NVU+NVD}}{2}$，$L_{\mathrm{F}} = \dfrac{\mathrm{FVU+FVD}}{2}$，定义衰减率 A 为：

$$A = \frac{L_{\mathrm{N}} - L_{\mathrm{F}}}{L} \quad (9.4-15)$$

（五）实测曲线

测井时共测四条曲线：

(1)时差曲线 t_{pl}，单位是 ns/m，范围是从 5～15。

(2)L_{N} 和 L_{F}，单位是 db，范围为从－100 到 0。

(3)衰减率 A，单位是 db，范围从 0 到 500db/m。

注意：t_{pl} 通常用 EPT、A 常用 EATT 符号表示。

二、电磁波传播测井解释

(一)快速直观解释

利用 EPT 和 EATT 可直观识别油、水层。油、气、水的电磁波传播参数如表 9-4-2。

表 9-4-2　油、气、水的电磁波传播参数

岩石名称	EPT(ns/m)	EATT(db/m)
淡　水	30	衰减大
盐　水	25	衰减非常大
石　油	4.9	衰减小
天然气	3.3	衰减小

(二)确定含水饱和度 S_w

解释中所遵循的原则也和声波测井的一样，即测到的时差 t_{pl} 等于岩石各种成分的时差按所占体积的加权平均值：

$$t_{pl} = \varphi S_w t_{pw} + \varphi(1 - S_w)t_{ph} + (1 - \varphi)t_{pma} \tag{9.4-16}$$

式中 t_{pw}、t_{ph} 和 t_{pma} 分别是电磁波在水、烃和岩石骨架中的时差。如果上述三个时差和孔隙度 φ 已知，就可利用上式根据测得的 t_{pl} 求出孔隙中水的饱和度 S_w。

§9.5　声波测井

声波测井以不同岩石的声差异为基础，声波在不同岩石中传播时，声波传播的速度有差异；声波幅度有差异等。目前有声速测井，声波幅度测井，声波全波列，声波电视，地震测井等多种测量形式，用以解决不同的地质问题。本节仅讲述声速和声幅测井。

一、声波在介质分界面上的传播

如图 9-5 1 所示，当入射角小于临界角时，产生反射波和透射波。此时入射波到达界面后，一部分被界面反射回去，形成反射波；另一部分入射波则透过界面在第二介质中传播，形成透射波。反射波满足反射定律，即反射角等于入射角 $\alpha = \alpha'$；透射波满足透射定律，即 $\sin\alpha/\sin\beta = v_1/v_2$。反射系数 R 和透射系数 m 为：

$$\begin{cases} R = \dfrac{P_1}{P_2} = \dfrac{Z_2\cos\alpha - Z_1\cos\beta}{Z_2\cos\alpha + Z_1\cos\beta} \\ m = 1 - R = \dfrac{2Z_1\cos\beta}{Z_2\cos\alpha + Z_1\cos\beta} \end{cases} \tag{9.5-1}$$

式中 $Z_1 = \rho_1 v_1$，$Z_2 = \rho_2 v_2$，ρ_1、ρ_2 分别为介质 1 和介质 2 的密度，v_1、v_2 分别为介质 1 和介质 2 的声波传播速度。当 $\alpha = \beta = 0$ 时：

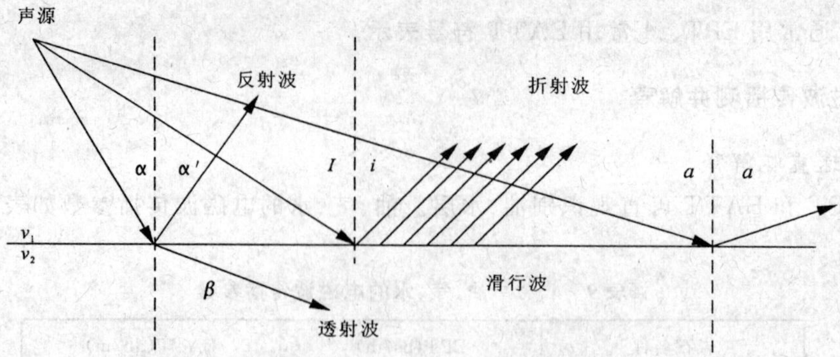

图 9-5-1　声波在介质分界面上的传播

$$\begin{cases} R = (Z_2 - Z_1)/(Z_2 + Z_1) \\ m = 2Z_1/(Z_2 + Z_1) \end{cases} \tag{9.5-2}$$

由透射定律可知，当 $\sin\alpha/\sin\beta = v_1/v_2 < 1$ 时，$v_1 < v_2$，$\alpha < \beta$；当入射角 α 增大到某一角度 $i(i < 90°)$ 时，透射角 β 可达到 90°。此时，透射波将在下层介质中以 v_2 速度沿着分界面滑行，这种波称为滑行波。产生滑行波有二个条件为：① $\beta = 90°$，② $v_2 > v_1$。满足以上两个条件时，透射波将在下层介质中以速度 v_2 在界面滑行；$\beta = 90°$ 时的入射角称为临界角 i，即 $\sin i = v_1/v_2$，$i = \arcsin(v_1/v_2)$。

声波的传播实质上是质点的振动，因此滑行在界面滑行时，所经过的任何一点都可以看作是从该时刻开始振动的一个新的点振源。由于上下层介质是紧密接触的，所以滑行波所经过的任何一点的振动，必然要引起上层的振动，即在上层介质中形成了一种新的波，此波称为折射波。

折射波有如下特点：

（1）折射角等于临界角时，折射波是一簇平行的直线。

（2）入射角小于临界角时，不产生折射波，入射角小于临界角的区域称为折射波的盲区。

（3）当入射角大于临界角时，入射波全部被反射回上层介质中，产生全反射波。

总之，当入射角小于临界角时，产生反射波和透射波；当入射角等于临界角，产生滑行波和折射波；当入射角大于临界角，产生全反射波。

二、声波速度测井的基本原理

在声波速度测井仪的井下仪中，有声波发射器 T 和声波接收器 R（图 9-5-2）。声波发射器 T 是一种电—声能换器，常用压电陶瓷、

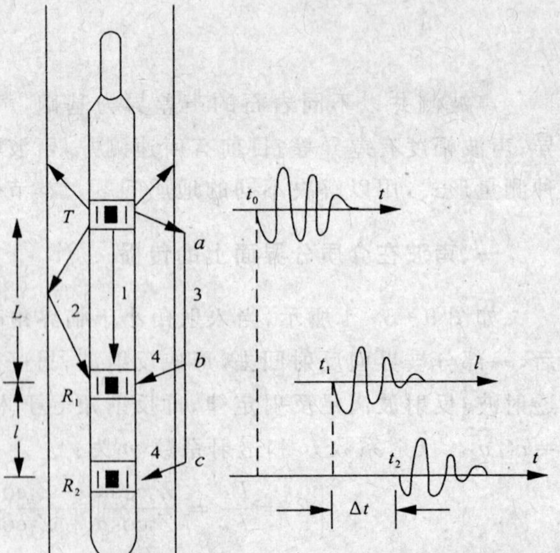

图 9-5-2　声波速度测井原理

压电石英组成，即在电脉冲作用下，发射器把电能转换成声能，并以声波的形式发射出去。发射器每秒间歇地发射10～20次，每次发射的频率为20千赫。声波接收器 R 也是一种电—声能转换器，常用压电陶瓷、压电石英组成，即把接收到的声能转换成电脉冲信号。

图9-5-2是单发双收声速测井的原理示意。发生器 T 到第一个接收器 R_1 之间的距离称为源距 L，两个接收器 R_1、R_2 之间的距离称为间距 l。发生器 T 向各个方向发射声波，在接收器 R_1 和 R_2 处可以接收到直达波1，反射波2和折射波4。仪器设计要求：最先到达接收器的是滑行纵波的折射波（简称滑行纵波）（参见图9-5-3）。为了防止声波通过仪器本身直接传播到接收器，需要在发生器与两个接收器之间装置能够吸收声波的隔声体。目前多用槽钢管来隔声。在钢管上有一纵横交错的空槽后，沿着它传播的声波会被很快地衰减。

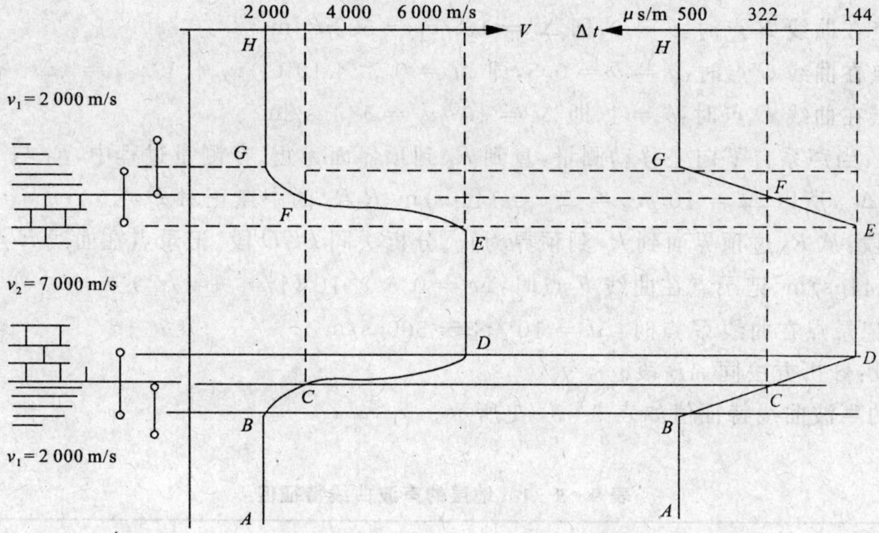

图9-5-3　声波速度、时差曲线

单发双收声速测井仪测量的是：T 发射后，同一首波（滑行纵波）触发两个接收器 R_1、R_2 的时差 Δt，即 $\Delta t = t_2 - t_1$，t_1 为首波到达第一个接收器的时间，t_2 为一首波到达第二个接收器的时间：

$$t_1 = \frac{\overline{Ta}}{v_1} + \frac{\overline{ab}}{v_2} + \frac{\overline{bR_1}}{v_1} \tag{9.5-3}$$

$$t_2 = \frac{\overline{Ta}}{v_1} + \frac{\overline{ab}}{v_2} + \frac{\overline{bc}}{v_2} + \frac{\overline{cR_2}}{v_1} \tag{9.5-4}$$

式(9.5-3)与式(9.5-4)相减得：

$$\Delta t = t_2 - t_1 = \overline{bc}/v_2 \tag{9.5-5}$$

因为 $\overline{bc}$ 等于仪器间距 l，所以：

$$\Delta t = l/v \quad (\mu s/m) \tag{9.5-6}$$

$$v = l/\Delta t(\mu s/m) = 1 \times 10^6/\Delta t(m/s) \tag{9.5-7}$$

声波时差测井的记录点选在 R_1R_2 的中点。声速测井的探测深度为 $h \approx 3\lambda$，由于 $\lambda = v/f \approx 8 \sim 38$cm，岩石的速声 $v = 1\,520 \sim 7\,620$m/s，频率 $f = 20$ 千周/s，所以 $h \approx 0.23$（软地层）～1.13m（硬地层）。

三、声波速度测井曲线

如图 9-5-3 所示的声系，即单发双收，并且发射器 T 在接收器 R_1R_2 之上。以分析声波时差曲线为例，设 $L=1$，记录点在 R_1R_2 的中点。

分析如下：

AB 段：当声系自下向上移动测量，直到 R_2 到界面为止。在测量过程中，R_1 与 R_2 之间的介质为 v_1，Δt_1，所以 $v_1 = 2\,000\text{m/s}$，$\Delta t = 10^6/v_1 = \Delta t_1 = 500\mu\text{s/m}$。$R_1R_2$ 的中点正对 B 点。

BCD 段：从 R_2 过界面到 R_1 界面为止。

设 R_2、R_1 到界面的距离分别为 a，b，且 $a+b=L=1$

$$\Delta t = \Delta t_1 a + \Delta t_2 b = a/v_1 + b/v_2 = (1-b)/v_1 + b/v_2$$

记录点在曲线 B 点时：$b=0$，即 $\Delta t = 10^6/v_1 = 500\mu\text{s/m}$

记录点在曲线 C 点时：$a=b=0.5$，即 $\Delta t = 0.5 \times 10^6(1/v_1 + 1/v_2) = (\Delta t_1 + \Delta t_2)/2$

记录点在曲线 D 点时：$b=1$，即 $\Delta t = 10^6/v_2 = 144\mu\text{s/m}$

DE 段：当声系自下向上移动测量，直到 R_2 到顶界面为止。在测量过程中，R_1 与 R_2 之间的介质为 v_2，Δt_2，所以 $\Delta t = 10^6/v_2 = \Delta t_2 = 144\mu\text{s/m}$。$R_1R_2$ 的中点正对 D 点。

EFG 段：从 R_2 过顶界面到 R_1 到顶界为止。分析法同 BCD 段。记录点在曲线 E 点时：$\Delta t = 10^6/v_2 = 144\mu\text{s/m}$，记录点在曲线 F 点时：$\Delta t = 0.5 \times 10^6(1/v_1 + 1/v_2) = (\Delta t_1 + \Delta t_2)/2 = 322\mu\text{s/m}$，记录点在曲线 G 点时：$\Delta t = 10^6/v_1 = 500\mu\text{s/m}$。

GH 段：分析方法同 AB 段。

地层的声波曲线特征值如表 9-5-1 所示。

表 9-5-1　地层的声波曲线特征值

记录点的位置	声波时差	声波速度	应　用
AB,GH 段	$\Delta t = \Delta t_1$	$v = v_1$	确定围岩石的 Δt,v
E,F 段	$\Delta t = (\Delta t_1 + \Delta t_2)/2$	$v = 1/\Delta t = 2v_1v_2/(v_1+v_2)$	确定界面位置
DE 段	$\Delta t = \Delta t_2$	$v = v_2$	确定地层的 Δt,v
注意：	Δt 用半幅值点分层，v 用异常根部分层		

四、声波测井的影响因素

(一)间距 L 的影响

当 $L \leqslant h$（地层厚度）时，随 L 加大极值的宽度减小，极值不变，$\Delta t = \Delta t_2$，1/2 幅值点分层得到的是岩层的真厚度。

当 $L > h$ 时，随 L 加大，极值的宽度加大，极值变大，1/2 幅值点分层得到的不是岩层的真厚度。为了得到真厚度、真幅值，提高分层能力，一般要求 $L < h$（目的层的厚度）。在石油测井中：$L = 0.4 \sim 0.5\text{m}$；煤田测井中：$L = 0.2 \sim 0.3\text{m}$。

(二)周波跳跃

在正常的情况下，R_1 和 R_2 应该被同一初至波触发，但是由于能量的衰减，常常会造成初至波触发路程较近的第一个接收器 R_1，而对第二个接收器 R_2 来说，由于能量的衰减，以至于不能被同一初至波触发，R_2 只能被续至波触发，即 t_2 增大，使 $\Delta t=t_2-t_1$ 增大(图 9-5-4)。这种使两个接收器不是被同一初至波触发所造成曲线的波动称为跳跃，这种现象周期性地出现，故称为周波跳跃。

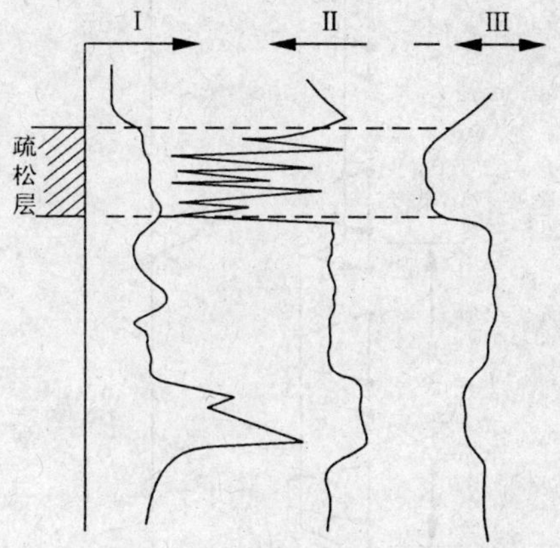

图 9-5-4　周波跳跃对 Δt 曲线的影响

Ⅰ—电阻率曲线；Ⅱ—声波时差曲线；Ⅲ—自然电位曲线

以下几种情况可能出现周波跳跃：①含气地层；②声速非常高的致密地层；③裂隙地层；④井孔扩大厉害；⑤泥浆中含气。

(三)扩孔的影响

当井径规则时，井径对单发射双接收系统的声速测量结果没有影响。但是，当井径扩大时，在井径扩大位置的上下界面处，时差 Δt 曲线将出现假异常。以发生器在上接收器在下为例(图 9-5-5)，当 R_1 进入井孔扩大部分时，R_2 仍然在井孔未扩大部分，使 t_1 增大，而 t_2 的变化不大，因此使 Δt 减小，故在井孔扩大的下部分产生假负异常；而在井孔扩大上部分，由于当 R_1 已进入井孔未扩大部分时，R_2 仍然在井孔扩大部分，使 t_2 增大，而 t_1 的变化不大，因此使 Δt 增大，故在井孔扩大的上部分产生假正异常。

同理，当发生器在下接收器在上时，则在井孔扩大的下部分产生假正异常；而井孔扩大的上部分产生假负异常。

图 9-5-6 为井孔扩大影响实例。图中画有斜线的部分即为井孔扩大造成的假异常，因此，在测井解释声速曲线时，最好配合井径曲线。井孔扩大对声速测井曲线的影响，可采用双发双收声速测井方法来消除，双发双收声速测井声系为 $T_上-R_1-R_2-T_下$，其中 $T_上$、$T_下$ 分别为上、下发生器。上发生器发射时 R_1，R_2 接收，得到 $\Delta t_上$；下发生器发射时 R_2，R_1 接收，得到 $\Delta t_下$。$\Delta t=(\Delta t_上+\Delta t_下)/2$，此时 Δt 便为消除了井孔扩大影响的声波时差曲线。

五、声波测井曲线的应用

(一)划分岩性

表 9-5-2 为岩石骨架声速 v_m 和声波时差 t_m，括号中为体积密度。表 9-5-3 为孔隙流体的声速 v_m 和声波时差 t_m，利用岩石的声速 v_m 和声波时差 t_m 差异划分岩性。图 9-5-7 为岩性划分实例。

(二)判断含水、含油和含气层

判断含水、含油和含气层的方法如表 9-5-4 所示。

(三)划分煤层

烟煤：$\Delta t=393\mu s/m$，无烟煤：$\Delta t=345\mu s/m$，褐煤：$\Delta t=525\mu s/m$，煤比一般岩石的 Δt 要大，所以在煤层上出现较大的异常。

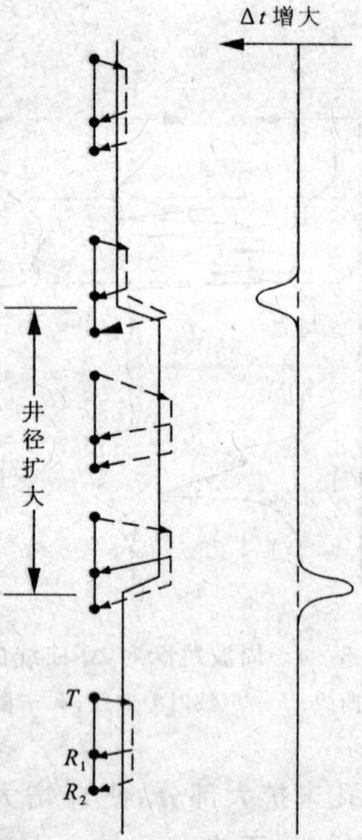

图 9-5-5　井径扩大对 Δt 曲线的影响

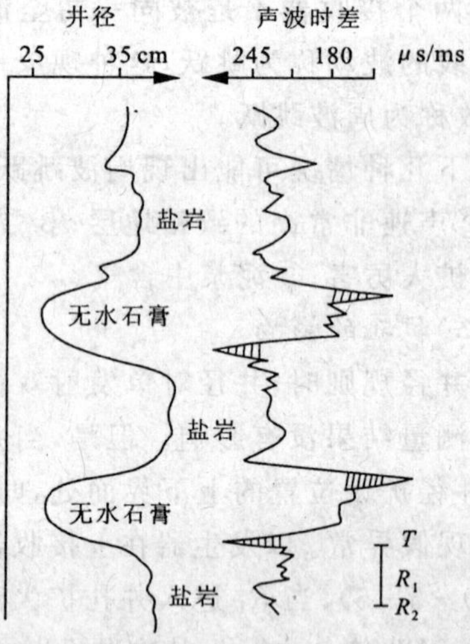

图 9-5-6　井径扩大对 Δt 曲线影响实例

表 9-5-2　岩石(骨架)声速 v_m 和声波时差 t_m

岩石(骨架)名称	v_m(m/s)	t_m(μs/m)
未固结的砂岩	5 200 以下	194
半固结的砂岩	5 500	182.3
固结的砂岩	5 800	172.7
石灰岩	6 400	156.2
白云岩	7 000	142.6
泥岩	1 800～4 900	546.8～205.1
方解石	6 700	149.1
硬石膏	6 100	164
花岗岩	6 100	164
石膏	5 800	172.7
石英	5 500	182.3
岩盐	4 600	218.7

表 9-5-3　孔隙中流体的声速和时差

流　体	v_f(m/s)	Δt_f(μs/m)
含 20%NaCl 水（盐水）	1 620	619.0
含 15%NaCl 水（盐水）	1 524	656.2
含 10%NaCl 水（盐水）	1 460	683.5
纯水	1 400	713.2
油	1 280	781.2
甲烷	490	2 050
空气	335	2 982.6

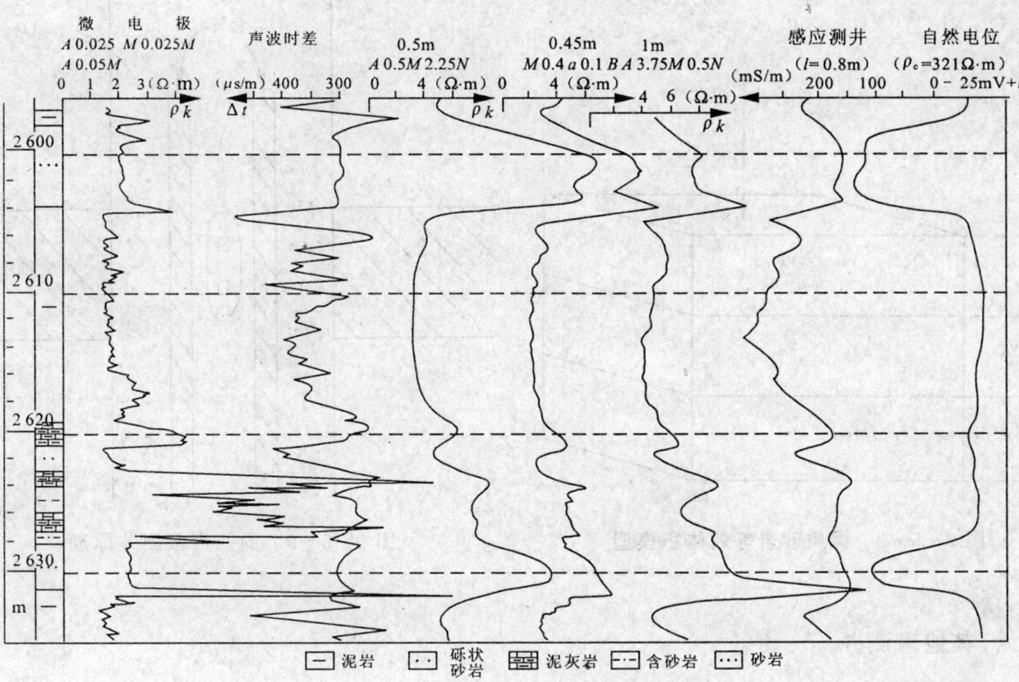

图 9-5-7 划分岩性

表 9-5-4 判断含水、含油和含气层方法

地层	SP	σ_a	ρ_s	Δt
含水层	异常幅值大	大	小	无周波跳跃
含油层	异常幅值大	小	大	无周波跳跃
含气层	异常幅值大	小	大	可能出现周波跳跃或 Δt 大

(四)确定孔隙度

对泥质砂岩来说，将其砂、泥质、孔隙(流体)分别集中，便可画出图 9-5-8，即泥质砂岩等效体积模型。图中 V_Φ、V_{sh}、V_{ma} 分别为孔隙、泥质、砂(石英)的相对体积含量。声波通过岩样的总时间 T 等于通过岩样骨架时间 T_{ma}、泥质时间 T_{sh} 和液体时间 T_Φ 之和，即

$$T = T_{ma} + T_{sh} + T_\Phi \tag{9.5-8}$$

因为 $T = L/v, T_{ma} = L_{ma}/v_{ma}, T_{sh} = L_{sh}/v_{sh}, T_\Phi = L_\Phi/v_\Phi$

L、v、L_Φ、v_Φ、L_{sh}、v_{sh}、L_{ma}、v_{ma} 分别为岩石块的总长度和速度、孔隙流体部分的长度和速度、泥质部分的长度和速度、石英部分的长度和速度)，并有 $V = LS, V_\Phi = L_\Phi S, V_{sh} = L_{sh}S, V_{ma} = L_{ma}S$，$V = V_\Phi + V_{sh} + V_{ma}, \Phi = V_\Phi/V$，将这关系代入公式(9.5-8)便有：

$$\Delta t = (1 - V_{sh} - \Phi)\Delta t_{ma} + V_{sh}\Delta t_{sh} + \Phi\Delta t_\Phi \tag{9.5-9}$$

对纯砂岩来说：$\because V_{sh} = 0, \Delta t = (1 - \Phi)\Delta t_{ma} + \Phi\Delta t_\Phi$

$$\therefore \quad \Phi = \frac{\Delta t - \Delta t_{ma}}{\Delta t_\Phi - \Delta t_{ma}} \tag{9.5-10}$$

对砂泥岩来说：
$$\Phi = \frac{\Delta t - \Delta t_{ma}}{\Delta t_\Phi - \Delta t_{ma}} - V_{sh}\frac{\Delta t_{sh} - \Delta t_{ma}}{\Delta t_\Phi - \Delta t_{ma}} \tag{9.5-11}$$

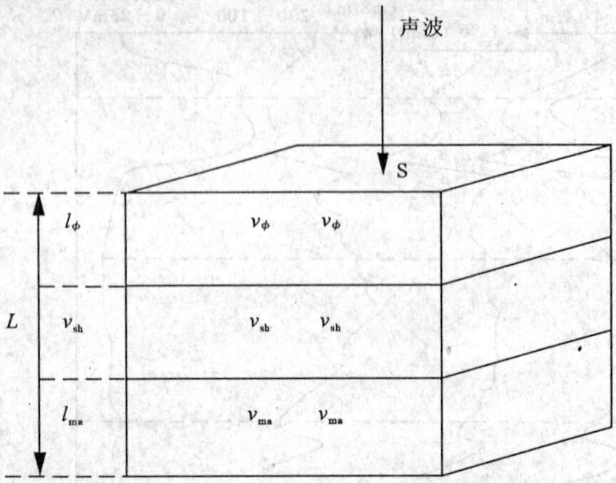

图 9-5-8 泥质砂岩等效体积模型

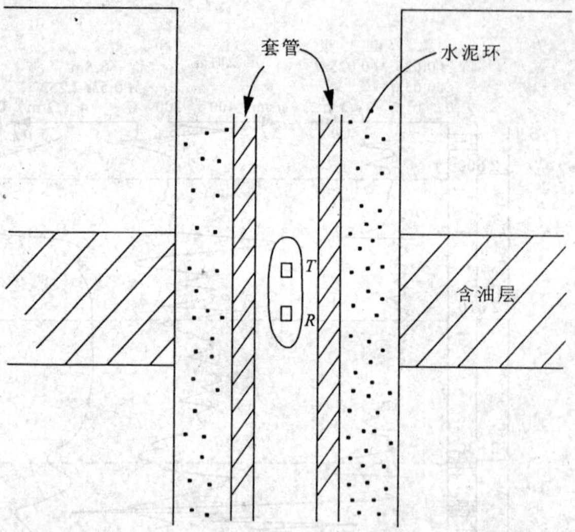

图 9-5-9 固井声幅测井原理

六、其他声测井

(一)固井声幅测井

1. 固井声幅测井原理

对油、气井而言,都必须下套管,套管是钢制的圆筒,筒厚 6～13mm。套管下入井后是套空的,尚不能达到封固地层的目的,还必须向井内注入一定量的水泥,并把它挤入到套管与井壁之间。水泥凝固后,就可以把套管和井壁间的环形空间封闭起来,达到封固地层的目的,这一工艺过程称为固井(图 9-5-9)。固井的目的是封隔不同压力系统的油气层、水层,为油、气井的正常开采创造条件,延长油井使用期限等。

固井声幅测井的目的是检查固井的质量。固井声幅测井使用单发单收声系测量。发射器 T 发射固定的声幅 A_0,在接收器 R 接收到的声幅为 A,A 可用下式表示:

$$A = A_0 - (A_{泥浆} + A_{泥套} + A_{套} + A_{套旁}) \quad (9.5-12)$$

式中 $A_{泥浆}$ 为泥浆中声波幅度的衰减;$A_{泥套}$ 为在泥浆、套管界面上声波幅度的衰减;$A_{套}$ 为在声波套中传播时声波幅度的衰减;$A_{套旁}$ 为声波沿套管与水泥环界面滑行传播时,声波幅度的衰减。

当泥浆和套管的性质一定时,$A_{泥浆}$、$A_{泥套}$、$A_{套}$ 一定,即设 $A_c = A_{泥浆} + A_{泥套} + A_{套}$,便有:

$$A = A_0 - (A_c + A_{套旁}) \quad (9.5-13)$$

由上式可见,接收器接收到的声幅主要取决于 $A_{套旁}$,$A_{套旁}$ 可用如下公式表示:

$$A_{套旁} = e^{bL} \quad (9.5-14)$$

式中 L 为声波通过套管传播滑行的长度;b 为转移系数。当套管性质一定,$\overline{TR}$ 源距一定时,即 L 一定,$A_{套旁}$ 取决于 b。b 与套管旁物质的性质及分布有关。

2. 固井声幅测井的应用

(1) 检查固井质量。以上所述 b 是一个关键的参数,当水泥胶结良好时,声波很容易传到水泥环,即转移系数 b 大;当套管外无水泥,固井质量差时,转移系数小,便有:

$$A = A_0 - (A_c + A_{套旁}) = \begin{cases} 较大 & (水泥未胶结) \\ 中等 & (水泥胶结中等) \\ 较小 & (水泥胶结良好) \end{cases} \tag{9.5-15}$$

具体进行固井质量检查时采用：

$$相对幅度 = \frac{目的井段声幅曲线的幅度}{无水泥井段的声幅} \times 100\% = \begin{cases} <20\% & (胶结良好) \\ 20\% \sim 40\% & (胶结中等) \\ >40\% & (胶结不好) \end{cases} \tag{9.5-16}$$

(2) 检查套管断裂位置。当套管断裂时，由于套管中声波的严重衰减，所以在固井声幅测井曲线上明显有一个低值尖峰异常。

(二)声波全波列测井

1. 测量原理

通常的声速、声幅测井，只记录和利用滑行纵波首波的速度或幅度信息。长源距声波全波列测井是声波测井技术发展中的一大突破，这至少表明以下三点：

- 从常规的滑行纵波记录，发展到包括滑行纵波、滑行横波、井内管波等整个波列的记录；
- 从仅记录速度，幅度信息发展到速度、幅度、频率、波形包络特征等信息；
- 实现了对波列的离散数字记录，为用计算机处理声波全波列测井资料奠定了基础。

以下以斯仑贝谢测井公式目前使用的长源距声波全波列测井仪为例，介绍其原理。长源距声系由两个发射探头 T_1、T_2 及两个接收探头 R_1、R_2 组成(图 9-5-10)。探头测量的传播时间为：

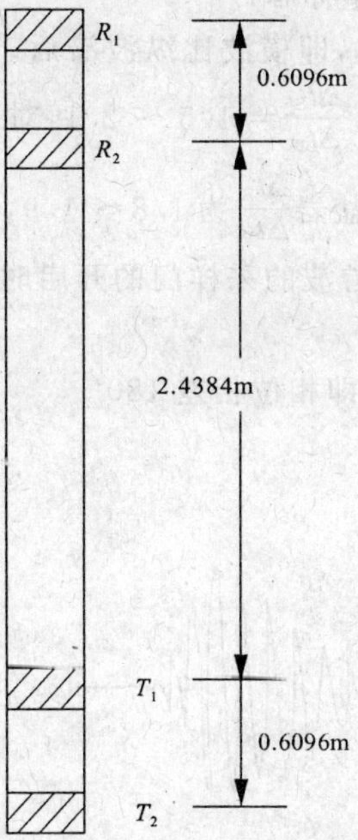

图 9-5-10　长源距声波测井仪的声系

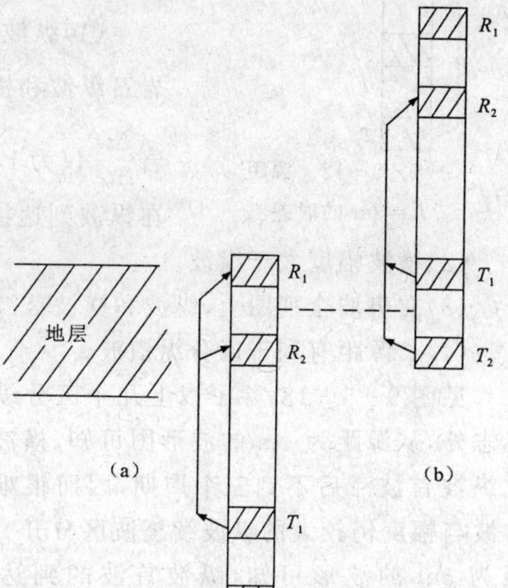

图 9-5-11　长源距声系井眼补偿工作原理

(源距 L=2.4m 的时差)

(a)记录点在 R_1、R_2 中点；(b) 记录点在 T_1、T_2 中点

TT_1^i——T_1R_1 间 3m 距离的传播时间；

TT_2^i——T_1R_2 间 2.4m 距离的传播时间；

TT_3^i——T_2R_1 间 3.6m 距离的传播时间；

TT_4^i——T_2R_2 间 3m 距离的传播时间。

以上 $i=P$、S，P、S 分别代表纵波和横波。

计算声波时差的公式为

$$\Delta t=\frac{\text{探管上升前的 }\Delta t\text{ 读数}+\text{探管上升后的读数}}{2l},l=\overline{R_1R_2}=\overline{T_1T_2} \quad (9.5-17)$$

具体计算时差的方法如下：

(1)源距 $L=2.4\text{m}$ 的时差。见图 9-5-11，采用井眼补偿方式进行测量。提升之前 T_1 发射测量 R_1、R_2 之间的时差 $TT_1^i-TT_2^i$；提升之后 T_1、T_2 发射，测量 T_1T_2 之间的时差 $TT_4^i-TT_2^i$，便有

$$\Delta t_i=\frac{(TT_1^i-TT_2^i)+(TT_4^i-TT_2^i)}{2l} \quad (9.5-18)$$

(2)源距 $L=3\text{m}$ 的时差。见图 9-5-12，同样采用井眼补偿方式进行测量。提升之前 T_2 发射测量 R_1、R_2 之间的时差 $TT_3^i-TT_4^i$；提升之后 T_1、T_2 发射，测量 T_1T_2 之间的时差 $TT_3^i-TT_1^i$，便有

$$\Delta t_i=\frac{(TT_3^i-TT_4^i)+(TT_3^i-TT_1^i)}{2l} \quad (9.5-19)$$

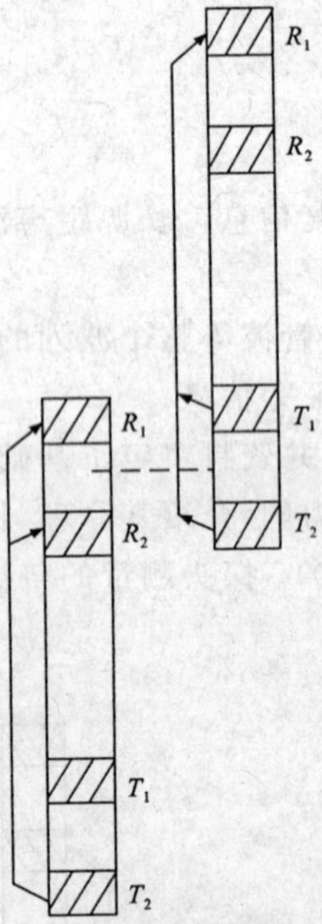

图 9-5-12　源距 $L=3\text{m}$ 的时差

在实际测井时，是选用 3m 还是 2.4m 的时差，可由操作者选择。

2. 长源距声波区分纵横波的原理

长源距声波全波列测井记录中的一个关键问题是在全波列中区分纵波、横波及其他类型的波，而最主要的是区分纵波和横波。区分纵波与横波有如下几个标志：

(1)纵波速度比横波速度快，即横波比纵波滞后。对沉积岩，岩石纵波和横波速度比值 $\frac{v_P}{v_S}=\frac{\Delta t_S}{\Delta t_P}=1.5\sim2.1$，对砂泥质碎屑岩 $\frac{\Delta t_S}{\Delta t_P}$ 仅为 $1.7\sim2.05$，对碳酸盐岩 $\frac{\Delta t_S}{\Delta t_P}$ 为 $1.8\sim1.9$，因此可选择在纵波到达接收器后追踪横波首波的采样门的开启时间及门宽。

(2)横波幅度大于纵波。

(3)在声波全列图上，纵波和横波首波的相位是相反的，即相位相差 180°。

(4)长源距有利于区分纵横波。

见图 9-5-13，除了以上几个区分纵横波的标志外，从源距为 1m 的波形图可知，横波首波仅比纵波首波滞后不到三个周期，因而很难将横波首波与幅度仍较大的纵波续至波区分开。而从源距为 3m 的波形可知，纵波首波的到达时间为 600μs，而横波首波的到达时间延迟到 1 038μs，在时间轴上已避开纵波续至波幅度较大的位置，因此对区分横波及其他速度更快的波是有利的。

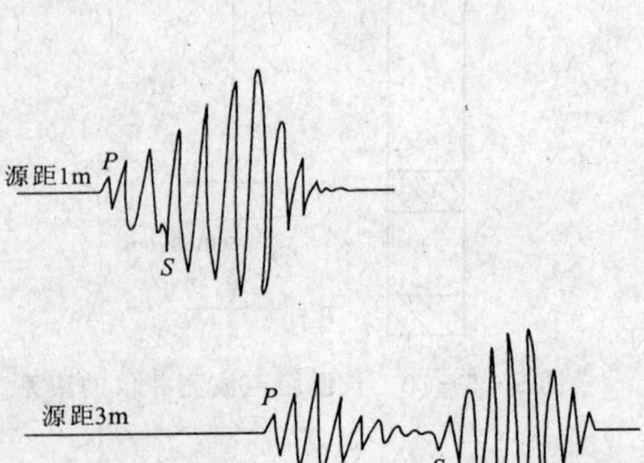

图 9-5-13　增大源距，区分 P 波和 S 波

3. 长源距声波测井所记录的信息

长源距声波测井全波列可用全波波形(图 9-5-14)和变密度(图 9-5-15)以及数字等方法记录，所能记录的信息有：

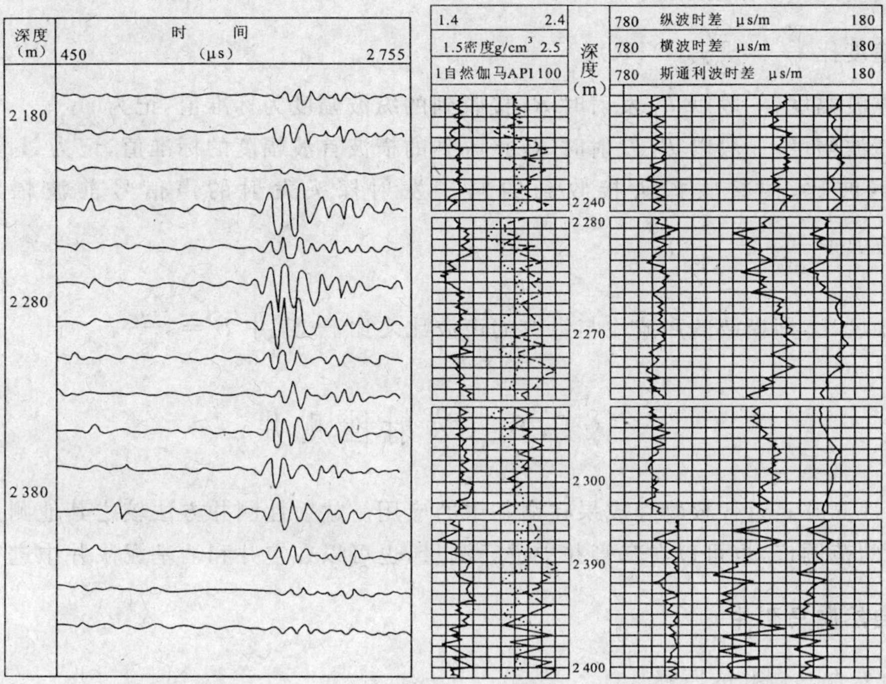

图 9-5-14 全波波形及其波形分析成果图

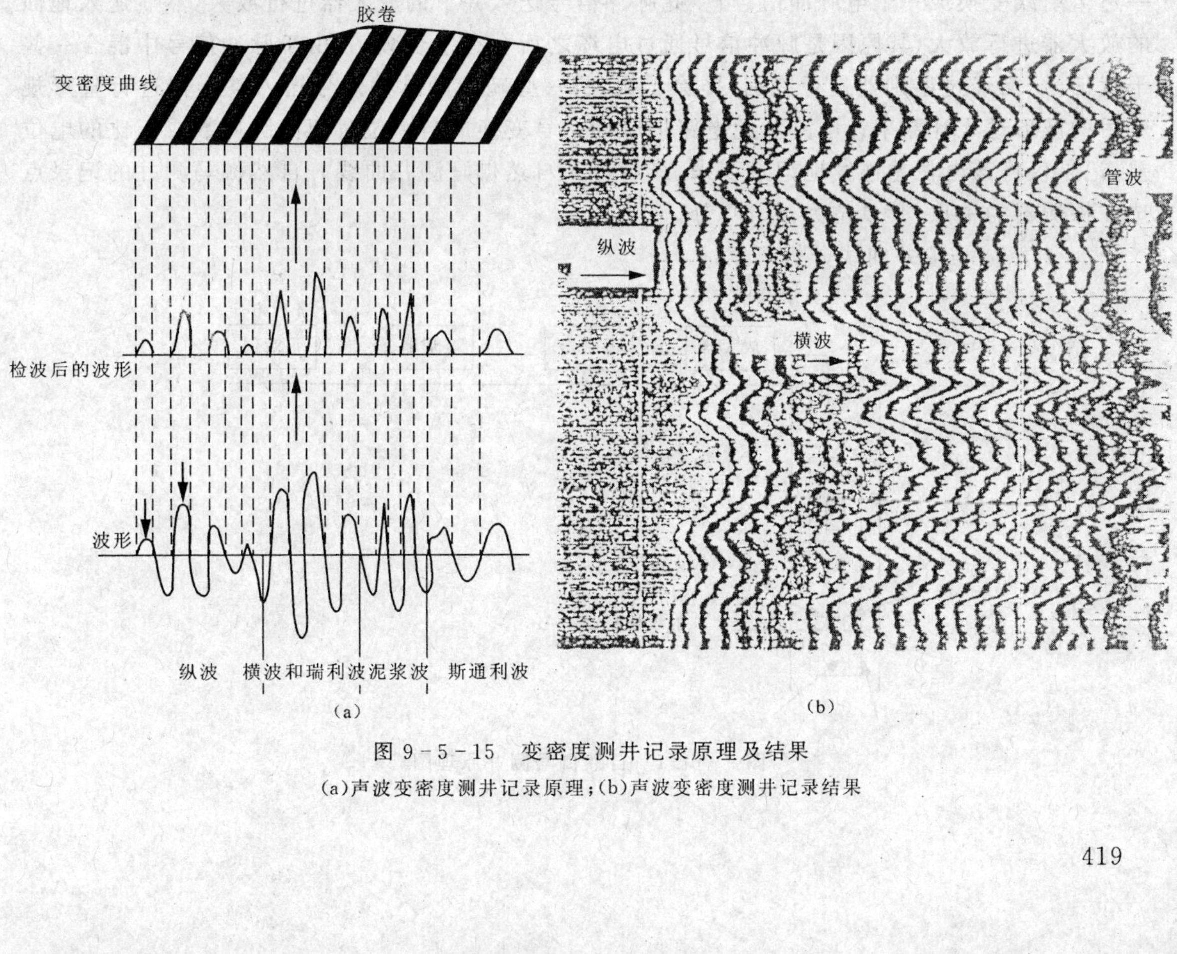

图 9-5-15 变密度测井记录原理及结果

(a)声波变密度测井记录原理；(b)声波变密度测井记录结果

(1)纵波时差 Δt_P (DTC)；

(2)横波时差 Δt_S (DTS)；

(3)速度比 $\frac{V_P}{V_S}=\frac{\Delta t_S}{\Delta t_P}$ (DTR)；

(4)纵波幅度，一般以 T_1 发射时 R_2 接收到的纵波幅度为标准值，记为 A_{P_2}；

(5)横波幅度，一般以 T_1 发射时 R_2 接收到的横波首波幅度的标准值，记为 A_{S_2}；

(6)声波比，两接收探头接收到的同一发射探头发射的声信号前波幅度比，记为 $SRAT(STRA=A=\frac{A_{P_2}}{A_{P_1}})$；

(7)幅度比，即横波的声波比与纵波的声波比之比 $\frac{B}{A}$，其中 $B=\frac{A_{S_2}}{A_{S_1}}$。

§9.6 放射性测井

放射性测井是近代核物理成果在测井中的应用。放射性测井方法较之其他测井方法的优点是适用的范围广，也可以在套管井中进行测量，也可以在空井和油基泥浆井中进行测量。

一、自然伽马测井

1. 自然伽马测井的原理

如图 9-6-1 所示，γ 射线探测器探测到地层的 γ 射线，并将 γ 射线变换成电脉冲信号(每一道 γ 射线变换成一个电脉冲信号)。此脉冲信号送入井下的放大器进行放大，然后送入地面的放大器进行放大(其原因是脉冲信号通过电缆之后会有些衰减)。由于脉冲信号中混合一些干扰信号，需经过鉴别器进行鉴别，排除干扰，将一些畸变的脉冲信号送入整形器进行整形规一后的波形送入计数率计电路。此电路把脉冲信号变换成与单位时间内脉冲数成正比的电位差，记录仪将该电位差连续地记录下来，最后得到自然伽马测井曲线。自然伽马测井的记录点选在探测器的中点，其单位为：脉冲/分。

2. 自然伽马测井曲线分析

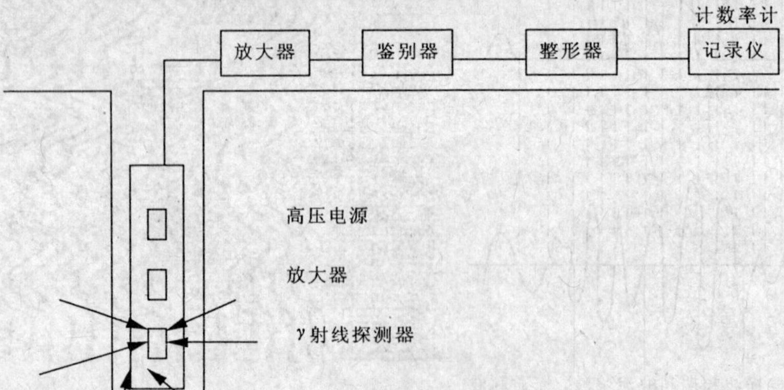

图 9-6-1 自然伽马测井原理图

(1)均匀放射性介质中γ射线的强度。

①点源的γ射线的强度(图 9-6-2):

$$\mathrm{d}Jr = \frac{a\rho q}{4\pi R^2}\mathrm{e}^{-\mu R}\mathrm{d}V \qquad (9.6-1)$$

式中a为每克放射性物质每秒放出的γ量子数;q为每克岩石所含的放射性物质(放射性含量);ρ为密度;μ为介质对γ射线的吸收系数。

②球体的γ射线的强度(图 9-6-3):

$$J_{rR} = \frac{a\rho q}{4\pi}\int_0^{2\pi}\mathrm{d}\varphi\int\mathrm{d}\theta\int\frac{\mathrm{e}^{-\mu R}R^2}{R^2}\mathrm{d}V = aq\rho(1-\mathrm{e}^{-\mu R})/\mu \qquad (9.6-2)$$

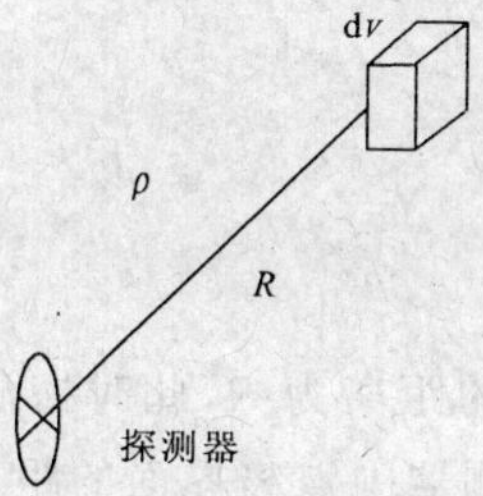

图 9-6-2 点源γ射线强度

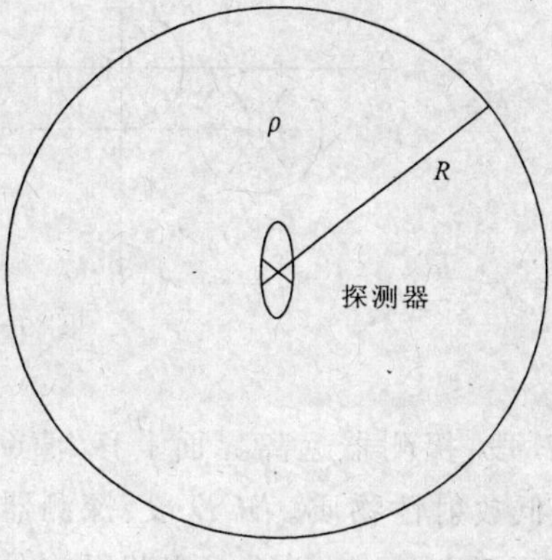

图 9-6-3 球体γ射线强度

③整个空间的γ射线的强度

$$J_{r\infty} = J_{rR|R=\infty} = aq\rho/\mu \qquad (9.6-3)$$

(2)自然γ测井的探测半径(图 9-6-4)。

定义:$\dfrac{\text{探测器能够探测到的有限空间的自然}\gamma\text{射线的强度}}{\text{整个空间的自然}\gamma\text{射线的强度}}=95\%$的球体半径$R$

即:

$$\frac{J_{rR}}{J_{r\infty}} = 95\% = \frac{aq\rho(1-\mathrm{e}^{-\mu R})}{u}\Big/\frac{aq\rho}{\mu} \qquad (9.6-4)$$

式中$1-\mathrm{e}^{-\mu R}=0.95$,$\mathrm{e}^{-R}=0.05$,$R=\ln 0.05/\mu$。

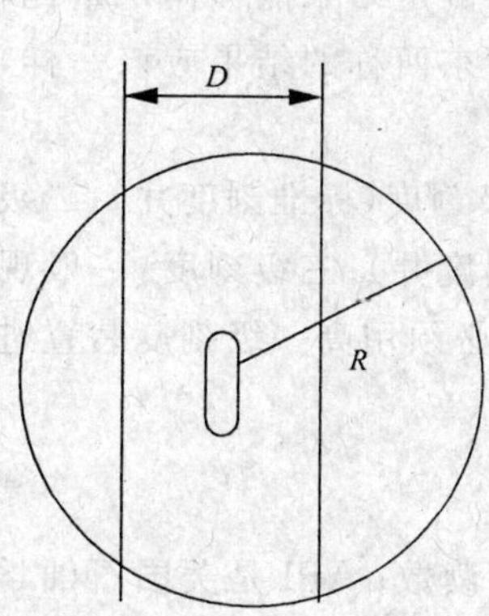

图 9-6-4 自然γ测井的探测半径

一般岩石的吸收系数$\mu=0.09\sim0.18$,所以探测半径为$R=-\ln 0.05/0.08\sim\ln 0.05/0.09=16.64\sim33.29\text{cm}$。例如$\Phi=22\%$的含水砂岩:$R=26\text{cm}$,而煤层的探测半径$R=32\text{cm}$。

但值得注意的是:泥浆的放射性元素少时,自然伽马测井探测深度从井壁开始计算探测深度的定义:

$$\frac{V_{\text{有限}}}{V_{\text{无限}}} = 95\%$$

$$V_{\text{无限}} = J_{r\infty} = \int_{d/2}^{\infty}\mathrm{d}Jr$$

$$V_{\text{有限}} = J_{rR} = \int_{d/2}^{R}\mathrm{d}Jr$$

经理论计算得到:$R=3/\mu+d/2$。对于煤、金属钻孔:$d\leqslant 20\text{cm}$,$R=25\sim45\text{cm}$。对于油田钻孔:$d\leqslant 30\text{cm}$,$R=30\sim50\text{cm}$。

(3)自然伽马测井曲线(图 9-6-5)分析。

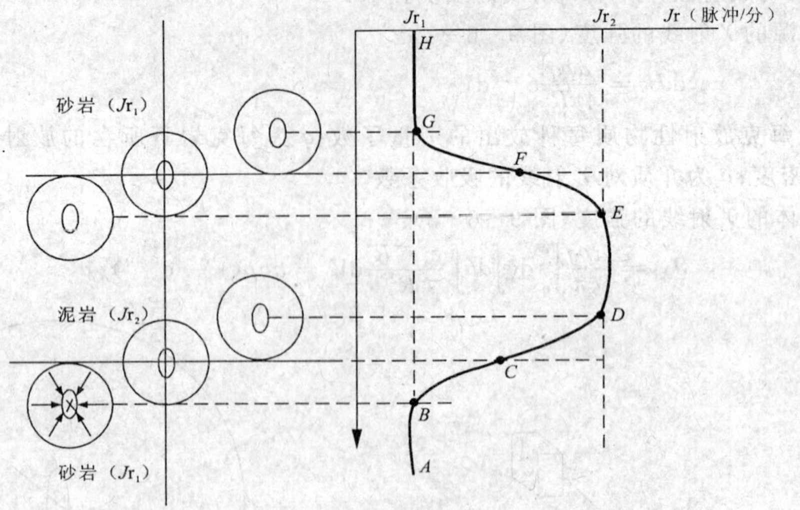

图 9-6-5　自然γ测井曲线

AB 段：探测器远离界面上移，直到探测器中点离界面的距离为 *R*，此时探测器的探测范围内是低放射性物质。*BCD* 段：探测器上移过界面，直到探测器中点离界面的距离为 *R*，此时，①随探测器上移，探测器探测范围内的高放射性物质逐渐增大，使曲线上升，直到探测器中点离界面的距离为 *R* 时为止；②探测器中点位于界面时，探测范围内的高低放射性物质各占一半，所以分层点为曲线的半幅值点。*DE* 段：探测器中点离界面的距离为 *R* 时开始，直到探测器中点离顶界面的距离为 *R* 时为止，此时探测器的探测范围内是高放射性物质。*EFG* 段：分析方法同 *BCD* 段。*GH* 段：分析方法同 *AB* 段。

对地层厚度小于探测范围的薄层来说，由于探测器位于岩层中部时，探测范围内不仅含有高放射性物质，而且含有低放射性物质，使探测器正对岩层中部时所测自然伽马曲线值小于实际地层的自然伽马值。另外分层点不用半幅值分层，一般用 2/3 幅值分层。

3. 自然伽马测井仪的刻度

为了使不同仪器，或者同一仪器在不同的时间，在同一的地层测定结果能够作定量比较，必须进行仪器刻度（用不同的秤，或者同一秤在不同的时间对某一东西称的结果应该一样，就应该对秤进行统一刻度）。

测井刻度一般分为三级。一级刻度：国家统一的标准称为一级刻度（标准刻度井）；二级刻度：各制造厂和大的油田建立的标准称为二级刻度（刻度装置或刻度井）；三级刻度：一般现场使用的标准称为三级刻度（刻度器，刻度块）。要求低级的刻度装置必须用高一级刻度装置进行检查。以美国修斯顿大学的刻度井为例（图 9-6-6），定义：

$$\mathrm{API}=\frac{N_{高}-N_{低}}{200}$$

式中 $N_{高}$ 为高放射性混凝土中的读数；$N_{低}$ 为低放射性混凝土中的读数；API 是美国石油学会（America Petroleum Institute）的缩写。

4. 自然伽马测井曲线的影响因素

(1)统计起伏（也称统计涨落）（图 9-6-7）。

①现象。泥岩的放射性含量是均匀的，但在同一岩层的各点读数不一样，其读数在平均计

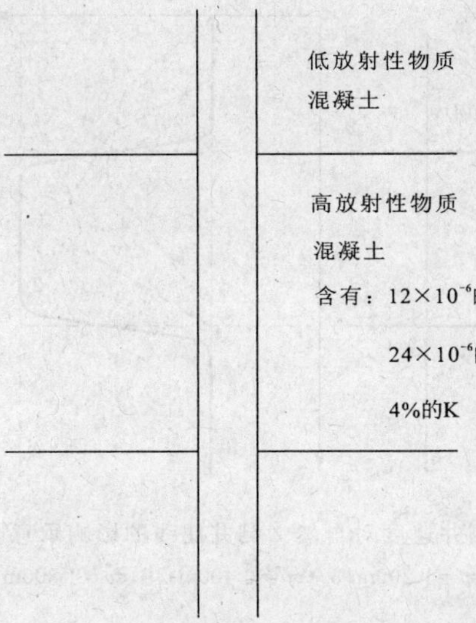

图 9-6-6　美国休斯顿大学刻度井

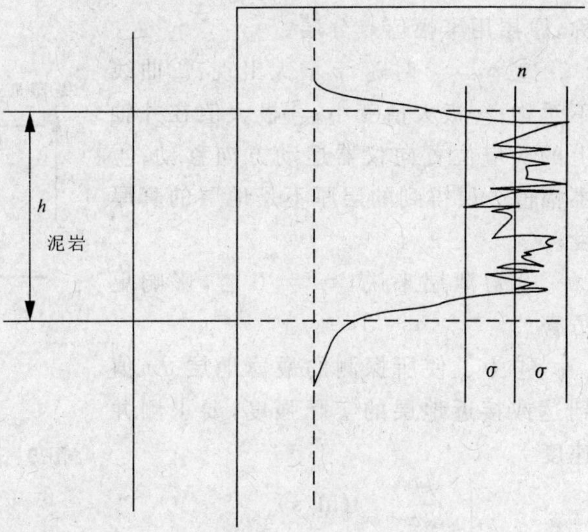

图 9-6-7　自然 γ 测井曲线的统计起伏

数率 n 上下波动

$$\bar{n} = \frac{n_1 + n_2 + \cdots + n_m}{M}$$

经理论计算得到绝对误差：

$$\sigma = \pm \left(\frac{n}{2\tau}\right)^{1/2} \tag{9.6-5}$$

②产生的原因：衰变规律。

③统计涨落的定义：在放射性源强不变，测量条件不变的情况下，在相等的时间间隔内，重复观测放射性强度，每次记录的数值不同，总是在某一数值（平均值）上下波动，这种现象称为放射性涨落。

④统计涨落的范围：2σ。

一般认为：a. 曲线的幅度 $A > 3(2\sigma)$ 才是地层变化，否则不分层（认为是统计涨落）；b. 要求地层上 68.3% 以上的采样点数落在 $\bar{n}+\sigma$ 到 $\bar{n}-\sigma$ 的范围内，否则曲线不合格，应调节 τ, V。

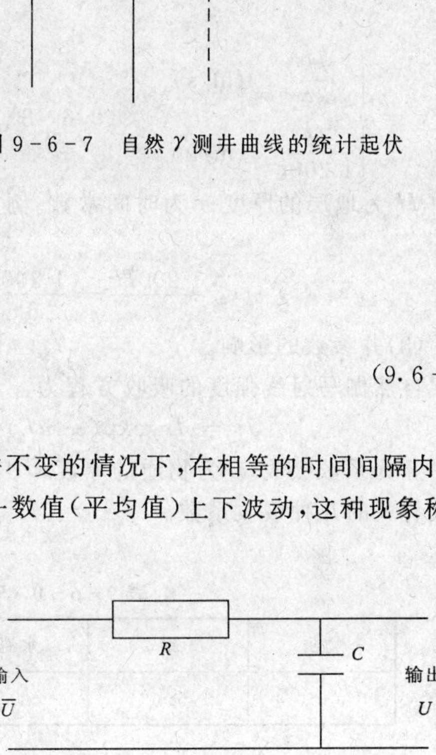

图 9-6-8　最简单的计数率计线路

(2)测井速度的影响。最简单的计数率计线路是电阻 R，电容 C 组成的积分线路（图 9-6-8），设 $\overline{U}$、U 分别为输入、输出电压，便有如下关系：

$$U = \overline{U}(1 - e^{-t/\tau}) \tag{9.6-6}$$

输入、输出电压与自然伽马射线强度之间存在正比的线性关系，可写为：

$$Jr = \overline{Jr}(1 - e^{-\frac{t}{\tau}}) = \overline{Jr}(1 - e^{-\frac{h}{\tau v}}) \tag{9.6-7}$$

式中 $t = H/v$；$\tau = RC$ 为积分时间常数；v 为测井速度；H 为地层厚度；$Jr = f(n)$ 是脉冲数 n 的函数；$n = f(h,\text{岩性})$ 是深度，岩性的函数。所以 $Jr = f(H,\tau,v,h,\text{岩性})$ 是 H,τ,v,H 及岩性的函数。

测井速度的影响有如下几点规律（图 9-6-9）：

①$\tau v=0$时，自然伽马测井曲线对称，厚层用半幅值点分层。

②$\tau v\neq 0$时随τv增大出现：①曲线不对称；②极大值变小；③极大值在井轴上的对应位置向仪器运动方向移动；④半幅值分层得到的层厚不是地层的真厚度。

③对薄层来说，$\tau v\neq 0$时，影响更厉害。

④为了使所探测的最薄地层Jr值到达或接近地层的实际强度，要求测井速度

$$v=\begin{cases}\dfrac{H}{3\tau} & (\mathrm{m/s})\\ \dfrac{H}{1\,200\tau} & (\mathrm{m/h})\end{cases}\qquad (9.6-8)$$

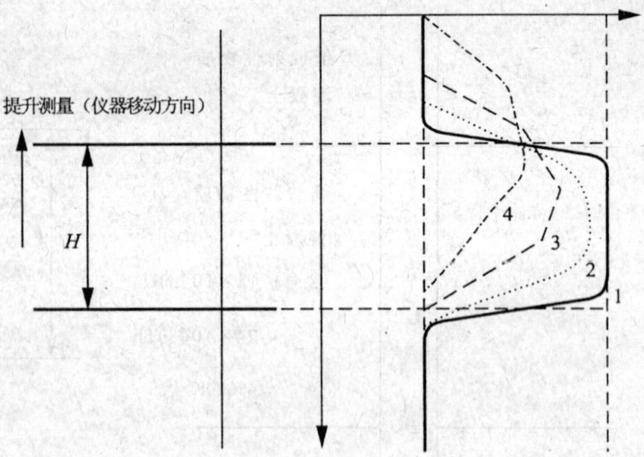

图 9-6-9　测井速度对自然γ测井曲线的影响示意图

1—$\tau v=0$；2—$\tau v=1\,200$m；3—$\tau v=2\,400$m；4—$\tau v=4\,800$m

式中H为地层的厚度；τ为时间常数。例如：最小目的层厚度$H=1$m，所用的时间常数$\tau=6$s时

$$v\leqslant\frac{1\,200H}{\tau}=\frac{1\,200}{6}=200(\mathrm{m/h})$$

(3)井参数的影响。

自然伽马射线强度的吸收方程为：

$$Jr=Jr_0\exp(-uL)\qquad (9.6-9)$$

式中u为系数吸收；L为物质的厚度；Jr与Jr_0为伽马射线吸收前后的强度。表9-6-1是与井参数有关的几种吸收系数。

表 9-6-1　与井参数有关的几种吸收系数

物质	钢	水泥环	泥浆	清水	空气
u	$0.5\mathrm{cm}^{-1}$	$0.5\sim0.2\mathrm{cm}^{-1}$	$0.1\sim0.2\mathrm{cm}^{-1}$	$0.5\sim0.2\mathrm{cm}^{-1}$	$<0.1\mathrm{cm}^{-1}$

5. 自然伽马测井的应用

(1)划分岩性。

①砂泥岩剖面：

	粗砂岩	中砂岩	细砂岩	泥岩
Jr	小	→	→	大
SP幅度	大	→	→	小
ρ_s	大	→	→	小
V_{sh}	小	→	→	大

②膏盐剖面：

钾岩　　泥岩　　砂岩及其他岩石　　岩盐，石膏
特高　　高　　中等　　最低

③碳酸盐岩剖面：

泥岩　　泥质灰岩、泥质白云岩　　纯石灰岩、白云岩
最高　　中等　　最低

(2)确定泥质含量。

泥质含量与自然伽马射线强度成正比，推导计算泥质含量的方法同自然电位。可推导得到的计算泥质含量公式如下：

$$V_{sh}=\frac{Jr-Jr^{min}}{Jr^{max}-Jr^{min}} \tag{9.6-10}$$

式中 Jr, Jr^{max}, Jr^{min} 分别为所研究地层，纯泥岩、纯砂岩的自然伽马测井强度。利用上式计算得到的 V_{sh} 需进行非线性校正：

$$V'_{sh}=\frac{2^{V_{sh}C}-1}{2^{C}-1} \tag{9.6-11}$$

式中 C 为校正系数，$C=3.7$（新地层），2.0（老地层），V'_{sh} 为校正后的泥质含量。

(3)划分煤层及计算灰分含量。

①煤中的有机质与无机质都不含放射性物质，所以 Jr 低；

②煤的 Jr 与煤的灰分含量 Ag 有关：

$$Ag=a+bJr \tag{9.6-12}$$

式中 a,b 为地区经验系数。

另外，自然伽马应用于地层对比，这是因为 Jr 与岩石孔隙中的流体（油或水）的性质无关；Jr 与地层水、泥浆的矿化度无关；Jr 曲线的标准层容易获得。自然伽马还应用于沉积环境分析，其原因是 Jr，SP，ρ_s 与岩层的粒度、分选性、泥质含量密切相关，而这几个量与沉积环境密切相关，所以可以利用 Jr，SP，ρ_s 进行沉积环境分析。

二、密度测井

1. γ-γ 测井原理

(1)γ-γ 测井原理概述。

①γ-γ 测井与自然 γ 测井的区别。

自然 γ 测井：测量天然 γ 射线强度。

γ-γ 测井：测量人工 γ 射线强度（散射 γ），因此根本区别在于 γ-γ 测井仪中的下部有 γ 源——铅饼（一方面防止 γ 源直接照射探测器影响计数率计，另一方面延长探测器的寿命）。

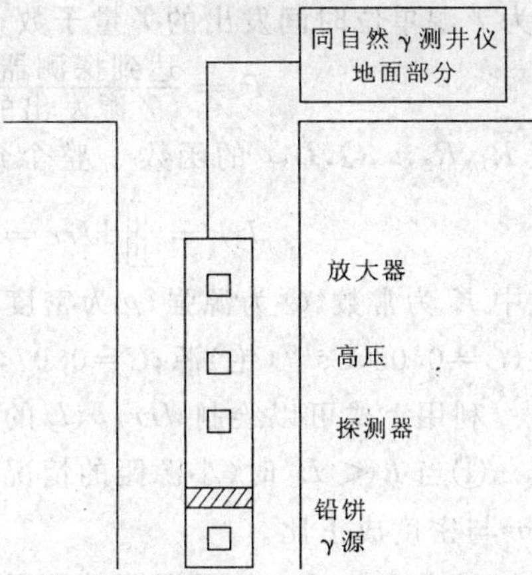

图 9-6-10　γ-γ 测井原理图

②测量原理（图 9-6-10）。目前 γ-γ 测井使用的 γ 源为 Cs^{137}（铯）源，能量为 0.66MeV；Co^{60}（钼）源，能量为 1.33MeV 和 1.17MeV，这些 γ 源入射的是中等能量的 γ 量子。

中等能量的 γ 量子入射物质，产生康普顿-吴有训散射，探测器接收散射 γ 射线的强度。

③以下几点值得注意：

a. 探测器只记录一、二次散射 γ 射线的强度，原因是到探测器的散射 γ 射线的散射角 θ

较大，所以散射 γ 射线的能量较小（与入射的 γ 射线的能量相比，能量损失很多），故 $\gamma-\gamma$ 测井主要记录到一、二次散射 γ 射线，多次散射 γ 射线能量很低，容易产生光电效应，被岩层吸收（图 9-6-11）。

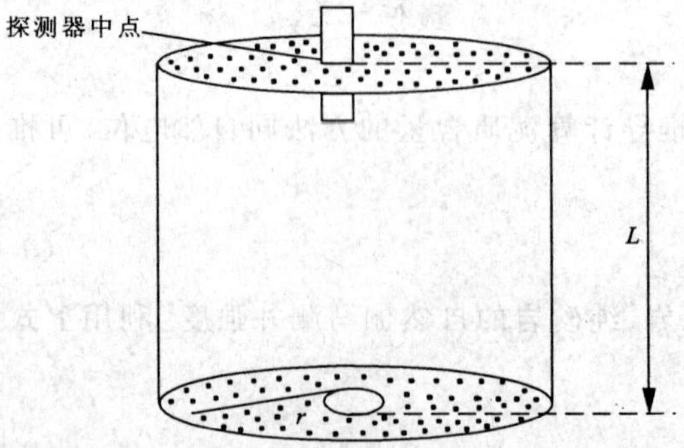

图 9-6-11　多次散射 γ 射线强度与散射角 θ 的关系

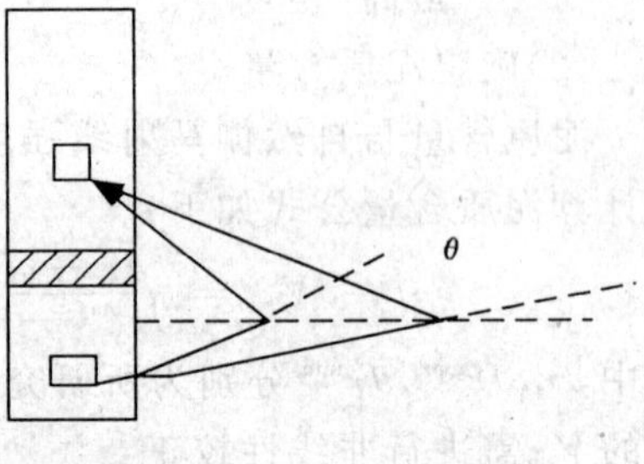

图 9-6-12　$\gamma-\gamma$ 测井的探测范围

b. 随 γ 距离加大，θ 增大，散射 γ 射线的能量很快减小，所以 $\gamma-\gamma$ 测井的探测深度不大，探测范围不大。探测范围为：半径为 $L/2$ 左右、高度为 L 的圆柱体，一般 $L=50\sim60$cm，所以 $r\leqslant$ 30cm（图 9-6-12）。

c. 记录为探测器与 γ 源的中点。

d. $\gamma-\gamma$ 测井值用 Jrr 表示，其单位为：脉冲/分。

(2) Jrr 与密度 ρ、源距 L 的关系。如图 9-6-13 所示：均匀岩层的密度为 ρ，γ 源单位时间发出的 γ 量子数为 a，γ 源的源强为 Q，则 S 源发射 γ 量子，经过 $\mathrm{d}V$ 以 θ 角散射到探测器的 $\mathrm{d}Jrr$ 为：

$$\mathrm{d}Jrr = Pa\mathrm{d}V$$

a 为 γ 源单位时间发出的 γ 量子数，P 为 γ 量子由 γ 源发出并经过一次散射到探测器的几率：

$$P=\frac{\text{达到探测器的 }\gamma\text{ 量子数}}{\gamma\text{ 源发出的 }\gamma\text{ 量子数}}=f(R_1,R_2,u,Q,L,\rho)$$

是 R_1,R_2,u,Q,L,ρ 的函数。整个介质在探测器产生的散射 γ 射线强度为：

$$Jrr=\iiint \mathrm{d}Jrr = KQ\frac{\rho}{L}\exp(-CL\rho) \tag{9.6-13}$$

式中 K 为常数，Q 为源强，ρ 为密度，L 为源距，C 为与 γ 源能量有关的系数，能量越低，C 值越大（$C=0.06$，Cs^{137}（铯）源；$C=0.07$，Co^{60}（钴）源）。

利用上式可以绘制 Jrr,ρ,L 的关系图 9-6-14，由图可知：

①当 $L<L_0$ 时（小源距的情况下），$J_{1.5}<J_{2.7}$，即密度小的 Jrr 小，密度大的 Jrr 大，说明 Jrr 与密度成正比。

②当 $L=L_0$ 时（零源距的情况下）$J_{1.5}=J_{2.7}$，说明 Jrr 与密度无关。

③当 $L>L_0$ 时（大源距的情况下），$J_{1.5}>J_{2.7}$，密度大的 Jrr 小，密度小的 Jrr 大，说明 Jrr 与密度成反比。

值得注意的是测井使用大源距 $L=50\sim60$cm，所以 Jrr 与密度成反比。

2. 贴壁式密度测井

除了 $\gamma-\gamma$ 密度测井以外，还有贴壁式密度测井，表 9-6-2 列举了几种密度测井的同异之处。

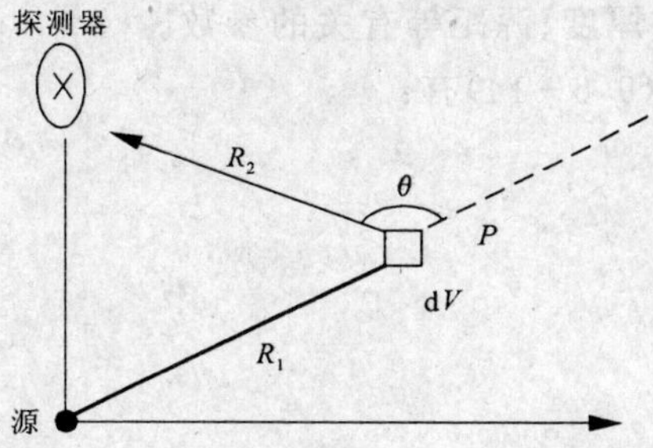

图 9-6-13　dV 体积的物质产生的 dJrr

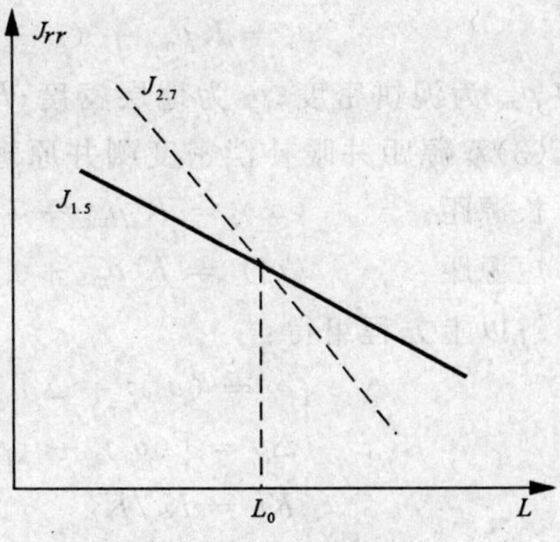

图 9-6-14　Jrr 与 ρ、L 的关系

注意几点：

表 9-6-2　几种密度测井的对比表

测井方法	$\gamma-\gamma$ 密度测井	单源距贴壁式密度测井	双源距井眼补偿密度测井
源距	$L=\overline{SR}=50\sim60$cm	$L=\overline{SR}=50\sim60$cm	$L_{长}=35\sim45$cm　$L_{短}=15\sim25$cm
所记录参数	Jrr	①Jrr　②ρ_a	①N_1,Ns 长短源距计数率 ②$(\rho_a)l$,$(\rho_a)s$ 长短源距视密度
与 ρ 的关系	成反比	①Jrr 与 ρ 成反比 ②ρ_a 与 ρ 成正比	①N_1 与 ρ 成反比,Ns 与 ρ 成正比 ②$(\rho_a)_1$,$(\rho_a)S$ 与 ρ 成正比
影响因素	①扩孔 ②泥饼	①沿壁的目的消除扩孔的影响 ②泥饼	双源距贴壁的目的是消除扩孔,泥饼的影响

(1)扩孔对 $\gamma-\gamma$ 密度测井的影响(图 9-6-15)。由于泥浆的密度比地层低得多,所以扩孔后,当记录点位于岩层中部时,探测范围内平均密度降低,而 Jrr 与 ρ 成反比,因此 Jrr 产生假大异常。

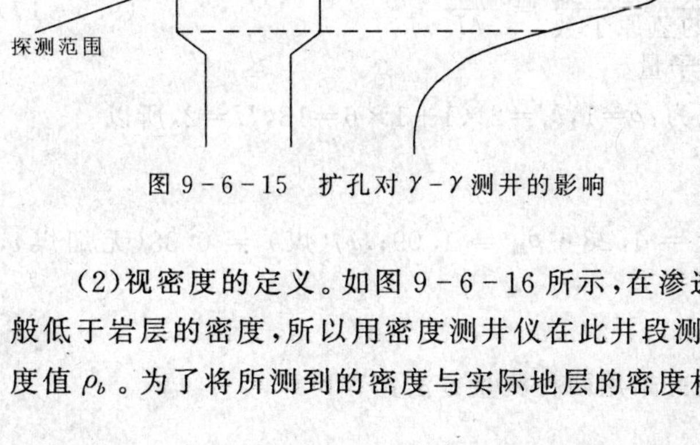

图 9-6-15　扩孔对 $\gamma-\gamma$ 测井的影响

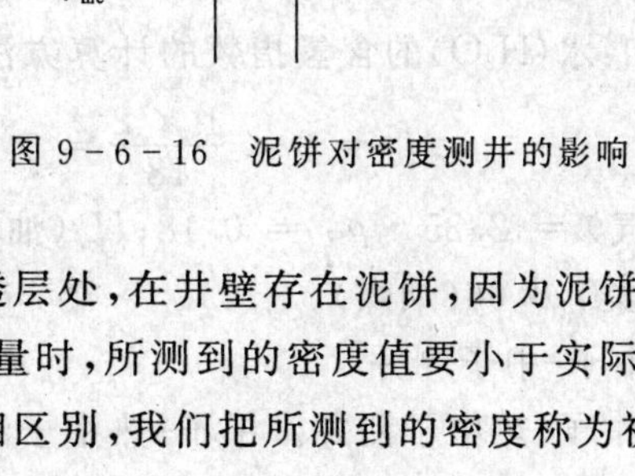

图 9-6-16　泥饼对密度测井的影响

(2)视密度的定义。如图 9-6-16 所示,在渗透层处,在井壁存在泥饼,因为泥饼的密度一般低于岩层的密度,所以用密度测井仪在此井段测量时,所测到的密度值要小于实际的地层密度值 ρ_b。为了将所测到的密度与实际地层的密度相区别,我们把所测到的密度称为视密度,用

ρ_a 表示：

$$\rho_a = K\rho_{mc} + (1-K)\rho_b \tag{9.6-14}$$

式中 ρ_{mc} 为泥饼密度；ρ_b 为地层密度；K 为与泥饼厚度、源距等有关的参数。

(3)双源距井眼补偿密度测井原理。根据式(9.6-14)有：

$$\left.\begin{array}{ll}\text{长源距} & (\rho_a)_l = K_l\rho_{mc} + (1-K_l)\rho_b \\ \text{短源距} & (\rho_a)_s = K_s\rho_{mc} + (1-K_s)\rho_b\end{array}\right\} \tag{9.6-15}$$

解以上方程组得：

$$\begin{cases}\rho_b = (\rho_a)_l + \Delta\rho \\ \Delta\rho = [(\rho_a)_l - (\rho_a)_s]/K' \\ K' = K_s/K_l\end{cases} \tag{9.6-16}$$

当泥饼不存在时，$(\rho_a)_l = (\rho_a)_s, \Delta\rho = 0$，所以 $\rho_b = (\rho_a)_l$；当泥饼存在时：$(\rho_a)_l \neq (\rho_a)_s, \Delta\rho \neq 0$，所以 $\rho_b = (\rho_a)_l + \Delta\rho$。

三、中子测井

1. 中子-γ 测井

如图 9-6-17 所示，中子-γ 使用的是中子源，其余部分与 γ-γ 测井相同，所以中子-γ 测井与 γ-γ 测井有不少相同之处。表 9-6-3 列举了 γ-γ 与中子-γ 的同异之处。

表 9-6-3 中子-γ 测井与 γ-γ 测井比较

方法	γ-γ 测井	中子-γ 测井
测量	散射 γ 射线强度	俘获 γ 射线强度
单位	脉冲/min	脉冲/min
源距	L=50～60cm	L=50～60cm
记录点	SR 中点	SR 中点
与岩性的关系	Jrr 与密度成正比	Jnr 与含氢量成反比；Jnr 与 Cl 成正比
分层点	1/3 幅值点	1/2 幅值点

图 9-6-18 已显示在大源距的情况下 Jnr 与含氢量的关系，含氢量用含氢指数表示，含氢指数 H_f 定义为：

$$H_f = \frac{\text{单位体积物质中的氢原子数}}{\text{单位体积纯水中的氢原子数}} = \frac{9\rho X}{M} \tag{9.6-17}$$

式中 ρ 为密度，X 为氢原子个数，M 为总原子量。

例如：水(H_2O)的含氢指数的计算方法为：$\rho=1, M=2\times1+1\times6=18, H=2$，所以

$$H_f = 9 \times \frac{1\times 2}{18} = 1$$

而 H_f(气) $= 2.25 \cdot \rho_{气} = 0.18$；$H_f$(油) $= 1.28 \cdot \rho_{油} = 1.09$；$H_f$(煤) $= 0.38$(无烟煤)，0.52(褐类)，0.06(烟煤)。

2. 中子-中子测井

(1)中子-热中子测井。中子-热中子测井采用两种测量方法：

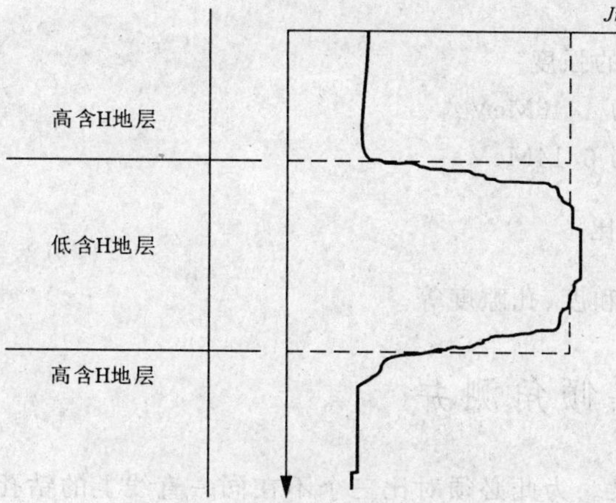

图 9－6－17　中子－γ 测井原理图

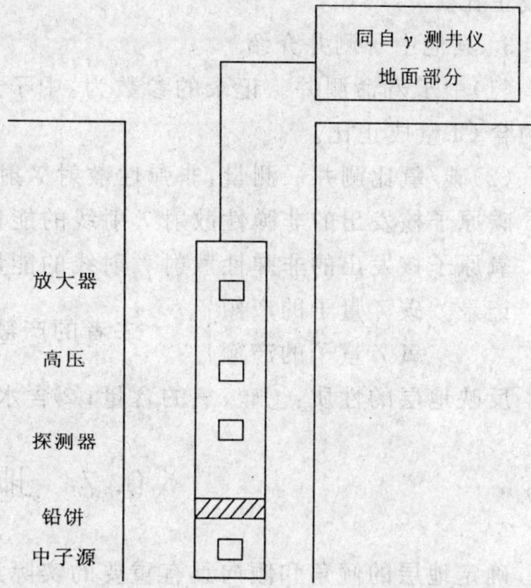

图 9－6－18　*Jnr* 与含氢量的关系

①中子-热中子计数率 *Jnn* 。该种测量方式采用大源距 $L=50\sim60$cm，其 *Jnn* 与含 *H* 量成反比，与含 Cl 量成反比（原因是 Cl 的俘获截面大，俘获的热中子多，使留下来的热中子数减小）。

②补偿中子测井 CNL（图 9－6－19）。该种测量采用双源补偿方式测量，测量得到的是中子孔隙度（单位%），长、短源率的计数率可用下式表示：

$$\lg N_1 = a_1\Phi + b + c \qquad (9.6-18)$$

$$\lg Ns = a_2\Phi + b + c \qquad (9.6-19)$$

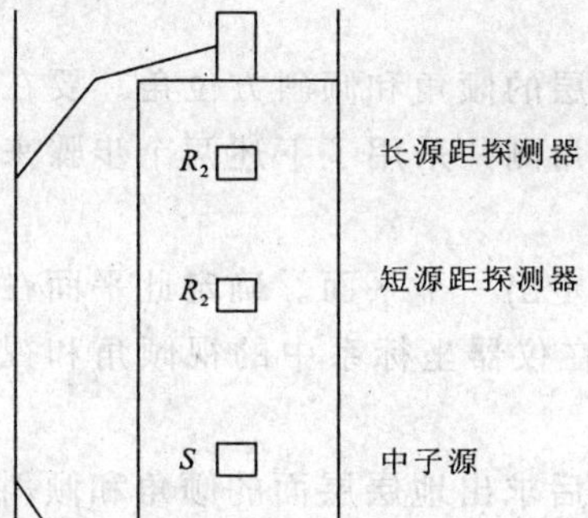

图 9－6－19　补偿中子测井原理图

N_1，Ns 分别为长短源距计数率；a_1，a_2 分别为长短源距等有关参数；b 为仪器常数；c 为 Cl 对测量结果的影响。以上两式相减得：

消除 Cl 的影响：　$$\lg \frac{N_1}{Ns} = (a_1 - a_2)\Phi \qquad (9.6-20)$$

中子孔隙度：　$$\Phi = \frac{\lg(N_1/Ns)}{a_1 - a_2} \qquad (9.6-21)$$

上式说明补偿中子测井 CNL 测量 N_1、Ns，并将其换算成中子孔隙度（单位%），但此孔隙度称为视石灰岩孔隙度。视石灰岩孔隙度的含义是：补偿中子测井仪通常都在已知孔隙度的纯石灰岩上进行刻度的，此种刻度仪器如果在纯石灰岩中进行测量便是真孔隙度，但在非石灰岩上进行测量，测到的孔隙度与地层的真孔隙度不同，称为视石灰岩孔隙度。

（2）中子-超热中子测井。中子-热中子测井也采用两种测量方式：

①中子-超热中子计数率 *Jnn* 。该种测量方式采用大源距 $L=50\sim60$cm，*Jnn* 与含 *H* 量成反比，与含 Cl 量无关（原因是 Cl 俘获热中子，不能俘获比热中子能量大的超热中子）。

②贴壁中子孔隙度SNP，单位%。为了减小井孔的影响采用贴壁方式，SNP与岩石的孔隙度成正比。

3. 其他中子测井介绍

(1)中子寿命测井。记录的参数为：中子寿命τ，与地层的含Cl量成反比；俘获截面：与地层的含Cl量成正比。

(2)碳/氧比测井。测量：非弹性散射γ射线的强度

碳原子核发出的非弹性散射γ射线的能量为4.43MeV

氧原子核发出的非弹性散射γ射线的能量为6.14MeV

记录 $\left.\begin{array}{l}\text{碳}\,\gamma\,\text{量子的产额}\\ \text{氧}\,\gamma\,\text{量子的产额}\end{array}\right\}$ 二者的产额之比

反映地层的性质：①碳、氧的含量；②含水饱和度、孔隙度等。

§9.7 地层倾角测井

确定地层的倾角和倾向具有重要的实际意义。为此必须对比三个不在同一直线上的钻孔测井曲线来确定地层的倾角和倾向。这种方法既复杂又不太可靠。因此，测井工作者一直在寻找用钻孔测井数据确定地层倾角和倾向的方法。随着计算机和计算技术在测井中日益广泛的应用，逐渐发展起来一种新的测井技术——地层倾角测井。将地层倾角测井与其他测井(如电测井、放射性测井等)相配合，还可解决如下的地质问题：确定区域构造和构造倾角；进行地层对比；确定地层的性质和具体位置；求岩层的真厚度；确定沉积、层理特征、岩屑的搬运方向和古水流方向；研究和判别沉积环境；等等。因此，地层倾角测井不仅为测井工作者所重视，而且也受到了地质工作者的重视。

一、地层倾角测井的基本原理

地层倾角测井的基本任务是在钻孔的任意深度上测出地层的倾角和倾斜方位角。要在钻孔的任意深度上直接测得这两个数据是十分困难的。地层倾角测井采用了下述两个步骤来完成这一基本任务：

(1)在钻孔穿过的地层层面上确定出四个点，这四个点可定出一个平面。确定此平面在仪器坐标系中的位置——求出该平面的法线，从而得到该平面在仪器坐标系中的视倾角和视倾斜方位角。

(2)进行坐标转换。将仪器坐标系转换成大地坐标系，最后求出地层层面的倾角和倾斜方位角。

图9-7-1是现在广泛使用的地层倾角仪结构图。该仪器可分为微聚焦电极系、井径仪及空间位置测量装置三部分。

聚焦电极系部分主要包括互成90°的四个推靠臂，每个推靠臂的极板上都装有一个微聚焦电极。测量时，井下仪的传动装置使推靠臂伸出，使电极系极板紧贴井臂，提升井下仪便可同时记录出四条微聚焦电阻率曲线。

井径仪部分可测出互成90°的两条井径曲线，这两条曲线是四个聚焦电极系中相对的两组极板在推靠装置作用下，紧贴井壁时测出的。

空间位置测量装置的作用是测量Ⅰ号电极系相对井斜方向的相对方位角以及钻井的倾

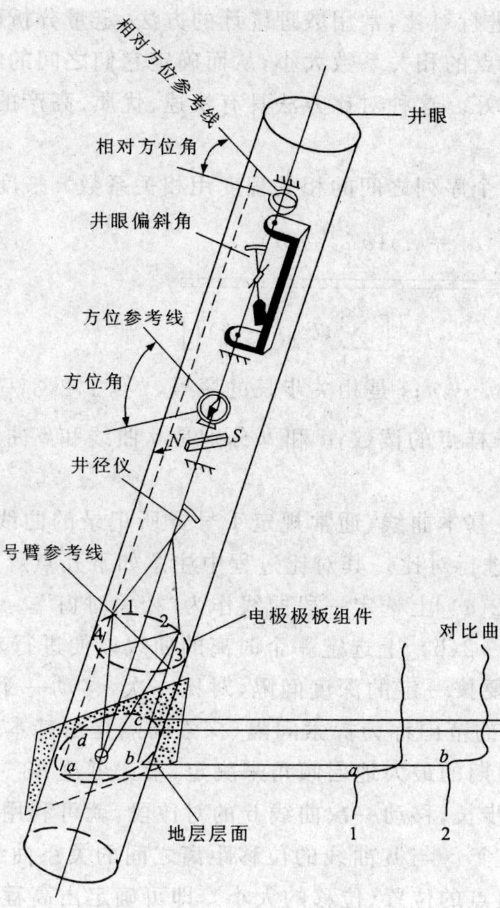

图 9-7-1　地层倾角测井仪结构图

角。

地层倾角测井仪能同时记录以下测井曲线：

(1)四条微电阻率曲线；

(2)两条井径曲线；

(3)三条空间位置曲线；

(4)一条电缆张力曲线。

由此可见，地层倾角测井仪是一种高精度的大型组合测井仪。一次下井，它同时记录十条测井曲线。所有信息均让电缆缆芯输送到地面仪中，并记录在磁带和照相胶片上，并将磁带送到专用的计算机上进行数字处理，便可得到地层的倾角和方位角的数据，并自动绘制出地层倾角测井的各种成果图件。

二、地层倾角测井资料的计算及主要成果图件

(一)地层倾角测井资料的计算

在地层倾角资料的计算中，求出高程差是关键性的一步。在地层倾角测井中，对推靠臂上聚焦电极系测得的高分辨率电阻率曲线，是利用数理统计的相关对比(或相关分析)方法来求得同一层面上几个点之间的高程差。

利用电子计算机对测井曲线进行对比，常用数理统计的方法，定量分析两个序列各点数据之间的相关程度，计算它们之间各点的相关系数大小，从而确定它们之间的密切程度。相关系数愈大，说明它们之间相关程度愈好。这种对比方法具有快速、优质、高产的特点，且不受经验的影响。

在数理统计的相关分析中，两个序列之间的相关程度用相关系数 r 来度量，即

$$r_j = \frac{\sum_{i=1}^{n}(a_i - \bar{a})(b_{i+1} - \bar{b})}{\sqrt{\left[\sum_{i=1}^{n}(a_i - \bar{a})^2\right]\left[\sum_{i=1}^{n}(b_{i+1} - \bar{b})^2\right]}} \tag{9.7-1}$$

式中 i 是采样点的序号，$i = 1,2,3,\cdots,n$；j 是相关步长的序号，$j = 1,2,3,\cdots$；a_i 和 b_i 分别是相关时窗内 a 曲线和 b 曲线第 i 个采样点的读数；$\bar{a}$ 和 $\bar{b}$ 分别是 a 曲线和 b 曲线在相关时窗内各采样点读数的平均值。

需要说明的是，一般 a 曲线是基本曲线，通常规定 I 号臂所记录的曲线为基本曲线，其他臂记录的曲线都要以它为基准来进行对比。其对比过程中注意如下几点：

(1)在基本曲线[如图 9-7-2(a)]上选定一段曲线作为“相关时窗”；

(2)在另一条曲线[如图 9-7-2(b)]上选定一个时离的曲线以便进行对比；

(3)对比时，b 曲线的对比段要按一定的深度间隔，对比一次，移动一个深度间隔，这个深度间隔就叫做步长，b 曲线所移动的范围称为探索间隔(探索间隔是由基本曲线相关时间的探索角来决定的，探索角可以根据预期的最大地层倾角来决定，最大可达 88°)；

(4)在探索间隔内，按照相关步长，移动一次曲线 b 的对比段，就可利用式(9.7-1)计算出一个相关系数 r，这样可以得到一个 r_j 与 b 曲线的位移距离之间的关系曲线(如图 9-7-3)，据此关系曲线，由相关系数的极值点的位置(位移的大小)，即可确定出高程差。

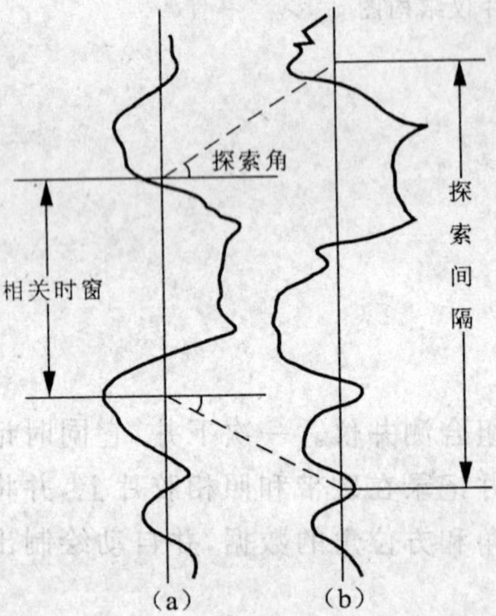

图 9-7-2　相关对比参数的定义

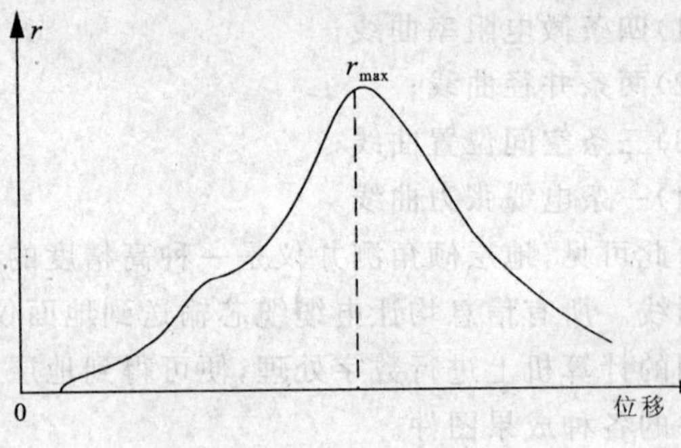

图 9-7-3　相关系数的极值点

在计算出高程差之后，通过几何计算得到视倾角和视方位角，最后通过坐标变换就可求出地层的真倾角和真方位角。在实际中，地层倾角资料的一切计算工作，都是在程序控制下由计算机自动完成的。

（二）地层倾角测井的主要成果图件

经过电子计算机处理后得到的地层倾角和方位角的数据，可以用表格形式打印出来，也可以根据需要绘制成各种形式的图件。常见的地导倾角测井成果图件有五种，即矢量图、施密特图、方位频率图、圆柱面极坐标图和杆状图。

1．矢量图

矢量图又叫"蝌蚪图"，它是地层倾角测井的最基本和最常用的成果图件，其形式如图 9-7-4 所示。

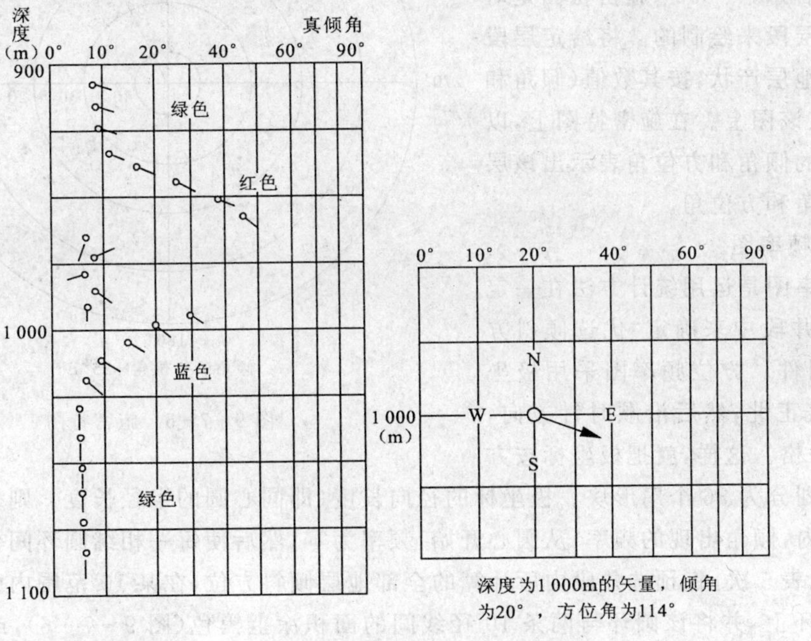

图 9-7-4　矢量图

矢量图的纵坐标是深度，横坐标是地层真倾角。矢量图的每一个箭头均可提供以下几种资料：箭头尾端所在的位置表示出该对比点的深度及该点地层的真倾角数值；箭头在平面上所指的方向，表示出该点地层的倾斜方向；箭头上的倒钩数表示出该点对比的质量好坏。

矢量图的解释是通过分析图上的许多箭头来进行的。为了使解释过程容易些，还可将箭头分成若干图型组，并用不同的颜色来表示出不同的图型组。在地层倾角测井矢量图上，基本的箭头图型有三种：

红色图型是由倾角随深度加深而增大、倾向基本保持不变的箭头所组成。这种图型可显示断层、褶皱、滨外坝上的盖层及河道（尤其是分流河道）的特征。

蓝色图型是由倾角随深度加深而减小，倾向基本保持不变的箭头组成。这种图型可显示前积层、不整合面的滑移、断层和褶皱的特征。

绿色图型是由倾向基本相同、倾角相等的箭头组成。这种图型可用来确定区域倾斜。

解释地层倾角测井图时，必须配以基本的测井曲线图，因为地层倾角测井所作的矢量图等，并不能表示出诸如岩性变化等特殊的地质现象。比如，在泥岩段中间显示为断层特征的矢量图型，如果该泥岩层直接覆盖在砂岩之上就有可能解释为滨外坝。因此，在地层倾角测井图的解释中，基本测井曲线图的配合不仅是有效的，而且也是必须的。

2. 施密特图

当地层倾斜的矢量图比较杂乱，矢量的分布范围很大而不便于作出地质判断时，常采用施密特图来帮助分析地层倾角的测量结果。

施密特图是用同心圆格子绘制的。图的最外圈为倾角 0°，越往里，角度越大，最里圈通常为倾角 45°或 90°（图 9－7－5）。圆周则表示方位角，规定为上北、下南、左西、右东，共 360°。施密特图是对某一较短的层段来绘制的。将给定层段中所测得的地层产状，按其数值（倾角和方位角）点在该图上。在施密特图上，以点子最密集的倾角和方位角表示出该层段的构造倾角和方位角。

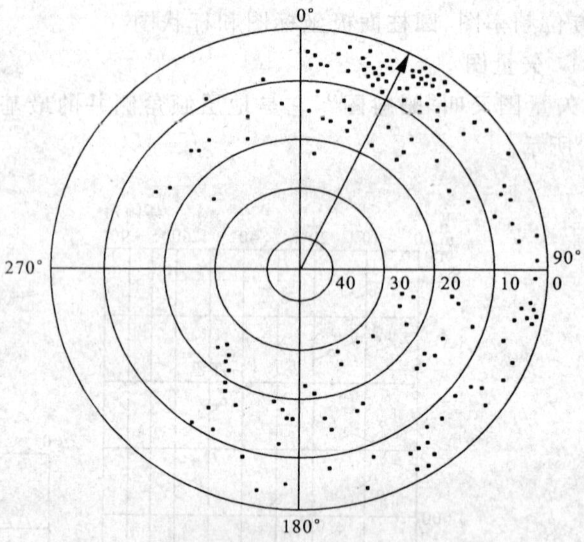

图 9－7－5　施密特图

3. 方位频率图

方位频率图是运用统计方法在一定的地质研究井段中来确定“优选倾斜方位”的成果图件。方位频率图采用极坐标，顶部代表正北，然后沿顺时针方向，每 10°分成一格。这样，就把极坐标按方位角的不同划分为 36 个扇形块。极坐标的径向长度（即同心圆的半径长度），则表示该方位间隔（扇形块）内，倾角出现的频率。从圆心开始，频率为零，然后使每一相继圆环间代表一定的频率数，例如代表 5 次。将预选井段内所计算的全部地层倾斜方位，在某 10°范围内的频率次数标在对应的圆环上，并将该圆环与两条 10°径线间的面积涂上黑色（图 9－7－6），或者根据地层倾角图像的颜色分类涂上红色（倾角随深度加深而增大）、蓝色（倾角随深度加深而减小），也可以用不同的线条图案来表示不同的颜色（图 9－7－7）。

使用计算机处理资料时，解释人员只要适当地选择井段，一切绘图工作均由计算机的绘图

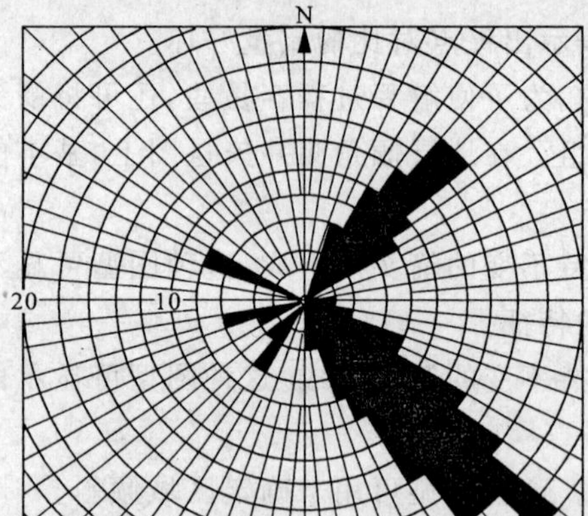

图 9－7－6　涂黑色的地层倾斜方位频率图

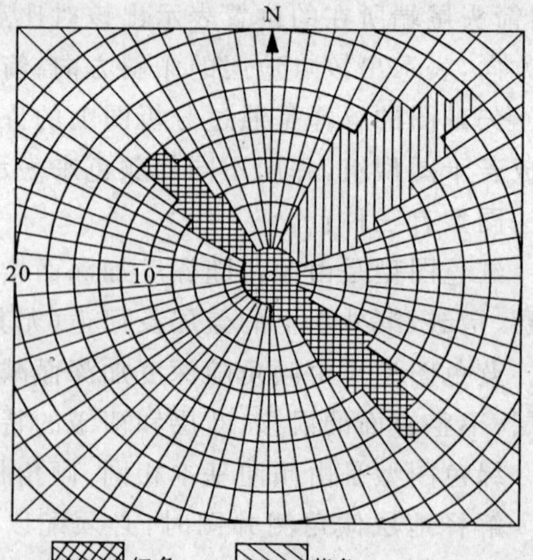

图 9－7－7　涂颜色的地层倾斜方位频率图

仪来完成。选择井段时，地质上必须是连续的，而不能包含有不整合及其他不连续面。

4. 圆柱面极坐标图和杆状图

圆柱面极坐标图(图 9－7－8)相当于岩心柱面素描展开图，通常多是画在透明塑料筒上，或者是展开在平面纸上，然后将剖开面连接起来成一圆柱形。这就好像从井内取出的岩心一样，便于对层面倾角和各种层理进行观察研究。圆柱面极坐标图对分析沉积环境、研究断层、不整合面等地质现象，有较好的效果。

杆状图又称棍棒图(图 9－7－9)，是沿一定剖面方向绘制的柱状剖面图，它能清楚地反映地层的倾角(视倾角或真倾角)随深度变化的情况。杆状图在进行井与井之间的地层对比时，特别有用。

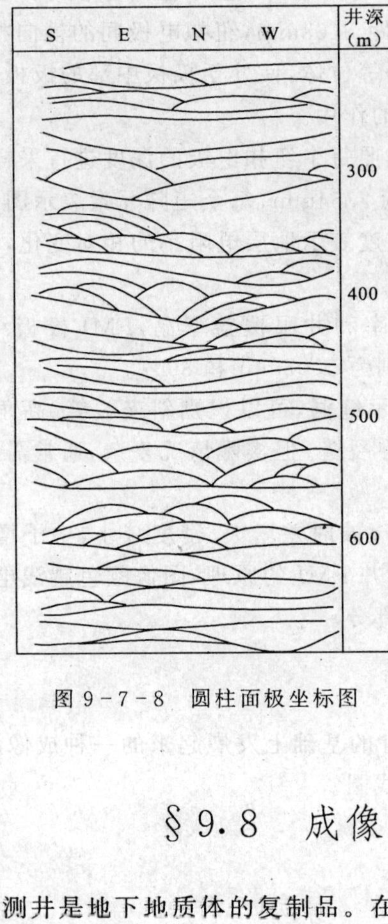

图 9－7－8　圆柱面极坐标图

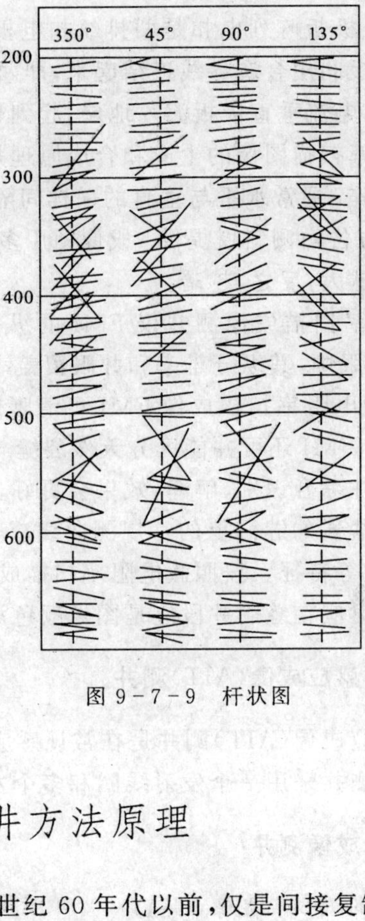

图 9－7－9　杆状图

§9.8　成像测井方法原理

地球物理测井是地下地质体的复制品。在 20 世纪 60 年代以前，仅是间接复制，即通过测量地下地质体的物理参数曲线，地质及测井分析家通过这些曲线，反演有关地下地质体的分布及性质特征等，例如石油测井资料解释得到储层的埋深、厚度、流体性质(油、气、水)、判断储层的裂缝发育情况等。因此，地质学家、测井分析家早就梦想将照相机放到井孔中直接复制。直到 20 世纪 60 年代中期，井下声波电视和照相技术的问世，实现了他们长久以来的梦想。随着电子及计算机技术、电磁场正反演技术、声学技术、测井技术、照相技术等的发展，20 世纪 80 年代中期斯仑贝谢公司研制推出 FMS(formation microscanner)成像测井，其他成像也先后问世。目前已有微电阻率扫描成像 FMI(formation microImage)、超声成像 USI(ultro sonic image)、阵列感应成像 AIT(array induction image)、方位电阻率成像(azimathal resistivity image）、偶极横波成像 DSI（dipole shear sonic image）、核磁共振成像 CMR（comninable magnetic resonance）等现代成像测井仪，国内外不少油田已利用这些成像测井仪，去审视地下地层结构（裂缝、溶洞、地层界面等）、流体分布等，并已取得可喜的进展。

一、微电阻率扫描成像（FMI）测井

微电阻率扫描成像 FMI 是在斯仑贝谢公司 20 世纪 80 年代中期推出 FMS－A 型成像仪的基础上，经过多次重大改进，尤其在提高井眼覆盖率和分辨率方面做了重大改进，于 1991 年推出的一种新成像测井仪。哈里伯顿、西方阿特等公司也先后成功地研制了微电阻率扫描成像测井仪，并在不少油田得到一定的应用。

微电阻率扫描成像测井仪的井下仪由推靠器、上电极（包括电子线路）、下电极（极板阵列电扣）组成。极板阵列电扣是两排纽扣电极，相距 5.08mm，纽扣电极间的横向相距 2.54mm。推靠器与极板间用金属导线连结起来，即两者是等位体，使处于极板中部的极板阵列电扣的电流极性相同，电流垂直极板流入地层，起到聚焦的作用。

微电阻率扫描图像的生成和合成原理是：按照每个纽扣电极的深度进行采样，将采样数据组成一个矩阵。通常水平与垂直的采样间隔均为 2.54mm，每个矩阵元素表示图像上的一个灰点。图像的方位由测斜仪提供。成像图用多级色度表示地层电阻率的相对变化，一般图像颜色越浅电阻率越大，反之，越暗。

微电阻率扫描成像测井仪 FMI 的纵分辨率和井眼覆盖率高，FMI 极板结构的设计在 20.32mm 井眼中，其纵分辨率和井眼覆盖率分别为 5.08mm 和 80％。

一般，微电阻率扫描成像 FMI 可清晰地显示缝洞，可以识别斜交裂缝、高角度裂缝、网状裂缝等，同时 FMI 还可并能区分天然裂缝与诱导裂缝。但实际情况复杂，通常需与常规测井或其他成像测井综合识别、解释，效果会更好。

在碳酸盐岩的缝洞上的常规测曲线应具有声波时差增大、密度减小、中子增大、电阻率减小、井径增大等特征。按照微电阻率扫描成像测井 FMI 的原理，图像颜色越浅电阻率越大，反之，越暗，即对应在缝洞井段应是图像颜色深的部分。

二、阵列感应成像（AIT）测井

阵列感应成像（AIT）测井是在常规感应测井的基础上发展起来的一种成像测井方法。阵列感应成像测井采用一个发射线圈和多个发射线圈。

三、声波成像测井

（一）超声（电视）成像（USI）

超声成像仪主要由压电换能器、马达、磁通门罗盘组成。压电换能器既是发射器，也是接收器，通常用频率为 1 500 次/s 电脉冲激发换能器，使其成声波源发射声波，换能器的工作频率为 1.3MHz。仪器由井下上提时，马达驱动换能器在井下作 360°旋转，换能器向井壁发射声波，并接收来自井壁的反射波信号，其信号传输到地面显示屏，显示屏显示的辉度、亮度与信号的幅度有一定的关系。声阻抗越小，反射波幅度越小，图像的辉度暗，反之声阻抗越大，反射波幅度越大，图像的辉度明亮。

（二）多极子阵列声波成像测井

普通声波测井只记录首波到时或幅度，后来发展记录纵波、横波等波形的长源距声波测

井。在硬地层情况下，声波使井壁周围产生轻微膨胀，在地层中产生纵波和横波；但是在软地层的情况下，由于地层横波首波与井中泥浆波一起传播，因此单极声波测井无法获取横波首波。为了解决此问题，又发展多极子阵列声波成像测井，即定向激发和测量的多极子，它采用了偶极声波源，因此多极子阵列声波成像测井又称为偶极横波成像测井。目前代表性的仪器主要有：斯仑贝谢公司的偶极横波成像测井仪 DSI，哈里伯顿低频偶极横波成像测井仪 LFD，西方阿特的多极子阵列声波成像测井 MAC。

偶极横波成像测井仪分为发射器、接收器和电子线路组成。发射器由上偶极发射器、下偶极发射器和一个单极全方位发射器组成，两个偶极发射器的方向相差 90°。接收器部分 8 个接收器，相邻两个接收器的间距为 15.2cm。最低接收器与单极的距离为 2.7m，与上偶极发射器的距离为 3.4m，与下偶极发射器的距离为 3.5m。

偶极子声源可看作为两个距离很近、强度相同、相位相反的点声源的组合。当偶极子声源在井内振动时，在井壁附近产生挠曲波。挠曲波是一种频散界面波，其传播速度随声波频率变化，在低频（1.0kHz）时趋近横波速度，在高频时低于横波速度。偶极横波成像测井实际上是通过对挠曲波的测量来计算地层横波速度，因此，应尽量降低偶极子声源的放射频率，以保证横波速度的测量精度。

四、其他成像测井方法简介

（一）方位电阻率成像测井

方位电阻率成像测井是在双侧向测井的基础上发展起来的，它共有 12 个电极，装在双侧向测井屏蔽电极 A_2 的中部，每个电极向外的张开度为 30°，12 个电极覆盖了井周 360°方位范围的地层，所以称为方位电极，电极为长方形。方位电极的上下装有环状监督电极 M_3、M_4（两个电极短路），每个方位电极供以电流 I_{AZ}，通过自动调节 I_{AZ}，使得监督电极的电位相等，使方位电极电流受到 A_2 以及相隔极性的其他方位电极的屏蔽作用，从而使电流 I_{AZ}，沿着电极张开角的方向流入地层。测量每个方位电极的电流 I_{AZ}和 M_3（M_4）电极相对于铠装电缆外皮的电位 u_M，可计算 12 个方位的电阻率。12 个方位的电阻率可以反映井周介质的情况。当井周介质不均匀或存在裂缝时，12 个方位的电阻率存在差异和变化，据此，可以利用此变化研究井周的情况。

（二）核磁共振成像测井（MRIL）

核磁共振是一种物理现象，即原子核对磁场所作出的一种响应。很多原子核都具有磁矩，其特征就像旋转的磁棒一样。这些原子核可与外加磁场相互作用，产生可测量信号。

对于大多数原子核来说，探测到的信号都很弱。然而，氢核具有相对较大的磁矩，并且岩石孔隙内的水和油中都富含氢核。通过调节核磁共振测井仪器的发射频率至氢核的共振频率，可使测量信号最强，并被测量出来。

核磁共振测井测量的是信号的幅度和衰减（弛豫时间）。核磁共振信号的幅度与测量范围内氢核的数量成正比，通过对幅度进行刻度可提供孔隙度测量结果，这种孔隙度测量结果不受岩性影响。

弛豫时间取决于孔隙大小。小孔隙使弛豫时间缩短，最短的弛豫时间对应于粘土束缚水和毛细管束缚水；大孔隙（含可产流体）使弛豫时间变长。因此，弛豫时间分布是孔隙大小分布的一种度量。对弛豫时间及其分布进行解释，可以提供渗透率、可产流体孔隙度以及束缚水饱和度等岩石物理参数。

思考题与习题

1. 岩石的导电性主要受哪些因素影响？

2. 地层因素的含义是_____。地层因素 $F=$_____$=$_____，式中各参数的含义分别是_____。

3. 阿尔奇(Archie)公式是_____，式中各参数的意义分别是_____，该公式主要适合于_____地层。

4. 举例说明视电阻率测井的梯度电极系、电位电极系。在什么条件下非理想的梯度电极系可近似地看作理想梯度电极系？

5. 试用镜像法分析高阻厚层理想电位电极系视电阻率曲线(假设条件：钻孔垂直穿过、地层水平无限、钻孔的影响可忽视)。

6. 试分析高阻厚层理想顶部梯度电极系视电阻率曲线(假设条件同上题)。

7. 综述理想梯度电极系视电阻率曲线特征。

8. 综述理想电位电极系视电阻率曲线特征。

9. 三侧向测井优于普通视电阻率测井之处是采用了_____的技术。

10. 在测向测井中主电极的电位与屏蔽电极的电位_____，主电极与屏蔽电极的电流极性_____，主电极的电流保持_____。

11. 三侧向测井的探测深度取决于_____，分层能力取决于_____。

12. 三侧向测井的主电极接地电阻含义是_____，三侧向测井测到的电阻率与主电极接地电阻的关系是_____。

13. 什么是增阻侵入和减阻侵入？泥浆侵入特征在测井解释中有何应用？

14. 深、浅三侧向的不同之处是_____。

15. 微电极测井在测井解释中有何应用？

16. 深、浅侧向探测的是_____、_____带的电性，而微电位与微梯度电极系探测的是_____、_____的电性。

17. 简述扩散电动势产生的条件和过程以及吸附电动势产生的条件和过程。

18. 井中扩散吸附电动势是如何产生的？

19. 自然电位测井有哪些主要的影响因素？

20. 自然电位测井有哪些主要的应用？

21. 简述双线圈系感应测井的原理。

22. 双线圈系单元环几何因子的含义及公式是_____。

23. 双线圈系纵向微分几何因子的含义及公式是_____。

24. 双线圈系纵向积分几何因子的含义及公式是_____。

25. 双线圈系径向微分与积分几何因子的含义分别是_____。

26. 双线圈系存在哪些不足？0.8m 6 线圈系如何改进这些不足？

27. 假设线圈距为 1m 的双线圈系在高阻地层井段上进行测量，其电导率的表达式为_____，设地层的几何因子为 G_2，上下围岩的几何因子为 G_1，如何求取 G_2？(地层的电导率为 σ_2，围岩的电导率为 σ_1，地层水平无限，钻孔垂直穿过且钻孔的影响忽略。)

28. 声波在介质分界面上是如何传播的？

29. 简述单发双收声速测井原理。扩孔对单发双收测井有何影响？如何补偿？

30. 什么是周波跳跃？在哪些情况下，可能发生声速测井的周波跳跃？

31. 简述利用声测井确定泥质砂岩孔隙度的方法。

32. 简述固井声幅测井原理。

33. 沉积岩的放射性主要受哪些因素影响？

34. 简述自然 γ 测井原理。

35. 自然 γ 测井的影响因素有哪些？

36. 放射性测井仪为什么要进行刻度？

37. 放射性测井的统计起伏的含义是__________。

38. 放射性测井为什么要控制测井速度？如果自然 γ 测井速度过快，会发生什么情况？

39. 简述利用自然 γ 测井确定泥质含量的方法。

40. 自然 γ 测井测量的是________，自然 γ 测井值主要取决于__________，自然 γ 测井的分层点是________。

41. $\gamma-\gamma$ 测井测量的是________，其测值与岩石的何种性质有关？

42. 在大源距的情况下，$\gamma-\gamma$ 测井与________成反比，而在小源距的情况下情况怎样呢？

43. $\gamma-\gamma$ 测井的探测范围是__________。

44. $\gamma-\gamma$ 测井的分层点是__________。

45. 扩孔对 $\gamma-\gamma$ 测井有何影响。

46. $\gamma-\gamma$ 测井利用 γ 与物质作用的________效应。

47. 双源距贴壁密度测井(DEN)与 $\gamma-\gamma$ 测井有何区别？

48. 简述利用 DEN 测井确定泥质砂岩孔隙度的方法。

49. 简述光电效应、康普顿-吴有训散射、形成电子对效应。

50. 简述中子与物质的作用过程。

51. 简述中子-γ 测井原理。

52. 中子-γ 测井反映岩层中的何种性质？

53. 简述利用补偿中子测井(CNL)与中子-γ 测井的区别？

53. 简述中子孔隙度测井确定泥质砂岩孔隙度的方法。

主要参考文献

[1] 楚泽涵编著，声波测井原理。北京：石油工业出版社，1993

[2] 丁次乾主编，矿场地球物理。北京：石油大学出版社，1994

[3] 黄智辉、陈耀岭编著，煤田地球物理测井。武汉：武汉地质学院出版社，1986

[4] 黄隆基编，放射性测井原理。北京：石油工业出版社，1985

[5] 李舟波主编，钻井地球物理勘探。北京：地质出版社，1986

[6] 石油测井情报协作组，测井新技术应用——成像、核磁共振测井、岩电研究。北京：石油工业出版社，1998

[7] 王惠廉主编，综合地球物理测井。北京：地质出版社，1990

[8] 王谦、文新川、李建杰，测井新方法在塔河油田的应用。石油物探(地球物理测井专刊)，1999

[9] 中国石油天然气总公司勘探局，测井新技术与油气层评价进展。北京：石油工业出版社，1997

[10] 周远田编，地球物理测井教程。武汉：中国地质大学出版社，1999

[11] James K. Hallenburs, Geophysical logging for mineral and engineering applications. Pennwell Publishing Campany, Tulsa. Oklahome, U.S., 1985

[12] Robert Desbrandes, Encyclopedia of well logging, Gulf Publishing Company, Paris, 1985

